समकालीन अंतर्राष्ट्रीय संबंध

अ अक्षर
प्रतियोगी पुस्तकें

समकालीन अंतर्राष्ट्रीय संबंध

विवेक ओझा

राजकमल प्रकाशन

ISBN : 978-93-89598-51-3

मूल्य : ₹350

पहला संस्करण : 2020

अक्षर प्रतियोगी पुस्तकें

प्रकाशक
राजकमल प्रकाशन प्रा. लि.
1-बी, नेताजी सुभाष मार्ग, दरियागंज
नई दिल्ली-110 002

शाखाएँ
अशोक राजपथ, साइंस कॉलेज के सामने, पटना-800 006
पहली मंजिल, दरबारी बिल्डिंग, महात्मा गांधी मार्ग, इलाहाबाद-211 001
36 ए, शेक्सपियर सरणी, कोलकाता-700 017

वेबसाइट : www.rajkamalprakashan.com
ई-मेल : info@rajkamalprakashan.com

मुद्रक
बी.के. ऑफसेट
नवीन शाहदरा, दिल्ली-110 032

SAMKALEEN ANTRRASHTRIYA SAMBANDH
Politics by Vivek Ojha

बौद्धिकता और सृजनशीलता के उत्प्रेरक
पिता डॉक्टर जे.बी. ओझा
को समर्पित।

क्रम

भूमिका

विश्व राजनीति की विषयवस्तु अत्यंत गतिशील है। यह गतिशीलता राष्ट्र-राज्य के हितों में टकराव से आती है और यह भी समान रूप से सच है कि राष्ट्रों के मध्य आज विभिन्न मुद्‌दों विशेषकर स्वच्छ ऊर्जा, आपदा प्रबंधन, सतत विकास के लिए सहयोग और गठजोड़ के प्रयास भी वैश्विक व्यवस्था को गतिशील बना रहे हैं। सोवियत संघ का विघटन समकालीन अंतर्राष्ट्रीय राजनीति के महत्त्वपूर्ण गन्तव्य के रूप में देखा जा सकता है, जब शीतयुद्धयुगीन द्विध्रुवीयता पर आधारित विश्व अमरीका के नेतृत्व में एकध्रुवीय विश्व के रूप में स्थापित हो गया। साथ ही वैश्वीकरण की तीव्र प्रक्रिया से विश्व का सामाजिक, आर्थिक, सांस्कृतिक, तकनीकी एकीकरण बढ़ा, जहाँ देशों के मध्य भौतिक सीमाओं का महत्त्व कम हुआ और सीमारहित विश्व और वैश्विक गाँव जैसी धारणा लोकप्रिय होने लगी। अत: स्वाभाविक रूप में राष्ट्र राज्यों के लिए सक्रिय विदेश नीति का निर्धारण करना आवश्यक हो गया। इस पृष्ठभूमि में समकालीन विश्व में अंतर्राष्ट्रीय व्यवस्था को दो चरणों में देखा जा सकता है—1990-2008 और 2008 से अब तक।

शीत-युद्ध के अंत के बाद यद्यपि द्विध्रुवीय विश्व-व्यवस्था, एकध्रुवीय विश्व-व्यवस्था में बदली थी लेकिन कुछ ही वर्षों में वैश्विक अर्थव्यवस्था के मज़बूत एकीकरण की धाराएँ, विधि के शासन और संसदीय लोकतांत्रिक निर्वाचनों से वैश्विक व्यवस्था और अर्थव्यवस्था बहुध्रुवीय बनी है। 1990 के बाद से शक्ति राजनीति की शुरुआत अमरीकी राष्ट्रपति द्वारा नए विश्व व्यवस्था के नारे के साथ हुई, जिसके तहत अमरीका द्वारा लोकतंत्र, मानवाधिकार, मुक्त व्यापार पर आधारित नए विश्व व्यवस्था की स्थापना को अपनी विदेश नीति का केंद्र बिंदु बनाया गया। इस नए बदलाव ने अंतर्राष्ट्रीय राजनीति के निर्धारण और संचालन में अमरीका की भूमिका को केंद्रीय बना दिया और अमरीका की आर्थिक, सैन्य व तकनीकी सर्वोच्चता निर्विरोध रूप में स्थापित हुई। हालाँकि इसी समय चीन, भारत, दक्षिण कोरिया, आसियान और ब्राजील जैसे देशों की अर्थव्यवस्था में भी क्रमिक सुधार देखा गया, जिन्हें वर्तमान में विश्व की उभरती शक्तियों के रूप में देखा जा सकता है। अत: वर्तमान विश्व क्रमिक रूप में एकध्रुवीय विश्व से बहुध्रुवीय विश्व का रूप ग्रहण

करता गया है। दूसरी ओर सोवियत संघ के विघटन ने इतिहास के अंत की बहस को उत्पन्न किया, इसे साम्यवादी व्यवस्था के पतन और उदारवाद के सार्वभौमिक विजय के रूप में देखा गया। इसके कारण 1990 के बाद विश्व में नवउदारवादी सिद्धान्त पर आधारित बाज़ारवादी अर्थव्यवस्था को अपरिहार्य मान लिया गया, जिसे TINA (There is no alternative) प्रभाव के रूप में प्रचारित और प्रसारित किया गया। इस प्रकार बाज़ारवादी अर्थव्यवस्था को पूरे विश्व में स्वीकार्यता प्राप्त हुई और विदेश नीति के निर्धारण में अर्थव्यवस्था की भूमिका महत्त्वपूर्ण हो गई। अतः समकालीन विश्व भू-अर्थ प्रधान हो गया है, जहाँ अंतर्राष्ट्रीय राजनीति में आर्थिक कारकों की भूमिका बढ़ गई है। इस शीतयुद्धोत्तर विश्व में अमरीका द्वारा अंतर्राष्ट्रीय अर्थव्यवस्था को वाशिंगटन सहमति पर संचालित करने का प्रयास किया गया। वाशिंगटन सहमति में बाज़ारवादी अर्थव्यवस्था पर बल देते हुए यह मान्यता दी गई कि बाज़ार स्वयं नियंत्रित होता है, अतः राज्य की भूमिका को सीमित करना चाहिए। इसके तहत संरक्षणवादी नीतियों को प्रतिबंधित करने और मुक्त व्यापार को बढ़ावा देने का समर्थन किया गया। इस धारणा ने विश्व में आर्थिक एकीकरण को बढ़ावा देते हुए अंतरनिर्भर विश्व की धारणा को मजबूती दी।

वहीं समकालीन विश्व में अंतर्राष्ट्रीय व्यवस्था के संचालन में केवल राष्ट्र-राज्य ही एकमात्र इकाई नहीं रह गए, बल्कि अब राष्ट्र-राज्यों की नीतियों और गतिविधियों को निर्धारित करने में अनेक गैर राज्यीय कर्ताओं की भूमिका बढ़ी है। जैसे-बहुराष्ट्रीय कम्पनियाँ, गैर सरकारी संगठन, क्षेत्रीय आर्थिक संगठन आदि। इन गैर राज्यीय कर्ताओं का प्रभाव इतना व्यापक हो गया है कि इनके द्वारा विकासशील देशों के नीति निर्धारण में हस्तक्षेप किया जाने लगा है।

समकालीन विश्व की एक अन्य प्रवृत्ति के रूप में सभ्यताओं के बढ़ते संघर्ष को देखा गया। वस्तुतः वैश्वीकरण ने वर्तमान में एक ऐसे समरूपी समाज का निर्माण किया है, जिसने स्थानीय स्तर पर पहचान के संकट की भावना को मज़बूती दी। इसके कारण विश्व में धार्मिक कट्टरता और धार्मिक पूर्वाग्रह में वृद्धि देखी गई, जिसने वैश्विक आतंकवाद और नृजातीय संघर्ष को बढ़ावा दिया।

2008 के बाद अंतर्राष्ट्रीय स्तर पर सर्वाधिक महत्त्वपूर्ण घटनाक्रम 2008 में वैश्विक आर्थिक मंदी का आगमन था। इस आर्थिक मंदी ने उस वाशिंगटन सहमति पर प्रश्न-चिह्न उपस्थित कर दिया, जिसके तहत यह माना जाता था कि बाज़ार में राज्य का हस्तक्षेप नहीं होना चाहिए क्योंकि वह स्व-नियंत्रित है। अतः 2008 के बाद विश्व में संरक्षणवादी प्रवृत्तियाँ प्रभावी होने लगीं। चूँकि आर्थिक मंदी का सर्वाधिक प्रतिकूल प्रभाव विकसित देशों पर देखा गया, इसलिए इन देशों में आर्थिक राष्ट्रवाद की धारणा लोकप्रिय होने लगी। अमरीका द्वारा 'अमरीका प्रथम' की नीति का अनुसरण करते हुए बाइ अमेरिकन, हायर अमेरिकन का नारा दिया गया। आर्थिक

मंदी से सर्वाधिक प्रभावित अमरीका द्वारा अंतर्मुखी विदेश नीति का अनुसरण किया जाने लगा, जिसके तहत उसने वैश्विक स्तर पर अपने आर्थिक और सैन्य बोझ को कम करने का प्रयास शुरू कर दिया। इस दिशा में अमरीका द्वारा लिए गए विभिन्न निर्णयों, जैसे पेरिस समझौते से बाहर निकलना, मानवाधिकार परिषद और यूनेस्को की सदस्यता त्यागना, इराक, सीरिया और अफ़ग़ानिस्तान से सैन्य वापसी के प्रयास करना आदि ने उसके वैश्विक प्रभाव को कमजोर करना शुरू कर दिया।

अमरीका के इन कदमों ने विश्व के कई हिस्सों में शक्ति निर्वात की स्थिति उत्पन्न कर दी। इस परिवर्तित परिस्थिति को स्वर्णिम अवसर के रूप में स्वीकारते हुए चीन ने अमरीका के स्थान पर नई वैश्विक शक्ति बनने का प्रयास तेज़ कर दिया। चीन ने इस सन्दर्भ में एशियाई स्वप्न की धारणा प्रस्तुत करते हुए 21वीं सदी को एशियाई सदी के रूप में देखना शुरू कर दिया। अतः वैश्विक शक्ति का केंद्र यूरो अटलांटिक से एशिया-प्रशांत क्षेत्र की ओर स्थानांतरित होने लगा। इस क्रम में चीन ने बहुध्रुवीय विश्व और एकध्रुवीय एशिया की नीति पर कार्य करना शुरू कर दिया। उसने पाश्चात्य वैश्विक व्यवस्था का विरोध करते हुए भारत, ब्राजील, रूस के साथ मिलकर ब्रिक्स के मंच पर बहुध्रुवीय विश्व की स्थापना का लक्ष्य रखा। इसके तहत उसने पाश्चात्य आर्थिक व्यवस्था का विकल्प प्रस्तुत करना शुरू कर दिया। जैसे, विश्व बैंक के विकल्प में न्यू डेवलपमेंट बैंक, अंतर्राष्ट्रीय मुद्रा कोष (आइएमएफ़) के विकल्प में कॉन्टिनजेन्सी रिजर्व अरेंजमेंट और एशियाई विकास बैंक के विकल्प में एशियाई अवसंरचना निवेश बैंक (एआइआइबी) आदि।

दूसरी तरफ़ चीन ने 'एशिया फ़ॉर एशियन' का नारा देते हुए एशिया-प्रशांत क्षेत्र में आधिपत्य स्थापित करना शुरू कर दिया। इस क्रम में उसने दक्षिणी चीन सागर और पूर्वी चीन सागर में शक्ति का प्रदर्शन करते हुए यहाँ अवस्थित देशों पर मनोवैज्ञानिक वर्चस्व स्थापित करने का प्रयास किया, तो वहीं बेल्ट और रोड पहल, चेकबुक डिप्लोमेसी, रक्षा कूटनीति आदि माध्यमों से अपने वैश्विक प्रभाव को बढ़ाने का प्रयास किया।

चीन के इन कदमों ने एशिया-प्रशांत क्षेत्र में असुरक्षा का माहौल उत्पन्न कर दिया, वहीं इस क्षेत्र के परंपरागत सुरक्षा प्रदायक के रूप में अमरीका की निष्क्रियता ने इस स्थिति को अधिक जटिल बना दिया। ऐसे में एशिया-प्रशांत के अधिकांश देश भारत को चीन के विकल्प के रूप में देख रहे हैं। यही कारण है कि जापान, अमरीका, ऑस्ट्रेलिया जैसे देश अब एशिया-प्रशांत क्षेत्र को हिन्द-प्रशांत क्षेत्र के रूप में देखने लगे हैं तथा इन देशों द्वारा भारत की भूमिका को सुरक्षा प्रदायक और विकास भागीदार के रूप में स्वीकार किया जा रहा है। वर्तमान विश्व की एक अन्य महत्त्वपूर्ण विशेषता आर्थिक गतिविधियों के नए क्षेत्र के विकास के रूप में देखा गया है। वर्तमान में समुद्री संसाधनों पर आधारित 'ब्लू इकोनॉमी' पर विशेष बल

दिया जा रहा। इस संदर्भ में द्वीपीय क्षेत्रों का महत्त्व तेज़ी से बढ़ा है, जिसके कारण विश्व में सामुद्रिक कूटनीति तेज़ हुई है। अतः समुद्री क्षेत्रों पर नियंत्रण के लिए शक्ति राजनीति में वृद्धि देखी जा रही है।

आज दुनिया के कई साम्यवादी देश विश्व व्यापार संगठन का हिस्सा बने हैं। दक्षिण एशिया की बात करें तो वर्ष 2008 में मालदीव, भूटान और नेपाल में पहली बार संसदीय चुनाव संपन्न हुए। लोकतांत्रिक सरकारों ने संवैधानिक राजतंत्र को प्रतिस्थापित किया। इसी क्रम में सूचना और प्रौद्योगिकी के प्रसार से मानवाधिकार आंदोलन सशक्त हुए और विश्व में एक मज़बूत ग्लोबल सिविल सोसाइटी का विकास होते देखा गया। राष्ट्र राज्य सामाजिक आर्थिक जरूरतों को समझते हुए जिम्मेदार बने हैं। क्षेत्रीय संगठनों के स्तर पर राष्ट्रों द्वारा राजनीतिक सुधारों को भी बढ़ावा देने का प्रयास किया गया है। अर्थव्यवस्था को मज़बूती देने के क्रम में आज राष्ट्र संरक्षणवादी नीतियों को अपना रहे हैं। अमरीका-चीन का व्यापारिक युद्ध और एक दूसरे को व्यापारिक रियायतें न देने के लिए निष्ठुर बने रहना, अमरीका द्वारा भारत को जीएसपी सूची से बाहर निकालना, अमरीका द्वारा नाफ़्टा को खत्म करना और विश्व व्यापार संगठन को गौण साबित करने का प्रयास इस बात के प्रमाण हैं। ऐसे में यह एक नई प्रवृत्ति देखने को मिली है कि कई विकासशील देश एकजुट होकर विकसित देशों की संरक्षणवादी नीतियों का सामूहिक प्रत्युत्तर बनने के लिए भी तैयार हैं। ब्रिक्स, शंघाई सहयोग संगठन और बेसिक जैसे संगठनों के मंचों पर ऐसे कई स्वर सुनाई दिए हैं।

हाल के समय में विश्व राजनीति में कई ऐसी उभरती प्रवृत्तियाँ देखने को मिली हैं जो अंतर्राष्ट्रीय राजनीति को एक नया ही मोड़ दे रही हैं। पहला, अब युद्ध का पारंपरिक तरीका बदल गया है और अब जैविक-रासायनिक युद्ध की आशंका से विश्व समुदाय चिंतित है। कोरोना वायरस की महामारी के बाद जैविक हमलों के अधिक कयास लगाए जा रहे हैं। विश्व राजनीति की दूसरी बड़ी प्रवृत्ति जो अंतर्राष्ट्रीय राजनीति के अध्येता को विचलित कर सकती है, वह यह कि कुछ महाशक्तियों ने संयुक्त राष्ट्र की उपस्थिति के बावजूद नियम आधारित अंतर्राष्ट्रीय व्यवस्था को अपनाने से इनकार किया है और इसका प्रमाण इन देशों द्वारा वैश्विक संस्थाओं की सदस्यता छोड़ने की धमकी के रूप में दिख रहा है। अंतर्राष्ट्रीय अपराध न्यायालय पिछले दो-तीन वर्षों से आईडेंटिटी क्राइसिस का शिकार है। अमरीका सहित कई देशों ने इस पर प्रश्नचिह्न लगा रखा है। अंतर्राष्ट्रीय विधियों का सम्मान वैश्विक शांति और सुरक्षा के लिए जरूरी है और यह सभी राष्ट्रों को समझना होगा। हाल के समय में अंतर्राष्ट्रीय राजनीति में साइबर आतंकवाद से निपटने के लिए वैश्विक गठजोड़ मज़बूत हुए हैं। दुनिया के सभी बड़े देश इस बात पर सहमत हैं कि उन्हें आज अर्थव्यवस्था के सबसे बड़े शत्रु, साइबर अपराध, से मिलकर निपटना होगा।

'क्राइस्टचर्च कॉल टू एक्शन' जैसी पहल इसी प्रतिबद्धता का परिणाम है। वैश्विक पर्यावरण और जैव विविधता को सुरक्षित करने के लिए आज राष्ट्रों को एकजुट होने की सर्वाधिक जरूरत है। ग्लेशियरों का पिघलना, महासागरों में बढ़ते प्लास्टिक, अमेजन के वर्षा वनों समेत विश्व के अनेक भू-भाग के जंगलों में आग लगना और वन्यजीव क्षति एक गंभीर पर्यावरणीय आपदा है। महासागरों के प्रवालों (कोरल्स) और शैवालों, मरीन फूड वेब और फूड चेन की सुरक्षा कर सागरीय जैवविविधता के लाभ ब्लू इकॉनोमी के विकास के रूप में राष्ट्रों को उठाने चाहिएँ।

इस पुस्तक को संघ लोक सेवा आयोग और राज्य लोक सेवा आयोग की परीक्षाओं के अलावा महाविद्यालयों और विश्वविद्यालयों में पढ़ाए जाने वाले अंतर्राष्ट्रीय राजनीति विषय हेतु अध्ययन सामग्री के रूप में भी विकसित करने का प्रयास किया गया है। पुस्तक में इस बात का पूरा प्रयास किया गया है कि मुख्य परीक्षा और प्रारंभिक परीक्षा में पूछे जाने वाले गतिशील प्रकृति के प्रश्नों पर प्रासंगिक सामग्री दी जा सके। आमतौर पर भारत की विदेश नीति के बहुआयामी और अद्यतन आयामों की पुस्तकों में उपेक्षा हो जाती है जिससे आधी-अधूरी तैयारी ही संभव हो पाती है। इस पुस्तक में ऐसी कमियों को दूर करने की यथासंभव कोशिश की गई है।

मैं आशा करता हूँ कि ये पुस्तक भारत की विदेश नीति और विश्व राजनीति के पहलुओं को समावेशी रूप में समझने का दृष्टिकोण छात्र-छात्राओं को प्रदान करेगी।

—विवेक ओझा

आभार

कोई भी पुस्तक विचारों, तथ्यों और विश्लेषणों की एक यात्रा होती है। जेएनयू की ज्ञान परंपरा ने वहाँ अंतर्राष्ट्रीय संबंध के एक विद्यार्थी के रूप में मेरी वैश्विक राजनीति की विचार यात्रा को शुरू किया जो सिविल सेवा साक्षात्कार तक कब पहुँच गई, पता ही नहीं चला। इसके उपरांत अंतर्राष्ट्रीय संबंध के अध्यापन ने इस विषय के लिए बौद्धिक भूख को बढ़ा दिया और हिंदी भाषी उम्मीदवारों के लिए बेहतर प्रासंगिक विषय सामग्री के अभाव को महसूस करते हुए इस पुस्तक को लिखने की प्रेरणा मिली। सबसे पहले मैं अपने पितामह डॉक्टर आर.ए. ओझा और अपने अभिवावक डॉक्टर जे.बी. ओझा, सीमा ओझा द्वारा प्रदान की गई बौद्धिक आनुवंशिकी का आभारी हूँ जिन्होंने मुझे एक राष्ट्रीय और वैश्विक सोच दी। मैं अपने अनुजों विनीत अनुराग, विमल अनुराग और साथ ही अंजलि विनीत तिवारी के प्रति आभार व्यक्त करता हूँ।

मैं श्री नृपेन्द्र विश्नोई और श्रीमती नीलम विश्नोई के लिए विशेष आभार प्रकट करता हूँ जिन्होंने लेखन के क्षेत्र में बेहतर करने के लिए प्रेरित किया। मैं अपनी पत्नी निधि विश्नोई (समीक्षा अधिकारी, उत्तराखंड सचिवालय) और अपने पुत्र अर्णव का आभारी हूँ कि इन्होंने मेरी व्यस्तताओं को सहर्ष स्वीकार कर अनवरत अपने मन के अनुसार लिखने और सृजनशील बने रहने के लिए अभिप्रेरित किया। बड़े भाई शरद विश्नोई, अमित विश्नोई के साथ ही श्रीमती श्रुति एवं नेहा विश्नोई ने पुस्तक लेखन हेतु प्रेरित करने में कोई कमी नहीं छोड़ी।

मैं तिलकधारी सिंह महाविद्यालय के अपनी शैक्षणिक समझ की नींव रखने वाली शिक्षिकाओं श्रीमती चंद्रलेखा सिंह, श्रीमती शशि सिंह और शिक्षक श्री महेन्द्र सिंह के साथ ही जेएनयू के अपने शिक्षकों श्री ओ.पी. बख्शी, सविता पांडेय मैम और वरुण साहनी सर का आभारी हूँ।

इस पुस्तक को लिखने में महत्त्वपूर्ण लोग वैचारिक संबल का काम करते रहे हैं जिनमें शामिल हैं : श्री विनय सिंह सर (निदेशक, ध्येय आईएएस), क्यू. एच. खान (प्रबंध निदेशक, ध्येय आईएएस), श्री आशुतोष राणा, श्री केवल खुराना (डीआईजी, यातायात, उत्तराखंड सरकार), श्री राम कुमार सिंह,

श्री सी.बी.पी. श्रीवास्तव सर, अंजुम शर्मा, प्रणव सिरोही और कन्हैया झा। मैं श्री भबानी दीक्षित सर (मैनेजिंग एडिटर, वर्ल्ड फोकस) और श्री मुकेश भरद्वाज (एग्जीक्यूटिव एडिटर, जनसत्ता) के प्रति आभार व्यक्त करता हूँ जिन्होंने विश्व राजनीति के मुद्दों पर सदैव मुझे प्रोत्साहित किया।

मित्रों में पंकज मिश्रा (यूके सचिवालय), शिव नारायण और अरुण मिश्रा, उत्तम सिंह (प्राध्यापक), विनय घिल्डियाल की प्रेरणाओं का बड़ा हाथ रहा। जेएनयू के सीनियर्स अक्षय सिंह, विवेक मिश्रा, अशोक शर्मा, मनोज कुमार और शांतेश सर के प्रति भी आभार प्रकट करता हूँ। अंत में यह पुस्तक मैं अपने सभी छात्र-छात्राओं के विचार जगत को सौंपता हूँ।

अध्याय 1

अंतर्राष्ट्रीय संबंध और उसके आयाम अंतर्राष्ट्रीय संबंध के अध्ययन का परिप्रेक्ष्य

विश्व व्यवस्था स्वतंत्र संप्रभु राष्ट्रों और उनके मध्य होने वाले अंतर-संपर्कों से निर्मित संबंध से बनी है। यह अंतर-संपर्क राजनीतिक, कूटनीतिक, सामरिक, आर्थिक, सांस्कृतिक, शैक्षणिक और सामाजिक स्तरों पर होते हैं। अंतर्राष्ट्रीय संबंध राष्ट्र राज्यों के मध्य होने वाले इन्हीं संपर्कों का अध्ययन है। दो राष्ट्रों के मध्य आर्थिक संबंध तब बनते हैं जब दोनों के मध्य आयात, निर्यात, मुक्त व्यापार समझौते, वरीयता मूलक व्यापार समझौते, दोहरे करारोपण से परिहार के समझौते, लाइन ऑफ क्रेडिट और अनुदान देने के रूप में आर्थिक अंतर्संपर्क किए जाते हैं। दो राष्ट्रों के मध्य कूटनीतिक अथवा राजनयिक संबंधों का निर्माण तब होता है जब दूतावासों, राजदूतावासों, कॉन्स्युलर ऑफिस और डिप्लोमेटिक मिशन स्थापित करने के लिए राष्ट्रों के बीच वार्ता होती हैं। दो राष्ट्रों के मध्य सामरिक संबंधों का निर्माण तब होता है जब दोनों अपने वैश्विक, क्षेत्रीय महत्त्वाकांक्षाओं की प्राप्ति, वैश्विक शक्ति, क्षेत्रीय शक्ति, आर्थिक महाशक्ति बनने के लिए गठजोड़ कर वैश्विक समुदाय में प्रभावी बढ़त लेने के लिए वार्ता और समझौते करते हैं, जैसे असैन्य नाभिकीय सहयोग के ज़रिये नाभिकीय व्यापार, अंतरिक्ष सहयोग और प्रतिरक्षा संबंधों को मज़बूती देने के लिए समझौते करना। भारत और अमरीका तथा भारत और जापान के मध्य 'टू प्लस टू वार्ता' सामरिक अंतर्संपर्कों का बेहतर उदाहरण है। सांस्कृतिक संपर्कों के ज़रिये राष्ट्रों के मध्य विश्वास निर्माण बहाली के उपाय भी किए जाते हैं। सांस्कृतिक महोत्सवों में प्रधानमंत्रियों और राष्ट्रपतियों का भाग लेना, दूसरे राष्ट्र की भाषा, संस्कृति, सभ्यता का सम्मान करते हुए लाइब्रेरी का गठन, मंदिरों और मस्जिदों का निर्माण और पुनर्निर्माण (मालदीव के फ्राइडे मस्जिद के पुनर्निर्माण हेतु भारत का प्रस्ताव) आदि सांस्कृतिक संबंधों को मज़बूती देने के लिए किए जाते हैं। राष्ट्राध्यक्षों की द्विपक्षीय विदेशी यात्राएँ, समझौते, संधियाँ और समिट तथा अधिवेशन में उद्घोषणा आदि के ज़रिये राष्ट्रों के मध्य राजनीतिक संबंध स्थापित

होते हैं। इसी प्रकार प्राकृतिक आपदाओं, जलवायु परिवर्तन, ग्लोबल वार्मिंग और जैव विविधता के क्षरण से निपटने के लिए दो या दो से अधिक राष्ट्र संपर्क स्थापित कर समाधान की राह तलाशते हैं। संयुक्त राष्ट्र जलवायु परिवर्तन रूपरेखा अभिसमय द्वारा प्रत्येक वर्ष 196 देशों के साथ कॉन्फ्रेंस ऑन पार्टीज़ का आयोजन होता है जिसमें राष्ट्र आपसी सहमति के आधार पर अपने लक्ष्यों और प्रतिबद्धताओं को तय करते हैं। इसके अलावा महासागरीय जैव-विविधता के संरक्षण, प्लास्टिक अपशिष्ट से निपटने, विदेशी आक्रामक पादप प्रजातियों के बढ़ते खतरे से निपटने के लिए भी राष्ट्र आपस में समझौते और संधियाँ करते हैं। इन्हीं सब सामाजिक, राजनीतिक, आर्थिक, पर्यावरण और सांस्कृतिक अंतर्संपर्कों और उससे उत्पन्न गतिविधियों, कार्यवाहियों और एजेंडों से अंतरराष्ट्रीय संबंधों का निर्माण होता है। चूँकि दो राष्ट्रों के मध्य अंतरसंपर्कों और उनके संबंधों में समय-समय पर अनेक प्रकार के बदलाव दिखाई देते हैं, इसलिए विश्व व्यवस्था अथवा अंतर्राष्ट्रीय राजनीति गतिशील बनी रहती है। अंतर्राष्ट्रीय राजनीति के गतिशील बने रहने का कारण अंतर्राष्ट्रीय राजनीति के अर्थ में छुपा हुआ है। वस्तुतः अंतर्राष्ट्रीय राजनीति दो या दो से अधिक स्वतंत्र और संप्रभु राष्ट्रों के व्यवहार का अध्ययन करने वाला विषय है। राजनीति विज्ञान विषय की शाखा के रूप में अंतर्राष्ट्रीय राजनीति के तहत राष्ट्रों के व्यवहार और उनकी प्रकृति का अध्ययन किया जाता है। इस संदर्भ में कुछ उदाहरण देखे जा सकते हैं। उत्तर कोरिया एक आक्रामक और हिंसक मानसिकता का राष्ट्र क्यों है और उसके हाइड्रोजन और नाभिकीय बमों के निर्माण व परीक्षण के पीछे क्या प्रयोजन है? दूसरा, पाकिस्तान भारत के साथ संबंधों में तनाव या विवाद को क्यों बढ़ावा देता रहता है? पाकिस्तान ने भारत को डब्ल्यूटीओ मानकों के तहत मोस्ट फेवर्ड नेशन का दर्जा क्यों नहीं दिया? चीन की एकाधिकारवादी मानसिकता और उसकी आक्रामक विदेश नीति के पीछे क्या कारण है? रूस का अमरीका के साथ लगातार असंतुष्ट रहने का क्या कारण है? और उसने जी-8 संगठन की सदस्यता का त्याग क्यों किया? भारत का मध्य एशिया और अफ़ग़ानिस्तान में अधिक रुचि लेने के पीछे कौन से कारक सक्रिय हैं? सऊदी अरब और ईरान के एक दूसरे के प्रति शत्रुवत व्यवहारों के पीछे क्या कारण हैं? इजरायल और फिलिस्तीन एक दूसरे के प्रति आक्रामक रवैया क्यों अपनाए हुए हैं? चीन अंतर्राष्ट्रीय नियमों कानूनों का उल्लंघन कर दक्षिण चीन सागर में दक्षिण पूर्वी एशियाई देशों के अनन्य आर्थिक क्षेत्र में अतिक्रमण क्यों कर रहा है? इन समस्त प्रश्नों का अध्ययन अंतर्राष्ट्रीय राजनीति के तहत किया जाता है और इससे राष्ट्रों की गतिविधियों, उनके विशिष्ट लक्ष्यों, उनकी सोच और किसी विषय के प्रति खास रणनीति बनाने के पीछे के कारणों का भी पता चलता है। उत्तर कोरिया, रूस, चीन जैसे देश साम्यवादी देश रहे हैं और साम्यवादी विचारधारा के तहत शक्तियों के केंद्रीकरण के आदर्श से

प्रेरित रहे हैं। साम्यवाद परंपरागत रूप में एक बंद समाज और अर्थव्यवस्था का वैचारिक प्रतिनिधित्व करता है। साम्यवादी सरकारों ने अपनी जनता को आवागमन, अंतर्संपर्कों, मीडिया और विचार और अभिव्यक्ति की स्वतंत्रता से वंचित रखकर निजी जीवन पर भी नियंत्रण स्थापित किए हैं। इससे जनता में भी लंबे समय तक वैचारिक सहिष्णुता और पारराष्ट्रीय सद्भाव के भाव विकसित नहीं हो पाए। साम्यवादी सरकारों की निष्ठुरता और गतिहीन जन मानसिकता के चलते कुछ राष्ट्रों का व्यवहार आक्रामक, हिंसक और भेदभाव कारी बना रहा है। यह विश्लेषण अंतर्राष्ट्रीय राजनीति के अध्ययन के दायरे में आता है।

अंतर्राष्ट्रीय राजनीति की प्रमुख इकाइयाँ

अंतर्राष्ट्रीय राजनीति और अंतर्राष्ट्रीय संबंधों को परिचालनात्मक बनाने में कुछ प्रमुख इकाइयों द्वारा महत्त्वपूर्ण भूमिका निभाई जाती है। इनमें सबसे प्रमुख इकाई स्वतंत्र संप्रभु राष्ट्र राज्य हैं। स्वतंत्र संप्रभु राष्ट्र राज्य ऐसी इकाई है जो निश्चित भू क्षेत्र, सरकार, जनसंख्या और संप्रभुता के साथ ही साझे धर्म, भाषा, संस्कृति, भाषा और साझे अतीत जैसे तत्वों से निर्मित होता है। आधुनिक राष्ट्र राज्य की अवधारणा का विकास पहली बार वेस्टफेलिया की संधि 1648 से हुआ था जिसने यूरोप में 1618 से 1648 तक चलने वाले 30 वर्षीय युद्ध का अंत किया था। प्रोटेस्टेंट और कैथोलिक धर्म के बीच शुरू हुआ यह युद्ध कालांतर में राजनीतिक वर्चस्व के युद्ध में बदल गया। यह जिस वेस्टफेलिया संधि से खत्म हुआ उसने निम्नांकित रूपों में आधुनिक राष्ट्र की अवधारणा को जन्म दिया।

—पहला, राज्यों के भू-क्षेत्रीय अधिकारों का निर्धारण।
—दूसरा, राज्यों के क्षेत्रीय प्रादेशिक संप्रभुता को मान्यता।
—तीसरा, आत्म निर्धारण के अधिकार को मान्यता।
—चौथा, पंथनिरपेक्ष राज्य की अवधारणा को बढ़ावा।

वेस्टफेलिया की संधि के तहत निर्णय लिया गया कि पवित्र रोमन साम्राज्य का बाह्य संगठन तो बना रहेगा परंतु हर सदस्य राज्य को सार्वभौमिक अधिकार प्राप्त होंगे। अब कोई भी राज्य स्वयं युद्ध और शांति संबंधी निर्णय ले सकता था। इस संधि के ज़रिये हॉलैंड और स्विट्जरलैंड यूरोप के नए राष्ट्र के रूप में प्रतिष्ठित हुए। इस संधि से राष्ट्रों की सीमाओं का निर्धारण और चिन्हीकरण हुआ। दक्षिणी बाल्टिक तक पर स्वीडन के अधिकार को मान्यता मिली। स्वीडन को पोमेरैनिया का एक हिस्सा तथा एल्ब और वेजर नदियों का क्षेत्र भी मिला। ऑस्ट्रिया से स्वतंत्र होकर स्विट्ज़रलैंड और स्पेन से स्वतंत्र होकर नीदरलैंड एक राजनीतिक सच्चाई बनी। वेस्टफेलिया की संधि ने आधुनिक राष्ट्र राज्य की धारणा को दो रूपों में बढ़ावा

दिया। पहला, पवित्र रोमन साम्राज्य की अदालतों में जहाँ धर्म संबंधी फैसले होते थे, कैथोलिक और प्रोटेस्टेंट जजों की संख्या बराबर कर दी गई। दूसरा, यूरोप के धार्मिक जीवन के नियमन से संबंधित ऑग्सबर्ग की संधि में जहाँ केवल लूथरवादियों को मान्यता मिली थी, वहीं इस संधि द्वारा केल्विनवादियों को भी मान्यता मिली। इस प्रकार आधुनिक राष्ट्र राज्य अस्तित्व में आए और उन्हें स्वतंत्रता, स्वायत्तता, संप्रभुता, आत्म निर्धारण, युद्ध घोषित करने और शांति समझौता करने का अधिकार मिला। इससे एक राष्ट्र राज्य कि प्रादेशिक अखंडता के सिद्धांत को मान्यता मिली। इसके उपरांत राष्ट्र राज्यों ने मूलत: अपने राष्ट्रीय हितों की प्राप्ति के लिए अधिक प्रयास किए हैं। आज संयुक्त राष्ट्र संघ के चार्टर के तहत 193 राष्ट्र राज्यों की संप्रभुता और प्रादेशिक अखंडता को मान्यता दी जा चुकी है।

अंतर्राष्ट्रीय संबंधों को संचालित करने वाले इकाइयों में अथवा इस संदर्भ में सहायक की भूमिका निभाने वाले गैर-राज्य अभिकर्ता भी शामिल होते हैं, जिनमें अंतर्राष्ट्रीय संगठन, अंतरसरकारी सरकारी, गैर सरकारी संगठन, गैर-लाभकारी संगठन, स्वयं सहायता समूह और सिविल सोसायटी संगठन शामिल होते हैं। उदाहरण के लिए विश्व व्यापार संगठन, अंतर्राष्ट्रीय मुद्रा कोष, वर्ल्ड बैंक, एडीबी, यूएनएफसीसीसी, रिपोर्टर्स विदाउट बॉर्डर्स, डॉक्टर विदाउट बॉर्डर्स, सर्वाइवल इंटरनेशनल, अंतर्राष्ट्रीय अपराध न्यायालय, इंटरनेशनल कोर्ट ऑफ जस्टिस आदि शामिल हैं।

गैर राज्य अभिकर्ता स्वतंत्र संप्रभु राष्ट्रों के विवादों के समाधान में मध्यस्थ की भी भूमिका निभाते हैं। वैश्विक गैर सरकारी संगठनों की विविध रिपोर्टों के ज़रिये विश्व व्यवस्था को सुचारू रूप से संचालित करने में मदद मिलती है। जब स्वतंत्र संप्रभु राष्ट्र अपने हितों और अधिकारों की सुरक्षा के लिए कठोर रवैया अपनाते हैं और द्विपक्षीय एवं बहुपक्षीय विवादों के समाधान के मार्ग में बाधा आती है तो गैर-राज्य अभिकर्ता अपनी भूमिका निभाते हैं।

पारराष्ट्रीय अभिकर्ता अथवा सुपरानेशनल एक्टर्स की भूमिका

पार राष्ट्रीय अभिकर्ता अंतर्राष्ट्रीय राजनीति में महत्त्वपूर्ण भूमिका निभाते हैं। ये ऐसे समूह, संगठन या इकाइयाँ हैं जिसके सदस्य राष्ट्र काफी हद तक अपनी निर्णय निर्माण शक्ति और संप्रभुता का विलय कर देते हैं और एक सामूहिक अस्तित्व के रूप में संबंधित पारराष्ट्रीय संगठन को देखते हैं। दूसरे शब्दों में, पारराष्ट्रीय कर्ताओं का अपने सदस्य राष्ट्रों पर विशेष नियंत्रण और प्रभाव होता है। वह सदस्य राष्ट्रों को निर्देश दे सकते हैं, उनकी नीतियों का नियमन कर सकते हैं और साझा अभियान चला सकते हैं। पारराष्ट्रीय कर्ताओं के कुछ प्रमुख उदाहरण हैं : यूरोपीय

संघ, नाटो (नॉर्थ अटलांटिक ट्रीटी ऑर्गनाइजेशन), संयुक्त राष्ट्र संघ, विश्व व्यापार संगठन, यूनिसेफ आदि।

इसके अलावा कई क्षेत्रीय संगठन भी वैश्विक राजनीति और महाशक्तियों के व्यवहारों और निर्णयों को प्रभावित करते हैं जैसे शंघाई सहयोग संगठन, जी-20, खाड़ी सहयोग परिषद, एपेक, सार्क, मर्कोसुर, ओपेक आदि। क्षेत्र विशेष की राजनीति में रुचि लेने वाली वैश्विक महाशक्तियाँ क्षेत्रीय संगठनों के निर्णयों से भी प्रभावित होती हैं, उदाहरण के लिए ब्रिक्स ने उभरती हुई बाज़ार अर्थव्यवस्थाओं और विकासशील देशों के हितों के संदर्भ में वैश्विक राजनीति को प्रभावित किया है। हाल के समय में ब्रिक्स सदस्य देशों द्वारा अपनी घरेलू मुद्रा में आपसी व्यापार को बढ़ावा देने का निर्णय किया गया है और ऐसा डॉलर को प्रतिस्थापित करते हुए करने का संकेत दिया गया है।

अंतर्राष्ट्रीय राजनीति में विदेश नीति

एक स्वतंत्र संप्रभु राष्ट्र की सबसे बड़ी आवश्यकता अपने राष्ट्रीय हितों की रक्षा करना होता है। विदेश नीति किसी राष्ट्र के द्वारा अपने राष्ट्रीय हितों की प्राप्ति अथवा उसे सुनिश्चित करने के लिए अपनाए जाने वाले सिद्धांतों, नीतियों, मूल्यों, रणनीतियों और डॉक्ट्रिन का ढाँचा होता है। जब एक राष्ट्र अपने राष्ट्रीय हितों की प्राप्ति के उद्देश्य से दूसरे राष्ट्र के व्यवहार में वांछनीय बदलाव लाने का प्रयास करता है और दूसरे राष्ट्र द्वारा व्यवहार में परिवर्तन न करने की स्थिति में अपने ही व्यवहार में समायोजन व अनुकूलन कर लेता है या दूसरे शब्दों में यथार्थ वस्तुस्थिति के हिसाब से अपने व्यवहार को ढाल लेता है तो इस प्रक्रिया में जिन सिद्धांतों, नीतियों को अपनाकर कार्य किया जाता है, उसे ही विदेश नीति कहते हैं। उदाहरण के लिए भारत के विदेश नीति का उद्‌देश्य एक शांत, स्थिर और समृद्ध दक्षिण एशिया का निर्माण और साथ ही अपने राष्ट्रीय हितों की दृष्टि से आतंकवाद का उन्मूलन करना भी है। इस रूप में पाकिस्तान द्वारा जिस राज्य प्रायोजित आतंकवाद को बढ़ावा दिया जाता है उसे रोकने और पाकिस्तान पर नियंत्रण लगाने के लिए उसके व्यवहार में परिवर्तन के लिए भारत प्रयास करता है। इसके लिए भारत आतंकवाद से निपटने हेतु वैश्विक और क्षेत्रीय समझौते और संधियों आदि का प्रस्ताव करता है, द्विपक्षीय वार्ताओं को संपन्न करता है और आवश्यकता पड़ने पर जीरो टॉलरेंस पॉलिसी या कोल्ड स्टार्ट डॉक्ट्रिन और सर्जिकल स्ट्राइक जैसे उपाय भी अपनाए जाते हैं। पाकिस्तान द्वारा अपने व्यवहार में परिवर्तन न करने की स्थिति में भारत अपने व्यवहार में परिवर्तन करता नजर आता है। भारत के द्वारा अपने राष्ट्रीय हितों के मद्‌देनजर किए जा रहे कार्यों के संदर्भ में अमरीका जैसी महाशक्ति के व्यवहार

में परिवर्तन न करा पाने की स्थिति में भारत ने स्वयं अपने ही व्यवहार में अनुकूलन किया है। हाल के समय में अमरीका द्वारा भारत पर ईरान और रूस के मुद्दे पर बनाए गए दबाव और भारत द्वारा इस स्थिति में अपनाए गए दृष्टिकोण से भी पता चलता है कि भारत की विदेश नीति में समायोजनकारी गुण है। चूँकि राष्ट्र हित एक परिवर्तनशील अवधारणा है और प्रादेशिक अखंडता, संप्रभुता की सुरक्षा आर्थिक हितों की सुरक्षा, ऊर्जा सुरक्षा, प्रवासी नागरिकों की सुरक्षा, पर्यटन को बढ़ावा और महासागरों की सुरक्षा के प्रश्न एक देश के राष्ट्रीय हित में शामिल होते हैं। अत: इनकी रक्षा के लिए कई प्रकार के सैन्य गठबंधन और क्षेत्रीय संगठनों और अंतर्राष्ट्रीय संगठनों की सदस्यता लेनी होती है। कई प्रकार के संधियों अभिसमयों और समझौतों का भाग बनना होता है, कई प्रकार के समिट और अधिवेशनों के आयोजनों के साथ ही सांस्कृतिक कूटनीति के रास्ते अपनाने होते हैं। एक राष्ट्र दूसरे राष्ट्र के खिलाफ कार्यवाही न कर सके और करे भी तो उसकी कार्यवाही में अन्य राष्ट्र साथ न दे, इस विषय पर विदेश नीति में जोर दिया जाता है। भारत की विदेश नीति एशिया महाद्वीप और विशेषकर दक्षिण एशियाई उपमहाद्वीप में शक्ति संतुलन शांति स्थिरता को बढ़ावा देने की है। इस परिप्रेक्ष्य में चीन के प्रति मालदीव, श्रीलंका, बांग्लादेश, पाकिस्तान, भूटान, नेपाल के झुकाव को किस प्रकार नियंत्रित किया जा सके जिससे भारत के राष्ट्रीय हितों को आँच न आए इसके लिए भारत में यथार्थवादी कार्यवाही को दिशा दी है—किसी देश की विदेश नीति निम्नांकित कारकों से प्रभावित होती है—

क्षेत्रीय राजनीति और क्षेत्र विशेष के विवाद : इसके तहत दक्षिण एशिया को उदाहरण के तौर पर देखें तो यह पता चलता है कि भारत में यहाँ पड़ोसी प्रथम की नीति अपनाई है। भारत ने मानवतावादी हस्तक्षेप की रणनीति और विकासात्मक गतिविधियों को बढ़ावा देने के ज़रिये दक्षिण एशिया में विकासात्मक साझेदारी को बढ़ावा दिया है।

दूसरा, महाशक्तियों की राजनीति और उनकी वैश्विक महत्त्वाकांक्षाएँ : इसके तहत अमरीका का उदाहरण लिया जा सकता है। विश्व के प्रभावशाली देश विश्व राजनीति की दशा-दिशा तय करते हैं। राजनीतिक और राजनयिक निर्णय से लेकर वित्तीय आवंटनों, विकास के लिए वित्त पोषण और अंतर्राष्ट्रीय संस्थाओं की कार्यप्रणाली में महाशक्तियों की बड़ी दखलंदाजी होती है। यह कार्य किसी भी देश की विदेश नीति को प्रभावित करता है। चीन द्वारा भारत को संयुक्त राष्ट्र सुरक्षा परिषद और एनएसजी में सदस्यता प्राप्त करने के मार्ग में बाधा उत्पन्न करना, सुरक्षा परिषद में आतंकवाद के प्रश्न पर चीन द्वारा पाकिस्तान का बचाव, फाइनेंशियल एक्शन टास्क फोर्स में पाकिस्तान के बचाव की नीतियों को देखते हुए भारत ने अपनी विदेश नीति को इस तरह बनाने का प्रयास किया है जिससे चीन पर दबाव

बनाते हुए उसे प्रतिसंतुलित करने के उपाय मिल सकें। इस क्रम में भारत, जापान और अमरीका से और दक्षिण पूर्वी एशियाई देशों के साथ अलग-अलग स्तरों और सामूहिक स्तरों पर गठजोड़ कर चीन पर दबाव बनाने की कोशिश कर रहा है। भारत द्वारा भूटान को दक्षिण एशिया में अत्यधिक वरीयता देना भी इसी बात का सूचक है।

भारत की विदेश नीति का दर्शन

भारत की विदेश नीति विश्व राजनीति में अपने गुणों, मूल्यों, आदर्शों, वैश्विक शांति और समृद्धि की अपेक्षाओं के चलते विशिष्ट महत्त्व रखती है। भारत कभी भी एक युद्धप्रिय और आक्रामक देश नहीं रहा है। वसुधैव कुटुंबकम के आदर्श और वैश्विक शांतिपूर्ण सहअस्तित्व की धारणा और विवादों को शांतिपूर्ण और वार्ताओं के माध्यम से समाधान करने पर भारत में प्राचीन समय से अब तक जोर दिया गया है। भारत की विदेश नीति को ऋषि मुनियों के चिंतन चाणक्य की पारराष्ट्रीय नीति, अशोक की धम्म की नीति, बौद्ध धर्म और उसकी शांति स्थापना की मान्यताओं, प्राचीन और मध्यकालीन शासन तंत्रों की वैदेशिक नीतियों, सामाजिक-धार्मिक सुधारकों के वैश्विक व्यवस्था चिंतन विशेषकर राजा राम मोहन रॉय, रविंद्र नाथ टैगोर, महात्मा गांधी और विवेकानंद के चिंतन, विश्व स्तर पर हुए स्वतंत्रता आंदोलनों के आदर्शों, भारतीय स्वतंत्रता संग्राम में भाग लेने वाले महापुरुषों के चिंतन, विश्व व्यवस्था और उसकी राजनीति तथा क्षेत्रीय राजनीति ने प्रभावित किया है। प्राचीन भारत से स्वतंत्र भारत की विदेश नीति की यात्रा के क्रम को बारीकी से देखें तो भारतीय विदेश नीति के कुछ सर्वाधिक महत्त्वपूर्ण पहलू सामने आते हैं जो निम्नवत हैं :

—संपूर्ण पृथ्वी अपना घर है, यानी संपूर्ण विश्व व्यवस्था राष्ट्रों की एक पृथक-पृथक इकाई नहीं है। सब आपस में संबद्ध हैं। इस भाव ने भारत की विदेश नीति को शांतिप्रियता, गैर-आक्रामकता और विवादहीनता जैसे मूल्यों के साथ जुड़कर कार्य करने के लिए प्रेरित किया। साझी विश्व व्यवस्था की चुनौतियाँ भी साझी हैं और उनके साझे समाधान की मानसिकता भारतीय विदेश नीति का प्रमुख दृष्टिकोण है। विश्व के सभी राष्ट्रों का विकास सुनिश्चित हो, इसके लिए विकासात्मक साझेदारी का समर्थन भारत ने सहस्राब्दी विकास लक्ष्यों और सतत विकास लक्ष्यों के समर्थन के साथ किया है। क्षेत्रीय स्थिरता आर्थिक समृद्धि और क्षेत्रीय एकीकरण के लिए जरूरी बातों पर भी भारत ने अपनी विदेश नीति के तहत बल दिया है। भारत ने प्रभुत्व वादी मानसिकता के साथ क्षेत्र विशेष को अस्थिर करने के अभियानों का विरोध किया है और क्षेत्रीय असंतुलन को दूर करने के लिए सकारात्मक क्षेत्रीय गठजोड़ों पर बल दिया है। भारत ने राष्ट्रों के आत्मनिर्धारण के अधिकार का समर्थन किया है, क्योंकि यह राष्ट्रों की प्रादेशिक अखंडता, संप्रभुता और स्वायत्तता को महाशक्तियों

की राजनीति से बचाने का उपकरण है। अंतर्राष्ट्रीय राजनीति में इस सिद्धांत को न्यायसंगत और इसका औचित्य सिद्ध करने के लिए भारत में अनेक अवसरों पर प्रयास भी किए हैं। उदाहरण के लिए दक्षिण चीन सागर में चीन के बजाय फिलीपींस के अधिकार का समर्थन, चागोस द्वीप के मामले में ब्रिटेन के बजाय मॉरीशस का समर्थन, अफ्रीकी देशों की संप्रभुता और उन्हें महाशक्तियों की राजनीति से बचाने के प्रयासों का समर्थन आदि भारत के दृष्टिकोण को प्रदर्शित करता है।

अध्याय 2

भारत की विदेश नीति : निर्धारक तत्व, सिद्धांत, परिवर्तन तथा चुनौतियाँ

भारत की विदेश नीति के निर्धारक तत्व

किसी भी देश की विदेश नीति को निर्धारित करने में सबसे बड़ा कारक उस देश के राष्ट्रीय हित होते हैं। राष्ट्रीय हित के आधार पर ही विदेश नीति को संचालित किया जाता है। राष्ट्रीय हित के साथ ही किसी देश की विदेश नीति को निर्धारित करने वाले कई कारक होते हैं। भारत जैसे देश की विदेश नीति के निर्धारक तत्व अत्यधिक विविधतामूलक दिखाई देते हैं। भारत की विदेश नीति को निम्नांकित कारकों ने निर्धारित किया है—

भौगोलिक कारक निर्धारक कारक के रूप में

भौगोलिक कारक किसी देश की विदेश नीति, राष्ट्रीय हित, कला, संस्कृति और सभ्यता को प्रभावित भी करते हैं और निर्धारित भी। वर्ष 1903 में वायसराय लॉर्ड कर्जन ने भारत की भौगोलिक अवस्थिति के महत्त्व को रेखांकित करते हुए कहा था कि हिन्द महासागर में भारत की केंद्रीय अवस्थिति भारत को विश्व राजनीति के केंद्र में रखने में सहायक होगी। विदेश नीति में भौगोलिक कारकों के महत्त्व को स्पष्ट करते हुए भारतीय प्रधानमंत्री जवाहर लाल नेहरू ने 1947 में कहा था कि भारत हिन्द महासागर में अपनी सामरिक अवस्थिति के चलते एक महत्त्वपूर्ण राष्ट्र के रूप में मान्यता प्राप्त है। भारत का दक्षिण पूर्वी एशिया, पूर्वी एशियाई और पश्चिम एशिया के साथ अटूट संबंध रहा है। इस भौगोलिक सच्चाई को चाहकर भी नजरअंदाज नहीं किया जा सकता। इसी प्रकार कालांतर में भारतीय प्रधानमंत्री अटल बिहारी बाजपेई ने वैदेशिक संबंधों में भूगोल की महत्ता पर प्रकाश डालते हुए कहा था कि “हम मित्र तो बदल सकते हैं, परन्तु पड़ोसी नहीं।” यह कथन

दक्षिण एशियाई उपमहाद्वीप के राष्ट्रों की भौगोलिक स्थिति और उनकी महत्ता को स्पष्ट करता है। इसी परिप्रेक्ष्य में जिन भौगोलिक कारकों ने भारत की विदेश नीति को निर्धारित करने में अहम भूमिका निभाई हैं, उनमें शामिल हैं—

भौगोलिक आकार एक निर्धारक कारक के रूप में

किसी देश का भौगोलिक आकार देश की सुरक्षा, विकास और क्षेत्रीय चुनौतियों से निपटने के लिहाज से एक प्रमुख कारक माना जाता है। कश्मीर से लेकर कन्याकुमारी तक भौगोलिक रूप से विस्तारित भारत की प्रादेशिक अखंडता व सुरक्षा का प्रश्न स्वाभाविक रूप से उठता है। भारत भौगोलिक क्षेत्रफल की दृष्टि से विश्व का सातवाँ सबसे बड़ा देश है जिसका कुल क्षेत्र 3.28 मिलियन वर्ग किलोमीटर क्षेत्र में फैला हुआ है। यह कुल वैश्विक क्षेत्र का 2.4 प्रतिशत है। भारत के कुल भौगोलिक क्षेत्र में अंतर्राष्ट्रीय सीमाएँ, घाटियाँ विशेषकर जम्मू कश्मीर, उत्तर पूर्वी भारत की घाटियाँ, पर्वतीय क्षेत्र, ग्लेशियर विशेषकर सियाचिन ग्लेशियर और तिब्बत के पठार से लगा भारत का भाग और डोकलाम पठार से जुड़ा भारत के सिक्किम का भाग

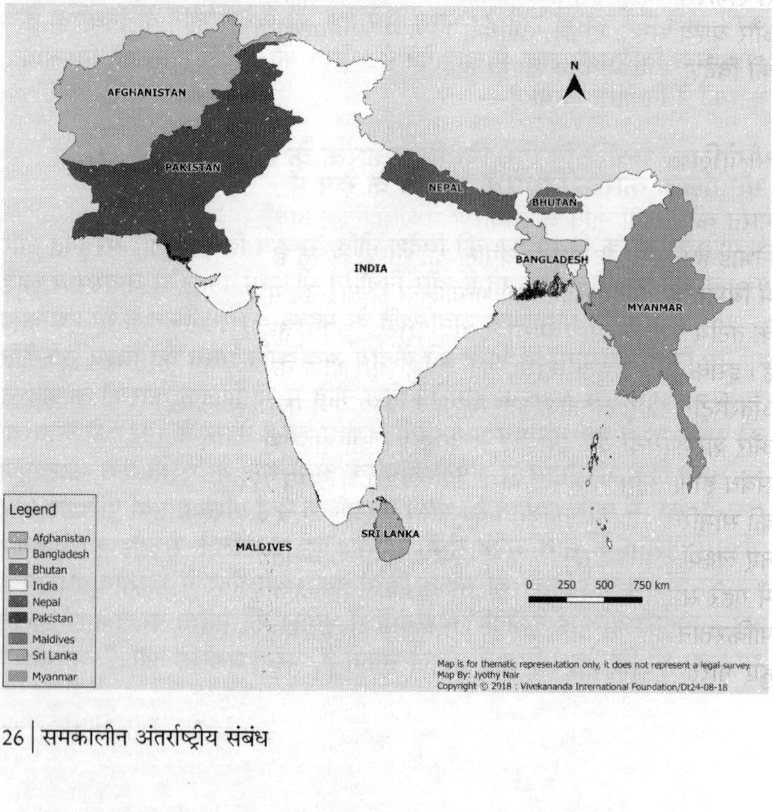

आदि शामिल है। यह सुरक्षा की आवश्यकता को सिद्ध करते हैं।

भारत के उत्तर पश्चिमी भाग में गुजरात पाकिस्तान के बीच स्थित कई ज्वारनदमुख हैं जो राष्ट्रीय सुरक्षा के लिहाज से बेहद अहम क्षेत्र हैं। उल्लेखनीय है कि भौगोलिक कारक किसी भी देश की विदेश नीति को निर्धारित करने वाले प्रमुख कारकों में से एक है। इनमें मुख्य रूप से भौगोलिक आकार, भौगोलिक अवस्थिति, प्राकृतिक संसाधन और जनसंख्या शामिल हैं। भारत की कुल भू सीमा 15106.7 किलोमीटर है। भारत की भू सीमाएँ पड़ोसी राष्ट्रों से लगी हुई हैं जिन्हें ध्यान में रखकर भारत को अपनी विदेश नीति का निर्धारण करना होता है। भारत बांग्लादेश के साथ 4096.7 किलोमीटर, चीन के साथ 3488 किलोमीटर, पाकिस्तान के साथ 3323 किलोमीटर,नेपाल के साथ 1751 किलोमीटर, म्यांमार के साथ 1643 किलोमीटर, भूटान के साथ 699 किलोमीटर, अफ़ग़ानिस्तान के साथ 106 किलोमीटर लंबी अंतर्राष्ट्रीय सीमा सांझी करता है। भारत का पूर्व से पश्चिम विस्तार 2933 किलोमीटर है,और उत्तर से दक्षिण विस्तार 3214 किलोमीटर है।

भारत की संपूर्ण तट रेखा की लंबाई 7516.6 किलोमीटर है जिसमें द्वीपीय क्षेत्र अंडमान निकोबार द्वीपसमूह और लक्षद्वीप भी शामिल हैं। इस प्रकार काश्मीर से लेकर कन्याकुमारी तक भौगोलिक रूप से विस्तारित भारत में सुरक्षा (आंतरिक और बाह्य सुरक्षा दोनों), आर्थिक विकास, पर्यावरणीय संतुलन की दृष्टि से भारत की विदेश नीति मूर्तमान आकर लेती है।

भौगोलिक अवस्थिति एक निर्धारक कारक के रूप में

भारत की विदेश नीति के निर्धारण में भौगोलिक अवस्थिति ने महत्त्वपूर्ण भूमिका निभाई है। भारत के पूर्व में बंगाल की खाड़ी स्थित है और भारत की विदेश नीति में बिम्सटेक केंद्रित नीति इसी भौगोलिक सच्चाई का परिणाम है। बंगाल की खाड़ी के तटीय देशों के साथ भारत ने अपने संबंधों को मज़बूती देने की रणनीति अपनाई है। इसके पीछे प्रमुख कारण यह है कि बांग्लादेश के साथ भारत की सबसे लंबी अंतर्राष्ट्रीय सीमा लगती है और भारत के उत्तर पूर्वी राज्यों की सुरक्षा, अवैध प्रवासन और शरणार्थियों की समस्या के समाधान की दृष्टि से बांग्लादेश के साथ बेहतर संबंध होना आवश्यक है। भारत के पश्चिम में अरब सागर स्थित है। अरब सागर की सामरिक और भू-आर्थिक महत्ता को देखकर भारत ने अपनी विदेश नीति में कुछ नए लक्ष्यों का निर्धारण किया है। अरब सागर में स्थित पाकिस्तानी बंदरगाह ग्वादर में गहरे समुद्री बंदरगाह के विकास के चीन और पाकिस्तान के गठजोड़ और चीन पाकिस्तान आर्थिक गलियारे के निर्माण के नकारात्मक प्रभावों का आंकलन करते हुए भारत ने खुले तौर पर चीन के वन बेल्ट वन रोड पहल का विरोध किया है।

भारत ने इस भौगोलिक सच्चाई को गंभीरता से लिया है कि चीन पाकिस्तान आर्थिक गलियारा कश्मीर से गुजरेगा और इस रूप में यह भारत की प्रादेशिक अखंडता और संप्रभुता का उल्लंघन करता है। अरब सागर की महत्ता का अंदाजा इस बात से भी लगाया जा सकता है कि भारत ने अरब सागर के पास स्थित मुंबई के न्हावा शेवा बंदरगाह से रूस के सेंट पीटर्सबर्ग पर अंतर्राष्ट्रीय उत्तर दक्षिण गलियारे के विकास की रणनीति रूस और ईरान सहित 13 देशों के साथ मिलकर बनाई।

अरब सागर हिन्द महासागर का उत्तरी पश्चिमी भाग है जो पड़ोसी क्षेत्र ईरान, अरब प्रायद्वीप (यमन, ओमान और संयुक्त अरब अमीरात), पाकिस्तान, हॉर्न ऑफ अफ्रीका देश और भारत के बीच एक महत्त्वपूर्ण संपर्क बिंदु का कार्य करता है। ओमान की खाड़ी होरमुज जलसंधि के ज़रिये अरब सागर को फारस की खाड़ी से जोड़ती है, जबकि अदन की खाड़ी बाब अल मंदेव की जलसंधि के ज़रिये अरब सागर को लाल सागर से जोड़ती है। सोकोत्रा द्वीप जो यमन का भाग है, अरब सागर क्षेत्र में ही स्थित है। इस लिहाज से यह समुद्री व्यापारिक मार्गों की दृष्टि से भी अति महत्त्वपूर्ण है और खाड़ी देशों के साथ भारत और पाकिस्तान के मज़बूत संबंधों की दृष्टि से भी महत्त्व का है।

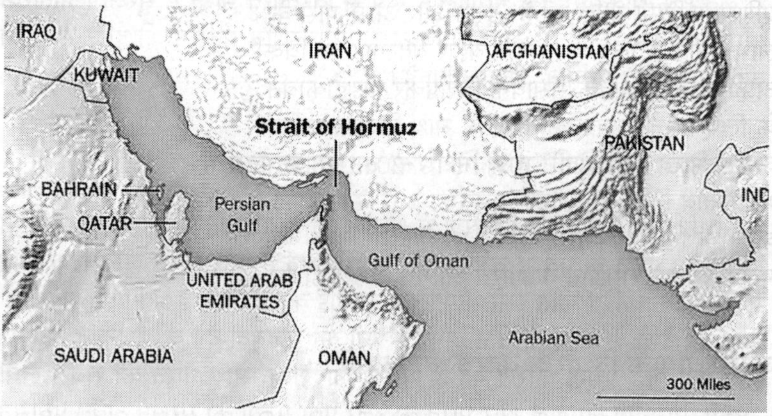

भारत के दक्षिण में विशाल हिन्द महासागर स्थित है। हिन्द महासागर में भारत की सामरिक और केंद्रीय स्थिति ने भी भारत की विदेश नीति को निर्धारित करने में महत्त्वपूर्ण भूमिका निभाई है। हिन्द महासागर में मालदीव के क्षेत्र में स्थित अंतर्राष्ट्रीय समुद्री जहाजी मार्ग मध्य पूर्व के तेल की आपूर्ति भारत, जापान और चीन को सुनिश्चित करने में अहम भूमिका निभाते हैं। मात्रात्मक दृष्टि से भारत का 97 प्रतिशत से अधिक और मूल्यात्मक दृष्टि से 75 प्रतिशत से अधिक अंतर्राष्ट्रीय व्यापार हिन्द महासागर में स्थित मालदीव के अंतर्राष्ट्रीय ट्रेड शिपिंग लेन्स के ज़रिये

होती है। इस बात को ध्यान में रखकर भारत ने अपनी पड़ोसी प्रथम की नीति के मालदीव को इंडिया फर्स्ट की नीति अपनाने के लिए कूटनीतिक प्रयास तेज़ किए हैं। हिन्द महासागर में अपनी केंद्रीय भूमिका का आंकलन करते हुए ही भारत ने सागर विजन, सागरमाला परियोजना और प्रोजेक्ट मौसम की शुरुआत की है।

प्राकृतिक संसाधन एक निर्धारक कारक के रूप में

प्राकृतिक संसाधनों की उपलब्धता एक महत्त्वपूर्ण कारक है जो किसी देश के विदेश नीति को प्रभावित करती है। भारत में कोयला, मैंगनीज़, स्टील, बॉक्साइट, अभ्रक, प्राकृतिक रबर, थोरियम के भण्डार हैं। आयात-निर्यात की रणनीति के लिए प्राकृतिक संसाधनों की उपलब्धता एक महत्त्वपूर्ण कारक है। भारत जापान के मर्मुगाओ बंदरगाह से जापान को लौह अयस्क का निर्यात करता है। इसके साथ ही दूसरे राष्ट्रों में प्राकृतिक संसाधनों की उपलब्धता को देखकर भी भू आर्थिक लाभ प्राप्ति के लिए विदेश नीति को निर्धारित किया जाता है। मध्य एशिया में यूरेनियम और प्राकृतिक गैस की भारी मात्रा को देखते हुए ही भारत द्वारा कनेक्ट सेंट्रल एशिया पॉलिसी बनाई गई है। ईरान और आस-पास के क्षेत्रों से ऊर्जा संसाधनों का लाभ उठाने के लिए भारत ने चाबहार बंदरगाह को विकसित करने का काम किया। अफ्रीका के प्राकृतिक संसाधनों विशेषकर हाइड्रोकार्बन और खनिज तेल की प्राप्ति के लिए भारत ने अफ्रीकी देशों के साथ विकास साझेदारियों पर बल दिया है। इसी क्रम में भारत ने अफ्रीकी संघ के एजेंडा 2063 के क्रियान्वयन में सहयोग करने का भी प्रस्ताव किया है। लैटिन अमरीका और कैरिबियाई देशों के संसाधनों को प्राप्त करने के लिए भी भारत की विदेश नीति में मुक्त व्यापार समझौते और वरीयता मूलक व्यापार समझौते के ज़रिये आर्थिक गठजोड़ों पर ध्यान केंद्रित किया गया है।

जनसंख्या एक निर्धारक कारक के रूप में

जनसंख्या अथवा कार्यशील जनसंख्या ने भी भारत की विदेश नीति को निर्धारित किया है। कार्यशील जनसंख्या जनांकिकी लाभांश के रूप में देश की अर्थव्यवस्था के लिए लाभकारी होती है। भारतीय प्रवासी विश्व में सबसे बड़े प्रवासी जनसंख्या समुदाय हैं। इनकी कुल संख्या लगभग 30 मिलियन है। प्रवासियों से मिलने वाला धन (रेमिटेंस) भारत के भुगतान संतुलन का भाग होता है। संयुक्त राष्ट्र की रिपोर्ट के अनुसार भारत विश्व का सबसे युवा देश बनने की दिशा में अग्रसर है। भारत की लगभग 66 प्रतिशत जनसंख्या 15-64 आयु वर्ग के बीच है। 29 वर्ष की औसत आयु के साथ भारत को 2020 तक विश्व का सबसे युवा देश बनने की रिपोर्ट दी गई

है। एक ऐसे समय में जब जापान, चीन, यूरोप,अमरीका और दक्षिण कोरिया जैसे देशों में आयुवर्धन (एजिंग) की समस्या बढ़ रही है, ऐसे में भारत अपनी कार्यशील जनसंख्या का अधिक लाभ उठा सकता है। यूनाइटेड नेशंस के पॉपुलेशन डिवीजन ने अपनी रिपोर्ट में बताया है कि वर्ष 2024 तक भारत चीन को पीछे छोड़कर विश्व की सर्वाधिक जनसंख्या वाला राष्ट्र बन जाएगा। यहाँ यह भी उल्लेखनीय है कि भारत विश्व को सस्ता श्रम उपलब्ध कराने वाले देश के रूप में भी जाना जाता है। यही कारण है कि भारत सरकार द्वारा भारतीय प्रवासियों, प्रवासी मजदूरों आदि के हितों की सुरक्षा के लिए प्रभावी नीतियाँ बनाई गई हैं।

भारत की विदेश नीति के निर्धारण में विचारधारात्मक कारक

भारत की विदेश नीति के निर्धारण में विचारधारात्मक कारक का भी महत्त्वपूर्ण योगदान रहा है। इसमें उदारवादी, समाजवादी और गांधीवादी मूल्यों पर विशेष बल दिया गया है। उदारवाद से प्रभावित होकर भारत की विदेश नीति में मानव गरिमा, मानवाधिकार, व्यक्तिगत स्वतंत्रता, स्वायत्तता, मुक्त और स्वतंत्र व्यापार का पुरजोर समर्थन किया गया है। वैश्वीकरण, उदारीकरण और निजीकरण के दौर में आर्थिक कूटनीति, प्रत्यक्ष विदेशी निवेश को बढ़ावा देने की बात उदारवादी मूल्यों का ही प्रभाव है। इसके अतिरिक्त भारत ने कई समाजवादी मूल्यों से प्रभावित होकर अपनी विदेश नीति का संचालन किया। भारत द्वारा विश्व व्यवस्था को समतामूलक बनाने का प्रयास, विकास के लाभों का समानता के आधार पर विकसित और विकासशील देशों में वितरण, नव उपनिवेशवाद और पूँजी के संग्रहण, आर्थिक संरक्षणवाद का विरोध आदि में समाजवादी मूल्यों का अनुकरण दिखाई देता है। इसी प्रकार भारत की विदेश नीति के निर्धारण में गांधीवाद का बड़ा हाथ रहा है। अंतर्राष्ट्रीय संबंधों में शक्ति बल का प्रयोग न करने, अहिंसा और असैन्य सहयोग को बढ़ावा, मध्यस्थता और विवादों के शांतिपूर्ण समाधान, वार्ता और संवाद पर बल देने का विचार गांधीवादी मूल्यों पर ही आधारित है। भारत की प्रथम नाभिकीय नीति, 1998 में भारत द्वारा पहले नाभिकीय शक्ति के प्रयोग न करने की नीति पर गांधीवादी दर्शन का ही प्रभाव है। गांधीवादी दर्शन में उपभोक्तावादी संस्कृति का विरोध किया गया है। इसी दर्शन से प्रभावित होते हुए आज भारत समावेशी और गैर भेदभावकारी वैश्वीकरण का समर्थन करता है। इसी आधार पर भारत आज नव उपनिवेशवाद का विरोध और बहुराष्ट्रीय कंपनियों को तृतीय विश्व के देशों के विरुद्ध कार्य न करने का समर्थन करता है। गांधी के न्यासधारिता (ट्रस्टीशिप) के सिद्धांत के तहत पूँजी के संकेंद्रण का विरोध किया गया है। इसी आधार पर भारत ने मुक्त व्यापार के सिद्धांतों और विकासशील देशों के वित्तीय लाभों का समर्थन किया है।

अंतर्राष्ट्रीय परिदृश्य और घटनाक्रम

भारत की विदेश नीति को अंतर्राष्ट्रीय परिदृश्य ने समय-समय पर निर्धारित किया है। अंतर्राष्ट्रीय घटनाक्रमों ने भारत के विदेश नीति निर्माताओं को विशेष परिस्थितियों में विशिष्ट नीति निर्माण का अवसर दिया। 1945 में जब अमरीका और सोवियत संघ शीत युद्ध में लगे हुए थे तो भारत ने इस स्थिति में गुटनिरपेक्षता को अपनाया। भारत किसी भी सैन्य गठबंधन और समझौते का भाग नहीं बना, इसलिए अमरीका और भारत के संबंध अच्छे नहीं बने। 1949 में चीन में नई साम्यवादी सरकार का गठन हुआ। भारत ने इस सरकार को मान्यता दी। उस समय पूरे विश्व में गैर समाजवादी गुट का पहला देश था जिसने नई चीनी सरकार को मान्यता दी। इसी प्रकार भारत ने सितंबर, 1950 में इजरायल को मान्यता प्रदान कर दिया था। चूँकि इजरायल एक स्वतंत्र राजनीतिक इकाई के रूप में 1948 में अस्तित्व में आया था। यहूदियों और अरब विश्व के साथ अपने संबंधों को दिशा देने के परिप्रेक्ष्य में भारत ने इजरायल को मान्यता दी थी। 1950 में कोरियाई प्रायद्वीप के विवाद का ही संदर्भ था जब भारत ने सैन्य विराम के लिए संयुक्त राष्ट्र संघ में प्रस्ताव पेश किया था।

सैन्य विराम समझौते के तहत जिस न्यूट्रल नेशंस रिपेट्रिएशन कमीशन का गठन उत्तर कोरिया और दक्षिण कोरिया के 20,000 युद्धबंदियों के भाग्य के निर्धारण के लिए किया गया था, उसका अध्यक्ष भारत को बनाया गया था। भारत के लेफ्टिनेंट जनरल के. एस. थिमय्या को इस आयोग का अध्यक्ष बनाया गया था।

इसी प्रकार तिब्बत और चीन के मध्य सीमा विवाद को देखते हुए भारत ने पंचशील की नीति अपनाई। 1960 के दशक में नाभिकीय नि:शस्त्रीकरण के लिए आंशिक परीक्षण प्रतिबंध संधि, 1963, परमाणु अप्रसार संधि, 1968 और कालांतर में व्यापक परीक्षण प्रतिबंध संधि, 1996 के रूप में जो संधियाँ लाई गईं, उन्होंने भारत के विदेश नीति के निर्धारण में योगदान दिया। इन्हीं संदर्भों को ध्यान में रखकर भारत ने सार्वभौमिक नि:शस्त्रीकरण को अपनी विदेश नीति का लक्ष्य बनाया और नाभिकीय ऊर्जा के शांतिपूर्ण प्रयोग पर सदैव बल दिया।

घरेलू परिदृश्य एक कारक के रूप में

भारत की विदेश नीति को निर्धारित करने में घरेलू कारकों का भी महत्त्वपूर्ण योगदान रहा है। भारत की दलीय व्यवस्था, जनमत, मीडिया आदि कारकों ने विदेश नीति को निर्धारित किया है। भारत और श्रीलंका संबंधों को डीएमके, एआईएडीएमके आदि ने कई अवसरों पर प्रभावित किया है। भारत अमरीका संबंधों और खास कर प्रत्यक्ष विदेशी निवेश नीति को कम्युनिस्ट पार्टी ऑफ इंडिया जैसे दलों ने प्रभावित किया

है। नेशनल कॉन्फ्रेंस जैसे कश्मीरी राजनीतिक दलों ने भारत पाकिस्तान संबंधों पर प्रभाव डाला है। इसी प्रकार अमरीका द्वारा इराक हमले की निन्दा के संदर्भ में भारतीय जनमत का विदेश नीति पर प्रभाव देखा जा सकता है। मीडिया ने भी भारत के कई देशों के साथ द्विपक्षीय संबंधों को प्रभावित किया है। विशेषकर आतंकवाद और सीमा पार संगठित अपराधों पर मीडिया द्वारा वास्तविकता को स्पष्ट करने के साथ विदेश नीति निर्माताओं को कुछ विशेष नीतियों को अपनाने हेतु दबाव भी पड़ा है।

राजनीतिक परंपरा और दार्शनिक आधार

भारत की विदेश नीति के इतिहास को भारतीय स्वतंत्रता संग्राम और राष्ट्रीय आंदोलन के दौरान वैश्विक मामलों पर विचारों, प्रस्तावों के प्रतिपादन में देखा जा सकता है। भारतीय राष्ट्रीय कांग्रेस के गठन के साथ ही 1885 से भारत के लोगों को राजनीतिक शिक्षा मिलनी शुरू हुई। राजनीतिक जागरूकता की शुरुआत में स्वतंत्रता की माँग एक लक्ष्य नहीं था, बल्कि औपनिवेशिक शासन के दमन से राहत और कुछ सुविधाओं तक भारतीय जनमानस की सोच सीमित थी। इसमें थोड़ा परिवर्तन प्रथम विश्व युद्ध के बाद आया जब खिलाफत आन्दोलन के प्रश्न पर टर्की के खलीफा के अधिकारों के प्रश्न पर भारतीय मुस्लिम आहत हुए और हिन्दू मुस्लिम एकता का नया सूत्रपात हुआ था। गांधी जी ने डॉक्टर अंसारी के नेतृत्व में एक प्रतिनिधिमंडल भी टर्की के प्रश्न पर लंदन भेजा था। अनौपचारिक स्तर पर पहली बार भारतीय विदेश नीति का सूत्रपात वर्ष 1920 में देखा गया जब भारतीय राष्ट्रीय कांग्रेस ने आयरलैंड में आजादी की लड़ाई लड़ने वाले क्रांतिकारियों को एक सहानुभूति संदेश भेजा और उनके स्वतंत्रता संघर्ष का समर्थन किया। इसके बाद 1921 में पहली बार अखिल भारतीय कांग्रेस कमेंटी ने औपचारिक तौर पर दिल्ली बैठक में भारत की विदेश नीति पर एक पूर्ण प्रस्ताव अंगीकृत किया और इसमें इस बात की पुष्टि की गई कि भारत अन्य देशों के साथ मित्रवत और शांतिपूर्ण संबंध स्थापित करने की मंशा रखता है। इसी प्रकार 1928 में कांग्रेस के कलकत्ता अधिवेशन ने अखिल भारतीय कांग्रेस कमेंटी को एक विदेश विभाग खोलने के लिए निर्देशित किया ताकि आश्रित लोगों के साम्राज्य विरोधी आंदोलनों को आयोजित कराने में नैतिक सहयोग दिया जा सके और अन्य देशों से संपर्क भी स्थापित किए जा सके। पंडित नेहरू को इस विभाग का नेतृत्व सौंपा गया। साम्राज्यवाद, उपनिवेशवाद, रंगभेद और नस्लभेद का विरोध एक राजनीतिक परंपरा के रूप में ही भारत की विदेश नीति का अंग बना। भारत के द्वारा कॉमनवेल्थ सदस्यता लेने का निर्णय औपनिवेशिक राजनीतिक परंपरा की ही देन था। नेहरू ने फरवरी, 1927 में ब्रुसेल्स में आयोजित भारतीय राष्ट्रीय कांग्रेस के प्रतिनिधि के रूप में दलित राष्ट्रों की कांग्रेस में भी भाग लिया था। उन्हें

साम्राज्यवाद के खिलाफ लीग की कार्यकारिणी का सदस्य भी निर्वाचित किया गया था। वे 1927 में बोल्शेविक क्रांति के दसवें वर्षगाँठ के समारोह में भी शामिल हुए। इन सब राजनीतिक परंपराओं से भारत ने बहुत कुछ सीखा था।

भारत की विदेश नीति के निर्धारण में दार्शनिक आधार ने भी महत्त्वपूर्ण भूमिका निभाई। कुछ प्राचीन मूल्यों, नैतिक मानदंडों, आचार मानकों ने भारत की विदेश नीति को प्रभावित किया है। वसुधैव कुटुंबकम् का आदर्श भारत के लिए सदैव से महत्त्वपूर्ण रहा है। इस विचार ने भारत को राष्ट्रों के साथ सहयोग, समन्वय, सामूहिक भलाई, सामूहिक विकास जैसे भावों को मज़बूत बनाने में सहयोग किया। एक दूसरे राष्ट्रों के प्रति सम्मान, राष्ट्रीय और अंतर्राष्ट्रीय शांति में विश्वास शांतिपूर्ण सह अस्तित्व की धारणा ने भारतीय विदेश नीति को निर्धारित किया है।

भारतीय संविधान का प्रभाव

भारतीय संविधान के भाग 4 में वर्णित राज्य के नीति निदेशक तत्वों के तहत अनुच्छेद 51 में उन अंतर्राष्ट्रीय व्यवहारों की रूपरेखा दी गई जिसे भारत अपने विदेश नीति में अपनाता है। भारतीय संविधान के अनुच्छेद 51 के तहत प्रावधान है कि केंद्र सरकार निम्नलिखित चार बिंदुओं पर अपनी विदेश नीति में बल देगी।

—अंतर्राष्ट्रीय शांति और सुरक्षा को बढ़ावा देना।

—राष्ट्रों के बीच न्यायसंगत और सम्मानपूर्ण संबंधों को बनाए रखना।

—संगठित लोगों के एक दूसरे से व्यवहारों में अंतर्राष्ट्रीय विधि और संधि बाध्यताओं के प्रति आदर बढ़ाना।

—अंतर्राष्ट्रीय विवादों के मध्यस्थता के ज़रिये समाधान करने को बढ़ावा देना।

भारत ने अपनी विदेश नीति के तहत संयुक्त राष्ट्र महासभा और सुरक्षा परिषद के प्रस्तावों के अनुपालन पर बल दिया है और संयुक्त राष्ट्र के चार्टर के आदर्शों के अनुरूप आचरण करने पर बल देते हुए अंतर्राष्ट्रीय शांति और सुरक्षा को बढ़ावा देने का प्रयास किया है। भारत ने अंतर्राष्ट्रीय मध्यस्थता न्यायालय, अंतर्राष्ट्रीय अपराध न्यायालय और अंतर्राष्ट्रीय न्यायालय (इंटरनेशनल कोर्ट ऑफ जस्टिस) के निर्णयों के प्रति अपना सम्मान सदैव व्यक्त किया है। भारत ने इस बात का सदैव समर्थन किया है कि सामुद्रिक विवादों का निपटारा अंतर्राष्ट्रीय समुद्री विधि अभिसमय, 1982 के प्रावधानों के अनुरूप किया जाए। दक्षिण चीन सागर विवाद में भी इसी कानून के प्रावधानों के अनुरूप समस्या के समाधान का समर्थन भारत करता है। भारतीय संविधान का ही प्रभाव है कि भारत ने अगस्त, 2019 में सिंगापुर कन्वेंशन का अनुसमर्थन किया है। यह संधि मध्यस्थता के परिणामस्वरूप होने वाले अंतर्राष्ट्रीय समाधान समझौतों को लागू करने के लिए एक समान और कुशल तंत्र उपलब्ध

कराती है। संयुक्त राष्ट्र महासभा ने 20 दिसंबर, 2018 को अंतर्राष्ट्रीय समाधान समझौतों पर संयुक्त राष्ट्र संधि जिसे सिंगापुर कन्वेंशन कहते हैं, को अपनाया था।

राष्ट्रीय हित विदेश नीति के निर्धारक कारक के रूप में

राष्ट्रीय हित भारत की विदेश नीति का सर्वाधिक प्रमुख निर्धारक कारक है। भारत का सबसे प्रमुख राष्ट्रीय हित देश की प्रादेशिक अखंडता और संप्रभुता की सुरक्षा करना है। अंतर्राष्ट्रीय सीमाओं की सुरक्षा हेतु भारत पड़ोसी राष्ट्रों के साथ मित्रवत और सहयोगी संबंध विकसित करने का प्रयास करता है। सीमा पार आतंकवाद अथवा पाक प्रायोजित आतंकवाद, जम्मू कश्मीर में घुसपैठ, सीमा पार प्रवासन, शरणार्थियों का आगमन, नशीले पदार्थों, वन्य जीवों और हथियारों की तस्करी को रोकना, जाली मुद्रा के भारत में प्रवाह को रोकना भारत की राष्ट्रीय सुरक्षा के लिए आवश्यक है। भारत के राष्ट्रीय हितों में ऊर्जा सुरक्षा, नाभिकीय सुरक्षा, भारतीय प्रवासियों के हितों की सुरक्षा, अबाधित आर्थिक संवृद्धि आदि शामिल हैं। भारत की विदेश नीति राष्ट्रीय हितों के इन्हीं आयामों से निर्धारित और संचालित होती है। वैश्विक संगठनों में भारत को सदस्यता मिलना भी भारत के राष्ट्रीय हित में शामिल है। इसके लिए भी भारत ने यथार्थवादी विदेश नीति अपनाई है। अमरीका, ब्रिटेन, जापान, फ्रांस, ऑस्ट्रेलिया जैसे राष्ट्रों से मज़बूत गठजोड़ करके भारत ने ऑस्ट्रेलिया ग्रुप, वासेनार अरेंजमेंट, मिसाइल टेक्नोलॉजी कंट्रोल रेजीम की सदस्यता प्राप्त कर ली है। वर्ष 2019 में सीटीबीटी को लागू करने वाली एजेंसी सीटीबीटीओ ने भारत को पर्यवेक्षक सदस्य बनने का निमंत्रण दिया है।

आर्थिक कारक विदेश नीति के निर्धारक के रूप में

भारत की विश्व अर्थव्यवस्था में स्थिति और अन्य विकसित एवं विकासशील देशों की अर्थव्यवस्था की स्थितियाँ भारत की विदेश नीति को काफी हद तक प्रभावित और निर्धारित करती हैं। जब भारत आजाद हुआ था तो उसकी आर्थिक स्थिति ठीक नहीं थी, इसलिए राष्ट्र निर्माण, राष्ट्रीय एकीकरण और भारत के आर्थिक विकास को सुनिश्चित करने के लिए भारत ने शक्ति गुटों की राजनीति में न उलझकर सभी राष्ट्रों से आर्थिक सहयोग प्राप्त करने की नीति अपनाई। इसे बल देने के लिए भारत ने गुटनिरपेक्षता की नीति अपनाई थी। 1991 में आर्थिक सुधारों की नीति अपनाने के साथ भारत में वैश्वीकरण उदारीकरण निजीकरण के लाभों को प्राप्त करने की क्षमता में विश्वास हुआ और भारत ने दक्षिण पूर्वी एशियाई देशों के साथ आर्थिक संबंधों को मज़बूती देने के लिए 'पूर्व की ओर देखो' की नीति अपनाई। कालांतर में

भारत ने अफ्रीका से हाइड्रोकार्बन, खनिज तेल प्राप्त करने के लिए फोकस अफ्रीका नीति अपनाई। भारत के विदेशी व्यापार नीति (2015-2020) के तहत अफ्रीका पर विशेष ध्यान केंद्रित किया है। भारत एक उभरती हुई बाज़ार अर्थव्यवस्था के रूप में विदेशी निवेशकों का सर्वाधिक आकर्षक निवेश गंतव्य बना है। भारत की प्रत्यक्ष विदेशी निवेश नीति का निर्माण भी इस प्रकार किया गया है कि भारत वैश्विक अर्थव्यवस्था में एक बड़ा स्थान प्राप्त कर सके।

नेतृत्व एक निर्धारक कारक के रूप में

भारतीय प्रधानमंत्रियों और राजनयिकों के नेतृत्वकारी क्षमता ने भारत की विदेश नीति को निर्धारित करने में महत्त्वपूर्ण भूमिका निभाई है। भारत के प्रथम प्रधानमंत्री जवाहरलाल नेहरू के नेतृत्व गुट निरपेक्षता का विचार, गुट निरपेक्ष आंदोलन, पंचशील, सार्वभौमिक नि:शस्त्रीकरण का लक्ष्य भारत को मिला। लाल बहादुर शास्त्री के समय देश को जय जवान जय किसान के नारे के अलावा ताशकंद समझौते को संपन्न किया गया। प्रधानमंत्री इंदिरा गांधी के समय भारत की सहायता से बांग्लादेश का एक नए राष्ट्र के रूप में निर्माण, सोवियत संघ से 20 वर्षीय मित्रता और सहयोग संधि, 1974 में भारत का पहला नाभिकीय परीक्षण, 1975 में भारत का पहला सेटेलाइट आर्यभट्ट लॉन्च किया गया। इंदिरा गांधी के समयकाल में श्रीलंका में तमिलों को सहायता देने का निर्णय किया गया था। प्रधानमंत्री राजीव गांधी के समय में श्रीलंका में भारत की शांति वाहिनी सेना भेजी गई थी और तमिलों की समस्या को सुलझाने का प्रयास किया गया था। फिजी में प्रवासी भारतीयों की सुरक्षा के लिए फिजी के खिलाफ कार्यवाही, मालदीव में लिट्टे के भाड़े के सैनिकों द्वारा उत्पन्न किए गए गंभीर खतरों से निपटने में भारत द्वारा मदद दिया गया। 1988 में प्रधानमंत्री राजीव गांधी ने संयुक्त राष्ट्र महासभा में सार्वभौमिक नि:शस्त्रीकरण हेतु प्रस्ताव किया था। 1988 में ही पाकिस्तान के साथ एक समझौता किया गया था जिसके तहत भारत और पाकिस्तान को प्रत्येक वर्ष पहली जनवरी को नाभिकीय हथियारों की सूचना साझा करने और एक दूसरे के कारावासों में बंद कैदियों को रिहा करने पर सहमति बनी थी। प्रधानमंत्री नरसिम्हा राव के समय पूर्व की ओर देखो की नीति अपनाई गई। वहीं प्रधानमंत्री इंद्र कुमार गुजराल के समय गुजराल डॉक्ट्रिन को अंगीकृत किया गया था, जिसके तहत पड़ोसी देशों को एकतरफा रियायतें और सहयोग देने की नीति पर बल दिया गया था। प्रधानमंत्री अटल बिहारी बाजपेई के समय भारत की पहली नाभिकीय नीति, अमरीका के साथ संबंधों को मज़बूती देने, पाकिस्तान के साथ संबंधों को सामान्य करने के लिए सॉफ्ट पॉवर डिप्लोमेसी पर जोर दिया गया जिसमें क्रिकेट अथवा स्पोर्ट्स डिप्लोमेसी भी

शामिल था। प्रधानमंत्री मनमोहन सिंह के समय कई देशों के साथ असैन्य परमाणु सहयोग समझौते संपन्न करने का कार्य किया गया। प्रधानमंत्री नरेन्द मोदी के समय में पड़ोसी प्रथम की नीति अपनाई गई जिसे बिम्सटेक देशों को जोड़ते हुए विस्तारित पड़ोसी प्रथम की नीति में बदला गया है। एक्ट ईस्ट पॉलिसी, कनेक्ट सेंट्रल एशिया पॉलिसी, एक्ट फॉर ईस्ट पॉलिसी, लुक लैटिन अमरीका पॉलिसी (कारिकॉम और मर्कोसुर देशों से संबंधों पर जोर), हिन्द महासागर की सुरक्षा के लिए विजन सागर, प्रोजेक्ट मौसम, एशिया अफ्रीका ग्रोथ कॉरिडोर के विकास पर बल दिया गया है।

भारत की विदेश नीति के प्रमुख सिद्धांत

किसी भी देश की विदेश नीति कुछ सिद्धांतों, मूल्यों, दर्शन, विचारधाराओं का योग होता है। सिद्धांत ऐसे मूल्य और विश्वास हैं जिनसे आमतौर पर समझौता नहीं किया जाता। ये विदेश नीति के लक्ष्यों और उन्हें पूरा करने के लिए अपनाए जाने वाले साधनों को दिशा निर्देश देते हैं। दूसरे शब्दों में कुछ विशिष्ट सिद्धांत भारत की विदेश नीति को संचालित करते हैं। विदेश नीति के सिद्धांतों से भारत को अंतर्राष्ट्रीय आचरण अथवा व्यवहार करने के लिए मार्गदर्शन प्राप्त होता है। भारत ने वैश्विक शांति, सुरक्षा, समृद्धि और मानवता के कल्याण को ध्यान में रखकर अपनी विदेश नीति की रूपरेखा तय की है। भारत के विदेश नीति के प्रमुख सिद्धांतों में शामिल हैं :

पंचशील विदेश नीति के आधार स्तम्भ के रूप में

पंचशील भारत की विदेश नीति का प्रमुख आधार स्तम्भ और सिद्धांत रहा है। यह अंतर्राष्ट्रीय व्यवहार और आचरण में प्रयोग में लाए जाने वाले पाँच प्रमुख बिंदुओं पर बल देता है। 29 अप्रैल, 1954 को चीन और तिब्बत के मध्य सीमा विवाद के समाधान के लिए भारत द्वारा पंचशील सिद्धांत का प्रतिपादन किया गया था। वास्तव में पंचशील एशियाई सभ्यता के मूल्यों का मिला-जुला रूप है। चीन के कन्फ्युशियस और बौद्ध धर्म के तथा भारत के बौद्ध और अन्य धर्मों के नैतिक मूल्यों और मान्यताओं के मेल-जोल से पंचशील सिद्धांत की उत्पत्ति हुई। भारतीय धर्म के तहत वसुधैव कुटुंबकम् के आदर्श ने पंचशील सिद्धांत को कार्य रूप देने में भूमिका निभाई। वसुधैव कुटुंबकम् का आदर्श समूची पृथ्वी को घर मानते हुए सामूहिक सुरक्षा और सामूहिक विकास की धारणा की परिकल्पना करता है और इसी से शांतिपूर्ण सह अस्तित्व की धारणा को भी बढ़ावा मिला जो पंचशील का बुनियादी ढाँचा है। पंचशील बौद्ध अभिलेखों से लिया गया शब्द है। इसमें बौद्ध भिक्षुओं का

व्यवहार निर्धारित करने वाले पाँच निषेध होते हैं। तत्कालीन प्रधानमंत्री जवाहर लाल नेहरू ने वहीं से इसे लिया था। इसके बाद ही हिंदी-चीनी भाई-भाई के नारे लगे। पंचशील के तहत भारत और चीन ने अपने अंतर्राष्ट्रीय व्यवहारों और अंतर्राष्ट्रीय संबंधों में निम्नलिखित 5 बिंदुओं पर ध्यान केंद्रित करने का आवाहन किया था।

1. एक दूसरे की संप्रभुता और प्रादेशिक अखंडता का सम्मान करना।
2. परस्पर अनाक्रमण अथवा एक दूसरे पर आक्रमण न करना।
3. परस्पर गैर हस्तक्षेप अथवा एक दूसरे के आंतरिक मामलों में हस्तक्षेप नहीं करने की परस्पर सहमति।
4. समानता और परस्पर लाभकारी संबंध।
5. शांतिपूर्ण सह-अस्तित्व।

मई 2013 में चीन के प्रधानमंत्री ली केकुआंग के भारत दौरे के दौरान भारत और चीन ने यह निर्णय लिया था कि सहअस्तित्व के पंचशील के सिद्धांतों की 60वीं वर्षगांठ को 2014 में 'मैत्रीपूर्ण विचार-विमर्श के वर्ष' के रूप में मनाया जाए और फरवरी, 2014 में नई दिल्ली में 'भारत-चीन मैत्रीपूर्ण विचार-विमर्श' की औपचारिक शुरुआत की। जून, 2014 में भारत के उपराष्ट्रपति ने पंचशील के सिद्धांतों की 60वीं वर्षगांठ पर बीजिंग, चीन में अपना संबोधन दिया और इस पहल के लिए राष्ट्रपति जिनपिंग का आभार प्रकट किया। इससे स्पष्ट है कि चीन और भारत के मध्य मतभेदों के बावजूद पंचशील की महत्ता पर दोनों पक्षों में विचार विमर्श जारी रहा है।

भारत और चीन के संबंधों के विश्लेषण के क्रम में पंचशील की प्रासंगिकता पर कई बार प्रश्न खड़े किए हैं। चीन द्वारा तिब्बत के पठार को अपनी क्षेत्रीय और अवसंरचनात्मक कूटनीति की महत्त्वाकांक्षाओं के लिए प्रयोग में लाने की मानसिकता पंचशील सिद्धांत का अपमान करने जैसा है। हाल के समय में चीन ने तिब्बत के पठार का उपयोग करते हुए चीन नेपाल के मध्य रेलवे लिंक स्थापित करने का निर्णय किया है। यह तिब्बत की प्रादेशिक अखंडता और संप्रभुता की बात करने वाले पंचशील सिद्धांत के उल्लंघन के रूप में देखा जा रहा है। चीन द्वारा अरुणाचल प्रदेश, ब्रम्हपुत्र, तवांग घाटी में हस्तक्षेप की नीति, भूटान के डोकलाम क्षेत्र में चीन द्वारा सड़क निर्माण की कार्यवाही को भी पंचशील के उल्लंघन के रूप में देखा गया है।

गुटनिरपेक्षता भारतीय विदेश नीति के सिद्धांत के रूप में

गुटनिरपेक्षता भारत की विदेश नीति का प्रमुख सिद्धांत है। स्वतंत्र भारत ने महाशक्तियों और अंतर्राष्ट्रीय राजनीति से अपने अंतर्संपर्क के लिए विदेश नीति के केंद्रीय

सिद्धांत के रूप में गुटनिरपेक्षता के विचार को अपनाया। यह नीति शीत युद्ध काल के अमरीका और सोवियत संघ के शक्ति संघर्ष, विचारधारा की लड़ाई, शस्त्रों की होड़, सैन्य गठबंधनों और समझौतों से दूर रहने के लक्ष्य से प्रेरित थी। भारत इस नीति के ज़रिये एशिया अफ्रीका, लैटिन अमरीका के देशों की स्वतंत्रता, संप्रभुता, और स्वायत्तता की रक्षा करना चाहता था। भारत ने आत्म निर्धारण के अधिकार के आधार पर शीत युद्ध के शक्ति गुट की राजनीति से तटस्थ रहकर स्वयं राष्ट्र निर्माण और राष्ट्रीय एकीकरण के कार्यों पर बल देने को अधिक आवश्यक समझते हुए गुटनिरपेक्षता की नीति को अपनाया। इस नीति को अपनाकर भारत अंतर्राष्ट्रीय मामलों में अपनी स्वतंत्र आवाज उठा सकता था, बिना किसी गुटीय झुकाव के वैश्विक मामलों पर अपना पक्ष रख सकता था। यदि भारत अमरीका अथवा सोवियत संघ में से किसी भी शक्ति गुट का भाग बनता तो उसकी विदेश नीति गुट विशेष के समर्थन और सहयोग के ही इर्द-गिर्द घूमती। भारत को आर्थिक सहायता भी गुट विशेष से ही मिल पाती।

स्वतंत्रता प्राप्ति के समय भारत में जिस स्तर की निर्धनता, बेरोजगारी, भुखमरी, कुपोषण, औद्योगिक पिछड़ापन जैसी विकट समस्याएँ थीं, उनसे निपटने के लिए भारत को सैन्य संघर्षों, विवादों से दूर विश्व के हर गुट से सहयोग की अपेक्षा थी। यही कारण है कि भारत गुटीय संलग्नता से दूर रहा और तृतीय विश्व के राष्ट्रों के हितों के लिए गुटनिरपेक्ष आंदोलन का नेतृत्व कर्ता बना। गुटनिरपेक्षता की नीति भारत के लिए निष्क्रियता की नीति नहीं थी।

गुटनिरपेक्षता की नीति को व्यापक अर्थों में निष्क्रियता और निरपेक्षता की नीति नहीं माना जा सकता। यह एक विशिष्ट प्रकार की सक्रियता की नीति है जो एशिया, अफ्रीका और लैटिन अमरीका के देशों के साथ होने वाले अन्याय, शोषण, भेदभाव से लड़ने पर ध्यान केंद्रित करता है। 1990 में शीत युद्ध के अंत के बाद वैश्वीकरण, उदारीकरण निजीकरण के प्रचलन में आने के बाद भले ही गुटनिरपेक्षता की नीति पर प्रश्नचिह्न लगाए गए हों लेकिन तृतीय विश्व के नए मुद्दों के साथ भारत की विदेश नीति में समावेशी विकास के लिए गुटनिरपेक्षता के वैचारिक लक्ष्य को बनाए रखा गया है। आज गुटनिरपेक्षता के विचार के साथ अंतर्राष्ट्रीय आतंकवाद, नव उपनिवेशवाद, साइबर आतंकवाद, ग्लोबल वार्मिंग, जलवायु परिवर्तन, आर्थिक संरक्षणवाद, समुद्री मार्गों की स्वतंत्रता, ब्लैक मनी और मनी लॉन्ड्रिंग से निपटने, क्षेत्रीय संघर्षों और विवादों के शांतिपूर्ण और राजनीतिक समाधान, अंतर्राष्ट्रीय संगठनों की संरचना और कार्यप्रणाली में सुधार की माँग के ज़रिये विश्व व्यवस्था को समतामूलक बनाने का प्रयास भारत की विदेश नीति में एक मूल्य के रूप में सक्रिय है।

संयुक्त राष्ट्र संघ के चार्टर में विश्वास

संयुक्त राष्ट्र संघ के चार्टर में विश्वास भारत की विदेश नीति का एक प्रमुख सिद्धांत है। संयुक्त राष्ट्र संघ की स्थापना का मूल उद्देश्य वैश्विक शांति, सुरक्षा और समृद्धि की स्थापना है। चूँकि भारत संयुक्त राष्ट्र संघ का संस्थापक सदस्य रहा है इसलिए वैश्विक शांति और सुरक्षा का लक्ष्य भारत की प्राथमिकताओं में भी शामिल है जिसे वह अपनी विदेश नीति के ज़रिये दिशा देता है। इसी आधार पर भारत संयुक्त राष्ट्र संघ की शांतिवाहिनी सेनाओं में भारतीय शांति रक्षकों को शामिल करता है। अफ्रीकी देश कांगो में 1960 के दशक से भारतीय सैनिक संयुक्त राष्ट्र की शांति वाहिनी सेना में अपनी सेवा दे रहे हैं। लाइबेरिया में भारत ने महिला शांति रक्षिकाओं को संयुक्त राष्ट्र पीस कीपिंग मिशन में तैनात किया है। इस रूप में वैश्विक शांति और सुरक्षा के आदर्श जो संयुक्त राष्ट्र चार्टर में वर्णित हैं, के अनुपालन का प्रयास भारत ने किया है। संयुक्त राष्ट्र संघ के संधियों, अभिसमयों और समझौतों का भारत हस्ताक्षरकर्ता और अनुसमर्थक देश है। इससे भारत यह संदेश देता है कि भारत और संयुक्त राष्ट्र के लक्ष्य समान हैं।

संयुक्त राष्ट्र संघ के चार्टर में राष्ट्रों की संप्रभुता और प्रादेशिक अखंडता के सम्मान में कार्य करने की अपेक्षा की गई है। इस अपेक्षा को भारत एक दायित्व के रूप में देखता है। भारत ने दक्षिण एशियाई देशों के प्रादेशिक अखंडता और दक्षिण पूर्वी एशियाई देशों और जापान के समुद्री अधिकारों का समर्थन इसी आधार पर समय-समय पर किया है। भारत ने संयुक्त राष्ट्र समुद्री विधि अभिसमय, 1982 के तहत दक्षिण पूर्वी एशियाई देशों और अन्य देशों के अनन्य आर्थिक क्षेत्रों के अधिकारों का समर्थन किया है। संयुक्त राष्ट्र का दृष्टिकोण है कि किसी भी वैश्विक और क्षेत्रीय विवाद का समाधान राजनीतिक व शांतिपूर्ण रूप से होना चाहिए। संयुक्त राष्ट्र संघ के तत्वाधान में अंतर्राष्ट्रीय मध्यस्थता के ज़रिये विवादों के समाधान के उचित तरीके का भारत ने समर्थन किया है। भारत संयुक्त राष्ट्र की विशेष संस्थाओं के वैश्विक और क्षेत्रीय प्रतिबद्धताओं में उनके सहयोगी और सहायक के रूप में भूमिका निभाता रहा है, जैसे फूड एंड एग्रीकल्चर ऑर्गेनाइजेशन, अंकटाड, यूएनडीपी, यूनिसेफ, यूनेस्को, अंतर्राष्ट्रीय श्रम संगठन आदि।

राष्ट्रकुल अथवा कॉमनवेल्थ के चार्टर में विश्वास

राष्ट्रकुल के चार्टर में विश्वास अथवा कॉमनवेल्थ संगठन के चार्टर में विश्वास भारत की विदेश नीति का प्रमुख सिद्धांत है। कॉमनवेल्थ और उसके चार्टर से अपने को जोड़कर भारत उपनिवेशवाद और साम्राज्यवाद विरोधी संस्कृति से तृतीय

विश्व के देशों को भी जोड़े रखने की इच्छा रखता है क्योंकि कॉमनवेल्थ में वही देश है जो किसी न किसी रूप में ब्रिटेन के उपनिवेश रहे हैं। अत: कॉमनवेल्थ से जुड़कर भारत उपनिवेशवाद के विरोध को एक नया आंदोलन बनाने की मंशा रखता है। कॉमनवेल्थ का गठन 1949 में किया गया था और यह विश्व के सबसे पुराने राजनीतिक संगठनों में से एक माना जाता है। ब्रिटिश औपनिवेशिक शासन के दौरान कुछ देशों जिन पर ब्रिटेन ने प्रत्यक्ष रूप से या अप्रत्यक्ष रूप से शासन किया था, उनके साथ राजनयिक संबंधों, उनके स्वायत्तता और स्वशासन की माँगों पर विचार करने के लिए एक संगठन की जरूरत थी और उसी जरूरत को पूरा करने के लिए कॉमनवेल्थ का गठन किया गया था, क्योंकि कई देश ऐसे थे जो ब्रिटेन के अधीन अपना शासन चला रहे थे और उनको अपनी शिकायतों को ब्रिटेन तक पहुँचाने के लिए एक संगठन की आवश्यकता थी। इसीलिए कॉमनवेल्थ बनाया गया था। भारत कॉमनवेल्थ का सदस्य बना। पंडित जवाहरलाल नेहरू ने इस बात को स्पष्ट किया कि कॉमनवेल्थ की सदस्यता लेने का यह मतलब नहीं है कि भारत अपनी संप्रभुता का त्याग कर रहा है या संप्रभुता से कोई समझौता कर रहा है। भारत अपने हित प्रभावित होने की स्थिति में किसी भी समय कामनवेल्थ से बाहर निकल सकता है, लेकिन उसके जुड़ने का मकसद तृतीय विश्व के देशों में शोषण, दमन और अन्याय के खिलाफ जागरूकता का प्रचार-प्रसार करना और उन्हें एक नेतृत्व प्रदान करना है।

सार्वभौमिक नि:शस्त्रीकरण एक प्रमुख सिद्धांत के रूप में

भारत की विदेश नीति का एक प्रमुख सिद्धांत वैश्विक नि:शस्त्रीकरण है। भारत प्राचीन समय से ही अहिंसक मानसिकता का देश रहा है। बुद्ध, अशोक, गांधी और टैगोर जैसे विचारकों से शांति और सहिष्णुता के मूल्य भारत ने सीखे। भारत ने शीत युद्ध काल के शस्त्र होड़ का विरोध किया और नाभिकीय अस्त्र शस्त्रों के प्रयोग का भी विरोध किया था। अमरीका द्वारा जापान के हिरोशिमा और नागासाकी पर गिराए गए परमाणु बमों से मानवता को जो क्षति हुई थी उसको देखते हुए भारत ने किसी भी राजनीतिक शक्ति गुट से जुड़ने से परहेज करना उचित समझा। 1945 के बाद से महाशक्तियों ने नाभिकीय परीक्षण करने शुरू कर दिए थे। 1945 में अमरीका ने न्यू मैक्सिको में ट्रिनिटी एक्सप्लोजन विस्फोट किया था उसके बाद 1949 में सोवियत संघ ने अपना पहला नाभिकीय परीक्षण किया। 1952 में ब्रिटेन ने अपना पहला परमाणु परीक्षण किया और 1960 में फ्रांस और 1964 में चीन ने अपना पहला नाभिकीय परीक्षण किया। इस प्रकार घोषित तौर पर पाँच शक्तियों ने नाभिकीय परीक्षण करके अपने को नाभिकीय

शक्ति संपन्न राष्ट्र माना। यह स्थितियाँ वैश्विक शांति और सुरक्षा के लिए खतरा थीं और चूँकि संयुक्त राष्ट्र संघ का गठन ही वैश्विक शांति और सुरक्षा के लिए किया गया था इसलिए भारत ने यूएन और उसके मूल्यों में विश्वास रखते हुए वैश्विक नि:शस्त्रीकरण के लिए आवाज उठाई। 1954 में पंडित जवाहरलाल नेहरू विश्व के पहले व्यक्ति थे जिन्होंने संयुक्त राष्ट्र महासभा में नाभिकीय अस्त्र शस्त्रों के संपूर्ण उन्मूलन का प्रस्ताव किया जिसे स्टैंड स्टील एग्रीमेंट के नाम से जाना गया। इसी के बाद एटम फॉर पीस प्रस्ताव से प्रभावित होते हुए आईएईए का गठन किया गया था 1963 में पार्शियल टैस्ट बैन ट्रीटी संपन्न की गई थी। इसके उपरांत 1968 में परमाणु अप्रसार संधि और 1996 में व्यापक परमाणु अप्रसार संधि भी संपन्न किया गया। भारत ने इन सब संधियों के प्रावधानों का सूक्ष्मता से विश्लेषण किया और इन सब को भेदभाव कारी पाते हुए इन सब पर न हस्ताक्षर किया और न ही अनुसमर्थन। इससे स्पष्ट है कि भारत सार्वभौमिक नि:शस्त्रीकरण को सर्वोच्च प्राथमिकता प्रदान कर्ता है।

साम्राज्यवाद और उपनिवेशवाद रंगभेद व नस्लभेद का विरोध

साम्राज्यवाद और उपनिवेशवाद रंगभेद व नस्लभेद का विरोध, शोषण अत्याचार और भेदभाव का सभी रूपों में विरोध करना भारत की विदेश नीति का एक परंपरागत मूल्य रहा है। भारत अंतर्राष्ट्रीय संबंधों में समानता और स्वतंत्रता के मूल्यों को स्थापित करने की इच्छा रखता है इसलिए उसमें आजादी के समय आत्म निर्धारण व मानव गरिमा के सिद्धांत के आधार पर साम्राज्यवाद और उपनिवेशवाद, रंगभेद व नस्लभेद का विरोध किया। 30 मार्च से 2 अप्रैल 1947 के दौरान नई दिल्ली में आयोजित पहले एशियन रिलेशंस कॉन्फ्रेंस जिसकी अध्यक्षता सरोजिनी नायडू ने की थी उसमें 34 देशों के 193 प्रतिनिधि मंडल ने भाग लिया था। 7 सितंबर 1946 को नेहरू ने अपने प्रसिद्ध रेडियो भाषण में भारत के आगामी विदेश नीति के मूल बिंदुओं को गुटनिरपेक्षता, उपनिवेशवाद विरोधी, नस्लभेद विरोध के रूप में परिभाषित किया था। एशियन रिलेशंस कॉन्फ्रेंस ने वैश्विक मामलों में अगले डेढ़ दशक तक भारत के एक महत्त्वपूर्ण क्षेत्रीय शक्ति के रूप में उभार को चिन्हित किया। इसी अधिवेशन में एशिया से संबंधित पाँच प्रमुख विषयों पर चर्चा हुई। पहला, राष्ट्रीय स्वतंत्रता आंदोलन दूसरा, प्रजाति और प्रवासन संबंधित मामले तीसरा, सामाजिक और आर्थिक विकास चौथा, संस्कृति के मुद्दे और पाँचवाँ, महिलाओं के मुद्दे। इस कॉन्फ्रेंस में एशियन रिलेशंस ऑर्गेनाइजेशन को एक स्थायी सचिवालय के रूप में गठित करने का निर्णय हुआ। यह एशियाई भाईचारे के उद्देश्य के लिए था। सम्मेलन में नेहरू ने साम्राज्यवाद उपनिवेशवाद रंगभेद और नस्लभेद का विरोध भी किया।

23 जून 1946 को भारत सरकार ने यह निवेदन किया कि संयुक्त राष्ट्र महासभा के पहले सत्र में दक्षिण अफ्रीका में भारतीयों के साथ किए जा रहे विभेदकारी बर्ताव को एजेंडे में शामिल किया जाए। संयुक्त राष्ट्र में इस मुद्दे को उठाने वाला भारत विश्व का पहला देश था।

समतामूलक विश्व व्यवस्था के निर्माण पर बल

भारत के विदेश नीति में समतामूलक विश्व व्यवस्था के निर्माण पर विशेष जोर दिया गया है। यह भारत की विदेश नीति का लक्ष्य भी है और सिद्धांत भी है। विकसित और विकासशील देशों के मध्य आर्थिक, राजनीतिक मामलों पर भेदभाव का विरोध करना भारतीय विदेश नीति में अहम स्थान रखता है। विश्व व्यापार संगठन, संयुक्त राष्ट्र संघ और सुरक्षा परिषद्, अंतर्राष्ट्रीय मुद्रा कोष में विकासशील देशों के पक्ष में बात करना भारत की विदेश नीति की एक प्राथमिकता रही है।

भारत की विदेश नीति में निरंतरता और परिवर्तन

किसी भी देश की विदेश नीति अपने राष्ट्रीय हितों की प्राप्ति के लिए सक्रिय रहती है। राष्ट्र हित कोई स्थिर संकल्पना नहीं है। राष्ट्रीय हित एक गतिशील धारणा है जिसमें समय और देशकाल के साथ परिवर्तन आता रहता है। भारत ने अपने राष्ट्रीय हितों की प्राप्ति के लिए कुछ लक्ष्यों और सिद्धांतों को अपनाया था। भारत की विदेश नीति के कुछ प्रमुख मार्गदर्शक सिद्धांत और लक्ष्य अभी भी वैसे ही हैं जैसा स्वतंत्र भारत में पहली बार अपनाया गया था। स्वतंत्र भारत में साम्राज्यवाद, उपनिवेशवाद, रंगभेद और नस्लभेद का विरोध विदेश नीति का उद्देश्य भी था और सिद्धांत भी। आज भी भारत विश्व राजनीति में शोषण के इन विभिन्न रूपों का विरोध करता है। भारत आज भी राष्ट्रों की एकाधिकारवादी आधिपत्यवादी, प्रभुत्ववादी मानसिकता और कार्यवाहियों का विरोध करता है। इसी आधार पर भारत आज भी अफ्रीकी देशों के आत्म निर्धारण के अधिकार, हिन्द महासागर के तटीय देशों मॉरीशस, सेशेल्स आदि के समुद्री अधिकारों, दक्षिण पूर्वी एशियाई देशों के दक्षिण चीन सागर में अधिकारों का समर्थन करता है और उसमें किसी अवैधानिक अतिक्रमण का विरोध करता है। इसी आधार पर भारत ने शंघाई सहयोग संगठन के फोरम से खुले तौर पर चीन के वन बेल्ट वन रोड पहल का विरोध किया है। इजरायल फिलिस्तीन के युद्ध में भी किसी भी राष्ट्र के साम्राज्यवादी मंसूबे का भारत ने समर्थन पहले भी नहीं किया था और अभी भी नहीं करता। इजरायल फिलिस्तीन विवाद और ऐसे ही किसी अन्य क्षेत्रीय विवाद के शांतिपूर्ण समाधान का प्रस्ताव भारत करता है।

भारत ने स्वतंत्रता प्राप्ति के समय विदेश नीति के एक प्रमुख सिद्धांत के रूप में गुट निरपेक्षता के विचार को अपनाते हुए विकासशील और तृतीय विश्व के हितों के संरक्षण के लिए गुट निरपेक्ष आंदोलन को अंगीकृत किया था। यह शीत युद्ध काल के अमरीका और सोवियत संघ के विचारधारात्मक युद्ध, शक्ति संघर्ष, शस्त्रों की होड़ और सैन्य गठबंधनों से दूर रहने की नीति थी। उससे भी ज्यादा यह एशिया, अफ्रीका और लैटिन अमरीका के देशों के आत्म निर्धारण के अधिकार और उनकी स्वतंत्र विदेश नीति के समर्थन की नीति है। भारत की विदेश नीति में आज भी काफी हद तक गुटनिरपेक्षता की नीति बनी हुई है। आज विकसित देशों द्वारा विकासशील देशों के खिलाफ किए जाने वाले भेदभावकारी आचरणों के विरुद्ध यह आंदोलन अपनी आवाज उठाता है। अपने समिट और बैठकों में यह आज आतंकवाद का हर स्वरूप में विरोध, संयुक्त राष्ट्र संघ और विश्व व्यापार संगठन में सुधारों, विकासशील व निर्धन देशों की विकसित देशों के बाजारों तक पहुँच सुनिश्चित करने, क्षेत्रीय विवादों के शांतिपूर्ण समाधान करने, ग्लोबल वार्मिंग और जलवायु परिवर्तन में विकसित देशों की अपेक्षित भूमिका निभाने के लिए दबाव डालने, समुद्री व्यापारिक मार्गों की सुरक्षा और स्वतंत्रता को सुनिश्चित करने पर बल देता है। भारत की विदेश नीति में आज भी इस बात पर बल दिया जाता है कि कोई भी राष्ट्र किसी दूसरे राष्ट्र के आंतरिक मामलों में हस्तक्षेप न करे। चीन भूटान और डोकलाम प्रकरण में भारत के पक्ष को इसी रूप में देखा जा सकता है। चीन का अरुणाचल प्रदेश और लद्दाख में हस्तक्षेप, तिब्बत के मामले में अनावश्यक कदमों को भारत पंचशील का उल्लंघन मानता है। भारत आज भी अपनी विदेश नीति के तहत किसी दूसरे राष्ट्र के खिलाफ सैन्य कार्रवाई का पक्षधर नहीं है क्योंकि उसकी विदेश नीति अंतर्राष्ट्रीय संबंधों में शांतिपूर्ण सह अस्तित्व के सिद्धांत से संचालित होती है। भारत पंचशील के तहत आज भी राष्ट्रों के मध्य पारस्परिक लाभ का समर्थन करता है। विकास और भूमंडलीकरण का लाभ सभी राष्ट्रों को मिले, ऐसा विचार अप्रत्यक्ष रूप से पंचशील के सिद्धांत में निहित है।

भारत की विदेश नीति में संयुक्त राष्ट्र संघ के चार्टर और कॉमनवेल्थ चार्टर के मूल आदर्शों का अनुपालन आज भी किया जाता है। वैश्विक शांति और सुरक्षा पर भारत सबसे अधिक जोर देता है। इसी आधार पर भारत संयुक्त राष्ट्र शांतिवाहिनी अभियानों में भारतीय सैनिकों को भेजता है। अफ्रीकी देश कांगो में 1962 से अभी तक भारतीय शांतिवाहिनी सेना तैनात है और यह अब तक का सबसे बड़ा यूएन पीस कीपिंग मिशन है। भारत ने कई अवसरों पर संयुक्त राष्ट्र सुरक्षा परिषद् के प्रस्तावों के हिसाब से काम किया है। भारत संयुक्त राष्ट्र के कई संधियों और अभिसमयों के प्रावधानों का अनुपालन करता है।

भारत की विदेश नीति में परिवर्तन

शीत युद्ध के अंत के बाद भारत की विदेश नीति दशक दर दशक यथार्थवादी हुई है। भारत की विदेश नीति ने भू सामरिक, भू राजनीतिक और भू आर्थिक हितों की पहचान की है और उसी के अनुरूप विश्व राजनीति में अपने गठजोड़ों को दिशा दी है। 1990 में सोवियत संघ के विघटन के बाद निर्मित एक ध्रुवीय विश्व व्यवस्था में भारत ने अमरीका की महत्ता समझी लेकिन विश्व राजनीति में अपनी सीमित सौदेबाजी की क्षमता के चलते शीत युद्ध के अंत के तुरंत बाद ही उसके संबंध अमरीका से मज़बूत नहीं हो गए, न ही वर्ष 2000 से पहले अमरीका ने भारत को सक्रिय गठजोड़ का अवसर दिया। ऐसे में भारत ने सबसे पहले दक्षिणपूर्वी एशिया के देशों से मज़बूत संबंध बनाया और पूर्व की ओर देखो की नीति के साथ भारत की विदेश नीति में परिवर्तन किया। कालांतर में भारत ने इस नीति को और सक्रिय बनाते हुए एक्ट ईस्ट पॉलिसी की अवधारणा दी। पश्चिम एशिया से मज़बूत संबंधों के लिए लुक वेस्ट पॉलिसी को बढ़ावा दिया। भारत की विदेश नीति में निम्नलिखित बदलाव काफी महत्त्वपूर्ण रहे हैं :

एक्ट ईस्ट पॉलिसी

भारत की विदेश नीति में सबसे बड़ा परिवर्तन यह आया है कि यह हिन्द महासागर से एक कदम आगे एशिया-प्रशांत केंद्रित हुई है। इसके लिए भारत ने पूर्व की ओर देखो की नीति से आगे एक्ट ईस्ट पॉलिसी को अपनाया है जो कि एशिया-प्रशांत क्षेत्र में भारत के सागरीय व्यापार के हितों और दक्षिण पूर्वी एशियाई देशों के अलावा अन्य प्रशांत महासागरीय देशों को अपने सुरक्षा, व्यापार और विकास के लिए मज़बूती से जोड़ने की नीति है। दूसरे शब्दों में, भारत की एक्ट ईस्ट पॉलिसी एशिया-प्रशांत क्षेत्र के विस्तारित पड़ोसी देशों पर केंद्रित है। इस नीति की अभिकल्पना मूल रूप से आर्थिक पहल के तौर पर की गई थी, जिसमें वार्ता एवं सहयोग के लिए संस्थागत तंत्रों को स्थापित किए जाने सहित राजनीतिक, रणनीतिक तथा सांस्कृतिक आयाम शामिल हैं। भारत ने इंडोनेशिया, वियतनाम, मलेशिया, जापान, कोरिया गणराज्य (आरओके), ऑस्ट्रेलिया, सिंगापुर तथा दक्षिणपूर्व एशियाई राष्ट्र (आसियान) संघ के साथ रणनीतिक भागीदारी के अपने संबंधों को सुधारा है तथा एशिया-प्रशांत क्षेत्र के सभी देशों के साथ निकट संबंध स्थापित किए हैं। इसके अलावा, आसियान, आसियान क्षेत्रीय मंच (एआरएफ) तथा पूर्व एशिया शिखर सम्मेलन (ईएएस) के साथ-साथ भारत बहु-क्षेत्रीय तकनीकी तथा आर्थिक सहयोग हेतु बंगाल की खाड़ी पहल (बिमस्टेक), एशिया सहयोग वार्ता (एसीडी), मेंकोंग गंगा सहयोग (एमजीसी)

तथा हिन्द महासागर परिधि संघ (आईओआरए) जैसे क्षेत्रीय मंच पर भी भारत सक्रिय तौर पर शामिल रहा है। एक्ट ईस्ट पॉलिसी में अवसंरचना, विनिर्माण, व्यापार, कौशल, शहरी नवीनीकरण, स्मार्ट सिटी, मेक इन इंडिया तथा अन्य पहलकदमियों पर हमारी घरेलू कार्यसूची में भारत-आसियान सहयोग पर बल दिया गया है। संपर्क परियोजनाएँ, अंतरिक्ष में सहयोग, विज्ञान एवं प्रौद्योगिकी तथा लोगों का लोगों के साथ आदान-प्रदान क्षेत्रीय एकीकरण एवं समृद्धि के लिए प्रेरक सिद्ध हो सकते हैं।

भारत की एक्ट ईस्ट पॉलिसी के उद्देश्य

"एक्ट ईस्ट पॉलिसी" का उद्देश्य द्विपक्षीय, क्षेत्रीय तथा बहुपक्षीय स्तरों पर सतत संबद्धता के माध्यम से एशिया-प्रशांत क्षेत्र के देशों के साथ आर्थिक सहयोग, सांस्कृतिक संबंधों को बढ़ावा देना तथा रणनीतिक संबंधों का विकास करना है, जिससे अरुणाचल प्रदेश सहित भारत के पूर्वोत्तर क्षेत्र के राज्यों के साथ पड़ोसी देशों से संपर्क बढ़ाया जा सकेगा। भारत की एक्ट ईस्ट पॉलिसी में पूर्वोत्तर भारत को प्राथमिकता दी गई है। एक्ट ईस्ट पॉलिसी अरुणाचल प्रदेश राज्य सहित पूर्वोत्तर भारत तथा आसियान क्षेत्रों के बीच मिलन बिंदु का कार्य करती है। द्विपक्षीय तथा क्षेत्रीय स्तरों पर विभिन्न योजनाओं में व्यापार, संस्कृति, लोगों का लोगों से संपर्क तथा मूलभूत अवसंरचना (सड़क, एयरपोर्ट, दूर-संचार, विद्युत, इत्यादि) के माध्यम से आसियान क्षेत्रों के साथ पूर्वोत्तर राज्यों के संपर्क को विकसित तथा सुदृढ़ करने का सतत प्रयास भी शामिल है। कुछ प्रमुख परियोजनाओं में कलादान मल्टी-मॉडल पारगमन परिवहन परियोजना, भारत-म्यांमार-थाईलैंड त्रिपक्षीय राजमार्ग परियोजना, री-टिडिम सड़क परियोजना, सीमा हाट, इत्यादि शामिल हैं।

भारत की एक्ट ईस्ट पॉलिसी के प्रभावी क्रियान्वयन हेतु उपाय

2016-20 की अवधि के लिए आसियान-भारत कार्य योजना को अगस्त, 2015 में अपनाया गया था, जो राजनीतिक सुरक्षा, आर्थिक तथा सामाजिक-सांस्कृतिक तीनों स्तंभों के साथ ठोस पहलों तथा सहयोग के क्षेत्रों की पहचान करता है। भारत ने आसियान, एआरएफ, ईएएस, बिमस्टेक, एसीडी, एमसीजी तथा आईओआरए जैसे संबंधित क्षेत्रीय तथा बहुपक्षीय संगठन के साथ घनिष्ठ सहभागिता विकसित करने का प्रयास जारी रखा है। सभ्यता की दृष्टि से लोगों के बीच नए संपर्क तथा संबंध विकसित करने के लिए बौद्ध तथा हिन्दू संबंधों को सुदृढ़ किया जा सकता है। संपर्क के मामले में सामंजस्यपूर्ण रणनीति विकसित करने, विशेष तौर पर हमारे पूर्वोत्तर क्षेत्र को आसियान के साथ जोड़ने के लिए विशेष प्रयास किए जा रहे हैं। परिवहन अवसंरचना निर्माण, इस क्षेत्र में संपर्क विकसित करने के लिए एयरलाइंस

को प्रोत्साहित करना, शैक्षणिक तथा सांस्कृतिक संस्थानों के बीच संपर्क सहित कई उपाय किए जा रहे हैं। आसियान के साथ हमारे आर्थिक संबंध आगे बढ़े हैं। परियोजना का क्षेत्रीय एकीकरण तथा कार्यान्वयन हमारी प्राथमिकता है। भारत तथा सात आसियान देशों के लिए सेवा तथा निवेश में व्यापार पर आसियान-भारत करार 1 जुलाई, 2015 से लागू है। आसियान-भारत व्यापार वार्ता समिति को आसियान-भारत माल व्यापार करार की समीक्षा का कार्यभार सौंपा गया है। भारत ने अंतर्राष्ट्रीय सौर गठबंधन में भाग लेने के लिए आसियान सदस्य देशों को भी आमंत्रित किया है जो इसने सीओपी-21 में 30 नवंबर, 2015 को फ्रांस के साथ संयुक्त तौर पर शुरू किया। रणनीतिक मुद्दों पर हम द्विपक्षीय तथा बहुपक्षीय दोनों ही रूपों में प्रमुख सहभागियों के साथ सुरक्षा हितों पर समाभिरूपता बढ़ा रहे हैं। आतंकवाद से मुकाबला करने, क्षेत्र में शांति तथा स्थिरता हेतु सहयोग करने तथा अंतर्राष्ट्रीय मानकों तथा कानूनों पर आधारित समुद्री सुरक्षा के संवर्धन के लिए निकट सहयोग बढ़ाने के प्रयास किए जा रहे हैं।

वर्ष 2015 में भारत सरकार ने एक्ट ईस्ट पॉलिसी को भारत की विदेश नीति का एक अनिवार्य अंग बना लिया। अब भारत महाशक्तियों के साथ सामरिक, राजनीतिक वार्ताओं में एशिया-प्रशांत क्षेत्र के सुरक्षा परिदृश्य को सबसे अधिक महत्त्व देता है। इसके पीछे प्रमुख कारण यह भी है कि आज भारत ब्लू इकोनॉमी अथवा महासागरीय अर्थव्यवस्था के लाभों को प्राप्त करने का इच्छुक है। ऐसे में जब तक महासागरों में नौगमन की स्वतंत्रता और सागरीय व्यापारिक मार्गों की सुरक्षा पर ध्यान नहीं दिया जाएगा तब तक भारत सागर का लाभ नहीं उठा पाएगा। इसलिए अब भारत ने पूर्व की ओर देखो नीति, जो दक्षिण पूर्वी एशियाई देशों के साथ मज़बूत संबंधों पर जोर देती है, उससे एक कदम आगे जाकर एक्ट ईस्ट पॉलिसी को लॉन्च किया है ताकि भारत की सामुद्रिक सुरक्षा रणनीति में आसियान देशों के अलावा एपेक सदस्यों को भी जोड़ा जा सके।

ऊर्जा कूटनीति और असैन्य नाभिकीय समझौतों पर बल

भारत की विदेश नीति में एक बड़ा परिवर्तन ऊर्जा कूटनीति को लेकर हुआ है। भारत ने दक्षिण एशिया, दक्षिण पूर्वी एशिया, मध्य एशिया, खाड़ी क्षेत्र और लैटिन अमरीका के देशों के साथ अपने ऊर्जा संबंधों को मज़बूती देने की रणनीति बनाई है। नेपाल के साथ भारत ने दक्षिण एशिया के पहले पारराष्ट्रीय गैस पाइपलाइन (मोतिहारी—अमलेखगंज पाइपलाइन कॉरिडोर) बांग्लादेश के साथ बांग्लादेश—भारत फ्रैंडशिप पाइपलाइन की शुरुआत, भारत द्वारा बांग्लादेश से बड़े पैमाने पर त्रिपुरा में एलएनजी के आयात का निर्णय, एडीबी और दक्षिण एशियाई उप क्षेत्रीय सहयोग

(सासेक संगठन) के तत्वावधान में बांग्लादेश भारत इलेक्ट्रिकल ग्रिड इंटर कनेक्शन प्रोजेक्ट, भारत जापान और श्रीलंका द्वारा हंबनटोटा बंदरगाह के पास एलएनजी कंटेनर टर्मिनल खोलने का निर्णय भूटान और नेपाल के साथ पनबिजली परियोजनाओं पर जोर देकर भारत ने दक्षिण एशिया में अपनी ऊर्जा महत्त्वाकांक्षाओं और उससे संबंधित कूटनीति को बढ़ावा दिया है। भारत ने अपनी एलएनजी डिप्लोमेसी के तहत लगभग 2.5 बिलियन डॉलर के निवेश के साथ चार राष्ट्रों बांग्लादेश, श्रीलंका, म्यांमार और मॉरीशस में एलएनजी टर्मिनल लगाने की योजना बनाई है। भारत का पेट्रोनेट एलएनजी लिमिटेड ऐसी ही संभावनाओं की तलाश मालदीव में भी कर रहा है।

कनेक्ट सेंट्रल एशिया पॉलिसी और लुक लैटिन अमरीका पॉलिसी के ज़रिये भारत ने मध्य एशिया और लैटिन अमरीका के देशों को ऊर्जा सुरक्षा की दृष्टि से जोड़ने का काम किया है। भारत तापी गैस पाइपलाइन परियोजना का मुख्य भाग है। इसके माध्यम से वह तुर्कमेनिस्तान के गिलकिनिश क्षेत्र से अफ़ग़ानिस्तान और पाकिस्तान के मार्ग से होते हुए गैस आपूर्ति को संभव बना रहा है। इसके अलावा अंतर्राष्ट्रीय उत्तर दक्षिण गलियारे के माध्यम से भारत रूस और ईरान सहित कुल 13 देश जिस वैकल्पिक व्यापारिक मार्ग के निर्माण के लिए प्रयासरत हैं उससे भी भारत की ऊर्जा सुरक्षा सुनिश्चित होने में मदद मिलेगी। भारत ऊर्जा सुरक्षा के दीर्घकालिक हितों को देखते हुए अशगाबात समझौते में भी शामिल हुआ था। यह एक अंतर्राष्ट्रीय व्यापार और पारगमन मार्ग को विकसित करने का समझौता है जिसमें मध्य एशियाई देशों की महत्त्वपूर्ण भूमिका है।

भारत ने अपनी विदेश नीति में नाभिकीय ऊर्जा सुरक्षा और महाशक्तियों के साथ नाभिकीय व्यापार के लिए पहलकारी कदम उठाए हैं। वर्ष 2004 में अमरीका के साथ नेक्स्ट स्टेप इन स्ट्रेटेजिक पार्टनरशिप समझौते को सम्पन्न करने के साथ ही भारत और अमरीका के मध्य नाभिकीय व्यापार का मार्ग प्रशस्त हुआ। वर्ष 2005 में अमरीका के साथ भारत का नाभिकीय सहयोग समझौता हुआ जो 2008 में कार्यशील हो गया। 2008 में ही फ्रांस के साथ भी भारत का असैन्य परमाणु सहयोग समझौता संपन्न हुआ। इसके बाद भारत ने विश्व के छोटे, बड़े देशों के साथ असैन्य परमाणु सहयोग समझौते को सम्पन्न करने पर बल दिया। भारत ने कई देशों के साथ ऐसे समझौते संपन्न किए हैं। यूरेनियम की आपूर्ति के लिए अपने पक्ष में माहौल बना कर भारत ने नाभिकीय समुदाय में अपनी साख मज़बूत की है।

भारत ने नाभिकीय ऊर्जा के शांतिपूर्ण उपयोग हेतु 14 देशों के साथ असैन्य परमाणु सहयोग समझौते संपन्न किए हैं जिनमें शामिल हैं : अर्जेंटीना, ऑस्ट्रेलिया, कनाडा, चेक रिपब्लिक, फ्रांस, जापान, कजाखस्तान, मंगोलिया, नामीबिया, रूस, दक्षिण. कोरिया, ब्रिटेन, अमरीका और वियतनाम। इन देशों के साथ हुए नाभिकीय सहयोग से भारत अनुसंधान और विकास कार्य, ऊर्जा उत्पादन, चिकित्सा, कृषि

और उद्योग के क्षेत्र में लाभ प्राप्त कर सकेगा। यहाँ यह विचारणीय है कि भारत के नाभिकीय अप्रसार संधि (एनपीटी) और सीटीबीटी पर हस्ताक्षर और अनुसमर्थन न करने के बावजूद, साथ ही नाभिकीय आपूर्तिकर्ता समूह का सदस्य न होने के बाद भी विश्व की बड़ी शक्तियों ने भारत के साथ नाभिकीय व्यापार शुरू कर दिया है। वर्ष 2019 में अमरीका और फ्रांस ने भारत में छह-छह नाभिकीय रिएक्टर लगाने का निर्णय किया है। भारत ने भी एनपीटी से न बँधे होने के बावजूद एनपीटी के एक प्रावधान का विशेष रूप में पालन लगातार सुनिश्चित किया है और वो है भारत के नाभिकीय रिएक्टरों को अंतर्राष्ट्रीय परमाणु ऊर्जा अभिकरण के निगरानी सूची में रखना। वर्ष 2018 में भारत ने अपने 4 नाभिकीय रिएक्टरों को आईएईए की निगरानी सूची में रखा है जिससे अब भारत के कुल 26 नाभिकीय रिएक्टर आईएईए के सेफगार्ड मैकेनिज्म के तहत शामिल हो गए हैं। आईएईए इस तंत्र के ज़रिये यह सुनिश्चित करने की कोशिश करता है कि नाभिकीय प्रौद्योगिकी और उपकरण का इस्तेमाल नाभिकीय हथियार बनाने के लिए न हो। भारत ने विश्व के पाँच नाभिकीय शस्त्र मुक्त क्षेत्रों—लैटिन अमरीका, दक्षिण पश्चिम प्रशांत क्षेत्र, अफ्रीका महाद्वीप, दक्षिण पूर्वी एशिया और मध्य एशिया का स्वागत करते हुए सार्वभौमिक निःशस्त्रीकरण के लिए सहमति बनाने पर जोर दिया है। अब मध्य पूर्व क्षेत्र को विश्व का छठा नाभिकीय शस्त्र मुक्त क्षेत्र बनाने का प्रस्ताव वर्ष 2019 में किया गया है।

भारत की विदेश नीति में ट्रैक 1.5 का उभार

ट्रैक 1.5 डायलॉग अथवा कूटनीति का अर्थ है अनौपचारिक, गैर-आधिकारिक व्यवस्था में सर्वोच्च स्तर के नीति निर्माताओं द्वारा की जाने वाली कूटनीति। ट्रैक 1.5 डायलॉग प्रक्रियाएँ ट्रैक 1 वार्ता तय करने और उसकी तैयारी के लिए कार्य करते हैं। प्रथम स्तर (ट्रैक 1) में दो देशों के नेतृत्व (राजनीतिक और/या सैनिक) के बीच बातचीत शामिल है। भारत आसियान पर दिल्ली डायलॉग एक वार्षिक ट्रैक 1.5 डायलॉग प्रक्रिया है जो दोनों पक्षों के मध्य सामरिक साझेदारी को मज़बूत करने की दिशा में कार्य करता है। ट्रैक 1.5 डिप्लोमेसी के तहत राजनीतिक नेता, नीति निर्माता, वरिष्ठ अधिकारी, डिप्लोमेट्स, बिजनेस लीडर्स, थिंक टैंक और शिक्षा जगत के लोग संवाद वार्ता में भाग लेते हैं। भारत और जापान के मध्य भी ट्रैक 1.5 डायलॉग का आयोजन दिल्ली पॉलिसी ग्रुप और जापान इंस्टीट्यूट ऑफ इंटरनेशनल अफेयर्स द्वारा भारत जापान हिन्द प्रशांत फोरम के तहत किया जाता है। 5 वें भारत और जापान ट्रैक 1.5 डायलॉग का आयोजन अक्टूबर, 2019 में टोक्यो में किया गया था।

कोई भी राष्ट्र अपने राष्ट्रीय हितों की प्राप्ति के लिए दूसरे राष्ट्र के व्यवहार

में परिवर्तन के लिए 9 प्रकार की कूटनीति अपना सकता है जिसे नाइन ट्रेक्स कहते हैं।

ट्रैक 1 कूटनीति : इसमें दो सरकारों के मध्य औपचारिक चर्चा की जाती है। सरकारी प्रक्रियाओं के ज़रिये शांति निर्माण पर बल दिया जाता है।

ट्रैक 2 : यह गैरसरकारी अथवा जनता से जनता के संपर्क के ज़रिये होता है। इसमें कला संस्कृति और शिक्षा जगत के लोग संबंधों में सुधार के लिए कार्य करते हैं।

ट्रैक 3 : व्यवसाय अथवा वाणिज्य के ज़रिये शांति निर्माण का प्रयास इसके तहत होता है।

ट्रैक 4 : निजी व्यक्ति या निजी संलग्नता के ज़रिये शांति निर्माण का प्रयास। इसमें सिटीजंस डिप्लोमेसी, एक्सचेंज प्रोग्राम, निजी स्वैच्छिक संगठन, गैर सरकारी संगठन और हित समूहों द्वारा की गई गतिविधियाँ शामिल हैं।

ट्रैक 5 : इस स्तर पर अनुसंधान, प्रशिक्षण और शिक्षा के ज़रिये शांति निर्माण की स्थापना पर बल दिया जाता है।

ट्रैक 6 : सक्रियतावादी और समर्थनकारी समूहों द्वारा मानवाधिकार, पर्यावरण, सामाजिक और आर्थिक न्याय के मुद्दों पर किसी बात का विशेष समर्थन कर, सक्रिय रूप में शांति निर्माण का प्रयास इस स्तर पर होता है।

ट्रैक 7 : धर्म अथवा विश्वास के विविध स्वरूपों के स्तर पर आध्यात्मिक और धार्मिक समुदायों द्वारा शांति स्थापना पर बल दिया जाता है। उदाहरण के तौर पर करतारपुर गलियारे का निर्माण देखा जा सकता है।

ट्रैक 8 में फंडिंग के ज़रिये और **ट्रैक** 9 के तहत संचार और मीडिया साधनों के ज़रिये कूटनीति पर बल दिया जाता है।

भारत की विदेश नीति में पैराडिप्लोमेसी की भूमिका

यह एक नए कारक के रूप में उभरी है। परंपरागत रूप में विदेश नीति निर्धारण की जिम्मेदारी केंद्र सरकार की रही है लेकिन हाल के समय में विदेश नीति में राज्यों की भूमिका में बढ़ोतरी की प्रवृत्ति भी देखी गई है। भारतीय राज्य आज स्वयं आर्थिक लाभ, निवेश, अवसंरचनात्मक विकास, मानव विकास, सांस्कृतिक मेल-जोल के आधार पर दूसरे राष्ट्रों से द्विपक्षीय संबंधों का निर्माण करने लगे हैं। विभिन्न राज्यों में ग्लोबल इन्वेस्टर्स मीट, समिट, कॉन्क्लेव के आयोजन के दौरान विदेशी राष्ट्रों के प्रमुखों, मंत्रियों की व्यक्तिगत स्तर पर सहभागिता इस बात को सिद्ध करती है। चूँकि आज राज्यों को ही अंतर्राष्ट्रीय सीमा प्रबंधन के मामले पर सक्रिय होना जरूरी है, इसीलिए पश्चिम बंगाल,

असम, मेघालय, मणिपुर, त्रिपुरा जैसे राज्य पड़ोसी देशों खासकर बांग्लादेश और म्यांमार के साथ नीतिगत विमर्श और निर्णय करते देखे गए हैं। भूटान के प्रधानमंत्री का असम के गुवाहाटी में ग्लोबल इन्वेस्टर्स समिट में भाग लेना, गुवाहाटी में कंस्युलेट ऑफिस खोलने की घोषणा, भूटान और असम को हवाई मार्ग से जोड़ने की बात, संयुक्त अरब अमीरात के राष्ट्रध्यक्ष की केरल से द्विपक्षीय वार्ता और समझौते, गुजरात, बिहार, कर्नाटक के मुख्यमंत्रियों की चीन और जर्मनी की यात्राएँ भारत की विदेश नीति में पैराडिप्लोमेसी की बढ़ती भूमिका को रेखांकित करता है। इस प्रकार भारत के संघीय ढाँचे का भारतीय विदेश नीति पर प्रभाव पड़ा है। भारतीय विदेश नीति की निर्माण प्रक्रिया विकेन्द्रित हुई है, अर्थात केंद्र का विषय होने के बावजूद विदेश नीति में राज्यों की भूमिका बढ़ी है। अपनी भिन्न-भिन्न सांस्कृतिक, धार्मिक और आर्थिक विशेषताओं के कारण विश्व के देशों से नजदीकी बढ़ाने में बड़ी भूमिका निभा सकते हैं। साथ ही वहाँ निवास करने वाले भारतीय डायस्पोरा को आकर्षित करने में अहम भूमिका निभा सकते है। जैसे—कनाडा के संबंध में पंजाब, दक्षिण पूर्वी एशियाई देशों के संबंध में दक्षिण भारत के राज्य और पूर्वोत्तर राज्य।

विदेश नीति में राज्यों की बढ़ती भूमिका से विदेश नीति का निर्धारण अधिक लोकतांत्रिक और भागीदारीपूर्ण हुआ है, जिससे विदेश नीति की सामाजिक वैधता बढ़ी है। वर्तमान में विदेश नीति का मुख्य बल विदेशी निवेश को आकर्षित करने और विभिन्न देशों के साथ आर्थिक साझेदारी को बढ़ाने पर है जिसके लिए आर्थिक सुधारों के दूसरे चरण को गति देना और राज्यों में बेहतर निवेश माहौल निर्मित करना आवश्यक हो गया है। ऐसे में स्वाभाविक रूप में विदेश नीति में राज्यों की भूमिका महत्त्वपूर्ण हो जाती है, क्योंकि आर्थिक सुधारों से जुड़े अधिकांश विषय राज्य सूची से ही संबंधित हैं। जैसे-कानून और व्यवस्था, कर सुधार, श्रम सुधार,भूमि सुधार आदि। राज्यों की विदेश नीति में बढ़ती भूमिका से राष्ट्रीय एकीकरण को भी बढ़ावा मिलेगा। यह सहकारी संघवाद की धारणा को मज़बूत करने वाला प्रयास होगा।

पैरा डिप्लोमेसी की संभावित चुनौतियाँ

भारत की विदेश नीति में पैराडिप्लोमेसी को बढ़ावा मिलने से राज्यों के द्वारा सौदेबाजी की संभावना बढ़ेगी, जबकि विदेश नीति बेहद संवेदनशील विषय है।

विदेश नीति में अखिल भारतीय दृष्टिकोण का प्रतिनिधित्व होना चाहिए, जबकि राज्यों के द्वारा क्षेत्रीय हितों को प्राथमिकता दी जाती है। विदेश नीति विशेषज्ञता का कार्य है, जबकी राज्यों को इसका अनुभव नहीं है। चूँकि अलग-अलग राज्यों के

अलग-अलग हित हो सकते हैं, जो विदेश नीति में अनिश्चितता और अस्पष्टता की सम्भावना को बढ़ा सकते हैं।

भारत की विदेश नीति में परिवर्तन के तौर पर आर्थिक कूटनीति पर बल को भी देखा जा सकता है। भारत ने निर्यात संवर्धन के लिए विदेश व्यापार नीति, 2015 बनाया और फोकस अफ्रीका नीति के ज़रिये अफ्रीकी बाजारों में अपनी मज़बूत पहुँच सुनिश्चित करने का प्रयास किया है। भारत ने विश्व व्यापार संगठन के संस्थापक और सक्रिय सदस्य के रूप में विकासशील देशों के आर्थिक हितों की प्राप्ति के लिए कोलीशनल डिप्लोमेसी (गठबंधन कूटनीति) पर बल देकर व्यापारिक विवादों का समाधान विकासशील देशों के पक्ष में कराने का प्रयास शुरू किया है। इस क्रम में बौद्धिक संपदा अधिकारों, निवेश संवर्धन, निवेश प्रतिस्पर्धा, कृषि में सब्सिडी, समतामूलक बाज़ार पहुँच जैसे मुद्दों पर भारत ने नेतृत्वकारी भूमिका निभाई है, और यह भारत की विदेश नीति में परिवर्तन का संकेतक है।

भारत की विदेश नीति में एक प्रमुख बदलाव यह आया है कि अब यह पहलकारी रूप में सामने आया है। भारत विश्व राजनीति और व्यवस्था में अलग-अलग मुद्दों पर नए प्रस्ताव ले आते देखा गया है। वर्ष 2015 में भारत ने 121 देशों वाले अंतर्राष्ट्रीय सौर गठबंधन को गठित करने का प्रस्ताव किया जिससे नवीकरणीय ऊर्जा के क्षेत्र में काम किया जा सके। इसी प्रकार 2017 में जी 20 के हैमबर्ग समिट में भारतीय प्रधानमंत्री द्वारा आपदा प्रबंधन के क्षेत्र में एक अंतर्राष्ट्रीय गठबंधन का प्रस्ताव किया। सितंबर, 2019 में इसको लांच करने और दुनिया भर के देशों को इससे जुड़ने का आवाहन भारतीय प्रधानमंत्री ने संयुक्त राष्ट्र संघ के सम्मेलन में किया।

भारत की विदेश नीति में प्रवासी भारतीयों को एक परिसंपत्ति के रूप में मानकर इसके राजनयिक, राजनीतिक, सांस्कृतिक और आर्थिक लाभों को प्राप्त करने पर बल दिया गया है। हिन्द महासागर के तटीय देशों में भारतीय प्रवासियों ने जिस रूप में वहाँ शासन सत्ता संभाली, उससे भारत के मन में एक क्षेत्रीय सुरक्षा का भाव पैदा हुआ। ऐसे देशों में किसी दूसरे देश के नौसैनिक अड्डे का इस्तेमाल भारत के खिलाफ न होने देने के लिए भी भारत ने स्वयं हिन्द महासागर के क्षेत्र में नेट सिक्योरिटी प्रोवाइडर की भी भूमिका निभाई है।

भारत की विदेश नीति में एक बड़ा परिवर्तन यह आया है कि तदर्थवाद और निष्क्रियता को छोड़कर इसमें आक्रामकता और यथार्थवादी पुट अधिक नजर आया है। भारत ने राष्ट्रीय सुरक्षा और वैश्विक मुद्दों पर एक स्पष्ट पक्ष लेना शुरू किया है। भारत अपने राष्ट्रीय सुरक्षा के मुद्दे पर उरी आतंकी हमलों के बाद शून्य सहिष्णुता नीति के आधार पर सर्जिकल स्ट्राइक और कोल्ड स्टार्ट डॉक्ट्रिन पर काम करता हुआ नज़र आया। पाकिस्तान को अंतर्राष्ट्रीय समुदाय में अलग-थलग करने

के लिए भारत ने महाशक्तियों, क्षेत्रीय शक्तियों, अंतर्राष्ट्रीय और क्षेत्रीय संगठनों को विश्वास में लेने की कोशिश की। भारत ने अमरीका सहित कई अन्य देशों की संरक्षणवादी नीतियों के विरोध में स्पष्ट रूप से अपना पक्ष रखा। परमाणु अप्रसार संधि, व्यापक परीक्षण प्रतिबंध संधि, नाभिकीय हथियार संधि, 2017 पर भारत ने हस्ताक्षर नहीं किए। पाकिस्तान से एमएफएन का दर्जा वापस लेना, आसियान और अन्य सदस्य देशों वाले क्षेत्रीय व्यापक आर्थिक समझौते से बाहर निकलना आदि ऐसे कई उदाहरण हैं जो भारत के सक्रिय होती विदेश नीति का प्रमाण हैं।

भारत की विदेश नीति के समक्ष चुनौतियाँ

विश्व राजनीति और क्षेत्रीय राजनीति के लगातार बदलते घटनाक्रमों के साथ भारत की विदेश नीति को कई प्रकार की चुनौतियों का सामना करना पड़ा है। भारत को महाशक्तियों की राजनीति और उससे भारत के हितों पर पड़ने वाले असर और अपने पड़ोसियों की आंतरिक और बाह्य नीतियों के परिप्रेक्ष्य में कई संभावित खतरों से जूझना पड़ा है। भारत की विदेश नीति के समक्ष मुख्य चुनौतियाँ निम्नलिखित हैं—

* भारत के पड़ोसी राष्ट्रों के साथ समय-समय पर उभरने वाले द्विपक्षीय विवाद जो विशेषकर आतंकवाद, अवैध प्रवासियों और शरणार्थियों की समस्या, नदी जल विवाद, पनबिजली परियोजनाओं और बाँध निर्माण और बाँध की डिजाइन को लेकर विवाद, भूमि सीमा विवाद, उत्तर पूर्वी भारत में नृजातीय संघर्ष और षड़यंत्र के रूप में देखे जाते हैं।
* चीन की एशिया महाद्वीप में एकाधिकारवादी मानसिकता के साथ काम करने के लिए वन बेल्ट वन रोड पहल के रूप में जिस अवसंरचनात्मक कूटनीति के ज़रिये दक्षिण एशियाई देशों को अपने साथ जोड़ने के प्रयास किए जा रहे हैं, वह भारत के हितों के समक्ष एक चुनौती के रूप में है। विशेषकर चीन की दक्षिण एशियाई देशों को ऋण जाल में फँसाकर उनकी संप्रभुता के साथ खिलवाड़ करने की नीति भारत के लिए परेशानी का सबब है क्योंकि भारत को भी दबाव में आकर एक बहुत बड़ा वित्तीय मद पड़ोसी देशों को अपने पक्ष में बनाए रखने के नाम पर करने की विवशता रहती है।
* भारत की वर्तमान विदेश नीति के तहत हिन्द प्रशांत और एशिया-प्रशांत क्षेत्र में अपने हितों को सुरक्षित रखने का प्रश्न भी अत्यंत महत्त्वपूर्ण है। सागरीय व्यापार, सागरों, महासागरों के व्यापारिक मार्गों की सुरक्षा भारत के लिए एक संवेदनशील मामला है। समुद्री डकैती से अंडमान सागर की सुरक्षा के लिए भी भारत सक्रिय रहा है। यही कारण है कि इंडो पैसिफिक

और एशिया पैसिफिक की सुरक्षा के मुद्दों पर भारत का अमरीका, जापान और ऑस्ट्रेलिया के साथ गठजोड़ है।

* भारत के समक्ष संयुक्त राष्ट्र संघ सुरक्षा परिषद की स्थायी सदस्यता, नाभिकीय आपूर्तिकर्ता समूह की सदस्यता, एशिया पैसिफिक इकनॉमिक कोऑपरेशन (एपेक) की सदस्यता के मार्ग में कुछ वैश्विक शक्तियों और चीन की तरफ़ से अवरोध पैदा किए जाते रहे हैं।
* भारत की विदेश नीति के समक्ष ऊर्जा सुरक्षा को सुनिश्चित रख पाने की चुनौती है। इस मामले में महाशक्तियों और क्षेत्रीय ताकतों की राजनीति और उसका दबाव भारत के ऊपर पड़ता रहा है। भारत के लिए अपने ऊर्जा सुरक्षा के लिए सऊदी अरब और ईरान समान रूप से महत्त्वपूर्ण है जबकि भारत के वैश्विक सामरिक साझेदार अमरीका ने ईरान के खिलाफ एक सूत्रीय एजेंडा चलाते हुए उसपर आर्थिक, राजनयिक प्रतिबंधों की शृंखला ही जारी कर रखी है। सऊदी अरब और ईरान के बीच खाड़ी क्षेत्र में क्षेत्रीय प्रभुत्व को लेकर विवाद हैं जबकि सऊदी अरब और अमरीका मित्र देश हैं। ईरान और इराक मामले पर भारत को कई बार अंतर्राष्ट्रीय दबावों का सामना करना है, इनसे ऊर्जा आयात न करने के चेतावनी का भी सामना करना पड़ा है। इसी प्रकार भारत को यूरेनियम और अन्य ऊर्जा संसाधनों की प्राप्ति के लिए अपनी कनेक्ट सेंट्रल एशिया नीति के तहत मध्य एशियाई देशों से द्विपक्षीय संबंधों को मज़बूत करते हुए वहाँ निवेश और अन्य आर्थिक गतिविधियों के लिए सक्रिय होना पड़ा है। भारत को कुछ समय तक कज़ाकस्तान जैसे देश में सबसे बड़े निवेशक के रूप में देखा गया, लेकिन हाल के वर्षों वहाँ चीन भारत को पीछे छोड़ते हुए सबसे बड़े निवेशक के रूप में उभरा है।

अफ्रीकी महाद्वीप में हाइड्रोकार्बन और अन्य संसाधनों की होड़ में भी चीन ने भारत को चुनौती दी है। इसके अलावा चीन ने लैटिन अमरीका और कैरेबियाई देशों में भी निवेश के अधिक अवसरों की तलाश की है। भारत की जगह चीन के साथ कई तेल अन्वेषण अभियानों को चलाने को तरजीह भी कई देशों द्वारा दी गई है। इसके साथ ही चीन अपनी स्थानीय मुद्रा रेनमिनबी में कई देशों के साथ द्विपक्षीय व्यापार करने लगा है। इसमें अफ्रीकी देश, सऊदी अरब और लैटिन अमरीका के देश शामिल हैं। भारत की विदेश नीति के समक्ष एक चुनौती विदेशों में रहने वाले प्रवासी भारतीयों और श्रमिकों को सुरक्षा प्रदान करने की भी है। जासूसी के आरोप वाले भारतीयों, प्राकृतिक आपदाओं से जूझने वाले प्रवासी भारतीयों, सामाजिक सुरक्षा के अभाव वाले प्रवासी श्रमिकों की सुरक्षा भारत के समक्ष अब एक प्राथमिक मुद्दा है।

बौद्धिक संपदा अधिकारों के संरक्षण, मानवाधिकार उल्लंघन पर्यावरणीय मामलों में संवेदनहीनता, बाल श्रम, मानव दुर्व्यापार, धार्मिक स्वतंत्रता आदि आधारों पर भारत जैसे विकासशील देशों पर विकसित देशों द्वारा आरोप लगाया जाता है कि इन मामलों में भारत के पास ठोस कानून का अभाव है और इन विषयों से संबंधित समस्याओं के निराकरण में वह प्रतिबद्ध नहीं है। विदेशी रिपोर्ट्स के आधार पर भारत की अंतर्राष्ट्रीय छवि भी प्रभावित होती है। वर्तमान वैश्विक अर्थव्यवस्था के उतार-चढ़ाव के क्रम में और कई राष्ट्रों के आर्थिक संरक्षणवादी नीतियों के परिणामस्वरूप भारत का कई राष्ट्रों के साथ व्यापार घाटा बढ़ा हुआ है। भारत के ऊपर कई राष्ट्रों के साथ द्विपक्षीय आर्थिक संबंधों को इस तरह दिशा देने का दबाव है जिससे उसका व्यापारिक असंतुलन खत्म हो सके और वैश्विक व्यापार में उसके निर्यात में मात्रात्मक और गुणात्मक वृद्धि हो सके। वित्त वर्ष 2018-19 में भारत का कुल व्यापार घाटा 103.63 बिलियन डॉलर पहुँच गया है। पिछले तीन वर्षों में भारत का व्यापार घाटा 25 देशों के साथ बढ़ गया है जो भारत की विदेश नीति और विदेश व्यापार नीति, 2015 के समक्ष एक चुनौती के रूप में हैं। इन राष्ट्रों में शामिल हैं—चीन, ऑस्ट्रेलिया, न्यूजीलैंड, जापान, दक्षिण कोरिया, जर्मनी, इराक़, सऊदी अरब, और कुछ दक्षिण पूर्वी एशियाई देश प्रमुख हैं।

अध्याय 3

भारत की पड़ोसी प्रथम की नीति आयाम, उद्देश्य और चुनौतियाँ

भारत की पड़ोसी प्रथम की नीति

वर्ष 2014 में भारतीय प्रधानमंत्री नरेंद्र मोदी के द्वारा पड़ोसी प्रथम की नीति को भारत की विदेश नीति के लक्ष्यों की प्राप्ति के लिए अंगीकृत किया गया। भारत के राष्ट्रीय हित और दक्षिण एशिया के क्षेत्रीय स्थिरता और शांति के लिए इसे एक महत्त्वपूर्ण नीति माना गया है। भारत के विभिन्न प्रधानमंत्रियों ने समय-समय पर पड़ोसी राष्ट्रों के साथ अच्छे संबंधों के निर्माण पर जोर दिया है। भूतपूर्व प्रधानमंत्री इंद्र कुमार गुजराल के दौर में दक्षिण एशिया के पड़ोसी देशों के साथ अच्छे संबंधों की जरूरत समझते हुए गुजराल डॉक्ट्रिन दिया गया जिसे भारतीय विदेश नीति में लंबे समय तक लागू करने का भी प्रयास किया गया। गुजराल डॉक्ट्रिन भारत के पड़ोसी देशों के मन में पनपने वाले बिग ब्रदर सिंड्रोम की धारणा को हटाने के उद्देश्य से प्रस्तुत किया गया था। इस धारणा के तहत भौगोलिक और आर्थिक रूप से छोटे-छोटे दक्षिण एशियाई देश भारत के भौगोलिक आकार, अर्थव्यवस्था के आकार, सैन्य शक्ति, अंतरिक्ष शक्ति आदि को देखकर सशंकित थे कि कहीं भारत दक्षिण एशिया में अपने को पड़ोसियों के बड़े भाई के रूप में प्रस्तुत कर उन पर प्रभुत्व स्थापित न करने की कोशिश करे। दक्षिण एशिया में भारत के पड़ोसी राष्ट्रों को लगता रहा है कि भारत उन्हें सहयोग कर उनके मामलों में हस्तक्षेप कर सकता है और उन्हें अपने प्रभाव क्षेत्र में लेने की कोशिश कर सकता है। गुजराल डॉक्ट्रिन में मूलत: भारत द्वारा पड़ोसी देशों को एक पक्षीय रियायतें, सुविधाएँ देने की बात की गई है और बदले में पड़ोसियों से किसी प्रकार की अपेक्षा नहीं करने पर बल दिया गया है। इस प्रकार गुजराल डॉक्ट्रिन एक प्रकार का सकारात्मक एकपक्षवाद है जिसके तहत भारत ने दक्षिण एशिया में एक बड़े भाई के रूप में पड़ोसियों को एकतरफा सहयोग और समर्थन देने की रणनीति बनाई थी। लेकिन यह डॉक्ट्रिन बहुत हद तक सफल नहीं हो सकी। इसके उपरांत

भारत के भूतपूर्व प्रधानमंत्री अटल बिहारी वाजपेई ने पड़ोसियों पर ध्यान केंद्रित करते हुए कहा था कि "हम मित्र तो बदल सकते हैं पर पड़ोसी नहीं।" यह वक्तव्य भारत की पड़ोसी प्रथम की नीति का सार है। हिन्द महासागर और प्रशांत महासागर की धाराओं के बीच पहुँचने से पहले भारत को दक्षिण एशियाई उप महाद्वीप की पर्वतीय श्रृंखलाओं को पार करना जरूरी है। इसलिए भारत को पहले बंगाल की खाड़ी, अरब सागर, माउंट एवरेस्ट, सुलेमान, किरथर पहाड़ियों, तिब्बत के पठार, डोकलाम पठार, स्वात घाटी, अफ़ग़ानिस्तान और पाकिस्तान के बीच स्थित संघीय प्रशासित जनजातीय क्षेत्र पर ध्यान रखना ज्यादा जरूरी हो जाता है। भारत दक्षिण एशियाई उप महाद्वीप की राजनीतिक, सामाजिक, आर्थिक, सांस्कृतिक, नृजातीय चुनौतियों और साथ ही क्षेत्रीय स्थिरता और एकीकरण की संभावनाओं को अच्छी तरह से समझता रहा है। भारत की पड़ोसी प्रथम की नीति वास्तव में दक्षिण एशियाई देशों की भौगोलिक स्थिति और उससे जनित संघर्षों विवादों को देखते हुए तार्किक लगती है। भारत अपनी विदेश नीति के तहत एक तरफ़ जहाँ वैश्विक शांति, सुरक्षा और स्थिरता पर बल देता है वहीं दूसरी तरफ़ क्षेत्रीय शांति, स्थिरता और क्षेत्रीय एकीकरण के उपायों को इस उद्देश्य की प्राप्ति में सहायक कारक के रूप में देखता है। विश्व व्यवस्था सुचारू रूप से तभी चल सकती है जब क्षेत्रीय संघर्षों को रोकने का प्रयास कर विश्व के विभिन्न क्षेत्रों में विकास के नए मानक स्थापित करने के प्रयास किए जाएँ। भारत यह मानता है कि एक स्थिर, शांत और सामूहिक प्रयासों से समृद्ध दक्षिण एशिया न केवल यहाँ के देशों को लाभ प्रदान करेगा बल्कि यह विश्व व्यवस्था में भी अपना कुछ सकारात्मक योगदान दे सकेगा। चूँकि भारत एक सकारात्मक उद्देश्य के साथ विश्व राजनीति में अंतर्संपर्क करता है, इसलिए भी उसे पड़ोस को स्थिर रखने के लिए पड़ोसी प्रथम की नीति को अपनाने की तार्किकता समझ आती है। भारत के भूतपूर्व प्रधानमंत्री मनमोहन सिंह ने भी पड़ोसियों के साथ संबंधों की महत्ता पर प्रकाश डालते हुए कहा था कि विदेश नीति का सही परीक्षण इस बात में है कि पड़ोसियों से संबंधों को किस प्रकार प्रबंधित किया गया है।

पड़ोसी प्रथम की नीति क्यों?

विश्व की उभरती हुई बाज़ार अर्थव्यवस्था और सामुद्रिक शक्ति भारत के लिए सबसे जरूरी यह है कि अपने राष्ट्रीय हितों की प्राप्ति, अर्थव्यवस्था को मज़बूती देने और एक विकसित राष्ट्र बनने के लिए वह दक्षिण एशिया में शांति और सुरक्षा को बढ़ावा दे। दूसरे शब्दों में एक स्थिर और सहयोगी दक्षिण एशिया भारत के वैश्विक विकास की पूर्व शर्त है। भारत के उत्तर पश्चिम में स्थित पाकिस्तान में आतंकवाद का पोषण, धार्मिक कट्टरता, सैन्य तख्तापलट का इतिहास और इसके साथ ही धर्म,

राजनीति और सेना में भारत विरोधी गठजोड़, चीन के साथ भारत विरोधी गठजोड़, बलोचिस्तान में नृजातीय संघर्ष, पाक तालिबान का खतरा जैसी स्थितियाँ विद्यमान हैं। भारत विरोधी कट्टर सांप्रदायिक मानसिकता का ही परिणाम जम्मू कश्मीर में आतंकी हमलों, सिंधु नदी जल की साझेदारी के मामले को तूल देने, गुजरात तट पर भारत के क्रीक क्षेत्रों को अस्थिर करने के रूप में देखा जाता है। इन समस्याओं को सुलझाए बिना भारत अबाधित तरीके से विकास के मार्ग पर नहीं बढ़ सकता। इसलिए उसने पड़ोसियों पर ध्यान देना शुरू किया है।

भारत के दक्षिण में स्थित हिन्द महासागर में भारत का उस क्षेत्र में सबसे निकटतम पड़ोसी श्रीलंका और उसकी घरेलू राजनीति भारत के हितों को प्रभावित करती रही है। 1980 के दशक से 2009 तक श्रीलंका ने गृह युद्ध की स्थिति, तमिलों और सिंहलियों के बीच नृजातीय संघर्ष और मानवाधिकार के उल्लंघन के मामलों के अलावा कुछ खास नहीं देखा। भारत की विदेश नीति जो कि दलगत राजनीति से भी कुछ हद तक प्रभावित होती रही है,ने तमिल अधिकारों के लिए श्रीलंका से निवेदन और दबाव दोनों का मार्ग अपनाया। भारत की विदेश नीति पर अक्सर श्रीलंका में हुए सत्ता परिवर्तन का भी प्रभाव पड़ता है। विदेश मंत्रालय के राजनयिक इस बात का विश्लेषण करना शुरू कर देते हैं कि नव निर्वाचित सरकार भारत विरोधी मानसिकता और चीन के प्रति झुकाव वाली होगी या यह भारत के साथ द्विपक्षीय संबंधों को नई ऊर्जा देगी। भारत और श्रीलंका के बीच दशकों से समुद्री मछुवारों का विवाद हल नहीं हो पाया है। इसके अलावा श्रीलंका जिस स्तर तक अपनी संप्रभुता चीन के दबाव में खो बैठा है, वह भी भारत के लिए चिंता का विषय है। श्रीलंका द्वारा 2017 में चीन से लिए ऋण की अदायगी न कर पाने के चलते अपने सामरिक महत्त्व के बंदरगाह हंबनटोटा को चीन को 99 वर्षों के लिए पट्टे पर देना पड़ा है। चीन के ऋण जाल कूटनीति में फँस कर श्रीलंका को चीन को अपने यहाँ कई निवेश और अवसंरचनात्मक विकास परियोजनाओं से जुड़ने की सुविधा देनी पड़ी है। चीन के प्रभाव के चलते ही श्रीलंका उसके मोतियों की लड़ी की नीति, वन बेल्ट वन रोड पहल, समुद्री रेशम मार्ग प्रोजेक्ट के भाग के रूप में काम करना पड़ा है। भारत इन स्थितियों को नजरअंदाज नहीं कर सकता। चीन श्रीलंका गठजोड़ हिन्द महासागर में जो भारत के आर्थिक हितों की दृष्टि से नुकसानदेह हो सकते हैं, इसलिए भारत को पड़ोसी प्रथम की नीति के तहत श्रीलंका को सभी प्रकार की भारत विरोधी मानसिकता से मुक्त कर द्विपक्षीय संबंधों को मज़बूती देने के लिए कार्य करना पड़ा है।

भारत के पड़ोसी देश मालदीव में 2008 में पहली बार संसदीय चुनाव होने के पहले राजतंत्रात्मक शासन व्यवस्था रही है, जो निरंकुश कार्यप्रणाली के साथ कार्यरत थी। मालदीव की राजनीति में भी कुछ अवसरों पर सैन्य तख्तापलट की

घटना देखने को मिली। कुछ अवसरों पर निर्मित सरकार भारत के लिए उदार रुख वाली थी, लेकिन कई अवसरों पर सरकार भारत विरोधी मानसिकता और चीन के साथ स्पष्ट गठजोड़ वाली भी रही और इससे भारत को चिंताओं का सामना करना पड़ा। अब्दुल्ला यामीन की सरकार ने विशेष तौर पर मालदीव में चीन के निवेश, पर्यटकों और अवसंरचनात्मक गठजोड़ को बढ़ावा दिया। मालदीव ने चीन के साथ यामीन के शासन काल के दौरान ही मुक्त व्यापार समझौता भी संपन्न कर लिया। अपने प्रवाल द्वीपों से चीन को अंडमान निकोबार द्वीपसमूह की जानकारी लेने के लिए सेटेलाइट संयंत्रों की सुविधा देने से ही नहीं पीछे हटा। इसके अलावा मालदीव में बढ़ रहे इस्लामिक कट्टरपंथ और आईएसआईएस जैसे आतंकी संगठनों के प्रभाव को देखते हुए भी भारत को अपनी पड़ोसी प्रथम की नीति के तहत मालदीव को अधिक विश्वास में लेने का कार्य करना पड़ा है।

भारत अपने पड़ोसी राष्ट्र नेपाल की सौदेबाजी की नीति से भी पिछले एक दशक में अधिक प्रभावित हुआ है। नेपाल में एक लंबे समय तक संवैधानिक राजशाही रही जिसके विरोध में माओवादी और मधेश आंदोलन सक्रिय रहा। नेपाल को भी लंबे समय तक सिविल वार जैसी स्थिति का सामना करना पड़ा। इसके अलावा यहाँ भी कई प्रकार के नृजातीय संघर्ष होते आए हैं। भारत के मिथिलांचल से नेपाल के तराई क्षेत्र में बसने वाले मधेशियों के अधिकार आंदोलन और भारत पर उसके समर्थन का आरोप भी नेपाल सरकार द्वारा लगाया जाता रहा है। इसके साथ ही चीन और भारत के बीच एक बफर स्टेट की भूमिका निभाने के अनुभव और उससे प्राप्त सौदेबाजी ज्ञान से नेपाल माओवादियों के शासन के दौरान और उनके अलावा अन्य नेपाली सरकारों के शासन के दौरान भी चीन के अधिक निकट दिखा। भूमि विवादों, पनबिजली परियोजनाओं और बाँधों के निर्माण के मुद्दे, भारत से अधिक व्यापारिक रियायतें माँगने, आवागमन और परिवहन पर बीच-बीच में अवरोध पैदा करने, चीन को अपने यहाँ अधिक निवेश और अवसंरचनात्मक विकास परियोजनाएँ चलाने की स्वीकृति, सस्ते चीनी सामानों के भारत में विक्रय के लिए पारगमन मार्ग के रूप में काम करने के ज़रिये नेपाल भारत को असहज करता रहा है। जाली मुद्रा, नकली दवाइयों, मवेशियों की तस्करी और अन्य संगठित अपराधों के लिए नेपाल ने भारत के खिलाफ ट्रांजिट रूट का काम किया है। इन्हीं बातों को ध्यान में रखकर अपने और दक्षिण एशिया के दीर्घकालिक हितों के लिए भारत ने पड़ोसी प्रथम नीति के तहत नेपाल में विकास के वित्त पोषण की नीति अपनाई है।

भारत के पूर्वी भाग में स्थित पड़ोसी देश बांग्लादेश के साथ संबंध कई अवसरों पर तनावपूर्ण रहे हैं। इस्लामिक कट्टरपंथ, आतंकवादी समूहों और उनकी पाकिस्तानी आसूचना तंत्र आईएसआई के साथ गठजोड़ भारत के लिए चिंता का विषय रहा है। बांग्लादेश में बांग्लादेश नेशनलिस्ट पार्टी और उसकी नेता खालिदा जिया के शासन

के दौरान भारत बांग्लादेश संबंध अपेक्षकृत मधुर नहीं रहे हैं। वहीं आवामी लीग की नेता और वर्तमान प्रधानमंत्री शेख हसीना के शासन काल में भारत बांग्लादेश संबंधों में कई स्तरों पर सुधार आया है, लेकिन इसके बावजूद बांग्लादेश और चीन के बीच बढ़ती नजदीकी भारत के लिए चिंता का विषय है। बांग्लादेश चीन की महत्त्वाकांक्षी योजनाओं मोतियों की लड़ी, वन बेल्ट वन रोड पहल आदि का भाग है। चीन ने वहाँ पद्मा बाँध, पद्मा रेलवे लिंक और पायरा डीप सी पोर्ट पर काम किया है और अपनी ऋण जाल कूटनीति के तहत बांग्लादेश को भी अपने पक्ष में काम करने के लिए दबाव डालने की नीति अपना रखी है। इन समस्त वस्तुस्थिति को देखते हुए भारत ने अपनी पड़ोसी प्रथम की नीति के तहत बांग्लादेश को विश्वास में लेने की कोशिश की है।

भारत का एक अन्य पड़ोसी देश भूटान भी दक्षिण एशिया में उसके सामरिक हितों के लिए बहुत महत्त्वपूर्ण है। दक्षिण एशिया में भूटान ही एक मात्र ऐसा देश है जिसका चीन के साथ कूटनीतिक संबंध नहीं है। भूटान एक स्थलरुद्ध देश होने के चलते चीन की मोतियों की लड़ी की नीति और समुद्री रेशम मार्ग प्रोजेक्ट का हिस्सा नहीं है। इसके साथ ही भूटान वन बेल्ट वन रोड पहल का अंग नहीं है। भूटान, भारत और चीन के त्रिकोणीय बिंदु पर स्थित डोकलाम पठार भी भारत के सुरक्षा हितों के लिहाज से बेहद महत्त्वपूर्ण है। यही कारण है कि भारत ने अपनी पड़ोसी प्रथम नीति के तहत भूटान को विशेष स्थान दिया है। भूटान को भारत से सबसे ज्यादा वित्तीय मदद, ऋण, अनुदान और अन्य विकासात्मक सहायता मिलती है। इसी का परिणाम है कि भूटान अब तक चीन के प्रभाव से मुक्त है।

कुल मिलाकर कहा जा सकता है कि चूँकि भारत एशिया और दक्षिण एशिया में एक महत्त्वपूर्ण सैन्य, नौ सैन्य और अंतरिक्ष शक्ति है जो वैश्विक स्तर पर अपनी नेतृत्वकारी भूमिका के साथ आगे बढ़ रहा है, विज्ञान और प्रौद्योगिकी के क्षेत्र में भारत ने वैश्विक स्तर पर सफलता के नए मानक गढ़े हैं। साथ ही भारत ट्रिलियन डॉलर अर्थव्यवस्था भी बन चुका है। इस विकास गति को अबाधित रखने के लिए पड़ोसी देशों की घरेलू राजनीति और उनके क्षेत्रीय और महाशक्तियों के साथ गठजोड़ों पर निग़ाह रखकर कार्य करना भारत की सबसे बड़ी आवश्यकता है और सबसे बड़ी बात तो यह है कि एशिया को एक ध्रुवीय राजनीतिक व्यवस्था और अर्थव्यवस्था बनाने के चीन के आधिपत्य और प्रभुत्व की मानसिकता पर लगाम लगाने के लिए पड़ोसी प्रथम की नीति एक कारगर अस्त्र साबित हो सकती है।

भारत द्वारा पड़ोसी प्रथम की नीति को मूर्तमान बनाने के प्रयास

वर्ष 2014 में भारतीय प्रधानमंत्री नरेन्द्र मोदी के नेतृत्व में भारत सरकार ने पड़ोसी प्रथम की नीति पर बल देना शुरू किया। इसके लिए कई क्षेत्रीय घटनाएँ जिम्मेदार

थीं। वर्ष 2013 में पाकिस्तान ने बलूचिस्तान में स्थित ग्वादर बंदरगाह को चलाने का ठेका सिंगापुर से लेकर एक चीनी कम्पनी को दे दिया। इस बंदरगाह से चीन तक जाने वाले चीन पाकिस्तान इकनॉमिक कॉरिडोर के जम्मू कश्मीर में गिलगिट बाल्टिस्तान क्षेत्र से गुजरने के चलते भारत की चिंताएँ बढ़ीं और उसे पड़ोस पर ध्यान केंद्रित करने की आवश्यकता महसूस हुई। वर्ष 2013 में ही चीन ने मालदीव के समक्ष मैरीटाइम सिल्क रूट का विचार और उससे जुड़ने का प्रस्ताव किया। इसके बाद अब्दुल्ला यामीन की सरकार और चीन के बीच स्पेशल इकनॉमिक जोंस, पोताश्रय, बंकरिंग फैसिलिटीज स्थापित करने पर सहमति बनने लगी जो भारत के लिए चिंता का विषय था क्योंकि मालदीव में स्थित समुद्री व्यापारिक मार्ग भारत के समुद्री मार्ग से व्यापार के लिए अति महत्त्वपूर्ण हैं। इसी प्रकार कई अन्य दक्षिण एशियाई देशों में विकसित हो रही भारत विरोधी गठजोड़ के संदर्भ में भारत ने पड़ोसी राष्ट्रों के साथ मज़बूत संबंध बनाने का निर्णय किया। भारत की पड़ोसी प्रथम की नीति के बीज को गुजराल डॉक्ट्रिन में भी देखा जा सकता है जिसके तहत उन्होंने दक्षिण एशियाई देशों के साथ संबंधों में सकारात्मक एकपक्षवाद की नीति पर बल दिया था जिसका मतलब है कि भारत दक्षिण एशिया में एक बड़े भाई के रूप में न कि एक हितैषी शक्ति के रूप में देशों को एकतरफा रियायतें, सुविधाएँ पूर्ण सद्भाव के साथ देगा, बदले में इन देशों से ऐसे ही किसी रियायत, सुविधा, सहयोग की अपेक्षा नहीं करेगा। प्रधानमंत्री नरेन्द्र मोदी के कार्यकाल में इसे व्यावहारिक सकारात्मक एकपक्षवाद में बदलते हुए इस बात की अपेक्षा दक्षिण एशियाई देशों से की गई है कि भारत उन्हें जो भी हरसंभव मदद वित्तीय, तकनीकी, राजनीतिक, राजनयिक स्तर पर कर रहा है उसके बदले वह चाहता है कि दक्षिण एशिया के देश संकीर्ण क्षेत्रीय राजनीति छोड़कर दक्षिण एशिया के समावेशी विकास के लिए सामूहिक स्तर पर मिल-जुल कर कार्य करें और भारत विरोधी गठजोड़ का हिस्सा बनें।

भारत की पड़ोसी प्रथम की नीति का पहला प्रमाण यह है कि वर्ष 2014 में नवनिर्वाचित भारत सरकार के प्रधानमंत्री ने अपने शपथ ग्रहण समारोह में सार्क देशों के सभी शासनाध्यक्षों को सहभाग करने के लिए आमंत्रित किया था। इसके बाद भारतीय प्रधानमंत्री ने अपनी पहली विदेश यात्रा के रूप में भूटान को चुना। इस यात्रा में उनके साथ विदेश मंत्री और राष्ट्रीय सुरक्षा सलाहकार भी थे। भारतीय प्रधानमंत्री ने भूटान की संसद के संयुक्त सत्र को संबोधित किया और भारत के वित्तीय सहायता से तैयार भूटान के सर्वोच्च न्यायालय के भवन का उद्घाटन भी किया और साथ ही 600 मेगावाट के खोलोंगछु पनबिजली परियोजना का शिलान्यास भी किया। नेहरू वांगचुक छात्रवृत्ति को बढ़ाकर प्रति वर्ष 2 करोड़ रुपए करने की घोषणा भारत सरकार ने इस यात्रा के दौरान की। एक अन्य महत्त्वपूर्ण घोषणा करते हुए भारतीय प्रधानमंत्री ने भूटान के सभी 20 जिलों को कवर करने वाले ई लाईब्रेरी प्रोजेक्ट में

वित्तीय सहायता देने की बात की। यहाँ यह जानने योग्य है कि भूटान में चीन का न तो दूतावास है, न ही कॉन्स्युलेट ऑफिस। चीन के प्रभाव से भूटान को बचाए रखने के उद्देश्य से भी भारत ने पड़ोसी प्रथम नीति को इस रूप में धार दिया।

भारत सरकार ने श्रीलंका, मालदीव और नेपाल जैसे देशों को हाल के वर्षों में विकास और मानवतावादी सेवाएँ उपलब्ध कराई हैं। पड़ोसी राष्ट्रों में अवसंरचनात्मक विकास परियोजनाओं, ऊर्जा और पनबिजली परियोजनाओं, प्रतिरक्षा बलों को प्रशिक्षण देने आदि के ज़रिये भारत ने पड़ोसियों को विश्वास में लेने का प्रयास किया है। जून, 2019 में भारतीय प्रधानमंत्री द्वारा पुन: सत्ता में आने के बाद अपनी पहली विदेश यात्रा के रूप में मालदीव को चुनना और उसकी नवनिर्मित संसद मजलिस के संयुक्त सत्र को संबोधित करना, भारत के पड़ोसी प्रथम की नीति पर जोर को दर्शाता है। पहली बार किसी भारतीय प्रधानमंत्री द्वारा मालदीव की संसद को संबोधित किया गया था।

भारत सरकार ने पड़ोसी प्रथम की नीति के तहत सेटेलाइट डिप्लोमेसी की शुरुआत करते हुए सार्क सेटेलाइट बनाने और उसकी सेवाएँ दक्षिण एशियाई देशों को देने का प्रस्ताव किया था। 450 करोड़ रुपए की लागत वाले साउथ एशिया सैटेलाइट से दक्षिण एशियाई देशों को आपदा प्रबंधन और दूरसंचार के क्षेत्र में महत्त्वपूर्ण सुविधाएँ मिलेंगी। इस पहल के पीछे चीन और पाकिस्तान के भारत विरोधी मानसिकता पर लगाम लगाने की मंशा काम कर रही है। भारत के दो पड़ोसी देशों पाकिस्तान और श्रीलंका के लिए चीन ने सैटेलाइट बनाकर छोड़े थे और अन्य दक्षिण एशियाई देशों को भी चीन ऐसी सुविधा देने की ताक में था। सार्क सैटेलाइट के ज़रिये भारत का प्रयास यह है कि उसके पड़ोसी देश ऐसी किसी तकनीक के लिए चीन पर निर्भर न हों जो ख़ुद भारत के पास उपलब्ध न हो। भूकंप, सुनामी, बाढ़ जैसी प्राकृतिक आपदाओं के दौरान संचार बनाए रखने में इस सैटेलाइट की अहम भूमिका को भारत ने कई अवसरों पर रेखांकित किया है। मई, 2017 में भारत के प्रधानमंत्री नरेंद्र मोदी ने सार्क सैटेलाइट जीसैट 9 के प्रक्षेपण को ऐतिहासिक महत्त्व का बताया। भारत की अंतरिक्ष कूटनीति के तहत तैयार हुई दक्षिण एशिया सैटेलाइट के प्रक्षेपण की जानकारी भारतीय प्रधानमंत्री ने वीडियो कॉन्फ्रेंसिंग के जरिये सार्क देशों के राष्ट्रप्रमुखों को दी। साउथ एशियाई देशों से जुड़ने के इस तरीके को 'मिनी सार्क समिट' माना गया। इन सार्क देशों में पाकिस्तान शामिल नहीं है। पाकिस्तान ने सार्क उपग्रह परियोजना से खुद को अलग किए जाने के लिए भारत को जिम्मेदार ठहराया और कहा कि नई दिल्ली सहयोगी आधार पर उपक्रम विकसित करने का इच्छुक नहीं है। दूसरी तरफ़, बांग्लादेश ने कहा कि भारत के इस कदम से विभिन्न क्षेत्रों में सहयोग बढ़ेगा। इस सैटेलाइट से मौसम की अधिक विश्वसनीय भविष्यवाणी की जा सकेगी।

इसके अलावा भारत ने वर्ष 2018 में अपना पहला क्षेत्रीय, स्वदेशी नौवहन उपग्रह प्रणाली नाविक को लॉन्च किया। इसके पूर्व नौवहन सुविधाओं के लिए भारत अमरीका के जीपीएस नेविगेशन प्रणाली पर निर्भर था। भारत ने इसरो के नेतृत्व में स्वदेशी जीपीएस का निर्माण कर इसकी सुविधाएँ दक्षिण एशियाई पड़ोसी देशों को देने का भी प्रस्ताव किया। इसके ज़रिये वाहनों की ट्रैकिंग, मोबाइल, मत्स्य सुविधाएँ, सर्वेक्षण सुविधा प्राप्त किया जा सकता है। भारतीय प्रधानमंत्री द्वारा वर्ष 2016 में यह प्रस्ताव किया गया था कि यदि भारत की सीमा से 1500 वर्ग किलोमीटर क्षेत्र में कोई दक्षिण एशियाई देश नाविक जीपीएस की कोई सेवा लेना चाहता है तो भारत उसे ये सुविधा उपलब्ध कराएगा। भारत ने कहा है कि सार्क देश स्वैच्छिक स्तर पर नौवहन सुविधा दुनिया के किसी अन्य देश से भी ले सकते हैं लेकिन यदि वे इस संदर्भ में भारत से सहयोग की अपेक्षा करते हैं तो भारत उन्हें अवश्य सहयोग करेगा।

भारत ने पड़ोसी देशों को भुगतान संतुलन संकट, तरलता अथवा मुद्रास्फीति और अन्य मौद्रिक संकटों से बचाने के लिए सार्क के बैनर तले रिजर्व बैंक ऑफ इंडिया के नेतृत्व में एक करेंसी स्वैप समझौता संपन्न किया है। आरबीआई द्वारा सार्क देशों के साथ वर्ष 2019 से 2022 तक के लिए मुद्रा विनिमय समझौते (करेंसी स्वैप) की रुपरेखा को नवंबर, 2019 में संशोधित करने का निर्णय लिया है। यह संशोधित रुपरेखा 14 नवंबर, 2019 से 13 नवंबर, 2022 तक प्रभावी रहेगी। आरबीआई उन्हीं सार्क देशों के केंद्रीय बैंकों के साथ द्विपक्षीय मुद्रा विनिमय समझौते के परिचालन के बारे में विचार-विमर्श करेगा जो देश इस समझौते का लाभ उठाना चाहते हैं। आरबीआई वर्ष 2019-2022 तक मुद्रा विनिमय समझौते की संशोधित रुपरेखा के तहत 2 बिलियन डॉलर के समग्र कोष के अंतर्गत मुद्रा विनिमय की व्यवस्था जारी रखेगा। इस नए संशोधित मुद्रा विनिमय समझौते के अंतर्गत अमेरिकी डॉलर, भारतीय रुपए या यूरो में आहरण किया जा सकता है। साथ ही इस संशोधित समझौते के अंतर्गत भारतीय रुपए में आहरण करने पर कुछ विशेष रियायतें भी प्रदान की गई हैं।

मार्च, 2020 में भारत सरकार ने कोरोना वायरस की महामारी से निपटने के लिए दक्षिण एशिया में क्षेत्रीय सहयोग के लिए वीडियो कॉन्फ्रेंसिंग के ज़रिये पड़ोसी देशों के नेताओं के साथ संपर्क स्थापित किया। उल्लेखनीय है कि जी 20 सदस्य देशों के साथ भी भारत ने ऐसे ही संपर्क स्थापित किए थे।

पड़ोसी प्रथम की नीति का मूल्यांकन

भारत में दक्षिण एशिया में क्षेत्रीय सहयोग और क्षेत्रीय एकीकरण के लक्ष्य के साथ पड़ोसी देशों के साथ बेहतर संबंध बनाने की नीति पर जोर दिया लेकिन कई

पड़ोसी देशों के द्वारा भारत के क्षेत्रीय पहलुओं को संदेह के दृष्टि से देखा गया है। पाकिस्तान के द्वारा सार्क सैटेलाइट और नाविक सैटेलाइट की सुविधाएँ लेने से मना कर दिया गया। भारत ने हाल के समय में यह सुनिश्चित करने की कोशिश की है कि अन्य दक्षिण एशियाई देश भारत के दक्षेस सैटेलाइट के प्रति सकारात्मक भाव रख कर उससे जुड़े। अत: पाकिस्तान जैसे गैर जिम्मेदार देश के सार्क सैटेलाइट की सुविधाएँ लेने से इंकार करने के आधार पर यह नहीं कहा जा सकता कि भारत की पड़ोसी प्रथम की नीति विफल है। भारत ने इसरो के माध्यम से भूटान में अंतरिक्ष सेवाओं के लिए एक ग्राउंड स्टेशन लगाने का समझौता भूटान से किया है। भूटान ने भारत के अंतरिक्ष सेवाओं को सहर्ष स्वीकार करने की बात की है। जब भारत ने सार्क सैटेलाइट लॉन्च किया था तो केवल पाकिस्तान को छोड़कर अफ़ग़ानिस्तान सहित सभी दक्षिण एशियाई देशों ने क्षेत्रीय संचार को बढ़ावा देने वाली इस भारतीय पहल का स्वागत किया था।

बांग्लादेश, भूटान, भारत और नेपाल—मोटर व्हीकल एग्रीमेंट से भूटान के बाहर निकलने के निर्णय को भी भारत के पड़ोसी प्रथम की नीति की विफलता से जोड़कर देखा गया है जो उचित नहीं है। भूटान जैसे स्थलरुद्ध, पर्यावरण मित्र, जीडीपी में राष्ट्रीय प्रसन्नता का मापन करने वाले देश में वाहनों की मुक्त आवाजाही से भूटान की राष्ट्रीय विकास की प्राथमिकताएँ प्रभावित हो सकती थीं। इसलिए भूटान ने इस समझौते से बाहर निकलने का निर्णय किया, लेकिन इसके साथ ही भूटान ने वर्ष 2019 में कई अवसरों पर स्पष्ट किया है कि वह इस पहल से जुड़ने पर पुनर्विचार कर रहा है। उल्लेखनीय है कि 8 फरवरी, 2020 को बांग्लादेश, भूटान, भारत और नेपाल की मोटर व्हीकल एग्रीमेंट पर बैठक संपन्न हुई है। भूटान ने इस बैठक में पर्यवेक्षक सदस्य के रूप में भाग लिया जिसका निर्णय भूटान सरकार ने पहले से ही कर रखा था। भूटान ने स्पष्ट किया है कि वह अपनी संसद में इस समझौते से जुड़ने हेतु आवश्यक प्रक्रियाओं को पूरा करने का प्रयास कर रखा है।

इसके अलावा हाल में भूटान की नई प्रस्तावित पर्यटन नीति के अनुसार अब भारत, बांग्लादेश और मालदीव के पर्यटकों को भूटान में यात्रा के लिए पर्यटन शुल्क देना होगा जिसमें सस्टेनेबल डेवलपमेंट फीस और परमिट फीस भी शामिल होगी। नई नीति के तहत अब दक्षिण एशियाई देशों भारत, बांग्लादेश और मालदीव से भूटान आने वाले पर्यटकों को अन्य देशों के विदेशी यात्रियों के समान ही प्रति यात्री 250 डॉलर (18 हजार रुपए) प्रतिदिन के हिसाब से अदा करना होगा जिसमें प्रति दिन 65 डॉलर सस्टेनेबल डेवलपमेंट फी और 40 डॉलर वीजा शुल्क भी शामिल है। भारी मात्रा में पर्यटकों के भूटान में आगमन को देखते हुए यह फैसला लिया गया है। भूटान के इस कदम को भी पड़ोसी प्रथम की नीति पर प्रश्नचिह्न के रूप में नहीं देखा जा सकता क्योंकि भूटान भारत के साथ दक्षिण एशिया के हितों के पक्ष में ही लगातार कार्य कर रहा है।

हाल के समय में नेपाल की तरफ़ से भी कुछ ऐसे निर्णय लिए गए और भारत के संबंध में असहयोगी दृष्टिकोण अपनाया गया है जिसके चलते भारत की पड़ोसी प्रथम की नीति पर सवाल खड़े किए गए हैं। हाल ही में नेपाल की अदालत ने यह फैसला किया था कि भारत की तिपहिया गाड़ियाँ नेपाल में नहीं चलेंगी। नेपाल का कहना था कि पिछले कुछ वर्षों से यह वाहन कानून का उल्लंघन करते हुए सीमा पार से यात्रियों को लेकर आ रही है और ऐसे वाहन देश के कानून के मुताबिक कस्टम ड्यूटी भी नहीं दे रहे हैं। वास्तव में हाल के समय में नेपाल ने भारत के साथ सौदेबाजी वाली राजनीति से प्रेरित होकर दबाव बनाना शुरू किया है। यह सर्वविदित है कि चीन इसके पीछे एक जिम्मेदार कारक है। नेपाल ने आर्थिक, व्यापारिक लाभों, पर्यटन, सुरक्षा मुद्दों, पनबिजली परियोजनाओं, भू स्वामित्व विवाद के मामले में भारत पर दबाव बनाना शुरू किया है। एक लैंड लॉक्ड देश के रूप में नेपाल का शेष विश्व के साथ अंतर्राष्ट्रीय व्यापार भारत के दो बंदरगाहों हल्दिया और विशाखापट्टनम के ज़रिये ही होता है। फ़रवरी, 2019 में नेपाल के पोखरा में हुई भारत नेपाल के प्रतिनिधियों की बैठक में नेपाल ने भारत से अपने व्यापार के लिए दो और नए भारतीय बंदरगाहों गुजरात के मूंद्रा और ओडिशा के धामरा के प्रयोग और पहुँच की अनुमति माँगी है। ऐसा तब हुआ जब सितंबर, 2018 में चीन ने नेपाल को चार चीनी बंदरगाहों तक पहुँच देने का निर्णय किया था। इसके अलावा हाल के समय में कालापानी, लिपुलेख और पूर्व में लखीमपुर खीरी, संदकपुर, टनकपुर, मेंची जैसे क्षेत्रों में भू सीमा विवाद उभरते रहे हैं।

वर्ष 2019 में भारत सरकार द्वारा जारी देश के नए नक्शे में उत्तराखंड के कालापानी और लिपुलेख को भारतीय क्षेत्र में दर्शाए जाने को लेकर पूरे नेपाल में भारत के विरोध में प्रदर्शन किया गया था। नेपाल ने इन क्षेत्रों पर अपना अधिकार बताया है। वहीं अमेरिकी विदेश विभाग की 1 नवंबर, 2019 को जारी रिपोर्ट 'कंट्री रिपोर्ट ऑन टेररिज्म 2018' में यह खुलासा किया गया है कि इंडियन मुजाहिदीन (आईएम) ने भारत के खिलाफ आतंकी घटनाओं को अंजाम देने के लिए नेपाल को अपना सबसे बड़ा अड्डा बना लिया है। उसने लश्कर-ए-तैयबा, जैश-ए-मोहम्मद और हरकत उल-जिहादी इस्लामी से भी गठजोड़ कर लिया है। रिपोर्ट में कहा गया है कि आईएम का पहला मकसद भारत में आतंकी घटनाओं को अंजाम देना है। इसी के तहत उसने अपना दायरा बढ़ाते हुए भारत के पड़ोसी देश नेपाल को अपना सबसे बड़ा केंद्र बना लिया है। इसके लिए उसे पाकिस्तान समेत मिडिल ईस्ट (पश्चिम एशिया) देशों से फंड भी मिलता है। भारत की पड़ोसी प्रथम नीति की सफलता तब मानी जाएगी जब नेपाल अपनी भूमि का भारत विरोधी गतिविधियों के लिए इस्तेमाल न होने दे। भारत द्वारा बड़े पैमाने पर नेपाल को विकासात्मक मदद देने के चलते नेपाल को भी भारत के हितों के पक्ष में कार्य करने के लिए विचार करना चाहिए।

भारत की नई करेंसी को नेपाल में वर्ष 2018 में गैरकानूनी घोषित कर दिया गया था। नेपाल में भारत के दो हजार, पाँच सौ और दो सौ रुपये के नए नोट प्रतिबंधित कर दिए गए थे। इन्हें लेकर नेपाल जाना, अपने पास रखना और इन नोटों के बदले सामान देने को गैरकानूनी बनाया गया था। इस फैसले का असर नेपाल के पर्यटन पर पड़ता और इससे भारतीय पर्यटकों को भी काफी असुविधा होती लेकिन नेपाल ने देश हित के नाम पर अपने इस कदम को जायज ठहराया था। भारत को इन चुनौतियों से निपटने के लिए यथार्थवादी रणनीति और कूटनीति से काम लेना होगा, क्योंकि दक्षिण एशिया में स्थिरता और शांति भारत के सामरिक हितों की प्राप्ति के लिए अत्यंत आवश्यक है।

अध्याय 4

भारत की विदेश नीति में सांस्कृतिक कूटनीति अर्थ, आयाम और उद्देश्य

भारत की विदेश नीति में सांस्कृतिक कूटनीति

एक देश को अपने राष्ट्रीय हितों की प्राप्ति के लिए कई साधनों पर निर्भर रहना होता है। सांस्कृतिक कूटनीति एक ऐसा ही साधन है जिसे सॉफ्ट पॉवर डिप्लोमेसी के रूप में देखा जाता है। कला, संस्कृति, भाषा, मीडिया, संगीत, नृत्य, फिल्म आदि ऐसे उपकरण हैं जो दो राष्ट्रों और उनके निवासियों के बीच जुड़ाव पैदा करने में भूमिका निभाते हैं। सांस्कृतिक कूटनीति में संस्कृति का इस्तेमाल दो भिन्न सभ्यताओं के मध्य संवाद को दिशा देने के लिए किया जाता है। यह विदेश नीति के नुकीले किनारों को नरम बनाने का साधन है। जब दो राष्ट्र अपने समसामयिक संबंधों को मज़बूती देने के लिए अपनी साझी संस्कृति, साझे अतीत और मूल्यों का हवाला देते हैं तब सांस्कृतिक कूटनीति का महत्त्व समझ में आता है। दो देश पारस्परिक स्तर पर एक दूसरे को लोक नृत्यों और कला के विविध रूपों की तारीफ़ करते हुए बड़े मकसदों को प्राप्त करने में भी सफल हो जाते रहे हैं। भारत की विदेश नीति में सांस्कृतिक कारकों का योगदान भारत के अतीत से प्रभावित रहा है। प्राचीन समय में सम्राट अशोक ने अपने पुत्र पुत्री को बौद्ध धर्म के प्रचार-प्रसार के लिए श्रीलंका भेजा था। 8 वीं शताब्दी में भारतीय बौद्ध धर्म गुरु पद्मसंभव ने तिब्बत के मार्ग से होते हुए भूटान में बौद्ध धर्म के मूल्यों का प्रचार-प्रसार किया था जिसका परिणाम यह है कि आज भारत भूटान सांस्कृतिक कारकों के चलते एक दूसरे के बहुत करीब हैं। भारत और उसके दक्षिण पूर्वी एशियाई पड़ोसियों के मध्य सांस्कृतिक और अन्य प्रकार के संबंधों का सबसे पुराना साक्ष्य पहली शताब्दी ईसा में खोजा जा सकता है। प्यू आबादी या बस्ती जो कि वर्तमान के म्यांमार में स्थित है, के खनन से मिले साक्ष्य दोनों देशों के सांस्कृतिक संपर्कों के अस्तित्व की पुष्टि करते हैं। यहाँ का एक स्थल बेकथानो,

जिसका मतलब है विष्णु का शहर, भी भारत और दक्षिण पूर्वी एशियाई देशों के मध्य सांस्कृतिक संपर्कों का आधार रहे हैं। प्यू की स्थापत्यकला, सिक्के, हिन्दू देवी देवताओं और बुद्ध की मूर्तियाँ इस क्षेत्र में भारतीय प्रभाव को दर्शाते हैं। प्यू सिक्के मेंकांग डेल्टा से भी प्राप्त किए गए हैं। इससे स्पष्ट हुआ कि व्यापार और संस्कृति का एक मार्ग था। इसके अलावा पृथ्वी पर सबसे ऊँचे कंबोडिया के अंगकोर वाट मंदिर और टा प्रोह्म मंदिरों पर भारत का महत्त्वपूर्ण प्रभाव देखा जा सकता है। श्रीलंका, तिब्बत, दक्षिण पूर्वी एशियाई देश थाईलैंड, म्यांमार, इंडोनेशिया, लाओस, जापान आदि देशों के साथ भारत के सांस्कृतिक संपर्क का एक समृद्ध अतीत रहा है। मंदिरों, मस्जिदों, स्तूपों, विहारों, मठों, शुद्धिकरण स्थलों, विपश्यना केंद्रों, शैक्षिक केंद्रों, सह फिल्म निर्माण गठजोड़ों के ज़रिये भारत के लोगों के सांस्कृतिक संपर्क अन्य देशों के लोगों के साथ होते रहे हैं। ऐसे संपर्क की आवश्यकता उस समय बढ़ जाती है जब दो देशों के मध्य कई प्रकार के द्विपक्षीय विवाद और तनाव बढ़ गए हों और उनसे राष्ट्रीय हितों को मसलन व्यापार, वाणिज्य, पर्यटन, परिवहन पर नकारात्मक प्रभाव पड़ने लगे। दूसरे शब्दों में दो देशों के मध्य आतंकवाद, नदी जल विवाद, भूमि विवाद, समुद्री मछुवारों का विवाद, सीमा प्रबंधन, घुसपैठ, तस्करी और व्यापार असंतुलन जैसे मुद्दों पर द्विपक्षीय संबंधों पर विराम लग जाए और इससे दोनों देशों को विभिन्न प्रकार की क्षति का सामना करना पड़े तो ऐसे में सांस्कृतिक कूटनीति के ज़रिये संबंधों में कटुता को दूर करने के प्रयास किए जाते हैं।

भारत और पाकिस्तान के मध्य उच्च स्तरीय तनाव और विवाद के माहौल के बावजूद सिक्ख धर्म के धर्मावलंबियों की आस्था के नाम पर दोनों देशों के मध्य करतारपुर धार्मिक गलियारा खोलने पर सहमति बन गई वहीं व्यापारिक और अन्य संबंधों पर अभी भी विराम लगा हुआ है। इसी प्रकार भारत सांस्कृतिक कूटनीति के ज़रिये भूटान को अपने से जोड़कर भूटान की भू सामरिक अवस्थिति का लाभ अपने राष्ट्रीय हितों की प्राप्ति में करने की दिशा में अग्रसर रहा है।

भारत की विदेश नीति में सांस्कृतिक कूटनीति का औचित्य

सांस्कृतिक कूटनीति विदेश नीति के उद्देश्यों को प्राप्त करने का एक साधन है। विदेश नीति दूसरे राष्ट्र के व्यवहार में परिवर्तन कर उसे अपने राष्ट्रीय हितों के अनुकूल बनाने की प्रक्रिया है। कोई दूसरा देश किसी देश के राष्ट्रीय हित के खिलाफ कार्रवाई न कर सके, इसके लिए राष्ट्रों को यथार्थवादी विदेश नीति अपनाना आवश्यक होता है। सांस्कृतिक कूटनीति एक राष्ट्र और उसके नागरिकों की दूसरे राष्ट्र और उसके नागरिकों के प्रति सोच और मानसिकता में सकारात्मक बदलाव लाने का उपकरण

हैं। सांस्कृतिक कूटनीति में वो समस्त बातें शामिल हैं जो संस्कृति का भाग होती हैं। संस्कृति एक अमूर्त धारणा है जो विचार, दर्शन, मूल्य, प्रथा, परंपरा, धर्म, ज्ञान जैसे तत्वों से मिलकर बना है। यहाँ एक उदाहरण के माध्यम से इसे समझते हैं। भारत ने वसुधैव कुटुंबकम् का विचार दिया जिसका आशय है कि सम्पूर्ण पृथ्वी हमारा घर है। यह भारत द्वारा विश्व को दिया गया एक सार्वभौमिक विचार है जो कालांतर में उसकी सांस्कृतिक कूटनीति का औचित्य सिद्ध करने वाला विचार बन गया। यही कारण है कि भारत विश्व के किसी भी भाग से जुड़ाव महसूस करते हुए विश्व की साझी समस्याओं के साझे समाधान की माँग और वकालत करता है। इसी तर्क के साथ भारत कई मामलों में प्रत्यक्ष रूप से संबंधित न होने पर भी यमन, सीरिया, अफ़ग़ानिस्तान और कई अफ्रीकी देशों की सुरक्षा, स्थिरता और शांति के लिए संवेदनशील रहता है।

भारत विश्व राजनीति में मानवतावादी दर्शन को बढ़ावा देने का समर्थक रहा है। यही कारण है कि भारत अपनी विदेश नीति में मानवतावादी हस्तक्षेप को एक रणनीति और दायित्व के रूप में देखने लगा। 1980 के दशक में भारत ऑपरेशन पवन और ऑपरेशन कैक्टस के ज़रिये क्रमशः श्रीलंका के जाफना और मालदीव में नैतिक मूल्यों और साहस के साथ संयुक्त राष्ट्र शांतिवाहिनी सेनाओं के भाग के रूप में मानवतावादी हस्तक्षेप कर सका। जाफना में तमिल सिंहलियों के बीच गृह युद्ध की स्थिति में घायलों, बीमारों को दवाइयाँ, भोजन और अन्य रसद उपलब्ध कराया गया। ऑपरेशन कैक्टस को भी भारत का एक बड़ा मानवतावादी हस्तक्षेप पहल माना जाता है जिसके लिए कई राष्ट्रों ने उसकी निंदा भी की लेकिन भारत ने अपनी विदेश नीति के कुछ प्रमुख सिद्धांतों के अनुरूप मालदीव का साथ दिया था। 1988 में लिबरेशन टाइगर्स ऑफ तमिल ईलम (लिट्टे) के करीब 200 श्रीलंकाई उग्रवादियों ने मालदीव पर हमला कर दिया था जिसके बाद मालदीव की तरफ़ से आए इमरजेंसी मैसेज और सुरक्षा हेतु निवेदन के 9 घंटे बाद ही भारतीय सेना के कमांडो मालदीव गए थे और कुछ ही घंटों में सब कुछ अपने नियंत्रण में लिया और तख्तापलट को नाकाम कर दिया। ईलम के हथियारबंद उग्रवादी स्पीडबोट्स के जरिये पर्यटकों के भेष में मालदीव पहुँचे थे। श्रीलंका में कारोबार करने वाले मालदीव के अब्दुल्लाह लथुफी ने उग्रवादियों के साथ मिलकर तख्ता पलट की योजना बनाई थी जिसमें पूर्व राष्ट्रपति मोहम्मद नसीर पर भी साजिश में शामिल होने का आरोप था। मालदीव के प्रमुख सरकारी भवन, एयरपोर्ट, बंदरगाह और टेलिविजन स्टेशन पर उग्रवादियों के नियंत्रण के बाद उसे आजाद करने के लिए 3 नवंबर 1988 की रात को ऑपरेशन कैक्टस शुरू हुआ जब भारतीय वायुसेना ने भारतीय सेना की पैराशूट ब्रिगेड के करीब 300 जवानों को माले पहुँचाया। नौ घंटे के भीतर

ही नॉन स्टॉप उड़ान भरते हुए भारतीय सेना हुलहुले एयरपोर्ट पर पहुँची। यह एयरपोर्ट माले की सेना के नियंत्रण में था। इसी दौरान भारतीय सेना ने सबसे पहले माले एयरपोर्ट को अपने नियंत्रण में लिया और राष्ट्रपति गय्यूम को सुरक्षित किया। विदेशी धरती पर आजादी के बाद भारत का यह पहला सैन्य अभियान था जिसे ऑपरेशन कैक्टस नाम दिया गया और इसकी अगुवाई पैराशूट ब्रिगेड के ब्रिगेडियर फारुख बुलसारा कर रहे थे। दो दिन के भीतर पूरा अभियान खत्म हो गया। भारत के इस कार्रवाई को संयुक्त राष्ट्र, अमरीका और ब्रिटेन समेत कई देशों ने तारीफ की लेकिन श्रीलंका ने इसका कड़ा विरोध किया। माले में ऑपरेशन कैक्टस आज भी दुनिया के सबसे सफल कमांडो ऑपरेशनों में गिना जाता है।

यमन और सीरिया में फँसे लोगों की सुरक्षा, मालदीव में हाल में जल आपातकाल के दौरान एयर कार्गो से जल की आपूर्ति करना, नेपाल में भूकंप के दौरान राहत और बचाव कार्य और पुनर्निर्माण कार्यों को बढ़ावा देना भारत के विदेश नीति के मानवतावादी हस्तक्षेप के मूल्यों के महत्त्व को स्पष्ट करते हैं।

इसी तरह भारत ने अनादिकाल से एक विशिष्ट ज्ञान परंपरा का प्रतिनिधित्व करते हुए विश्व गुरु का दर्जा हासिल किया था। नालंदा, तक्षशिला, ओदनतिपुर और पुष्पगिरी जैसे विश्वविद्यालयों ने हजारों विदेशी छात्रों के ज्ञान अर्जन के प्रमुख केन्द्र के रूप में काम किया। आज भी भारत ज्ञान आधारित समाज और अर्थव्यवस्था के रूप में इन मूल्यों को आगे बढ़ा रहा है। भारत के जीआईएएन जैसे अंतर्राष्ट्रीय नॉलेज नेटवर्क, सर्वोत्तम विदेशी शिक्षकों को भारतीय विश्वविद्यालयों में अध्यापन के लिए आमंत्रित करना, इनोवेशन यूनिवर्सिटीज के गठन का प्रस्ताव करना, विदेशी छात्र छात्राओं को स्कॉलरशिप के ज़रिये भारत की शैक्षिक परंपरा से जोड़ने के प्रयास आदि भारत की सांस्कृतिक कूटनीति को धार देने वाले कारक हैं।

सांस्कृतिक कूटनीति के कुछ उदाहरण

पिछले एक दशक में भारत की सांस्कृतिक कूटनीति को भारतीय प्रधानमंत्री और राष्ट्रपति की विदेशी यात्राओं के दौरान किए गए अंतर्संपर्कों में देखा जा सकता है। दूसरे राष्ट्रों के सांस्कृतिक कार्यक्रम, उत्सवों में भाग लेना, प्रधानमंत्री द्वारा दूसरे देश के वाद्य यंत्रों को बजाना, उनकी पारंपरिक वेशभूषा का सम्मान और देशज निवासियों के हित की बात करना इसी दायरे में आता है। इसके साथ ही भारत ने कई राष्ट्रों के साथ अपने साझे व्यापारिक, सांस्कृतिक अतीत और समुद्री संपर्कों को राष्ट्र हित में प्रयोग करने के लिए प्रोजेक्ट मौसम की शुरुआत की जो उसकी सांस्कृतिक कूटनीति का ही हिस्सा है।

मौसम : समुद्री मार्ग और सांस्कृतिक परिदृश्य मौसम परियोजना भारत सरकार के संस्कृति मंत्रालय की परियोजना है जिसे सहयोगी निकायों के रूप में भारतीय पुरातत्व सर्वेक्षण और राष्ट्रीय संग्रहालय की सहायता से नोडल समन्वय एजेंसी के रूप में इंदिरा गांधी राष्ट्रीय कला केद्र, नई दिल्ली द्वारा कार्यान्वित किया जाता है। विश्व विरासत सूची पर पार देशी मिश्रित मार्ग (प्राकृतिक और सांस्कृतिक विरासत सहित) दर्शाने वाली इस परियोजना के अनूठे विचार की सराहना 20 जून, 2014 को दोहा, कतर में 38वें विश्व विरासत सत्र में भारत द्वारा परियोजना की शुरुआत के दौरान की गई थी। यूनेस्को के महानिदेशक ने इस अनूठी परियोजना को प्रारंभ करने में भारत की पहल की सराहना की और चीन, संयुक्त अरब अमीरात, कतर, इरान, म्यांमार और वियतनाम सहित अनेक देशों के राजदूतों ने इस बहुआयामी सांस्कृतिक परियोजना में गहरी रुचि दिखाई।

मानसून पद्धतियों, सांस्कृतिक मार्गों और समुद्री परिदृश्यों पर ध्यान केंद्रित करते हुए, 'मौसम' परियोजना में उन मुख्य प्रक्रियाओं और परिदृश्य की जाँच की जा रही है जो हिन्द महासागर तटीय विभिन्न भागों के साथ-साथ उन भागों को भी जोड़ती है जो तटीय केंद्र अपने समुद्री तटक्षेत्र से जुड़े हैं। व्यापक रूप से 'मौसम' परियोजना का लक्ष्य यह समझना है कि मानसून हवाओं के ज्ञान और चालन ने हिन्द महासागर आरपार पारस्परिक प्रभाव को किस प्रकार बदला है और समुदी मार्गों पर सहभागी ज्ञान प्रणालियों, परंपराओं, प्रौद्योगिकियों तथा विचारों का प्रसार किया है। विभिन्न तटीय केंद्रों और उनके आस-पास के परिप्रदेशों द्वारा संबंधित कालानुक्रमिक तथा स्थानिक संदर्भों में उनके परिवर्तनों को सुविधाजनक बनाया गया तथा इसके साथ-साथ उन्हें प्रभावित किया। 'मौसम' परियोजना का प्रयास दो स्तरों पर स्वयं को अवस्थित करता है : प्रथम, वृहत् स्तर पर इसका लक्ष्य हिन्द महासागर के भूभाग के देशों के बीच संचार को फिर से जोड़ना और फिर से स्थापित करना है जिससे सांस्कृतिक मूल्यों और सरोकारों की समझ बेहतर होगी। दूसरा, सूक्ष्म स्तर पर इसका ध्यान उनके क्षेत्रीय समुद्री वातावरण में राष्ट्रीय संवर्धन को समझना है। मौसम परियोजना के कार्य क्षेत्र अनेक विषयों के अंतर्गत आते हैं जिनका अनुसंधान यूनेस्को के विभिन्न सांस्कृतिक अभिसमयों के माध्यम से किया जाना है जिस पर नोडल एजेंसी के रूप में संस्कृति मंत्रालय और भारतीय पुरातत्व सर्वेक्षण के साथ भारत सरकार हस्ताक्षरकर्ता है।

योगा और सांस्कृतिक कूटनीति

प्रधानमंत्री नरेन्द्र मोदी ने वर्ष 2014 में संयुक्त राष्ट्र महासभा में अपने संबोधन में 21 जून को अंतर्राष्ट्रीय योग दिवस मनाने का प्रस्ताव रखा था। अंतर्राष्ट्रीय योग दिवस की शुरुआत प्रधानमंत्री नरेंद्र मोदी की पहल से हुई। 27 सितंबर 2014 को पीएम मोदी ने संयुक्त राष्ट्र महासभा में एकसाथ योग करने की बात कही थी। इसके बाद महासभा ने 11 दिसंबर 2014 को इस प्रस्ताव को स्वीकार किया और तभी से अंतर्राष्ट्रीय योग दिवस अस्तित्व में आया। इसे भारत की सॉफ्ट पावर डिप्लोमेसी के रूप में भी देखा जाता है। वैश्विक स्तर पर योग की बढ़ती लोकप्रियता ने भारत और कई देशों के सांस्कृतिक संबंधों को इस आधार पर मज़बूती दी है। यूरोपीय देशों के साथ ही चीन जैसे देशों में भी योग की लोकप्रियता में वृद्धि हुई है। इसी क्रम में चीन में भी पाँचवें अंतर्राष्ट्रीय योग दिवस कार्यक्रम आयोजित किया गया था। भारतीय राजदूत विक्रम मिस्त्री ने इस संदर्भ में कहा था कि योग भारत और चीन के लोगों की आकांक्षाओं का प्रतिनिधित्व करता है जो "दोस्ती एवं सहयोग'' की भावना के साथ मिलकर काम करने के लिए फायदेमंद है।

इसके अलावा भारतीय प्रधानमंत्री, राष्ट्रपति और अन्य राजनयिकों द्वारा समय-समय पर विभिन्न देशों के धार्मिक, सांस्कृतिक और आध्यात्मिक कार्यक्रमों में भाग लेना भी सांस्कृतिक कूटनीति का हिस्सा है। 2017 में श्रीलंका की दूसरी यात्रा करने वाले भारतीय प्रधानमंत्री नरेंद्र मोदी ने वहाँ अंतर्राष्ट्रीय वेशक दिवस समारोह में भाग लिया। वहाँ वाराणसी और कोलंबो के बीच सीधी फ्लाइट सेवा शुरू करने की घोषणा भारतीय प्रधानमंत्री द्वारा की गई थी। उल्लेखनीय है कि वेशक बौद्ध मतावलंबियों का सबसे बड़ा त्यौहार माना जाता है। भारतीय प्रधानमंत्री ने स्पष्ट तौर पर कहा था कि श्रीलंका को बौद्धों का एक प्रमुख स्थल होने पर गर्व है। बौद्ध धर्म की शुरुआत भले ही भारत में हुई थी लेकिन श्रीलंका ने इस धर्म की पवित्र शिक्षाओं को संरक्षित रखा है। भारतीय प्रधानमंत्री ने कहा कि श्रीलंका के माध्यम से भारत को अपनी जड़ों की तरफ़ लौटने की प्रेरणा मिलती है। भारत के राष्ट्रीय प्रतीक चक्र को बौद्ध धर्म से लिया गया है।

अध्याय 5

भारत का पड़ोसी देशों के साथ द्विपक्षीय संबंध

भारत पाकिस्तान द्विपक्षीय संबंध

भारत और पाकिस्तान के संबंध को कई दशकों से तनाव, विवाद, काश्मीर और आतंकवाद के आधार पर वर्णित किया जाता रहा है। भौगोलिक, ऐतिहासिक और विचारधारा संबंधित कारकों ने दोनों देशों के संबंधों को नकारात्मक रूप से प्रभावित किया है। भारत-पाकिस्तान संबंधों को सर्वप्रथम भौगोलिक कारकों के आधार पर समझा जाना उचित है क्योंकि भारतीय विदेश नीति के प्रमुख निर्धारक तत्वों में भौगोलिक कारक शामिल हैं। पाकिस्तान भारत का पड़ोसी राष्ट्र है और उसकी भौगोलिक स्थिति का प्रत्यक्ष प्रभाव भारत के विभिन्न क्षेत्रों पर पड़ता है जिसमें सुरक्षा परिदृश्य भी शामिल हैं। चूँकि जम्मू कश्मीर, गुजरात, पंजाब और राजस्थान की सीमा पाकिस्तान से लगती है अत: इस दृष्टि से भी आतंकी गतिविधियों से अंतर्राष्ट्रीय सीमाओं की सुरक्षा भारत के लिए एक महत्त्वपूर्ण प्रश्न है। पाक अधिकृत कश्मीर के दक्षिण दिशा में पाकिस्तान के 8 जिले मीरपुर, भिंबर, कोटली, मुजफ्फराबाद, बाघ, नीलम, रावलकोट और सुधनोटी स्थित हैं। इन क्षेत्रों से राज्य प्रायोजित आतंकवाद और कश्मीर घाटी में घुसपैठ की संभावना बनी रहती है। पाकिस्तान के बाघा और भारत के अटारी की भौगोलिक स्थिति, लाहौर और अमृतसर की भौगोलिक स्थिति, भारत पाकिस्तान सीमा पर पंजाब में फजिल्का की स्थिति आदि कई भौगोलिक कारकों ने भारत पाकिस्तान संबंधों और उनकी विदेश नीतियों को प्रभावित किया है।

पाकिस्तान एशिया महाद्वीप में स्थित एक देश है। यह दक्षिण एशियाई उपमहाद्वीप का हिस्सा है। इसकी अरब सागर में सामरिक अवस्थिति इसके महत्त्व को दर्शाती है। अरब सागर हिन्द महासागर का उत्तरी पश्चिमी भाग है जो पड़ोसी क्षेत्र ईरान, अरब प्रायद्वीप (यमन, ओमान और संयुक्त अरब अमीरात), पाकिस्तान, हॉर्न ऑफ अफ्रीका देश और भारत के बीच एक महत्त्वपूर्ण संपर्क बिंदु का कार्य करता है। ओमान की खाड़ी होरमुज जलसंधि के ज़रिये अरब सागर को फारस

की खाड़ी से जोड़ती है, जबकि अदन की खाड़ी बाब अल मंदेव की जलसंधि के ज़रिये अरब सागर को लाल सागर से जोड़ती है। सोकोत्रा द्वीप जो यमन का भाग है, अरब सागर क्षेत्र में ही स्थित है। इस लिहाज से यह समुद्री व्यापारिक मार्गों की दृष्टि से भी अति महत्त्वपूर्ण है और खाड़ी देशों के साथ भारत और पाकिस्तान के मज़बूत संबंधों की दृष्टि से भी महत्त्व का है।

इसके अतिरिक्त अफ़ग़ानिस्तान और पाकिस्तान के बीच भौगोलिक सीमा के साझा होने की स्थिति ने भी भारत की विदेश नीति को निर्धारित करने में अहम भूमिका निभाई है। काबुल, कंधार हो या क्वेटा, मुल्तान दोनों देशों के प्रादेशिक क्षेत्रों ने भारत को प्रभावित किया है। पाकिस्तान और अफ़ग़ानिस्तान की अंतर्राष्ट्रीय सीमा के मध्य सुरक्षा की दृष्टि से एक संवेदनशील क्षेत्र जिसे संघीय रूप से प्रशासित जनजातीय क्षेत्र (फाटा) के नाम से जानते हैं, स्थित है। यह 2018 से पूर्व सात जिलों से मिलकर बना था जिसमें शामिल थे—दक्षिणी वजीरिस्तान, उत्तरी वजीरिस्तान, कुर्रम, ओरकजई, खैबर, मोहमंद, बाजौर। इस क्षेत्र को 1947 से 2018 तक फ्रंटियर क्राइम्स रेगुलेशंस के तहत प्रशासित किया गया। इस क्षेत्र पर 2018 तक पाकिस्तान के कानून लागू नहीं होते थे। पाकिस्तान के राष्ट्रीय विधि प्रवर्तनकारी निकायों को इस क्षेत्र में किसी प्रकार की कार्यवाही, गतिविधि करने की इजाजत नहीं थी। इस क्षेत्र को लंबे समय तक तहरीक ए तालिबान पाकिस्तान नामक आतंकी संगठन ने अपने कब्जे में रखकर प्रशासन किया जिसने इस क्षेत्र में पश्चिमी शिक्षा, अंग्रेजी शिक्षा, मुस्लिम छात्राओं की शिक्षा पर कठोर प्रतिबंध भी लगाए। वर्ष 2007 में पाकिस्तानी सेना ने इस क्षेत्र में इस संगठन के खिलाफ सैन्य अभियान भी चलाया था। उल्लेखनीय है कि फाटा क्षेत्र एक आदिम जनजाति क्षेत्र है जहाँ की 99 प्रतिशत आबादी पश्तो भाषा बोलती है।

मई, 2018 में पाकिस्तान की सरकार ने एक कानून के ज़रिये फाटा क्षेत्र का विलय पाकिस्तान के खैबर पख्तुनख्वा प्रांत में कर दिया है। इस प्रांत की सीमाएँ कश्मीर में पाक अधिकृत कश्मीर क्षेत्र से लगती हैं। यहाँ यह भी जानना आवश्यक है कि 1979 में जब अमरीका और पाकिस्तान ने अफ़ग़ानिस्तान में सोवियत संघ की सेनाओं के खिलाफ अफ़ग़ान तालिबान मुजाहिद्दीनों को खड़ा किया, उस समय फाटा क्षेत्र इन मुजाहिद्दीनों के लिए शरण स्थल, छुपने के स्थल, प्रशिक्षण स्थल और हिंसक गतिविधियों को संपन्न करने के लिए प्रयोग में लाया गया था। 11 सितंबर, 2001 को अमरीका पर हुए आतंकी हमलों के बाद फाटा क्षेत्र और अधिक हिंसक गतिविधियों वाले क्षेत्र के रूप में तब्दील हुआ क्योंकि यहाँ पहले अलकायदा और फिर तहरीक ए तालिबान ने अपने पाँव जमाए और इस क्षेत्र में आश्रय लिया। 2009 में अमेरिकी राष्ट्रपति बराक ओबामा ने अफ़ग़ानिस्तान और पाकिस्तान की सीमा के बीच स्थित फाटा क्षेत्र को 'दुनिया का सबसे ख़तरनाक

क्षेत्र' कहा था और आतंक के खिलाफ लड़ाई की घोषणा करते हुए पाकिस्तान को फाटा के जनजातीय क्षेत्र के खिलाफ कार्यवाही करने का निर्देश दिया था। वर्ष 2014 में पाकिस्तान की सेना ने इस क्षेत्र के आतंकियों के खिलाफ ऑपरेशन जर्बे अज़्ब के ज़रिये कार्यवाही की थी।

बलूचिस्तान का मुद्दा और भारत

बलूचिस्तान पाकिस्तान के कराची प्रांत में स्थित एक महत्त्वपूर्ण क्षेत्र है जिसमें शिया और सुन्नी दोनों समुदाय रहते हैं। बलूचिस्तान के आत्म निर्धारण के अधिकार का समर्थन भारत के द्वारा किया जाना इस क्षेत्र के भू-सामरिक और भू-आर्थिक महत्त्व को दर्शाता है। 1947 से पहले यहाँ पर कलात के खानों का शासन हुआ करता था लेकिन 1947 में पाकिस्तान ने इस पर अवैध अधिग्रहण कर लिया और बलूच नागरिकों के अधिकारों का दमन करना शुरू किया। जवाबी कार्यवाही में बलूच नेशनल आर्मी का गठन हुआ और इसने पाकिस्तानी सेना के साथ लड़ाई लड़ी। पाकिस्तान ने बलोच नागरिकों के मानवाधिकारों, मूल अधिकारों का घोर उल्लंघन किया। पाकिस्तान ने बलूचिस्तान में सुन्नी कट्टरता को बढ़ावा देने की हर स्तर पर कोशिश की। शिया समुदाय के लोगों को निशाना बनाया गया। हाल के समय में पाकिस्तान पर यह आरोप लगाया गया है कि पाकिस्तान ने चीन पाकिस्तान इकोनामिक कॉरिडोर के निर्माण में बाधक शिया समुदाय का बलूचिस्तान क्षेत्र में जातीय संहार किया है। पाकिस्तान बलूचिस्तान में सुन्नी कट्टरता को स्थापित करना चाहता है। वर्ष 2006 में यहाँ जनजातीय नेता अकबर खान बुगती की हत्या कर दी गई थी जिसके कारण बलूचिस्तान में भीषण विरोध प्रदर्शन शुरू हो गए थे। पाकिस्तान ने भारत के बलूच उन्मुख दृष्टिकोण के चलते समय-समय पर यह आरोप लगाया है कि भारत बलूचिस्तान में स्वतंत्रता आंदोलन को बढ़ावा दे रहा है और षड्यंत्र भी कर रहा है और इसके प्रमाण के रूप में पाकिस्तान ने कुलभूषण यादव का वीडियो भी अपलोड किया था।

यहाँ एक स्वाभाविक प्रश्न उभरता है कि भारत बलूचिस्तान में इतनी रुचि क्यों ले रहा है? बलूचिस्तान प्राकृतिक गैस और तेल संसाधनों और मत्स्य संसाधन में अत्यंत समृद्ध क्षेत्र है। इसी को ध्यान में रखकर ही चीन ने पाकिस्तान के साथ मिलकर चीन पाकिस्तान इकोनॉमिक कॉरिडोर की योजना बनाई थी। ऐसे संसाधनों तक भारत की भी पहुँच हो सकती है। यदि बलूचिस्तान पाकिस्तान से पृथक स्वतंत्र देश के रूप में स्थापित होता है तो यह भारत के लिए लाभदायक हो सकता है। उल्लेखनीय है कि बलूचिस्तान में ग्वादर बंदरगाह का विकास इस क्षेत्र के प्राकृतिक संसाधनों को देखकर किया गया है। ग्वादर बंदरगाह को पाकिस्तान ने ओमान

से 1958 में खरीदा था। चीन और पाकिस्तान ने इस क्षेत्र में गहरे समुद्री बंदरगाह बनाने का लक्ष्य तय किया और इसके लिए पाकिस्तान को 10 बिलियन डॉलर का कर्ज चीन से मिला।

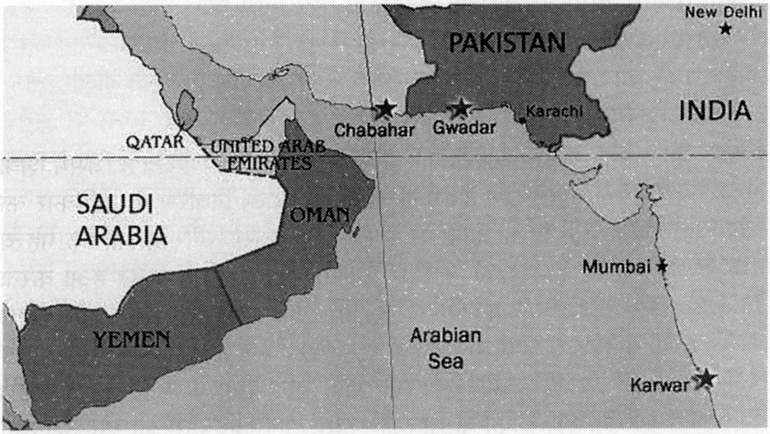

नाभिकीय शक्ति संपन्न पाकिस्तान पर दबाव डालने के लिए भारत द्वारा बलूचिस्तान में रुचि लेना एक अच्छा कदम है क्योंकि बलूचिस्तान के नागरिक पाकिस्तानी सेना और पाकिस्तान के सबसे बड़े दुश्मन हैं। भारत बलूचिस्तान को नैतिक और कूटनीतिक समर्थन देकर आत्म निर्धारण के अधिकार का समर्थन करता है जो कि उसके अंतर्राष्ट्रीय छवि के निर्माण के लिए आवश्यक है। इसके साथ ही भारत बलूचिस्तान में रुचि इसलिए भी ले रहा है क्योंकि आतंकवादी नेटवर्कों को खत्म करने में वह बलूचिस्तान, ईरान, सिंध और गिलगिट बाल्टिस्तान को लामबंद कर सकता है।

स्वात घाटी और गिलगिट बाल्टिस्तान का सामरिक महत्त्व और भारत की विदेश नीति

स्वात घाटी को पाकिस्तान का लघु स्विट्जरलैंड भी कहा जाता रहा है। 1947 में यह अर्ध स्वायत्त क्षेत्र था और इस क्षेत्र में सहिष्णुता, सांस्कृतिक सौहार्द, शिक्षा पर जोर था। 1969 में पाकिस्तान ने इस क्षेत्र में भी सुन्नी कट्टरता को बढ़ावा देने के लिए और इसके सामाजिक सांस्कृतिक ताने-बाने को कट्टर इस्लामिक धर्म मान्यताओं से संचालित कराने के उद्देश्य से स्वात घाटी का विलय खैबर पख्तूनख्वा प्रांत में कर दिया था। तत्पश्चात पाकिस्तान ने स्वात घाटी में इस्लामिक कट्टरता को बढ़ावा देना शुरू कर दिया। इसके बाद इस क्षेत्र में आम जनता का शोषण

किया गया। 2007 में तालिबानियों ने इस क्षेत्र पर कब्जा कर लिया और इस क्षेत्र में भीषण इस्लामिक कट्टरता को बढ़ावा देते हुए पश्चिमी शिक्षा, संगीत आदि पर पूर्ण रोक लगाने का प्रयास किया गया। उल्लेखनीय है कि स्वात घाटी वही जगह है जहाँ मलाला यूसुफजई को तालिबानियों ने गोली मारी थी।

गिलगित बालटिस्तान की बात करें तो 1947 में गिलगित बालटिस्तान जम्मू और कश्मीर का एक अभिन्न भाग था। इसमें जम्मू कश्मीर, गिलगित बालटिस्तान, लद्दाख और गिलगित वजारत शामिल था। 1947 में पाकिस्तान ने इस पर अवैध कब्जा कर लिया जो कि आज पाक अधिकृत कश्मीर में है जिसे पाकिस्तान आजाद कश्मीर भी कहता है। गिलगिट बाल्टिस्तान की भू-सामरिक स्थिति भारत और पाकिस्तान दोनों ही देशों के लिए महत्त्वपूर्ण है। गिलगित बालटिस्तान के उत्तर में काराकोरम और लद्दाख श्रेणी तथा पश्चिम में खैबर पख्तूनख्वा स्थित है। इसके उत्तर पश्चिम में अफ़ग़ानिस्तान का वाखन गलियारा और इसके पूर्वी और उत्तर-पूर्वी भाग में चीन का जिनजियांग प्रांत स्थित है। इसके दक्षिण पश्चिम में पाक अधिकृत कश्मीर का क्षेत्र है जहाँ से लाइन ऑफ कंट्रोल गुजरता है। चीन पाकिस्तान इकोनॉमिक कॉरिडोर गिलगित बाल्टिस्तान से होकर गुजरता है। यह भारत की संप्रभुता का उल्लंघन करता है। यही कारण है कि भारत ने चीन के वन बेल्ट वन रोड पहल का खुले तौर पर विरोध किया है।

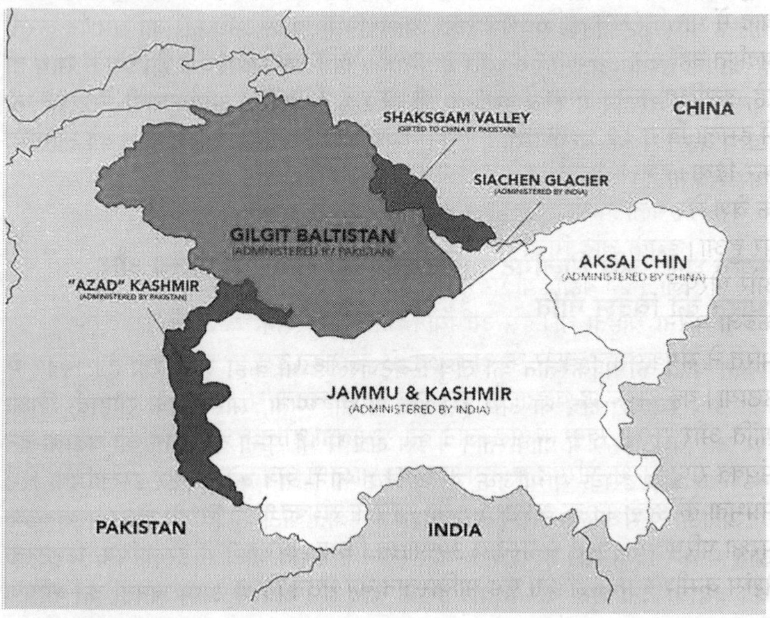

पाक अधिकृत कश्मीर प्रशासकीय रूप से दो भागों में विभाजित है जिसे आधिकारिक भाषा में जम्मू कश्मीर और गिलगिट बाल्टिस्तान के नाम से जाना जाता है। ऐसा विभाजन पाकिस्तान के द्वारा किया गया है। आजाद जम्मू कश्मीर को पाकिस्तान में आजाद कश्मीर कहा जाता है। पाक अधिकृत कश्मीर के प्रमुख को राष्ट्रपति के रूप में जाना जाता है जबकि प्रधानमंत्री मुख्य कार्यकारी अधिकारी की भूमिका अपने मंत्रिपरिषद के सहयोग से निभाता है। आजाद कश्मीर की राजधानी मुजफ्फराबाद है जिसमें 8 जिले हैं। पाक अधिकृत कश्मीर के कुछ भाग जैसे हूँजा गिलगिट, शकशगम घाटी, रक्सम और बाल्टिस्तान के क्षेत्र पाकिस्तान द्वारा 1963 में चीन को सौंप दिए गए थे। ये क्षेत्र चीन अधिकृत अक्साई चिन क्षेत्र में आते हैं।

जम्मू और काश्मीर मुद्दा और भारत पाकिस्तान

भारत और पाकिस्तान के विभाजन के दौरान भारतीय स्वतंत्रता अधिनियम के तहत विकल्प दिया गया कि जम्मू काश्मीर चाहे तो भारत में या फिर पाकिस्तान में मिल सकता है लेकिन तत्कालीन शासक महाराजा हरि सिंह ने इसे स्वतंत्र ही बने रहने का निर्णय किया था। पाकिस्तान को इस बात का स्थायी दुख रहा है कि मुस्लिम बाहुल्य काश्मीर जम्मू के एक हिन्दू राजा के चलते पहले तो स्वतंत्र बना रहा, और बाद में भारतीय संघ में विलय पत्र पर हस्ताक्षर के ज़रिये मिल गया। पाकिस्तान यह बर्दाश्त नहीं कर सकता था कि जम्मू काश्मीर पाकिस्तान में न मिल कर आजाद बना रहे, इसलिए कबायलियों के वेश में पाकिस्तानी सैनिकों ने जम्मू कश्मीर पर 1947 में हमला किया। 22 अक्तूबर, 1947 को पाकिस्तान ने जम्मू कश्मीर पर आक्रमण कर दिया। हमला करने वाले वर्दीधारी पाकिस्तानी सैनिक थे जिन्होंने कबाइलियों के वेश में हमला किया। पहले हमला सीमांत स्थित नगरों दोमल और मुजफ्फराबाद पर हुआ। इसके बाद गिलगित, स्कार्दू, हाजीपीर दर्रा, पुंछ, राजौरी, झांगर, छम्ब और पीरपंजाल की पहाड़ियों पर हुआ। पाकिस्तान इन रास्तों से होते हुए श्रीनगर पर कब्जा करना चाहता था। इस अभियान को "आपरेशन गुलमर्ग" नाम दिया गया। भारत ने संयुक्त राष्ट्र चार्टर के अनुच्छेद 35 के तहत इस मामले को संयुक्त राष्ट्र में उठाया। यह अनुच्छेद कहता है कि अगर किसी घटना या परिस्थिति से अंतर्राष्ट्रीय शांति और सुरक्षा ख़तरे में पड़ जाने की संभावना हो तो कोई देश इस मामले को संयुक्त राष्ट्र सुरक्षा परिषद में उठा सकता। भारत ने अपनी प्रादेशिक अखंडता और संप्रभुता के उल्लंघन के आधार पर यह मामला संयुक्त राष्ट्र में उठाया। संयुक्त राष्ट्र सुरक्षा परिषद ने 1948 में प्रस्ताव 39 पारित किया। इस प्रस्ताव के ज़रिये यूनाइटेड नेशंस कमीशन फॉर इंडिया एंड पाकिस्तान का गठन किया गया जिससे दोनों राष्ट्रों

के बीच शांति स्थापना की संभावनाओं पर विचार किया जा सके। इसके उपरांत 1948 में ही संयुक्त राष्ट्र सुरक्षा परिषद ने प्रस्ताव संख्या 47 पारित किया जिसके ज़रिये सैन्य पर्यवेक्षकों की नियुक्ति करने का प्रावधान किया गया। वर्ष 1951 में यूनाइटेड नेशंस कमीशन फॉर इंडिया एंड पाकिस्तान को समाप्त कर दिया गया और सुरक्षा परिषद ने प्रस्ताव संख्या 91 पारित किया जिसके तहत यूनाइटेड नेशंस मिलिट्री आब्जर्वर ग्रुप फॉर इंडिया एंड पाकिस्तान का गठन किया गया जिसका प्राथमिक उत्तरदायित्व भारत पाकिस्तान के मध्य युद्ध विराम रेखा की निगरानी करना था। उल्लेखनीय है कि 1949 में कराची समझौते के ज़रिये भारत पाकिस्तान के बीच युद्ध विराम रेखा यानि सीजफायर लाइन खींची गई। 1950 से 1960 के मध्य पाकिस्तान ने अमरीका के साथ मज़बूत संबंध बनाने पर बल दिया। पाकिस्तान सेंटो अथवा बगदाद पैक्ट का सदस्य बना और शीत युद्ध में अमरीका का समर्थन किया। अमरीका और पाकिस्तान के मध्य 1954 में सैन्य समझौता भी हुआ और पाकिस्तान को अमरीका से सहायता भी मिलने लगी।

भारत पाकिस्तान युद्ध, 1965

भारत और पाकिस्तान के मध्य दूसरा युद्ध 1965 में हुआ जब पाकिस्तान ने युद्ध विराम रेखा का उल्लंघन किया। कच्छ की खाड़ी में स्थित सर क्रीक पर पाकिस्तान के स्वामित्व दावे के चलते इस युद्ध को बढ़ावा मिला। पाकिस्तान ने ऑपरेशन जिब्राल्टर के ज़रिये जम्मू और काश्मीर के ऊँचाई पर स्थित स्थलों को अपने नियंत्रण में लेने के लिए घुसपैठ करना शुरू किया था जिसे भारत ने कराची समझौते का उल्लंघन माना। 1965 का युद्ध पाकिस्तान के विदेश मंत्री जुल्फिकार अली भुट्टो की महत्त्वाकांक्षा का परिणाम माना जाता है। भुट्टो ने भारत को एक आक्रामक देश घोषित करते हुए अगले 1000 वर्षों तक भारत के साथ युद्ध लड़ने की भी घोषणा की थी। 8 सितंबर, 1965 को पाकिस्तान ने अमेरिकी पैटर्न टैंकों के साथ पंजाब के तरणतारण जिले के खेमकरण सेक्टर पर हमला कर दिया। भारत ने 6 सितंबर, 1965 को आधिकारिक तौर पर युद्ध की शुरुआत की घोषणा कर दी थी। पाकिस्तान ने ऑपरेशन ग्रैंड स्लैम के ज़रिये जम्मू के अखनूर सेक्टर को नियंत्रण में लेने की कोशिश की थी। पाकिस्तान ने 1965 में ऑपरेशन डेजर्ट हॉक के ज़रिये कच्छ की खाड़ी के बड़े हिस्से को अपने नियंत्रण में लेने की कोशिश की। जब पाकिस्तान ने जम्मू कश्मीर में ऑपरेशन जिब्राल्टर के ज़रिये महत्त्वपूर्ण क्षेत्रों पर नियंत्रण करने की कोशिश की, उस समय भारत ने हाजीपीर पर कब्जा कर पाकिस्तान के खिलाफ जवाबी कार्यवाही की। ऑपरेशन ग्रैंड स्लैम के ज़रिये जब पाकिस्तान ने छंब से घुसपैठ करते हुए अखनूर पुल तक पहुँचने में सफलता प्राप्त की तो भारत ने पाकिस्तान

का ध्यान बँटाने के लिए पंजाब फ्रंट खोला। पाकिस्तान ने अमृतसर का संपर्क शेष भारत से समाप्त करने के लिए इस क्षेत्र पर भीषण हमला किया। जवाबी कार्यवाही में भारत की सेनाएँ सियालकोट में बढ़त लेते हुए लाहौर तक पहुँच गईं। ऐसा प्रतीत होने लगा कि भारतीय सेना लाहौर पर नियंत्रण कर लेगी लेकिन इसी समय जब अमेरिकी राष्ट्रपति लिंडन जानसन ने भारतीय प्रधानमंत्री को चेतावनी दी थी कि यदि भारत ने पाकिस्तान के खिलाफ लड़ाई बंद नहीं की तो अमरीका पीएल 480 कानून के तहत भारत को अमेरिकी गेहूँ के आयात की सुविधा पर प्रतिबंध लगा देगा।

भारत ने पाकिस्तान द्वारा युद्ध विराम रेखा के उल्लंघन पर इस मामले को संयुक्त राष्ट्र संघ में उठाया। संयुक्त राष्ट्र सुरक्षा परिषद ने प्रस्ताव संख्या 209, 210 और 211 के माध्यम से दोनों पक्षों से युद्ध विराम रेखा का सम्मान करने और अपनी सेनाओं को इस रेखा से पीछे ले जाने का आग्रह किया लेकिन पाकिस्तान ने ऐसे किसी प्रस्ताव को मंजूरी नहीं दी। अंततः संयुक्त राष्ट्र महासचिव ने 7-16 सितंबर के मध्य भारतीय उपमहाद्वीप की यात्रा की और प्रस्ताव किया कि दोनों देश किसी अन्य देश में शांति समझौते के लिए बैठक करें। सोवियत संघ के राष्ट्रपति कोसिजीन की मध्यस्थता में भारत और पाकिस्तान के राष्ट्राध्यक्ष उज़्बेकिस्तान की राजधानी ताशकंद में मिले और 10 जनवरी, 1966 ताशकंद समझौते पर हस्ताक्षर किया गया।

इसमें दोनों पक्षों ने संयुक्त राष्ट्र चार्टर के प्रावधानों के अनुरूप विवादों का शांतिपूर्ण समाधान करने पर सहमति व्यक्त की। भारत ने जीते गए प्रदेशों को पाकिस्तान को वापस करने की बात की। इस समझौते में कहा गया कि दोनों देश शरणार्थियों और बंदियों की समस्या का समाधान करेंगे। इस समझौते में भारत के प्रधानमंत्री और पाकिस्तान के राष्ट्रपति ने घोषणा की थी कि 25 फरवरी, 1966 से पहले दोनों देश अपनी सेनाओं को उस स्थिति में ले आएँगे जैसे वे 5 अगस्त, 1965 से पहले थे। दोनों देशों ने युद्ध विराम रेखा का पालन करने पर पारस्परिक सहमति दी। इस समझौते की आलोचना इस आधार पर की गई कि इसमें भविष्य में दोनों के मध्य युद्ध न करने का कोई प्रावधान नहीं रखा गया और न ही पाकिस्तान को गुरिल्ला युद्ध पद्धति के ज़रिये भारत के खिलाफ कार्यवाही करने को रोकने संबंधी कोई बात स्पष्ट रूप में कही गई।

भारत पाकिस्तान युद्ध, 1971

1971 में भारत पाकिस्तान युद्ध का प्रमुख कारण पूर्वी पाकिस्तान को भारत द्वारा किया गया सहयोग था। पूर्वी पाकिस्तान पश्चिमी पाकिस्तान के अत्याचारों के खिलाफ संघर्ष कर रहा था। 1 मार्च, 1971 को पश्चिमी पाकिस्तान के मिलिट्री

जनरल याहया खान ने पाकिस्तान की नेशनल एसेंबली को अनिश्चित काल के लिए स्थगित कर दिया। पश्चिमी पाकिस्तान की मंशा को भाँपते हुए पूर्वी पाकिस्तान के नेता शेख मुजीबुर्रहमान ने 3 मार्च को हड़ताल करने की घोषणा कर दी। इसके बाद सैकड़ों लोग मारे गए। 25 मार्च, 1971 को अवामी लीग के कैडर पूर्वी पाकिस्तान की गलियों में उतर आए और याहया खान ने सैन्य दमन का रास्ता अपनाते हुए पूर्वी पाकिस्तान में ऑपरेशन सर्चलाइट चलाया। पूर्वी पाकिस्तान के लोगों की निर्मम हत्याएँ की गईं, महिलाओं का बलात्कार किया गया, और मानवाधिकारों का घोर उल्लंघन पश्चिमी पाकिस्तान द्वारा किया गया। 3 लाख से अधिक लोग मारे गए। लगभग 10 मिलियन पूर्वी पाकिस्तानी शरणार्थी भाग कर भारत आ गए। पश्चिम बंगाल, असम और त्रिपुरा पर पड़ने वाले प्रभाव का आकलन कर भारत ने पूर्वी पाकिस्तान के स्वतंत्रता आंदोलन में उसको समर्थन दिया। इस मानवतावादी संकट की घड़ी में भारत ने पूर्वी पाकिस्तान को सहायता देने का निर्णय लिया। भारत ने अवामी लीग को समर्थन देने की घोषणा की और पूर्वी पाकिस्तान सीमा को खोल दिया, वहीं भारत के सीमा सुरक्षा बल ने भी सीमित स्तर पर पूर्वी पाकिस्तान के आजादी के आंदोलन में मदद दी। भारतीय नेतृत्व ने पूर्वी पाकिस्तान और पश्चिमी पाकिस्तान के युद्ध में प्रत्यक्ष रूप से हस्तक्षेप न करने का निर्णय किया लेकिन अपनी संलग्नता को बनाए रखने का निर्णय किया। भारतीय सेना के पूर्वी कमांड ने पूर्वी पाकिस्तान के अभियानों के लिए जिम्मेदारी संभाली और भारत ने मदद के लिए ऑपरेशन जैकपॉट की शुरुआत की, जिसके तहत पाकिस्तानी सेना से युद्ध में लगे हुए पूर्वी पाकिस्तान के स्वतंत्रता सेनानियों की फौज मुक्तिवाहिनी सेना को भर्ती, प्रशिक्षण, वित्त सहायता और हथियार उपलब्ध कराने और अन्य आवश्यक रसद और उपकरण तथा परामर्श देने का कार्य भारतीय सेना द्वारा किया गया। भारत ने बांग्लादेश के निर्माण के लिए अंतर्राष्ट्रीय स्तर पर कूटनीतिक अभियान भी चलाया। वर्ष 1971 में पाकिस्तान की योजना कश्मीर पर कब्जा करने की थी। इसके लिए उसने बड़ी संख्या में सियालकोट सेक्टर में अपनी फौज को तैनात कर दिया और शकरगढ़ सेक्टर में बसंतर नदी (सांबा) से टैंकों के जरिये हमला बोल कर जम्मू-कश्मीर को पंजाब से अलग-थलग करने का प्रयास किया। 3 दिसंबर, 1971 को पाकिस्तान ने पठानकोट, श्रीनगर, अमृतसर, जोधपुर और आगरा के सैनिक हवाई अड्डों पर बम गिराने शुरू किए। कुल 11 भारतीय एयरबेस पर पाकिस्तान ने हमला कर दिया था। भारत और पूर्वी पाकिस्तान के संयुक्त मुक्तिवाहिनी सेना ने पाकिस्तान के खिलाफ कार्यवाही की और 16 दिसंबर को 93,000 पाकिस्तानी सैनिकों को मुक्तिवाहिनी सेना के समक्ष आत्मसमर्पण करना पड़ा और बांग्लादेश एक नए राष्ट्र के रूप में अस्तित्व में आया।

भारत और पाकिस्तान के मध्य कारगिल युद्ध

1999 में मई-जुलाई के बीच भारत पाकिस्तान के मध्य कश्मीर के करगिल में युद्ध लड़ा गया था। करगिल में करीब 18 हजार फीट की ऊँचाई पर भारतीय जवानों और पाकिस्तानी घुसपैठियों के मध्य यह लड़ाई लड़ी गई थी। इस युद्ध में 527 से ज्यादा भारतीय सैनिकों की जान गई थी और 1300 से ज्यादा जवान घायल हुए थे। करगिल युद्ध तकरीबन 100 किलोमीटर के दायरे में लड़ा गया था जहाँ पर लगभग 1700 पाकिस्तानी सैनिक भारतीय सीमा के अंदर तकरीबन 8-9 किलोमीटर भीतर तक घुस आए थे। पाकिस्तान के तीन हजार से अधिक सैनिक इस युद्ध में मारे गए थे। ताशी नामग्याल नामक जुलाहे ने करगिल के बाल्टिक सेक्टर में अपने नए याक की तलाश के दौरान कुछ संदिग्ध व्यक्तियों को देख कर भारतीय सेना को इसकी सूचना दी थी। उल्लेखनीय है कि भारत ने 1998 में अपना दूसरा नाभिकीय परीक्षण कर और अपनी पहली न्यूक्लियर डॉक्ट्राइन बनाने का जो काम किया उससे पाकिस्तान डर गया और उसने भारत पर दबाव बनाने का मन बनाया जिसके परिणामस्वरूप 1999 में कारगिल युद्ध की घटना देखी गई। 26 जुलाई 1999 को भारतीय सैनिकों ने करगिल युद्ध में विजय हासिल कर लिया।

सियाचिन ग्लेशियर विवाद और भारत पाकिस्तान

सियाचिन ग्लेशियर के विवाद की ऐतिहासिक पृष्ठभूमि 1949 के कराची समझौते में देखी जा सकती है जिसने भारत और पाकिस्तान के मध्य युद्ध विराम रेखा का निर्धारण किया था। युद्ध विराम रेखा को शिमला समझौते, 1972 के तहत नियंत्रण रेखा अथवा एलओसी में बदल दिया गया था। शिमला समझौते में सियाचिन ग्लेशियर को एक बंजर और निर्जीव क्षेत्र घोषित किया गया था। इसी आधार पर 1970 के दशक में पाकिस्तान ने इस क्षेत्र में अवैध तरीके से घुसपैठ करना शुरू किया। इस ग्लेशियर की सामरिक अवस्थिति भारत, चीन और पाकिस्तान तीनों के लिए महत्त्वपूर्ण है। सियाचिन ग्लेशियर पूर्वी काराकोरम श्रेणी में स्थित है। सियाचिन ग्लेशियर प्वाइंट एनजे 9842 नामक स्थल के उत्तर में स्थित है, जहाँ पर भारत और पाकिस्तान की नियंत्रण रेखा समाप्त होती है। सियाचिन ग्लेशियर विश्व का सर्वाधिक ऊँचाई पर स्थित युद्ध स्थल है। इसके पूर्व में पाकिस्तानी भू-क्षेत्र स्थित है और इसके पास ही अक्साई चिन भी स्थित है जो चीन के लिए महत्त्वपूर्ण है।

1984 में पाकिस्तानी सैनिकों ने इस ग्लेशियर क्षेत्र में अनधिकृत तरीके से प्रवेश किया और इसके चलते भारत द्वारा ऑपरेशन मेघदूत के ज़रिये इस क्षेत्र में साल्टोरो कटक के पास के महत्त्वपूर्ण दर्रों बिलाफोंड ला और सिया ला को मुक्त कराने की कोशिश की गई थी और यह क्षेत्र मुक्त होकर भारत के प्रभुत्व में आ गए थे। वर्ष 2003 में भारत पाकिस्तान के मध्य इस ग्लेशियर पर एक्चुअल ग्राउंड पोजीशन लाइन का निर्धारण किया गया था और इसके बाद से सियाचिन ग्लेशियर में घुसपैठ की छिटपुट घटनाएँ ही देखी गई हैं।

भारत और पाकिस्तान के मध्य क्रीक विवाद

भारत और पाकिस्तान के मध्य कई क्रीक विवाद विद्यमान रहे हैं। इसमें सर्वाधिक प्रमुख और जटिल सर क्रीक है जो कच्छ की खाड़ी, गुजरात में स्थित एक संकीर्ण जल पट्टी है जो 96 किलोमीटर लंबी है। सर क्रीक का क्षेत्र सामरिक रूप से इसलिए महत्त्वपूर्ण है, क्योंकि यहाँ मत्स्य संसाधन, प्राकृतिक तेल, गैस, खनिज तेल संसाधनों का बड़ा भंडार है। यह वह क्षेत्र है जो भारत की आंतरिक सुरक्षा की दृष्टि से अत्यंत महत्त्वपूर्ण है। यहाँ से आतंकियों द्वारा भारत में घुसपैठ की संभावना बनी रहती है। पुलवामा आतंकी हमलों के बाद भारत सरकार ने इस क्षेत्र में हाई अलर्ट जारी करते हुए इस संवेदनशील क्षेत्र की सुरक्षा के लिए क्रीक क्रोकोडाइल कमांडोज की नियुक्ति की थी। इस क्षेत्र में भारत सरकार ने तटीय निगरानी और अंतर्राष्ट्रीय सीमा पर बाड़ लगाने जैसे कार्यों पर विशेष ध्यान दिया है। उल्लेखनीय है कि भारत और पाकिस्तान के मध्य सर क्रीक के अलावा कोरी क्रीक, काझर क्रीक, पीर सनई क्रीक को भी लेकर विवाद रहा है। इन क्षेत्रों पर पाकिस्तान ने

समय-समय पर अपने स्वामित्व का दावा किया है जिसे भारत सरकार द्वारा सिरे से खारिज किया गया है। वर्ष 1965 में भारत और पाकिस्तान के मध्य हुए दूसरे युद्ध का प्रमुख कारण सर क्रीक पर पाकिस्तान का स्वामित्व दावा था। सर क्रीक को भारत में बाण गंगा के नाम से जाना जाता है। यह क्षेत्र अपने ज्वार भाटे की स्थितियों के चलते भी व्यापारिक लाभ का है। सर क्रीक की अरब सागर में महत्त्वपूर्ण अवस्थिति है और यह गुजरात के कच्छ की खाड़ी को पाकिस्तान के सिंध प्रांत से अलग करता है। पाकिस्तान 1914 के बॉम्बे सरकार प्रस्ताव, जिस पर सिंध की सरकार और कच्छ के राव महाराज के द्वारा हस्ताक्षर किया गया था, के आधार पर सर क्रीक के सम्पूर्ण क्षेत्र पर अपना दावा करता रहा है।

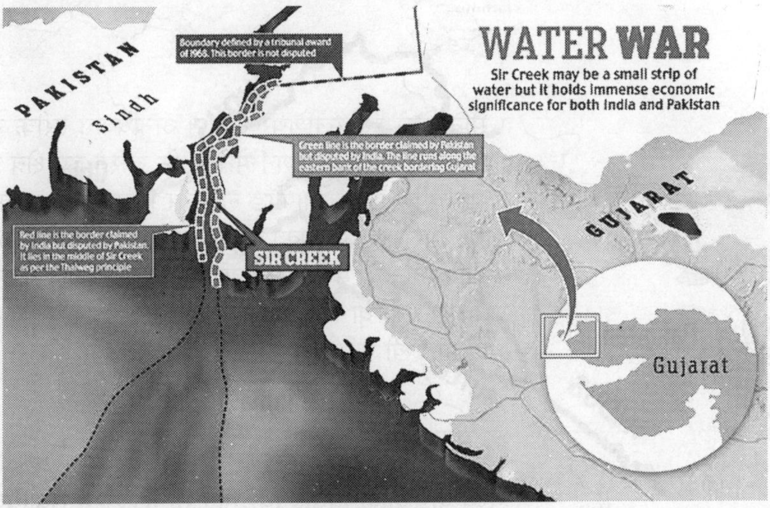

सिंधु नदी सन्धि और भारत पाक संबंध

सिंधु नदी अपवाह तंत्र का विस्तार भारत और पाकिस्तान के एक बड़े क्षेत्र में है,जो दोनों देशों के लिए जीवन रेखा की भाँति है। आज़ादी के बाद से ही इसके जल का विभाजन दोनों देशों के मध्य विवाद का बिंदु रहा है। यही कारण है कि पारस्परिक सहयोग की भावना के आधार पर सिंधु नदी विवाद पर समझौते की पहल की गई। इस संदर्भ में 19 सितम्बर 1960 को सिंधु नदी जल के बँटवारे पर विश्व बैंक की मध्यस्थता में ऐतिहासिक सन्धि सम्पन्न हुई,जहाँ भारत की ओर से प्रधानमंत्री श्री जवाहर लाल नेहरू और पाकिस्तान की तरफ़ से फील्ड मार्शल मुहम्मद अयूब खाँ ने इस समझौते पर हस्ताक्षर किये। स्वतंत्रता के समय, दो नव निर्मित स्वतंत्र देशों यथा पाकिस्तान और भारत के बीच सिंधु बेसिन के आर-पार एक सीमा रेखा

खींची गई जिसमें पाकिस्तान को निम्न क्षेत्र मिला। इसके अतिरिक्त, दो महत्त्वपूर्ण सिंचाई संबंधी मुख्य कार्य, एक रावी नदी पर माधोपुर में और दूसरा सतलुज नदी पर फिरोजपुर में, जिन पर पाकिस्तान पूर्णत: निर्भर था, को भारतीय क्षेत्र में छोड़ दिया गया था। इस प्रकार विद्यमान सुविधाओं से सिंचाई जल के उपयोग के संबंध में दोनों देशों के बीच एक विवाद उत्पन्न हुआ जिसके समाधान के लिए सिंधु जल संधि की गई। इस संधि की मुख्य विशेषतायें निम्नलिखित हैं—

—सन्धि के अंतर्गत सिंधु नदी की सहायक नदियों को पूर्वी और पश्चिमी नदियों में विभाजित किया गया। सतलज, ब्यास और रावी नदियों को पूर्वी नदी बताया गया, जबकि झेलम, चेनाब और सिंधु को पश्चिमी नदी बताया गया।

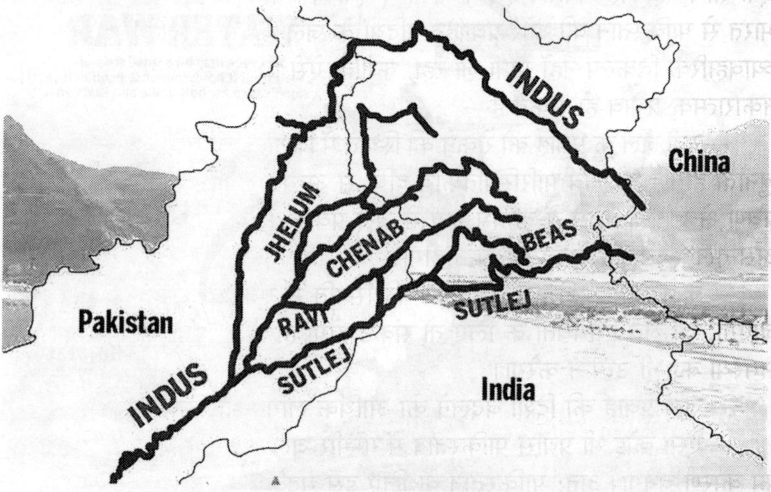

—सन्धि में अभिव्यक्त प्रावधानों के सिवाय पूर्वी नदियों के सभी जल भारत के अप्रतिबंधित उपयोग के लिए उपलब्ध होंगे। जबकि पश्चिमी नदियों का जल पाकिस्तान के लिए होगा, हालाँकि सन्धि के भीतर इन नदियों के जल के सीमित प्रयोग का अधिकार भारत को भी दिया गया, जैसे घरेलू उपयोग, गैर उपभोग कारी उपयोग, पनबिजली अथवा जलविद्युत के उत्पादन और कृषि के लिए। भारत इन पश्चिमी नदियों पर 3 लाख 60 हजार फुट पानी का भण्डारण भी कर सकेगा। साथ ही सिंधु नदी जल तंत्र में भारत को कुल 20 प्रतिशत पानी के उपयोग का अधिकार प्राप्त है।

—सन्धि के अंतर्गत दोनों देशों के मध्य सिन्धु नदी तंत्र के जल बँटवारे के लिए स्थायी सिन्धु आयोग की स्थापना की गई है। इस संधि के तहत दोनों देशों द्वारा कमिश्नर की नियुक्ति की जानी अनिवार्य है, जिनकी दो वर्ष में एक बार

बैठक होनी चाहिए। यह आयोग दोनों देशों के बीच जल बँटवारे संबंधी विवादों के निपटान का प्रयास करता है।

—इसके अतिरिक्त सन्धि में विवादों के समाधान के लिए तटस्थ विशेषज्ञ की मदद लेने या कोर्ट ऑफ़ आर्ब्रिट्रेशन में जाने का भी रास्ता सुझाया गया है।

सिंधु जल समझौते पर विवाद

उरी आतंकी हमले के बाद से ही भारत द्वारा निरन्तर सिंधु नदी जल समझौते की समीक्षा के संकेत दिए जा रहे हैं। भारत का स्पष्ट मानना है कि रक्त और पानी एक साथ नहीं बह सकते। ऐसे में भारत में एक वर्ग यह भी माँग करने लगा है कि भारत से पाकिस्तान की ओर प्रवाहित नदियों के जल को रोका जाये। हालाँकि यह व्यावहारिक विकल्प नहीं माना जा रहा, क्योंकि ऐसे किसी कदम के निम्नलिखित नकारात्मक प्रभाव हो सकते हैं—

—नदी जल के प्रवाह को रोकने की स्थिति में विशाल जलराशि का प्रबंधन बड़ी चुनौती होगी। यह क्षेत्र पारिस्थितिकीय दृष्टि से अत्यंत संवेदनशील है और भूकंप प्रवण क्षेत्र भी है। ऐसे में कृत्रिम रूप में जल प्रवाह को मोड़ने से पारिस्थितिकीय असन्तुलन बढ़ने का खतरा उत्पन्न होगा।

—जल प्रवाह की दिशा बदलने की स्थिति में एक बड़ा क्षेत्र जल से डूब जाएगा, जो जैव विविधता के लिए तो संकट होगा ही और साथ में विस्थापन की समस्या को भी उत्पन्न करेगा।

—जल प्रवाह की दिशा बदलने का आर्थिक लागत भी अत्यधिक होगा।

—ऐसा कोई भी प्रयास पाकिस्तान में गम्भीर जल संकट और मानवीय संकट का कारण बनेगा। अत: पाकिस्तान के लिए इस मुद्दे का अंतर्राष्ट्रीयकरण करना भी आसान होगा। चूँकि यह अंतर्राष्ट्रीय समझौता है,अत: भारत द्वारा एकपक्षीय रूप में इसे समाप्त करने पर भारत की एक जिम्मेदार और विश्वसनीय देश के रूप में छवि नकारात्मक रूप में प्रभावित होगी।

—इससे भारत के अन्य पड़ोसी देशों को भी नकारात्मक सन्देश जाएगा और भारत के विरुद्ध बिगब्रदर सिंड्रोम की भावना और भी मज़बूत होगी।

—वर्तमान में चीन और पाकिस्तान के मध्य सामरिक निकटता बढ़ी है। भारत का ऐसा कोई भी कदम चीन द्वारा ब्रह्मपुत्र नदी के जल प्रवाह रोकने के निर्णय को भी वैधता देगा,जो भारत के पूर्वोत्तर राज्यों के लिए गम्भीर संकट की स्थिति उत्पन्न करेगा।

हालाँकि इस संधि की समीक्षा होनी चाहिए, क्योंकि जिस उद्‌देश्य के लिए भारत ने एकपक्षीय उदारता इस संधि के तहत प्रदर्शित की थी, उसका सकारात्मक

परिणाम प्राप्त नहीं हो सका। एक तरफ़ पाकिस्तान पाकल दुल (1,000 मेगावाट), रैटल (850 मेगावाट), किशनगंगा (330 मेगावाट), मियार (120 मेगावाट) और लोअर कालनई (48 मेगावाट) जैसी भारतीय परियोजनाओं पर आपत्ति करता है, तो दूसरी ओर चीन के साथ मिलकर सिंधु नदी पर बड़ी जलविद्युत परियोजनाओं के लिए समझौता कर रहा है। पाकिस्तान ने झेलम, चेनाब और सिंधु नदी पर भारत द्वारा चलाए जा रहे पनबिजली परियोजनाओं का विरोध उनकी तकनीकी डिजाइन, बाँधों में जल भंडारण क्षमता और बाँधों की ऊँचाई के आधार पर किया है। पाकिस्तान पाकल दुल बाँध की ऊँचाई में 5 मीटर की कमी कराना चाहता है। भारत द्वारा किशन गंगा प्रोजेक्ट को सिंधु जल संधि का उल्लंघन बताते हुए पाकिस्तान इस मामले को अंतर्राष्ट्रीय मध्यस्थता न्यायालय में ले गया था और न्यायालय ने 2013 में भारत के पक्ष में निर्णय किया था।

भारत को सिंधु जल सन्धि के तहत अपने हिस्से के जल का पूरा प्रयोग करना चाहिए, क्योंकि पश्चिमी नदियों के अपने हिस्से का भी भारत आज तक प्रयोग नहीं कर सका है। इसके साथ ही भारत को इस संधि के तहत जल के अधिक हिस्से की माँग करनी चाहिए। उरी आतंकी हमले के बाद भारत ने स्पष्ट रूप से कहा कि कश्मीर घाटी में जल और रक्त एक साथ नहीं बह सकता। इसलिए भारत ने पाकिस्तान की तरफ प्रवाहित सिंधु जल तंत्र की नदियों के जल को रोकने का निर्णय किया। रावी नदी पर शाहपुर-कंडी में बांध बनाने का निर्माण शुरू भी हो चुका है। इसके साथ ही उझ प्रोजेक्ट के तहत भारतीय हिस्से का पानी जम्मू-कश्मीर के लोग प्रयोग करेंगे और शेष पानी रावी-व्यास लिंक से होकर फ्लो होगा जिसे अन्य बेसिन स्टेट्स को उपलब्ध कराने का निर्णय भारत सरकार ने किया है। रावी नदी के माध्यम से पाकिस्तान जा रहे उझ नदी के पानी को रोकने के लिए अब मकौड़ा पत्तन पर भी बैराज बनाया जाएगा। ऐसा करके पंजाब में इस पानी को इस्तेमाल किया जा सकेगा। इस प्रोजेक्ट पर 200 करोड़ रुपये खर्च होंगे। गुरदासपुर में स्थित मकौड़ा पत्तन पर ही उझ नदी रावी में आकर मिलती है।

भारत पाकिस्तान आर्थिक संबंध

भारत और पाकिस्तान के मध्य राजनीतिक स्तर पर विवादों के चलते आर्थिक संबंध मज़बूत नहीं रहे हैं। इनके मध्य द्विपक्षीय आर्थिक संबंध कामचलाऊ स्तर पर ही रहे हैं। भारत ने विश्व व्यापार संगठन के संस्थापक सदस्य के रूप में पाकिस्तान को सर्वाधिक इष्ट राष्ट्र यानी मोस्ट फेवर्ड नेशन का दर्जा दिया था, जिसका मतलब है कि भारत अपने द्विपक्षीय व्यापार में पाकिस्तान के साथ किसी अन्य व्यापारिक साझेदार के सापेक्ष कोई भेदभाव नहीं करेगा। विश्व व्यापार संगठन के सदस्य

के रूप में पाकिस्तान को भी इस मुक्त व्यापार सिद्धांत के आधार पर भारत को ऐसा ही दर्जा दिया जाना जरूरी भी था और अपेक्षित भी, लेकिन पाकिस्तान ने सिर्फ चीन को यह दर्जा दिया, भारत को नहीं दिया। पाकिस्तान पर दबाव पड़ने पर यह कहा गया कि वह भारत को सर्वाधिक इष्ट राष्ट्र के दर्जे की जगह गैर भेदभावकारी बाज़ार पहुँच यानी एनडीएमए का दर्जा देगा। पाकिस्तान और भारत के मध्य वस्तुओं और सेवाओं में द्विपक्षीय व्यापार वर्तमान में मात्र 2.5 बिलियन डॉलर है और विश्व बैंक की 2018 की रिपोर्ट में कहा गया है कि दोनों देशों के मध्य यदि व्यापारिक अवरोधों को समाप्त करने का प्रयास किया जाए तो यह 38 बिलियन डॉलर तक पहुँच सकता है। उल्लेखनीय है कि बाघा अटारी स्थल मार्ग से पाकिस्तान भारत के साथ केवल 138 वस्तुओं का व्यापार करता है। इस मार्ग से कई और वस्तुओं का व्यापार संभव हो सकता है। दोनों देशों के मध्य सीमित स्तर पर व्यापार होने का मुख्य कारण व्यापार की संवेदनशील सूची (सेंसिटिव लिस्ट) का होना है। भारत ने कुल 614 पाकिस्तानी वस्तुओं को ऐसी सूची में रखा है जिसका आशय है कि भारत पाकिस्तान को इन वस्तुओं के व्यापार में कोई रियायत नहीं देगा, और इन सब पर नियमबद्ध ढंग से शुल्क वसूले जाएँगे। वहीं दूसरी तरफ़ पाकिस्तान ने अपने व्यापार की संवेदनशील सूची में कुल 936 भारतीय वस्तुओं को रखा है। इस सूची में दोनों देश जितनी कम मदों या वस्तुओं को रखेंगे, द्विपक्षीय व्यापार को उतना ही बढ़ावा मिलेगा। इस सूची के चलते टैरिफ का भार महसूस होने के चलते व्यापार कम होता है। इसके साथ ही भारत और पाकिस्तान के मध्य व्यापार के सीमित मात्रा में होने की दूसरी बड़ी वजह व्यापार की नकारात्मक सूची (नेगेटिव लिस्ट) का होना है। इस सूची में जिन भी वस्तुओं को रखा जाता है, उस पर दूसरे देश के साथ व्यापार ही नहीं किया जाता। पाकिस्तान ने कुल 1209 भारतीय वस्तुओं को व्यापार की नकारात्मक सूची में डाल रखा है, जिसका आशय है कि पाकिस्तान इन भारतीय वस्तुओं का आयात बिल्कुल नहीं करता। इसमें टेक्सटाइल, फार्मास्युटिकल, प्लास्टिक और ऑटो पाट्‌र्स विशेष रूप से शामिल हैं।

वर्ल्ड बैंक ने अपनी रिपोर्ट, "ए ग्लास हॉफ फुल : दि प्रॉमिस ऑफ रीजनल ट्रेड इन साउथ एशिया, 2018" में बताया है कि भारत और पाकिस्तान दोनों द्वारा व्यापार की संवेदनशील सूची में अधिक वस्तुओं को रखने के चलते दोनों के मध्य व्यापार कम है क्योंकि व्यापारिक रियायतें देने के लिए देश तैयार नहीं हैं।

करतारपुर गलियारा और भारत पाकिस्तान

भारतीय प्रधानमंत्री द्वारा 9 नवम्बर, 2019 को गुरदासपुर स्थित डेरा बाबा नानक

में करतारपुर गलियारे के चैकपोस्ट का उद्घाटन किया गया। करतारपुर गलियारे की चैक पोस्ट के शुरू हो जाने से पाकिस्तान स्थित गुरुद्वारा करतारपुर साहेब जाने के लिए भारतीय श्रद्धालुओं को सुविधा होगी। उल्लेखनीय है कि डेरा बाबा नानक के निकट अंतर्राष्ट्रीय सीमा पर स्थित जीरो-प्वॉइंट पर करतारपुर साहेब गलियारा तैयार करने के लिए भारत ने 24 अक्टूबर, 2019 को पाकिस्तान के साथ समझौता किया था। भारत के केंद्रीय मंत्रिमंडल ने देश भर में और पूरी दुनिया में श्री गुरु नानक देव जी के ऐतिहासिक 550वें प्रकाश पर्व को भव्य रूप में मनाने के लिए 22 नवम्बर, 2018 को प्रस्ताव पारित किया था। केंद्रीय मंत्रिमंडल ने डेरा बाबा नानक से अंतर्राष्ट्रीय सीमा तक करतारपुर साहेब गलियारे के निर्माण और विकास को मंजूरी दी थी, ताकि पूरे वर्ष गुरुद्वारा दरबार साहेब करतारपुर जाने के लिए भारतीय श्रद्धालुओं को सुविधा प्राप्त हो सके। करतारपुर गलियारा भारत के पंजाब में डेरा बाबा नानक गुरुद्वारे को पाकिस्तान के पंजाब प्रांत के नारोवाल स्थित करतारपुर के दरबार साहेब से जोड़ेगा।

श्रद्धालुओं के लिए सुविधाएँ

डेरा बाबा नानक को अमृतसर-गुरदासपुर राजमार्ग से जोड़ने के लिए 120 करोड़ रुपये की लागत से चार लेन वाला 4.2 किलोमीटर लम्बा राजमार्ग बनाया गया।

15 एकड़ जमीन पर भव्य यात्री टर्मिनल भवन बनाया गया है, यह भवन पूरी तरह से वातानुकूलित है और इसका निर्माण हवाई अड्डे की तरह किया गया है। यहाँ 50 आव्रजन काउंटर हैं, जो प्रतिदिन 5000 श्रद्धालुओं को सेवा प्रदान करेंगे।

मुख्य इमारत में शौचालय, सहायता केंद्र, बच्चों के लिए सुविधा, प्राथमिक उपचार सुविधा, प्रार्थना कक्ष, अल्पाहार काउंटर आदि मौजूद हैं।

मज़बूत सुरक्षा के लिए सीसीटीवी द्वारा निगरानी की व्यवस्था है तथा जन सूचना प्रणाली लगाई गई है।

अंतर्राष्ट्रीय सीमा पर 300 फीट ऊँचा राष्ट्रीय ध्वज फहराया गया है।

समझौते की मुख्य विशेषताएँ

—सभी धर्मों को मानने वाले भारतीय और भारतीय मूल के श्रद्धालु गलियारे का उपयोग कर सकते हैं।

—यात्रा के लिए वीजा की आवश्यकता नहीं है।

—श्रद्धालुओं के पास केवल वैधानिक पासपोर्ट होना चाहिए।

—भारतीय मूल के लोगों के लिए अपने देश के पासपोर्ट के साथ ओसीआई

कार्ड रखना आवश्यक होगा।

—गलियारा सूर्योदय से सूर्यास्त तक खुला रहेगा। सुबह जाने वाले श्रद्धालुओं को उसी दिन वापस लौटना होगा।

—केवल अधिसूचित दिनों को छोड़कर गलियारा पूरे साल खुला रहेगा, जिसकी सूचना अग्रिम रूप से दे दी जाएगी।

—श्रद्धालुओं को अकेले या समूह में अथवा पैदल जाने की छूट होगी।

—यात्रा तिथि के 10 दिन पहले भारत श्रद्धालुओं की सूची पाकिस्तान को सौंपेगा। यात्रा तिथि के 4 दिन पहले श्रद्धालुओं को यात्रा की पुष्टि की सूचना प्राप्त हो जाएगी।

—पाकिस्तान पक्ष ने भारत को आश्वासन दिया है कि 'लंगर' और 'प्रसाद' का पर्याप्त प्रबंध किया जाएगा।

भारत का कहना था कि आवाजाही वीजा मुक्त होनी चाहिए और पाकिस्तान को कोई भी शुल्क या परमिट प्रणाली लागू करने पर पुनर्विचार करना चाहिए। उल्लेखनीय है कि पाकिस्तान ने प्रत्येक तीर्थयात्री से 20 डॉलर शुल्क वसूलने का निर्णय किया था।

इसके साथ ही पाकिस्तान के कब्जे वाले कश्मीर (पाक अधिकृत कश्मीर) में स्थित प्राचीन हिन्दू मंदिर एवं सांस्कृतिक स्थल शारदा पीठ की यात्रा के लिए एक कॉरिडोर की स्थापना के प्रस्ताव पर वर्ष 2019 में पाकिस्तान सरकार ने मंजूरी दी थी। इससे अब भारत से हिन्दू तीर्थयात्रियों को इस मंदिर में दर्शन का मौका मिल पायेगा। शारदा पीठ गलियारा के खुल जाने से यह पाकिस्तान नियंत्रित क्षेत्र में करतारपुर गलियारे के बाद दूसरा धार्मिक मार्ग होगा जो दोनों पड़ोसी देशों को जोड़ने का काम करेगा। सम्राट अशोक के साम्राज्य में 237 ईस्वी पूर्व में स्थापित प्राचीन शारदा पीठ करीब 5,000 साल पुराना एक परित्यक्त मंदिर है। शारदा पीठ भारतीय उपमहाद्वीप में सर्वश्रेष्ठ मंदिर विश्वविद्यालयों में से एक हुआ करता था। यह कश्मीरी पंडितों के लिए 3 प्रमुख धार्मिक स्थलों में से एक है। अन्य 2 अनंतनाग में मार्तंड सूर्य मंदिर और अमरनाथ मंदिर हैं।

पाकिस्तान की भारत के प्रति परम्परागत नीति

पाकिस्तान सदैव भारत विरोध की नीति का पालन करता रहा है। वह दक्षिण एशिया में भारत की बराबरी का इच्छुक रहा है। यही कारण है कि पाकिस्तान द्वारा सदैव महाशक्तियों के साथ घनिष्ठता बढ़ाने का प्रयास किया गया।

पाकिस्तान कश्मीर को अपूर्ण एजेंडा और अपने अस्तित्व से जोड़ कर देखता है। वह इस मुद्दे के अंतर्राष्ट्रीयकरण द्वारा भारत पर वैश्विक दबाव भी

बनाने का प्रयास करता रहा है। अतः भारतीय सेना पर मानवाधिकार उल्लंघन का आरोप लगाता रहा है तथा कश्मीर में अलगाववादियों को राजनीतिक समर्थन भी देता रहा है।

पाकिस्तान भारत को अपने अस्तित्व संकट के रूप में देखता है। अतः उसने डीप स्टेट के रूप में सदैव सेना को अधिक शक्तिशाली बनाने का प्रयास किया है। साथ ही छद्‌म युद्ध के रूप में सीमा पार आतंकवाद को प्रायोजित करता रहा है।

पाकिस्तान द्वारा क्षेत्रीय स्तर पर पड़ोसी देशों के मध्य भारत के प्रति बिग ब्रदर सिंड्रोम की भावना को बढ़ावा दिया जाता रहा है।

भारत की पाकिस्तान के प्रति परम्परागत नीति

पाकिस्तान के साथ भारत पारस्परिक विवादों के द्विपक्षीय और शांतिपूर्ण समाधान पर बल देता रहा है। इसे शिमला समझौता और लाहौर घोषणापत्र की मूल भावना में देखा जा सकता है।

भारत सदैव स्थिर और शांत पड़ोस के समर्थक रहा है, इसलिए कभी भी पाकिस्तान के आंतरिक मामलों में भारत द्वारा हस्तक्षेप नहीं किया गया (पंचशील सिद्धांत)। साथ ही भारत पाकिस्तान के साथ निरन्तर वार्ता में विश्वास करता रहा है, क्योंकि इसके कारण ही वहाँ की लोकतांत्रिक शक्तियाँ मज़बूत होंगी।

भारत क्षेत्रीय सहयोग के माध्यम से भी विवादों के समाधान और सहयोग की सम्भवानाओं को बढ़ावा देता रहा है। अतः भारत दक्षेस के मंच पर रचनात्मक क्षेत्रवाद के माध्यम से पाकिस्तान के साथ सहयोगपूर्ण संबंध निर्मित करने का पक्षधर रहा है।

भारत की वर्तमान पाकिस्तान नीति

—भारत के अनुसार आतंकवाद और वार्ता साथ-साथ नहीं चल सकते है। अतः उरी हमले के बाद भारत ने अफ़ग़ानिस्तान, भूटान और बांग्लादेश के साथ दक्षेस की इस्लामाबाद बैठक का बहिष्कार कर दिया।

वस्तुतः भारत का स्पष्ट मानना है कि जब तक पाकिस्तान एक जिम्मेदार देश के रूप में आतंकवाद के विरुद्ध कोई ठोस कार्यवाही नहीं करता है, तब तक पाकिस्तान से वार्ता का कोई महत्त्व नहीं है। भारत के अनुसार पाकिस्तान अभी भी आतंकी समूहों के प्रति कोई गम्भीर कार्यवाही नहीं कर रहा है और इन समूहों के शरणस्थल के रूप में बना हुआ है।

—भारत का यह भी मानना है कि वार्ता निर्वाचित लोकतांत्रिक सरकार के प्रभावी होने पर ही सफल हो सकती है,लेकिन डीप स्टेट में पाकिस्तान की सेना वार्ता को

सफल नहीं होने देगी। हाल के वर्षों में आतंकी समूहों ने भारतीय सेना के साथ-साथ जनता के मनोबल को कमजोर किया है। अत: पाकिस्तान के व्यवहार में बदलाव के बिना वार्ता भारतीय जनमत के भी विरुद्ध होगा। दूसरी ओर पाकिस्तान अभी भी भारत विरोधी नीतियाँ अपना रहा है। भारत द्वारा जम्मू कश्मीर राज्य के विशेष दर्जे को खत्म करने का सन्दर्भ हो या नागरिकता संशोधन अधिनियम का,पाकिस्तान द्वारा भारत के आंतरिक मामलों का अंतर्राष्ट्रीयकरण करने का निरन्तर प्रयास किया जा रहा है।

—पाकिस्तान सरकार संयुक्त राष्ट्र संघ के मंच पर भी दक्षिण एशिया में नाभिकीय युद्ध होने के कृत्रिम भय की धारणा को रखकर वैश्विक ध्यान आकर्षित करने का प्रयास कर रही। ऐसी परिस्थितियों में वार्ता की सम्भावनायें वर्तमान में व्यवहारिक नहीं दिखतीं।

—भारत अब आतंकवाद के प्रति जीरो टोलरेंस की नीति पर कार्य कर रहा है। इसके तहत भारत द्वारा पाकिस्तान में अवस्थित आतंकी संरचना को नष्ट करने के लिए सर्जिकल स्ट्राइक किये गए। बालाकोट एयर स्ट्राइक के माध्यम से भारत ने स्पष्ट कर दिया कि अब आतंकवाद के विरुद्ध किसी भी स्तर की कार्यवाही की जा सकती है। अत: अब आतंकवाद के विरुद्ध भारत निष्क्रियता के स्थान पर सक्रियता और रक्षात्मक के स्थान पर आक्रामक नीति का पालन कर रहा है। वहीं भारत द्वारा कश्मीर घाटी में भी आतंकी संरचना को ध्वस्त करने के लिए गम्भीर कार्यवाही की जा रही है। इसी क्रम में कश्मीर में अलगावादियों को प्रतिबंधित करने और उन्हें मुख्यधारा से अलग-थलग करने के गम्भीर प्रयास भी किया जा रहा है।

—भारत की वर्तमान पाकिस्तान नीति में पाकिस्तान को क्षेत्रीय और वैश्विक स्तर पर अलग-थलग कर दबाव बनाने का भी प्रयास भी किया जा रहा है। भारत निम्नलिखित स्तर पर पाकिस्तान को अलग-थलग करने का प्रयास कर रहा है—

* कूटनीतिक स्तर पर भारत पाकिस्तान की छवि आतंकवाद के प्रायोजक देश के रूप में सार्वजनिक करने का प्रयास कर रहा है। जैसे—दक्षेस की बैठक के बहिष्कार को बंगलादेश, अफ़ग़ानिस्तान, भूटान का समर्थन मिलना, जम्मू कश्मीर के विशेष दर्जे की समाप्ति के बाद भी वैश्विक स्तर पर भारत का विरोध न होना, अमरीका की नई अफ़ग़ानिस्तान नीति में पाकिस्तान को आतंकवाद के शरणस्थल के रूप में देखा जाना आदि।
* राजनीतिक स्तर पर पहली बार भारत-बलूचिस्तान और गिलगिस्तान में होने वाले मानवाधिकार उल्लंघन के मुद्दे को उठाया गया। हालाँकि भारत द्वारा इस मुद्दे का केवल मानवीय आधार पर ही समर्थन किया गया,राजनीतिक आधार पर नहीं।
* आर्थिक स्तर पर भी पाकिस्तान को अलग-थलग करने के लिए सार्क-1

की धारणा पर उपक्षेत्रीय आर्थिक सहयोग को बढ़ावा दिया जा रहा है। जैसे—बिम्सटेक, बीबीआईएन, सासेक आदि। वहीं पाकिस्तान को भारत द्वारा दिये गए मोस्ट फेवर्ड नेशन के दर्जे को समाप्त कर दिया गया। साथ ही सिंधु नदी समझौते की समीक्षा के संकेत भी भारत द्वारा दे दिया गया।

भारत की वर्तमान पाकिस्तान नीति की सीमाएँ

पाकिस्तान से वार्ता न होने का सीधा परिणाम यह होगा कि पाकिस्तान की निर्वाचित सरकार और वहाँ की लोकतांत्रिक शक्तियाँ कमजोर होंगी। अत: भारत विरोध के नाम पर सेना और प्रतिक्रियावादी शक्तियाँ मज़बूत होंगी। दूसरी ओर आतंकवाद के प्रति आक्रामक नीति के प्रतिक्रियास्वरूप आतंकी हमलों और घुसपैठ की संभावना बढ़ सकती है। यही नहीं जनता के मध्य भी विश्वास संकट में वृद्धि होगी, जो दोनों देशों में विरोधी जनमत को मज़बूत करेगा। पाकिस्तान को अलग-थलग करने की नीति पाकिस्तान की चीन पर अति निर्भरता का कारण भी बन सकता है, जो भारत के सामरिक हितों के लिए अधिक प्रतिकूल होगा। चीन पाकिस्तान के नाभिकीय कार्यक्रम (चश्मा और करांची न्यूक्लीयर कॉम्प्लेक्स में नाभिकीय रिएक्टर लगाने के ज़रिये) में सहयोग कर रहा है। पाकिस्तान चीन के मोतियों की लड़ी की नीति, वन बेल्ट वन रोड पहल, समुद्री रेशम मार्ग, एशियाई अवसंरचना निवेश बैंक जैसी पहलों का हिस्सा है। चीन ने हाल के वर्षों में जैश ए मोहम्मद को वैश्विक आतंकवादी संगठन घोषित होने से रोकने के लिए संयुक्त राष्ट्र में अपनी शक्तियों का इस्तेमाल किया है।

भारत और नेपाल के मध्य संबंध

भारत और नेपाल के मध्य संबंधों को समझने के लिए भौगोलिक कारकों और दोनों देशों की भौगोलिक स्थितियों को देखना आवश्यक है क्योंकि भारत की विदेश नीति के निर्धारक तत्व में भौगोलिक कारक एक महत्त्वपूर्ण स्थान रखता है। नेपाल एशिया महाद्वीप का हिस्सा है और यह दक्षिण एशियाई उपमहाद्वीप का भी हिस्सा है। इसके साथ ही यह भौगोलिक रूप से एक स्थल रुद्ध देश है और इसके स्थल रुद्ध होने के चलते इसे अपने अंतर्राष्ट्रीय व्यापार के लिए पूर्ण रूप से भारत पर निर्भर रहना पड़ा है। नेपाल का लगभग 98% अंतर्राष्ट्रीय व्यापार भारत के दो बंदरगाहों विशाखापट्टनम और हल्दिया के ज़रिये होता है। वहीं दूसरी तरफ़ भौगोलिक रूप में देखें तो नेपाल भारत और चीन के मध्य एक बफर स्टेट की भूमिका निभाता आया है। नेपाल तिब्बत के पठार के दक्षिण में स्थित है इसलिए

भी इसकी भौगोलिक अवस्थिति महत्त्वपूर्ण हो जाती है। तिब्बत का पठार भारत के उत्तर पूर्वी राज्यों की सुरक्षा की दृष्टि से महत्त्वपूर्ण है। तिब्बत के पठार को और उसकी सामरिक अवस्थिति को देखते हुए ही चीन और नेपाल के मध्य रेलवे लिंक का निर्माण संभव हो पाएगा और इसका प्रस्ताव भी चीन द्वारा किया गया है। इस आधार पर तिब्बत के पठार का इस्तेमाल करते हुए काठमांडू कुनमिंग रेलवे लिंक स्थापित किए जाने का निर्णय लिया गया है।

नेपाल की अंतर्राष्ट्रीय सीमा कुछ भारतीय राज्यों जैसे उत्तर प्रदेश, उत्तराखंड, बिहार, पश्चिम बंगाल और सिक्किम की सीमा से लगती है। यह भारतीय राज्यों के साथ 1850 किलोमीटर लंबी अंतर्राष्ट्रीय सीमा साझा करता है। इस भौगोलिक कारक ने भारत नेपाल संबंधों को निर्धारित करने में महत्त्वपूर्ण भूमिका निभाई है। इनमें से कुछ राज्यों के साथ नेपाल के भू-सीमा विवाद रहे हैं जिससे दोनों देशों में सीमा प्रबंधन के स्तर पर कई वार्ता करनी पड़ी हैं। काठमांडू स्थित भारतीय राजदूतावास का कहना है कि मुक्त सीमाओं और उनसे प्रभावित नातेदारी (किनशिप और संस्कृति के जुड़ाव ने दोनों देशों के संबंधों की नींव रखी है। दोनों देशों के नागरिकों की बहुत लंबे समय से एक दूसरे के यहाँ मुक्त और अबाधित आवाजाही रही है जिससे दोनों देशों में रोटी और बेटी (व्यवसाय और वैवाहिक संबंध) के संबंध बने।

भारत और नेपाल के मध्य राजनीतिक और कूटनीतिक संबंधों की बात करें तो ऐतिहासिक स्तर पर इसकी नींव सुगौली संधि, 1815 के माध्यम से रखी गई थी लेकिन वर्तमान समय में 1950 में भारत और नेपाल के मध्य मित्रता और

सहयोग संधि संपन्न की गई जिसमें नेपाल ने भारत को हर स्तर पर सहयोग करने और भारत ने भी नेपाल को पूर्ण सहयोग करने की बात की थी। 1950 की संधि में प्रावधान किया गया था कि नेपाली नागरिकों को भारत में भारतीय नागरिकों के समान ही सुविधाएँ और अवसर मिलेंगे। उल्लेखनीय है कि 6 मिलियन नेपाली नागरिक भारत में निवास और व्यवसाय करते हैं। नवंबर, 2005 में नई दिल्ली में सेवन पार्टी अलायंस और माओवादियों के बीच एक 12 सूत्रीय समझौते पर सहमति बनी। इसलिए ऐसा माना जाता है कि नेपाल के माओवादियों और सरकार के बीच शांति प्रक्रिया की शुरुआत में भारत की भूमिका रही है। नेपाल में राजनीतिक स्थिरता के लिए 2006 में ऐतिहासिक व्यापक शांति समझौते की रूपरेखा का भारत ने स्वागत किया। भारत एक स्थिर, शांत और समृद्ध दक्षिण एशिया के निर्माण के लिए नेपाल की अहम भूमिका को स्वीकार करता है। नेपाल में वर्ष 2008 में पहली बार संसदीय चुनाव होने के पहले भारत लगातार यह कहता रहा है कि नेपाल में संवैधानिक राजशाही और माओवादियों के मध्य के राजनीतिक संकट का समाधान राजनीतिक मध्यस्थता और लोकतांत्रिक प्रक्रियाओं (निर्वाचन आदि के ज़रिये) होना चाहिए। भारत ने नेपाल में एक बहुदलीय लोकतंत्र और एक निर्वाचित संविधान सभा के ज़रिये नेपाल के नए संविधान के निर्माण के लिए समय-समय पर कहा है। भारत का सदैव यह मानना रहा है कि केवल एक समावेशी संविधान जिसमें नेपाल के सभी वर्गों, हितधारकों की संतुलित भागेदारी हो, उसी से नेपाल में शांति, सुरक्षा और राजनीतिक स्थिरता संभव है। नेपाल के दूसरे संविधान सभा ने सितंबर, 2015 में नए संविधान को अंगीकृत किया और उसे मधेश समुदाय के भीषण विरोध प्रदर्शन का सामना करना पड़ा। भारत सरकार ने इस विरोध प्रदर्शन के संबंध में अपनी चिंता व्यक्त करते हुए नेपाल सरकार से आग्रह किया था कि एक विश्वसनीय राजनीतिक संवाद के ज़रिये सभी ऐसे मामलों के समाधान का प्रयास किया जाय।

नेपाल की नृजातीय संरचना का संबंधों पर प्रभाव

नेपाल में तराई क्षेत्र जो कि दलदली क्षेत्र है और पहाड़ी और मैदानी क्षेत्र के मध्य में स्थित है उसमें मधेश, थारू और दनुवार जनजातियाँ रहती हैं, यह क्षेत्र और इसके नृजातीय समुदाय भारत-नेपाल संबंधों को प्रभावित करते हैं। भारत और नेपाल संबंधों को प्रभावित करने में नेपाल के नृजातीय समूह मधेश का महत्त्वपूर्ण स्थान रहा है। मधेश क्षेत्र पारंपरिक रूप से बिहार के मिथिलांचल का हिस्सा रहा है। शुरू में इसे मध्य देश कहते थे क्योंकि यह क्षेत्र पर्वतीय और मैदानी क्षेत्रों के बीच स्थित था। नेपाल के कुल 75 जिलों में 22 जिलों में मधेशी समुदाय का प्रभुत्व

है। मधेश क्षेत्र नेपाल के कुल भूक्षेत्र का 17 प्रतिशत है और मधेश क्षेत्र में नेपाल की 50 प्रतिशत से अधिक आबादी निवास करती है। इस दृष्टि से मधेशियों का नेपाल में एक महत्त्वपूर्ण स्थान है लेकिन इस सच्चाई के बावजूद मधेश लोगों को राजनीतिक और सांस्कृतिक अधिकार नहीं मिल सके हैं। मधेशियों ने अपने को नेपाल में सापेक्षिक रूप से वंचित समुदाय के रूप में देखा है जिसके चलते उन्होंने नेपाल सरकार से अपने लिए सामान्य व विशेष अधिकारों की माँग की है। मधेशियों की मुख्य माँगे निम्नवत हैं—

—नेपाली नागरिकता का दर्जा

—राजनीतिक प्रतिनिधित्व और सत्ता में साझेदारी

—सामाजिक आर्थिक नियोजन में भूमिका सुनिश्चित करने की माँग

—बुनियादी सुविधाओं और मधेश क्षेत्र के अवसंरचनात्मक विकास की माँग

—मधेशी भाषा को नेपाल में आधिकारिक भाषा की मान्यता

—आर्थिक लाभ और मूल अधिकारों की माँग

नेपाली सरकार ने मधेशियों के माँगों की उपेक्षा की और प्रवासी मधेशियों को षड्यंत्रकारी के रूप में देखा। वर्ष 2015 में नेपाल का नया संविधान अंगीकृत किया गया लेकिन मधेशियों की माँगों पर ध्यान नहीं दिया गया। मधेशियों को महसूस हुआ कि नेपाली सरकार द्वारा उन्हें धोखा दिया गया है क्योंकि उनके किसी विशिष्ट अधिकारों की बात का उल्लेख नए संविधान में नहीं किया गया। मधेशियों ने इस बात पर नेपाल सरकार के खिलाफ 2015 में भीषण विरोध प्रदर्शन शुरू कर दिया। मधेश विद्रोहियों ने दिल्ली काठमांडू राजमार्ग को एक माह तक अवरुद्ध किए रखा। इस घटना को नेपाल ने भारत के षड्यंत्र के रूप में देखा। वर्ष 2016 में माओवादी नेता पुष्प कमल दहल प्रचंड के नेतृत्व में नेपाल सरकार ने चीन के प्रभाव में भारत पर दबाव डालने की रणनीति बनाई।

भारत और नेपाल के मध्य द्विपक्षीय आर्थिक संबंध

भारत नेपाल का सबसे बड़ा व्यापारिक साझेदार रहा है। हाल के समय में चीन ने प्रयास किया है कि वह भारत को पीछे छोड़ कर नेपाल का सबसे बड़ा व्यापारिक साझेदार बने। भारत सरकार के विदेश मंत्रालय के आँकड़ों के अनुसार दोनों देशों के मध्य वर्तमान में 5.89 बिलियन डॉलर का द्विपक्षीय व्यापार है जो कि वस्तुओं और सेवाओं के व्यापार के रूप में है, जबकि विश्व बैंक का कहना है कि वर्तमान में भारत और नेपाल के मध्य द्विपक्षीय व्यापार 4.5 बिलियन डॉलर है। भारत की बहुत-सी कंपनियाँ जैसे एलआईसी, एसबीआई, पीएनबी, एशियन पेंट आदि नेपाल में सक्रिय रूप से अपनी आर्थिक गतिविधियों को अंजाम दे रही हैं। नेपाल भारत से

पेट्रोलियम और मोटर व्हीकल का आयात करता है। भारत वर्ष 1975 से पेट्रोलियम पदार्थ की आपूर्ति नेपाल को करता रहा है। नेपाल में प्रत्यक्ष विदेशी निवेश का सबसे बड़ा स्रोत भारत है और नेपाल के कुल स्वीकृत विदेशी प्रत्यक्ष निवेश में 30 प्रतिशत से अधिक हिस्सा भारतीय कंपनियों का ही है। भारत नेपाल को मुख्य रूप से पेट्रोलियम उत्पाद, मोटर वाहन, कोयला, सीमेंट, रसायन और औषधियों का निर्यात करता है जबकि नेपाल भारत को मुख्य रूप से पोलिएस्टर यार्न, टेक्सटाइल, जूट के सामान, जिंक शीट, इलायची, कॉपर वायर आदि का निर्यात करता है।

भारत और नेपाल के मध्य दक्षिण एशिया में क्षेत्रीय सहयोग

दक्षिण एशिया में भारत और नेपाल के मध्य क्षेत्रीय सहयोग को दोनों देशों के विकास और सुरक्षा की दृष्टि से महत्त्वपूर्ण माना गया है।

—दक्षिण एशिया की शांति स्थिरता और समृद्धि के लिए नेपाल के साथ मित्रवत संबंध होना भारत के लिए बहुत आवश्यक है। दक्षिण एशिया में क्षेत्रीय एकीकरण को बढ़ावा देना और क्षेत्रीय अंतरसंपर्कों को बढ़ावा देने के लिए भी नेपाल को विश्वास में लेना आवश्यक है। इसी क्रम में भूटान बांग्लादेश भारत और नेपाल मोटर व्हीकल एग्रीमेंट किए जाने का निर्णय वर्ष 2015 में किया गया था।

—नेपाल सार्क का एक प्रमुख सदस्य है और सार्क का सचिवालय काठमांडू में ही स्थित है। सार्क के सदस्य के रूप में नेपाल से दक्षिण एशिया में आतंकवाद और विशेषकर पाक प्रायोजित आतंकवाद से निपटने में सहयोग की अपेक्षा की जाती है। नेपाल से यह अपेक्षा की जाती है कि वह इंडियन मुजाहिद्दीन और अन्य आतंकी संगठनों तथा आई एस आई को अपनी जमीन से भारतीय हितों के खिलाफ कार्यवाही न करने दे।

—भारत की नेपाल से यह अपेक्षा भी रही है कि वह भारतीय जाली मुद्रा के कारोबार और तस्करी में पाकिस्तान का साथ न दे। नेपाल को उसकी भौगोलिक स्थिति के चलते भारत के हितों के खिलाफ एक कारक के रूप में प्रयोग करने की कोशिश चीन और पाकिस्तान जैसे देशों ने की है।

—बिम्सटेक नामक संगठन में भारत और नेपाल सदस्य के रूप में आपदा प्रबंधन के क्षेत्र में सहयोग करते हैं। वहीं दूसरी तरफ़ शंघाई सहयोग संगठन में जहाँ भारत एक पूर्ण सदस्य है, वहीं नेपाल एक संवाद साझेदार के रूप में अपनी भूमिका निभाता है। भारत और नेपाल दोनों एशियाई विकास बैंक के साउथ एशियन सब रीजनल इकोनामिक कोऑपरेशन प्रोजेक्ट के हिस्से हैं।

—चीन, भारत और नेपाल के संबंधों के मध्य एक महत्त्वपूर्ण कारक के रूप में उपस्थित रहा है। वहीं भारत और चीन के बीच नेपाल ने एक बफर स्टेट की भूमिका

निभाई है। चीन और नेपाल के मध्य कूटनीतिक, राजनयिक संबंध है। नेपाल चीन के वन बेल्ट वन रोड पहल का एक हिस्सा है और इसका समर्थन करता है। इसके साथ ही नेपाल चीन के नेतृत्व वाले एशियाई अवसंरचना निवेश बैंक का सक्रिय सदस्य है, साथ ही नेपाल शंघाई सहयोग संगठन, जिसे चीन के नेतृत्व में चलाया जा रहा है, उसका एक डायलॉग पार्टनर भी है। चीन के प्रस्ताव पर ही नेपाल को संवाद साझेदार बनाया गया था। चीन और नेपाल के मध्य कई महत्त्वपूर्ण समझौते हो चुके हैं। इसमें सबसे प्रमुख रूप से नेपाल और चीन को जोड़ने वाली एक रेलवे नेटवर्क परियोजना पर सहमति बनी है जो काठमांडू से चीन तक जाएगी। नेपाल के स्थानीय चुनावों में चीन ने सहयोग किया है। वर्ष 2018 में चीन और नेपाल के मध्य हुए समझौतों के तहत चीन ने नेपाल को अपने चार बंदरगाहों तक पहुँच सुनिश्चित करने का प्रस्ताव किया है। चीन ने नेपाल को व्यापार के लिए भारत पर अधिक निर्भर न रहने देने की सोच के साथ यह कदम उठाया है।

नेपाल में भारत की विकासात्मक गतिविधियाँ

भारत ने नेपाल में स्थल सीमा प्रबंधन के लिए एकीकृत चेक पोस्ट्स के गठन पर बल दिया है। इसके तहत रक्सौल—बीरगंज चेक पोस्ट, सुनौली—भैरहवा चेक पोस्ट आदि का गठन किया गया है ताकि मानव दुर्व्यापार, हथियारों और नशीले पदार्थों की तस्करी आदि संगठित अपराधों को नियंत्रित किया जा सके। भारत सरकार ने भी नेपाल के स्थानीय चुनावों, नगर निगम के चुनाव में सहायता दी है। ईवीएम और अन्य चुनावी उपकरणों को देकर भारत ने इस दिशा में मदद की है। भारत और नेपाल के मध्य रक्सौल—काठमांडू रेलवे लिंक के विकास पर समझौता किया गया है जो चीन को काउंटरबैलेंस करने के लिए जरूरी समझा गया था। इसके साथ ही भारत ने नेपाल में पॉलिटेक्निक की स्थापना, हॉस्पिटल की स्थापना की है और छात्रों के लिए स्कॉलरशिप उपलब्ध कराए हैं। भारत ने नेपाल को अग्निशामक यंत्र भी दिए हैं और सूर्य किरण संयुक्त सैन्य अभ्यास के ज़रिये दोनों आतंकवाद से निपटने में अपनी क्षमता के विकास पर कार्य करते हैं।

दोनों देशों में शैक्षणिक, सांस्कृतिक, वैज्ञानिक और तकनीकी सहयोग को बढ़ावा देने के उद्देश्य से वर्ष 1991 में बी पी कोइराला इंडिया नेपाल फाउंडेशन का गठन किया गया था। वर्ष 2007 में नेपाल की राजधानी काठमांडू में भारत सांस्कृतिक केंद्र का गठन किया गया था ताकि दोनो देशों के मध्य सांस्कृतिक अंतर्संपर्कों को बढ़ावा दिया जा सके। उल्लेखनीय है कि दोनों देशों के सांस्कृतिक संबंधों को मज़बूती देने के लिए वर्ष 1951 में अपने संबंधों के उद्भव काल में ही भारत नेपाल लाइब्रेरी का गठन काठमांडू में किया गया था। यह नेपाल का पहला विदेशी पुस्तकालय भी था।

भारत और नेपाल के मध्य पनबिजली सहयोग

नेपाल कई सदानीरा नदियों वाला देश है जिसके चलते यहाँ प्रचुर मात्रा में जल संसाधन हैं। इसी आधार पर भारत और नेपाल के मध्य कई नदियों पर बाँध बनाने, पनबिजली परियोजनाओं को शुरू करने, बैराज बनाने पर सहमति बनी।

इसके साथ ही भारत ने दक्षिण एशिया के इस स्थलरुद्ध देश से ऊर्जा संबंधों को बढ़ावा देने के लिए पिछले दो तीन वर्षों में कई प्रयास किए हैं। भारत सरकार ने इस वर्ष 400 मेगावाट क्षमता वाले लोअर अरुण हाइड्रोपावर प्रोजेक्ट के निर्माण का प्रस्ताव किया है। भारत ने प्रस्ताव किया कि इसे भी 900 मेगावाट क्षमता वाले अरुण—3 परियोजना के मॉडल पर बनाया जाए। नेपाल सरकार अभी इस पर विचार कर रही है। यही नहीं यहाँ पर यह जानना भी जरूरी है कि एक लैंड लॉक्ड देश के रूप में नेपाल का शेष विश्व के साथ अंतरराष्ट्रीय व्यापार भारत के दो बंदरगाहों हल्दिया और विशाखापट्टनम के ज़रिये ही होता है। फ़रवरी, 2019 में नेपाल के पोखरा में हुई भारत नेपाल के प्रतिनिधियों की बैठक में नेपाल ने भारत से अपने व्यापार के लिए दो और नए भारतीय बंदरगाहों गुजरात के मूंद्रा और ओडिशा के धामरा के प्रयोग और पहुँच की अनुमति माँगी है। भारत ने भी अपनी पड़ोसी प्रथम की नीति के आधार पर इस पर सकारात्मक कार्यवाही करने के संकेत नेपाल को दिए हैं।

भारत और नेपाल के मध्य पनबिजली परियोजनाओं के विकास करने पर सहमति बन चुकी है। दोनों के बीच कोसी और गंडकी नदी जल के बँटवारे और पनबिजली उत्पादन और बाढ़ नियंत्रण के लिए समझौता हो चुका है। हाल के समय में दोनों देशों के बीच महाकाली नदी के जल को लेकर हुआ समझौता पंचेश्वर बाँध निर्माण को लेकर सुर्खियों में रहा है। 1996 में दोनों देशों ने महाकाली नदी जल संधि के तहत पंचेश्वर बहुउद्देशीय परियोजना के लिए निर्णय लिया था। पनबिजली निर्माण के साथ ही इससे नेपाल के 0.13 मिलियन हेक्टेयर भूमि और भारत के 0.24 मिलियन हेक्टेयर भूमि को सिंचाई की सुविधा मिलेगी और साथ ही बाढ़ नियंत्रण के लिए आवश्यक कार्य किया जा सकेगा। भारत नेपाल ने महाकाली नदी पर ही शारदा बैराज और टनकपुर बैराज बनाने के लिए भी समझौते किए थे। इसके अलावा दोनों देशों के हाइड्रोपॉवर संबंधों को बढ़ावा देने के लिए सप्तकोशी, कमला बागमती, अरुण पनबिजली परियोजनाओं को भी साकार करने के प्रयास किए गए थे।

इन सब प्रयासों के बावजूद ऐसा नहीं है कि भारत नेपाल ऊर्जा संबंध अवरोधों से मुक्त हैं। हाल के समय में भारत और नेपाल के मध्य सप्तकोसी बाँध निर्माण का कार्य कुछ मतभेदों के चलते रुक गया है। नेपाल के स्थानीय लोगों को इस प्रोजेक्ट के चलते होने वाले विस्थापन और क्षति से निपटने के लिए नेपाल सरकार से पुनर्वास और क्षतिपूर्ति का आश्वासन चाहिए। इसलिए 2017 से यह परियोजना

रुकी हुई है। अगर सप्तकोशी बाँध का निर्माण कार्य पूरा हो जाता है तो इससे हर साल बिहार को विनाशक बाढ़ से बचने में मदद मिलेगी। सप्तकोसी से अत्यधिक मात्रा में जल छोड़े जाने के चलते उत्तरी बिहार के अधिकांश जिले जलमग्न हो जाते हैं। दोनों देशों में वैसे तो इस बाँध निर्माण को लेकर समझौता 1991 में ही हो गया था पर इसको मूर्तरूप अब तक नहीं मिल पाया।

इसी प्रकार नेपाल का कहना है कि भारत और नेपाल के बीच कोसी परियोजना के चलते नेपालियों को विस्थापन का दंश झेलना पड़ा है इसलिए उनके परिवारों को क्षतिपूर्ति के लिए भारत नेपाल को 500 मिलियन डॉलर दे। नेपाल की इस माँग की पुष्टि काठमांडू पोस्ट ने भी की है। इस प्रकार भारत और नेपाल के बीच पर्यावरण, स्थानीय लोगों की आजीविका, विस्थापन, क्षतिपूर्ति, बाँधों के तकनीकी डिजाइन आदि मसलों को लेकर मतभेद विद्यमान रहे हैं। भारत को गुजराल डॉक्ट्राइन और पड़ोसी प्रथम की नीति के तहत नेपाल को और विश्वास में लेने की जरूरत है ताकि बिहार, उत्तर प्रदेश, उत्तराखंड से जुड़े नेपाल के मसलों का समाधान करके नेपाल को दक्षिण एशिया में चीन का एक प्लेइंग कार्ड भी बनने की संभावनाओं को धूमिल किया जा सके। एक स्थिर, शांत, समृद्ध दक्षिण एशिया के निर्माण में नेपाल की अहम भूमिका है, इसलिए भारत नेपाल में अनेक विकास परियोजनाओं में संलग्न है।

सितंबर, 2019 में भारत और नेपाल के मध्य मोतिहारी—अमलेखगंज पेट्रोलियम पाइपलाइन की शुरुआत की गई है। इससे पर्व नेपाल में भारत के राजदूत मंजीव सिंह पुरी ने 18 जुलाई 2019 को काठमांडू में आयोजित एक कार्यक्रम में कहा कि मोतिहारी—अमलेखगंज पेट्रोलियम पाइपलाइन भारत और नेपाल संबंधों में मील का पत्थर साबित होगी। इस 69 किलोमीटर लंबे पेट्रोलियम पाइपलाइन के ज़रिये बिहार के मोतिहारी को नेपाल के अमलेखगंज से जोड़ा जा रहा है। इस पाइपलाइन का निर्माण कार्य भारत ने पूरा कर लिया है और अब गैस पाइपलाइन को बिछाने का काम भी पूरा कर लिया गया है। इससे नेपाल में तेल भंडारण की समस्या से निजात मिलने में आसानी होगी और टैंकर्स के ज़रिये पेट्रोलियम पदार्थों को एक स्थान से दूसरे स्थान तक ले जाने की कठिनाई दूर हो जाएगी। इससे भारत की तरफ़ से नेपाल को पेट्रोलियम पदार्थों की लागत प्रभावी, सरल सुगम, पर्यावरण मित्र आपूर्ति सुनिश्चित हो जाएगी। इस पाइपलाइन के निर्माण के लिए भारतीय प्रधानमंत्री और नेपाली प्रधानमंत्री के पी शर्मा ओली के द्वारा अप्रैल, 2018 में उद्घाटन समारोह लॉन्च किया गया था। सुखद बात यह है कि प्रायोगिक स्तर पर मोतिहारी से डीज़ल अमलेखगंज के लिए भेज दिया गया है।

यह भारत से जाने वाली पहली ट्रांसनेशनल पाइपलाइन है और साथ ही यह पहला साउथ एशियन ऑयल पाइपलाइन कॉरिडोर भी है। यह नेपाल में भी पहली ऑयल पाइपलाइन है जिसे भारत सरकार ने रिकॉर्ड 15 माह के समय में निर्मित कर दिया है। भारत के इंडियन ऑयल कॉर्पोरेशन और नेपाल ऑयल कॉर्पोरेशन के बीच प्रायोगिक हस्तांतरण सफलतापूर्वक संपन्न किया जा चुका है। इस पाइपलाइन को बनाने में 350 करोड़ की लागत आई है जिसका पूर्ण रूप से वहन आईओसी कर रहा है। इसके तहत आईओसी दो स्टोरेज टैंक, एक लैबोरेटरी बनाएगा। गौरतलब है कि नेपाल 1974 से ही अपने जरूरत के सभी पेट्रोलियम पदार्थों को भारत से आयात करता है, उसे आईओसी से ही पेट्रोल, डीजल, एटीएफ और एलपीजी प्राप्त होता है। इस दृष्टि से नेपाल की ऊर्जा सुरक्षा में भारत का बड़ा योगदान है।

भारत मालदीव द्विपक्षीय संबंध

भारत और मालदीव के बीच नृजातीय, भाषायी, सांस्कृतिक, धार्मिक और व्यावसायिक संबंध लंबे समय से विद्यमान रहे हैं। भारत के पश्चिमी तट से मालदीव की भौगोलिक नजदीकी ने दोनों देशों के संबंधों को निर्धारित करने में महत्त्वपूर्ण भूमिका निभाई है। यह भारत के मिनिकॉय द्वीप से मात्र 70 नॉटिकल मील, और भारत के पश्चिमी तट से मात्र 300 नॉटिकल मील दूर हैं। भारत के कुछ द्वीप ऐसे हैं जिनकी मालदीव से दूरी मात्र 700 किलोमीटर है। उल्लेखनीय है कि मालदीव 1200 प्रवाल द्वीपों वाला 90 हजार वर्ग किलोमीटर में फैला देश है जो विश्व के समुद्री जहाजों के लिए महत्त्वपूर्ण व्यापारिक मार्ग है। भारत और चीन दोनों चाहते हैं कि उनकी नौसैनिक रणनीति के दायरे में यह इलाक़ा रहे। मालदीव अपने अनन्य आर्थिक क्षेत्र के

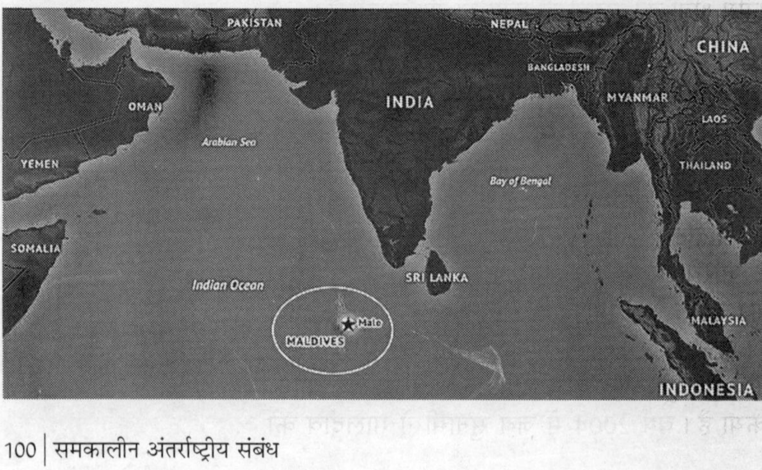

चलते भारत के लिए ब्लू इकॉनोमी के विकास के लिए एक महत्त्वपूर्ण साझेदार देश की भूमिका निभा सकता है। महासागरीय अर्थव्यवस्था और सुरक्षा की दृष्टि से मालदीव भारत के लिए सामरिक और आर्थिक महत्त्व रखता है। मालदीव भौगोलिक रूप से विश्व के सबसे बिखरे देशों में से एक है। यह भू-क्षेत्र और जनसंख्या की दृष्टि से एशिया का सबसे छोटा देश है। समुद्र तल से इस देश की ऊँचाई बहुत ही कम है।

जब मालदीव 1965 में आजाद हुआ,उसके बाद 1968 में भारत पहला देश था जिसने उसे स्वतंत्र संप्रभु राष्ट्र मानते हुए उसे राजनीतिक मान्यता दी थी, और उसी समय उससे कूटनीतिक संबंध भी स्थापित किया था, 1972 में माले में भारत ने अपने डिप्लोमेटिक मिशन की शुरुवात की थी, इससे अभिभूत होकर मालदीव ने भारत प्रथम की नीति अपनाई थी। हिन्द महासागर में मालदीव की सामरिक अवस्थिति अंतर्राष्ट्रीय सागरीय मार्ग वाले तेल व्यापार के लिए अति महत्त्वपूर्ण है। अदन की खाड़ी, मलक्का और हॉर्मुज जलसंधियों के मध्य हिन्द महासागर की मालदीव की केंद्रीय स्थिति को देखकर ही भारत ने प्रस्ताव कर नवंबर 2018 में मालदीव को इंडियन ओशन रिम एसोसिएशन का 22वाँ सदस्य बनवाया है। हिन्द महासागर में मालदीव की सामरिक अवस्थिति भारत के हितों के लिए बेहद महत्त्वपूर्ण है। हिन्द महासागर में मालदीव के क्षेत्र में स्थित अंतर्राष्ट्रीय समुद्री जहाजी मार्ग मध्य पूर्व के तेल की आपूर्ति भारत, जापान और चीन को करते हैं। मात्रात्मक दृष्टि से भारत का 97 प्रतिशत से अधिक और मूल्यात्मक दृष्टि से 75 प्रतिशत से अधिक अंतर्राष्ट्रीय व्यापार हिन्द महासागर में बैठे मालदीव के अंतर्राष्ट्रीय ट्रेड शिपिंग लेन्स के ज़रिये होता है। मालदीव भारत के लिए ब्लू इकोनॉमी अथवा सागरीय अर्थव्यवस्था के विकास के लिए बेहद महत्त्वपूर्ण है। अंडमान निकोबार द्वीपसमूह, लक्षद्वीप के तटीय क्षेत्रों की सुरक्षा के लिए भी यह जरूरी है।

राजनीतिक और कूटनीतिक संबंध

भारत और मालदीव के मध्य 1970 के दशक से ही अच्छे संबंध रहे हैं। 1968 में दोनों देशों के कूटनीतिक संबंधों की शुरुआत हुई। मालदीव की राजधानी माले में कूटनीतिक मिशन की शुरुआत की गई। दोनों देशों ने 1976 में समुद्री सीमा संधि के ज़रिये मालदीव के मीनिकॉय द्वीप पर दावे को एक ही बार में सुलझा लिया था। उसके बाद मालदीव ने मिनीकॉय को भारत के अभिन्न अंग के रूप में माना है। हिन्द महासागर में मालदीव की केंद्रीय अवस्थिति ने भारत को मालदीव के साथ मज़बूत और विश्वास पर आधारित संबंधों को विकसित करने के लिए प्रेरित किया है। वर्ष 2004 में जब सुनामी ने मालदीव को ध्वस्त कर दिया तो भारत

विश्व का पहला देश था जिसने तत्काल मालदीव को सहायता प्रदान किया था। हिन्द महासागर में मालदीव के महत्त्व को समझते हुए 2014 के बाद से भारत की पड़ोसी प्रथम नीति के तहत मालदीव को अधिक सहायता और सहयोग देने की नीति अपनाई गई। सार्क देशों के एक राष्ट्रध्यक्ष के रूप में मालदीव के राष्ट्रपति ने 2014 में भारतीय प्रधानमंत्री के शपथ ग्रहण समारोह में भाग लिया। दिसंबर, 2014 में मालदीव की राजधानी माले में गंभीर जल संकट की स्थिति उत्पन्न हुई। भारत ने ऑपरेशन नीर के तहत अपने एयरफोर्स के वायुयानों और नौ सेना के जहाजों के माध्यम से मालदीव को तत्काल बॉटल में भरे पेय जल को उपलब्ध कराया था। भारत अपने पड़ोसियों को इस प्रकार के मानवतावादी सहायता देने के लिए जाना जाता है। भारत के ऐसे पहल का ही प्रभाव है कि पड़ोसी राष्ट्रों ने भारत के लिए संतुलित और सहयोगी दृष्टिकोण को विकसित किया है।

मालदीव के राष्ट्रपतियों वाहिद और अब्दुल्ला यामीन के शासन काल को छोड़ दिया जाए तो मालदीव के अन्य राष्ट्रपतियों ने भारत प्रथम की नीति पर ही बल देते हुए मालदीव के लिए भारत की महत्ता को स्वीकार किया है। नवंबर, 2018 में मालदीव के नए राष्ट्रपति सोलिह के सत्ता में आने के बाद मालदीव द्वारा स्पष्ट रूप में भारत प्रथम की नीति अपनाते हुए चीन के साथ एक सतर्कतापूर्ण नीति अपनाने का काम हुआ है। वर्ष 2008 में मालदीव में पहली बार बहुदलीय लोकतांत्रिक संसदीय चुनाव के पूर्व 1978 से ही मालदीव में मौमून अब्दुल गयूम का 30 वर्षों तक शासन रहा। गयूम भारत के मज़बूत समर्थक थे। 1988 में श्रीलंकाई तमिल भाड़े के सैनिकों की एक छोटी सेना ने मौमून अब्दुल गयूम को सत्ता से अपदस्थ करने के लिए सैन्य तख्ता पलट करने का प्रयास किया। गयूम के पूर्ववर्तियों ने गयूम के खिलाफ यह साजिश रची थी। मालदीव ने भारत से इस स्थिति में सहायता माँगी। भारत ने ऑपरेशन कैक्टस के ज़रिये मालदीव को मदद उपलब्ध कराई थी।

भारत मालदीव द्विपक्षीय आर्थिक संबंध

भारत ने सदैव अपने पड़ोसी देशों से बेहतर आर्थिक संबंध बनाने के लिए अनुकूल वातावरण विकसित करने का प्रयास किया है। भारत ने मालदीव जैसे पड़ोसी देशों को व्यापारिक सुविधाएँ देने और उनके आर्थिक लाभ के पक्ष में भी काम किया है। चूँकि मालदीव अपने आर्थिक संवृद्धि के लिए पर्यटन उद्योग पर बड़े पैमाने पर आश्रित है। इस बात को ध्यान में रखकर भी भारत और मालदीव के मध्य आर्थिक संबंध विकसित हुए। वर्ष 1981 में दोनों देशों के मध्य एक व्यापार समझौता हुआ। इसके तहत भारत मालदीव को आवश्यक वस्तुओं का निर्यात करता है। भारत मालदीव का संयुक्त अरब अमीरात, चीन और सिंगापुर के बाद चौथा सबसे बड़ा

व्यापारिक साझेदार है। भारत मालदीव से मुख्य रूप से स्क्रैप मेटल का आयात करता है जबकि भारत द्वारा मालदीव को इंजीनियरिंग और औद्योगिक उत्पाद, ड्रग्स, मेडिसिन, रडार उपकरण, सीमेंट और कृषि उत्पाद जैसे चावल, मसाले, फल, सब्जियों और पोल्ट्री उत्पादों का निर्यात किया जाता है। दोनों देशों के मध्य वर्तमान में वस्तुओं और सेवाओं में द्विपक्षीय व्यापार 288.99 मिलियन डॉलर है। भारतीय उद्योग परिसंघ के मालदीव में गए प्रतिनिधिमंडल ने भी व्यापार और निवेश को मज़बूती देने के प्रयास किए हैं। भारत मालदीव को आइलैंड रिजॉर्ट, समुद्री उत्पादों के निर्यात और व्यवसाय उपक्रमों को बढ़ावा देने के लिए ऋण प्रदान करता है। इसके लिए भारत का स्टेट बैंक ऑफ इंडिया वर्ष 1974 से ही मालदीव को ऋण सुविधा उपलब्ध कराता आया है। भारत मालदीव के पर्यटन उद्योग के विकास में भी सहायक की भूमिका निभाता आया है। वर्ष 2018 में भारत मालदीव में पर्यटकों के आगमन का पाँचवाँ सबसे बड़ा स्रोत था। वर्ष 2019 में भारत इस मामले में दूसरे स्थान पर पहुँच गया। पहले स्थान पर चीन था। वर्ष 2019 में मालदीव में आए कुल पर्यटकों में चीन का हिस्सा 16.3 प्रतिशत और भारत का 9.5 प्रतिशत था। उल्लेखनीय है कि मालदीव के कुल सकल घरेलू उत्पाद में पर्यटन क्षेत्र की हिस्सेदारी एक तिहाई है। इससे स्पष्ट है कि भारत और चीन मालदीव के पर्यटन क्षेत्र के विकास के दो आधार स्तम्भ रहे हैं।

भारत का मालदीव के संबंध में वर्तमान दृष्टिकोण

भारत मालदीव को अपने पड़ोसी प्रथम की नीति का महत्त्वपूर्ण अंग मानता है और उसने मालदीव के प्रति इस प्रकार का सहयोगात्मक दृष्टिकोण अपना रखा है जिससे मालदीव इंडिया फर्स्ट पॉलिसी के तहत कार्य कर सके। चीन को हिन्द महासागर में प्रतिसंतुलित करने के लिए मालदीव के साथ ठोस गठजोड़ को भारत आवश्यक समझता है। 2018 में मालदीव कें नए राष्ट्रपति की नियुक्ति के पूर्व मालदीव के विभिन्न राष्ट्रपतियों ने अपने विदेश संबंध में भारत की जगह चीन को प्राथमिकता दी। वर्ष 2017 में मालदीव के राष्ट्रपति अब्दुल्ला यामीन ने चीन के साथ मुक्त व्यापार समझौता सम्पन्न किया था। मालदीव दक्षिण एशिया में पाकिस्तान के बाद दूसरा राष्ट्र है जिसने चीन के साथ ऐसा समझौता किया है। यहाँ यह विचारणीय है कि मालदीव को दक्षिण एशियाई मुक्त व्यापार समझौते के भाग होने के नाते दक्षिण एशिया में अपनी आर्थिक नीतियों के प्रभाव के बारे में सोचना वांछनीय था, लेकिन चीन से अधिक से अधिक ऋण प्राप्ति की आशा में अब्दुल्ला यामीन के समय में चीन के पक्ष में एक के बाद एक कई निर्णय लिए गए। सितंबर, 2014 में चीन उन्मुख अब्दुल्ला यामीन के नेतृत्व में मालदीव ने चीन के वन बेल्ट वन रोड

पहल पर हस्ताक्षर किया था। इस समय मालदीव चीन के कूटनीतिक संबंधों को मज़बूती दी गई। मालदीव ने चीन के समुद्री रेशम मार्ग परियोजना का भी समर्थन किया। उसे चीन की मोतियों की लड़ी की नीति का अंग पहले से ही माना जा रहा था। इसी क्रम में यामीन सरकार ने चीन की कंपनियों को मालदीव में निवेश करने हेतु समझौते किए। 2015 में मालदीव की संसद में एक विवादास्पद कानून पारित करते हुए प्रावधान किया गया था कि कोई भी विदेशी फर्म 1 बिलियन डॉलर में मालदीव का एक द्वीप खरीद सकती है, यदि वह इस बात की सहमति दे कि वह समुद्री क्षेत्र से भू प्राप्ति की तकनीकी का इस्तेमाल करेगी।

मालदीव के हल्हुले द्वीप में चीन को हाऊसिंग कॉम्प्लेक्स के निर्माण का ठेका मालदीव सरकार द्वारा दिया गया था। इसके अलावा मालदीव के एयरपोर्ट के उन्नयन के लिए चीन को 830 मिलियन डॉलर निवेश की मंजूरी तो दी ही गई, हुल्हुले और माले के मध्य 2 किलोमीटर लंबे चीन मालदीव फ्रैंडशिप ब्रिज के निर्माण की मंजूरी भी अब्दुल्ला यामीन के समय में दी गई थी। चीन ने मालदीव को 1.5 बिलियन डॉलर ऋण दिया है जबकि भारत ने इतनी ही राशि वित्तीय मदद के रूप में देने की प्रतिबद्धता व्यक्त कर रखी है। इससे चीन और भारत की मालदीव के प्रति मानसिकता का पता चलता है। चीन ने मालदीव में स्थित मकुमुधू द्वीप पर ज्वाइंट ओशन ऑब्जर्वेशन स्टेशन बनाने की भी बात की थी। चूँकि इस द्वीप की भारत के लक्षद्वीप से दूरी कम ही है, इसलिए भारत में चीन के इस पहल को संशय की नजर से देखा गया था।

मालदीव में भारत की विकासात्मक गतिविधियाँ

भारत ने मालदीव की अर्थव्यवस्था को मज़बूती देने, उससे राजनीतिक, कूटनीतिक संबंधों को मज़बूती देने के लिए कई विकास सहायताएँ दी हैं। भारत ने विकास साझेदारी के नाम पर मालदीव में निम्नलिखित कार्य किए हैं—

—भारत ने मालदीव में कई विकास सहायता परियोजनाओं को शुरू किया है जिनमें शामिल हैं—

52 करोड़ रुपए की लागत के साथ भारत ने वर्ष 2017 में माले में अपने द्वारा निर्मित (1995 में निर्मित) इंदिरा गांधी मेमोरियल हॉस्पिटल के पुनरोद्धार का कार्य शुरू किया।

—भारत सरकार 12 करोड़ रुपए की लागत से मालदीव पॉलिटेक्निक का निर्माण कर चुकी है जिससे तकनीकी शिक्षा के क्षेत्र में मालदीव को काफी लाभ मिल रहा है। वर्ष 2002 में आतिथ्य और पर्यटन अध्ययन हेतु भारत मालदीव फैकल्टी की आधारशिला रखी गई थी और वर्ष 2014 में इसे आधिकारिक रूप से

मालदीव को सौंपा गया।

—मालदीव में शिक्षा के क्षेत्र में भारत सरकार द्वारा वर्ष 2011 में टेक्नोलॉजी एडॉप्शन प्रोग्राम की शुरुआत की गई थी। इसका मुख्य उद्‌देश्य मालदीव में व्यावसायिक प्रशिक्षण के लिए मालदीव के शिक्षकों और युवाओं को प्रशिक्षित करना है।

—वर्ष 2012 में भारत और मालदीव के बीच 98.75 करोड़ रुपए की लागत से मालदीव के अद्‌दू में नेशनल पुलिस एकेडमी को गठित करने हेतु ज्ञापन समझौते पर हस्ताक्षर हुआ। 2016 में भारत के सहयोग से निर्मित यह एकेडमी कार्यशील हो गई।

—भारत ने मालदीव को द्विपक्षीय परियोजनाओं और उच्च प्रभाव वाले समुदाय विकास परियोजनाओं को चलाने के लिए मार्च, 2019 में 90 करोड़ रुपए का अनुदान देने की घोषणा की थी।

—भारत मालदीव में एम्बुलेंस सेवाएँ, नशा पुनर्वास केंद्र और कन्वेंशन सेंटर के निर्माण, पुलिस स्टेशनों के आधुनिकीकरण से संबंधित परियोजनाएँ चला रहा है।

भारत और मालदीव के प्रतिरक्षा संबंध

मालदीव के प्रतिरक्षा तंत्र को मज़बूती देने के लिए भारत सदैव प्रतिबद्ध रहा है। हिन्द महासागर में अपनी नेट सिक्योरिटी प्रोवाइडर की भूमिका के चलते भारत ने मालदीव के प्रतिरक्षा तंत्र के आधुनिकीकरण के लिए प्रयास किए हैं। वर्ष 1988 से प्रतिरक्षा और सुरक्षा के क्षेत्र में भारत मालदीव को सहयोग कर रहा है। भारत मालदीव के प्रतिरक्षा बलों को प्रशिक्षण देता है और प्रतिरक्षा उपकरण देकर इसके आधुनिकीकरण का प्रयास करता रहा है। भारत मालदीव के 70 प्रतिशत प्रतिरक्षा प्रशिक्षण आवश्यकताओं को पूरा करता है। प्रतिरक्षा साझेदारी को मज़बूती देने के लिए दोनों देशों ने वर्ष 2016 में एक व्यापक कार्ययोजना पर हस्ताक्षर भी किया है। भारतीय नौसेना ने 2017 से 2019 तक लगातार अपने 10 सदस्यीय मरीन कमांडो मोबाइल ट्रेनिंग टीम की तैनाती मालदीव में की है। मालदीव के नेशनल डिफेंस फोर्स के कॉलेज ऑफ डिफेंस स्टडीज को भारत के प्रतिरक्षा विश्वविद्यालयों से जोड़ने के लिए भी प्रस्ताव किया गया है।

भारत, मालदीव और कॉमनवेल्थ

भारत ने जुलाई, 2019 में अपनी पड़ोसी प्रथम की नीति को अधिक तार्किक और प्रभावी बनाने के लिए महत्त्वपूर्ण कदम उठाए। भारत ने वर्ष 2019 में लंदन में आयोजित कॉमनवेल्थ विदेश मंत्रियों की बैठक में मालदीव को राष्ट्रमंडल में फिर

से शामिल करने की प्रक्रिया में तेज़ी लाने का आह्वान किया था। चूँकि मालदीव गणराज्य ने 53 सदस्यीय संगठन से अपने संबंध 2016 में तोड़ लिए थे और वर्ष 2018 में देश के नए राष्ट्रपति इब्राहिम मोहम्मद सोलिह के नेतृत्व में इसमें फिर से शामिल होने के लिए आवेदन किया था। कॉमनवेल्थ के विदेश मंत्रियों की यह बैठक राष्ट्रमंडल की 70वीं वर्षगाँठ के मौके पर लंदन में हुई थी। उल्लेखनीय है कि जनवरी, 2020 में भारत के सहयोग और समर्थन से मालदीव को पुनः कॉमनवेल्थ में शामिल कर लिया गया। इस निर्णय के कुछ ही घंटों के अंदर भारतीय नेतृत्व ने मालदीव नेतृत्व को बधाई संदेश भेजा। कॉमनवेल्थ में अधिकतर वही देश सदस्य हैं जो ब्रिटेन के कभी न कभी उपनिवेश रहे हैं। इन देशों ने साम्राज्यवाद, उपनिवेशवाद, रंगभेद और नस्लभेद की सबसे अधिक पीड़ा झेली है। इन देशों से जुड़कर भारत तृतीय विश्व के हितों का मुखिया बना रह सकता है। वर्ष 2016 में तत्कालीन राष्ट्रपति अब्दुल्ला यामीन ने भी भारत से अपेक्षा की थी कि मालदीव के कॉमनवेल्थ से निलंबन के प्रश्न पर भारत उसकी मदद करे। भारत ने एक और कूटनीतिक पहल के साथ नवंबर, 2018 में मालदीव को इंडियन ओशन रिम एसोसिएशन का 22वाँ सदस्य बनाने का प्रस्ताव किया और उसका प्रस्ताव मान लिया गया था।

भारत मालदीव संबंध 2019-2020

8 जून, 2019 को भारतीय प्रधानमंत्री द्वारा सत्ता में आने के बाद पहली विदेश यात्रा के रूप में मालदीव को चुना गया। मालदीव की नवनिर्मित संसद मजलिस को पहली बार किसी भारतीय प्रधानमंत्री द्वारा संबोधित किया गया। भारत ने कहा कि मालदीव के साथ उसका संबंध इतिहास से भी पुराना है। मालदीव ने 1970 के दशक में जिस भारत प्रथम की नीति अपनाई थी उसी नीति को ऊर्जा देने के लिए भारतीय प्रधानमंत्री ने मालदीव के साथ दक्षिण एशिया में राज्य प्रायोजित आतंकवाद से निपटने के मिल जुल कर कार्य करने की बात की। इसके साथ ही भारत मालदीव के बीच हाइड्रोग्राफी, हेल्थ सेक्टर, समुद्री मार्ग से पैसेंजर और कार्गो सेवाएँ, कस्टम्स के क्षेत्र में क्षमता निर्माण और सिविल सेवा प्रशिक्षण के क्षेत्र में सहयोग हेतु समझौता हुआ। दोनों देशों के बीच वाणिज्यिक और असैन्य जहाजों के आवाजाही के बारे में सूचना के आदान-प्रदान के लिए व्हाइट शिपिंग इंफॉर्मेशन के विनिमय के लिए तकनीकी समझौता हुआ है। इस समझौते का महत्त्व भारत अमरीका के सैन्य सूचना विनिमय हेतु हुए कामकेसा पैक्ट जैसा है।

दोनों देशों के प्रमुखों द्वारा मालदीव नेशनल डिफेंस फोर्स के लिए कोस्टल सर्विलांस रडार सिस्टम और एक ट्रेनिंग फैसिलिटी का उद्घाटन किया गया। मालदीव के सतत, सामाजिक और आर्थिक विकास के लिए मार्च, 2019 में हुए

800 मिलियन डॉलर के लाइन ऑफ क्रेडिट समझौते का दोनों देशों ने स्वागत किया। मालदीव और केरल के कोच्चि के बीच फेरी सर्विसेज शुरू करने पर दोनों देश सहमत हुए हैं। मालदीव में रूपे कार्ड लॉन्च किया गया है जो उसके पर्यटन को नई दिशा प्रदान करेगा। भारत मालदीव में क्रिकेट स्टेडियम का निर्माण, विभिन्न द्वीपों पर पानी और सफ़ाई की व्यवस्था,छोटे और लघु उद्योगों के लिए वित्त व्यवस्था, बंदरगाहों का विकास, कांफ्रेंस और कम्युनिटी सेंटर का निर्माण, आपातकालीन चिकित्सा सेवाएँ, स्टूडेंट्स के लिए फ़ेरी की सुविधा आदि से मदद करेगा जिससे लोगों को सीधा फ़ायदा पहुँचेगा।

मालदीव की 'फ्राइडे मस्जिद' के संरक्षण में भारत की ओर से मदद का ऐलान किया गया है। यह मस्जिद बेहद खास मूंगा पत्थरों से बनी है। इस मस्जिद को 'हुकुरु मिस्की' के नाम से भी जाना जाता है। पीएम मोदी ने कहा, "दुनिया में कहीं भी ऐसी मस्जिद नहीं है, यह ऐतिहासिक मस्जिद मूंगा पत्थरों से बनी है।" भारत के इस सद्भाव को देखकर मालदीव ने भारत के प्रधानमंत्री नरेंद्र मोदी को विदेशी शख़्सियतों को दिए जाने वाले सर्वोच्च सम्मान 'रूल ऑफ़ निशान इज़्ज़ुद्दीन' से सम्मानित किया है।

मालदीव भारत के लिए ब्लू इकोनॉमी अथवा सागरीय अर्थव्यवस्था के विकास के लिए अत्यंत महत्त्वपूर्ण है। अंडमान निकोबार द्वीपसमूह और लक्षद्वीप के तटीय क्षेत्रों की सुरक्षा के लिए भी यह जरूरी है। मालदीव के निर्जन द्वीपों में लश्कर ए तैयबा अपनी पकड़ मज़बूत कर रहा है। मालदीव के युवा आइएसआईएस आतंकी समूह से काफी प्रभावित बताए जाते हैं। 2016 में मालदीव से 250 से ज्यादा युवा आईएसआईएस में शामिल होने गए। इराक-सीरिया में लड़ते हुए मालदीव के कई युवाओं की मौतें भी हो चुकी हैं। आईएसआईएस से जुड़े कुछ युवा वापस लौटे और मालदीव में साइबर हब बनाया। इन्हीं सुरक्षा मसलों को ध्यान में रखकर मालदीव की संसद से भारतीय प्रधानमंत्री ने आतंक पर सीधा प्रहार किया। मालदीव में नार्को टेररिज्म, धार्मिक कट्टरता, उग्रवाद और चीन के प्रति झुकाव को नियंत्रित करने के लिए ये कदम जरूरी हैं।

उल्लेखनीय है कि मालदीव चीन से अपने कुल ऋण का 60 प्रतिशत से अधिक लेता है जिसके लिए चीन को उसे 92 मिलियन डॉलर हर साल भुगतान करना होता है जो उसके कुल बजट का 15 प्रतिशत है। इस तरह चीन ने मालदीव की संप्रभुता का हरण कर लिया है और उसे डेप्ट ट्रैप डिप्लोमेसी के तहत उलझा रखा है। चीन, नेपाल, श्रीलंका, बांग्लादेश और पाकिस्तान के साथ भी यही खेल खेल रहा है। ऐसे में मालदीव सरकार को अपनी संप्रभुता की रक्षा के लिए भारत जैसा साथी नहीं मिल सकता। इसी बात को भारत ने मालदीव को समय-समय पर समझाने का प्रयास किया है।

भारत सरकार ने दिसंबर, 2019 में मालदीव नेशनल डिफेंस फोर्स को मेड इन इंडिया पेट्रोल वेसेल "कामियाब" उपहार में दिया है। भारत में प्रशिक्षित मालदीव के 8 प्रतिरक्षाकर्मी इस निगरानी जहाज का प्रबंधन देखेंगे। भारत का मानना है कि इससे मालदीव के सामुद्रिक सुरक्षा, ब्लू इकोनॉमी के विकास और पर्यटन उद्योग को सुरक्षित करने में मदद मिलेगी।

मालदीव के अद्दू द्वीप में नेबरहुड फिश प्लांट्स लगाने के लिए भारत द्वारा 3 अनुदान परियोजनाओं के विषय में भी ज्ञापन समझौते का विनिमय किया गया है। भारत द्वारा हाल में मालदीव को 2500 एलईडी स्ट्रीटलाइट देकर माले शहर के 80 प्रतिशत बिजली को बचाने का काम किया गया है। इसके अलावा मालदीव में इंडियन ओशेन कॉन्फ्रेंस के चौथे संस्करण में भारतीय विदेश मंत्री ने सितंबर, 2019 में भाग लिया और मालदीव के साथ पारस्परिक विधिक सहायता समझौते पर हस्ताक्षर किया। मालदीव द्वारा किसी भी देश के साथ किया गया यह पहला ऐसा समझौता है।

भारत भूटान द्विपक्षीय संबंध

भारत भूटान के संबंध संस्कृति, सभ्यता, मूल्यों, परंपराओं के आधार पर कई शताब्दियों से मज़बूती से बने रहे हैं। बौद्ध धर्म ने दोनों देशों के मज़बूत संबंधों की नींव रखी थी, और उसी आधार पर आधुनिक समय में साझे हितों को ध्यान में रखते हुए दोनों देशों के राजनीतिक, आर्थिक और सामरिक संबंधों को भी बल मिला है। भूटान एशिया महाद्वीप और दक्षिण एशियाई उपमहाद्वीप का हिस्सा है। यह हिमालयी पर्यावरण का अंग है और भारत का पड़ोसी देश होने के नाते भारत के विदेश नीति में भूटान को विशेष स्थान दिया गया है। भारत की भूटान से 699 किलोमीटर लंबी अंतर्राष्ट्रीय सीमा लगती है जिसको ध्यान में रखकर भारत ने भूटान के संबंध में अपनी विदेश नीति निर्धारित की है। भारतीय राज्यों पश्चिम बंगाल, सिक्किम, अरुणाचल प्रदेश और असम की सीमाएँ भूटान से साझा होती हैं। इससे स्पष्ट है कि भूटान का भारत के उत्तर पूर्वी राज्यों की सुरक्षा और विकास की दृष्टि से महत्त्वपूर्ण भूमिका है जिसकी उपेक्षा नहीं की जा सकती। यहाँ यह भी उल्लेखनीय है कि भूटान एक स्थलरुद्ध देश है जिसके चलते वह अपने अंतर्राष्ट्रीय व्यापार के लिए भारत पर निर्भर है। भारत और चीन के मध्य भूटान एक बफ़र स्टेट की भी भूमिका निभाता आया है। बफर स्टेट ऐसे देश होते हैं जो सदैव दो पारंपरिक शत्रु देशों के मध्य स्थित होते हैं और अपनी भौगोलिक स्थितियों के चलते दो शत्रु देशों में युद्ध की संभावना को कम अथवा समाप्त करते हैं। सिलीगुड़ी गलियारे (चिकेंस नेक), डोकलाम पठार, सिक्किम के चुंबी घाटी की भौगोलिक अवस्थिति ने भारत

भूटान संबंधों को क्षेत्रीय सुरक्षा और प्रादेशिक अखंडता को सुनिश्चित करने के लिए दिशा दी है। भूटान और तिब्बत की सीमा का साझा होना भी एक महत्त्वपूर्ण कारक है जिस पर भारत की विदेश नीति में विशेष ध्यान दिया गया है। नेपाल और भूटान के मध्य भी संपर्क बिंदु के रूप में भारत काम करता है और इन समस्त क्षेत्रों में बौद्ध धर्म की प्रधानता ने कई अवसरों पर भारत को सांस्कृतिक कूटनीति का मार्ग अपनाने के लिए प्रेरित किया है।

राजनीतिक और कूटनीतिक संबंध

भारत की आजादी के पूर्व ब्रिटिश भारत में भूटान ब्रिटिश शासन का एक संरक्षित राज्य (प्रोटेक्टरेट) था और 1865 में पुनाखा की संधि के माध्यम से भूटान ब्रिटिश संप्रभुता के तहत आया। 1947 के पूर्व भारत-भूटान संबंधों को सिक्किम स्थित एक राजनीतिक अधिकारी द्वारा विनियमित किया जाता था। 1948 में एक भूटानी प्रतिनिधिमंडल भारत आया और भारत सरकार से भविष्य के संबंधों को लेकर चर्चा की। इसी के परिणामस्वरूप दोनों देशों के मध्य एक महत्त्वपूर्ण संधि की गई जिसने दोनों देशों के द्विपक्षीय संबंधों और पारस्परिक दायित्वों की नींव रखी।

भारत भूटान संबंधों की नींव 1949 में मैत्री और सहयोग संधि के ज़रिये रखी गई थी जिसका अनुच्छेद 2 कहता है कि भूटान आंतरिक मामलों में तो स्वतंत्र

होगा और भारत भूटान के आंतरिक मामलों में कोई हस्तक्षेप नहीं करेगा लेकिन विदेश मामलों में वह भारत के मार्गदर्शन, निर्देशन में काम करेगा। इस अनुच्छेद में यह भी कहा गया है कि दोनों देश अपने-अपने भू क्षेत्र का इस्तेमाल एक दूसरे के खिलाफ नहीं होने देंगे। यही कारण है कि वर्ष 2003 में भूटान में स्थित भारत के उल्फा उग्रवादियों के शिविरों को भारत और भूटान की रॉयल आर्मी ने सामूहिक अभियान चला कर नष्ट किया था। 2007 में भारत भूटान मैत्री और सहयोग संधि की समीक्षा कर भूटान को स्वतंत्र विदेश नीति भी संचालित करने के लिए भारत ने बढ़ावा दिया। दोनों देशों ने अपने कूटनीतिक संबंधों की नींव वर्ष 1968 में रखी और भूटान की राजधानी थिंपू में भारत के एक रेजिडेंट प्रतिनिधि की नियुक्ति की गई थी। दोनों देशों ने वर्ष 2018 में अपने राजनयिक अथवा कूटनीतिक संबंधों की स्वर्ण जयंती मनाई है।

भूटान के सामाजिक आर्थिक नियोजन में भारत का योगदान

भारत ने भूटान के सामाजिक-आर्थिक नियोजन और सशक्तीकरण में बहुत महत्त्वपूर्ण भूमिका निभाई है। 1961 में भारत की वित्तीय मदद से भूटान की पहली पंचवर्षीय योजना की शुरुआत हुई और तब से लेकर 2020 तक की अवधि में भूटान अपनी 12 वीं पंचवर्षीय योजना का क्रियान्वयन कर रहा है। 28 दिसम्बर, 2018 को नवनिर्वाचित भूटानी प्रधानमंत्री डॉ. लोटे शेरिंग भारत की यात्रा पर आए थे और यहाँ भारतीय प्रधानमंत्री ने भूटान की बारहवीं पंचवर्षीय योजना के क्रियान्वयन के लिए 4500 करोड़ रुपए की मदद देने की घोषणा की थी। ग्यारहवीं पंचवर्षीय योजना के लिए भी भारत ने इतनी ही धनराशि भूटान को दिया था। भूटान भारत का ऋणी है और ऐसा वह कहता है कि 1971 में भारत के प्रयास से ही उसे संयुक्त राष्ट्र संघ की सदस्यता मिली थी। इसके साथ ही भारत भूटान का अंतर्राष्ट्रीय मुद्रा कोष में भी प्रतिनिधित्व करता है।

भारत भूटान के ऊर्जा संबंध और आर्थिक व्यापार

भारत और भूटान के संबंधों का सबसे मज़बूत आधार पनबिजली सहयोग रहा है। भारत के वित्तीय मदद से ही भूटान की शुरुआती तीन पनबिजली परियोजनाएँ कुरीछू (60 मेगावाट), चूखा (336 मेगावाट), ताला (170 मेगावाट) आज कार्यशील हो चुकी हैं और इनसे उत्पादित पनबिजली भारत खरीदता है। 2009 में दोनों देशों ने एक प्रोटोकॉल पर हस्ताक्षर किया जिसमें यह सहमति बनी कि भारत 2020 तक भूटान को 10 हजार मेगावाट बिजली का उत्पादन कराने में सहयोग कर उससे

अधिशेष बिजली खरीदेगा। इसके बाद भारत ने भूटान के पुनातसंगछू (1200 मेगावाट), वांगछु (570 मेगावाट) खोलांगछू परियोजना (600 मेगावाट) और हाल में माँगड़ेछू (720 मेगावाट) पनबिजली परियोजनाओं में मदद करने का काम किया है। भारतीय प्रधानमंत्री और भूटानी प्रधानमंत्री ने मिलकर माँगड़ेछू पनबिजली संयत्र और उसकी परियोजना का उद्घाटन किया। हाइड्रोपॉवर संबंधों को मज़बूती देने में इसे एक महत्त्वाकांक्षी परियोजना माना गया है। इस परियोजना से एक तो भूटान की ऊर्जा जरूरतें पूरी होंगी और इससे उत्पादित अधिशेष ऊर्जा भारत को निर्यात कर दी जाएगी। धारणीय और सतत द्विपक्षीय संबंधों का इससे बेहतर उदाहरण और क्या होगा। भारत भूटान के हाइड्रोपॉवर संबंधों के पाँच दशक पूरा होने के उपलक्ष्य में डाक टिकट भी जारी किया गया है। 17 अगस्त, 2019 की भूटान यात्रा में दोनों देशों के बीच संकोश बहुउद्देशीय पनबिजली परियोजना चलाने पर सहमति बनी है। ऐसा माना जाता है कि भूटान में 30,000 मेगावाट पनबिजली उत्पादन की क्षमता है। माँगड़ेछू पनबिजली परियोजना से उत्पादित बिजली की आपूर्ति असम, बिहार, ओडिशा और पश्चिम बंगाल को की जाएगी।

भारत के उत्तर पूर्वी भारतीय राज्यों के हितों में भूटान और अन्य देशों को जोड़ने की रणनीति

नवंबर, 2018 में भूटान के प्रधानमंत्री ने असम में आयोजित ग्लोबल इन्वेस्टर समिट में भाग लिया और परोक्ष रूप से भारत के एक्ट ईस्ट पॉलिसी और लुक ईस्ट पॉलिसी में एक सहायक की भूमिका निभाते हुए गुवाहाटी में अपने कांस्युलेट ऑफिस को खोलने की घोषणा की। भूटान ने भी अपनी पैराडिप्लोमेसी कुशलता का परिचय देते हुए राज्य सरकार में एक्ट ईस्ट डिपार्टमेंट गठित करने की घोषणा की। गौरतलब है कि असम भारत का पहला राज्य बना है जिसने एक्ट ईस्ट डिपार्टमेंट का गठन किया है। यहाँ यह जानना जरूरी है कि आज उत्तर पूर्वी भारतीय राज्यों को चीन के कुत्सित मंसूबों से बचाने के लिए भारत कुछ देशों को लामबंद करने की रणनीति पर चल रहा है। वर्ष 2014 में सत्ता में आने के बाद भारतीय प्रधानमंत्री ने अपनी पहली विदेश यात्रा भूटान को समर्पित की। भारतीय प्रधानमंत्री ने वहाँ भूटानी संसद के संयुक्त सत्र को संबोधित किया। इसी दौरे में खोलांगचू पनबिजली परियोजना का उद्घाटन किया गया। भूटान के सुप्रीम कोर्ट के नवीन भवन का उद्घाटन भी भारतीय प्रधानमंत्री द्वारा किया गया। भारत सरकार ने वर्ष 2014 में नेहरू वांगचुक स्कॉलरशिप की राशि को प्रति वर्ष के लिए बढ़ाकर 2 करोड़ करने की घोषणा की। भूटान के सभी 20 जिलों को भारत ने डिजिटल और शैक्षिक स्तर पर मज़बूती देने के लिए ई लाइब्रेरी प्रोजेक्ट के गठन की घोषणा भी 2014 में की थी।

इसके बाद से भारत सरकार और राज्य सरकारों ने भूटान को अपने साथ संलग्न करने की नीति पर बल दिया। भूटान के प्रधानमंत्री ने 2015 में वाइब्रेंट गुजरात समिट में भाग लिया और बोधगया भ्रमण किया। भूटान के प्रधानमंत्री ने 2016 में दूसरे बंगाल ग्लोबल बिजनेस समिट में भाग लिया। इसी वर्ष भूटानी प्रधानमंत्री ने बिम्स्टेक ब्रिक्स आउटरीच समिट में भी भाग लिया। वर्ष 2017 में नमामि ब्रह्मपुत्र रिवर फेस्टिवल में गुवाहाटी में उन्हें गेस्ट ऑफ आनर दिया गया। दूसरे इंडिया आइडियाज कॉन्क्लेव, गोवा में भी प्रधानमंत्री शेरिंग टाबगे को मुख्य अतिथि के रूप में बुलाया गया था। इन सब बातों से एक ही बात स्पष्ट होती है कि उत्तर भारतीय राज्यों के हितों में बौद्ध धर्म प्रधान देशों को ढाल बनाया जाय। 2016 में पश्चिम बंगाल के मुख्यमंत्री के शपथ ग्रहण समारोह में भी भूटानी प्रधानमंत्री ने शिरकत किया था। भूटान इस रणनीति की अहम कड़ी बन रहा है, इसके साथ ही भारत ने जापान के साथ एक्ट ईस्ट फोरम का गठन 2017 में किया है जिसकी अक्टूबर, 2018 में दूसरी बैठक आयोजित हुई है। इस फोरम के ज़रिये जापान भारत के उत्तर पूर्वी राज्यों में अवसंरचनात्मक विकास के लिए परियोजनाएँ चलाएगा और उन्हें वित्त पोषित भी करेगा। इस प्रकार भूटान, जापान, लुक ईस्ट पॉलिसी के तहत आसियान के देशों को उत्तर पूर्वी भारतीय राज्यों के विकास के काम में लगाने की रणनीति पर भारत काम कर रहा है। इसके साथ ही असम ने कहा है कि वह भूटान के तर्ज पर अपने सकल घरेलू उत्पाद में राज्य के नागरिकों की प्रसन्नता की गणना करने पर भी विचार कर रहा है। भूटान के साथ ही जिन देशों को उत्तर पूर्वी भारतीय राज्यों से जोड़ने का काम भारत ने किया है, वह भारत की धार्मिक और आध्यात्मिक डिप्लोमेसी का प्रमाण है, ये सभी देश बौद्ध धर्म को मानने वाले हैं, ये

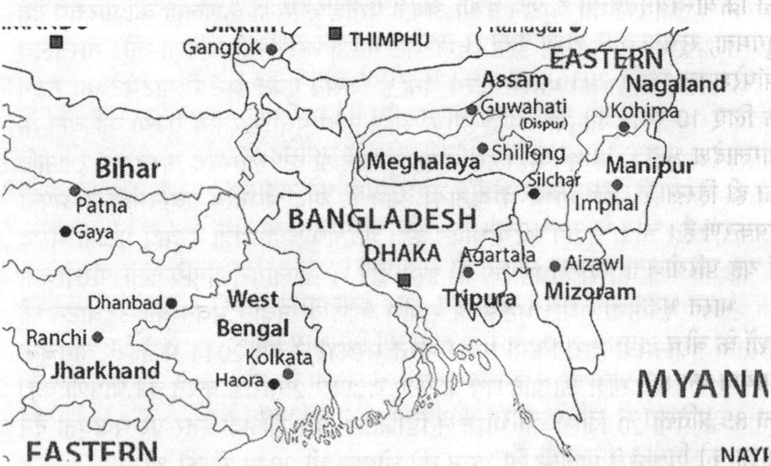

साझी सांस्कृतिक विरासत के भी उत्तराधिकारी हैं। तिब्बत के धर्मगुरु दलाई लामा को भारत ने पहले ही राजनीतिक शरण दे रखा है। बांग्लादेश को भी सिलीगुड़ी गलियारे यानि चिकेन्स नेक के ज़रिये उत्तर पूर्वी भारत से आबद्ध करने की कोशिश हाल में की गई है। त्रिपुरा में सबरूम नामक जगह पर फेनी नदी पर बाँध निर्माण और उत्तर पूर्वी भारत को चटगाँव पोर्ट से जोड़ने की योजना भी बनाई गई है। इसी कड़ी में भारत बांग्लादेश के बीच अखोरा अगरतला रेल लिंक भी बनाया जाना शुरू कर दिया गया है।

दक्षिण एशिया में क्षेत्रीय एकीकरण और भारत-भूटान संबंध

2001 में भारत ने भूटान, नेपाल, बांग्लादेश व म्यांमार को जोड़ने के लिए सासेक (साउथ एशियन सब रीजनल इकोनॉमिक को-ऑपरेशन) कॉरिडोर शुरू किया था। इंफाल से मोरेह (म्यांमार) को जोड़ने वाले इस मार्ग को पूर्वी एशियाई बाज़ार के लिए भारत का प्रवेश द्वार माना जा रहा है। भारत की योजना इस मार्ग के जरिये पूर्वी एशियाई बाजारों को पूर्वोत्तर राज्यों को जोड़ने की है। इंफाल-मोरेह मार्ग के निर्माण के साथ ही बैंकाक तक पहुँचने के लिए भारत को एक वैकल्पिक मार्ग उपलब्ध हो जाएगा। 2014 में मालदीव और श्रीलंका भी इसके सदस्य बन गए। उल्लेखनीय है कि वर्ष 2001 में सासेक की शुरुआत एशियाई डेवलपमेंट बैंक के तहत हुई थी। एडीबी ही सासेक के सचिवालय के रूप में काम करता है। यह एक प्रोजेक्ट आधारित पार्टनरशिप के रूप में लाया गया। एडीबी का कहना है कि अक्टूबर 2018 तक सासेक देशों ने 11 बिलियन डॉलर की लागत से 50 क्षेत्रीय परियोजनाओं का क्रियान्वयन किया है जो ऊर्जा, आर्थिक कॉरिडोर विकास, परिवहन, व्यापार सुगमता, सूचना और प्रौद्योगिकी से संबंधित हैं। वर्ष 2016 में सासेक देशों ने सासेक ऑपरेशनल प्लान 2016-2025 को मंजूरी दी जो कि इन देशों को क्षेत्रीय विकास के लिए 10 साल का एक सामरिक रोडमैप है। यहाँ यह भी जानना जरूरी है कि बांग्लादेश भूटान नेपाल भारत—मोटर व्हीकल एग्रीमेंट एडीबी के सासेक प्रोग्राम का ही हिस्सा है। इस प्रकार क्षेत्रीय अंतरसंपर्क को बढ़ावा देने का यह महत्त्वपूर्ण उपकरण है। चीन के महत्त्वाकांक्षी ओबोर परियोजना के जवाब में भारत के नेतृत्व में यह परियोजना कारगर साबित हो सकती है।

भारत भूटान का सबसे बड़ा ट्रेड और डेवलपमेंट पार्टनर है। वर्तमान में दोनों देशों के बीच लगभग 9000 करोड़ रुपए का द्विपक्षीय व्यापार है। भूटान अपने कुल आयात का 80 प्रतिशत से अधिक भारत से करता है और भूटान के कुल निर्यात का 85 प्रतिशत से अधिक भारत को किया जाता है। भूटान की तीन चौथाई बिजली भारत को निर्यात की जाती है।

वर्ष 2019 में भारतीय विदेश नीति में भूटान को प्राथमिकता

भारतीय प्रधानमंत्री नरेंद्र मोदी 2014 में प्रधानमंत्री बनने के बाद सबसे पहले भूटान गए थे और मई, 2019 में फिर से प्रधानमंत्री बनने के बाद वह 17 अगस्त, 2019 को दो दिवसीय यात्रा पर भूटान पहुँचे। भारत और भूटान के बीच हाइड्रो पॉवर प्रोजेक्ट, भारत के नेशनल नॉलेज नेटवर्क को भूटान से जोड़ने, मल्टी स्पेशलिएटी हॉस्पिटल, स्पेस सैटेलाइट, रूपे कार्ड के इस्तेमाल समेत 10 समझौते पर हस्ताक्षर हुए। इससे पहले प्रधानमंत्री मोदी ने भूटान के प्रधानमंत्री डॉ. लोटे शेरिंग से संसद में मुलाकात की। भारत ने इस यात्रा के दौरान इंडियन डायस्पोरा को अपने से मज़बूती से जोड़ने पर बल दिया। भारतीय प्रधानमंत्री को पारो एयरपोर्ट पर ही गार्ड ऑफ ऑनर भी दिया गया। भारत और भूटान के बीच यह निर्णय हुआ है कि इसरो भूटान में एक ग्राउंड स्टेशन लगाएगा। भारत ने इससे पहले भी भूटान को व्यक्तिगत स्तर पर सार्क सैटेलाइट का लाभ देने का प्रस्ताव किया था। प्रधानमंत्री मोदी ने भारतीय रूपे कार्ड को भी भूटान में लॉन्च किया। इससे पहले रूपे कार्ड सिंगापुर में ही लॉन्च किया गया था। भारतीय प्रधानमंत्री ने 1629 में निर्मित सिमतोखा जोंग में रूपे कार्ड को लॉन्च किया। दक्षेस मुद्रा स्वैप प्रारूप के तहत भूटान के लिए मुद्रा स्वैप सीमा बढ़ाने पर भूटान ने भारत के सकारात्मक दृष्टिकोण की प्रशंसा की है। विदेशी विनिमय की जरूरत को पूरा करने के लिए वैकल्पिक स्वैप व्यवस्था के तहत भूटान को अतिरिक्त 10 करोड़ डॉलर उपलब्ध कराए जाएँगे।

दक्षिण एशिया में भूटान ही एकमात्र देश है जिसका चीन के साथ कूटनीतिक संबंध नहीं है। भूटान में न ही चीन का राजदूतावास है और न ही कॉन्स्युलेट ऑफिस। वर्ष 2011 में चीन ने भूटान से कूटनीतिक संबंध निर्मित करने के प्रस्ताव किए थे, लेकिन भूटान द्वारा अस्वीकार कर दिया गया था। भूटान के संयुक्त राष्ट्र सुरक्षा परिषद के पाँचों स्थायी सदस्य देशों के साथ कूटनीतिक संबंध नहीं है। भूटान विश्व राजनीति और क्षेत्रीय राजनीति में कोई सक्रिय भूमिका निभाने से परहेज़ रखता है।

भारत की उभरती धार्मिक अथवा आध्यात्मिक कूटनीति

भूटान में जोंग धार्मिक मठों और प्रशासनिक केंद्र के रूप में रहे हैं। ऐतिहासिक सिमटोखा जोंग स्थल के प्रांगण में भारतीय प्रधानमंत्री ने 2019 में साइप्रस के पौधे का रोपण भी किया और भूटान को पर्यावरणीय रोल मॉडल के रूप में प्रस्तुत किया जो सच भी है। तिब्बती बौद्ध लामा शब्दरूंग नामग्याल द्वारा 1629 में निर्मित सिमटोखा जोंग इस हिमालयी देश के सबसे पुराने किलों में एक है। यह इमारत बौद्धमठ और प्रशासनिक केंद्र के रूप में काम करती है। नामग्याल को भूटान के एकीकृत करने

वाले के तौर पर देखा जाता है। इस स्थान को महत्त्व देकर भारत ने एक नई प्रकार की स्पिरिचुअल डिप्लोमेसी की शुरुआत की है। पौधे के रोपण के बाद प्रधानमंत्री ने इस ऐतिहासिक इमारत के बौद्ध भिक्षुओं से भी भेंट की। भारतीय प्रधानमंत्री ने 18 अगस्त को भूटान में रॉयल विश्वविद्यालय के छात्रों को संबोधित किया। भारत में भूटानी छात्रों की घटती संख्या को देखते हुए, सॉफ्ट पॉवर पॉलिटिक्स और कल्चरल डिप्लोमेसी के लिहाज से ऐसा किया जाना आवश्यक था। दोनों देशों के नेताओं ने भारत के नेशनल नॉलेज नेटवर्क और भूटान के ड्रक रिसर्च एंड एजुकेशन नेटवर्क के बीच अंतरसंपर्क की ई-वॉल का भी अनावरण किया। भारतीय प्रधानमंत्री ने कहा, 'भूटान की प्रगति में बड़ा सहयोगी बनना भारत के लिए गौरव की बात है। भूटान की पंचवर्षीय योजना में भारत का सहयोग जारी रहेगा।' भारतीय प्रधानमंत्री ने कहा कि भारत और भूटान एक दूसरे की परंपराएँ समझते हैं। भारत भाग्यशाली है कि वह राजकुमार सिद्धार्थ के बुद्ध बनने की जगह रहा। उनका कहना था कि मैं आज भूटान के भविष्य के साथ हूँ। आपकी ऊर्जा महसूस कर सकता हूँ। भूटान के युवा वैज्ञानिक भारत आकर अपने लिए एक छोटा सैटेलाइट बनाने पर काम करेंगे। प्रधानमंत्री ने कहा, "आप दुनिया के किसी भी कोने में चले जाएँ, अगर आप पूछेंगे कि भूटान के बारे में क्या जानते हो, तो जवाब हमेशा 'ग्रॉस नेशनल हैप्पीनेस' का कॉन्सेप्ट मिलेगा। मुझे इस जवाब पर कभी आश्चर्य नहीं होता, क्योंकि भूटान ने खुशी का भाव समझ लिया है। भूटान ने सद्भावना, एकजुटता और करुणा की भावना को समझ लिया है। यह भारत की सांस्कृतिक कूटनीति का भी हिस्सा है।"

भूटान में भारत के सामरिक हित

भूटान भारत के सामरिक हितों की दृष्टि से भी महत्त्वपूर्ण है। भूटान सार्क का सदस्य है और भारत के पक्ष में पाकिस्तान के खिलाफ वह सार्क समिट का बहिष्कार भी कर चुका है। डोकलाम जैसा प्रकरण भूटान का भारत के लिए महत्त्व स्पष्ट करता है। डोकलाम पठार तिब्बत की चुंबी घाटी, भूटान की हा घाटी और सिक्किम के त्रिकोणीय बिंदु पर स्थित है जहाँ चीन ने एक सड़क निर्माण का कार्य शुरू किया था। भारत और भूटान ने अपने साझे सामरिक हितों के आधार पर मिलकर चीन के इस कृत्य का पुरजोर विरोध किया था। चीन और भूटान के बीच इसके अलावा जकारलुंग और पारुमलुंग जैसे क्षेत्र को लेकर भी विवाद रहे हैं। भारत का भूटान के साथ बिम्सटेक के ज़रिये भी क्षेत्रीय सहयोग का संबंध हैं। डोकलाम इलाके की सामरिक स्थिति को लेकर भी चीन ने क्षेत्रीय असंतुलन पैदा करने की कोशिश की है। 1988 और 1998 में भूटान चीन के बीच डोकलाम को लेकर समझौता हुआ

था कि आपसी सहमति और विचार विमर्श से ही इससे जुड़े किसी भी मामले को सुलझाया जाएगा। ऐसा ही समझौता भारत चीन में 2012 में हुआ था कि डोकलाम के किसी प्रश्न पर फैसला भारत भूटान और चीन सर्वसम्मति बना कर ही करेंगे। लेकिन चीन ने इन सभी समझौतों का उल्लंघन कर डोकलाम में भूटान और भारत की क्षेत्रीय अखंडता को ख़तरे में डालने की कोशिश की और अभी भी इस मुद्दे पर उसके मंसूबे बहुत साफ नहीं हैं। डोकलाम इलाका सामरिक रूप से वहाँ है जहाँ चीन और भारत के उत्तर-पूर्व में मौजूद सिक्किम और भूटान की सीमाएँ मिलती हैं। भूटान और चीन दोनों इस इलाके पर अपना दावा करते हैं और भारत भूटान के दावे का समर्थन करता है। यह वही इलाका है जो भारत को सेवन सिस्टर्स नाम से मशहूर उत्तर पूर्वी राज्यों से जोड़ता है और सामरिक रूप से बेहद महत्त्वपूर्ण है। भारत भूटान के साथ 699 किलोमीटर लंबी सीमा साझा करता है।

भारत भूटान एशियाई विकास बैंक के क्षेत्रीय कार्यक्रम साउथ एशियन सब रीजनल इकनॉमिक कोऑपरेशन प्रोग्राम यानि सासेक कार्यक्रम से भी जुड़े रहे हैं। भारत की पड़ोसी प्रथम की नीति की सबसे मज़बूत कड़ी इस समय भूटान ही है। समय और देशकाल के साथ भूटान ने अपनी भारतीय निष्ठा को व्यक्त भी किया है। तिब्बत, नेपाल, चीन को एक साथ भारतीय हितों के विपरीत काम न करने देने में भूटान किसी न किसी रूप में अपनी प्रभावी भूमिका निभा सकता है। भूटान और भारत के संबंधों को लेकर चीन काफी असहज रहा है। भारत भूटान के बीच मज़बूत आर्थिक, सांस्कृतिक, सामरिक, राजनयिक संबंध से चीन असहज ही दिखा है।

भारत बांग्लादेश द्विपक्षीय संबंध

भारत बांग्लादेश संबंध इतिहास, कला और संस्कृति, भाषा और स्वतंत्रता आंदोलन के आदर्शों से प्रभावित रहे हैं। 1905 में ब्रिटिश शासन द्वारा बंगाल विभाजन के निर्णय के विरोध में भारत में स्वदेशी आंदोलन की शुरुआत की गई थी और सांस्कृतिक संबंधों को रवीन्द्र नाथ टैगोर की रचनाओं से एक नया आयाम मिला। माउंटबेटन प्लान के बाद जहाँ एक तरफ़ भारत पाकिस्तान के विभाजन का मार्ग खुल गया वहीं पूर्वी पाकिस्तान भी एक राजनीतिक इकाई के रूप में अस्तित्व में आया। पूर्वी पाकिस्तान की जनता बांग्ला भाषा वाली थी, जबकि पश्चिमी पाकिस्तान उर्दू भाषा की प्रधानता वाला देश था। पश्चिमी पाकिस्तान पूर्वी पाकिस्तान पर उर्दू भाषा और सुन्नी संप्रदाय के विश्वास और मान्यताएँ थोपना चाहता था। इसलिए यह तय था कि किसी न किसी समय पूर्वी पाकिस्तान पश्चिमी पाकिस्तान से अलग होने के लिए आंदोलन करेगा। यहाँ यह जानना महत्त्वपूर्ण है कि माउंटबेटन प्लान के तहत असम के सिलहट जिले में एक जनमत संग्रह कराने का प्रावधान किया गया था

जिसके ज़रिये यह तय होता कि असम के सिलहट की बांग्लाभाषी जनता असम का हिस्सा बनी रहेगी अथवा पूर्वी पाकिस्तान का भाग बनेगी। 6 जुलाई, 1947 को हुए सिलहट जनमत संग्रह का फैसला पूर्वी पाकिस्तान के पक्ष में हुआ और असम ने एक समृद्ध जिले और उसके राजस्व को खो दिया। सिलहट पूर्वी पाकिस्तान (वर्तमान बांग्लादेश) का अंग बन गया। पूर्वी पाकिस्तान आर्थिक रूप से काफी सशक्त था। कपास के उत्पादन ने इसकी अर्थव्यवस्था और इस क्षेत्र को अंतर्राष्ट्रीय स्तर पर पहचान दी थी। विदेशों से आर्थिक सहयोग और अनुदान भी पूर्वी पाकिस्तान को पश्चिमी पाकिस्तान की तुलना में अधिक मिलता था, लेकिन पश्चिमी पाकिस्तान ने अपनी सैन्य और धार्मिक कट्टरता के आवेश में पूर्वी पाकिस्तान के संसाधनों का ऐसा दोहन किया कि यह आर्थिक हाशिए पर चला गया। 20 जून 1947 को बंगाल विधायी सभा ने भारत से अलग होने के पक्ष में मतदान किया और इसके बाद 7 जुलाई 1947 को सिलहट में जनमत संग्रह कराया गया और 15 अगस्त 1947 को पूर्वी पाकिस्तान एक राजनीतिक वास्तविकता के रूप में सामने आया। उस समय पाकिस्तान की आधी से अधिक आबादी उस के पूर्वी भाग यानी पूर्वी पाकिस्तान में रहती थी जो तेरह सौ मील लंबे भारतीय भू-क्षेत्र के ज़रिये पश्चिमी पाकिस्तान से विभाजित था। पूर्वी पाकिस्तान और भारत के मध्य उस समय सांस्कृतिक जुड़ाव विद्यमान था।

25 फरवरी, 1948 को धीरेंद्र नाथ दत्त ने पाकिस्तान की नेशनल एसेंबली में बंगाली भाषा के लिए उर्दू और अंग्रेजी जैसे ही राष्ट्रीय भाषा के दर्जे की माँग की लेकिन पाकिस्तानी प्रधानमंत्री लियाकत अली खान ने इसे अस्वीकार कर दिया। बंगाली भाषा को आधिकारिक भाषा का दर्जा देने की माँग को मोहम्मद अली जिन्ना द्वारा भी इसके बाद अस्वीकार करने पर उनके खिलाफ पूर्वी पाकिस्तान के छात्रों ने पाकिस्तान की राष्ट्रीय सभा के बाहर विरोध प्रदर्शन किया और 21 फरवरी, 1952 को इन छात्र प्रदर्शनकारियों पर गोली चलाई गई और कई छात्रों की मृत्यु हो गई। यहाँ से पूर्वी पाकिस्तान में एक पृथक राष्ट्र के निर्माण की भावना और प्रबल होती गई। उर्दू और पंजाबी भाषी पश्चिमी पाकिस्तानी पूर्वी पाकिस्तान की राष्ट्रवादी मानसिकता को समझने में असमर्थ रहे। पश्चिमी पाकिस्तान के निर्णय निर्माणकर्ताओं ने पूर्वी पाकिस्तान के जनांकिकी संरचना और निर्वाचकीय बहुमत और राजनीतिक माँगों को भी सिरे से खारिज कर दिया। पूर्वी पाकिस्तान में असंतोष और विद्रोह की मानसिकता को देखते हुए फील्ड मार्शल अयूब खान ने 1958 में पाकिस्तान में मार्शल लॉ लगा दिया।

पूर्वी पाकिस्तान पर पूर्ण नियंत्रण की मंशा को पश्चिमी पाकिस्तान ने बनाए रखा और 1969 में जनरल याहया खान ने अयूब खान का स्थान लिया। याहया खान ने पाकिस्तान में चुनावों की घोषणा कर दी। 6 दिसंबर, 1970 को चुनाव कराए

गए। पूर्वी पाकिस्तान की 162 सीटों में से 160 सीटों पर अवामी लीग के नेता शेख़ मुजीबुर्रहमान ने ऐतिहासिक जीत दर्ज की जबकि पश्चिमी पाकिस्तान में जुल्फिकार अली भुट्टो ने 138 सीटों में से 81 सीटों पर जीत दर्ज की। मुजीब के पास सदन में पूर्ण बहुमत था जिससे वो पाकिस्तान के प्रधानमंत्री बन सके लेकिन पाकिस्तान सेना समर्थित भुट्टो ने दावा किया कि वह पूरे पाकिस्तान के एकमेव प्रतिनिधि हैं। मुजीब ने अपने राजनीतिक अधिकारों के लिए वार्ता की लेकिन वार्ता असफल रही। जनरल याहया खान ने सैन्य शक्ति के आधार पर मुजीब की माँगों को प्रभावहीन करने का निर्णय किया। 1 मार्च, 1971 को याहया खान ने पाकिस्तान की नेशनल एसेंबली को अनिश्चित काल के लिए स्थगित कर दिया। पश्चिमी पाकिस्तान की मंशा को भाँपते हुए मुजीब ने 3 मार्च को हड़ताल करने की घोषणा कर दी। इसके बाद सैकड़ों लोग मारे गए। 25 मार्च को अवामी लीग के कैडर पूर्वी पाकिस्तान की गलियों में उतर आए और याहया खान ने सैन्य दमन का रास्ता अपनाते हुए पूर्वी पाकिस्तान में ऑपरेशन सर्चलाइट चलाया। पूर्वी पाकिस्तान के लोगों की निर्मम हत्याएँ की गईं, महिलाओं का बलात्कार किया गया, और मानवाधिकारों का घोर उल्लंघन पश्चिमी पाकिस्तान द्वारा किया गया। 3 लाख से अधिक लोग मारे गए। लगभग 10 मिलियन पूर्वी पाकिस्तानी शरणार्थी भाग कर भारत आ गए। इस मानवतावादी संकट की घड़ी में भारत ने पूर्वी पाकिस्तान को सहायता देने का निर्णय लिया। भारत ने अवामी लीग को समर्थन देने की घोषणा की और पूर्वी पाकिस्तान सीमा को खोल दिया, वहीं भारत के सीमा सुरक्षा बल ने भी सीमित स्तर पर पूर्वी पाकिस्तान के आजादी के आंदोलन में मदद दी। भारतीय नेतृत्व ने पूर्वी पाकिस्तान और पश्चिमी पाकिस्तान के युद्ध में प्रत्यक्ष रूप से हस्तक्षेप न करने का निर्णय किया लेकिन अपनी संलग्नता को बनाए रखने का निर्णय किया। भारतीय सेना के पूर्वी कमांड ने पूर्वी पाकिस्तान के अभियानों के लिए जिम्मेदारी सँभाली और भारत ने मदद के लिए ऑपरेशन जैकपॉट की शुरुआत की, जिसके तहत पाकिस्तानी सेना से युद्ध में लगे हुए पूर्वी पाकिस्तान के स्वतंत्रता सेनानियों की फौज मुक्तिवाहिनी सेना को भर्ती, प्रशिक्षण, वित्त सहायता और हथियार उपलब्ध कराने और अन्य आवश्यक रसद और उपकरण तथा परामर्श देने का कार्य भारतीय सेना द्वारा किया गया।

भारत ने बांग्लादेश के निर्माण के लिए अंतर्राष्ट्रीय स्तर पर कूटनीतिक अभियान भी चलाए। एक तरफ़ जहाँ अमरीका ने इस परिस्थिति में बंगाल की खाड़ी में यूएसएस एंटरप्राइज की तैनाती की वहीं भारत के समर्थक देश सोवियत संघ ने भी इससे निपटने के लिए युद्धक विमान भेजे। अंततः 16 दिसंबर, 1971 को भारत समर्थित मुक्तिवाहिनी सेना ने ढाका पर नियंत्रण स्थापित कर लिया और पूर्वी पाकिस्तान से बांग्लादेश नामक नया राष्ट्र अस्तित्व में आ गया। बांग्लादेश को एक पृथक और स्वतंत्र देश के रूप में मान्यता देने वाला भारत विश्व का पहला देश था और 1971

में भारत के सहयोग से बांग्लादेश के अस्तित्व में आने के बाद भारत ने उसी वर्ष उससे अपने कूटनीतिक संबंधों को स्थापित किया। दोनों देशों के संबंध सामरिक साझेदारी के भी ऊपर के माने जाते हैं।

द्विपक्षीय व्यापारिक संबंध

बांग्लादेश के नए राष्ट्र के रूप में अस्तित्व में आने के बाद ही 1972 में भारत और बांग्लादेश ने अपने आर्थिक संबंधों को मज़बूती देने के लिए पहले व्यापार समझौते पर हस्ताक्षर किए। तब से लेकर आजतक इस समझौते को समय-समय पर नवीकृत किया जाता रहा है। वर्ष 2012 से 2017 के मध्य दोनों देशों के मध्य कुल व्यापार में 17 प्रतिशत से अधिक की वृद्धि हुई है। 2016-2017 के मध्य भारत द्वारा बांग्लादेश को किया गया निर्यात 4489.30 मिलियन डॉलर था जबकि बांग्लादेश से किया गया आयात 672.40 मिलियन डॉलर था। भारत ने केवल तम्बाकू और एल्कोहल को छोड़कर वर्ष 2011 से ही दक्षिण एशियाई मुक्त व्यापार समझौते के तहत बांग्लादेश को सभी प्रशुल्क रेखाओं (टैरिफ लाइन्स) पर बांग्लादेश को शुल्क मुक्त और कोटा मुक्त बाज़ार पहुँच उपलब्ध कराया है। दोनों देशों ने अपनी अंतर्राष्ट्रीय सीमाओं के पास रहने वाले समुदायों के विकास के लिए त्रिपुरा और मेघालय (प्रत्येक राज्य में दो) में कुल 4 बॉर्डर हाट खोले हैं। इसके साथ ही और भी ऐसे सीमा बाज़ार लगाने पर दोनों देश विचार कर रहे हैं। बांग्लादेश में भारत का कुल निवेश प्रस्ताव 3 बिलियन डॉलर से अधिक है। वर्ष 2015-2016 में भारत द्वारा बांग्लादेश में कुल प्रत्यक्ष विदेशी निवेश 88 मिलियन डॉलर तक पहुँच गया था। वहीं वर्ष 2017 में प्रधानमंत्री शेख हसीना की भारत यात्रा के दौरान दोनों देशों के बीच 10 बिलियन डॉलर मूल्य के 13 समझौतों पर हस्ताक्षर किए गए जिसमें अधिकतर बांग्लादेश के विद्युत और ऊर्जा क्षेत्र में भारतीय निवेश से संबंधित समझौते थे। भारत ने 2010 से 2017 के बीच 8 बिलियन डॉलर के तीन लाइंस ऑफ क्रेडिट बांग्लादेश को दिए जिससे भारत द्वारा बांग्लादेश को आर्थिक सहायता दिए जाने की प्रतिबद्धता का पता चलता है।

दक्षिण एशिया में बांग्लादेश भारत का सबसे बड़ा व्यापारिक साझेदार है। 2018-2019 में भारत का बांग्लादेश में निर्यात 9.21 बिलियन डॉलर था जबकि आयात 1.22 बिलियन डॉलर था। दिसंबर, 2018 में बांग्लादेश में भारत का प्रत्यक्ष विदेशी निवेश बढ़कर 570.11 मिलियन डॉलर हो गया। एयरटेल ने बांग्लादेश में दूरसंचार क्षेत्र में, सन फार्मा ने फार्मास्यूटिकल क्षेत्र में, टाटा और हीरो मोटर्स ने ऑटोमोबाइल क्षेत्र में और मरिको ने फास्ट मूविंग कंज्यूमर गुड्स के क्षेत्र में सक्रिय रूप में निवेश किए हैं। दोनों देश एशिया पैसिफिक ट्रेड एग्रीमेंट के सदस्य हैं और

साफ्टा के तहत भी आर्थिक सहयोग कर रहे हैं। दोनों देशों के मध्य मुक्त व्यापार समझौते पर भी विचार किया जा रहा है।

भारत बांग्लादेश के मध्य नदी जल विवाद

भारत और बांग्लादेश के मध्य 54 नदियाँ साझी नदियों के रूप में जानी जाती हैं। कुछ नदियों के जल वितरण को लेकर भारत और बांग्लादेश के मध्य विवाद रहा है। इनमें से कुछ नदी जल विवादों का समाधान कर लिया गया है और कुछ समाधान के क्रम में हैं। भारत और बांग्लादेश ने अपने नदी जल विवादों के समाधान के लिए 1972 में द्विपक्षीय संयुक्त नदी आयोग का गठन किया था जिसकी अब तक 40 से अधिक बैठकें हो चुकी हैं। इन बैठकों में विभिन्न विवादास्पद मुद्दों पर चर्चा कर समाधान का प्रयास किया जाता है। भारत और बांग्लादेश के बीच में गंगा नदी पर फरक्का बाँध का विवाद रहा है जिसका समाधान किया जा चुका है। इसके अलावा भारत और बांग्लादेश के मध्य फेनी नदी के जल को लेकर भी विवाद बना रहा है। त्रिपुरा में बहने वाली फेनी नेदी के जल वितरण को लेकर भारत और बांग्लादेश के मध्य मतभेद समय-समय पर उभरते रहे हैं। फेनी नदी भारत बांग्लादेश की सीमा पर स्थित है। इसका उद्गम दक्षिणी त्रिपुरा ज़िले से होता है। फेनी नदी त्रिपुरा के सबरूम शहर से प्रवाहित होकर बांग्लादेश में प्रवेश करती है तथा बंगाल की खाड़ी में गिरती है।

इस नदी के जल के बँटवारे का विवाद काफी समय से लंबित है। वर्ष 1958 में इसके लिए नई दिल्ली में सचिव स्तर की बैठक हुई थी। बांग्लादेश की तरफ़ से यह आरोप लगाया जाता है कि फेनी नदी का पानी काफी समय से भारत की ओर से पंपों द्वारा निकला जाता है। सबरूम त्रिपुरा के दक्षिणी किनारे पर स्थित एक शहर है। यह शहर पेयजल की समस्या से ग्रस्त है तथा इस क्षेत्र के भू-जल में लौह तत्त्व अत्यधिक मात्रा में मौजूद है। त्रिपुरा के जल संसाधन विभाग के अनुसार, बांग्लादेश द्वारा आपत्ति व्यक्त किये जाने के बाद फेनी नदी से जुड़ी 14 परियोजनाएँ वर्ष 2003 से ही रुकी हुई हैं जिसके कारण इस क्षेत्र के गाँवों में सिंचाई प्रभावित हो रही है। नवंबर, 2019 में भारत और बांग्लादेश के मध्य एक समझौता हुआ था। इसके तहत बांग्लादेश ने इस बात पर सहमति दी कि भारत फेनी नदी के 1.82 क्यूसेक (क्यूबिक फीट प्रति सेकंड) जल को त्रिपुरा के सबरूम शहर में पेय जल आपूर्ति कराने के लिए प्रयोग में ला सकता है। अक्टूबर, 2019 में ही दोनों देशों के मध्य स्थित सात नदियों—मनु, मुहुरी, खोवाई, गुमटी, धरला, दूधकुमार तथा फेनी के जल संबंधी आँकड़े एकत्रित करने और जल-साझेदारी से संबंधित समझौतों पर सहमति हुई और इन सब पर भारत बांग्लादेश संयुक्त नदी

आयोग की बैठक दिसंबर, 2019 में होनी थी, लेकिन बांग्लादेश द्वारा इस बैठक को निरस्त कर दिया गया था।

भारत और बांग्लादेश के मध्य सीमा विवाद

भारत बांग्लादेश के साथ 4096 किलोमीटर लंबी अंतर्राष्ट्रीय सीमा साझा करता है। भारतीय राज्य पश्चिम बंगाल, असम, त्रिपुरा, मेघालय और मिजोरम की सीमाएँ बांग्लादेश के साथ साझा होती हैं। इसीलिए भारत और बांग्लादेश के बीच भूमि सीमा विवाद विद्यमान रहा है जिसके समाधान के लिए कई दौर की वार्ता भी की गई। भारत और बांग्लादेश के मध्य इस संबंध में निम्न विवाद रहे हैं :

न्यू मूर द्वीप विवाद

भारत और बांग्लादेश के बीच बंगाल की खाड़ी में स्थित न्यू मूर द्वीप के स्वामित्व दावों को लेकर बांग्लादेश और भारत के बीच विवाद रहा है। भारत में इस द्वीप को न्यू मूर अथवा पूर्बासा कहा जाता रहा है जबकि बांग्लादेश इसे दक्षिणी तलपट्टी के नाम से पुकारता है। बांग्लादेश इस निर्जन द्वीप पर इसलिए अधिकार जताता रहा है क्योंकि यदि वह ऐसा नहीं करता तो एक ओर भारत की समुद्री सीमा बढ़ जाएगी और दूसरी ओर म्यांमार की। इन समुद्री सीमाओं के बीच समुद्र से लगा होने के बावजूद बांग्लादेश की समुद्री सीमा बिल्कुल सिकुड़ जाएगी और वह एक तरह से 'लैंड लॉक्ड' हो जाएगा। दूसरा महत्त्वपूर्ण कारण यह है कि इस क्षेत्र में गैस भंडार हैं। जिस के अधिकार में न्यू मूर आईलैंड होगा, समुद्र में गैस भंडार के दोहन का अधिकार भी उसी के पास होगा। मान्य नियमों के तहत इस द्वीप पर भारत का अधिकार है और भारतीय नौसेना इसकी निगरानी करती है। इस द्वीप पर भारत ने अधिकार का संकेत देने वाला स्तंभ भी स्थापित किया हुआ है। न्यू मूर द्वीप को बांग्लादेश ने दक्षिण तलपट्टी नाम दिया है। यह निर्जन रेतीला द्वीप भारत में सुंदरबन और बांग्लादेश के बीच उभरा था। मान्य अंतर्राष्ट्रीय प्रावधानों के मुताबिक किसी भी द्वीप पर उस देश का अधिकार माना जाता है जो मुख्य भूमि के करीब हो और पानी की गहराई द्वीप के दूसरी ओर हो। इस मामले में भी न्यू मूर द्वीप भारत की मुख्य भूमि से मात्र 4 कि.मी. दूर है और द्वीप के पूर्व में गहराई ज्यादा है। जबकि बांग्लादेश की निकटतम मुख्य भूमि से 7.1 कि.मी. दूर है। इसके बावजूद बांग्लादेश ने इस द्वीप पर अपना दावा कर दिया। वर्ष 2014 में इस 40 वर्ष पुराने विवाद का समाधान अंतर्राष्ट्रीय मध्यस्थता न्यायालय के निर्णय द्वारा किया गया और न्यू मूर के 25000 वर्ग किलोमीटर के अनन्य आर्थिक क्षेत्र के 4/5 हिस्से पर बांग्लादेश

के अधिकार को मान्यता प्रदान किया गया। इसके साथ ही बंगाल की खाड़ी में भारत और बांग्लादेश के समुद्री सीमा विवाद का समाधान हुआ। दोनों देशों ने इस निर्णय को मानने पर अपनी सहमति दी। यह द्वीप तेल और प्राकृतिक गैस संसाधनों में बहुत समृद्ध है।

तीन बीघा गलियारा विवाद

तीन बीघा इलाका भारत के पश्चिम बंगाल क्षेत्र में पड़ता है लेकिन उसके दोनों ओर बांग्लादेश के दोहोग्राम और अंगपोता इलाके पड़ते हैं। इनका कुल एरिया 18 किलोमीटर का है, जिनको तीन बीघा कॉरीडोर जोड़ता है। इस इलाके का नाम तीन बीघा इसलिए पड़ा, क्योंकि ये क्षेत्रफल इतना ही बड़ा है। भारत-बांग्लादेश के इन दोनों इलाकों के बीच जब लोगों को आवाजाही करनी पड़ती थी तो वो दूसरे रास्ते से अपना सफर तय करते थे जो कि बहुत लंबा था। इसके उपरांत वर्ष 2011 में भारत-बांग्लादेश के बीच समझौता हुआ और भारत सरकार की ओर से ये जमीन पड़ोसी देश को 99 वर्ष की लीज पर दे दी गई। अब बांग्लादेश के नागरिक इन दोनों इलाकों की आसानी से आवाजाही करते हैं। विभाजन के दौरान के बांग्लादेश के कई परिवार भारत में रह गए और भारत के कई परिवार बांग्लादेश में बस गए और रामपुर के कूच बिहार में रह गए। बांग्लादेश की माँग थी कि तीन बीघा कोरिडोर उन्हें मिल जाए। इसके लिए 1974 में बांग्लादेश के प्रधानमंत्री शेख मुजीबुर रहमान और इंदिरा गांधी ने मिलकर एक समझौते पर हस्ताक्षर किए। इसे लैंड बाउंड्री एग्रीमेंट (एलबीए) नाम दिया गया। समझौते के मुताबिक 1974 तक बांग्लादेश को अपने दक्षिण बेरूबारी क्षेत्र का एक हिस्सा भारत को सौंपना था और इसके बदले में उसे तीन बीघा गलियारे का नियंत्रण मिलना था। बांग्लादेश ने भारत को बेरूबारी क्षेत्र सौंप दिया लेकिन बांग्लादेश को तीन बीघा नहीं मिला। इसके बाद 1992 में तीन बीघा कोरिडोर को खोलने पर बात बनी।

162 एन्क्लेव की अदला बदली का मुद्दा

31 जुलाई, 2015 को भारत और बांग्लादेश के मध्य 162 एन्क्लेव की अदला बदली का ऐतिहासिक निर्णय लेकर उसे संपन्न किया गया। भारत ने जहाँ 7110 एकड़ जमीन में फैले 111 एन्क्लेव बांग्लादेश को हस्तांतरित किया, वहीं पड़ोसी देश ने करीब 17160 एकड़ में फैले 51 एन्क्लेव भारत को सौंपे। बांग्लादेश और भारत ने इसके लिए 1974 के लैंड बाउंड्री एग्रीमेंट लागू करने और सितंबर, 2011 के प्रोटोकॉल को वर्ष 2015 से अगले 11 महीने में चरणबद्ध तरीके से लागू करने

का निर्णय किया था। भारतीय प्रधानमंत्री के 6-7 जून, 2015 के ढाका यात्रा के दौरान भूमि सीमा समझौते और प्रोटोकॉल को अंतिम रूप दिया गया था। इसके चलते भारत और बांग्लादेश के एन्क्लेव में रहने वाले लोगों को संबंधित देश की नागरिकता और नागरिक को मिलने वाली सभी सुविधाएँ मिलने का मार्ग प्रशस्त हुआ। बांग्लादेश में भारतीय एन्क्लेवों में करीब 37,000 लोग रह रहे थे जबकि भारत में बांग्लादेशी एन्क्लेव में 14000 लोग राज्यविहीन जीवन व्यतीत कर रहे थे।

भारत और बांग्लादेश के मध्य संबंधों में चीन एक महत्त्वपूर्ण निर्धारक कारक के रूप में उभरा है। चीन ने मोतियों की लड़ी की नीति के भाग के रूप में बांग्लादेश के चटगाँव बंदरगाह के आधुनिकीकरण का कार्य किया है। बांग्लादेश चीन के वन बेल्ट वन रोड पहल का समर्थन करता है। इस पहल के तहत चीन ने बांग्लादेश में कई परियोजनाओं का प्रस्ताव भी किया है। दोनों देशों के मध्य कूटनीतिक संबंध हैं। यह भी महत्त्वपूर्ण है कि चीन बांग्लादेश का सबसे बड़ा व्यापारिक साझेदार है। दोनों बीसीआईएम कॉरिडोर में शामिल हैं। चीन ने कई अवसरों पर बांग्लादेश को ऋण देकर उसकी परियोजनाओं को वित्त पोषित करने का प्रस्ताव किया है। चीन ने बांग्लादेश के साथ अपने प्रतिरक्षा संबंधों को मज़बूती देने का भी प्रयास किया है। चीन ने बांग्लादेश को मिंग श्रेणी की पनडुब्बियाँ भी प्रदान की हैं।

बांग्लादेश में भारत की विकासात्मक गतिविधियाँ

भारत बांग्लादेश के साथ विकासात्मक साझेदारी को अपने द्विपक्षीय संबंधों को दिशा देने का एक प्रमुख आधार मानता है। भारत ने बांग्लादेश को अपनी विदेश नीति के तहत निम्नलिखित कारणों से विशेष स्थान दिया है :

—दक्षिण एशिया में शांति, सुरक्षा, स्थिरता को बनाए रखने के लिए यह जरूरी है कि बांग्लादेश में आतंकवाद, धार्मिक अथवा इस्लामिक कट्टरता, पाकिस्तान और चीन के साथ अवांछित गठजोड़ न बढ़े। इसलिए भारत बांग्लादेश को सार्क के एक जिम्मेदार राष्ट्र के रूप में प्रस्तुत करता है। बांग्लादेश के आतंकी संगठनों, अलगाववादी युवाओं और उनके आईएसआई के साथ गठजोड़ भारत के हितों के प्रतिकूल हैं। इसलिए भारत ने समय-समय पर यह सुनिश्चित करने का प्रयास किया है कि बांग्लादेश अपनी भूमि का इस्तेमाल भारत विरोधी गतिविधियों के लिए न होने दे। इसी क्रम में भारत ने बांग्लादेश के साथ प्रत्यर्पण संधि और पारस्परिक विधिक सहायता समझौते, नशीले पदार्थों की तस्करी को रोकने संबंधी समझौते संपन्न किए हैं।

—बंगाल की खाड़ी में बांग्लादेश की सामरिक अवस्थिति भारत के लिए उपयोगी है। बांग्लादेश में प्राकृतिक गैस और तेल, खनिज संसाधन, मत्स्य संसाधन

के भंडार के चलते भारत इस क्षेत्र में ब्लू इकोनॉमी के विकास की संभावनाएँ तलाश सकता है। बांग्लादेश में प्राकृतिक गैस की उपलब्धता को ध्यान में रखकर ही चीन ने बांग्लादेश में पाकिस्तान के ग्वादर के समान ही पायरा डीप सी पोर्ट विकसित करने पर चर्चा की है।

—बांग्लादेश भारत को दक्षिण पूर्वी एशियाई देशों के साथ अधिक मज़बूती से जोड़ने का एक भौगोलिक उपकरण है। यह दक्षिण एशिया को आसियान और पूर्वी एशिया के देशों के साथ जोड़ने में सहायक की भूमिका निभाता है। बिम्सटेक संगठन के तत्वावधान में शुरू किए गए क्षेत्रीय अंतर्संपर्क पहलों में इसका प्रमाण देखा जा सकता है। पिछले एक दशक में बांग्लादेश ने ऐसी पहल और परियोजनाओं को शुरू करने में सक्रिय भूमिका निभाई है जो बांग्लादेश के क्षेत्रीय विकास की मानसिकता को व्यक्त करता है।

बांग्लादेश और भारत के बीच पारस्परिक अवसंरचना विकास के लिए कई परियोजनाओं की शुरुआत की गई है जिससे क्षेत्रीय अंतर्संपर्कों को बढ़ावा मिला है। ये परियोजनाएँ हैं :

—भारत और बांग्लादेश के मध्य अखौरा—अगरतला रेलवे लिंक विकसित किया गया है जो कार्यशील भी हो चुका है। इससे बांग्लादेश की भारत के उत्तर पूर्वी राज्यों विशेषकर त्रिपुरा के साथ अंतर्संपर्क में मज़बूती आई है। उल्लेखनीय है कि चीन ने कई अवसरों पर बांग्लादेश के साथ रेलवे लिंक विकसित करने का प्रस्ताव किया है। चीन ने बांग्लादेश के रास्ते कोलकाता कुनमिंग बुलेट ट्रेन को भी विकसित करने का प्रस्ताव किया था। भारत ने इस सब प्रस्तावों के मूर्त रूप लेने से पहले ही त्रिपुरा और बांग्लादेश को रेलवे नेटवर्क से जोड़ने की परियोजना को मूर्त रूप देकर अपनी अवसंरचनात्मक कूटनीति का परिचय दिया है। भारत को अपने पड़ोसी देशों से व्यापार, परिवहन और पर्यटन को बढ़ावा देने के लिए रेलवे कनेक्टिविटी अत्यंत आवश्यक है। भारत को अपने एक्ट ईस्ट पॉलिसी और एक्ट ईस्ट एंड एक्ट फास्ट पॉलिसी से अधिक से अधिक लाभ प्राप्त करने के लिए रेलवे अंतर्संपर्कों पर विशेष ध्यान देने की आवश्यकता है। 6 पड़ोसी देशों, जिनके साथ अभी भारत की लैंड कनेक्टिविटी है (बांग्लादेश, भूटान, म्यांमार, नेपाल, चीन, पाकिस्तान) उनमें से केवल बांग्लादेश के साथ ही भारत का पैसेंजर ट्रेन संपर्क है। दूसरी तरफ़ मालभाड़ा रेलवे सेवा भारत और नेपाल के मध्य है।

अखौरा अगरतला रेलवे लिंक को विकसित करने के क्रम में भारतीय भूभाग में 5.46 किलोमीटर लंबी रेलवे लाइन और बांग्लादेश के भूभाग में 10.6 किलोमीटर रेलवे लाइन बिछाई जाएगी। यह बांग्लादेश के गंगासागर को त्रिपुरा के निश्चिंतपुर और अगरतला से जोड़ेगा। वर्ष 2020 के अंत तक इसका निर्माण कार्य पूरा कर लिया जाएगा। इस रेलवे लाइन से अगरतला और कोलकाता के बीच की दूरी वर्तमान

के 1600 किलोमीटर से घटकर 550 किलोमीटर रह जाएगी और इनके बीच यात्रा में 31 घंटे की जगह 10 घंटे लगेंगे।

भारत बांग्लादेश के विकास एजेंडे के क्रियान्वयन कराने में सहयोग करने के लिए प्रतिबद्ध है। भारत के इस विकासात्मक साझेदारी की मानसिकता का बांग्लादेश भी सम्मान करता है। इन भावों ने दोनों के द्विपक्षीय संबंधों को मज़बूती प्रदान किया है। वर्ष 2008 बांग्लादेश के सामाजिक आर्थिक नियोजन के इतिहास में एक महत्त्वपूर्ण वर्ष था जब बांग्लादेश ने अपने विजन 2021 की उद्घोषणा की थी। इसके तहत बांग्लादेश ने 2021 तक मध्यम आय अर्थव्यवस्था बनने का लक्ष्य निर्धारित किया था। इसके उपरांत बांग्लादेश ने विजन 2041 अपनाया जिसके तहत 2041 तक एक विकसित अर्थव्यवस्था बनने का लक्ष्य तय किया। भारत ने इसे मूर्तमान बनाने में बांग्लादेश को सहयोग करने की बात की है।

भारत और बांग्लादेश ऊर्जा संबंध

भारत और बांग्लादेश में द्विपक्षीय स्तर पर कई ऊर्जा परियोजनाओं को भी चलाया जा रहा है जो आर्थिक के साथ ही सामरिक महत्त्व के भी हैं। भारत के एनटीपीसी के सहयोग से बांग्लादेश में मैत्री सुपर थर्मल पावर प्लांट लगाया गया है। इसे बांग्लादेश-इंडिया फ्रैंडशिप पॉवर कंपनी के संयुक्त उपक्रम के रूप में विकसित किया गया है। यह तापीय विद्युत स्टेशन बांग्लादेश के खुलना क्षेत्र में लगाया गया है। इसके साथ 1320 मेगावाट का रामपाल कोयला चालित विद्युत स्टेशन भी बांग्लादेश में दोनों देशों के संयुक्त उपक्रम के रूप में विकसित किया जा रहा है। 18 सितंबर, 2018 को भारत बांग्लादेश मित्रता पाइपलाइन और ढाका टोंगी रेलपरियोजना का शिलान्यास भारत और बांग्लादेश के प्रधानमंत्रियों ने किया। इससे अर्थव्यवस्था और राष्ट्रीय एवं शहरी परिवहन को मज़बूती मिलेगी।

भारत बांग्लादेश मित्रता पाइपलाइन 136 किलोमीटर लंबी पाइपलाइन है जिसमें 130 किलोमीटर बांग्लादेश के क्षेत्र में और 6 किलोमीटर भारत के भू भाग में है। इसके तहत पश्चिम बंगाल के सिलीगुड़ी से डीज़ल की आपूर्ति उत्तरी बांग्लादेश के पार्वतीपुर और दिनाजपुर जिलों को की जाएगी। असम स्थित नुमालीगढ़ रिफाइनरी द्वारा भारतीय भूभाग वाले पाइपलाइन के निर्माण कार्य का वित्त पोषण किया जाएगा। इस पाइपलाइन के ज़रिये पहले वर्ष भारत 2.5 लाख टन तेल की आपूर्ति बांग्लादेश को करेगा और इसके पूर्ण रूप से निर्मित हो जाने पर प्रति वर्ष 4 लाख टन तेल की आपूर्ति बांग्लादेश को की जाएगी। असम के नुमालीगढ़ के इस प्रोजेक्ट से जुड़ने के चलते बांग्लादेश और उत्तर पूर्वी भारतीय राज्यों में विकास परियोजनाओं की प्रत्येक संभावना को खोजने का प्रयास भारत सरकार द्वारा किया गया है।

बांग्लादेश ने 2021 तक इलेक्ट्रिसिटी फॉर ऑल का महत्त्वाकांक्षी लक्ष्य निर्धारित किया है जिसे पूरा करने में उसे भारत से लगातार मदद मिल रही है। बांग्लादेश की ऊर्जा सुरक्षा में भारत प्रभावी भूमिका निभा सकता है। भारत ने बांग्लादेश को विद्युत आपूर्ति भी शुरू कर दिया है। सीमा पार ऊर्जा व्यापार भारत की विदेश नीति के लक्ष्यों को प्राप्त करने हेतु एक महत्त्वपूर्ण साधन के रूप में उभरा है। बांग्लादेश को भारत की दक्षिण एशिया केंद्रित पड़ोसी प्रथम की नीति, उसकी ऊर्जा कूटनीति और विस्तारित पड़ोसी प्रथम की नीति का एक महत्त्वपूर्ण आधार स्तम्भ माना जाता है। सितंबर, 2019 में बांग्लादेश ने भारत के रिलायंस पॉवर के साथ 718 मेगावाट बिजली खरीदने के समझौते पर हस्ताक्षर किया है। इसके तहत अगले 22 वर्षों तक बांग्लादेश इससे बिजली खरीदेगा। रिलायंस पॉवर ने 2022 तक बांग्लादेश के नारायणगंज में विद्युत संयंत्र स्थापित करने के लिए निवेश योजना तैयार की है। वर्ष 2019 में ही भारत ने बांग्लादेश के साथ एलपीजी खरीदने का समझौता भी किया है। इस प्रकार दोनों देश ऊर्जा संबंधों को मज़बूती देने का प्रयास कर रहे हैं। भारत के नवीकरणीय ऊर्जा उद्योग से बांग्लादेश लाभान्वित हो सकता है। बांग्लादेश ने भारत के सौर ऊर्जा में भी अपनी रुचि प्रदर्शित की है। हाल ही में वर्ल्ड बैंक के प्रमुख निकाय अंतर्राष्ट्रीय वित्त निगम ने बांग्लादेश के साथ नवीकरणीय ऊर्जा परियोजनाओं के लिए समझौता किया है। इसके तहत वर्ल्ड बैंक बांग्लादेश में सौर ऊर्जा संयंत्र स्थापित करेगा। इससे भी स्पष्ट है कि बांग्लादेश में भारत के नवीकरणीय ऊर्जा उद्योग के लिए बड़ी संभावना विद्यमान है।

भारत सरकार ने वर्ष 2019 में झारखंड के गोड्डा जिले में विद्युत उत्पादन के उद्देश्य के लिए 4 विशेष आर्थिक क्षेत्रों को गठित करने की अनुमति दी थी। इससे उत्पादित समस्त बिजली का निर्यात बांग्लादेश को किया जाएगा। इसका निर्माण कार्य 2022 तक हो जाएगा और इस प्रोजेक्ट के लिए अधिकृत अडानी पॉवर ने इन संयंत्रों से उत्पादित शत प्रतिशत बिजली को बांग्लादेश को आपूर्ति करने के लिए पॉवर परचेज एग्रीमेंट संपन्न कर लिया है।

भारत और श्रीलंका के मध्य संबंध

भारत और श्रीलंका के संबंध ऐतिहासिक, सांस्कृतिक और सभ्यताओं के मध्य अतंर्संपर्क की दृष्टि से मज़बूत आधार वाले रहे हैं। दोनों के संबंध 2500 वर्ष से अधिक पुराने हैं। प्राचीन समय से ही दोनों देशों के मध्य धार्मिक, बौद्धिक और भाषायी अंतर्संपर्क होते रहे हैं। प्राचीन समय में मौर्य सम्राट अशोक ने अपने पुत्र कुणाल और पुत्री संघमित्रा को बौद्ध धर्म के प्रचार-प्रसार के लिए श्रीलंका भेजा था। रामायण के विवरण भी दोनों देशों के सांस्कृतिक संबंधों की पुष्टि करते हैं।

तमिलनाडु के तमिलों का श्रीलंका से संबंध भी दोनों देशों के संबंधों का एक प्रमुख आधार रहा है।

भारत और श्रीलंका के संबंधों को भौगोलिक कारकों ने महत्त्वपूर्ण रूप में प्रभावित किया है। श्रीलंका की हिन्द महासागर में सामरिक स्थिति ने भारत की विदेश नीति को निर्धारित करने में अहम भूमिका निभाई है। हिन्द महासागर में श्रीलंका भारत का निकटतम पड़ोसी है और श्रीलंका का अनन्य आर्थिक क्षेत्र अधिक विस्तृत होने के चलते यह भारत के साथ नीली अर्थव्यवस्था अथवा महासागरीय अर्थव्यवस्था के विकास की दृष्टि से महत्त्वपूर्ण.साबित हो सकता है। श्रीलंका का विस्तृत अनन्य आर्थिक क्षेत्र मत्स्य संसाधन के विकास के दृष्टि से महत्त्वपूर्ण है। वहीं श्रीलंका एशिया महाद्वीप और दक्षिण एशियाई उपमहाद्वीप का हिस्सा है और सार्क के प्रमुख सदस्य के रूप में दक्षिण एशिया की शांति, स्थिरता, सुरक्षा और समृद्धि के लिए आवश्यक है। तमिलनाडु से श्रीलंका की भौगोलिक नजदीकी और सांस्कृतिक संबंध ने दोनों देशों को वैदेशिक स्तर पर प्रभावित किया है। भारत और श्रीलंका के मध्य मन्नार की खाड़ी की अवस्थिति, पाक जलडमरूमध्य, तलैया मन्नार की स्थिति, रामेश्वरम, ऐडम्स ब्रिज जैसे स्थलों की स्थितियों ने दोनों देशों के संबंधों को प्रभावित किया है। इन सब स्थलों ने भारत और श्रीलंका के मध्य

मछुआरों की समस्याओं को बढ़ावा देने में भी भूमिका निभाई है जिससे भारत और श्रीलंका के संबंधों पर समय-समय पर नकारात्मक असर पड़ा है।

राजनीतिक और कूटनीतिक संबंध

भारत और श्रीलंका के मध्य राजनीतिक और कूटनीतिक संबंधों में सर्वाधिक महत्त्वपूर्ण कारक तमिलों का मुद्दा रहा है, और तमिलों के मुद्दे ने ही इनके संबंधों को सबसे अधिक प्रभावित किया। उल्लेखनीय है कि अंग्रेजों द्वारा श्रीलंका में तमिलों को दक्षिण भारत से (तमिल क्षेत्र से) बलात श्रमिकों के रूप में चाय बागानों में काम कराने के लिए ले जाया गया और श्रीलंका के उत्तर पूर्वी भाग में तमिलों को बसाया गया और वहाँ जाफना क्षेत्र में रोजगार और व्यवसाय में लंबे समय तक लगे रहने के बाद और उस क्षेत्र में काम करने के दौरान तमिलों ने समय-समय पर अपने लिए अधिकारों की माँग करनी शुरू की लेकिन तमिलों को अधिकार न देने के लिए श्रीलंका की सरकार प्रतिबद्ध थी। श्रीलंका में सिंघली बहुसंख्यक समुदाय है और सिंहली को राष्ट्रभाषा का दर्जा दिया गया था, वहीं बौद्ध धर्म को भी आधिकारिक मान्यता दी गई थी, दूसरी तरफ़ तमिल जो कि अल्पसंख्यक समुदाय थे उनके तमिल भाषा को मान्यता नहीं दी गई और तमिलों के धर्म, संस्कृति आचार-विचार को भी मान्यता और बढ़ावा नहीं मिला। तमिलों के साथ हर स्तर पर भेदभाव, शोषण और दमन देखा गया। वर्ष 1956 में सरकार ने सिंहलीज ओनली बिल पारित किया, जिसका मुख्य उद्देश्य तमिलों को उनके अधिकारों से वंचित करना था ताकि सिंहलीज बहुसंख्यक समुदाय का सामाजिक, राजनीतिक, आर्थिक और सांस्कृतिक क्षेत्रों में प्रभुत्व बना रह सके। इसके उपरांत वर्ष 1972 में श्रीलंका का नया संविधान निर्मित किया गया और तमिलों की अपेक्षाएँ इसमें भी पूरी नहीं की गई और इस नए संविधान में सिंहली को राष्ट्रभाषा और बौद्ध धर्म को आधिकारिक मान्यता दी गई। तमिलों ने अपने लिए जिन माँगों को श्रीलंका सरकार के समक्ष रखा था उनको नहीं माना गया।

जाफना के तमिलों की मुख्य माँगें निम्नलिखित हैं—

—प्रथम श्रेणी की नागरिकता का दर्जा।

—श्रीलंका में निर्णय निर्माण प्रक्रिया में हिस्सेदारी के साथ राजनीतिक प्रतिनिधित्व की माँग

—सामाजिक आर्थिक नियोजन में हिस्सेदारी।

—तमिल भाषा को आधिकारिक मान्यता देने की माँग।

—तमिल संस्कृति, सभ्यता और जीवन शैली के साथ भेदभाव और हस्तक्षेप न करने की माँग।

—बुनियादी सुविधाओं और अवसंरचनाओं के निर्माण की माँग जिसमें प्राथमिक शिक्षा, स्वास्थ्य, विद्युत, सड़क, कृषि आदि शामिल थे।

श्रीलंकाई सरकार के विभेदकारी और शोषणकारी नीतियों के चलते श्रीलंका के तमिलों ने सिंहलियों और वहाँ की सेना के विरोध में 1976 में लिबरेशन टाइगर्स ऑफ तमिल ईलम का गठन किया ताकि हिंसक गतिविधियों के ज़रिये अपनी माँगों को मनवा सकें। लिट्टे यानि लिबरेशन टाइगर्स ऑफ तमिल ईलम, एक अलगाववादी संगठन है। मई 1976 में स्थापित लिट्टे का गढ़ उत्तरी श्रीलंका माना जाता था। इस संगठन की माँग श्रीलंका में एक अलग तमिल राज्य की स्थापना करना रहा है। लिट्टे ने सिंहलियों और श्रीलंकाई सेना के खिलाफ हिंसक और उग्र आंदोलन किया जिससे श्रीलंका में एक गृह युद्ध जैसी स्थिति उत्पन्न हो गई। श्रीलंका में चला ये गृह युद्ध, एशिया में सबसे लंबे समय तक चलने वाला सशस्त्र संघर्ष था। श्रीलंकाई सेना ने 1976 के बाद लिट्टे विद्रोहियों का भीषण दमन करना शुरू किया। तमिल स्वायत्तता की माँग के साथ तमिलों ने सिंहलियों की हत्याएँ करना शुरू किया। 1983 में कोलंबो में तमिल विरोधी हिंसा शुरू हो गई। तमिलों के मारे जाने से तमिलनाडु की भावनाएँ आहत हुईं। भारतीय प्रधानमंत्री इंदिरा गांधी ने वायु मार्ग (चार्टर्ड सिविल प्लेन) और चार्टर्ड इंडियन सिविल शिप्स से तमिलों को खाद्य सामग्री, दवाइयाँ और अन्य आवश्यक रसद सामग्री उपलब्ध कराई थी। तमिलनाडु के मुख्यमंत्री एम जी रामचंद्रन ने इसके लिए नई दिल्ली जाकर भारतीय प्रधानमंत्री श्रीमती इंदिरा गांधी से मुलाकात कर उन्हें 1971 के पूर्वी पाकिस्तान के प्रकरण में भारतीय सहायता के तर्ज पर तमिलों को सहायता देने का निवेदन किया था। इसी समय जब भारत सरकार को एक रिपोर्ट के ज़रिये सूचना मिली कि श्रीलंका सरकार ने तमिल सिंहली विवाद में अमरीका, ब्रिटेन, पाकिस्तान और बांग्लादेश से सहायता के लिए निवेदन किया है तो भारत के विदेश मंत्री ने 2 अगस्त, 1983 को विभिन्न विदेशी शक्तियों से श्रीलंका के नृजातीय संघर्ष के मामले से बाहर रहने का आग्रह किया। पाकिस्तान, जो कथित तौर पर श्रीलंका के गृह युद्ध में राहत सहायता और सैन्य सहायता उपलब्ध करा रहा था, उसे इस संघर्ष में हस्तक्षेप करने का कोई अवसर भारत नहीं देने का पक्षधर था। इंदिरा गांधी ने स्पष्ट तौर पर कहा था कि तमिलों के साथ किए जाने वाले अन्याय की स्थिति में भारत मूक दर्शक नहीं बना रह सकता। 29 जुलाई, 1983 को भारतीय विदेश मंत्री नरसिम्हा राव को श्रीलंका भेजा गया ताकि वस्तुस्थिति का सही मूल्यांकन किया जा सके। भारत के इन सब सक्रिय पहलों को श्रीलंका और सिंहलियों ने अपने आंतरिक मामलों में हस्तक्षेप समझा। सिंहलियों ने इसे अपनी संप्रभुता और प्रादेशिक अखंडता का अतिक्रमण समझा। कालांतर में भारत ने तमिल पृथकतावादियों और श्रीलंका की सरकार के मध्य मध्यस्थता कराने का प्रयास किया। इधर 1987 तक लगभग डेढ़ लाख श्रीलंकाई

तमिल शरणार्थी भारतीय राज्य तमिलनाडु में आ चुके थे।

इससे तमिलनाडु में आंतरिक अशांति को बढ़ावा मिला, चूँकि तमिलनाडु में 1950 के दशक में भाषा के आधार पर पृथक राष्ट्र द्रविनिस्थान बनाने का आंदोलन चलाया जा चुका था और तमिल शरणार्थियों के भारत विरोधी तत्वों से गठजोड़ की भी आशंका व्यक्त की जाने लगी। ऐसी सूचनाएँ भी मिलने लगीं कि पाकिस्तान और आई एस आई भी तमिल मुद्दे में संलग्न होने का प्रयास कर रहा है। इसलिए भारत के समक्ष अपनी प्रादेशिक अखंडता और संप्रभुता को सुरक्षित करने की चुनौती नजर आने लगी। यही कारण है कि भारत ने श्रीलंका में तमिलों के मुद्दे पर सैन्य हस्तक्षेप किया। चूँकि भारत ने तमिल उग्रवादी गुटों और श्रीलंका सरकार के मध्य वार्ता कराने का कई अवसरों पर प्रयास किया लेकिन कोई परिणाम ने मिलने की स्थिति में भारत ने ऑपरेशन पवन के ज़रिये अपनी शांति वाहिनी सेनाएँ श्रीलंका भेजी। भारत के इस निर्णय का दोनों देशों के संबंधों पर दूरगामी प्रभाव पड़ा। भारत के रिसर्च एंड अनालसिस विंग (रॉ) को यह सूचना थी कि तमिल उग्रवादियों को विदेशी उग्रवादी गुट जैसे फिलिस्तीन के पीएलओ और सीरिया के पीएलईपी ने तमिल पृथकतावादी समूहों लिट्टे, टीईएलओ, ईआरओएस, पीएलओटीईई को प्रशिक्षण, वित्तीय सहायता आदि प्रदान किए हैं। इस पूरे प्रकरण में मानवाधिकार का उल्लंघन और भारत की क्षेत्रीय सुरक्षा नकारात्मक रूप से प्रभावित हो रही थी।

राजीव जयवर्धने एकॉर्ड और तमिल समस्या के समाधान का प्रयास

तमिल समस्या के समाधान के लिए भारत और श्रीलंका के बीच 29 जुलाई, 1987 को श्रीलंका के गृहयुद्ध को रोकने हेतु एक समझौता हुआ जिसे राजीव जयवर्धने एकॉर्ड के नाम से जानते हैं। इसके ज़रिये एक अस्थायी युद्ध विराम पर सहमति बनी और श्रीलंका सरकार तमिलों को अधिकार देने के लिए तैयार हुई। इस समझौते के तहत श्रीलंका सरकार निम्नलिखित बातों पर सहमत हुई—

—श्रीलंका के 9 तमिल बहुल्य क्षेत्रों में तमिल माँगों के अनुरूप निर्वाचन कराने के लिए प्रांतीय परिषदों का गठन किया जाएगा। 31 दिसंबर, 1987 के पूर्व इन प्रांतीय परिषदों के लिए चुनाव संपन्न कराने का प्रावधान किया गया। उत्तर और पूर्वी भागों में इन परिषदों के चुनावों के लिए भारतीय पर्यवेक्षकों को आमंत्रित करने का भी समझौता हुआ।

—सिंहली के साथ ही तमिल और अंग्रेजी भाषा को भी श्रीलंका की आधिकारिक भाषा के रूप में मान्यता दी गई।

—इस समझौते में कहा गया है कि प्रांतीय परिषदों का चुनाव होने तक अथवा

तमिल बाहुल्य क्षेत्रों में जनमत संग्रह होने तक उत्तरी पूर्वी प्रांत एक प्रशासनिक इकाई के रूप में होगी और जिनकी अपनी एक निर्वाचित प्रांतीय परिषद होगी। इस प्रशासनिक इकाई में एक गवर्नर, एक मुख्यमंत्री और एक बोर्ड ऑफ मिनिस्टर्स होंगे।

—31 दिसंबर, 1988 तक एक जनमत संग्रह किया जाएगा ताकि पूर्वी प्रांत के लोग यह निर्धारित कर सकें कि वे उत्तरी प्रांत में एक एकल प्रशासनिक इकाई के रूप में बने रहना चाहते हैं अथवा वो एक पृथक प्रशासनिक इकाई के रूप में अपने पृथक प्रांतीय परिषद्, पृथक राज्यपाल, मुख्यमंत्री और बोर्ड ऑफ मिनिस्टर्स के साथ अपना प्रशासन चाहते हैं।

—नृजातीय हिंसा और अन्य कारणों से वो सभी लोग जो श्रीलंका में विस्थापित हुए हैं, उन्हें जनमत संग्रह में मतदान का अधिकार होगा। जिन क्षेत्रों से वे विस्थापित हुए हैं, वहाँ उनको वापस लाने का समुचित प्रावधान किया जाएगा।

—15 अगस्त, 1987 तक उत्तरी और पूर्वी प्रांतों में लगा आपातकाल हटा लिया जाएगा और उग्रवादी गुट अपने हथियारों के साथ श्रीलंका सरकार द्वारा निर्धारित प्रक्रियाओं के तहत आत्म समर्पण करेंगे।

—श्रीलंका सरकार उत्तरी और पूर्वी प्रांतों में विधि प्रवर्तन और सुरक्षा के उद्देश्यों से उन सभी संगठनों का इस्तेमाल कर सकेगी जो वो देश के शेष भाग में करती है।

—श्रीलंका के राष्ट्रपति द्वारा आतंकवाद निरोधक अधिनियम के तहत हिरासत में लिए गए राजनीतिक और अन्य बंदियों को आम क्षमादान दिया जा सकेगा।

—उग्रवादी युवाओं के पुनर्वास और उन्हें श्रीलंका के राष्ट्रीय विकास की मुख्य धारा से जोड़ने के प्रयासों में भारत श्रीलंका की मदद करेगा।

श्रीलंका का 13 वाँ संविधान संशोधन और तमिल अधिकार

राजीव जयवर्धने एकॉर्ड के क्रियान्वयन के लिए श्रीलंका का 13वाँ संविधान संशोधन लाया गया जिसमें तमिलों की माँग को पूरा करने के लिए प्रावधान किए गए हैं जो निम्नलिखित हैं—

—श्रीलंका सरकार द्वारा तमिलों को शक्तियों के विलय के लिए और उन्हें राजनीतिक प्रतिनिधित्व प्रदान करने के लिए प्रांतीय परिषदों के गठन का प्रावधान किया गया।

—इस संशोधन में प्रांतों के गवर्नरों की नियुक्ति और अधिकारों तथा प्रांतीय परिषदों के कार्यकाल के विषय में प्रावधान किया गया। इसके साथ ही बोर्ड ऑफ मिनिस्टर्स के नियुक्ति और उनके अधिकारों का भी प्रावधान किया गया।

—13वें संविधान संशोधन के ज़रिये प्रांतीय परिषदों को विधायी शक्तियों को देने का भी प्रावधान किया गया।

—इसमें तमिल क्षेत्रों में वित्तीय मामलों और उनके हितों को सुनिश्चित करने के लिए वित्त आयोग के गठन का भी प्रावधान किया गया।

—इस समझौते में तमिल को श्रीलंका की आधिकारिक भाषा के रूप में मान्यता दिया गया।

—सर्वाधिक महत्त्वपूर्ण रूप में इसमें उत्तरी पूर्वी प्रांत में उच्च न्यायालयों की स्थापना का भी प्रावधान किया गया।

13वें संविधान संशोधन के तहत श्रीलंका को 9 प्रांतों में वर्गीकृत किया गया जिसका प्रशासन एक निर्वाचित मुख्यमंत्री की अध्यक्षता वाले परिषद द्वारा किया जाना था। इस संशोधन के तहत उत्तर और पूर्वी प्रांत का विलय कर एक एकल उत्तर पूर्वी प्रांत बनाया गया। इन सभी प्रावधानों के बावजूद 13 वें संविधान संशोधन के कई प्रावधानों को अभी तक लागू नहीं किया गया है जिससे तमिल स्वायत्तता की माँग सही अर्थों में अभी भी पूरी नहीं हो सकी है। पुलिस, भूमि संबंधी और वित्तीय अधिकार अभी भी तमिलों को प्रदान नहीं किया गया है। इसे 13-माइनस के नाम से जानते हैं। श्रीलंका के नव निर्वाचित राष्ट्रपति ने भी जनवरी, 2020 में स्पष्ट किया है कि 13 वें संविधान संशोधन के कुछ प्रावधानों को लागू नहीं किया जा सकता और श्रीलंका सरकार कुछ वैकल्पिक व्यवस्था पर विचार करेगी।

भारत और श्रीलंका के मध्य द्विपक्षीय आर्थिक संबंध

सार्क सदस्य देशों में श्रीलंका भारत के सबसे बड़े व्यापारिक साझेदारों में से एक है। श्रीलंका भारत के प्रत्यक्ष निवेश के प्राथमिक गंतव्य में से एक रहा है। दोनों देशों के मध्य वर्तमान में वस्तु और सेवाओं में द्विपक्षीय व्यापार 4.93 बिलियन डॉलर है। भारत ने वर्ष 2018 में श्रीलंका को 4.16 बिलियन डॉलर का निर्यात किया जबकि मात्र 767 मिलियन डॉलर का आयात किया। इस प्रकार व्यापार संतुलन भारत के पक्ष में है। वर्ष 2000 से भारत और श्रीलंका के मध्य हुए मुक्त व्यापार समझौते के लागू होने के बाद से दोनों देशों के द्विपक्षीय व्यापार में वृद्धि हुई है। 1998 में दोनों देशों के मध्य मुक्त व्यापार समझौते पर हस्ताक्षर हुआ था और इसके तहत भारत श्रीलंका के 4,000 वस्तुओं को शुल्क मुक्त रियायत अथवा बाज़ार पहुँच देता है। इसके अलावा दोनों देशों के मध्य आर्थिक और तकनीकी सहयोग समझौता भी किया जा चुका है। श्रीलंका भारत को मुख्य रूप से बेस ऑयल, पोल्ट्री, सुपारी, पेपर और पेपर बोर्ड और संगमरमर का निर्यात करता है और भारत से मुख्य रूप से गैस तेल, डीजल, मोटर साइकिल, फार्मास्युटिकल उत्पाद, पोर्टलैंड सीमेंट, सैन्य हथियार और जेट फ्यूल का आयात करता है। भारत श्रीलंका में सबसे बड़े निवेशकों में से एक है। भारत का श्रीलंका में कुल निवेश 1.23 बिलियन डॉलर है। भारतीय निवेश

के मुख्य क्षेत्रों में शामिल हैं : पेट्रोलियम रिटेल, सूचना प्रौद्योगिकी, वित्तीय सेवाएँ, रियल इस्टेट, दूरसंचार, पर्यटन, आतिथ्य क्षेत्र, बैंकिंग और खाद्य प्रसंस्करण आदि।

भारत की श्रीलंका में विकासात्मक गतिविधियाँ

श्रीलंका भारत के विकासात्मक सहायता के प्रमुख प्राप्तकर्ता देशों में से एक है। भारत ने विकासात्मक सहयोग के नाम पर श्रीलंका को कुल 3 बिलियन डॉलर देने की प्रतिबद्धता तय कर रखी है जिसमें से 560 मिलियन डॉलर विशुद्ध रूप से अनुदान के रूप में है। एक शांतिपूर्ण, स्थिर और समृद्ध श्रीलंका भारत और समूचे दक्षिण एशिया के लिए जरूरी है। इसलिए भारत ने श्रीलंका में विकास की गतिविधियों को बढ़ावा देने की रणनीति श्रीलंका में 2009 में गृह युद्ध के खत्म होने के समय से अपना रखी है। भारत के सहयोग निम्नलिखित हैं—

—वहनीय आवास सुविधा के ज़रिये सहयोग : भारत ने 2009 से ही इंडियन हाउसिंग प्रोजेक्ट के तहत श्रीलंका में 50,000 घरों को बनाने का समझौता कर रखा है। ये घर भारत श्रीलंका में युद्ध प्रभावित लोगों और बागानों में कार्य करने वाले श्रमिकों के लिए बनवा रहा है। इसके लिए श्रीलंका को भारत द्वारा 1372 करोड़ रूपए अनुदान दिया गया है। अभी तक उत्तर पूर्वी प्रांत में भारत कुल 46,000 घरों का निर्माण कार्य पूरा कर चुका है। शेष 4000 मध्य और उवा क्षेत्र के लिए बनाए जा रहे हैं जिसमें से 1,000 घरों का निर्माण कार्य पूरा किया जा चुका है। इसके अलावा वर्ष 2017 में 485 करोड़ रुपए की लागत से 10,000 अतिरिक्त घर श्रीलंका में बनाने की घोषणा भारतीय प्रधानमंत्री द्वारा की गई।

—उच्च प्रभाव वाली समुदाय विकास परियोजनाएँ : भारत सरकार ने श्रीलंका में हाई इंपैक्ट कम्युनिटी डेवलपमेंट प्रोजेक्ट्स के ज़रिये विकासात्मक सहयोग करने का निर्णय किया था। स्वास्थ्य, शिक्षा, परिवहन अंतर्संपर्क और लघु और मध्यम उपक्रम विकास, क्षमता निर्माण और प्रशिक्षण हेतु भारत ने श्रीलंका को व्यापक स्तर पर अनुदान दिए हैं।

—हम्बनटोटा में मछुआरा और कृषक समुदाय के लगभग 70,000 लोगों को आजीविका सहायता उपलब्ध कराने, वावुनिया हॉस्पिटल में मेडिकल उपकरणों की आपूर्ति, मुल्लाई-थिवू मछुवारों के लिए 150 मछली पकड़ने वाली नावें और फिशिंग गियर प्रदान करके, श्रीलंका के रूहुना विश्वविद्यालय में रवींद्रनाथ टैगोर के नाम पर एक 1500 सीटों वाला आधुनिक ऑडिटोरियम श्रीलंका को सौंपकर भारत ने श्रीलंका में अपनी विकास प्रतिबद्धता को व्यक्त किया है। इसके अतिरिक्त अनुराधापुरा में आवासों का निर्माण, कालेजों का उन्नयन, कृषि के क्षेत्र में सहयोग, शीत भंडारण सुविधाओं के ज़रिये भारत ने श्रीलंका को सहयोग देने का कार्य किया है।

वर्ष 2018 में भारत ने श्रीलंका के कोलंबो और त्रिंकोमाली बंदरगाह को विकसित करने के लिए श्रीलंका सरकार की सहमति प्राप्त की। इससे हिन्द महासागर में भारत की पकड़ और मज़बूत होगी। इसके साथ ही वर्ष 2019 में दोनों देशों में सहमति बनी कि उत्तरी प्रांत में भारत के सहयोग से कंकेसंथुराई बंदरगाह को विकसित किया जाएगा। यह लगभग 46 मिलियन डॉलर की परियोजना है। वर्ष 2004 की सुनामी और 2008 के चक्रवात निशा से यह बंदरगाह क्षतिग्रस्त हो गया था। यह तमिल बाहुल्य इलाके में पड़ने वाला बंदरगाह है, इसलिए भारत ने इसके उन्नयन में विशेष रुचि ली है। आयात और निर्यात क्षेत्रों को मज़बूती देने के लिए इस पोताश्रय को विकसित करने पर भारत ने बल दिया है। इसके साथ ही भारत ने तमिल बाहुल्य वाले उत्तरी प्रांत में (जाफना) पलाली एयरपोर्ट को विकसित करने के लिए श्रीलंका सरकार से समझौता करने में रुचि दिखाई है। भारत पहले से ही इस एयरपोर्ट को विकसित करने के लिए 300 मिलियन डॉलर के अनुदान देने पर सहमति दे चुका है। पलाली और चेन्नई के बीच वायु सेवा हाल में शुरू की गई है। वर्ष 2018 में मताल्ला एयरपोर्ट को विकसित करने में भी भारत की भूमिका की पहचान की गई थी। इसका नाम मताल्ला राजपक्षा इंटरनेशनल एयरपोर्ट है। वर्ष 2019 में श्रीलंका के नए राष्ट्रपति ने स्पष्ट किया है कि इस एयरपोर्ट को श्रीलंका के नागरिक उड्डयन प्राधिकरणों के द्वारा विकसित किया जाएगा न कि भारत के द्वारा।

वर्ष 2019 में भारत, जापान और श्रीलंका ने हम्बनटोटा बंदरगाह के पास एक कंटेनर टर्मिनल लगाने का फैसला किया। इसे श्रीलंका की नीति में एक बड़े बदलाव के रूप में देखा गया। वर्ष 2002 में श्रीलंका ने जब इस पोर्ट को विकसित करने का निर्णय किया था तब चीन ने श्रीलंका को 1.1 बिलियन डॉलर ऋण देने का प्रस्ताव किया था। श्रीलंका ने इस बंदरगाह के आधुनिकीकरण की जिम्मेदारी चीन को सौंपी थी और इस क्षेत्र में ऑयल बंकर और ऑयल रिफाइनरी भी विकसित करने पर श्रीलंका और चीन में सहमति बनी थी। लेकिन कालांतर में चीन के ऋणग्रस्तता के जाल में फँसे श्रीलंका को 2017 में हम्बनटोटा को 99 वर्षों के लिए चीन को पट्टे पर देना पड़ा। श्रीलंका को अपने कुल बजट का लगभग 15 प्रतिशत चीन को उससे लिए ऋण और उसकी ब्याज अदायगी पर खर्च होता है। इस प्रकार श्रीलंका की आर्थिक संप्रभुता को चीन ने नकारात्मक रूप से प्रभावित किया है। इसके अतिरिक्त चीन ने भारत की तर्ज पर ही श्रीलंका में 28,000 घरों के निर्माण का ठेका प्राप्त करने की भी कोशिश की थी।

श्रीलंका का चीन के साथ मुक्त व्यापार समझौता अभी नहीं है। इसका केवल भारत, पाकिस्तान और सिंगापुर के साथ ऐसा समझौता है। श्रीलंका ने थाईलैंड और चीन जैसे देशों के साथ भी मुक्त व्यापार समझौता करने पर विचार किया था, लेकिन अभी अपनी आर्थिक स्थिति और आर्थिक संप्रभुता का आकलन करते

हुए ऐसे किसी निर्णय में जल्दीबाजी न दिखाने का निर्णय किया है। इसीलिए वर्ष 2019 में ही श्रीलंका ने अपनी मुक्त व्यापार समझौता नीति की समीक्षा करने के भी संकेत दिए थे।

भारत की विदेश नीति में श्रीलंका के प्रति वर्तमान दृष्टिकोण

वर्तमान भू-अर्थ प्रधान विश्व में दक्षिण एशिया उभरती अर्थव्यवस्थाओं के क्षेत्र के रूप में महत्त्वपूर्ण शक्ति का केंद्र बनता जा रहा है। ऐसे में भारत अपनी पड़ोसी प्रथम नीति के तहत पड़ोसी देशों के साथ विवादों के शांतिपूर्ण समाधान और सहयोग के अवसरों की तलाश पर अधिक बल दे रहा है। यही नहीं भारत का प्रयास सुरक्षा प्रदायक और विकास भागीदार के रूप में पड़ोसी देशों में विद्यमान बिग ब्रदर सिंड्रोम को दूर करने के लिए भी जारी है। इस संदर्भ में भारत के स्ट्रेटजिक बैकयार्ड में अवस्थित श्रीलंका हिन्द प्रशांत क्षेत्र में भारत के नेतृत्वकारी भूमिका के लिए महत्त्वपूर्ण हो जाता है, लेकिन दोनों देशों के परंपरागत सम्बंध तमिल संकट, मछुआरों से संबंधित विवाद जैसे मुद्दों के कारण अविश्वास और पूर्वाग्रह पर आधारित रहे हैं। हालाँकि तमिल अतिवादी संगठन लिट्टे की समाप्ति के बाद दोनों देश के संबंधों में सुधार की संभावना व्यक्त की गई। लेकिन इस दौरान भी भारत की घरेलू राजनीति और तमिल क्षेत्रीय दलों के दबाव के कारण भारत की श्रीलंका से दूरी बनी रही, क्योंकि 2003-2009 के मध्य श्रीलंका में हुए गृहयुद्ध में श्रीलंकाई सेना पर निर्दोष तमिलों के गम्भीर मानवाधिकार उल्लंघन का आरोप लगा था। जबकि इसी दौरान चीन द्वारा न केवल मानवाधिकार उल्लंघन के प्रश्न पर अंतर्राष्ट्रीय मंचों पर श्रीलंका का समर्थन किया गया, बल्कि गृहयुद्ध और प्राकृतिक आपदा से प्रभावित श्रीलंका की कमजोर अर्थव्यवस्था को व्यापक स्तर पर आर्थिक मदद भी दी गई। परिणामस्वरूप श्रीलंका चीन पर अतिनिर्भर होता गया और भारत के स्वाभाविक क्षेत्र में चीन का नियंत्रण बढ़ता गया। लेकिन 2014 के बाद दोनों देशों के संबंधों में फिर से सकारात्मक बदलाव देखे जाने लगे। 2014 में भारत में एक पूर्ण बहुमत की सरकार गठित हुई, अत: अब तमिल क्षेत्रीय दलों की भारत के विदेश नीति के निर्धारण में भूमिका नहीं रही। इसी पृष्ठभूमि में तीन दशकों के बाद किसी भारतीय प्रधानमंत्री की श्रीलंका यात्रा हुई, जहाँ भारतीय प्रधानमंत्री द्वारा सागर नीति की घोषणा की गई और श्रीलंका के साथ संबंधों को नए सिरे से परिभाषित किया जाने लगा। दूसरी ओर श्रीलंका निरन्तर चीन के ऋण जाल में फँसता गया और हम्बनटोटा बंदरगाह चीन के पास जाने के बाद श्रीलंका सरकार की संप्रभुता पर ही प्रश्न उठने लगे। अत: श्रीलंकाई सरकार वर्तमान में सामरिक स्वायत्तता की नीति के आधार पर अपनी विदेश नीति को विविधीकृत करने का प्रयास कर रही है,

जिससे चीन पर बढ़ती निर्भरता कम की जा सके। अतः वर्तमान श्रीलंकाई सरकार भारत के साथ संबंधों को प्राथमिकता दे रही है।

भारत और अफ़ग़ानिस्तान संबंध

भारत और अफ़ग़ानिस्तान के संबंध ऐतिहासिक रूप में मज़बूत रहे हैं। कला, संस्कृति और सभ्यता के स्तर पर दोनों देशों के बीच मज़बूत पारंपरिक संबंध विद्यमान रहे हैं। भारत की स्वतंत्रता के पूर्व भारत अफ़ग़ानिस्तान संबंधों के संपर्क सूत्रों को तलाशें तो पता चलता है कि भारत से राजा महेंद्र प्रताप व बरकत उल्ला अक्टूबर, 1915 में काबुल पहुँचे। यहाँ प्रसिद्ध क्रांतिकारी ओबेदुल्ला सिंधी पहले से मौजूद थे। एक दिसंबर 1915 को काबुल में भारत की पहली अंतरिम सरकार गठित हुई, जिसमें राष्ट्रपति राजा महेंद्र प्रताप बनाए गए थे और बरकत उल्ला प्रधानमंत्री। बरकत ने काबुल में क्रांतिकारी गतिविधियाँ भी चलाई थीं। स्वतंत्र भारत में देखें तो 1979 में सोवियत संघ की सेनाओं ने अफ़ग़ानिस्तान में हस्तक्षेप किया था। ऐसा माना जाता है कि भारतीय प्रधानमंत्री इंदिरा गांधी ने अपनी मास्को यात्रा के दौरान सोवियत संघ से अफ़ग़ानिस्तान से सेनाएँ वापस लेने का आग्रह किया था। भारत अफ़ग़ानिस्तान के ऐतिहासिक, सांस्कृतिक संबंध 1979 में तालिबान के उदय और पाकिस्तान के आईएसआई और अमरीका के द्वारा उसे दिए गए सहयोग के चलते 1980 के दशक में कोई सकारात्मक रूप नहीं ले सके। पाक तालिबान और अफ़ग़ान तालिबान के संयुक्त खतरे ने भारत को सुरक्षा कारणों से चिंतित बनाए रखा।

भारत अफ़ग़ानिस्तान संबंधों को कालांतर में कंधार विमान अपहरण मामले ने भी प्रभावित किया। नेपाल के त्रिभुवन इंटरनेशनल एयरपोर्ट से भारत के इंडियन एयरलाइंस की फ़्लाइट संख्या आईसी 814 नई दिल्ली के लिए रवाना हुई थी, जिसका अपहरण कर विमान यात्रियों को बंधक बना लिया गया था। विमान जैसे ही भारतीय वायु क्षेत्र में दाखिल हुआ, अपहरणकर्ताओं ने फ़्लाइट को पाकिस्तान ले जाने की माँग की। विमान अमृतसर में थोड़ी देर के लिए रोका गया और वहाँ से लाहौर के लिए रवाना हो गया। पाकिस्तान की सरकार के अनुमति के बिना इस विमान ने लाहौर में लैंडिंग की और लाहौर से दुबई के रास्ते होते हुए इंडियन एयरलाइंस का ये अपहृत विमान अगले दिन अफ़ग़ानिस्तान में कंधार की ज़मीन पर लैंड करता है। उस दौर में कंधार पर तालिबान का शासन था। अपहरणकर्ताओं ने अपने 36 चरमपंथी साथियों की रिहाई के साथ-साथ 20 करोड़ अमरीकी डॉलर की फिरौती की माँग रखी थी। अपहरणकर्ता एक कश्मीरी अलगाववादी के शव को सौंपे जाने की माँग पर भी अड़े थे लेकिन तालिबान के कहने के बाद उन्होंने पैसे और शव की माँग छोड़ दी थी लेकिन भारतीय जेलों में बंद चरमपंथियों की रिहाई

की माँग मनवाने के लिए वे अड़े हुए थे। तत्कालीन भारत सरकार को यात्रियों की सुरक्षा सुनिश्चित करने के लिए तीन चरमपंथियों को कंधार ले जाकर रिहा करना पड़ा था। 31 दिसंबर को सरकार और अपहरणकर्ताओं के बीच समझौते के बाद दक्षिणी अफ़ग़ानिस्तान के कंधार एयरपोर्ट पर बंधक रखे गए सभी 155 बंधकों को रिहा कर दिया गया। ये विवाद उस वक्त ख़त्म हुआ जब भारतीय प्रधानमंत्री अटल बिहारी वाजपेयी की सरकार भारतीय जेलों में बंद कुछ चरमपंथियों को रिहा करने के लिए तैयार हो गई। तत्कालीन सरकार के विदेश मंत्री स्वयं तीन चरमपंथियों को अपने साथ कंधार ले गए थे। छोड़े गए चरमपंथियों में जैश-ए-मोहम्मद के प्रमुख मौलाना मसूद अजहर, अहमद ज़रगर और शेख अहमद उमर सईद शामिल थे। इस समूचे घटनाक्रम से स्पष्ट है कि अफ़ग़ानिस्तान में 1996 से 2003 तक शासन करने वाले तालिबान और पाकिस्तान में भारत विरोध के नाम पर सहमति थी और भारत अफ़ग़ानिस्तान के संबंध बहुत अच्छे नहीं रहे। जम्मू और कश्मीर में पाक प्रायोजित आतंकवाद को बढ़ावा देने वाले आतंकी समूहों को पाक अफ़ग़ान सीमा के इलाकों में प्रशिक्षण, शरण, वित्त और अन्य सहायताएँ मिलीं। ओसामा बिन लादेन के नेतृत्व में अलकायदा के उभार और उसके तालिबान के साथ गठजोड़ से वैश्विक आतंकवाद को नया आयाम मिला और 11 सितंबर, 2001 को अमरीका के वर्ल्ड ट्रेड सेंटर और पेंटागन पर अलकायदा द्वारा किए गए आतंकी हमलों ने अमरीका और भारत दोनों को ही अफ़ग़ानिस्तान के संबंध में कोई रणनीति बनाने के लिए बाध्य किया। अमरीका ने एक तरफ़ जहाँ नाटो सेनाओं के साथ मिलकर तालिबान के उन्मूलन के लिए आक्रामक रणनीति अपनाई, वहीं भारत ने अंतर्राष्ट्रीय आतंकवाद से निपटने में अमरीका को सहयोग देने की बात करते हुए भी अफ़ग़ानिस्तान के संबंध में एक सतर्कतापूर्ण नीति अपनाई। भारत की सीमा पाकिस्तान और अफ़ग़ानिस्तान दोनों से लगती है। अत: भारत ने अफ़ग़ानिस्तान में शांति, सुरक्षा, आर्थिक विकास और वहाँ लोकतांत्रिक ढंग से निर्वाचित सरकार के द्वारा प्रशासन की वकालत की। भारत को इस बात का पता था कि वैश्विक आतंकवाद और दक्षिण एशिया में आतंकवाद से निपटने में अफ़ग़ान सरकार को विश्वास में लेना होगा। इसी विश्वास को जीतने के क्रम में अफ़ग़ानिस्तान को सार्क का सदस्य बनाया गया।

भारत और अफ़ग़ानिस्तान के संबंधों को भौगोलिक कारकों ने भी प्रभावित किया है। अफ़ग़ानिस्तान एक स्थलरुद्ध देश है जो भारत के लिए मध्य एशिया में प्रवेश द्वार के रूप में है। यह एशिया महाद्वीप में स्थित ऐसा देश है जिसे हार्ट ऑफ एशिया भी कहते हैं। अफ़ग़ानिस्तान और पाकिस्तान की सीमा अंतर्राष्ट्रीय आतंकवाद के दृष्टिकोण से एक महत्त्वपूर्ण संवेदनशील क्षेत्र रहा है, विशेषकर स्वात घाटी और फेडरली एडमिनिस्ट्रर्ड ट्राइबल एरिया तथा वज़ीरिस्तान आदि क्षेत्र आतंकवाद की दृष्टि से संवेदनशील रहे हैं। अफ़ग़ानिस्तान दक्षिण एशिया के लिए एक महत्त्वपूर्ण

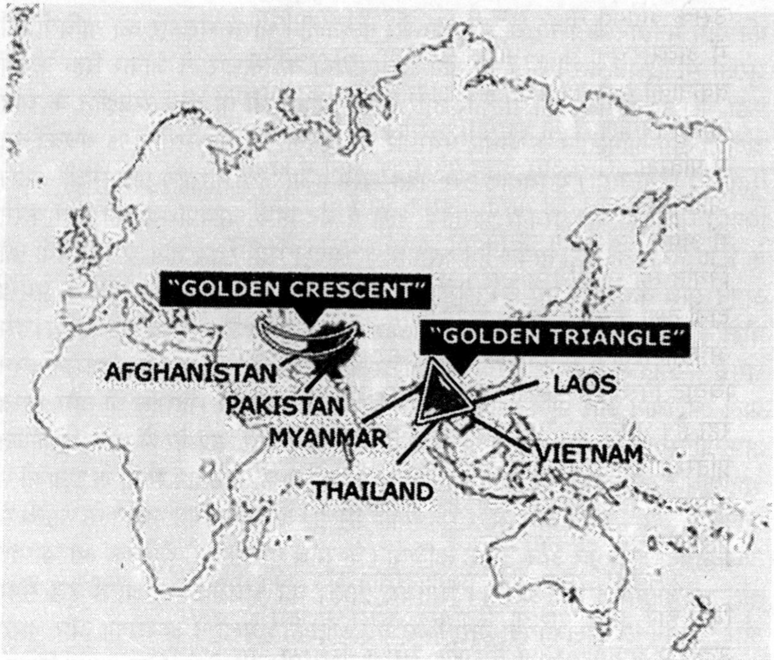

सामरिक क्षेत्र है और इसीलिए इसे वर्ष 2007 में भारत के प्रस्ताव पर सार्क का पूर्ण सदस्य बनाया गया था। यहाँ यह भी उल्लेखनीय है कि अफ़ग़ानिस्तान का हेलमंड प्रांत वैश्विक स्तर पर 95 प्रतिशत अफीम उत्पादन के लिए जिम्मेदार है। अफ़ग़ानिस्तान, पाकिस्तान और ईरान नशीले पदार्थों की तस्करी वाले क्षेत्र स्वर्णिम चंद्र का हिस्सा हैं और इसलिए नशीले पदार्थों की तस्करी को रोकने और नार्को आतंकवाद से निपटने के दृष्टिकोण से भी अफ़ग़ानिस्तान का महत्त्वपूर्ण स्थान हो जाता है।

भारत और अफ़ग़ानिस्तान राजनीतिक और कूटनीतिक संबंध

यदि भारत और अफ़ग़ानिस्तान के राजनीतिक और सामरिक संबंधों की बात करें तो दोनों देशों के मध्य वर्ष 2011 में सामरिक साझेदारी समझौते पर हस्ताक्षर हुआ और दोनों देश एक दूसरे के सामरिक साझेदार बन गए और इसके बाद भारत ने अफ़ग़ानिस्तान के पुनर्निर्माण में वित्तीय सहायता प्रदान करने का निर्णय लिया क्योंकि भारत ने अफ़ग़ानिस्तान को आतंकवाद से निपटने के लिए एक महत्त्वपूर्ण कड़ी के रूप में देखा है। दोनों देशों के मध्य जो सामरिक समझौता किया गया था

उसके अंतर्गत मुख्य रूप से इस बात पर बल दिया गया कि भारत अफ़ग़ानिस्तान में अवसंरचना के निर्माण, संस्थाओं को स्थापित करने में सहयोग,शिक्षा और तकनीकी सहायता प्रदान करेगा। साथ ही अफ़ग़ानिस्तान को विभिन्न क्षेत्रों में उसकी क्षमता निर्माण में भी सहयोग करेगा। भारत की रणनीति है कि वह अफ़ग़ानिस्तान में प्रतिरक्षा, सैन्य और अन्य महत्त्वपूर्ण क्षेत्रों में क्षमता निर्माण और कौशल विकास आदि पर बल देगा। भारत ने इसके साथ ही अफ़ग़ानिस्तान के प्राकृतिक संसाधनों में अपने निवेश को बढ़ाने की बात भी 2011 के बाद की और अफ़ग़ानिस्तान के निर्यात को भारतीय बाज़ार में शुल्क मुक्त पहुँच उपलब्ध कराने की भी बात की। दोनों देशों के मध्य सामरिक साझेदारी के तहत इस बात का भी उल्लेख है कि भारत अफ़ग़ानिस्तान में अफ़ग़ान नेतृत्व और अफ़ग़ान स्वामित्व वाली शांति प्रक्रिया और विवाद निस्तारण पर बल देता है और अनवरत इस दृष्टिकोण का समर्थन भी कर रहा है। भारत का मानना है कि अफ़ग़ान सुरक्षा का अधिकार स्थानीय अफ़ग़ान प्रतिरक्षा बलों द्वारा होना चाहिए न कि नाटो जैसे संगठनों की सेनाओं के द्वारा। यही कारण है कि भारत ने अफ़ग़ान सुरक्षा बलों की क्षमता को बढ़ाने के लिए उन्हें प्रशिक्षण देने का काम किया है।

2 नवंबर, 2011 को अफ़ग़ानिस्तान और टर्की ने एक क्षेत्रीय पहल शुरू किया जिसे हार्ट ऑफ एशिया इस्तांबुल प्रोसेस के नाम से जाना जाता है। इसका मुख्य उद्देश्य अफ़ग़ानिस्तान में शांति, सुरक्षा, स्थिरता और क्षेत्रीय सुरक्षा को सुनिश्चित करना है। इस्तांबुल प्रोसेस के ज़रिये अफ़ग़ानिस्तान में क्षेत्रीय सुरक्षा को बढ़ावा देने, आर्थिक और राजनीतिक सहयोग इस प्रकार से सुनिश्चित करने पर बल दिया गया है जिससे अफ़ग़ानिस्तान में स्थिरता को बढ़ावा मिले। अफ़ग़ानिस्तान के राजनीतिक भविष्य के लिए संवाद और विश्वास निर्माण उपायों पर इस प्रक्रिया के तहत बल दिया गया है। भारत इस्तांबुल प्रोसेस का एक सदस्य है और इसमें अन्य 14 देश भी अफ़ग़ानिस्तान के मुद्दों पर सकारात्मक वार्ता करने के लिए हार्ट ऑफ एशिया कांफ्रेंस में सहभागिता करते हैं। इस्तांबुल प्रक्रिया अथवा हार्ट ऑफ एशिया कॉन्फ्रेंस में 15 देश शामिल हैं जो अफ़ग़ानिस्तान में शांति, सुरक्षा और स्थायित्व के लिए क्षेत्रीय सहयोग करने के इच्छुक हैं। इन सदस्यों में शामिल हैं—पाकिस्तान, अफ़ग़ानिस्तान, चीन, भारत, ईरान, कजाखस्तान, अजरबैजान, किर्गिस्तान, रूस, सऊदी अरब, ताज़िकिस्तान, टर्की, तुर्कमेनिस्तान, और संयुक्त अरब अमीरात और उज़्बेकिस्तान।

हार्ट ऑफ एशिया कॉन्फ्रेंस पहली बार वर्ष 2011 में टर्की के इस्तांबुल में, 2012 में काबुल में, 2013 में कजाखस्तान के अल्माटी में, 2014 में चीन के बीजिंग में, 2015 में इस्लामाबाद, 2016 में अमृतसर, 2017 में अज़रबैजान के बाकू में, और 2019 में 8 वें हार्ट ऑफ एशिया कांफ्रेंस का आयोजन

इस्तांबुल में किया गया था। इन अधिवेशनों में मुख्यतया आतंकवाद से निपटने, ड्रग तस्करी और संगठित अपराधों से निपटने, तापी गैस पाइपलाइन जैसे और कार्यक्रमों जैसे सेंट्रल एशिया साउथ एशिया इलेक्ट्रिसिटी ट्रांसमिशन एंड ट्रेड प्रोजेक्ट (कासा 1000) 1000 के कुशल क्रियान्वयन, अफ़ग़ान शरणार्थियों की समस्या समाधान योजना, तुर्कमेनिस्तान, अफ़ग़ानिस्तान और पाकिस्तान 500 केवी योजना को अंतिम रूप देने, 5 नेशनल रेलवे के निर्माण कार्य (विशेष रूप से खफ—हेरात रेलवे, मजार शरीफ—हेरात रेलवे, तुर्कमेनिस्तान और अफ़ग़ानिस्तान के बीच एशियन इंटरनेशनल रेलवे कॉरिडोर के प्रोजेक्ट निर्माण, टैट प्रोजेक्ट (तुर्कमेनिस्तान, अफ़ग़ानिस्तान और ताज़िकिस्तान को लिंक करने हेतु) आदि पर वार्ता संपन्न की गई है।

भारत की अफ़ग़ानिस्तान में विकासात्मक परियोजनाओं में भागीदारी

भारत के अफ़ग़ानिस्तान में भू सामरिक और भू राजनीतिक हित हैं और मध्य एशिया के प्रवेश द्वार के रूप में भारत के भू आर्थिक हित भी कहीं न कहीं अफ़ग़ानिस्तान से संबद्ध हैं। भारत ने अफ़ग़ानिस्तान के संबंध में निम्नांकित दृष्टिकोण और रणनीति के आधार पर विकासात्मक साझेदारी को बढ़ावा दिया है।

—भारत ने एक स्थिर, शांतिपूर्ण और समृद्ध दक्षिण एशिया के लिए अफ़ग़ानिस्तान की भूमिका को केंद्रीय माना है। दूसरे शब्दों में भारत का मानना है कि अफ़ग़ानिस्तान की शांति और सुरक्षा का सीधे तौर पर प्रभाव दक्षिण एशिया पर पड़ता है। अफ़ग़ानिस्तान को उसके महत्त्व के चलते हार्ट ऑफ एशिया के रूप में भी जाना जाता है।

—भारत अफ़ग़ानिस्तान में वहाँ के राष्ट्रीय प्रतिरक्षा बलों को सैन्य प्रशिक्षण के ज़रिये उनके क्षमता निर्माण पर बल देता है और वहाँ के प्रतिरक्षा तंत्र के अफ़ग़ानी करण का समर्थन करता है।

—भारत अपनी विदेश नीति के सिद्धांत के रूप में अफ़ग़ानिस्तान की प्रादेशिक अखंडता और संप्रभुता और आत्म निर्धारण के अधिकार का समर्थन करता है। इसलिए भारत अफ़ग़ानिस्तान के आंतरिक मामलों में किसी भी प्रकार के हस्तक्षेप का समर्थन नहीं करता, भले ही वो नाटो बलों या अमरीका का ही हस्तक्षेप क्यों ना हो।

—भारत अंतर्राष्ट्रीय आतंकवाद से निपटने में अफ़ग़ानिस्तान की केंद्रीय भूमिका को स्वीकार करता है। अफ़ग़ान तालिबान को नियंत्रित करने में लोकतांत्रिक रूप से चुनी गई अफ़ग़ान सरकार की भूमिका पर भारत बल देता है। 9 नवंबर, 2018 को तालिबान के मुद्दे पर आयोजित मास्को सम्मेलन में भारत ने गैर आधिकारिक तौर

पर भाग लिया। भारत ने अनौपचारिक रूप से इस सम्मेलन में भाग लेने के पहले ही स्पष्ट किया था कि वह प्रत्यक्ष रूप से तालिबान से कोई बात नहीं करेगा। भारत अफ़ग़ानिस्तान में शांति और सुलह के सभी प्रयासों का समर्थन करता है। भारत की हमेशा ये नीति रही है कि मास्को सम्मेलन की तरह के प्रयास अफ़ग़ान-नेतृत्व में, अफ़ग़ान-स्वामित्व वाले और अफ़ग़ान-नियंत्रित तथा अफ़ग़ानिस्तान सरकार की भागीदारी के साथ होने चाहिए।

—भारत मध्य एशिया में शांति और सुरक्षा के लिए भी अफ़ग़ानिस्तान में आंतरिक माहौल के ठीक रहने को जरूरी समझता है। अफ़ग़ानिस्तान से अफीम और नशीले पदार्थों की तस्करी, नार्को आतंकवाद, धार्मिक और इस्लामिक कट्टरता का प्रसार मध्य एशिया में हो सकता है। इसलिए भारत सहित सभी शंघाई सहयोग संगठन सदस्य देश चाहते हैं कि अफ़ग़ानिस्तान और मध्य एशियाई देशों में बेहतर संबंध बने रहें।

भारत ने उपरोक्त दृष्टिकोण के आधार पर अफ़ग़ानिस्तान में विकासात्मक गतिविधियों को हरसंभव बढ़ावा देने की कोशिश की है। भारत ने अफ़ग़ानिस्तान में 4 बिलियन डॉलर से अधिक का विकास निवेश किया है। भारत ने अफ़ग़ान संसद के पुनर्निर्माण में वित्तीय सहयोग किया और भारतीय प्रधानमंत्री द्वारा उसका उद्घाटन भी किया गया। इसके अलावा 1500 अफ़ग़ान और भारतीय इंजीनियरों द्वारा भारत अफ़ग़ान मैत्री बाँध सलमा बाँध का निर्माण किया गया। इसमें भारत ने वित्तीय और तकनीकी मदद दिया है। भारत ने सामरिक रूप से महत्त्वपूर्ण जेरांज डेलारम राजमार्ग निर्माण में सहयोग किया है जो ईरान के चाबहार बंदरगाह मिलाक मार्ग के ज़रिये जोड़ दिया गया है। ईरान भारत के वित्तीय सहायता से चाबहार मिलाक सड़क को और उन्नत कर रहा है। चाबहार मिलाक जेरंज देलाराम राजमार्ग अफ़ग़ान कृषि उत्पादों और अन्य निर्यातों के लिए भारतीय बाज़ार को खोल देगा। उल्लेखनीय है कि जेरांज देलारम राजमार्ग गारलैंड राजमार्ग से जुड़ जाता है और गारलैंड राजमार्ग अफ़ग़ानिस्तान के सभी शहरों से जुड़ा है और चाबहार से जुड़ने के लिए भी यह एक महत्त्वपूर्ण संपर्क बिंदु की भूमिका निभाता है। यहाँ यह भी जानने योग्य है कि देलारम अफ़ग़ानिस्तान का सीमा पर स्थित शहर है जिसे निमरुज प्रांत की राजधानी जेरांज से जोड़ने के लिए भारत सरकार ने 600 करोड़ रुपए की लागत से सीमा सड़क संगठन को जिम्मेदारी सौंप कर जेरांज डेलारम राजमार्ग को पूर्ण रूप से निर्मित कराया है। चूँकि अफ़ग़ानिस्तान एक स्थलरुद्ध देश है और उसका अंतर्राष्ट्रीय व्यापार पाकिस्तान के समुद्री बंदरगाहों के ज़रिये होता है, इसलिए भारत ने ईरान से होते हुए एक वैकल्पिक व्यापारिक मार्ग से अफ़ग़ानिस्तान को जोड़ने की रणनीति निर्मित की। इसलिए वर्ष 2003 में भारत ईरान और अफ़ग़ानिस्तान में एक त्रिपक्षीय समझौते पर इसको लेकर हस्ताक्षर किया गया था।

भारत ने बामियान से बंदर ए अब्बास तक सड़क निर्माण, काबुल क्रिकेट स्टेडियम के निर्माण में भी अफ़ग़ानिस्तान को वित्तीय सहायता प्रदान किया है। इसके साथ ही भारत ने अफ़ग़ानिस्तान के प्रतिरक्षा तंत्र को मज़बूती देने के लिए मिग 25 अटैक हेलीकॉप्टर दिए हैं। अफ़ग़ान प्रतिरक्षा बलों को भारत सुरक्षा मामलों में प्रशिक्षण भी दे रहा है। चबाहार और तापी जैसी परियोजनाओं से दोनों देश जुड़े हुए हैं।

अफ़ग़ान सुरक्षा बलों के शहीद जवानों के बच्चों के लिए भारतीय प्रधानमंत्री द्वारा वर्ष 2016 में 500 छात्रवृत्तियों की घोषणा की गई जो अफ़ग़ान लोगों के भारत के हित में विश्वास जीतने का एक सराहनीय प्रयास था। 2016 में दोनों देशों के मध्य द्वितीय सामरिक साझेदारी परिषद बैठक के आयोजन का भी निर्णय लिया गया था। 2016 में ही भारत ने अफ़ग़ानिस्तान में 92 नई लघु विकास परियोजनाओं को मंजूरी भी दी। दोनों देशों में डिप्लोमेटिक पासपोर्ट धारकों को वीजा आवश्यकता से छूट के समझौते पर हस्ताक्षर भी किया गया। सितंबर, 2016 में दोनों देशों के संबंधों में मज़बूती को एक नया आयाम मिला जब अफ़ग़ान राष्ट्रपति अशरफ घनी की भारत यात्रा के दौरान दोनों देशों के मध्य प्रत्यर्पण संधि पर हस्ताक्षर किए गए। इसके साथ ही सिविल और वाणिज्यिक मामलों में सहयोग को लेकर समझौते को संपन्न किया गया। भारत और अफ़ग़ानिस्तान ने इसी समय बाह्य अंतरिक्ष के शांतिपूर्ण प्रयोग पर सहयोग हेतु अफ़ग़ानिस्तान के साथ ज्ञापन समझौते पर हस्ताक्षर किए। उल्लेखनीय है कि भारत दक्षिण एशिया में सेटेलाइट कूटनीति के साथ-साथ विभिन्न देशों के साथ बाह्य अंतरिक्ष के शांतिपूर्ण उपयोग पर समझौते कर अंतरिक्ष क्षेत्र में अपने अबाध विकास को बढ़ावा देने की रणनीति पर चल रहा है। भारत ने वर्ष 2016 में अफ़ग़ानिस्तान को शिक्षा, स्वास्थ्य, कृषि, कौशल विकास, महिला सशक्तिकरण, ऊर्जा, अवसंरचना और लोकतांत्रिक संस्थाओं की मज़बूती के लिए 1 बिलियन डॉलर की अतिरिक्त सहायता राशि देने की घोषणा की। 11 सितंबर, 2017 को नई दिल्ली में दोनों देशों के मध्य दूसरे सामरिक साझेदारी परिषद् बैठक का आयोजन किया गया और संबंधों को मज़बूती दी गई।

भारत ने काबुल के लिए शहतूत डैम और ड्रिंकिंग वॉटर प्रोजेक्ट, मजार ए शरीफ़ में एक पॉलीक्लीनिक के गठन, काबुल में एक जिप्सम बोर्ड विनिर्माण संयंत्र की स्थापना, अफ़ग़ान शरणार्थियों के लिए नंगरहार प्रांत में सस्ते वहनीय दर पर घरों के निर्माण में वित्तीय सहायता देने की घोषणा की है। भारत ने यह भी घोषणा की है कि अफ़ग़ानिस्तान में भारत के द्वारा जारी परियोजनाओं को 2022 तक लगातार जारी रखा जाएगा। दोनों देशों के मध्य मोटर वाहन समझौता और साउथ एशिया सेटेलाइट को लेकर सहयोग हेतु भी समझौता हो चुका है।

भारत अफ़ग़ानिस्तान द्विपक्षीय व्यापार संबंध

वित्तीय वर्ष 2016-17 के दौरान दोनों देशों के मध्य वस्तुओं और सेवाओं का कुल द्विपक्षीय व्यापार 800 मिलियन डॉलर का था। जो अगले वित्त वर्ष में 900 मिलियन डॉलर हो गया था। वर्ष 2020 तक दोनों देशों ने 2 बिलियन डॉलर के द्विपक्षीय व्यापार का लक्ष्य निर्धारित किया है। इन दोनों के व्यापारिक संबंधों में तेज़ी तब और देखी जा सकती है जब व्यापार हेतु वाघा अटारी मार्ग खोला जाए। अभी तक अफ़ग़ान पाकिस्तान पारगमन व्यापार समझौता भारत अफ़ग़ानिस्तान के द्विपक्षीय व्यापार के मार्ग में अवरोध पैदा करता रहा है। भारत द्वारा अपने पैसे से जेरांज देलारम राजमार्ग का निर्माण भी इस बात का साक्ष्य है कि भारत ने आर्थिक दृष्टिकोण से अफ़ग़ानिस्तान को एक वैकल्पिक समुद्री व्यापारिक मार्ग से जोड़ने की इच्छा से कार्य किया है। जून, 2017 में दोनों देशों के मध्य डेडीकेटेड एयर कार्गो कॉरिडोर का उद्घाटन काबुल और दिल्ली तथा कंधार दिल्ली के बीच किया गया है। अफ़ग़ानिस्तान के राष्ट्रपति अशरफ घनी ने काबुल अंतर्राष्ट्रीय हवाई अड्डे पर कार्गो विमान को दिल्ली के लिए रवाना कर इस गलियारे का उद्घाटन किया था। यह रूट पाकिस्तान को बाईपास करता है। दिल्ली हवाई अड्डे पर स्वयं विदेशमंत्री सुषमा स्वराज ने अफ़ग़ानिस्तान के विमान का स्वागत किया।

इस रूट से अफ़ग़ानी निर्यात के लिए और मौके बढ़ेंगे, क्योंकि अफ़ग़ानिस्तान के उत्पादों के लिए भारत बड़ा बाज़ार है। पहली बार अफ़ग़ानी कृषि उत्पाद हवाई कार्गो के जरिये भारत पहुँचे। भारत रवाना हुए विमान से 60 टन औषधीय पौधे भेजे गए। दूसरे विमान में कंधार प्रांत से 40 टन सूखे मेवे की आपूर्ति की गई। उल्लेखनीय है कि अफ़ग़ानिस्तान चारों तरफ़ से पहाड़ों से घिरा हुआ है। इसलिए उसे अपने आयात और निर्यात के लिए पड़ोसी देशों पर निर्भर रहना पड़ता है। चूँकि उसके संबंध पाकिस्तान के साथ ठीक नहीं है। ऐसे में पाकिस्तान, अफ़ग़ानिस्तान और भारत के साथ कारोबार में बाधा खड़ी करता है। 2010 में पाकिस्तान ने अपनी सीमा से होकर अफ़ग़ानिस्तानी उत्पाद को भारतीय सीमा तक ले जाने की इजाजत इस शर्त पर दी कि वे वापसी में भारतीय उत्पाद लेकर नहीं आएँगे। ऐसे में इस हवाई गलियारे से पाकिस्तान की इस मनमानी पर रोक लगेगी और दोनों देशों के कारोबार में बढ़ोतरी होगी।

पाकिस्तान द्वारा अफ़ग़ानिस्तान को भारत से व्यापार करने के संबंध में पारगमन मार्ग नहीं देने के बाद भारत और अफ़ग़ानिस्तान के मध्य वैकल्पिक व्यापारिक मार्ग खोलने के लिए किए गए प्रयास सराहनीय है। सितंबर, 2017 में भारत अफ़ग़ानिस्तान व्यापार और निवेश शो का आयोजन किया गया। इसने दोनों देशों के बीच बिजनेस टू बिजनेस संपर्कों को बढ़ावा देने पर भी बल दिया है। फोनिक्स, स्पाइस जेट और एप्टेक जैसी कंपनियाँ अफ़ग़ानिस्तान में कार्यरत हैं।

अफ़ग़ानिस्तान में तालिबान वार्ता, भारत और महाशक्तियाँ

अंतर्राष्ट्रीय समुदाय में इस बात पर सहमति है कि जब तक एक ठोस और प्रभावी तालिबान शांति वार्ता नहीं हो जाती तब तक वास्तविक अर्थों में अफ़ग़ानिस्तान में शांति स्थापना एक कठिन कार्य है। इसी क्रम में अमरीका, रूस, चीन, पाकिस्तान, अफ़ग़ानिस्तान, भारत और स्वयं तालिबान भी शांति वार्ता के लिए उत्सुक दिखा है। 28-29 जुलाई, 2019 को कतर में तालिबान के राजनीतिक कार्यालय के प्रवक्ता सुहैल शाहीन ने तालिबान का रुख साफ करते हुए कहा था कि अफ़ग़ानिस्तान से अमेरिकी सैनिकों की टुकड़ी के अपने देश वापस लौटने की घोषणा के बाद ही तालिबान द्वारा अफ़ग़ान सरकार के साथ वार्ता शुरू होगी। जुलाई, 2019 में ही शांति मामलों के राज्य मंत्री अब्दुल सलाम रहीमी ने कहा था कि अफ़ग़ानिस्तान सरकार शीघ्र ही तालिबान के साथ सीधी बातचीत करेगी। अफ़ग़ान तालिबान ने यह भी स्पष्ट किया कि वह पाकिस्तानी पीएम के साथ बातचीत के लिए तैयार हैं। तालिबान ने स्पष्ट किया था कि अगर पाकिस्तानी प्रधानमंत्री इमरान खान अफ़ग़ानिस्तान में 18 साल से चले आ रहे संघर्ष को खत्म करने के लिए उन्हें बातचीत का निमंत्रण देते हैं तो वो पाकिस्तान जाकर उनसे मुलाकात के लिए तैयार है। उल्लेखनीय है कि हाल के समय में अमरीका और कुछ अन्य शक्तियों द्वारा अफ़ग़ानिस्तान से सेनाओं की वापसी के निर्णय ने तालिबान में अपने इस्लामिक एजेंडे के लिए एक नई ऊर्जा भर दी है। 2001 से यहाँ तैनात अंतर्राष्ट्रीय फौजों की संख्या में अब काफी कमी भी आ गई है, लेकिन अमरीका ने वर्ष 2017 में अपनी नई अफ़ग़ान पाक रणनीति में परिवर्तन कर अपनी फौजों को वहाँ से तब तक न निकालने का निर्णय किया जब तक कि तालिबान मामले का कोई ठोस हल नहीं निकल जाता। इसी बीच जुलाई, 2019 में तालिबान के सुर्खियों में रहने की वजह को नवम्बर, 2018 में तालिबान से वार्ता के लिए रूस द्वारा मास्को बैठक के प्रस्ताव के संदर्भ में देखा जा सकता है। रूस के विदेश मंत्री सर्जेइ लावरोव ने अफ़ग़ानिस्तान पर दूसरी मास्को बैठक की शुरुआत करते हुए कहा था कि रूस और अन्य सभी प्रमुख देश अफ़ग़ानिस्तान सरकार और तालिबान के बीच वार्ता स्थापित करने के लिए सभी संभव प्रयास करेंगे। गौरतलब है कि तालिबान रूस में प्रतिबंधित है। भारत के अलावा मॉस्को की बैठक में अमरीका, पाकिस्तान, चीन, ईरान और कुछ मध्य एशियाई देशों के प्रतिनिधियों ने भाग लिया था। भारत ने इस तालिबान वार्ता बैठक में अनौपचारिक तरीके से भाग लिया था। अफ़ग़ानिस्तान में भारत के पूर्व राजदूत अमर सिन्हा और पाकिस्तान में पूर्व भारतीय उच्चायुक्त टी.सी.ए. राघवन द्वारा 9 नवंबर, 2018 को गैर आधिकारिक स्तर पर तालिबान संग मंच साझा करने पर भारत को सफाई भी देनी पड़ी थी। 1999 में IC-814

विमान हाईजैक करने के बाद ऐसा पहली बार है जब भारत सरकार के प्रतिनिधि सार्वजनिक रूप से तालिबान से मिले हों। गौरतलब है कि कतर में तालिबान की राजनीतिक परिषद के प्रमुख शेर मोहम्मद अब्बास के नेतृत्व में पाँच सदस्यीय तालिबान प्रतिनिधिमंडल ने इस बैठक में भाग लिया था।

इसी क्रम में 7-8 जुलाई, 2019 को कतर की राजधानी में अमरीका तालिबान वार्ता को लेकर दोहा समझौता संपन्न किया गया है। इसमें मास्को वार्ता के बिंदुओं पर सहमति जताकर रूस के हित का भी मान रखा गया है। इसके साथ ही अमरीका तालिबान से निर्णायक वार्ता 1 सितंबर, 2019 तक कर लेना चाहता है ताकि अमेरिकी और नाटो फौजों की वहाँ से वापसी का मार्ग प्रशस्त हो सके। तालिबान से वार्ता की व्यग्रता में महाशक्तियों की बीजिंग में 10-11 जुलाई को अफ़ग़ान शांति प्रक्रिया पर हुई बैठक में अमरीका, रूस, चीन और पाकिस्तान ने अफ़ग़ानिस्तान के भविष्य को लेकर अपने सामरिक महत्त्व को दर्शाते हुए बैठक के बाद जारी संयुक्त बयान में इस बात पर जोर दिया कि वार्ता अफ़ग़ान-नेतृत्व और अफ़ग़ान स्वामित्व वाली सुरक्षा प्रणाली के विकास को लेकर होनी चाहिए और जितनी जल्दी हो सके शांति का कार्यढाँचा प्रदान करने वाली होनी चाहिए। बीजिंग में अफ़ग़ान शांति प्रक्रिया को लेकर हुई बैठक में अपेक्षा की गई है कि अफ़ग़ानिस्तान में पीस एजेंडा व्यवस्थित, जिम्मेदारीपूर्ण और सुरक्षा स्थानांतरण की गारंटी देने वाला होना चाहिए। इसके साथ ही इसमें भविष्य के लिए समावेशी राजनीतिक व्यवस्था का ऐसा व्यापक प्रबंध होना चाहिए जो सभी अफ़ग़ानों को स्वीकार्य हो। इस बैठक में अमरीका, रूस, चीन और पाकिस्तान ने प्रासंगिक पक्षों से शांति के इस अवसर का लाभ उठाने और तत्काल तालिबान, अफ़ग़ानिस्तान सरकार और अन्य अफ़ग़ानों के बीच अंतर-अफ़ग़ान बातचीत शुरू करने को कहा है।

चीन ने पहली बार माना है कि उसने बीजिंग बैठक में अफ़ग़ानिस्तान तालिबान के मुख्य शांति वार्ताकार मुल्ला अब्दुल गनी बरादर को अपने देश में आमंत्रित किया। बरादर और चीनी अधिकारियों के बीच अफ़ग़ानिस्तान में शांति बहाली और आतंकवाद के खिलाफ लड़ाई के मुद्दे पर व्यापक बातचीत हुई। गौरतलब है कि बरादर ने चार अन्य नेताओं के साथ मिलकर 1994 में तालिबान का गठन किया था। पाकिस्तान सरकार ने पिछले साल ही बरादर को जेल से रिहा किया था। मुल्ला बरादर को तालिबान के सर्वोच्च नेता मुल्ला उमर के बाद सबसे प्रभावशाली नेता माना जाता था। साल 2001 में तालिबान सरकार के गिरने तक वह अफ़ग़ानिस्तान में कई पदों पर रहा था। पाकिस्तानी जेल से रिहाई के बाद मुल्ला बरादर की अफ़ग़ानिस्तान में शांति और सुलह के लिए अमेरिकी प्रतिनिधि जाल्मे खलीलजाद के साथ बातचीत हुई है। तालिबान की मुख्य माँग है कि अफ़ग़ानिस्तान से विदेशी सुरक्षा बल बाहर चले जाएँ। तालिबान से उसकी इस माँग के बदले में यह सुनिश्चित

करने को कहा जा रहा है कि अफ़ग़ानिस्तान की धरती को आतंकवादियों के अड्डे के रूप में इस्तेमाल नहीं होने दिया जाएगा।

ऐसा माना जा रहा है कि चीन अफ़ग़ानिस्तान-पाकिस्तान में सुलह कराना चाहता है। दोनों ही शंघाई सहयोग संगठन के भाग हैं और दोनों चीन के सामरिक हितों के लिए जरूरी हैं। इसके अलावा चीन के शिंजियांग प्रांत से प्रशासन की ज्यादतियों से भागकर उईगर मुसलमान अफ़ग़ानिस्तान में शरण ले रहे हैं। वहाँ चीन के खिलाफ आवाज उठ रही है। इसको दबाना भी चीन की रणनीति है, इसलिए वह अफ़ग़ानिस्तान शांति वार्ता में अपने लिए महत्त्वपूर्ण भूमिका की तलाश में सक्रिय हुआ है।

भारत, जो अफ़ग़ानिस्तान में सबसे बड़ा क्षेत्रीय योगदानकर्ता रहा है, को इस बैठक और वार्ता से बहिष्कृत ही रखा गया और उसकी कोई राय नहीं ली गई, इसके बजाय पूरा तवज्जो पाकिस्तान को दिया गया है। यहाँ यह विचारणीय प्रश्न है कि आर्थिक रूप से पंगु पाकिस्तान, जिस पर आतंकी वित्त पोषण को रोकने का इस समय दुनिया के कोने-कोने से दबाव है, को बीजिंग बैठक में इतना महत्त्व क्यों दिया गया है?

अफ़ग़ानिस्तान में तालिबान के पुनः सिर उठाने के पीछे के कारणों को खोजने पर पाकिस्तान की अफ़ग़ान तालिबान वार्ता में सामने आई भूमिका का मूल्यांकन हो सकेगा। तालिबान के दो धड़े हैं, एक अफ़ग़ानी तालिबान जो पश्तून या पश्तो हैं और दूसरा पाकिस्तानी तालिबान। तहरीक ए तालिबान पाकिस्तान यानि टीटीपी पाकिस्तान में सबसे बड़ा और सबसे घातक हिंसक तालिबानी संगठन है। 2007 में इसे बैतुल्लाह महसूद ने बनाया था। यह पाकिस्तान की सभी तालिबानी समूहों का अंब्रेला संगठन है। दोनों में मुख्य अंतर यह है कि एक तरफ़ जहाँ अफ़ग़ान तालिबान अमरीका और नाटो के नेतृत्व वाले फौजों से अफ़ग़ानिस्तान में निपटने पर ज्यादा ध्यान देता है वहीं टीटीपी पाकिस्तानी सुरक्षा बलों से संघर्ष करने पर जोर देता है। टीटीपी दक्षिणी वजीरिस्तान में स्थित है जिसके तीन मुख्य लक्ष्य हैं—पाकिस्तान में शरिया कानून को लागू करना, एक एकीकृत फ्रंट तैयार करना जो अफ़ग़ानिस्तान में अमेरिकी नेतृत्व वाले नाटो फौजों का प्रतिकार कर सके और पाकिस्तानी सुरक्षा बलों के खिलाफ एक सुरक्षात्मक जेहाद को संपन्न करना। इसका अंतिम उद्देश्य पाकिस्तानी सरकार को उखाड़ फेंक कर पाकिस्तान में इस्लामी खलीफा साम्राज्य की स्थापना करना है। वर्ष 2014 से आंतरिक टूट-फूट और पाकिस्तान के आतंकवाद निरोधक अभियानों ने टीटीपी को कमजोर किया है। 2018 में टीटीपी के सबसे बड़े नेता मौलाना फजलुल्ला की मौत के बाद इस समूह के भविष्य पर खतरा मँडराने लगा। अमरीका द्वारा आतंकवाद निरोध के लिए यहाँ जारी की गई नई राष्ट्रीय रणनीति में पाकिस्तान से संचालित दो आतंकवादी संगठनों लश्कर-ए-तय्यबा और तहरीक-ए-तालिबान पाकिस्तान (टीटीपी) के अतिरिक्त बोको हराम

की पहचान अमरीका के लिए संभावित खतरे के तौर पर की गई है। अमरीका द्वारा आतंकवाद निरोध के लिए राष्ट्रीय रणनीति में कहा गया है कि आईएसआईएस और अल कायदा के अलावा कई अन्य कट्टरपंथी इस्लामी आतंकवादी संगठन स्थानीय रूप से केन्द्रित विद्रोहियों या आतंकवादी अभियानों को बढ़ावा देने के लिए काम कर रहे हैं, जबकि वे अमेरिकी नागरिकों और विदेश में उसके हितों के लिए संभावित खतरा बने हुए हैं। 2018 में जारी अमरीका की आतंकवाद निरोध की नई राष्ट्रीय रणनीति में कहा गया है कि इन संगठनों के अलावा बोको हराम, तहरीक-ए-तालिबान पाकिस्तान और लश्कर-ए-तय्यबा स्थानीय सरकारों को कमजोर करने तथा हमले करने के लिए राजनीतिक एवं आतंकवादी हथकंडा अपना रहे हैं। रणनीति के अनुसार सीमित संसाधन या राजनीतिक कारणों के चलते ये संगठन अमेरिकी सरजमीं या अमेरिकी हितों के खिलाफ हमले की जगह संभवत: क्षेत्रीय लक्ष्यों को प्राथमिकता देंगे। 2019 में पाकिस्तान की कानून प्रवर्तन एजेंसियों ने आतंकी संगठनों के खिलाफ कार्रवाई के तहत पंजाब प्रांत में इस्लामिक स्टेट (आईएसआईएस), लश्कर-ए-झांगवी (एलईजे) और तहरीक-ए-तालिबान पाकिस्तान (टीटीपी) से जुड़े 21 आतंकवादियों को गिरफ्तार किया है।

हक्कानी नेटवर्क तालिबान और अल कायदा से जुड़ा हुआ है और अफ़ग़ानिस्तान की शांति और स्थिरता में इसे सबसे बड़े ख़तरे के रूप में देखा जाता है। इसका पाकिस्तानी आईएसआई से लिंक है। अवैध व्यवसायों के ज़रिये इसने भारी मात्रा में पूँजी जमा कर रखा है। यह संगठन भी वजीरिस्तान में है और 30 वर्षों से अधिक समय से एक लड़ाका समूह के रूप में सक्रिय है। यह आत्मघाती बम विस्फोटों में निपुण है। काबुल और उत्तरी अफ़ग़ानिस्तान के हाई प्रोफाइल लोगों की हत्याओं के लिए जिम्मेदार रहा है। काबुल के दूतावास पर हमलों में भी इसकी भूमिका रही है। इसने अफ़ग़ान नेताओं और अमेरिकी सैनिकों की भी हत्याएँ की हैं। यह सब जलालुद्दीन हक्कानी के नेतृत्व में होता आया है। अब इसके पुत्र सिराजुद्दीन, बदरुद्दीन और नसीरुद्दीन हक्कानी और भाई इब्राहिम ने हक्कानी नेटवर्क को सँभाला। इसके ओसामा बिन लादेन के साथ भी संबंध रहे। हक्कानी नेटवर्क को पाकिस्तान से काफी हद तक समर्थन मिला हुआ है जिससे वो अफ़ग़ानिस्तान में अपने हिंसक अभियान चलाता आया है। हक्कानी नेटवर्क का भी उद्देश्य जेहाद की भावना के आधार पर शरिया कानून से शासित अफ़ग़ान राष्ट्र का निर्माण है और इस आधार पर एक राष्ट्रवादी अफ़ग़ान सरकार के निर्माण का समर्थन करता है। वर्तमान समय में अफ़ग़ानिस्तान में आईएसआईएस खोरासन जैसे आतंकी संगठन भी सक्रिय हैं। खोरासान ऐसा क्षेत्र है जिसमें अफ़ग़ानिस्तान, पाकिस्तान और मध्य एशिया के क्षेत्र शामिल हैं। इसका भी उद्देश्य अफ़ग़ानिस्तान में इस्लामिक साम्राज्य की स्थापना है। इन ट्रांस्नेशनल इस्लामिक आतंकी संगठनों की कार्यप्रणाली और उद्देश्य

देखकर लगता है कि अफ़ग़ानिस्तान और पाकिस्तान के चाहे बिना अफ़ग़ानिस्तान का राजनीतिक भविष्य प्रशस्त नहीं हो सकता। भारत की स्थिति इस संदर्भ में थोड़ी भिन्न है। भारत ने अफ़ग़ानिस्तान में विकासात्मक परियोजनाएँ चला के उसका डेवलपमेंट पार्टनर बनना ज्यादा श्रेयस्कर समझा। आतंकवाद के भुक्तभोगी भारत के इस पक्ष को ग़लत नहीं ठहराया जा सकता। भारत ने अफ़ग़ानिस्तान में 4 बिलियन डॉलर से अधिक का विकास निवेश किया है। अफ़ग़ान संसद का पुनर्निर्माण, सलमा बाँध का निर्माण, जरंज डेलारम सड़क निर्माण, गारलैंड राजमार्ग के निर्माण में सहयोग, बामियान से बंदर ए अब्बास तक सड़क निर्माण, काबुल क्रिकेट स्टेडियम का निर्माण, चार मिग 25 अटैक हेलीकॉप्टर दिए हैं। अफ़ग़ान प्रतिरक्षा बलों को भारत सुरक्षा मामलों में प्रशिक्षण भी दे रहा है। चबाहार और तापी जैसी परियोजनाओं से दोनों जुड़े हुए हैं। भारत ने अफ़ग़ानिस्तान में सैन्य अभियानों में किसी तरह की संलग्नता न रखने की नीति बनाई ताकि वह हक्कानी नेटवर्क, आइसिस खोरासान, तहरीक ए तालिबान जैसे संगठनों का प्रत्यक्ष रूप से निशाना न बन जाए जैसा कि आज अमरीका और नाटो के साथ है। ऐसे में यह सवाल पूछना बड़ा आसान है कि आखिर भारत ने किया ही क्या है अफ़ग़ानिस्तान के प्रतिरक्षा तंत्र को मज़बूत बनाने के लिए। यहाँ यह भी सच है कि भारत अफ़ग़ानिस्तान में प्रतिरक्षा के मामलों में अपनी और प्रोएक्टिव भूमिका निभा सकता था और निभा सकता है। वह आधुनिक प्रतिरक्षा उपकरणों, हथियारों को देकर अफ़ग़ान सुरक्षा बलों को और मज़बूती दे सकता है, भले ही वहाँ अपनी सेना न भेजे।

अफ़ग़ानिस्तान ने आतंकवाद, उग्रवाद और इस्लामिक कट्टरतावाद का दंश लंबे समय से झेला है। अमरीका और नाटो द्वारा अफ़ग़ानिस्तान के सुरक्षा व्यवस्थाओं की जिम्मेदारी लेने और भारत द्वारा वहाँ अनगिनत विकासात्मक परियोजनाएँ चलाने के बाद ऐसा लगने लगा था कि शायद अफ़ग़ानिस्तान में शांति स्थिरता, सुरक्षा कायम हो जाए। अमरीका ने 2017 में जिस नई अफ़ग़ान पाक स्ट्रेटजी बनाई उससे भी लगा कि शायद तालिबानी लड़ाकों को बख्शा नहीं जाएगा। जब अमरीका ने गुड तालिबान और बैड तालिबान के बीच फर्क को खत्म करने की घोषणा की और फिर कुछ समय बाद तालिबान से वार्ता करने तक की बात की, तो लगा शायद अफ़ग़ानिस्तान की राजनीतिक स्थिरता के लिए कई शक्तियाँ सकारात्मक दिशा में सोच रही हैं। इसी क्रम में अमरीका,चीन, रूस और पाकिस्तान ने संयुक्त रूप से तालिबान से अनुरोध किया है कि वह तत्काल संघर्षविराम के लिए राजी हो और अफ़ग़ानिस्तान सरकार से सीधे बातचीत करे जिससे देश में 18 साल से चली आ रही हिंसा खत्म हो सके।

तालिबान के साथ वार्ता में महाशक्तियों सहित भारत की रुचि का कारण

तालिबान केवल एक हिंसक लड़ाका आतंकी गुट भर नहीं है। तालिबान एक विचारधारा है। तालिबान एक अरबी शब्द तालिब से बना है जिसका मतलब है छात्र (स्टूडेंट)। यह इस्लाम धर्म के सुन्नी संप्रदाय से प्रभावित एक धार्मिक कट्टरपंथी युवा छात्रों द्वारा अफ़ग़ानिस्तान में शुरू किया गया आंदोलन है। वर्ष 1979 में शीत युद्ध के दौरान सोवियत संघ ने अफ़ग़ानिस्तान के आंतरिक मामले में हस्तक्षेप किया। सोवियत संघ वहाँ साम्यवादी विचारधारा वाली सरकार को बढ़ावा देना चाहता था। शीत युद्ध के दौरान अफ़ग़ानिस्तान के राजा मोहम्मद शाह ने मास्को से व्यापक आर्थिक मदद लेकर सोवियत संघ से निकटतम संबंध स्थापित किए। 1973 में उसके चचेरे भाई मुहम्मद दाऊद ने उसे अपदस्थ कर वहाँ गणतंत्र की घोषणा की। 1978 में राज्य विप्लव में मुहम्मद दाऊद की भी हत्या कर दी गई और फिर नूर तारकी ने वहाँ मार्क्सवादी शासन की स्थापना की। इसके चलते 1979 में तारकी को अफ़ग़ानिस्तान में मौत की सजा सुनाई गई और हफिजुल्लाह अमीन राष्ट्रपति बने। अमीन की भी दिसंबर 1979 में हत्या कर दी गई। अफ़ग़ानिस्तान में मार्क्सवादी साम्यवादी विचारधारा का इस प्रकार का भीषण प्रतिकार देखकर सोवियत संघ ने अफ़ग़ानिस्तान पर बड़े पैमाने पर हमला किया और वहाँ बाबरक करमल को राष्ट्रपति बनाया गया। इसके साथ ही सोवियत संघ और सोवियत समर्थक अफ़ग़ान सरकार को भीषण जन प्रतिरोध का सामना करना पड़ा। अफ़ग़ानिस्तान के सुन्नी कट्टरपंथी युवाओं ने इसे अपने धर्म पर हमला माना और सोवियत संघ की सेनाओं को वहाँ से वापस निकालने के लिए धर्म युद्ध की प्रतिज्ञा ली। इन कट्टरपंथी सुन्नी युवाओं ने गुरिल्ला सेना बनाई जिसे मुजाहिद्दीन कहा गया और उसने इस्लाम की पवित्रता की रक्षा के नाम पर जेहादी युद्ध की नींव रख दी। मुजाहिद्दीन का अर्थ है एक मुस्लिम गुरिल्ला योद्धा सैन्य बल जो एक जिहाद यानि धर्म युद्ध में शामिल है। इन मुजाहिद्दीन लोगों को उनके मकसद में कामयाब बनाने में पाकिस्तान और अमरीका ने उन्हें मदद दी, अमरीका द्वारा मदद देना लाज़िमी भी था क्योंकि उसका सोवियत संघ के साथ 1945 से ही शीत युद्ध चल रहा था और शत्रु के मंसूबों को अमरीका कैसे पूरा होने देता, वैसे भी इनके बीच विचारधारा की लड़ाई थी, अफ़ग़ानिस्तान में मार्क्सवादी शासन अमरीका को कैसे रास आ सकता था। अफ़ग़ानिस्तान में मुजाहिद्दीन की सेनाएँ पुराने अस्त्र-शस्त्रों से लैस थीं और इसी समय पाकिस्तान की मदद से वाशिंगटन ने मुजाहिद्दीन की प्रतिरोधक क्षमता बढ़ाने के लिए परिष्कृत अस्त्र-शस्त्रों की आपूर्ति शुरू कर दी थी। मास्को की सेनाएँ भी इन अफ़ग़ान लड़ाकुओं से भिड़ गईं। और यहीं से तालिबान की पहचान और उसकी गतिविधियों की शुरुआत हुई।

तालिबान मुख्य रूप से एक ऐसा पश्तून, इस्लामिक कट्टरपंथी समूह है जिसने अफ़ग़ानिस्तान में 1996 से 2001 तक शासन किया था। इसके बाद 9/11 की आतंकी घटना के बाद अमरीका ने अल कायदा और ओसामा बिन लादेन के मंसूबों को नेस्तनाबूद करने के लिए ऑपरेशन एनड्योरिंग फ्रीडम के ज़रिये नाटो की अंतर्राष्ट्रीय फौजों की तैनाती अफ़ग़ानिस्तान में तालिबानी लड़ाकों से निपटने के लिए की गई। युवा पश्तून कबीलाइयों की शिक्षा-दीक्षा पाकिस्तानी मदरसों में हुई। ऐसे युवा अफ़ग़ानिस्तान और पाकिस्तान दोनों जगहों पर रहे। इन्होंने शरीयत पर आधारित प्री इस्लामिक ट्राइबल कोड जो कि वहाबी संप्रदाय में यकीन करता है, के ज़रिये अफ़ग़ानिस्तान के सार्वजनिक जीवन में पाबंदियाँ, कायदे कानून थोपने शुरू किए, जैसे नृत्य, संगीत की मनाही, महिलाओं को बुर्के में रहने का कानून, पश्चिमी शिक्षा, अंग्रेजियत का विरोध, पुरुषों द्वारा लंबी दाढ़ी रखने की डिक्री, दुनिया में इस्लामिक किंगडम की स्थापना, काफिरों को मौत के घाट उतारने के फतवे आदि। ये वही तालिबान है जिसने स्वात वैली में मलाला यूसुफजई को गोली मारी थी। उपरोक्त विवरणों से तालिबान के लक्ष्यों और मानसिकता का पता चलता है। इसकी कट्टर पुरातन सोच इसे वैश्विक शांति और सुरक्षा के लिए एक बड़ा खतरा बना देती है। इसीलिए दुनिया भर के देश खासकर पश्चिमी देशों के लोकतांत्रिक सरकारों का सोचना है कि अगर अमरीका का वर्ल्ड ट्रेड सेंटर और पेंटागन सुरक्षित नहीं है तो लंदन, पेरिस और हिन्दुस्तान कैसे सुरक्षित रह सकता है। तालिबान एक विचारधारा के रूप में दुनिया के सभी महाद्वीपों में अपने पाँव पसारते जा रहा है। नाइजीरिया का बोकोहराम इसी मानसिकता से कहता है पश्चिमी शिक्षा निषिद्ध है, स्कूली लड़कियों को पढ़ने का हक़ नहीं है, सोमालिया का अल शबाब जैसा संगठन तालिबानी विचार से ही आक्सीजन प्राप्त कर रहा है। दुनिया के अलग-अलग हिस्सों में ऐसे न जाने कितने आईएसआईएस जैसे आतंकी संगठन हैं जो तालिबान के पैन इस्लामिज़्म यानि अखिल इस्लामवाद की स्थापना के लिए वहाबी संप्रदाय की मूल मान्यता के साथ जुड़कर कहते हैं कि इस्लाम ख़तरे में है और इसलिए दारुल हर्ब को दारुल इस्लाम में बदलने की जरूरत है।

गौरतलब है कि अगर पश्चिमी देश सहित भारत जैसे देश इस्लामिक देशों में लोकतांत्रिक सरकारों, लोकतांत्रिक मूल्यों की वकालत करेंगे तो इसे इस्लाम पर खतरा माना जाएगा क्योंकि लोकतंत्र समानता, स्वतंत्रता और बंधुत्व, सहमति, मानव गरिमा, मानवाधिकार संरक्षण की बात करता है, महिला पुरुष को हर चीज के लिए चयन की आजादी देता है, ऐसे में इस्लामिक देशों में वेस्टर्न डेमोक्रेटिक एजेंडे से तीन तलाक, निकाह हलाला, हुल्ला और खुला तलाक-ए-बिद्दत (तीन तलाक) और इद्दत, धर्म और राजनीति के मिक्सचर का क्या होगा।

17 महीनों की वार्ता के बाद औपचारिक रूप से 29 फरवरी, 2020 को अमरीका और तालिबान के बीच एक ऐतिहासिक शांति समझौते पर हस्ताक्षर किया गया है। हार्ट ऑफ एशिया कहे जाने वाले अफ़ग़ानिस्तान के राजनीतिक, सामरिक भविष्य की दृष्टि से यह एक महत्त्वपूर्ण घटना है। इस समझौते में अमरीका ने स्पष्ट रूप से कहा है कि यदि तालिबान ने समझौते के अनुसार शांति बहाली में सहयोग किया तो अमरीका अपने सहयोगियों के साथ 14 माह के भीतर अपनी पूरी सेना अफ़ग़ानिस्तान से बाहर निकाल लेगा। इस समझौते में 'हिंसा में कमी लाने वाले' एक सप्ताह के आंशिक युद्ध/हिंसा विराम की शर्त तालिबान के समक्ष रखी गई है। यदि एक सप्ताह तक तालिबान द्वारा अफ़ग़ानिस्तान में कोई हिंसक आतंकी गतिविधि नहीं देखी जाती है तो इससे तालिबान की शांति बहाली के प्रति प्रतिबद्धता का मापन अमरीका कर सकेगा। इस समझौते की एक अन्य खास बात यह भी है कि इसमें अफ़ग़ानिस्तान की सरकार और तालिबान तथा साथ ही अफ़ग़ानिस्तान के सशस्त्र जनजातीय समूहों के मध्य पहली बार अंतरा—अफ़ग़ान वार्ता करने पर बल दिया है। यह इसलिए महत्त्वपूर्ण है कि अभी तक तालिबान लोकतांत्रिक रूप से निर्वाचित अफ़ग़ान सरकार से किसी भी प्रकार की बातचीत के लिए तैयार नहीं था। तालिबान अफ़ग़ानिस्तान को लेकर अभी तक एक खास स्वायत्तता, प्रभुत्व और एकाधिकार की भावना से ग्रसित रहा है। अफ़ग़ानिस्तान के राजनीतिक प्रतिनिधित्व की तालिबान की मंशा कई अवसरों पर प्रकट होती रही है। तालिबान को लगता है कि वो अफ़ग़ान इस्लामिक राष्ट्र के सच्चे हितों का सच्चा प्रहरी है और अफ़ग़ानिस्तान की इस्लामिक संस्कृति को दूषित न होने देना उसकी जिम्मेदारी है।

तालिबान और अमरीका शांति समझौते, 2020 में कहा गया है कि अमरीका अफ़ग़ानिस्तान में वर्तमान के अपने 13000 सैनिकों की संख्या में कमी कर उसे 8500 करेगा। इस समझौते में तालिबान ने अपनी इच्छा सामने रखते हुए कहा है कि अफ़ग़ान शासित जेलों में बंद 5000 तालिबान लड़ाकों को रिहा किया जाय। लेकिन यह निश्चित नहीं है कि अफ़ग़ान सरकार इस पर सहमत होगी या नहीं। इसे ऐतिहासिक समझौता इसलिए माना जा रहा है क्योंकि तालिबान पिछले वर्ष अमरीका और नाटो सेना के खिलाफ कट्टर दृष्टिकोण अपनाए हुए था।

अध्याय 6

भारत का महाशक्तियों के साथ संबंध

भारत और अमरीका द्विपक्षीय संबंध

शीत युद्ध के अंत के पूर्व भारत और अमरीका के संबंधों को शीत युद्धकालीन घटनाओं ने प्रभावित किया। 1945 में नाभिकीय शक्ति क्षमता प्राप्ति के साथ ही अमरीका ने भारत से अपेक्षा की कि वह उदारवादी पूँजीवादी शक्ति गुट का भाग बने और सोवियत संघ के खिलाफ अमरीका के वैचारिक युद्ध में उसका सहयोग करे, लेकिन भारत ने गुटनिरपेक्षता की नीति अपनाते हुए दोनों ही देशों से तटस्थ रहने का निर्णय किया था। भारत के इस निर्णय ने भारत-अमरीका संबंधों को प्रभावित किया और 1947 में भारत की आजादी के बाद भी भारत अमरीका के रिश्तों में कोई विशेष बात नहीं देखी गई। वर्ष 1949 में चीन की नई साम्यवादी सरकार को भारत द्वारा मान्यता दिए जाने से भी अमरीका भारत से नाराज हुआ और भारत के प्रति एक पूर्वाग्रही और विरोधाभासी नीति अपनाई। इसी क्रम में अमरीका और पाकिस्तान के संबंधों में नजदीकी देखी गई थी। 1970 के दशक में भी भारत विरोध के नाम पर अमरीका, चीन, और पाकिस्तान में एक सहमति और गठजोड़ बना। संयुक्त राष्ट्र सुरक्षा परिषद में कई प्रस्तावों पर चीन और अमरीका का दृष्टिकोण भारत के लिए नकारात्मक ही रहा। 1950 के दशक से ही भारत सार्वभौमिक नि:शस्त्रीकरण अथवा नाभिकीय हथियारों के सम्पूर्ण उन्मूलन का प्रस्ताव संयुक्त राष्ट्र में करने लगा। यह भी कारण है कि अमरीका जैसे विकसित देश ने भारत जैसे विकासशील देश के खिलाफ अपनी रणनीति बनाई। अमरीका और अन्य वैश्विक शक्तियों के नेतृत्व में 1968 में परमाणु अप्रसार संधि अंगीकृत की गई थी। इसमें विकासशील देशों को नाभिकीय परीक्षण न करने का प्रावधान किया गया था, लेकिन भारत द्वारा वर्ष 1974 में अपना नाभिकीय परीक्षण किया गया। इस घटना ने भारत अमरीका संबंधों को नकारात्मक रूप से प्रभावित किया। भारत के इस निर्णय के प्रत्युत्तर में अमरीका ने 1974 में ही नाभिकीय आपूर्तिकर्ता

समूह (एनएसजी) का गठन किया जिसका उद्देश्य नाभिकीय उपकरणों, प्रौद्योगिकी और सामग्री के निर्यात पर रोक लगाना था ताकि भारत जैसे विकासशील देशों को अपने नाभिकीय कार्यक्रम चलाने में बाधा आए। 1979 में अफ़ग़ानिस्तान में तालिबानी मुजाहिद्दीनों और पाकिस्तान के आईएसआई को अमरीका ने सहयोग समर्थन दिया जो भारत के हितों के प्रतिकूल था। अमरीका के समर्थन के चलते राज्य प्रायोजित आतंकवाद फैलाने में पाकिस्तान का दुस्साहस बढ़ा। वर्ष 1987 में भी अमरीका, ब्रिटेन जैसे देशों के गुट जी-7 ने मिसाइल टेक्नोलॉजी कंट्रोल रेजीम का गठन किया जिसका उद्देश्य जनसंहारक हथियारों को ढोने में सक्षम मिसाइलों के आयात-निर्यात को रोकना था ताकि विकासशील देशों को कई प्रकार की तकनीकी न मिल सके।

भारत अमरीका राजनीतिक और कूटनीतिक संबंध

अमेरिकी राष्ट्रपति बिल क्लिंटन और भारतीय प्रधानमंत्री अटल बिहारी बाजपेई के समय भारत अमरीका में अच्छे रिश्तों की शुरुआत की नींव रखी गई और भारत अमरीका का प्राकृतिक सहयोगी बना। 2001 के बाद दोनों सामरिक साझेदार बन गए। वर्ष 2002 में भारत और अमरीका ने जनरल सिक्योरिटी ऑफ मिलिट्री इंफॉर्मेशन एग्रीमेंट पर हस्ताक्षर किया था। वर्ष 2003 में दोनों देश एक दूसरे के सामरिक साझेदार बन गए। वर्ष 2004 में सामरिक साझेदारी के अगले चरण पर समझौता हुआ जिसका मतलब था कि अब दोनों देशों के बीच असैन्य नाभिकीय सहयोग, मिसाइल प्रतिरक्षा संबंध, असैन्य अंतरिक्ष प्रौद्योगिकी सहयोग और उच्च प्रौद्योगिकी व्यापार के क्षेत्र में सहयोग हो सकेगा। इसी के उपरांत 2005 में दोनों देशों के मध्य नाभिकीय व्यापार के लिए असैन्य परमाणु सहयोग समझौते पर सहमति बनी। 2008 में भारत को अमरीका के प्राकृतिक साझेदार (नेचुरल पार्टनर) का दर्जा मिला। वर्ष 2016 में दोनों देश एक दूसरे के मेजर डिफेंस पार्टनर बने। अमरीका द्वारा भारत को दिए गए इस दर्जे से अमरीका-भारत प्रतिरक्षा संबंधों को एक नई ऊँचाई मिली।

भारत अमरीका संबंध और वैश्विक आतंकवाद निरोध रणनीति

2001 में अमरीका के वर्ल्ड ट्रेड सेंटर पर तालिबानी आतंकी हमले के बाद रातों रात अमरीका की विदेश नीति वैश्विक आतंकवाद उन्मूलन केन्द्रित हो गई। अमरीका के नेतृत्व में नाटो देशों के सैनिकों से बनी अंतर्राष्ट्रीय फौजों की ऑपरेशन एनड्योरिंग फ्रीडम के ज़रिये अफ़ग़ानिस्तान में तैनाती हुई। नाटो ने इसके लिए अपने

सामूहिक सुरक्षा प्रावधान (अनुच्छेद 5) के ज़रिये 9/11 की आतंकी घटना का प्रतिकार किया। यह प्रावधान कहता है कि नाटो के किसी एक सदस्य पर किया गया हमला पूरे नाटो पर किया गया हमला माना जाएगा और नाटो उसका जवाब देगा। नाटो की सेनाओं के अलावा अमरीका के नेतृत्व में ग्लोबल काउंटर टेररिज़्म फ़ोरम का गठन किया गया और इस 30 देशों वाले फोरम का सदस्य भारत भी है। इसके अलावा अमरीका ने अपने भूक्षेत्र में आतंकियों को रोकने के उद्देश्य से फॉरेन टेररिस्ट ट्रैकिंग टास्क फोर्स का गठन किया था। अमरीका और भारत दोनों के अफ़ग़ानिस्तान में सामरिक हित लगे हुए हैं। अमरीका द्वारा वर्ष 2019 में भारत को नाटो से जोड़ने के निर्णय से ट्रांसनेशनल इस्लामिक टेरर नेटवर्क से निपटने में आसानी होगी। उल्लेखनीय है कि इससे पूर्व वर्ष 2014 में अमरीका के नेतृत्व में 79 देशों के ग्लोबल कोअलीशन टू डिफीट आइसिस का गठन किया गया था, इस गठजोड़ का नाटो भी सदस्य है। आइसिस ने हाल के समय में अफ़ग़ानिस्तान और अन्य जगहों पर भारतीयों को बंधक बनाया, कश्मीर में नए प्रांत बनाने का दावा भी किया है। इस खतरे से निपटने के लिए नाटो से भारत का जुड़ाव कारगर रहेगा। अफ़ग़ानिस्तान में आइसिस खोरासान से निपटने और तहरीक ए तालिबान से निपटने के लिए भी यह जरूरी है। अफ़ग़ानिस्तान, पाकिस्तान और ईरान की सीमाओं पर होने वाले नशीले पदार्थों की तस्करी, अतिवाद, धार्मिक कट्टरता आदि से निपटना नाटो और भारत दोनों के लिए जरूरी है। भारत को आज गिलगित बाल्टीस्तान, डोकलाम, तवांग, सर क्रीक की सुरक्षा के लिए जो सैन्य सूचना सहयोग चाहिए, उसका मार्ग नाटो से जुड़ाव से खुल जाएगा। 2016 में भारत को मेजर डिफेंस पार्टनर का दर्जा मिलने और उसके पहले और बाद में किए गए चार प्रतिरक्षा समझौते इस बात को सिद्ध करते हैं कि अमरीका ने भारत को नाटो से जोड़ने की बात काफी पहले ही सोच लिया होगा और सही समय का इन्तज़ार किया भारत को नाटो का सहयोगी बनाने के लिए।

भारत अमरीका आर्थिक संबंध

अमरीका भारत के मध्य बढ़ते आर्थिक संबंध दोनों देशों को एक दूसरे के नजदीक ला रहे है, क्योकि दोनों के मध्य आर्थिक संबंध पारस्परिकता पर आधारित है। उल्लेखनीय है कि भारत अमरीका के मध्य द्विपक्षीय व्यापार 2018 में 142 बिलियन डॉलर के रिकॉर्ड स्तर पर पहुँच गया। 2017 में भी यह 126 बिलियन डॉलर था। वस्तुओं और सेवाओं में द्विपक्षीय व्यापार इन दो वर्षों में चीन से भी ज्यादा हो गया। आमतौर पर चीन भारत का सबसे बड़ा व्यापारिक साझेदार रहा है। हाल के समय में भारत और अमरीका ने निकट भविष्य में 500 बिलियन डॉलर द्विपक्षीय

व्यापार के लक्ष्य को प्राप्त करने की बात की है। भारत और अमरीका के बीच व्यापार में व्यापार सन्तुलन भारत के पक्ष में है। वर्ष 2018 में भारत को अमरीका के साथ व्यापार में 24 बिलियन डॉलर का लाभ था। अमेरिकी कंपनियों द्वारा भारत में रक्षा क्षेत्र,अवसंरचना,स्वच्छ ऊर्जा जैसे क्षेत्र में निवेश किया जा रहा है। अमरीका द्वारा भारत को वर्तमान में तेल की आपूर्ति भी की जा रही है। साथ ही भारत अमरीका नाभिकीय समझौते के तहत अमेरिकी कंपनी वेस्टिंग हाउस द्वारा भारत में नाभिकीय संयंत्र भी स्थापित करने की बात की जा चुकी है। सौर ऊर्जा के क्षेत्र में भी भारत अमरीका से सौर तकनीकों का आयात कर रहा है। हालाँकि हाल के वर्षों में अनेक आर्थिक मुद्दों पर दोनों देशों के मध्य तनावपूर्ण स्थिति उत्पन्न हुई है। वस्तुतः अमरीका वर्ष 2019 में आर्थिक मंदी से बाहर निकलने के लिए संरक्षणवादी नीतियों का अनुसरण कर रहा था। वह अमरीका प्रथम की धारणा पर बॉय अमेरिकन और हॉयर अमेरिकन की नीतियों का अनुसरण कर रहा है। इसी पृष्ठभूमि में अमरीका द्वारा एच 1बी वीजा नीति को कठोर किया गया है। इस नीति का सर्वाधिक प्रतिकूल प्रभाव भारतीय प्रोफेशनल्स पर देखा जा रहा है, क्योंकि इसका सर्वाधिक लाभ भारतीयों द्वारा ही लिया जाता रहा है। दूसरी ओर अमरीका भारत के साथ व्यापारिक घाटे को प्रमुखता से उठाता रहा है, क्योंकि अमरीका के अनुसार भारत उसकी वस्तुओं को अपने बाज़ार में समतामूलक पहुँच नहीं दे रहा है। इसी संदर्भ में अमरीका द्वारा भारत को दिए गए जनरलाइज्ड सिस्टम ऑफ प्रिफरेंस के दर्जे को समाप्त करने की घोषणा की गई।

भारत अमरीका प्रतिरक्षा संबंध

भारत विश्व में सबसे बड़ा हथियार आयातक देश है, वहीं वर्तमान में अमरीका भारत का सबसे बड़ा रक्षा आपूर्तिकर्ता देश बन गया है। अमरीका ने भारत को प्रमुख रक्षा भगीदार का दर्जा भी वर्ष 2016 में दिया था। इतना ही नहीं, दोनों देशों के मध्य रक्षा क्षेत्र में संबंध क्रेता-विक्रेता तक सीमित न होकर अब संयुक्त उत्पादन और सह अनुसंधान के क्षेत्र में आगे बढ़ रहे हैं। इसी क्रम में हाल के वर्षों में भारत अमरीका के मध्य अनेक महत्त्वपूर्ण रक्षा समझौते भी सम्पन्न हुए हैं। जैसे—

लॉजिस्टिक विनिमय समझौता (लेमोआ) : अमेरिकी और भारतीय नौसेना के मध्य लॉजिस्टिक के आदान-प्रदान हेतु यह समझौता वर्ष 2016 में किया गया है। इसके तहत दोनों देशों की नौसेनाएँ आवश्यकता की स्थिति में ईंधन के लिए, मरम्मत के लिए या अन्य स्थिति में सहयोग प्राप्त कर सकेंगे। इस समझौते से हिन्द प्रशांत क्षेत्र में भारतीय नौसेना के प्रभाव में वृद्धि होगी और ब्लू वॉटर नेवी बनने की दिशा में भी सहायता मिलेगी।

संचार संगतता व सुरक्षा समझौता (कॉमकेसा) : यह समझौता अमेरिकी सरकार को एक वैधानिक रूपरेखा प्रदान करता है,जिससे वे भारत को संवेदनशील संचार उपकरण दे सकेंगे। यह समझौता भारत को अमेरिकी खुफिया तंत्र के बिग डेटा आधार तक पहुँच देगा। साथ ही भारत को अमेरिकी कोडेड उपकरण प्राप्त हो सकेंगे। वर्ष 2018 में भारत और अमरीका के बीच पहली 2 प्लस 2 वार्ता के तहत कॉमकासा एग्रीमेंट किया गया। कम्युनिकेशन कंपैटीबिलिटी एंड सिक्योरिटी एग्रीमेंट दोनों देशों के मध्य सैन्य सूचना बिल्कुल सटीक समय पर एक दूसरे को साझा करने का समझौता है। इससे भारत को सी 17, सी 130 जे, पी-8I जैसे अमेरिकी सैन्य और समुद्री निगरानी एयरक्राफ्ट के ज़रिये सूचनाएँ मिलने लगेंगी। भारत को सी गार्डियन ड्रोंस मिलने लगेंगे। इन सैन्य प्लेटफार्मों का लाभ यह होगा कि यदि मलक्का जलडमरूमध्य में अमरीका के जहाज ने चीन की किसी पनडुब्बी को आते-जाते देखा, तो उस पनडुब्बी की गति, दिशा, अवस्थिति जैसी जानकारी मिनटों में भारतीय नौसेना के मुख्यालय पर 2019 में ही स्थापित कम्युनिकेशन सिस्टम तक रियल टाइम में पहुँचा दी जाएगी, जबकि भारत ऐसी ही कोई सूचना अमेरिकी सेंट्रल एंड पैसिफिक नेवल कमांड तक पहुँचा देगा। यदि दोनों देशों के लिए घातक कोई आतंकी किसी तीसरे देश में वार्ता कर रहा है, या योजना बना रहा है तो इसकी भी सूचना मिनटों में पहुँचा दी जा सकेगी। यह सुविधा कॉमकेसा समझौते के तहत मिलेगी। हाल ही में भारतीय नौसेना ने ओमान के सलालाह क्षेत्र से समुद्री डकैती को रोकने के लिए पी—8I लॉन्ग रेंज मैरीटाइम सर्विलांस एयरक्राफ्ट तैनात किया है। भारतीय नौसेना ने हिन्द महासागर के क्षेत्र में मिशन आधारित तैनाती के तहत अदन की खाड़ी में गश्त लगाने के लिए यह कदम उठाया है। मिशन आधारित तैनाती अवधारणा के तहत भारतीय नौसेना हिन्द महासागर क्षेत्र में हर चोक प्वाइंट पर किसी भी समय एक जहाज तैनात रखती है।

स्ट्रेटेजिक ट्रेड ऑथराइजेशन—1 (सैट-1) का दर्जा : भारत 37वाँ देश है जिसे अमरीका ने स्ट्रेटेजिक ट्रेड ऑथराइजेशन—1 (सैट—1) का दर्जा दिया है। भारत, जापान और दक्षिण कोरिया के बाद तीसरा एशियाई देश है जिसे अमरीका ने यह महत्त्वपूर्ण दर्जा दिया है। भारत के लिए इस दर्जे का महत्त्व इसी तथ्य से समझा जा सकता है कि अमरीका ने अपने सबसे मज़बूत साझेदार इजरायल को अभी यह दर्जा नहीं दिया है। यह अमरीका द्वारा नाटो के सहयोगी देशों को दिया जाने वाला दर्जा है। यह दर्जा प्राप्त करने के लिए संबंधित देश को 4 नाभिकीय गतिविधि नियंत्रण व्यवस्था में शामिल होना चाहिए—नाभिकीय आपूर्तिकर्ता समूह, ऑस्ट्रेलिया समूह, वासैनार समूह और मिसाइल टेक्नोलॉजी कंट्रोल रेजीम। हालाँकि

भारत नाभिकीय आपूर्तिकर्ता समूह का सदस्य नहीं है, फिर भी उसे यह दर्जा दिया गया है। यह दर्जा प्राप्त करने के बाद भारत का अब बिना किसी विशिष्ट लाइसेंस के अमरीका के अति उन्नत हथियारों तक पहुँच सुनिश्चित हो गई है। साथ ही रक्षा बाज़ार के क्षेत्र में भारत की छवि अग्रणी देश के रूप में स्थापित हुई है। इसके तहत अब असैन्य अंतरिक्ष और प्रतिरक्षा क्षेत्र में अमेरिकी उच्च प्रौद्योगिकी उत्पादों का विक्रय भारत को करना संभव हो गया है।

भारत को नाटो के सहयोगी सदस्य का दर्जा : वर्ष 2019 में अमरीका के कानून निर्माताओं ने कांग्रेस के उच्च सदन सीनेट में देश के शस्त्र नियंत्रण निर्यात संधि में संशोधन के लिए एक विधेयक पेश किया है, जिसका मूल उद्देश्य भारत को नाटो सहयोगी सदस्य का दर्जा देना है। नाटो में पूर्ण सदस्यता के स्तर पर भी विस्तार जारी है। कुछ ही समय पहले मॉन्टेनिग्रो को इसका नया सदस्य बनाया गया था। वहीं 2019 में मेंसिडोनिया को 30वाँ सदस्य बनाने का निर्णय लिया गया है। नाटो के इस विस्तार से उसके बढ़ते सामरिक महत्त्व का पता चलता है। नए कानून के ज़रिये भारत को वैसा ही नाटो सहयोगी सदस्य बनाने का प्रस्ताव किया गया है जैसे कि इज़राइल, ऑस्ट्रेलिया, न्यूजीलैंड और दक्षिण कोरिया हैं। इससे उच्च प्रौद्योगिकी सैन्य उपकरणों को प्राप्त करने में भारत को मदद मिलेगी।

भारत को नाटो से जोड़ने के पीछे अमरीका के दीर्घकालिक हित काम कर रहे हैं। एशिया-प्रशांत क्षेत्र में चीन को प्रतिसंतुलित करने के तरीके अमरीका लगातार खोज रहा है। चीन के दक्षिण चीन सागर के स्पार्टले और पारासेल द्वीपों और पूर्वी चीन सागर में डियायू अथवा सेनकाकू द्वीपों पर अवैध कब्जे करने का प्रयास, चीन द्वारा पापुआ न्यू गिनी में नौसैनिक अड्डे के निर्माण का प्रस्ताव, वन बेल्ट वन रोड पहल, मैरीटाइम सिल्क रूट, मोतियों की लड़ी की नीति के ज़रिये समूचे हिन्द महासागर को अड्डों का नेटवर्क बनाने का प्रयास, हिन्द महासागर में इंटरनेशनल सीबेड अथॉरिटी से पॉलिमेंटालिक सल्फाइड के निष्कर्षण का ठेका प्राप्त करने जैसी बातें अमरीका के हित में नहीं हैं और दूसरी तरफ़ चीन के साथ व्यापार में अमरीका को लगातार क्षति हो रही है। इस दृष्टि से भारत को नाटो से जोड़कर अमरीका क्वाड्रीलैट्रल ग्रुप यानी क्वाड और मालाबार, रिंपैक और युद्ध अभ्यास जैसे संयुक्त अभ्यासों को एशिया पैसिफिक क्षेत्र को बचाने के लिए एक नई ऊर्जा भर सकता है। नाटो के पास उसके मुख्यालय ब्रुसेल्स में एक आतंकवाद आसूचना प्रकोष्ठ है जो नाटो के सभी आतंक निरोधी गतिविधियों में समन्वय स्थापित करता है। यह अपने अवाक्स इंटेलिजेंस फ्लाइट्स के ज़रिये भी आतंक से लड़ने में निपुण है। हिन्द महासागर और प्रशांत क्षेत्र में समुद्री डकैती से निपटने में भी नाटो भारत का बेहतर सहयोगी साबित हो सकता है। हॉर्न ऑफ अफ्रीकन देशों सोमालिया, जिबूती, इथोपिया और इरीट्रिया से उच्च सागर जो किसी अंतर्राष्ट्रीय कानून से संचालित नहीं होता, को

बचाने के लिए भी नाटो का सामरिक महत्त्व है। नाटो ने पहले भी अमेरिकी हितों, यूरोपीय हितों की रक्षा के लिए कोसोवो, हैती, रवांडा, बोस्निया और हर्जेगोविना में बमवर्षा की है। नाटो सामूहिक सुरक्षा के सिद्धांत के साथ अमेरिकन और यूरोपीय हितों के संरक्षण के लिए प्रतिबद्ध है। भारत के अंतर्राष्ट्रीय सीमाओं की सुरक्षा और प्रादेशिक अखंडता की रक्षा में नाटो एक महत्त्वपूर्ण कारक साबित हो सकता है।

भारत अमरीका का सामरिक क्षेत्र में सहयोग

वर्तमान वैश्विक शक्ति समीकरण में अमरीका भारत के माध्यम से चीन की बढ़ती आक्रामकता को प्रतिसन्तुलित करना चाहता है। साथ ही अपनी अर्थव्यवस्था के पुनरोद्धार के लक्ष्य के साथ वह भारत के बड़े बाज़ार का दोहन करना चाहता है। दूसरी भारत हिन्द प्रशांत क्षेत्र के नेतृत्वकर्ता की भूमिका निभाने का इच्छुक है, जहाँ अपने पड़ोस में चीन की बढ़ती उपस्थिति से वह चिंतित है। ऐसे में भारत की अमरीका से सामरिक भागीदारी उसे चीन पर बढ़त बनाने का अवसर दे सकता है। यही कारण है कि हिन्द प्रशांत क्षेत्र के सम्बंध में दोनों देशों के दृष्टिकोणों में साम्यता देखी जा सकती है। दोनों ही देश इस क्षेत्र में आधिपत्यवादी व वर्चस्ववादी नीतियों का विरोध करते हैं और अंतर्राष्ट्रीय कानूनों पर आधारित सामुद्रिक व्यवस्था के समर्थक हैं। दोनों देशों के मध्य बढ़ते सामरिक सहयोग के निम्नलिखित उदहारण देखे जा सकते हैं—

—अमरीका द्वारा अपनी सामुद्रिक सुरक्षा रणनीति में एशिया-प्रशांत क्षेत्र का नाम बदलकर हिन्द प्रशांत क्षेत्र कर दिया गया है, जो इस क्षेत्र में भारत की केंद्रीय भूमिका को मान्यता देता है।

—दोनों देशों के मध्य विदेश और रक्षा मंत्री के स्तर पर 2+2 वार्ता प्रारम्भ की गई है जिसके तहत वैश्विक आतंकवाद, साइबर सुरक्षा, महासागरीय सुरक्षा जैसे मुद्दों पर सामरिक वार्ता की जा रही है।

—जापान, अमरीका और भारत (JAI) के मध्य मालाबार नौसैन्य अभ्यास का आयोजन हो रहा है और इसमें ऑस्ट्रेलिया को भी जोड़े जाने पर विचार चल रहा है, जिससे हिन्द प्रशांत और एशिया-प्रशांत के सुरक्षा परिदृश्य को मज़बूती दी जा सके।

—जापान, अमरीका, भारत और ऑस्ट्रेलिया के मध्य क्वैड के रूप में सामरिक बैठकें हो रही हैं। इन बैठकों का एक मुख्य मकसद चीन की एकाधिकारवादी मानसिकता को नियंत्रित करना है। चीन के वन बेल्ट वन रोड पहल के नकारात्मक प्रभावों पर ये राष्ट्र आपस में चर्चा कर अपनी प्रभावी कार्यवाही को संपन्न करने के लिए रणनीति निर्मित करते हैं।

—हाल ही में दोनों देश एशिया और अफ्रीका में वैश्विक विकास हेतु त्रिपक्षीय

सहयोग के तहत किसी तीसरे देश में संयुक्त परियोजना संचालित करने पर भी सहमत हुए हैं।

भारत अमरीका के मध्य बढ़ते इस सामरिक सहयोग के भारत के संबंध में निम्नलिखित सकारात्मक निहितार्थ देखे जा सकते हैं—

—भारत और अमरीका के मध्य बढ़ती घनिष्ठता के कारण भारत के वैश्विक और क्षेत्रीय प्रभाव में वृद्धि देखी जा रही है। इससे भारत को हिन्द प्रशांत क्षेत्र के नेतृत्वकर्ता के रूप में मान्यता भी मिल रही है।

—यह सामरिक भागीदारी हिन्द प्रशांत क्षेत्र में चीन पर मनोवैज्ञानिक दवाब के रूप में भी कार्य कर रही है और इसके साथ ही एक वैश्विक शक्ति के रूप में भारत के सामरिक आर्थिक भागीदारों की संख्या में वृद्धि हो रही है,जिससे भारत के व्यापारिक व सामरिक संबंधों को नई ऊर्जा मिल रही है।

—सॉफ्ट पॉवर के साथ-साथ अब भारत की छवि हार्ड पॉवर देश के रूप में स्थापित हो रही है, जो वर्तमान शक्ति राजनीति के दौर में भारत के सामरिक हितों की सुरक्षा के लिए महत्त्वपूर्ण है।

—अमरीका के सहयोग से भारत की भूमिका तीसरी दुनिया के देशों में बढ़ रही है, जहाँ भारत को सुरक्षा प्रदायक और विकास भगीदार के रूप में देखा जा रहा है।

हालाँकि इस बढ़ती सामरिक निकटता के कुछ नकारात्मक पक्ष भी है,जो निम्नलिखित हैं—

—भारत अमरीका के मध्य मज़बूत होते सामरिक गठबंधन ने भारत को अवांछित रूप में शक्ति राजनीति का भाग बना दिया है, जहाँ भारत को चीन के विरुद्ध देखा जा रहा है। इससे भारत और चीन के मध्य संबंधों में तनाव बढ़ने की संभावना मज़बूत हो रही है।

—भारत की महाशक्तियों से बढ़ती निकटता भारत की सामरिक स्वायत्तता और स्वतंत्र निर्णय लेने की क्षमता को प्रभावित करेगा। ईरान और वेनेजुएला के साथ संबंधों को समाप्त करने के लिए अमेरिकी दबाव को इस संदर्भ में देखा जा सकता है। इसके अलावा अमरीका से बढ़ती निकटता के कारण भारत की अनेक परम्परागत भागीदारों विशेषकर रूस से दूरी बढ़ सकती है।

—अमरीका के साथ निकटतम सामरिक सहयोग भारत की परम्परागत विदेश नीति पर भी प्रश्नचिह्न उपस्थित करता है क्योंकि अब भारत की आवाज तीसरी दुनिया के संरक्षक के रूप में अमरीका सहित विकासशील देशों के विरुद्ध प्रभावी रूप में नहीं देखी जा रही। भारत द्वारा अब गुटनिरपेक्ष आंदोलन को भी अपेक्षित महत्त्व नहीं दिया जा रहा है। अत: तीसरी दुनिया के नेतृत्वकर्ता के स्थान पर भारत पर अपने राष्ट्रीय हितों को प्राथमिकता देने का आरोप लग रहा है।

—इसके अतिरिक्त अनेक मुद्दों पर अमरीका भारत के आत्म सम्मान और

प्रतिष्ठा के विरुद्ध भी कार्य कर रहा है। जैसे—अफ़ग़ानिस्तान में भारतीय सेना न भेजने के निर्णय का अमरीका द्वारा उपहास करना, भारत की आपत्ति के बावजूद अमरीका द्वारा भारत और पाकिस्तान के मध्य मध्यस्थता का दावा प्रस्तुत करना आदि। इन घटनाओं ने भारत की विदेश नीति में दुविधा और असमंजस को उत्पन्न कर दिया।

भारत-अमरीका असैनिक परमाणु ऊर्जा सहयोग

भारतीय प्रधानमंत्री की वाशिंगटन यात्रा के दौरान भारत और अमरीका के द्वारा जारी 18 जुलाई, 2005 के संयुक्त वक्तव्य में दोनों देशों ने घोषणा की कि वे असैनिक परमाणु ऊर्जा में सहयोग करेंगे। वर्ष 2004 में सामरिक साझेदारी के अगले चरण के समझौते ने भारत और अमरीका के मध्य नाभिकीय सहयोग और नाभिकीय व्यापार का मार्ग प्रशस्त कर दिया था। इस समझौते के तहत भारत ने चरणबद्ध रूप में असैनिक और सैनिक परमाणु संयंत्रों की पहचान और उन्हें अलग-अलग करने, स्वेच्छा से अपनी असैनिक परमाणु संयंत्रों को आईएईए के रक्षोपायों के अंतर्गत रखने, एक अतिरिक्त प्रोटोकॉल पर हस्ताक्षर करने तथा परमाणु परीक्षण पर भारत की स्वैच्छिक और एकतरफा रोक को जारी रखने के प्रति अपनी वचनवद्धता व्यक्त की थी।

समझौते की विशेषताएँ—

—यह समझौता ऐसे दो देशों के बीच है जिनके पास उन्नत परमाणु प्रौद्योगिकी है और दोनों पक्षकारों के समान हित और फायदे होंगे।

—इस समझौते का उद्देश्य भारत और अमरीका के बीच पूर्ण असैनिक परमाणु ऊर्जा सहयोग करना है। इस समझौते में पूर्ण असैनिक परमाणु ऊर्जा सहयोग का प्रावधान है जिसमें परमाणु रिएक्टर तथा संवर्द्धन और पुनर्चक्रण सहित संबद्ध परमाणु ऊर्जा ईंधन चक्र के पहलू शामिल हैं।

—इस समझौते में 2 मार्च, 2006 के आपूर्ति आश्वासन और सुधारात्मक उपायों के प्रावधान का पूर्ण समावेश है। यह समझौता, भारत के रिएक्टरों के जीवन काल में आपूर्ति में किसी बाधा से सुरक्षा के लिए परमाणु ऊर्जा के एक सामरिक भंडार के विकास का प्रावधान करता है।

—यह समझौता परमाणु व्यापार, परमाणु सामग्री, उपकरणों, पुर्जों और संबंधित प्रौद्योगिकी के हस्तांतरण तथा परमाणु ईंधन चक्र क्रियाकलापों में सहयोग का प्रावधान करता है।

—यह समझौता हस्तांतरित सामग्री और उपकरणों के लिए आईएईए रक्षोपायों के अनुप्रयोग का प्रावधान करता है।

यह समझौता परमाणु सामग्री के पुनर्चक्रण, परमाणु सामग्री और उसके उत्पादों के हस्तांतरण के लिए पूर्व सहमति प्रदान करता है।

—इसे लागू करने के लिए भारत, आईएईए रक्षित परमाणु सामग्री को पुन:संसाधित करने के लिए राष्ट्रीय पुनर्संसाधन सुविधा की स्थापना करेगा और पक्षकार एक वर्ष के अंदर व्यवस्था और प्रक्रिया पर सहमत होंगे।

यह समझौता, ऊर्जा की कमी की समस्या का समाधान करने में सहायता करेगा जो भारत की बढ़ती विकास दर से संबंधित एक प्राथमिक समस्या के रूप में उभरी है। इस समय भारत की केवल 3 प्रतिशत ऊर्जा जरूरतें परमाणु स्रोतों से पूरी की जाती हैं। भारत की सन् 2020 तक परमाणु क्षेत्र से 20,000 एमडब्ल्यूई के उत्पादन की योजना है जो वर्तमान 3700 एमडब्ल्यूई के मुकाबले काफी अधिक है। भारत के ऊर्जा मिश्रण में परमाणु ऊर्जा का बढ़ता हिस्सा, जीवाश्म ईंधन पर निर्भरता समाप्त करेगा और भारत के उत्सर्जन में कमी लाएगा।

भारत अमरीका वर्तमान संबंध और संदर्भ

हाऊडी मोदी इवेंट के तर्ज पर गुजरात के मोटेरा स्टेडियम में 125 हजार भारतीयों के बीच अमेरिकी राष्ट्रपति डोनाल्ड ट्रंप का आदर सत्कार भारत के लिए अमरीका की अहमियत को दर्शाता है। 24 और 25 फरवरी को भारत के दौरे पर आए अमेरिकी राष्ट्रपति ने भी भारत के लिए अनौपचारिक स्तर पर प्रशंसा के पुल बाँध दिए जिससे यह भी पता चलता है कि अमरीका के लिए भारत की अहमियत क्या है। दोनों देश 21वीं सदी के उस समय काल में हैं जब दोनों को अपने कई हित और चुनौतियाँ साझी लगती हैं। वैश्विक आतंकवाद पर निर्मम और निर्णायक प्रहार करने की बात हो, समुद्री व्यापारिक मार्गों की सुरक्षा के लिए एशिया-प्रशांत और हिन्द-प्रशांत क्षेत्र की सुरक्षा की बात हो, चीन को एशिया और विश्व राजनीति और अर्थव्यवस्था में प्रतिसंतुलित करने की बात हो, भारत के प्रतिरक्षा तंत्र को मज़बूती देने की बात हो, द्विपक्षीय व्यापार को बढ़ावा देने की बात हो, इन सभी मामलों में दोनों देश एक दूसरे की जरूरत हैं। लेकिन इस यात्रा के दौरान जिन खास मुद्दों पर संबंधों को नई ऊर्जा देने की कोशिश की गई है, उनमें प्रमुख हैं भारत के प्रतिरक्षा तंत्र को मज़बूती देने के लिए किया गया समझौता। 3 बिलियन डॉलर का प्रतिरक्षा समझौता अमेरिकी राष्ट्रपति की यात्रा का प्रमुख आकर्षक और उद्देश्यपूर्ण निर्णय रहा। 800 मिलियन डॉलर की लागत वाले अमेरिकी कंपनी लॉकहीड मार्टिन द्वारा निर्मित 24 एम एच-60 रोमियो हेलीकॉप्टरों को भारतीय नौसेना की जरूरतों को ध्यान में रखकर भारत द्वारा खरीदे जाने का निर्णय लिया गया है। गौरतलब है कि 24 एमएच-60 रोमियो सीहॉक समुद्री हेलीकॉप्टर समुद्रों में पनडुब्बियों का पता

लगाकर उन्हें तबाह करने में सक्षम माने जाते हैं। हेलिकॉप्टरों की प्रस्तावित बिक्री से भारत और अमरीका के रणनीतिक रिश्ते मज़बूत होंगे। भारत, अमरीका का बड़ा डिफेंस पार्टनर है। डील से इंडो-पैसिफिक और दक्षिण एशिया में स्थायित्व-शांति बनाए रखने में मदद मिलेगी। वहीं, रोमियो हेलिकॉप्टरों से भारतीय फौजों की एंटी-सरफेस (जमीन) और एंटी-सबमरीन सुरक्षा क्षमता में इजाफा होगा। इसके अलावा 800 मिलियन डॉलर की लागत वाले अपाचे हेलीकॉप्टर भी खरीदने का फैसला भारत ने किया। इसी के साथ ट्रंप ने दुनिया के सबसे आधुनिक और उच्च कोटि के अमेरिकी हथियारों जिसमें एयर डिफेंस सिस्टम, मिसाइल, रॉकेट से लेकर नौसैनिक जहाज आदि शामिल हैं, को भारत को देने की भी घोषणा की।

अमेरिकन राष्ट्रपति ने फरवरी, 2020 में अपनी भारत यात्रा के दौरान कहा कि भारत अमरीका संबंध, 21वीं सदी की सबसे महत्त्वपूर्ण पार्टनरशिप्स में हैं और इसलिए दोनों देशों ने आपसी सम्बंधों को कॉम्प्रिहेन्सिव ग्लोबल स्ट्रैटेजिक पार्टनरशिप के स्तर पर ले जाने का निर्णय लिया है। आतंक के समर्थकों को जिम्मेदार ठहराने के लिए मिल कर कार्य करने का फैसला लिया गया है। दोनों देशों के मध्य ड्रग तस्करी, नार्को-आतंकवाद और संगठित अपराध जैसी गंभीर समस्याओं के बारे में एक नए मेकैनिज्म पर भी सहमति हुई है। कुछ ही समय पहले दोनों देशों के मध्य स्थापित स्ट्रैटेजिक एनर्जी पार्टनरशिप सुदृढ़ होती जा रही है और इस क्षेत्र में आपसी निवेश बढ़ा है। तेल और गैस के लिए अमरीका भारत का एक बहुत महत्त्वपूर्ण स्रोत बन गया है।

भारत अमरीका और जेनरलाइज्ड सिस्टम ऑफ प्रिफरेंस

वर्ष 2019 में भारत और अमरीका के संबंधों जीएस पी लिस्ट को लेकर तनाव बना रहा था। अमरीका की संरक्षणवादी नीतियाँ बहुध्रुवीय अर्थव्यवस्था के लिए खतरा मानी जा रही हैं। यूएस को बहुसंस्कृतिवाद के लिए भी खतरा बताया जा रहा है। इसी क्रम में भारत और अमरीका के बीच आर्थिक युद्ध जैसी स्थिति तब बनी जब अमरीका ने भारत को जनरलाइज्ड सिस्टम ऑफ प्रेफ्रेंसेज यानी जीएसपी की सूची से बाहर निकालने का निर्णय दिया और भारत को सोचने के लिए 5 जून तक का मौका दिया। अमरीका ने शर्त रखी थी कि भारत इस सूची में बने रहकर अमरीका से व्यापारिक लाभ तभी ले सकता है जब वो ईरान से कच्चे तेल का आयात बंद कर दे। अमरीका ने भारत पर इस बात के लिए भी दबाव बनाया कि वह रूस से एस यू 400 मिसाइल डिफेंस सिस्टम न खरीदे अन्यथा भारत को आर्थिक प्रतिबंधों का सामना करना पड़ सकता है। उल्लेखनीय है कि जीएसपी अमरीका का अपने

द्विपक्षीय व्यापार में कुछ देशों को वरीयता, रियायत देने का एक कार्यक्रम है। इसे अमरीका ने अपने व्यापार अधिनियम, 1974 के ज़रिये बनाया था। इसके तहत अमरीका 129 देशों को अपने बाज़ार में पहुँचने वाले 4800 वस्तुओं पर आयात शुल्क नहीं लगाता। जीएसपी की शुरुआत 1971 में अंकटाड के तत्वावधान में की गई थी। 13 देश जीएसपी के तहत अल्प विकसित और विकासशील देशों को रियायतें देते हैं। इनमें शामिल हैं—अमरीका, ऑस्ट्रेलिया, न्यूजीलैंड, बेलारूस, कनाडा, यूरोपीयन यूनियन, आइसलैंड, जापान, कज़ाकस्तान, नॉर्वे, रूस, स्विट्जरलैंड और टर्की। ट्रंप प्रशासन के भारत को जीएसपी सूची से निकालने के निर्णय से अमेरिकी कारोबार को हर साल 300 मिलियन डॉलर टैरिफ का अतिरिक्त भार पड़ेगा। वर्ष 2017 में जीएसपी के तहत भारत ने अमरीका को 5.6 अरब डॉलर से अधिक का कर-मुक्त निर्यात किया था। अभी तक भारत जीएसपी (जनरलाइज्ड सिस्टम ऑफ प्रेफरेंस) के तहत सबसे बड़ा लाभार्थी देश माना जाता था लेकिन ट्रंप के निर्णय से भारत का ऐसा दर्जा छिन गया। भारत आमतौर पर अमरीका को 2300 मिलियन डॉलर मूल्य की समुद्री खाद्य वस्तुएँ निर्यात करता है जिसमें सबसे बड़ा मद फ्रोजन झिंगों का होता है। वर्तमान में प्रशीतित झींगों पर अमेरिकी बाजारों में कोई प्रशुल्क भारत के ऊपर नहीं लगता और यह जीएसपी में शामिल नहीं है। अकेले वित्त वर्ष 2018 में भारत ने सीफूड से 7.08 बिलियन डॉलर प्राप्त किए थे, भारत के ऐसे बाज़ार पहुँच को अमरीका प्रभावित नहीं कर सकता।

भारत रूस द्विपक्षीय संबंध

भारत और रूस के संबंध भारत की आजादी के पूर्व से ही तत्कालीन सोवियत संघ के समाजवादी और साम्यवादी विचारधारा के कुछ मूलभूत मान्यताओं से प्रभावित होकर निर्मित हुए। भारत की अर्थव्यवस्था में समाजवादी मूल्यों को अपनाने और सोवियत संघ के तर्ज पर भारत में पंचवर्षीय योजनाओं की शुरुआत इस बात का प्रमाण है। शीतयुद्ध काल (1945-1990) के दौरान भारत द्वारा गुट निरपेक्षता की नीति अपनाने और सोवियत संघ के साम्यवादी गुट से न जुड़ने के निर्णय से भारत और सोवियत संघ संबंध विकसित नहीं हो सके थे। कालांतर में भारत और रूस का सहयोग भारत—सोवियत संघ के बीच 1971 की शांति मित्रता और सहयोग संधि के आधार पर मज़बूत हुआ। 20 वर्षीय इस संधि के तहत सोवियत संघ ने भारत को शर्त रहित सहयोग करने की प्रतिबद्धता व्यक्त की। इसी के तत्काल बाद बांग्लादेश के निर्माण में भारत की भूमिका का सोवियत संघ ने समर्थन किया और संयुक्त राष्ट्र सुरक्षा परिषद में भी इस संदर्भ में भारत की सहायता की। 1975 में सोवियत संघ के सहयोग से भारत का पहला सेटेलाइट आर्यभट्ट लॉन्च किया

गया था। 1980 के दशक में क्रायोजेनिक तकनीक और नाभिकीय कार्यक्रम में भी भारत को सोवियत संघ का सहयोग मिला। भारत गणराज्य तथा रूसी संघ के बीच 1993 की मित्रता और सहयोग संधि ने भी शीत युद्धोत्तर विश्व में भारत रूस संबंधों को मज़बूती देने के आदर्श स्थापित किए तथा भारत गणराज्य और रूसी संघ के बीच 2000 की रणनीतिक साझेदारी घोषणा ने दोनों के संबंधों को नई दिशा दी। दोनों देश एक दूसरे के सामरिक साझेदार बन गए। इसका आशय था कि भारत रूस अपने असैन्य परमाणु सहयोग, प्रतिरक्षा संबंध, अंतरिक्ष संबंध, विज्ञान और प्रौद्योगिकी संबंध को नई ऊँचाई पर ले जा सकते थे। सामरिक साझेदारी को ऊँचा स्थान देते हुए विशेष सम्मानित रणनीतिक साझेदारी पर 2010 का संयुक्त वक्तव्य भारत और रूस के द्वारा जारी किया गया था। भारत और रूस के बीच सहयोग अनेक क्षेत्रों में हैं और यह राजनीतिक और रणनीतिक सहयोग, सैन्य और सुरक्षा सहयोग, अर्थव्यवस्था, ऊर्जा, उद्योग, विज्ञान तथा प्रौद्योगिकी और सांस्कृतिक तथा मानवीय सहयोग पर आधारित है।

राजनीतिक, कूटनीतिक और सामरिक संबंध

वर्तमान बहुध्रुवीय विश्व में वैश्विक अर्थव्यवस्था में सुधार, संयुक्त राष्ट्र संघ महासभा और सुरक्षा परिषद में सुधार, विश्व व्यापार संगठन, अंतर्राष्ट्रीय मुद्रा कोष और विश्व बैंक जैसे अंतर्राष्ट्रीय वित्तीय संस्थाओं में अपेक्षित सुधारों के लिए भारत और रूस ने आपसी संबंधों को नई ऊर्जा देना आवश्यक समझा है। इसलिए दोनों देशों ने अपने कूटनीतिक और सामरिक संबंधों को दिशा देने के लिए सहयोग के नए क्षेत्रों की पहचान की है और उस पर द्विपक्षीय वार्ता करनी शुरू की है। भारतीय प्रधानमंत्री और रूसी संघ के राष्ट्रपति 4-5 अक्टूबर, 2018 को नई दिल्ली में 19वें वार्षिक द्विपक्षीय शिखर बैठक के अवसर पर मिले। इस बैठक में दोनों देशों ने 1971 से अब तक के संबंध के महत्त्व को रेखांकित किया। इस बैठक में भारत और रूस ने 21 मई, 2018 को सोची में हुई अनौपचारिक शिखर बैठक की समकालीन प्रासंगिकता और महत्त्व का मूल्यांकन किया। सोची शिखर बैठक ने बहु-ध्रुवीय विश्व व्यवस्था के निर्माण में भारत और रूस के बीच संवाद और सहयोग की भूमिका पर बल दिया। दोनों पक्षों ने ऐसी अनौपचारिक बैठकों को जारी रखने और नियमित रूप से सभी स्तरों पर रणनीतिक संचार बनाये रखने के प्रति सहमति भी व्यक्त की थी।

इस बैठक में भारत और रूस के बीच विशेष और सम्मानित रणनीतिक साझेदारी के प्रति संकल्प को दोहराने, वैश्विक शांति और स्थिरता पर बल देने की बात की गई। बैठक में भारत और रूस ने वैश्विक तनाव कम करने और सहिष्णुता, सहयोग, पारदर्शिता के आदर्शों को प्रोत्साहित करने तथा अंतर-राज्य संबंधों में खुले

रूप से काम करने का सभी देशों से आह्वान किया। 2017-18 अवधि के लिए विदेश कार्यालय परामर्श पर प्रोटोकॉल को सफलतापूर्वक लागू किये जाने के बाद दोनों पक्षों ने इसे और पाँच वर्ष (2019-2023) के लिए आगे बढ़ाने पर सहमति व्यक्त की और इस संबंध में प्रोटोकॉल पर हस्ताक्षर किये। रूस ने इस बैठक में इकाटेरिनबर्ग तथा आस्त्राखान में भारत के मानद महावाणिज्य दूत की नियुक्ति का स्वागत किया। इससे दोनों देशों की जनता और क्षेत्रों के बीच अधिक घनिष्ठ रूप से संवाद को सहायता मिलेगी।

भारत और रूस ने आंतरिक सुरक्षा, अवैध मादक द्रव्यों की तस्करी तथा आपदा प्रबंधन पर सहयोग के लिए संबंधित अधिकारियों के बीच नवम्बर, 2017 में हुए समझौते का स्वागत किया। इस समझौते में 2018-2020 अवधि के लिए भारत गणराज्य के गृह मंत्रालय के मादक द्रव्य नियंत्रण ब्यूरो तथा रूसी संघ के आंतरिक मंत्रालय के बीच संयुक्त कार्य योजना शामिल है। भारतीय पक्ष ने आपदा प्रबंधन के क्षेत्र में रूसी पक्ष की तकनीकी विशेषज्ञता को स्वीकार किया और प्रशिक्षकों के प्रशिक्षण तथा आपात अनुक्रिया सरंचना विकास सहित सहयोग की संभावना तलाशने पर सहमति व्यक्त की।

दोनों पक्षों ने भारत और रूस के बीच कूटनीतिक संबंधों की 70वीं वर्षगाँठ समारोह की सफलता पर कहा कि समारोह के प्रति दोनों देशों के लोगों में उत्साह देखा गया और इससे जनता-जनता के बीच संबंध और प्रगाढ़ हुए। दोनों पक्षों ने 2017 में हस्ताक्षरित 2017-2019 के लिए सांस्कृतिक आदान-प्रदान कार्यक्रम के क्रियान्वयन पर संतोष व्यक्त किया। दोनों देशों ने भारत में वार्षिक रूसी समारोह तथा रूस में भारत समारोह का स्वागत किया और युवा आदान-प्रदान कार्यक्रम, लेखक आदान-प्रदान तथा राष्ट्रीय फिल्म समारोह के पारस्परिक समर्थन की सराहना की। दोनों पक्षों ने पिछले दो वर्षों में पर्यटन के क्षेत्र में पारस्परिक विकास का स्वागत किया और इस सार्थक दिशा में मदद देने पर सहमति व्यक्त की। भारत ने 2018 फीफा विश्व कप के सफल आयोजन के लिए रूस की प्रशंसा की। दोनों पक्षों ने अनेक दशकों में भारत-रूस संबंधों को प्रोत्साहित करने में रूसी विज्ञान अकादमी के प्राच्य अध्ययन संस्थान के योगदान को स्वीकार किया। प्रधानमंत्री मोदी ने संस्थान के 200वीं स्थापना समारोह की सफलता में भारत के योगदान को रेखांकित किया।

•   •

भारत रूस द्विपक्षीय आर्थिक संबंध

भारत ने रूस के साथ द्विपक्षीय आर्थिक और व्यापारिक संबंधों को मज़बूती देने के लिए समय-समय पर कई कदम उठाए हैं। वर्तमान में दोनों के मध्य वस्तुओं और

सेवाओं का द्विपक्षीय व्यापार 9.5 बिलियन डॉलर है। भारत और रूस ने व्यापार, अर्थव्यवस्था, विज्ञान प्रौद्योगिकी तथा सांस्कृतिक सहयोग पर 14 सितम्बर, 2018 को रूसी संघ के उप-प्रधानमंत्री तथा भारत गणराज्य की विदेश मंत्री की सह-अध्यक्षता में मॉस्को में आयोजित भारत-रूस अंतर सरकारी आयोग की 23वीं बैठक के परिणामों का स्वागत किया। दोनों देशों के आर्थिक संबंधों को निम्नलिखित रूप में दिशा दी गई है :

—दोनों पक्षों ने 2025 तक द्विपक्षीय व्यापार बढ़ाकर 30 बिलियन डॉलर करने के लक्ष्य की समीक्षा की है और संतोष व्यक्त किया कि दोनों देश इस लक्ष्य को प्राप्त करने की दिशा में हैं। भारत और रूस ने कहा कि 2017 में द्विपक्षीय व्यापार 20 प्रतिशत से अधिक बढ़ा। भारत और रूस ने राष्ट्रीय मुद्राओं में द्विपक्षीय व्यापार को प्रोत्साहित करने पर भी समर्थन व्यक्त किया। भारत और रूस ने इस बैठक में तय किया था कि भारत के नीति आयोग और रूसी संघ के आर्थिक विकास मंत्रालय के बीच रणनीतिक आर्थिक संवाद की पहली बैठक रूस में 2018 के अंत में की जाएगी।

भारत और रूस में यूरेशियन आर्थिक संघ तथा इसके सदस्य देशों और दूसरी ओर भारत के बीच मुक्त व्यापार समझौते को लेकर विचार-विमर्श प्रारंभ होने का स्वागत किया और वार्ता प्रक्रिया तेज़ करने पर अपना समर्थन दिया है। यूरेशियन आर्थिक संघ वर्ष 2015 में औपचारिक रूप में अस्तित्व में आया था। यह रूस के नेतृत्व वाला संघ है जिसमें प्रमुख सदस्य हैं रूस, क़जाखस्तान, किर्गिस्तान, बेलारूस और आर्मेनिया। भारत के साथ इसकी मुक्त व्यापार समझौता वार्ता अंतिम चरण में है। वर्ष 2016 में भारत और इस संघ के मध्य द्विपक्षीय व्यापार 7.3 बिलियन डॉलर है। 2017 में इनके मध्य व्यापार 10.8 बिलियन डॉलर है। इस संघ के सदस्य देश भारत को कच्चा तेल, खनिज और रासायनिक उर्वरक, पेट्रोलियम उत्पाद, पेपर, टर्बोजेट इंजन आदि का निर्यात करते हैं और भारत से फार्मास्युटिकल, ऑर्गेनिक रासायनिक यौगिक, चाय कॉफ़ी और इलेक्ट्रिक उत्पाद का आयात करते हैं।

—भारत और रूस ने व्यापार और आर्थिक संबंधों तथा निवेश सहयोग के विकास के लिए संयुक्त कार्य रणनीति बनाने के संबंध में संयुक्त अध्ययन के गठन पर संतुष्टि व्यक्त करते हुए इस संदर्भ में भारतीय विदेश व्यापार संस्थान और अखिल रूस विदेश व्यापार अकादमी को मनोनीत किया है।

—भारत में रूसी निवेशकों की सुविधा के लिए 'इंवेस्ट इंडिया' द्वारा किए जाने वाले कार्यों और रूस में भारतीय कंपनियों को संचालन सुविधा प्रदान करने

के लिए रूसी संघ के आर्थिक विकास मंत्रालय द्वारा शुरू की जाने वाली 'एकल खिड़की सेवा' की भारत सरकार द्वारा तारीफ की गई है।

—व्यापार को प्रोत्साहन देने के लिए भारत और रूस ने इस बात पर सहमति व्यक्त की कि किसी भी उत्पाद के निर्यात/आयात के समय आवश्यक निरीक्षण/नियमों के पालन के विषय में सारे प्रयासों को साझा किया जाएगा, ताकि इस तरह के निरीक्षण में होने वाले विलम्ब को कम किया जा सके।

—भारत और रूस ने अपनी व्यापार प्रदर्शनियों एवं मेंलों, संस्थानों/निर्यात संवर्द्धन परिषदों तथा अन्य निर्यात संबंधी संस्थानों की सूचियों को साझा करने पर सहमति व्यक्त की, जहाँ से दोनों पक्षों के निर्यातकों/आयातकों का विवरण किसी को भी प्राप्त हो सके, ताकि उनके साथ बातचीत संभव हो।

—भारत और रूस ने खनन, धातुकर्म, ऊर्जा, तेल एवं गैस, रेल, फार्मा, सूचना प्रौद्योगिकी, रसायन, अवसंरचना, ऑटोमोबाइल, उड्डयन, अंतरिक्ष, पोत निर्माण और विभिन्न उपकरणों के निर्माण के क्षेत्र में प्राथमिकता आधारित निवेश परियोजनाओं के कार्यान्वयन को तेज़ी देने का निर्णय किया है। दोनों पक्षों ने रूस में एडवांस फार्मा कंपनी द्वारा दवा संयंत्र लगाने का स्वागत किया। भारतीय पक्ष ने रूस से उर्वरकों का आयात बढ़ाने की मंशा जाहिर की। दोनों पक्षों ने एल्युमिनियम क्षेत्र में सहयोग बढ़ाने के महत्त्व को रेखांकित किया। इसके अलावा भारतीय राष्ट्रीय लघु उद्योग निगम और रूस के लघु एवं मध्यम व्यापार निगम के बीच समझौता-ज्ञापन पर हस्ताक्षर किए गए हैं।

भारत और रूस के मध्य अवसंरचना विकास हेतु साझेदारी

—भारत और रूस ने अवसंरचनात्मक विकास के क्षेत्र में द्विपक्षीय सहयोग को बढ़ावा देने का निर्णय किया है। भारत में औद्योगिक गलियारे के विकास के लिए रूसी कंपनियों को आमंत्रित किया गया है, जिसमें सड़क एवं रेल अवसंरचना का विकास, स्मार्ट सिटी, वैगन निर्माण तथा संयुक्त यातायात लॉजिस्टिक्स कंपनी का गठन शामिल है। रूस ने औद्योगिक गलियारे की रूपरेखा को अपनी संयुक्त परियोजनाओं में शामिल करते हुए भारत में संयुक्त परियोजनाओं को ध्यान में रखते हुए उपग्रह आधारित प्रौद्योगिकियों की मदद से कर-संकलन में विशेषज्ञता की पेशकश की है।

—भारत और रूस ने अंतर्राष्ट्रीय यातायात गलियारों के कार्यान्वयन के लिए यातायात शिक्षा, कार्मिक प्रशिक्षण तथा वैज्ञानिक समर्थन के क्षेत्र में सहयोग के महत्त्व को रेखांकित किया। इस उद्देश्य के लिए दोनों पक्षों ने राष्ट्रीय रेल एवं यातायात संस्थान (वडोदरा) और रूसी यातायात विश्वविद्यालय (एमआईआईटी) के बीच सहयोग कायम रखने पर बल दिया।

भारत और रूस ने क्षेत्रीय और वैश्विक अंतरसंपर्क बढ़ाने के महत्त्व को हाल के समय में रेखांकित किया। दोनों देशों ने द्विपक्षीय और अन्य भागीदार देशों के साथ यथाशीघ्र चर्चाओं के ज़रिये वित्तीय सुविधा, सड़क एवं रेल अवसंरचना विकास तथा सीमा शुल्क संबंधी लंबित मुद्दों को तय करने के लिए प्रयासों में तेज़ी लाकर अंतर्राष्ट्रीय उत्तर-दक्षिण यातायात गलियारा (आईएनएसटीसी) के विकास का आह्वान किया। दोनों पक्षों ने ईरान होते हुए रूस जाने वाले भारतीय माल यातायात के मुद्दे पर मॉस्को में आयोजित हुए 'यातायात सप्ताह-2018' के उपलक्ष्य में भारत, रूसी संघ और ईरान के बीच प्रस्तावित तीन पक्षीय बैठक का स्वागत किया। भारतीय पक्ष ने टीआईआर कारनेट के तहत अंतर्राष्ट्रीय माल यातायात सीमा शुल्क सम्मेलन में अपने नेतृत्व के बारे में रूसी पक्ष को सूचित किया। उल्लेखनीय है कि अंतर्राष्ट्रीय उत्तर दक्षिण यातायात गलियारा एक मल्टी मॉडल यातायात परियोजना है जिसके तहत लगभग 7600 किलोमीटर लंबा वैकल्पिक अंतर्राष्ट्रीय व्यापारिक मार्ग विकसित किया जाना है। इसे विकसित करने का विचार वर्ष 2000 में भारत, रूस और ईरान ने दिया था। इसे भारत के न्हवा शेवा बंदरगाह से सेंट पीटर्सबर्ग तक विकसित किया जा रहा है। इस परियोजना में कुल 13 देश शामिल हैं। यह परियोजना भारत और रूस दोनों के लिए इसलिए भी महत्त्वपूर्ण है कि यह ऊर्जा समृद्ध मध्य एशिया के देशों को भी जोड़ रही है।

भारत और रूस ने हरित गलियारा परियोजना (ग्रीन कॉरिडोर प्रोजेक्ट) को जल्द शुरू किए जाने का समर्थन किया है। इसका उद्देश्य भारत और रूस के बीच माल यातायात के संबंध में सीमा शुल्क गतिविधियों को सरल बनाना है। इस प्रोजेक्ट के तहत दोनों देश अपने अपने कंपनियों और उद्यमियों की एक सूची तैयार करेंगे जिनके वस्तुओं का कोई सीमा शुल्क निरीक्षण नहीं किया जाएगा। दोनों पक्षों ने इसे आपसी व्यापार बढ़ाने की दिशा में एक महत्त्वपूर्ण कदम बताया है। परियोजना शुरू हो जाने के बाद दोनों देशों का सीमा शुल्क प्रशासन इसे आगे बढ़ाने के लिए प्रतिबद्ध हो जाएगा। इस हरित गलियारे के गठन का विचार रूस के फेडरल कस्टम्स सर्विस ने दिया था। रूस फिनलैंड और टर्की के साथ भी ग्रीन कॉरिडोर प्रोजेक्ट का क्रियान्वयन कर रहा है। चीन और इटली के साथ भी ऐसे प्रोजेक्ट पर रूस ने हस्ताक्षर किए हैं। रूस पारस्परिक व्यापार को बढ़ावा देने के लिए इसे आवश्यक उपकरण समझता है।

भारत और रूस ने भारत के राज्यों और रूस के क्षेत्रों के बीच सहयोग को मज़बूत करने और उन्हें संस्थागत रूप देने के प्रयास भी शुरू किए हैं। भारत के

राज्यों एवं केन्द्रशासित प्रदेशों तथा रूसी संघ के क्षेत्रों के बीच सहयोग की गति को आगे ले जाने के लिए दोनों पक्षों ने निर्देश दिया है कि दोनों देशों के व्यापार, उद्यमों और सरकारी निकायों के बीच सीधे संपर्क में और तेज़ी लाई जाए। दोनों देशों ने असम एवं सखालिन, हरियाणा एवं बाशकोर्तोस्तान, गोवा एवं कालिनिनग्राद, ओडिशा एवं इर्कुतुस्क, विशाखापत्तनम एवं व्लादिवोस्तोक के बीच समझौते पर हस्ताक्षर किए जाने के प्रयासों का स्वागत किया है। दोनों देशों ने सेंट पीटर्सबर्ग अंतर्राष्ट्रीय आर्थिक मंच, पूर्वी आर्थिक मंच एवं साझेदारी/निवेश शिखर बैठकों जैसे प्रमुख गतिविधियों में क्षेत्रीय प्रतिनिधिमंडलों की भागीदारी को प्रोत्साहित करने पर सहमति व्यक्त की है तथा भारत-रूस अंतर-क्षेत्रीय मंच के आयोजन की मंशा का स्वागत किया।

निवेश, व्यापार और वाणिज्य के क्षेत्र में नए सहयोग

भारत और रूस ने प्राकृतिक संसाधनों के सस्ते और पर्यावरण अनुकूल दोहन को सुनिश्चित करते हुए समुचित प्रौद्योगिकियों के इस्तेमाल के ज़रिये दोनों देशों के आर्थिक संसाधनों के उत्पादक, कुशल तथा आर्थिक उपयोग संबंधी संयुक्त परियोजनाओं की संभावना तलाशने के संबंध में मिलकर काम करने पर सहमति व्यक्त की है। दोनों देशों ने कृषि क्षेत्र को सहयोग के एक महत्त्वपूर्ण क्षेत्र के रूप में स्वीकार किया और कृषि उत्पादों में व्यापार बाधाओं को दूर करने, अधिक उत्पादन और व्यापार बढ़ाने की प्रतिबद्धता व्यक्त की। भारत और रूस ने हीरा क्षेत्र में अर्जित सहयोग स्तर की पारस्परिक सराहना की है, जिसमें भारतीय कंपनियों को पीजेएससी अलरोज़ा द्वारा अनगढ़ हीरों की आपूर्ति संबंधी नए दीर्घकालीन समझौते पर हस्ताक्षर, मुंबई में अलरोज़ा प्रतिनिधि कार्यालय खोला जाना तथा भारत सहित देशी हीरों के विपणन कार्यक्रम के विकास के संबंध में अंतर्राष्ट्रीय हीरा उत्पादक संघ के भारतीय रत्न एवं आभूषण निर्यात संवर्द्धन परिषद तथा अलरोज़ा द्वारा संयुक्त वित्त पोषण शामिल है। दोनों पक्षों ने रूसी सुदूर पूर्व में हीरा निर्माण के क्षेत्र में भारतीय कंपनियों द्वारा हाल में किए गए निवेश की भी समीक्षा की है।

भारत और रूस ने संयुक्त निवेशों, उत्पादन, प्रसंस्करण और कुशल श्रम के ज़रिये कीमती धातुओं, खनिजों, प्राकृतिक संसाधनों, लकड़ी सहित वन्य उत्पादों में संयुक्त सहयोग के अवसर खोजने पर हाल के समय में सहमति दी है। रूस ने रूसी सुदूर पूर्व में निवेश करने के लिए भारतीय पक्ष को आमंत्रित किया है वहीं भारत ने मुंबई में सुदूर पूर्व एजेंसी का कार्यालय खोले जाने के निर्णय का स्वागत किया है।

भारत रूस विज्ञान एवं प्रौद्योगिकी संबंध

भारत और रूस ने विज्ञान और प्रौद्योगिकी क्षेत्र में सहयोग बढ़ाने की आवश्यकताओं को रेखांकित किया है तथा विज्ञान एवं प्रौद्योगिकी पर दसवें भारत-रूस कार्यसमूह का सफल आयोजन किया है। वर्ष 2018 में इसे भारत के विज्ञान एवं प्रौद्योगिकी विभाग और रूसी संघ के विज्ञान एवं उच्च शिक्षा मंत्रालय ने संयुक्त रूप से संचालित किया था। भारत के विज्ञान एवं प्रौद्योगिकी विभाग तथा रूसी बुनियादी अनुसंधान फाउंडेशन के बीच सफल सहयोग हाल के समय में सुनिश्चित किया गया है। भारत और रूस ने पारस्परिक प्राथमिकता वाले वैज्ञानिक एवं प्रौद्योगिकी क्षेत्रों में विभिन्न प्रयोगशालाओं, अकादमिक जगत, विश्वविद्यालयों, संस्थानों और संगठनों के बीच आगे सहयोग किए जाने के विषय में रोडमैप तैयार करने के विचार से भारत सरकार और रूसी संघ की सरकार के बीच विज्ञान, प्रौद्योगिकी और नवाचार के क्षेत्र में सहयोग के लिए समग्र दीर्घकालीन कार्यक्रम के तहत सहयोग को दोबारा स्थापित करने पर सहमति व्यक्त की। दोनों देशों ने सूचना एवं संचार प्रौद्योगिकी के क्षेत्र में, विशेषकर इलेक्ट्रोनिक प्रणाली डिजाइन एवं निर्माण, सॉफ्टवेयर विकास, सुपर कम्प्यूटर, ई-सरकार, जनसेवा आपूर्ति, नेटवर्क सुरक्षा, सूचना एवं संचार प्रौद्योगिकियों के इस्तेमाल में सुरक्षा, फिन-टेक, इंटरनेट ऑफ थिंग्स, मानकीकरण, रेडियो नियंत्रण तथा रेडियो फ्रिक्वेंसी स्पेक्ट्रम के नियमन में अपना सहयोग बढ़ाने पर सहमति व्यक्त की है। दोनों पक्षों ने ब्रिक्स और आईटीयू सहित विभिन्न मंचों पर आपसी समर्थन तथा समन्वय जारी रखने की प्रतिबद्धता व्यक्त की है। भारतीय उद्योग परिसंघ और स्कोलकोवो फाउंडेशन द्वारा दिसंबर 2018 में पहली बार भारत-रूस स्टार्ट-अप शिखर बैठक के आयोजन का निर्णय लिया गया था।

भारत और रूस अंतरिक्ष संबंध

भारत के अंतरिक्ष कार्यक्रम की शुरुआत रूस के सहयोग से हुई थी। बाहरी अंतरिक्ष के शांतिपूर्ण प्रयोग के लिए दोनों देशों के मध्य समझौता हो चुका है। भारत और रूसी संघ में स्थापित भारतीय क्षेत्रीय नौवहन उपग्रह प्रणाली नैव-आईसी अथवा नाविक और रूसी नौवहन उपग्रह प्रणाली ग्लॉनोस के मध्य सहयोग हेतु समझौता किया जा चुका है। इसके अलावा दोनों देशों ने ब्रिक्स दूर संवेदी उपग्रह सहयोग के विकास को जारी रखने पर भी सहमति दी है। रूस ने भारत के पहले मानव अंतरिक्ष मिशन गगनयान के सफल संचालन के लिए भारतीय अंतरिक्ष यात्रियों को रूसी स्पेस सेंटर पर प्रशिक्षण देने का भी समझौता किया है।

भारत रूस आर्कटिक और अंटार्कटिका सहयोग संबंध

दोनों देशों ने आर्कटिक और अन्य क्षेत्रों सहित संयुक्त वैज्ञानिक अनुसंधान क्षेत्र में पारस्परिक रूप से लाभप्रद सहयोग के विकास के प्रति रुचि व्यक्त की है। अंटार्कटिक में भारत और रूस के वैज्ञानिकों के बीच सहयोग को मज़बूती देने की बात की गई है।

भारत और रूस प्राकृतिक गैस सहित रूस की ऊर्जा संपत्ति और अक्षय ऊर्जा स्त्रोतों के क्षेत्र में संभावित संयुक्त परियोजनाओं के क्रियान्वयन के लिए भी योजनाएँ बना रहे हैं। एलएनजी के क्षेत्र में रूसी और भारतीय कंपनियों की रुचि बढ़ी है और गैजप्राम समूह एवं गेल इंडिया लिमिटेड के बीच दीर्घावधि अनुबंध के तहत एलएनजी की आपूर्ति शुरू की गई है।

दोनों देशों ने रूस के आर्कटिक पट्टी सहित रूस में तेल क्षेत्र के संयुक्त विकास तथा पेचोरा एवं ओखोत्स्क समुद्री पट्टी पर परियोजनाओं के संयुक्त विकास की संभावनाएँ तलाशने के लिए अपना समर्थन देने की बात की है। रूस और अन्य देशों से होते हुए भारत तक गैस पाइपलाईन आपूर्ति पर 2017 में हुए संयुक्त अध्ययन का स्वागत करते हुए दोनों पक्षों ने भारत तक गैस पाइपलाइन के निर्माण की संभावनाएँ तलाशने के लिए भारत और रूस के मंत्रालयों और कंपनियों के बीच जारी मंत्रणा का समर्थन किया और दोनों मंत्रालयों के बीच समझौता ज्ञापन के संभावित निष्कर्ष पर आपस में संपर्क जारी रखने पर सहमति जताई।

भारत और रूस असैन्य परमाणु सहयोग संबंध

भारत और रूस के बीच नागरिक परमाणु समझौता जलवायु परिवर्तन पर पेरिस समझौते के तहत भारत की ऊर्जा सुरक्षा और इसकी प्रतिबद्धताओं के लिए रणनीतिक साझेदारी का एक अहम भाग है। दोनों पक्षों ने कुडनकुलम नाभिकीय ऊर्जा संयंत्र में शेष छह विद्युत इकाइयों के निर्माण में हुई प्रगति और इनके पुर्जों की निर्माण के लिए की जा रही कोशिशों को गति देने का निर्णय किया है। दोनों पक्षों ने भारत में रूस की डिजाइन की हुई नई नाभिकीय ऊर्जा संयंत्र और परमाणु उपकरणों के संयुक्त निर्माण सहित तीसरे देशों में सहयोग पर वार्ता संपन्न की है।

भारत और रूस ने बांग्लादेश के रूपुर परमाणु ऊर्जा परियोजना के क्रियान्वयन में त्रिपक्षीय सहयोग पर समझौता ज्ञापन में किए गए समझौते को पूरा करने में हुई प्रगति का आकलन भी हाल के समय में किया है।

दोनों देशों ने जलवायु परिवर्तन के नकारात्मक प्रभाव को कम करने सहित हॉइडेल और अक्षय ऊर्जा स्त्रोतों, ऊर्जा क्षमता पर सहयोग को आगे और बढ़ाने की संभावनाएँ तलाशने का निर्णय लिया है।

भारत और रूस के मध्य सैन्य-तकनीकी प्रतिरक्षा सहयोग

भारत और रूस के मध्य प्रतिरक्षा और सैन्य-तकनीकी सहयोग उनकी रणनीतिक साझेदारी का एक अहम स्तंभ है। दोनों देशों के मध्य ब्रम्होस मिसाइल के संयुक्त विकास, भारत द्वारा रूस से सुखोई 30 फाइटर जेट की प्राप्ति, रूस द्वारा भारत को टी 90 टैंक (भीष्म टैंक) देने की बात और हाल में भारत द्वारा एस यू 400 मिसाइल डिफेंस सिस्टम रूस से खरीदने का समझौता दोनों देशों के प्रतिरक्षा संबंधों को दर्शाता है। सैन्य तकनीकी सहयोग पर भारत-रूस अंतर-सरकारी आयोग की बैठकों का आयोजन किया जाता है। सैन्य सहयोग के रोडमैप ने जवानों के प्रशिक्षण, सेना के वरिष्ठ अधिकारियों के आदान-प्रदान और अभ्यास सहित दोनों देशों की सेनाओं के बीच परस्पर संपर्क का मार्ग प्रशस्त किया है। रूस ने आर्मी गेम्स 2018 और अंतर्राष्ट्रीय सुरक्षा पर मॉस्को सम्मेलन में भारत की भागादारी का सकारात्मक रूप से मूल्यांकन किया है। दोनों पक्षों ने ट्राइ-सर्विसेज एक्सरसाइज इंद्रा के ज़रिये अपने प्रतिरक्षा संबंधों को मज़बूती दी है। भारत और रूस में वर्ष 2018 में यह सहमति बनी है कि भारत को सतह से हवा में मार करने वाले लंबी दूरी की एस-400 मिसाइल डिफेंस सिस्टम की आपूर्ति रूस द्वारा की जाएगी। दोनों देशों के बीच संयुक्त अनुसंधान और सैन्य उपकरणों के संयुक्त उत्पादन की दिशा में सकारात्मक बदलाव की पहचान की गई है। भारत सरकार की 'मेक इन इंडिया' नीति को बढ़ावा देने के लिए सैन्य औद्योगिक सम्मेलन का मूल्यांकन एक अहम व्यवस्था के रूप में किया गया है।

वैश्विक राजनीति और भारत रूस संबंध

भारत और रूस ने बराबरी, पारस्परिक सम्मान और गैर-हस्तक्षेप को वैश्विक स्तर पर स्वीकृत अंतर्राष्ट्रीय कानून के तौर पर पुष्टि की है, जैसाकि संयुक्त राष्ट्र के चार्टर और देशों के बीच संयुक्त राष्ट्र चार्टर के तहत मित्रतापूर्ण संबंधों एवं सहयोग से जुड़े अंतर्राष्ट्रीय कानून पर 1970 के घोषणा पत्र में परिलक्षित होता है। दोनों देशों ने ब्रिक्स के बैनर तले वैश्विक व्यवस्था में सुधार के लिए सामूहिक प्रयास करने पर बल दिया है। दोनों देशों ने जुलाई 2018 में दक्षिण अफ्रीका में 10वें ब्रिक्स सम्मेलन के नतीजों की चर्चा करते हुए इस बात की पुष्टि की कि अंतर्राष्ट्रीय कानून और संयुक्त राष्ट्र चार्टर के दायरे में स्वच्छ, निष्पक्ष और एक बहुध्रुवीय विश्व के निर्माण में प्राथमिकताओं की रक्षा करने और संघ के भीतर रणनीतिक साझेदारी को बढ़ावा देने में उत्पादन अंत:क्रिया को जारी रखने में भारत और रूस महत्त्वपूर्ण भूमिका निभा रहे हैं।

—भारत और रूस ने दक्षिण एशिया और वैश्विक सुरक्षा के लिए अफ़ग़ानिस्तान में अफ़ग़ान नेतृत्व में राष्ट्रीय शांति सामंजस्य प्रक्रिया की दिशा में अफ़ग़ान सरकार की कोशिशों को समर्थन देने की घोषणा की है। अफ़ग़ानिस्तान में अनवरत जारी हिंसा, गंभीर सुरक्षा हालात और क्षेत्र में इसके बुरे प्रभाव से चिंतित दोनों पक्षों ने वहाँ लंबे समय से चले आ रहे संघर्ष, आतंकियों की हिंसा, आतंकवादियों के शरण स्थल और नशीले पदार्थों की समस्या से निजात दिलाने के लिए मॉस्को फॉर्मेट, अफ़ग़ानिस्तान पर एससीओ संपर्क समूह और ऐसे ही कुछ दूसरे उपाय करने पर जोर दिया है। दोनों पक्षों ने अफ़ग़ानिस्तान में बाहरी हस्तक्षेप को कम करने की कोशिशों में वैश्विक समुदाय के शामिल होने का आह्वान किया ताकि वहाँ अर्थव्यवस्था, थमने वाली शांति एवं सुरक्षा, एक स्थिर, सुरक्षित, संयुक्त एवं प्रगतिशील और स्वतंत्र अफ़ग़ानिस्तान बहाल किया जा सके। दोनों पक्ष अफ़ग़ानिस्तान में संयुक्त विकास और क्षमता निर्माण की परियोजनाएँ शुरू करेंगे।

—भारत और रूस ने संयुक्त राष्ट्र सुरक्षा परिषद संकल्प 2254 (2015) के अनुपालन में सीरिया की संप्रभुता, स्वतंत्रता और क्षेत्रीय अखंडता की सुरक्षा करने वाली, सीरियाई नेतृत्व, सीरियाई स्वामित्व वाली एक समग्र राजनीतिक प्रक्रिया के माध्यम से सीरिया में युद्ध के राजनीतिक समाधान के लिए भारत और रूस की प्रतिबद्धता को दोहराया। उन्होंने जेनेवा प्रक्रिया, संयुक्त राष्ट्र द्वारा पेश की गई मध्यस्थता के साथ-साथ अस्ताना प्रक्रिया के लिए अपने समर्थन को दोहराया और दो पहलों के मध्य अनुपूरकता पर जोर दिया। दोनों पक्षों ने शांतिपूर्ण, स्थिर, संप्रभु सीरियाई देश का निर्माण करने में सभी हितधारकों का सक्रिय रूप से काम करने का आह्वान किया और बिना पूर्व शर्तों या बाहरी हस्तक्षेप के बगैर अंतर-सीरियाई वार्ता का समर्थन किया। भारत और रूस ने सीरियाई जनता के सामने लंबे समय से चल रही परेशानियों को जल्द समाप्त करने, तुरंत पुनर्निर्माण जरूरतों पर ध्यान देने और शरणार्थियों और आतंरिक रूप से विस्थापित व्यक्तियों की वापसी के लिए आवश्यक मानवीय सहायता उपलब्ध कराने के प्रयासों में बढ़ोतरी करने के प्रयासों का आह्वान किया।

भारत और रूस ने परमाणु-प्रसार निषेध शासन को मज़बूत करने तथा ईरान के साथ सामान्य आर्थिक सहयोग विकसित करने के लिए अंतर्राष्ट्रीय शांति और सुरक्षा को समर्थन देने के लिए ईरान के परमाणु कार्यक्रम के बारे में कार्य करने के लिए संयुक्त व्यापक योजना (जेसीटीओए) के पूरी तरह से प्रभावी कार्यान्वयन के महत्त्व पर जोर दिया। उन्होंने यह आह्वान किया कि ईरान के परमाणु कार्यक्रम से संबंधित सभी मुद्दों को शांतिपूर्ण तरीके और बातचीत के द्वारा सुलझाया जाए। इसके साथ ही दोनों देशों ने कोरियाई प्रायद्वीप में सकारात्मक गतिविधियों का स्वागत किया है और कूटनीति और बातचीत के द्वारा इस उप-क्षेत्र में शांति और स्थिरता कायम

करने के बारे में किए गए प्रयासों के लिए अपने पूर्ण समर्थन को दोहराया। दोनों पक्षों ने जोर दिया कि कोरियाई प्रायद्वीप के मुद्दों के समाधान के लिए कार्यप्रणाली तैयार करते समय यह आवश्यक है कि परमाणु प्रसार से संबंधित इनकी चिंताओं और उनके समाधान को ध्यान में रखा जाए।

—भारत और रूस ने बाह्य अंतरिक्ष में हथियारों की दौड़ की संभावना और बाह्य अंतरिक्ष के सैनिक टकराव के एक क्षेत्र के रूप में बदलने की संभावनाओं के बारे में गंभीर चिंता व्यक्त की। उन्होंने जोर दिया कि बाह्य अंतरिक्ष (पीएआरओएस) में हथियारों की होड़ की रोकथाम से अंतर्राष्ट्रीय शांति के लिए गंभीर खतरे को रोका जा सकेगा। दोनों पक्षों ने बाह्य अंतरिक्ष में हथियारों को रखने की परस्पर रोकथाम सहित पीएआरओएस पर कानूनी बाध्यता के लिए संभावित तत्वों पर विचार-विमर्श के लिए संयुक्त राष्ट्र के सरकारी विशेषज्ञों के समूह द्वारा पहले सत्र में किए गए विचार-विमर्श का स्वागत किया और कहा कि क्रियात्मक पारदर्शिता और आत्मविश्वास का निर्माण करने वाले प्रयास पीएआरओएस के उद्देश्यों में अपना योगदान दे सकते हैं।

भारत और रूस ने रासायनिक हथियारों के विकास, उत्पादन, भंडारण और उपयोग के निषेध पर आयोजित सम्मेलन में रासायनिक हथियारों के निषेध के लिए संगठनों की गतिविधियों के राजनीतिकरण को रोकने के बारे में सम्मेलन की भूमिका के संरक्षण के उद्देश्यपूर्ण प्रयासों और पहलों का समर्थन करने के अपने निर्णय की पुष्टि की। भारतीय पक्ष ने रूसी संघ द्वारा रासायनिक हथियारों के भंडार को नष्ट करने के कार्य को जल्दी पूरा करने का स्वागत किया, जो रासायनिक हथियारों से मुक्त विश्व का निर्माण करने के उद्देश्य को अर्जित करने के उनके महत्त्वपूर्ण योगदान को दर्शाता है। इसके अलावा दोनों देशों ने सभी प्रकार के आतंकवाद और इसके प्रचार की निंदा की और बिना किसी दोहरे मापदंड के निर्णायक और सामूहिक प्रक्रिया के साथ अंतर्राष्ट्रीय आतंकवाद का मुकाबला करने की जरूरत पर जोर दिया। दोनों पक्षों ने आतंकवादी नेटवर्कों, वित्तीय संसाधनों, हथियारों तथा लड़ाई के सामान की आपूर्ति करने वाले स्रोतों का उन्मूलन करने तथा आतंकवादी विचारधारा, प्रचार और भर्ती को रोकने के लिए अपने प्रयासों में बढ़ोतरी पर सहमति व्यक्त की। अंतर्राष्ट्रीय कानून का हिस्सा बनने के लिए संयुक्त राष्ट्र में लंबित पड़ी व्यापक अंतर्राष्ट्रीय आतंकवाद संधि को अपनाने के महत्त्व को मान्यता दी। दोनों पक्षों ने इस संधि के जल्द निष्कर्ष के लिए अपने पूरे प्रयास करने के लिए अंतर्राष्ट्रीय समुदाय का आह्वान किया। उन्होंने रासायनिक और जैविक आतंकवाद की चुनौतियों से निपटने के लिए दोनों पक्षों के रासायनिक और जैविक आतंकवाद के कृत्यों के दमन के लिए निरस्त्रीकरण पर अंतर्राष्ट्रीय संधि के बारे में आयोजित सम्मेलन में बहु-पक्षीय समझौतों को लागू करने की जरूरत पर जोर दिया।

सतत विकास और भारत रूस गठजोड़

भारत और रूस ने सतत विकास के लिए 2030 एजेंडे के पूर्ण कार्यान्वयन के लिए अपनी प्रतिबद्धता की पुष्टि की है। दोनों देशों ने निर्णय लिया है कि संतुलित एवं एकीकृत ढंग से आर्थिक, सामाजिक एवं पर्यावरणीय जैसे तीन आयामों में सतत विकास के लक्ष्य की प्राप्ति के लिए न्यायसंगत, खुले, चहुँमुखी, नवाचार आधारित एवं समावेशी विकास के लिए काम करेंगे। भारत और रूस 2030 एजेंडे के वैश्विक कार्यान्वयन में समन्वय के साथ-साथ समीक्षा के लिए 'सतत विकास पर उच्चस्तरीय राजनीतिक फोरम' सहित संयुक्त राष्ट्र की प्रमुख भूमिका होने की बात दोहराई है। दोनों देशों ने संयुक्त राष्ट्र विकास प्रणाली में सुधार की जरूरत पर सहमति जताई, ताकि 2030 एजेंडे के कार्यान्वयन में सदस्य देशों की सहायता करने में इसकी क्षमता बढ़ाई जा सके। दोनों पक्षों ने विकसित देशों से समय पर और पूर्ण रूप से अपनी आधिकारिक विकास सहायता देने की प्रतिबद्धता पूरी करने के साथ-साथ विकासशील देशों को और ज्यादा विकास संसाधन मुहैया कराने का अनुरोध किया। दोनों देशों ने सतत विकास और गरीबी उन्मूलन के संदर्भ में हरित विकास एवं कम कार्बन के उत्सर्जन वाली अर्थव्यवस्था को और ज्यादा बढ़ावा देने की प्रतिबद्धता जताई है। भारत और रूस ने सभी देशों से साझा लेकिन विभिन्न जवाबदेहियों और संबंधित क्षमताओं के सिद्धांतों सहित जलवायु परिवर्तन पर संयुक्त राष्ट्र फ्रेमवर्क सम्मेलन के सिद्धांतों के तहत अनुमोदित पेरिस समझौते को पूरी तरह से कार्यान्वित करने का आह्वान किया। दोनों पक्षों ने विकसित देशों से विकासशील देशों को वित्तीय, तकनीकी एवं क्षमता निर्माण सहायता देने का अनुरोध किया, ताकि प्रदूषण में कमी करने और अनुकूलन से संबंधित उनकी क्षमता बढ़ सके।

दोनों पक्षों ने वैश्विक स्तर पर नाभिकीय अप्रसार को और ज्यादा मज़बूत करने की प्रतिबद्धता व्यक्त की। रूस ने नाभिकीय आपूर्तिकर्ता समूह में भारत की सदस्यता के लिए अपनी ओर से समर्थन प्रदान किया।

भारत और रूस ने एक ऐसी क्षेत्रीय सुरक्षा व्यवस्था की स्थापना करने के विचार का समर्थन किया, जो एशिया-प्रशांत क्षेत्र के सभी देशों और हिन्द महासागर में समान एवं अविभाज्य सुरक्षा सुलभ कराएगी। दोनों पक्षों ने पूर्वी एशिया शिखर सम्मेलनों और अन्य क्षेत्रीय फोरम के दायरे में रहते हुए इस विषय पर बहुपक्षीय संवाद जारी रखने की अहमियत पर विशेष जोर दिया। दोनों पक्षों ने इस बात पर सहमति जताई कि क्षेत्रीय व्यवस्था को सुदृढ़ बनाने पर केन्द्रित समस्त नई पहलों को बहुपक्षवाद, पारदर्शिता, समावेशी और प्रगति एवं समृद्धि के साझा प्रयासों में पारस्परिक सम्मान तथा एकता के सिद्धांतों पर आधारित होना चाहिए। इसके साथ ही इन पहलों को किसी भी देश के खिलाफ नहीं होना चाहिए।

रूस ने आतंकवाद-रोधी सैन्य अभ्यास 'शांति मिशन-2018' में भारत की भागीदारी का स्वागत किया। दोनों पक्ष एससीओ का एक आर्थिक घटक विकसित करने के लक्ष्य को अत्यंत महत्त्वपूर्ण मानते हैं, जिसमें उन परिवहन एवं बुनियादी ढाँचागत परियोजनाओं को पूरा करना भी शामिल है, जिनका उद्देश्य एससीओ के अंदर अंतर-संपर्क सुनिश्चित करने के साथ-साथ पर्यवेक्षकों, साझेदार देशों एवं इच्छुक देशों से भी बेहतर संपर्क सुलभ कराना है। दोनों पक्षों ने अंतर्राष्ट्रीय मामलों में एससीओ की भूमिका बढ़ाने पर विशेष जोर दिया। दोनों पक्ष संयुक्त राष्ट्र एवं इसके संगठनों और अन्य अंतर्राष्ट्रीय एवं क्षेत्रीय संगठनों के साथ एससीओ का संपर्क एवं सहयोग बढ़ाए जाने को आवश्यक मानते हैं। दोनों पक्षों ने एससीओ के अंतर्गत सांस्कृतिक एवं मानवीय संबंधों को सुदृढ़ करने पर सहमति जताई। भारत और रूस ने खुली, समावेशी, पारदर्शी, गैर-भेदभावपूर्ण और नियम आधारित बहुपक्षीय व्यापार प्रणाली को मज़बूत करने और अंतर्राष्ट्रीय व्यापार संबंधों के विखण्डन तथा सभी स्वरूपों में व्यापार संरक्षणवाद की रोकथाम पर विशेष बल दिया।

भारत ने एक बड़ी यूरेशियन साझेदारी सुनिश्चित करने की दिशा में रूस द्वारा की गई पहल का स्वागत किया, जिसमें अंतर्राष्ट्रीय कानून और समानता एवं पारस्परिक सम्मान के सिद्धांतों का कड़ाई से पालन करने के साथ-साथ एक-दूसरे के राष्ट्रीय परिप्रेक्ष्य को ध्यान में रखते हुए रचनात्मक सहयोग का प्रभावकारी प्लेटफार्म बनाने के लिए राष्ट्रीय विकास रणनीतियों और बहुपक्षीय एकीकरण परियोजनाओं का संयोजन करने का उल्लेख किया गया है।

भारत और ब्रिटेन द्विपक्षीय संबंध

ब्रिटेन के भारत पर औपनिवेशिक शासन ने भारत और ब्रिटेन के मध्य संबंधों को प्रत्यक्ष और अप्रत्यक्ष रूप में प्रभावित किया। 1947 में स्वतंत्रता प्राप्ति के बाद भारत ने ब्रिटेन के नेतृत्व वाले संगठन कॉमनवेल्थ का सदस्य बनना स्वीकार किया। इसके ज़रिये भारत ने यह संदेश दिया कि यद्यपि वह 200 वर्षों तक ब्रिटिश औपनिवेशिक शासन का शिकार रहा है लेकिन वह उपनिवेशवाद, साम्राज्यवाद, रंगभेद, नस्लभेद के विरोध और आत्म निर्धारण के अधिकार के समर्थन में एशिया अफ्रीका के देशों की सदस्यता वाले कॉमनवेल्थ का सदस्य बनना औचित्यपूर्ण मानता है। भारत ने यह भी स्पष्ट किया कि यदि भारत की संप्रभुता पर ऐसी सदस्यता का नकारात्मक प्रभाव पड़ता है तो वह किसी भी समय कॉमनवेल्थ की सदस्यता छोड़ भी सकता है। 1945 के बाद शीत युद्ध ने नाभिकीय शस्त्रों की होड़ को बढ़ावा दिया। 1952 में ब्रिटेन ने नाभिकीय परीक्षण कर यह सिद्ध करने की कोशिश की कि वह भी नाभिकीय शक्ति संपन्न राष्ट्र है। वहीं दूसरी तरफ़ भारत ने अपनी विदेश नीति के

सर्वाधिक प्रमुख सिद्धांत के रूप में सार्वभौमिक नि:शस्त्रीकरण को बढ़ावा देने का अभियान वैश्विक फोरमों पर जारी कर रखा था। यही कारण है कि भारत और ब्रिटेन में कोई खास द्विपक्षीय संबंध विकसित नहीं हो पाया। वहीं 1960 और 70 के दशक में ब्रिटेन की नीतियों के चलते हिन्द महासागर के सैन्यीकरण को बढ़ावा मिला। हिन्द महासागर में महाशक्तियों की वर्चस्ववादी राजनीति का भारत के हितों पर नकारात्मक प्रभाव भी पड़ा। मॉरीशस के चागोस द्वीप को अवैधानिक तरीके से अपने कब्जे में कर यहाँ स्थित डियागो ग्रेसिया में अमरीका को नौसैनिक अड्डा खोलने के लिए ब्रिटेन ने इस स्थान को अमरीका को पट्टे पर दे दिया था।

राजनीतिक और कूटनीतिक संबंध

वर्ष 2000 के बाद ब्रिटेन ने वैश्विक अर्थव्यवस्था और राजनीति में भारत के महत्त्व को समझते हुए भारत के साथ संबंधों को मज़बूती देने का निर्णय किया। वर्ष 2004 में दोनों देश सामरिक साझेदार बने और दोनों देशों ने सामरिक साझेदारी समझौते पर हस्ताक्षर भी किए। वर्ष 2010 में दोनों देशों ने अपने संबंधों को संवर्धित सामरिक साझेदारी का दर्जा दिया। उसके बाद वर्ष 2013 में ब्रिटिश प्रधानमंत्री की भारत यात्रा हुई और आर्थिक संबंधों को मज़बूती देने पर समझौता हुआ। नवंबर, 2015 में भारतीय प्रधानमंत्री की ब्रिटेन यात्रा ने दोनों देशों के संबंधों को नई दिशा देने में भूमिका निभाई। इस यात्रा के दौरान ब्रिटेन भारत साझेदारी के मूल सिद्धांतों पर विजन वक्तव्य जारी किया। इस यात्रा के दौरान एक नए प्रतिरक्षा और अंतर्राष्ट्रीय सुरक्षा साझेदारी हेतु दोनों देशों ने प्रधानमंत्री स्तर के समिट के आयोजन के प्रति अपनी प्रतिबद्धता प्रदर्शित की। इसमें मुख्य रूप से साइबर सुरक्षा, आतंकवाद निरोध और सामुद्रिक सुरक्षा पर बल देने की बात की गई थी। दोनों देशों ने इसी समय ऊर्जा और जलवायु परिवर्तन के मुद्दे पर एक संयुक्त वक्तव्य जारी किया और तृतीय विश्व के देशों में सहयोग के विकास के लिए वैश्विक साझेदारी पर बल दिया। वर्ष 2016 में ब्रिटिश प्रधानमंत्री थेरेसा ने भारत की यात्रा की और द्विपक्षीय संबंधों को मज़बूती देने की बात की गई। इस यात्रा के दौरान दोनों देशों के मध्य एक भविष्यगामी वैश्विक साझेदारी को विकसित करने की बात की गई। दोनों देशों ने ईज ऑफ डूइंग बिज़नेस और बौद्धिक संपदा अधिकार पर ज्ञापन समझौते पर हस्ताक्षर भी किए। ब्रिटिश प्रधानमंत्री की इस यात्रा के दौरान दोनों देशों की कंपनियों के बीच 1.2 बिलियन पौंड मूल्य के व्यावसायिक समझौते संपन्न किए गए।

वर्ष 2018 में भी भारतीय प्रधानमंत्री की ब्रिटेन की राजनीतिक यात्रा के दौरान दोनों देशों के द्विपक्षीय संबंधों को नई दिशा देने की कोशिश की गई। इसमें प्रौद्योगिकी, व्यापार, निवेश और वित्त के क्षेत्र में आपसी सहयोग को वरीयता दी गई। भारत के

नास्कॉम और ब्रिटेन के टेक यूके के मध्य इंडिया यूके टेक अलायंस की शुरुआत, यूके इंडिया टेक हब के गठन, यूके इंडिया टेक क्लस्टरशिप को विकसित करने, भारत में उन्नत विनिर्माण केंद्र की स्थापना करने का निर्णय लिया गया। इससे स्पष्ट है कि दोनों देशों ने व्यापार वित्त के अलावा विज्ञान प्रौद्योगिकी के क्षेत्र में सहयोग को बढ़ावा देने पर बल दिया है।

भारत और ब्रिटेन के मध्य व्यापारिक और आर्थिक संबंध

ब्रिटेन यूरोपीय संघ, जी-20 और जी-7, एपेक जैसे संगठनों का महत्त्वपूर्ण और सक्रिय सदस्य रहा है। इस रूप में यह भारत के आर्थिक और सामरिक हितों के लिए आवश्यक समझा गया है। वर्तमान में भारत और ब्रिटेन के मध्य वस्तुओं और सेवाओं में द्विपक्षीय व्यापार 25 बिलियन डॉलर है। भारत से ब्रिटेन को किया गया निर्यात 12 बिलियन डॉलर जबकि भारत द्वारा ब्रिटेन से किया गया आयात 13 बिलियन डॉलर है। दोनों देशों के मध्य द्विपक्षीय व्यापार में 17 प्रतिशत की वार्षिक दर से वृद्धि हो रही है। वर्ष 2016-2017 में दोनों देशों के मध्य 13 बिलियन डॉलर का व्यापार था, जबकि 2017-2018 में दोनों देशों के मध्य व्यापार 14.47 बिलियन डॉलर था। उल्लेखनीय है कि जी 20 सदस्य देशों में ब्रिटेन का भारत में निवेश सर्वाधिक रहा है। 2016-17 में भारत ब्रिटेन में तीसरा सबसे बड़ा निवेशक था और ब्रिटेन के बाज़ार में अंतर्राष्ट्रीय रोजगार सृजन में भारत का दूसरा स्थान था।

भारत और ब्रिटेन के मध्य मुक्त व्यापार समझौता भी संपन्न किया जाना है और ऐसा माना जाता है कि ब्रिटेन के द्वारा यूरोपीय संघ से बाहर निकलने पर ब्रिटेन भारत के साथ मुक्त व्यापार समझौता संपन्न करेगा। भारत पहले से ही यूरोपियन यूनियन से बाहर ब्रिटेन का 11वाँ सबसे बड़ा निर्यात बाज़ार है और ब्रिटेन में 7.5 बिलियन पौंड के वर्तमान निवेश के लिए उत्तरदायी है। भारत के 25 सबसे बड़े व्यापारिक साझेदारों में ब्रिटेन का 15 वाँ स्थान है। भारत द्वारा ब्रिटेन को निर्यात किए जाने वाले प्रमुख मदों में शामिल हैं—वस्त्र और कपड़े, विद्युत उत्पन्न करने वाले संयत्र और उपकरण, पेट्रोलियम और पेट्रोलियम उत्पाद, फुटवियर, चिकित्सकीय और भेषज उत्पाद, सड़क वाहन और परिवहन उपकरण आदि। वहीं भारत ब्रिटेन से जिन प्रमुख वस्तुओं का आयात करता है उनमें शामिल हैं—विद्युत उत्पन्न करने वाले संयंत्र और उपकरण, अलौह धातुएँ, लौह अयस्क और लोहे का चूरा (स्क्रैप मेटल) साधारण औद्योगिक संयंत्र और उपकरण, परिवहन उपकरण, रासायनिक उपकरण और उत्पाद, पेय पदार्थ आदि।

ब्रिटेन भारत में चौथा सबसे बड़ा आंतरिक निवेशक है। इस मामले में ब्रिटेन मॉरीशस, सिंगापुर और जापान के बाद चौथा स्थान रखता है। वर्ष 2000 से 2018

के मध्य ब्रिटेन का भारत में इक्विटी निवेश 26.9 बिलियन डॉलर रहा है जो कि भारत के कुल प्रत्यक्ष विदेशी निवेश का लगभग 7 प्रतिशत है। इस मामले में भारत अमरीका और जर्मनी से भी आगे है। भारत लगातार ब्रिटेन में तीसरा सबसे बड़ा निवेशक बना हुआ है और ब्रिटेन में 1,10,000 रोजगार के सृजन के साथ भारतीय कंपनियाँ वहाँ दूसरी सबसे बड़ी अंतर्राष्ट्रीय रोजगार सृजक भी बनी हुई हैं। भारतीय कंपनियों की ब्रिटेन में कुल संचित राजस्व 45.5 बिलियन पाउंड है जिसमें तकनीकी और दूरसंचार क्षेत्र का 31 प्रतिशत का योगदान है और भेषज तथा रासायनिक क्षेत्र का 24 प्रतिशत का योगदान है। इसके अलावा भारत और ब्रिटेन ने वर्ष 2019 में 3 नए द्विपक्षीय व्यापार कार्य समूहों के गठन का निर्णय किया है जिसे यूके इंडिया बिजनेस काउंसिल, भारतीय उद्योग परिसंघ तथा फिक्की के साथ चलाया जाएगा। इन कार्य समूहों का मुख्य उद्देश्य खाद्य और पेय क्षेत्र, हेल्थ केयर और डाटा सेवाओं के विशिष्ट क्षेत्रों में व्यापार के मार्ग में आने वाली बाधाओं से निपटना है। यह कार्य समूह लाइफ साइंसेज और डिजिटल सेवाओं के व्यापार के मार्ग में आने वाले अवरोधों से भी निपटने में महत्त्वपूर्ण भूमिका निभाएँगे। दोनों देशों ने संयुक्त आर्थिक और व्यापार समिति की बैठक के ज़रिये आपसी व्यापार के गैर प्रशुल्क अवरोधों की पहचान करने और उनका समाधान करने पर बल दिया है। वर्ष 2018 में दोनों देशों के द्विपक्षीय व्यापार में 22 प्रतिशत की वृद्धि हुई है और हाल के समय में भारत और ब्रिटेन ने लघु और मध्यम उपक्रमों के क्षेत्र में सहयोग पर बल दिया है।

भारत और ब्रिटेन के मध्य सहयोग के नए क्षेत्र

—दोनों देशों ने स्वच्छ ऊर्जा के विकास के लिए ज्ञापन समझौते पर हस्ताक्षर किए हैं। दोनों देशों ने वर्ष 2016 में इंडिया यूके क्लीन एनर्जी अनुसंधान और विकास केन्द्र के गठन की घोषणा की है जिसमें सौर ऊर्जा के विकास पर विशेष जोर दिया गया है। दोनों देशों ने नवीकरणीय ऊर्जा को बढ़ावा देने के लिए सामूहिक स्तर पर कार्य करने का निर्णय लिया है। ब्रिटेन भारत के नेतृत्व वाले इंटरनेशनल सोलर अलायंस का हिस्सा बन चुका है।

—विज्ञान और प्रौद्योगिकी क्षेत्र में द्विपक्षीय सहयोग दोनों देशों के मध्य सहयोग का सबसे तेज़ गति से उभरता हुआ क्षेत्र है। स्वच्छ ऊर्जा के क्षेत्र में अनुसंधान और विकास के अलावा एंटी माइक्रोबियल रेसिस्टेंस पर अनुसंधान के लिए संयुक्त सामरिक समूह का गठन किया गया है जिसमें संयुक्त रूप से 13 मिलियन पौंड के निवेश की बात तय की गई है।

—ब्रिटेन ने 12 मिलियन पौंड के वित्तीय सहयोग के ज़रिये भारत के स्किल

इंडिया मिशन को समर्थन देने पर भी सहमति दी है। भारत के अवसंरचनात्मक विकास में वित्तीय और अन्य स्तरों पर ब्रिटेन द्वारा सहयोग किया गया है।

—दोनों देशों ने न्यूटन भाभा फंड और छात्रवृत्ति स्कीम के ज़रिये भी शैक्षणिक संबंधों को मज़बूती देने का प्रयास किया है।

—भारत के स्मार्ट सिटी मिशन में सहयोग के लिए भी ब्रिटेन अपने सहयोग और समर्थन भाव को व्यक्त कर चुका है। केरल के कोच्चि को स्मार्ट सिटी के रूप में विकसित करने हेतु ब्रिटेन ने वित्तीय सहयोग की बात कर रखी है।

—भारत और ब्रिटेन के मध्य असैन्य परमाणु सहयोग समझौता भी संपन्न किया जा चुका है। ब्रिटेन भारत की नाभिकीय आपूर्तिकर्ता समूह में सदस्यता की दावेदारी का समर्थन करता है। दोनों देशों ने बाह्य अंतरिक्ष के शांतिपूर्ण उपयोग पर आपसी सहमति भी बनाई है। इसके अलावा दोनों देशों ने साइबर सुरक्षा, विश्व व्यापार संगठन, संयुक्त राष्ट्र संघ में सुधार, सुरक्षा परिषद में भारत की स्थायी सदस्यता की दावेदारी के समर्थन पर एक समान विचार बनाया है। दोनों देशों ने अफ़ग़ानिस्तान, सीरिया, यमन जैसे उपद्रवग्रस्त क्षेत्रों में शांति और स्थिरता को बढ़ावा देने के लिए सामूहिक आवाज उठाई है।

भारत और ब्रिटेन के मध्य आतंकवाद से निपटने हेतु सहयोग और प्रतिरक्षा सहयोग

भारत और ब्रिटेन दोनों देशों ने आतंकवाद के दुष्प्रभाव को झेला है। वर्ष 2005 में अल कायदा की संलग्नता के साथ ब्रिटेन में आतंकी हमलों को संपन्न किया गया था। 2017 में ब्रिटेन में वेस्टमिंस्टर ब्रिज और लंदन ब्रिज पर आतंकवादी हमला हुआ। लंदन ब्रिज आतंकी हमले में इस्लामिक स्टेट की भूमिका थी। 2017 में ही लंदन के फिंसबरी पार्क के निकट एक मस्जिद में आतंकी हमले को संपन्न किया गया था। सितंबर, 2017 में ब्रिटिश प्रधानमंत्री को ब्रिटेन में आतंकवाद की घटना को गंभीर असुरक्षा की स्थिति के रूप में प्रकट किया गया था।

भारत और ब्रिटेन ने वर्ष 2002 में आतंकवाद से निपटने के लिए संयुक्त कार्य समूह का गठन किया था क्योंकि दोनों देश आतंकवाद के भुक्तभोगी रहे हैं, इसलिए दोनों में आतंकवाद से सामूहिक स्तर पर निपटने की प्रतिबद्धता विकसित हुई। 2005 में एक तरफ़ जहाँ लंदन ने आतंकी हमलों को देखा वही 2008 में मुंबई में आतंकी हमले हुए। इसके चलते दोनों देशों ने वैश्विक आतंकवाद से निपटने की बात की। इसी क्रम में 2015 में दोनों देशों ने पहली बार संयुक्त रूप से मुंबई आतंकी हमलों के लिए लश्कर-ए-तैयबा को और 2008 में काबुल में भारतीय दूतावास पर आत्मघाती हमलों के लिए हक्कानी नेटवर्क को जिम्मेदार बताया।

दोनों देशों ने आतंक के वित्तपोषण को रोकने की दिशा में प्रभावी कदम उठाने पर आपसी सहमति भी बनाई है। वर्ष 2018 में कॉमनवेल्थ समिट में भी भारतीय प्रधानमंत्री ने आतंकी संगठनों के खिलाफ कार्यवाही में ब्रिटेन के साथ सहयोग करने की बात की है। नवंबर, 2019 में आतंकवाद निरोध पर भारत और ब्रिटेन संयुक्त कार्य समूह की तेरहवीं बैठक का आयोजन लंदन में किया गया और दोनों देशों ने सामूहिक स्तर पर आतंकवाद के सभी स्वरूपों से निपटने की बात की। इस दौरान कट्टरता और चरमपंथ से भी साझा रूप में निपटने की बात दोनों देशों ने की है। आतंकवादियों द्वारा इंटरनेट के प्रयोग को रोकने की दिशा में प्रभावी कार्य करने हेतु भी दोनों देशों ने प्रतिबद्धता जाहिर की है।

यहाँ यह भी उल्लेखनीय है कि मई, 2019 में ब्रिटेन ने अमरीका और फ्रांस के साथ मिलकर संयुक्त राष्ट्र में एक प्रस्ताव किया था जिसमें पाकिस्तानी आतंकी संगठन जैश ए मोहम्मद को वैश्विक आतंकी संगठन और मसूद अजहर को वैश्विक आतंकवादी घोषित करने की बात थी। इसके अलावा भारत और ब्रिटेन फाइनेंशियल एक्शन टास्क फोर्स के सदस्य हैं और जनवरी 2018 में ब्रिटेन ने अमरीका, जर्मनी और फ्रांस के साथ मिलकर एक प्रस्ताव किया था जिसमें पाकिस्तान को फाइनेंशियल एक्शन टास्क फोर्स के ग्रे लिस्ट में शामिल करने की बात की गई थी ताकि आतंक के वित्तपोषण से सार्थक रूप में निपटा जा सके। इसके अतिरिक्त भारत और ब्रिटेन ने 'नो मनी फॉर टेरर' मंत्री स्तरीय सम्मेलन में भी सहभाग किया है। 2020 में भारत द्वारा पहली बार इसका तीसरा मंत्री स्तरीय सम्मेलन आयोजित किया जा रहा है। भारत ने ब्रिटिश सिख समुदाय में बढ़ते चरमपंथ और खालिस्तान उन्मुख उग्रवाद से निपटने के लिए ब्रिटेन को विश्वास में लेने की भी कोशिश की है। भारत ने अपने होमलैंड सिक्योरिटी के लिए भी ब्रिटेन से सहयोग की अपेक्षा की है।

भारत और ब्रिटेन के मध्य प्रतिरक्षा संबंध समय और देशकाल के हिसाब से मज़बूत होते रहे हैं। 9/11 की अमरीका में हुई आतंकी घटना ने दोनों देशों को वैश्विक आतंकवाद से निपटने के लिए एकजुट करने में प्रेरक की भूमिका निभाई। चूँकि दोनों देश सामरिक साझेदार हैं तो आवश्यक रूप से इनके मध्य प्रतिरक्षा संबंधों को मज़बूती देने पर आपसी सहमति बनाई भी जा रही है। वर्ष 2015 में दोनों देशों में प्रतिरक्षा संबंध को गति देने के लिए सामरिक महत्त्व के क्षेत्रों में सहयोग हेतु समझौता हुआ। प्रतिरक्षा सचिव के स्तर पर वार्षिक स्तर पर दोनों देशों के बीच प्रतिरक्षा परामर्शकारी समूह बैठक का आयोजन किया जाता है। इसके तहत प्रतिरक्षा आसूचना पर भी विशेष ध्यान दिया जाता है। दोनों देशों के मध्य होने वाले कुछ महत्त्वपूर्ण संयुक्त सैन्याभ्यास भी प्रतिरक्षा संबंधों को मज़बूती दे रहे हैं। दोनों के मध्य अजेय वॉरियर सैन्याभ्यास, कोंकण (भारतीय नौसेना और ब्रिटिश नौसेना के बीच) तथा इन्द्रधनुष सैन्याभ्यास (वायुसेना के बीच) संपन्न कराए जाते हैं।

भारत, ब्रिटेन और हिन्द प्रशांत क्षेत्र सुरक्षा

हाल के समय में ब्रिटेन एक स्वतंत्र और मुक्त हिन्द प्रशांत क्षेत्र के समर्थन में नजर आया है। हिन्द प्रशांत क्षेत्र की सुरक्षा हेतु बने क्वाड ग्रुप के साथ भी अपने महासागरीय संबंध को मज़बूती देने में ब्रिटेन ने रुचि दिखाई है। अमरीका, भारत, ऑस्ट्रेलिया के साथ ब्रिटेन के मज़बूत संबंध हैं, जबकि जापान के साथ ब्रिटेन की सामरिक साझेदारी है। ब्रिटेन को अपनी नौसैनिक शक्ति का आकलन करते हुए क्वाड से जुड़ना हितकर लग रहा है। यहाँ यह जानना भी महत्त्वपूर्ण है कि ब्रिटेन चीन के वन बेल्ट वन रोड पहल का हिस्सा है। क्वाड ग्रुप के चार सदस्यों में भारत, अमरीका और जापान को छोड़कर ऑस्ट्रेलिया भी चीन के इस प्रोजेक्ट में उत्सुक दिखा है। शायद यही कारण है कि अभी ऑस्ट्रेलिया को मालाबार संयुक्त सैन्याभ्यास का हिस्सा बनाने में समय लगाया जा रहा है।

पश्चिमी हिन्द महासागर को भारत और ब्रिटेन दोनों की ही नौसेनाओं के हितों के लिए आवश्यक क्षेत्र माना जाता है। अप्रैल, 2018 में भारत और ब्रिटेन के प्रधानमंत्री द्वारा स्वतंत्र और मुक्त इंडो पैसिफिक क्षेत्र पर संयुक्त वक्तव्य जारी किया गया था जिससे ब्रिटेन के मैरीटाइम डोमेन अवेयरनेस की दिशा में प्रतिबद्धता का भी पता चलता है।

भारत और फ्रांस द्विपक्षीय संबंध

भारत और फ्रांस के मध्य द्विपक्षीय संबंधों को वर्ष 1998 में मज़बूती मिली जब दोनों देशों ने सामरिक साझेदारी समझौते पर हस्ताक्षर किया और एक दूसरे के सामरिक साझेदार बन गए। वर्ष 1998 में जब भारत ने पोखरण में अपना दूसरा परमाणु परीक्षण किया तो अंतर्राष्ट्रीय समुदाय के देशों ने इस कदम का विरोध करते हुए भारत पर कई तरह के प्रतिबंध लगा दिए। उस समय फ्रांस एक मात्र ऐसा देश था जिसने भारत के इस कदम का विरोध नहीं किया और भारत के आंतरिक और बाह्य सुरक्षा की जरूरतों के संदर्भ में उसका समर्थन करने का भाव प्रदर्शित किया। संभव है कि फ्रांस ने भारत को फ्रांसीसी हथियारों और प्रतिरक्षा सामग्रियों का एक बड़ा बाज़ार समझने की दूरदर्शिता दिखाते हुए यह कदम उठाया। भारत की जनसंख्या और उसकी एक उभरते हुए बाज़ार अर्थव्यवस्था की स्थिति का आकलन करते हुए भी फ्रांस ने भारत को सामरिक साझेदार बनाना पसंद किया।

भारत और फ्रांस के सामरिक साझेदारी के प्रमुख आधार स्तम्भ में प्रतिरक्षा, असैन्य नाभिकीय सहयोग और अंतरिक्ष सहयोग शामिल हैं। सामरिक साझेदार के रूप में दोनों देशों ने वैश्विक आतंकवाद से निपटने के लिए मिलजुलकर कार्य करने

की प्रतिबद्धता समय-समय पर प्रदर्शित की है। दोनों देश अंतर्राष्ट्रीय आतंकवाद पर व्यापक अभिसमय (भारत द्वारा संयुक्त राष्ट्र में प्रस्तावित) को जल्द से जल्द राष्ट्रों द्वारा अपनाए जाने पर बल देते हैं। फ्रांस ने भारत की संयुक्त राष्ट्र सुरक्षा परिषद् में स्थायी सदस्यता की दावेदारी, मिसाइल टेक्नोलॉजी कंट्रोल रेजिम, ऑस्ट्रेलिया ग्रुप, वासेनार अरेंजमेंट और नाभिकीय आपूर्तिकर्ता समूह में सदस्यता का लगातार समर्थन किया है। फ्रांस के सहयोग और समर्थन से ही भारत एनएसजी को छोड़कर तीन नाभिकीय मुद्दों से संबंधित संगठनों का सदस्य बन गया है। फ्रांस ने एक सामरिक साझेदार के रूप में लगातार इस बात पर बल दिया है कि भारत और यूरोपीय संघ में लंबे समय से लंबित पड़े हुए मुक्त व्यापार समझौते को जल्द से जल्द संपन्न कराया जाए। भारत और फ्रांस ने अपने द्विपक्षीय संबंधों की मज़बूती के लिए सहयोग के कुछ नए क्षेत्रों पर बल दिया है जिसमें जलवायु परिवर्तन और ग्लोबल वार्मिंग से निपटने, नवीकरणीय ऊर्जा को (विशेषकर सौर ऊर्जा को) बढ़ावा देने के लिए इंटरनेशनल सोलर अलायंस के गठन और सतत समवृद्धि और विकास पर बल दिया है।

भारत फ्रांस प्रतिरक्षा संबंध

भारत और फ्रांस ने अपने प्रतिरक्षा संबंधों को मज़बूती देने के लिए मंत्रीस्तरीय वार्षिक प्रतिरक्षा संवाद तंत्र को गठित किया है। भारतीय सेना, नौसेना और वायुसेना के प्रमुखों द्वारा प्रतिरक्षा तंत्र को मज़बूती देने के लिए समय-समय पर फ्रांस की यात्राएँ की गई हैं और कई समझौतों और ज्ञापन समझौते पर हस्ताक्षर किए गए हैं। भारत और फ्रांस के सेना के मध्य शक्ति संयुक्त सैन्याभ्यास, दोनों देशों की वायु सेना के मध्य गरुड़ संयुक्त वायुसेना अभ्यास और वरुण संयुक्त नौसेना अभ्यास का आयोजन किया जाता है जिसमें आतंकवाद से निपटने के लिए कौशल विकास, क्षमता निर्माण, मारक क्षमता के विकास, आपदा प्रबंधन, राहत और बचाव कार्यों में निपुणता और विप्लव और विद्रोही तत्वों के खिलाफ विप्लव विरोधी अभियान चलाने जैसे बिंदुओं पर ध्यान केंद्रित किया जाता है। दोनों देशों के प्रतिरक्षा संबंधों को मज़बूती देने के लिए प्रतिरक्षा सहयोग पर उच्च समिति का भी गठन किया जा चुका है जिसकी बैठकों का आयोजन वार्षिक स्तर पर होता है। यह भारत के प्रतिरक्षा सचिव और फ्रांस के डायरेक्टरेट ऑफ इंटरनेशनल रिलेशन एंड स्ट्रेटजी डायरेक्टर जनरल के स्तर पर आयोजित किया जाता है और इसे प्रतिरक्षा संवाद के ज़रिये सहयोग हेतु महत्त्वपूर्ण निर्णय लिए जाते हैं। वर्ष 2016 में इस समिति की बैठक का आयोजन नई दिल्ली में किया गया था।

दोनों देशों के मध्य सितंबर 2016 में 36 राफेल एयरक्राफ्ट को खरीदने से संबंधित अंतर सरकारी समझौते पर तत्कालीन प्रतिरक्षा मंत्री मनोहर परिकर द्वारा

हस्ताक्षर किया गया था। दोनों देशों के बीच पी 75 स्कॉर्पियन प्रोजेक्ट के लिए वर्ष 2006 में समझौता हुआ था।

भारत फ्रांस अंतरिक्ष संबंध

भारत और फ्रांस के मध्य अंतरिक्ष सहयोग मज़बूती से कार्य कर रहे हैं। इसरो और फ्रांस की स्पेस एजेंसी सीएनईएस के मध्य सहयोग हेतु कई अवसरों पर समझौते पर हस्ताक्षर किए गए हैं। दोनों संयुक्त अनुसंधान कार्यक्रमों और सेटेलाइट को लांच करने के संबंध में सहयोग कर रहे हैं। वर्ष 2015 में भारतीय प्रधानमंत्री की फ्रांस यात्रा के दौरान द्विपक्षीय अंतरिक्ष संबंधों के 50 वर्ष पूरे होने के उपलक्ष में एक संयुक्त स्टैम्प जारी किया गया था। वहीं फ्रांस के राष्ट्रपति मैक्रोन की भारत यात्रा के दौरान फ्रांस ने अंतरिक्ष सहयोग पर संयुक्त विजन को जारी किया था। इसरो और सीएनईएस वर्तमान में तीसरे संयुक्त मिशन के विकास पर कार्य कर रहे हैं। तृष्णा सैटेलाइट का विकास दोनों देश मिलकर कर रहे हैं। इसका उद्देश्य पारिस्थितिकी दबाव और जल प्रयोग की निगरानी की सेवा प्रदान करना है। इसके पूर्व दोनों देशों ने संयुक्त रूप से मेघा ट्रॉपिक्स सैटेलाइट को विकसित किया था जो उष्णकटिबंधीय वायुमंडल में बादलों और जलवाष्प के अध्ययन तथा अनुसंधान से संबंधित है। इसके अलावा दोनों देश एक संयुक्त केए बैंड प्रोपागेशन एक्सपेरिमेंट का भी क्रियान्वयन कर रहे हैं। इसके अलावा भारत और फ्रांस के संयुक्त उपक्रम के रूप में दिसंबर, 2018 में फ्रेंच गुयाना के कौरू से इसरो और एरियन स्पेस के तत्वावधान में जी सैट—11 को लॉन्च किया गया था। दोनों देश भारत के पहले मानव अंतरिक्ष अभियान गगनयान को सफलतापूर्वक प्रक्षेपित कराने में सहयोग करने के लिए भारतीय खगोलशास्त्रियों के लिए चिकित्सकीय समर्थन कर्मचारियों के प्रशिक्षण हेतु द्विपक्षीय सहयोग कर रहे हैं। इसका निर्णय अगस्त, 2019 में भारतीय प्रधानमंत्री की फ्रांस यात्रा के दौरान किया गया था। इसके साथ ही इसरो और फ्रांस की अंतरिक्ष एजेंसी सीएनईस ज्वाइंट मैरीटाइम डोमेन अवेयरनेस पर समझौते पर भी हस्ताक्षर किया गया है।

भारत और फ्रांस के मध्य आर्थिक संबंध

भारत और फ्रांस के मध्य व्यापार वाणिज्य और निवेश के क्षेत्रों में संबंधों को विकसित करने का प्रयास किया गया है। इन दोनों देशों के मध्य द्विपक्षीय निवेश व्यापार और अन्य वाणिज्यिक सहयोग को सुनिश्चित करने के लिए कई कदम उठाए गए हैं। लगभग 1000 फ्रांसीसी कंपनियाँ वर्तमान में भारत में कार्यशील हैं

जिनका कुल टर्नओवर 20 बिलियन डॉलर से अधिक है और इन कंपनियों के द्वारा कार्य करने से लगभग 3,00000 लोगों को रोजगार प्राप्त हुआ है। भारत में फ्रांस नौवाँ सबसे बड़ा विदेशी निवेशक है जिसका कुल निवेश अप्रैल 2000 से दिसंबर 2018 तक 6.59 बिलियन डॉलर रहा है। वहीं दूसरी तरफ़ फ्रांस में लगभग डेढ़ सौ भारतीय कंपनियाँ और उनकी अनुषंगी कंपनियाँ तथा सहायक कंपनियाँ कार्यरत हैं और भारत का वहाँ कुल निवेश लगभग 1 बिलियन यूरो है और इसके चलते लगभग 7000 लोगों को व्यवसाय या रोजगार मिला हुआ है। अप्रैल 2018 से मार्च 2019 के मध्य के नवीनतम आँकड़ों को देखें तो भारत और फ्रांस के बीच द्विपक्षीय व्यापार 11.89 बिलियन डॉलर है। भारत का फ्रांस में निर्यात 5.23 बिलियन डॉलर है जिसमें लगभग 7 प्रतिशत की वृद्धि हुई है। वहीं फ्रांस के भारत में निर्यात में 2.17 प्रतिशत की वृद्धि हुई है और यह 6.66 बिलियन डॉलर रहा है, फिर भी दोनों देशों के मध्य द्विपक्षीय व्यापार की मात्रा अपेक्षाकृत कम रही है और भारत के अंतर्राष्ट्रीय व्यापार में फ्रांस के साथ व्यापार का हिस्सा केवल 1.41 प्रतिशत है जिसमें वृद्धि किए जाने की आवश्यकता है। दोनों देशों में वाणिज्यिक मंत्रियों के स्तर पर एक संयुक्त आर्थिक समिति का गठन भी किया जा चुका है और इस संयुक्त समिति की बैठक पेरिस में 24 अक्टूबर 2017 को आयोजित की गई थी। इसके साथ ही द्विपक्षीय संयुक्त कार्य समूह भी कई क्षेत्रों में कार्य कर रहे हैं जैसे इनफार्मेशन टेक्नोलॉजी, सड़क निर्माण अर्बन डेवलपमेंट, कृषि और खाद्य प्रसंस्करण, खनिज अन्वेषण और विकास क्षेत्र, पोस्ट ऑफिस आदि क्षेत्रों में विकास और सहयोग के लिए द्विपक्षीय संयुक्त कार्य समूह कार्य कर रहे हैं। भारत और फ्रांस के बीच मुख्य कार्यकारी अधिकारियों के एक फोरम का भी गठन किया गया है जिस की बैठक वार्षिक स्तर पर होती है और इसमें शीर्ष मुख्य कार्यकारी अधिकारी भाग लेते हैं।

फ्रांस में भारतीय डायस्पोरा

सरकार के विदेश मंत्रालय के अनुसार फ्रांस में रहने वाले भारतीय प्रवासियों की संख्या लगभग 109,000 है और इसमें अनिवासी भारतीय भी शामिल हैं। फ्रांस में रहने वाले भारतीय प्रवासियों का मूल स्थान भारत में पुडुचेरी, कराईकल, यनम, माहे और चंद्र नगर है। भारतीय मूल के लोग फ्रांस के ओवरसीज टेरिटरीज जैसे रीयूनियन द्वीप में भी रहते हैं। रीयूनियन द्वीप में लगभग 2,80000 भारतीय मूल के नागरिक निवास करते हैं जबकि गुआदेलोप में 60,000, मार्टीनिक में 6000 लोग और सेंट मार्टिन में 300 प्रवासी भारतीय रहते हैं। फ्रांस में लगभग 50 भारतीय सामुदायिक संगठन कार्यशील हैं जो मूल रूप से पुदुचेरी, तमिलनाडु, गुजरात और पंजाब से हैं। मार्च 2018 में फ्रांस के राष्ट्रपति की भारत यात्रा के दौरान दोनों देशों

के बीच माइग्रेशन एंड मोबिलिटी पार्टनरशिप एग्रीमेंट पर हस्ताक्षर हुआ था जिससे कि दोनों देशों के मध्य अस्थायी तौर पर प्रव्रजन को सुगम रूप से दिशा दी जा सके।

भारत और फ्रांस के मध्य सांस्कृतिक और पर्यटन संबंध

फ्रांस के लोगों के मध्य भारतीय संस्कृति का रुचि के साथ अनुसरण किया जाता है। फ्रांस में एक इंडियन कल्चरल सेंटर जिसे विवेकानंद कल्चरल सेंटर नाम दिया गया है, के पुनर्निर्माण का कार्य चल रहा है जिसे पेरिस में खोला जाना है। भारत और फ्रांस के बीच में सांस्कृतिक विनिमय और सांस्कृतिक महोत्सव का आयोजन किया जाता है ताकि सॉफ्ट पावर के आधार पर दोनों देशों के मध्य मज़बूत संबंध स्थापित हो सके। फ्रांस में 15 से 30 सितंबर, 2016 के मध्य नमस्ते फ्रांस सांस्कृतिक पर्व का आयोजन किया गया। इस पर्व में 80 सांस्कृतिक गतिविधियों को संपन्न किया गया जिन्हें फ्रांस के लगभग 40 शहरों में आयोजित किया गया। फ्रेंच कल्चरल फेस्टिवल बोंजोर इंडिया का आयोजन भारत में नवंबर 2017 से फरवरी 2018 के मध्य किया गया। उल्लेखनीय है कि वर्ष 2020 में भारत को पेरिस इंटरनेशनल बुक फेयर में कंट्री ऑफ ऑनर के रूप में चयनित किया गया है। भारत वर्ष 2021-2022 में नमस्ते फ्रांस फेस्टिवल फिर से आयोजित करेगा और दोनों देशों के सांस्कृतिक संबंधों को मज़बूती देने के लिए एक सांस्कृतिक विनिमय कार्यक्रम भी चलाया जा रहा है। इसके साथ ही योगा के प्रचलन और योगा पर ध्यान देने जैसी बातों ने भी दोनों देशों के संबंध को मज़बूत किया है। पेरिस में भारत के दूतावास में अंतर्राष्ट्रीय योग महोत्सव आयोजित किया गया और ऐसा 2016 से ही किया जा रहा है। महात्मा गांधी की 150वीं वर्षगाँठ और श्री गुरु नानक देव जी के 550वीं जन्म शताब्दी और भारतीय संविधान के 70 वर्ष पूरे होने के उपलक्ष्य में भी कई समारोहों के आयोजन पर बल दिया गया है। पर्यटन की दृष्टि से दोनों देशों के संबंधों को देखें तो वर्ष 2018 में 7,00000 भारतीय पर्यटकों ने फ्रांस का भ्रमण किया जो कि 2017 की तुलना में 17 प्रतिशत अधिक था, वहीं दूसरी तरफ़ वर्ष 2018 में ढाई लाख फ्रांसीसी पर्यटकों ने भारत का भ्रमण किया।

भारत और फ्रांस के मध्य असैन्य परमाणु सहयोग समझौता

भारत और फ्रांस के मध्य 1998 में जिस सामरिक साझेदारी समझौते पर हस्ताक्षर किया गया था उसने भारत और फ्रांस के मध्य असैन्य परमाणु सहयोग समझौते की नींव रख दी थी। जैसे ही वर्ष 2005 में भारत और अमरीका के मध्य नाभिकीय व्यापार पर सहमति बनी और भारत की दशकों पुरानी नाभिकीय अस्पृश्यता दूर हुई

उसी क्रम में फ्रांस ने भारत के साथ असैन्य परमाणु सहयोग समझौते को संपन्न करने पर बल दिया। 30 सितंबर 2008 को भारत और फ्रांस के मध्य असैन्य परमाणु सहयोग समझौते पर हस्ताक्षर किया गया, इसके तहत फ्रांस की कंपनी की ईडीएफ और भारत के एनपीसीआईएल के मध्य एक समझौता हुआ और एक ज्ञापन समझौते पर हस्ताक्षर किया गया। 22 मार्च 2016 को 6 नाभिकीय रिएक्टर (प्रत्येक 1650 मेगावाट क्षमता के) महाराष्ट्र के जैतपुरा में लगाने का निर्णय किया गया। मार्च 2018 में फ्रांसीसी राष्ट्रपति की भारत यात्रा के दौरान एनपीसीआईएल और फ्रांस के ईडीएफ के बीच इंडस्ट्रियल वे फॉरवर्ड एग्रीमेंट पर हस्ताक्षर किया और दोनों देशों के मध्य सहमति बनी कि फ्रांस भारत में 10,000 मेगावाट की क्षमता वाले 6 नाभिकीय रिएक्टर जैतपुरा में लगाएगा।

भारत की विदेश नीति में फ्रांस का महत्त्व

फ्रांस के साथ भारत के भू सामरिक, भू आर्थिक और भू राजनीतिक हित जुड़े हुए हैं। एक महाशक्ति के रूप में फ्रांस भारत को विविध क्षेत्रों में लाभ पहुँचा सकता है। भारत के लिए फ्रांस निम्नलिखित कारणों से जरूरी है—

—फ्रांस यूरोपीय संघ का सदस्य है और यूरोप के बाजारों में भारत के हितों का सच्चा समर्थक भी रहा है। भारत और यूरोपीय संघ के मध्य लंबे समय से लंबित पड़े हुए मुक्त व्यापार समझौते को शीघ्र से शीघ्र अंतिम रूप देने की वकालत फ्रांस कई मंचों पर खुल के करता रहा है। फ्रांस ओईसीडी और जी 20 का महत्त्वपूर्ण सदस्य है और इन मंचों पर भारत के आर्थिक हितों का सच्चा समर्थक रहा है।

—फ्रांस की राजधानी पेरिस में स्थित फाइनेंशियल एक्शन टास्क फोर्स आतंक के वित्त पोषण को रोकने के लिए एक वैश्विक मंच है। पाकिस्तान समेत अन्य देशों के आतंकी गतिविधियों पर नियंत्रण लगाने की दृष्टि से फ्रांस के तत्वावधान में इस संगठन की महत्त्वपूर्ण भूमिका को सुनिश्चित किया जा सकता है।

—फ्रांस हिन्द महासागर अथवा हिन्द प्रशांत और साथ ही एशिया-प्रशांत क्षेत्र की सुरक्षा को सुनिश्चित करने की दृष्टि से भी भारत के लिए आवश्यक है। हिन्द महासागर के जिबूती, रीयूनियन द्वीप, अबू धाबी जैसे स्थलों पर फ्रांस के नौसैनिक अड्डे हैं। समुद्री डकैती और चीन के हिन्द महासागर के नए क्षेत्रों में अपने वर्चस्व को बढ़ाने के प्रयास को नियंत्रित करने के लिए भारत फ्रांस गठजोड़ आवश्यक है। चीन ने वर्ष 2017 में ही अफ्रीकी देश जिबूती में अपना नौसैनिक अड्डा खोला है। उल्लेखनीय है कि इस बात को ध्यान में रखकर भारत और फ्रांस ने मई, 2019 में जिबूती में ही वरुण सैन्याभ्यास को संपन्न किया।

—भारत और फ्रांस ने जलवायु परिवर्तन और ग्लोबल वार्मिंग से निपटने और

नवीकरणीय ऊर्जा को बढ़ावा देने के लिए वर्ष 2015 में संयुक्त राष्ट्र जलवायु परिवर्तन रूपरेखा अभिसमय के तहत पेरिस समझौते के दौरान इंटरनेशनल सोलर अलायंस के निर्माण की घोषणा की, जिसमें कर्क और मकर रेखा के बीच स्थित ऐसे देश जिन्हें वर्ष भर सूर्य का प्रकाश मिलता है, ऐसे 121 देशों को मिलाकर ऐसा संगठन बनाया गया है।

—भारत और फ्रांस ने सामूहिक स्तर पर आतंकवाद से निपटने के लिए अपनी प्रतिबद्धता व्यक्त कर रखी है। फ्रांस भारत के 1996 के अंतर्राष्ट्रीय आतंकवाद पर व्यापक अभिसमय अंगीकृत करने संबंधी प्रस्ताव का ठोस समर्थक है। भारत पर पुलवामा आतंकी हमलों के बाद फ्रांस ने भारत को हरसंभव मदद देने की बात कही है। भारत और फ्रांस द्वारा मिलकर अक्टूबर, 2019 में जैव आतंकवाद से निपटने के एक संयुक्त अभ्यास को संपन्न किया गया है। फ्रांस ने पाकिस्तानी आतंकी हाफिज सईद को अपने राष्ट्रीय कानून में वैश्विक आतंकवादी घोषित कर रखा है।

—भारत के अवसंरचनात्मक विकास में फ्रांस की महत्त्वपूर्ण भूमिका रही है। लोकतंत्र, मानवाधिकार और विधि के शासन के प्रति सम्मान के फ्रांसीसी दृष्टिकोण से भारत फ्रांस के संबंधों को मज़बूती दी है। फ्रांस ने भारत में रेलवे के आधुनिकीकरण और औद्योगिक गलियारों के विकास में सहयोग देने का प्रस्ताव किया है।

—भारत और फ्रांस दोनों देशों ने अपने हिन्द प्रशांत रणनीति के तहत पश्चिमी हिन्द महासागर क्षेत्र में अपनी सामरिक साझेदारी को बढ़ाने का निर्णय किया है। भारत फ्रांस के साथ मिलकर इस क्षेत्र में बंदरगाह विकास, ब्लू इकोनॉमी के विकास, और व्यापार, पर्यटन, अंतर्संपर्क को बढ़ावा देने की दिशा में कार्य करना चाहता है।

—दोनों देश पश्चिमी हिन्द महासागर में किसी तीसरे देश की परियोजनाओं से सम्बद्ध होकर कार्य करने की रणनीति निर्मित कर चुके हैं। भारत फ्रांस और वनीला द्वीपों जिसमें कोमोरोस, मेडागास्कर, मॉरीशस और सेशेल्स शामिल हैं, की फ्रांस के नियंत्रण वाले रीयूनियन द्वीप में बैठक हुई जिसमें आर्थिक और विकास साझेदारी को खोजने का प्रयास किया गया है। वनीला द्वीप के निकट मोजांबिक चैनल में गैस के भंडारों की प्राप्ति पर भी भारत की नजर है।

—वर्तमान समय में भारत और फ्रांस के मध्य प्रतिरक्षा साझेदारी का विस्तार पश्चिमी हिन्द महासागर क्षेत्र तक किए जाने का निर्णय हुआ है। भारत अपने इंडो पैसिफिक आउटरीच विजन के आधार पर हिन्द महासागर की सुरक्षा के लिए कोमोरोस और मेडागास्कर जैसे देशों के साथ अपने द्विपक्षीय संबंधों को मज़बूती दे रहा है। मार्च, 2018 में भारत और फ्रांस ने हिन्द महासागर क्षेत्र में भारत फ्रांस सहयोग के लिए संयुक्त सामरिक विजन को लॉन्च किया था। दोनों देश हिन्द प्रशांत क्षेत्र में नौगमन की स्वतंत्रता, समुद्री व्यापारिक मार्गों की स्वतंत्रता और सुरक्षा के लिए मिलकर कार्य करने की घोषणा कर चुके हैं। दोनों देशों ने समुद्री

सुरक्षा सहयोग को बढ़ाने के लिए अपनी सामरिक साझेदारी को अधिक समावेशी बनाने का निर्णय किया है।

—इनके अतिरिक्त भारत और फ्रांस ने साइबर सुरक्षा, बाह्य अंतरिक्ष के शांतिपूर्ण उपयोग, लघु और मध्यम उपक्रम विकास, कौशल और नवाचार विकास, मानव संसाधन प्रबंधन, संयुक्त राष्ट्र संघ सुधार, विश्व व्यापार संगठन में सुधार, आईएमएफ में अपेक्षित सुधारों हेतु सामूहिक प्रयासों को गति देने की बात की है। काला धन, मनी लॉन्ड्रिंग और ऐसे अन्य अपराधों से निपटने के लिए दोनों देशों ने अपनी सामूहिक प्रतिबद्धता व्यक्त की है।

भारत जापान द्विपक्षीय संबंध

भारत और जापान के मध्य ऐतिहासिक, सांस्कृतिक और सभ्यताओं के संपर्क के स्तर पर मज़बूत संबंध रहे हैं। बौद्ध धर्म दर्शन ने दोनों देशों के संबंधों को पारंपरिक रूप में एक नई ही दिशा दी। भारतीय स्वाधीनता संग्राम के दौरान कई भारतीय बुद्धिजीवियों जैसे विवेकानंद, रविन्द्र नाथ टैगोर, सुभाष चन्द्र बोस और न्यायाधीश राधा विनोद पाल आदि द्वारा जापान से किए गए अंतर्संपर्कों के फलस्वरूप दोनों देशों के संबंधों में प्रगति हुई। द्वितीय विश्व युद्ध के उपरांत जापान को मित्र राष्ट्रों के समक्ष आत्मसमर्पण करना पड़ा जिसके बाद उसकी अर्थव्यवस्था पर काफी नकारात्मक प्रभाव पड़ा। वर्ष 1949 में भारतीय प्रधानमंत्री द्वारा जापान के टोक्यो चिड़ियाघर को एक हाथी उपहारस्वरूप दिया गया। ऐसा करके भारत जापान के पर्यटन को प्रतीकात्मक रूप से बढ़ावा देना चाहता था। इसी क्रम में वर्ष 1952 में भारत और जापान के कूटनीतिक संबंध स्थापित किए गए। वर्ष 1958 से जापान ने भारत को अपनी येन मुद्रा में ऋण देना शुरू किया था। जापान ने भारत को आधिकारिक विकास सहायता (अपनी जीडीपी का एक निश्चित भाग सहायता के रूप में) भी देना शुरू किया। भारत जापान के आधिकारिक विकास सहायता का सबसे बड़ा प्राप्तकर्ता देश है।

भारत जापान राजनीतिक, कूटनीतिक और सामरिक संबंध

वर्ष 2000 में भारत और जापान के बीच ग्लोबल पार्टनरशिप स्थापित किया गया। वैश्विक मुद्दों पर सहयोग और साझेपन के साथ कार्य करने की इस भारतीय जापानी कार्य संस्कृति की शुरुआत भारतीय प्रधानमंत्री अटल बिहारी बाजपेई और जापानी प्रधानमंत्री योशिरो मोरी ने किया था। वर्ष 2006 में दोनों देशों के संबधों को एक कदम आगे ले जाते हुए "वैश्विक और सामरिक साझेदारी" में बदल दिया गया।

2014 में भारतीय प्रधानमंत्री नरेन्द्र मोदी की जापान यात्रा के दौरान दोनों देश इस बात पर सहमत हुए कि उनके बीच "विशेष सामरिक और वैश्विक साझेदारी" केंद्रित संबंध रहे। 2015 में भारतीय प्रधानमंत्री द्वारा एक्ट ईस्ट पॉलिसी की शुरुआत की गई जिसका उद्देश्य एशिया-प्रशांत क्षेत्र में शांति, स्थिरता और समृद्धि को बढ़ावा देना था। इस पॉलिसी में दक्षिण पूर्वी एशियाई देशों के साथ सहयोग के अलावा एशिया पैसिफिक के अन्य देशों के साथ सहयोग, समन्वय पर बल दिया गया। इस पॉलिसी के एक अपरिहार्य हिस्से के रूप में भारत ने जापान की पहचान की और यही कारण है कि वर्ष 2015 में दोनों देशों ने "जापान भारत विजन 2025 विशेष सामरिक और वैश्विक साझेदारी" की घोषणा की जिसका मुख्य उद्देश्य हिन्द प्रशांत क्षेत्र और विश्व में शांति और समृद्धि के लिए काम करना है। उल्लेखनीय है कि जापान ने अपनी आर्क ऑफ फ्रीडम एंड प्रोस्पेरिटी, कन्फ्लुएंस ऑफ टू सीज, एशियाज डेमोक्रेटिक सिक्योरिटी डायमंड और 2013 में दी गई अपनी पहली नेशनल सिक्योरिटी स्ट्रेटजी के ज़रिये हिन्द प्रशांत क्षेत्र की सुरक्षा पर सर्वाधिक बल दिया है।

2016 में जापानी प्रधानमंत्री ने घोषणा की कि भारत जापान संबंध का नया युग शुरू हो चुका है। आपसी संबंधों को मज़बूती देने के इन क्रमिक प्रयासों के पीछे दोनों देशों के साझे और व्यक्तिगत हित दोनों ही छिपे हुए हैं। इसमें सबसे बड़ा कारण एशिया को एक ध्रुवीय अर्थव्यवस्था की चाह रखने वाले चीन को प्रतिसंतुलित करने की जरूरत है। भारत की मज़बूत नौसैनिक शक्ति को देखते हुए जापान का भारत की तरफ़ रुझान होना स्वाभाविक भी है। आज भारत दुनिया भर के देशों के साथ संयुक्त नौसैनिक, सैन्य और वायु सेना अभ्यास के ज़रिये महाशक्तियों को भरोसा दिलाने में सफल हुआ है कि समुद्री सुरक्षा, समुद्री व्यापार में भारत की भूमिका को नजरअंदाज नहीं किया जा सकता। हाल के समय में रूस द्वारा भारत के साथ मिलकर दक्षिण चीन सागर में एक वैकल्पिक समुद्री व्यापारिक मार्ग खोलने की बात इस बात का प्रमाण है। अमरीका की विश्व राजनीति में चौतरफा चुनौतियों के झेलने और उससे उत्पन्न शक्ति शून्यता को भारत एक बड़ी क्षेत्रीय एशियाई देश के रूप में कुछ हद तक भरने की क्षमता रखता है। जापान को ऐसा लगता है और यह महत्त्वपूर्ण बात है कि जापान अभी तक अमरीका और ऑस्ट्रेलिया जैसे देश पर ही रणनीतिक महत्त्व के मामलों पर विश्वास कर पाया है। भारत भी उसके लिए एक अति विश्वसनीय मित्र है। जापान को इस बात का भी भरोसा है कि भारत दक्षिण पूर्वी एशिया में सुरक्षा प्रदाता की भूमिका निभा सकता है और वास्तव में भारत ने फिलीपींस और चीन के विवाद में फिलीपींस का साथ देकर, वियतनाम के अधिकारों की बात कर, म्यांमार में विकासात्मक गतिविधियों पर बल देकर इस बात को सिद्ध भी किया है। 2012 में जापान ने पहली बार इंडियन ओशन नेवल सिम्पोजियम में भाग लिया और हिन्द महासागर की सुरक्षा के प्रति अधिक संवेदनशील हुआ। इसके

बाद भारत, जापान, ऑस्ट्रेलिया और अमरीका के बीच मालाबार संयुक्त नौसैनिक अभ्यास के ज़रिये प्रतिरक्षा संबंधों को बढ़ावा मिला।

जापान एक मात्र विदेशी शक्ति है जिसे भारत के संवेदनशील उत्तर पूर्वी क्षेत्र में अवसंरचनात्मक विकास की परियोजनाओं को चलाने की मंजूरी मिली है। इसके लिए 2017 में भारत और जापान ने मिलकर एक्ट ईस्ट फोरम का गठन किया है जिसका मुख्य उद्देश्य जापान द्वारा उत्तर पूर्वी भारतीय राज्यों में अवसंरचनात्मक विकास के लिए निवेश को बढ़ावा देना है। भारत और जापान ने चीन के मोतियों की लड़ी की नीति के जवाब में एशिया अफ्रीका ग्रोथ कॉरिडोर की शुरुआत का फैसला 2019 में किया था जो भारत और जापान की एक महत्त्वाकांक्षी सामुद्रिक अंतरसंपर्क पहल है।

भारत जापान आर्थिक संबंध

भारत और जापान के मध्य मज़बूत आर्थिक संबंध हैं। 1990 में जब भारत के सामने गंभीर भुगतान संतुलन संकट आया तो जापान पहला देश था जिसने भारत को इस संकट से बाहर निकालने के लिए वित्तीय सहायता दी थी। वर्ष 2011 में भारत और जापान के मध्य व्यापक आर्थिक सहभागिता समझौते पर हस्ताक्षर हुए थे जिसमें प्रावधान किया गया था कि अगले 10 वर्ष में दोनों के मध्य व्यापार किए जाने वाले 94 प्रतिशत से अधिक वस्तुओं पर प्रशुल्क खत्म कर दिया जाएगा। इसी का अगला चरण मुक्त व्यापार समझौता होता है। भारत और जापान के मध्य वर्तमान में वस्तुओं और सेवाओं में द्विपक्षीय व्यापार 15.71 बिलियन डॉलर है। दोनों देशों के मध्य व्यापार संतुलन जापान के पक्ष में है। भारत को जापान के साथ व्यापार में लगभग 6 बिलियन डॉलर का घाटा है। जापान ने भारत के अवसंरचनात्मक विकास में बड़े पैमाने पर वित्तीय सहायता दी है। इन परियोजनाओं में शामिल हैं : मुंबई अहमदाबाद हाई स्पीड बुलेट ट्रेन, दिल्ली मेट्रो प्रोजेक्ट, चेन्नई बेंगलुरु औद्योगिक गलियारा, दिल्ली मुंबई औद्योगिक गलियारा, पश्चिमी माल भाड़ा गलियारा आदि।

भारत और जापान के मध्य भुगतान संतुलन की समस्या से निपटने के लिए वर्ष 2019 में 75 बिलियन डॉलर का करेंसी स्वैप समझौता भी किया गया है।

भारत जापान प्रतिरक्षा संबंध

30 नवंबर, 2019 को भारत और जापान के बीच नई दिल्ली में पहली टू प्लस टू वार्ता संपन्न की गई है। यह इस बात का प्रमाण है कि प्रतिरक्षा और सामरिक महत्त्व के मामलों में दोनों देश आपसी सहयोग को एक नई ऊँचाई पर ले जाना

चाहते हैं। दोनों देशों के विशेष सामरिक साझेदारी को बढ़ावा देने पर केन्द्रित इस वार्ता में जापानी विदेश मंत्री तोशी मित्सू और प्रतिरक्षा मंत्री तारो कोनो तथा भारत के विदेश मंत्री एस जयशंकर और प्रतिरक्षा मंत्री राजनाथ सिंह ने इस वार्ता के दौरान कई महत्त्वपूर्ण मामलों पर सार्थक संवाद किया। इसलिए इस वार्ता को टू प्लस टू संवाद भी कहते हैं। इस वार्ता के दौरान हिन्द महासागर और प्रशांत महासागर सहित विश्व के अन्य सागरों, महासागरों की स्वतंत्रता, नौगमन की स्वतंत्रता की आवश्यकता पर बल देते हुए समुद्री क्षेत्र में सहयोग को सुनिश्चित करने की बात की गई। भारत और जापान दोनों एशियाई शक्ति के रूप में एशिया पैसिफिक और हिन्द प्रशांत क्षेत्र में प्रभुत्व की राजनीति, क्षेत्रीय विवादों, प्राकृतिक और अन्य संसाधनों पर स्वामित्व के अनैतिक प्रयासों जैसी गतिविधियों पर लगाम लगाना चाहते हैं, क्योंकि इन सागरीय क्षेत्रों में स्थिरता, व्यापारिक मार्गों की स्वतंत्रता इन दोनों देशों के आर्थिक विकास को बढ़ावा दे सकती है। दोनों देशों ने वार्ता में इंडो पैसिफिक क्षेत्र की सुरक्षा पर विशेष बल दिया।

यदि हम हिन्द महासागर के महत्त्व को भारत और जापान के साझे लाभों के मद्देनजर समझें तो यह और स्पष्ट होता है। हिन्द महासागर में स्थित दक्षिण एशियाई देश मालदीव की सामरिक अवस्थिति भारत और जापान सहित चीन के ऊर्जा हितों के लिए बेहद महत्त्वपूर्ण है। हिन्द महासागर में मालदीव के क्षेत्र में स्थित अंतर्राष्ट्रीय समुद्री जहाजी मार्ग मध्य पूर्व से भारत, जापान और चीन की ऊर्जा आपूर्ति की दृष्टि से महत्त्वपूर्ण हैं। मात्रात्मक दृष्टि से भारत का 97 प्रतिशत से अधिक और मूल्यात्मक दृष्टि से 75 प्रतिशत से अधिक अंतर्राष्ट्रीय व्यापार हिन्द महासागर में स्थित मालदीव के अंतर्राष्ट्रीय ट्रेड शिपिंग लेन्स के ज़रिये होता है। इस दृष्टि से भारत और जापान के लिए इंडो पैसिफिक क्षेत्र की सुरक्षा और स्थिरता का प्रश्न अहम है। वर्ष 2019 में ही भारत, जापान और श्रीलंका ने हिन्द महासागर में चीन प्रभाव वाले हमबनटोटा बंदरगाह के निकट कंटेनर टर्मिनल खोलने का निर्णय किया है। इसी प्रकार यदि एशिया पैसिफिक के लिहाज से बात करें तो प्रशांत महासागर के भाग पूर्वी चीन सागर में जापान के सेनकाकू द्वीप को चीन दियायू द्वीप नाम देते हुए उस पर कब्जा करने का भरसक प्रयास करता आया है। इसलिए इन मामलों में साझे विचार के साथ भारत और जापान ने टू प्लस टू वार्ता के तहत जापान के स्वतंत्र और मुक्त इंडो पैसिफिक विजन और भारत के एक्ट ईस्ट पॉलिसी को नई ऊर्जा के साथ बढ़ावा देने की बात की है।

टू प्लस टू वार्ता के समापन पर जारी संयुक्त वक्तव्य

दोनों देशों ने इस बात की पुष्टि की कि यह संवाद आपसी सुरक्षा और रक्षा सहयोग

की सामरिक गहराई को और ज्यादा व्यापक बनाएगा। उभरती सुरक्षा चुनौतियों को स्वीकार करते हुए मंत्रियों ने सुरक्षा सहयोग पर आधारित 2008 के संयुक्त घोषणा पत्र और सुरक्षा सहयोग को आगे बढ़ाने से संबंधित 2009 की कार्य योजना के आधार पर द्विपक्षीय सुरक्षा सहयोग को और ज्यादा मज़बूती प्रदान करने की प्रतिबद्धता दोहराई। इस बात को स्मरण करते हुए कि दोनों देश मुक्त, खुले, समावेशी और नियमों पर आधारित हिन्द-प्रशांत क्षेत्र के प्रति समान दृष्टि रखते हैं, जिसके अंतर्गत सभी देशों की संप्रभुता और क्षेर्त्र।य अखंडता के सिद्धांत सुनिश्चित किए गए हैं और सभी देशों को नौवहन और उस क्षेत्र से उड़ान भरने की स्वतंत्रता है, मंत्रियों ने इस बात पर बल दिया कि द्विपक्षीय सहयोग को ज्यादा मज़बूती प्रदान करना दोनों देशों के परस्पर हित में है तथा इससे हिन्द-प्रशांत क्षेत्र में शांति, सुरक्षा और समृद्धि बढ़ाने में भी मदद मिलेगी।

जापानी पक्ष ने हाल ही में संपन्न 14वें पूर्वी एशिया शिखर सम्मेलन के दौरान सुरक्षित, संरक्षित, स्थिर, समृद्ध और टिकाऊ सामुद्रिक क्षेत्र का सृजन करने के लिए भारत द्वारा की गई 'हिन्द-प्रशांत महासागर पहल' की सराहना की और इस पहल के आधार पर ठोस सहयोग के बारे में विचार-विमर्श करने की इच्छा व्यक्त की। भारतीय पक्ष ने जापान और आसियान के बीच रक्षा सहयोग के लिए एक नई पहल के रूप में नवंबर, 2019 में जापान के 'वियनतेन विजन 2.0' का स्वागत किया। इस संदर्भ में, चारों मंत्रियों ने दिसम्बर, 2018 में भारत द्वारा सूचना समेकन केन्द्र-हिन्द महासागर क्षेत्र (आईएफसी-आईओआर) की स्थापना का स्वागत किया। भारतीय पक्ष ने आईएफसी-आईओआर में जापान द्वारा एक सम्पर्क अधिकारी भेजे जाने की मंशा भी व्यक्त की। मंत्रियों ने पिछले साल जापान की मैरिटाइम सेल्फ डिफेंस फोर्स और भारतीय नौसेना के बीच हस्ताक्षरित व्यापक सहयोग के लिए समझौते के क्रियान्वयन के आधार पर सूचना का आदान-प्रदान प्रारंभ होने की दिशा में हुई प्रगति पर संतोष व्यक्त किया।

इस वार्ता के दौरान दोनों देशों के रक्षा बलों के बीच द्विपक्षीय अभ्यास नियमित रूप से आयोजित करने और उन्हें व्यापक बनाने के निरंतर प्रयास जारी रखने पर समान रूप से बल दिया। इस संदर्भ में मंत्रियों ने हाल ही में संपन्न द्वितीय 'धर्म गार्जियन-2019' और द्वितीय 'शिन्यू मैत्री-2019' का स्वागत किया। मंत्रियों ने जापान में प्रथम भारत-जापान संयुक्त लड़ाकू विमान अभ्यास के लिए समन्वयन की दिशा में आगे बढ़ने पर सहमति प्रकट की। 2020 में होने वाले टोक्यो ओलम्पिक्स के आयोजन के दौरान सुरक्षा व्यवस्था को मज़बूती देने के लिए धर्म गार्जियन अभ्यास में भारतीय सेना ने जापान के सैनिकों को आतंकवाद निरोधक अभियानों का प्रशिक्षण दिया है। टोक्यो ओलंपिक्स को किसी भी प्रकार के संभावित आतंकवादी हमले से बचाने के लिए भारत द्वारा दिया गया

यह प्रशिक्षण दोनों देशों के मध्य सुरक्षा, प्रतिरक्षा और सैन्य गठजोड़ों को एक नई दिशा दे रहा है।

भारत और जापान के बीच हाल के समय में अमरीका और भारत के बीच हुए कॉमकेसा समझौते की तर्ज पर एक अति महत्त्वपूर्ण सैन्य समझौता "एक्विजिशन एंड क्रॉस सर्विंग एग्रीमेंट" (एसीएसए) को मूर्तमान स्वरूप देने का निर्णय 2018 में हुआ। यह लॉजिस्टिक्स (सैन्य व अन्य सामग्री, रसद) को आपस में साझा करने का समझौता है। अमेरिकी नौसेना के साथ दोनों देश हिन्द तथा प्रशांत महासागर में जिस तरह से अभ्यास करते हैं,उस दृष्टि से सैन्य उपकरणों का एक दूसरे को साझा करने का निर्णय काफी तार्किक है। मंत्रियों ने अक्तूबर, 2018 में ऐक्विज़िशन एंड क्रॉस-सर्विसिंग एग्रीमेंट (एसीएसए) प्रारंभ किए जाने की घोषणा के बाद से इससे संबंधित बातचीत में हुई महत्त्वपूर्ण प्रगति का स्वागत किया।

इस वार्ता के दौरान अंतर्राष्ट्रीय मामलों पर भी ध्यान दिया गया। इसमें उत्तर कोरिया द्वारा व्यापक संहार की क्षमता वाले सभी हथियारों और समस्त रेंज वाली बेलिस्टिक मिसाइलों को संयुक्त राष्ट्र सुरक्षा परिषद के इससे संबंधित प्रस्तावों (यूएनएससीआर) के अनुरूप प्रमाणन योग्य एवं अपरिवर्तनीय ढंग से नष्ट करने के महत्त्व की पुष्टि की गई और यूएनएससीआर के पूर्ण कार्यान्वयन के लिए प्रतिबद्धता व्यक्त की। यूएनएससीआर का स्पष्ट उल्लंघन करते हुए उत्तर कोरिया द्वारा हाल ही में बेलिस्टिक मिसाइल लॉन्च किए जाने की निंदा दोनों राष्ट्रों ने की। इसके साथ ही दक्षिण चीन सागर में हाल की घटनाओं के संदर्भ में मंत्रियों ने नौवहन और क्षेत्र से उड़ान भरने की स्वतंत्रता, अबाधित वैध व्यापार तथा संयुक्त राष्ट्र की समुद्री कानून संधि (यूएनसीएलओएस) सहित कानूनी और सार्वभौमिक रूप से मान्यता प्राप्त अंतर्राष्ट्रीय कानूनों के सिद्धांतों के अनुरूप कानूनी एवं राजनयिक प्रक्रियाओं का पूर्ण सम्मान करते हुए विवादों के शांतिपूर्ण समाधान के महत्त्व की पुष्टि की।

टू प्लस टू वार्ता के दौरान दोनों देशों के चारों मंत्रियों ने पाकिस्तान के रिमोट कंट्रोल से चलने वाले आतंकवादी नेटवर्कों द्वारा क्षेत्रीय सुरक्षा के समक्ष पैदा किए गए खतरों की निंदा की और पाकिस्तान को इसके विरुद्ध ठोस कार्यवाही करने की आवाज उठाई। इसके साथ ही भारत और जापान ने पाकिस्तान को आतंकवाद के खिलाफ अंतर्राष्ट्रीय प्रतिबद्धताओं और फाइनेंशियल एक्शन टास्क फोर्स के प्रावधानों के अनुपालन की भी आवाज उठाई। टू प्लस टू वार्ता करते हुए भारत के गृह मंत्री ने कहा कि भारत का जापान के साथ संबंध एशिया में स्थिरता का एक प्रमुख कारक बन चुका है। वर्ष 2018 में 13वें भारत जापान वार्षिक समिट में

भारतीय प्रधानमंत्री और जापानी प्रधानमंत्री शिंजो एबे ने एशिया में सुरक्षा परिदृश्य को देखते हुए द्विपक्षीय प्रतिरक्षा संबंधों को मज़बूती देने के लिए टू प्लस टू वार्ता के आयोजन का निर्णय किया था, उसे भारतीय विदेश मंत्री ने भारत की एक्ट ईस्ट पॉलिसी को अधिक ऊर्जावान बनाने का कदम बताया।

भारत और इजरायल द्विपक्षीय संबंध

भारत ने 17 सितंबर, 1950 को इजरायल को मान्यता प्रदान किया। भारत की तरफ़ से मिली इस राजनीतिक मान्यता से भारत और इज़रायल के राजनीतिक संबंधों की नींव रखी गई। द्विपक्षीय संबंधों को एक कदम बढ़ाते हुए यहूदी अभिकरण ने बॉम्बे में आव्रजन कार्यालय का गठन किया जिससे भारत में यहूदी नागरिकों की आवाजाही सरल तरीके से सुनिश्चित हो सके। इसी कार्यालय को एक व्यापार कार्यालय में बदल दिया गया और पुनः इसी को एक कॉन्स्युलेट ऑफिस में बदल दिया गया। दोनों देशों के कूटनीतिक अथवा राजनयिक संबंधों की नींव वर्ष 1992 में रखी गई, जब दोनों देशों में दूतावासों का निर्माण किया गया। वर्ष 1990 के बाद भारत में जिस तरह से वैश्वीकरण, उदारीकरण और निजीकरण को बढ़ावा मिला और भारत ने 'पूर्व की ओर देखो' नीति को अपनाया, उसी क्रम में भारत को अपने कृषि क्षेत्र के विकास और प्रतिरक्षा तंत्र को मज़बूती देने के लिए इज़रायल जैसे देश के साथ मज़बूत संबंध बनाने की आवश्यकता महसूस हुई। वर्ष 1992 में प्रतिरक्षा और कृषि क्षेत्र में सहयोग ने दो प्रमुख आधार स्तम्भ के रूप में संबंधों को नई दिशा दी।

विज्ञान और प्रौद्योगिकी के क्षेत्र में सहयोग

दोनों देशों के मध्य विज्ञान और प्रौद्योगिकी के क्षेत्र में द्विपक्षीय संबंधों की शुरुआत वर्ष 1993 में हुई, जब दोनों देशों ने विज्ञान और प्रौद्योगिकी सहयोग समझौते पर हस्ताक्षर किए और विज्ञान और प्रौद्योगिकी पर संयुक्त समिति बनाई गई। इस समिति की अंतिम बैठक मार्च, 2019 में इज़रायल में आयोजित की गई थी। वर्ष 2017 में भारतीय प्रधान मंत्री के इज़रायल यात्रा के दौरान भारत सरकार के विज्ञान और प्रौद्योगिकी विभाग और इज़रायल के राष्ट्रीय प्रौद्योगिकी नवाचार प्राधिकरण के बीच "भारत—इज़रायल औद्योगिक अनुसंधान और विकास और नवाचार कोष" को गठित करने के लिए ज्ञापन समझौते पर हस्ताक्षर किया गया। इसके तहत दोनों देशों ने अगले 5 वर्षों के लिए 20-20 मिलियन डॉलर का योगदान करने का निर्णय लिया है। इसके ज़रिये भारत और इज़रायल के उपक्रम मिलकर अनुसंधान और विकास परियोजनाओं को प्रभावी ढंग से चला सकेंगे। जुलाई, 2017 में ही भारतीय

प्रधान मंत्री की इज़रायल यात्रा के दौरान भारत के अंतरिक्ष अभिकरण इसरो और इज़रायल के अंतरिक्ष अभिकरण के बीच अंतरिक्ष सहयोग के लिए तीन समझौतों पर हस्ताक्षर हुआ।

सांस्कृतिक और शैक्षणिक संबंध

भारत और इज़रायल मज़बूत सांस्कृतिक परम्पराओं वाले देश हैं। इजरायल भारत को एक आकर्षक और वैकल्पिक पर्यटन गंतव्य के रूप में देखता है। इजरायली युवाओं में भारत के प्रति विशेष रुचि देखी जाती है। वर्ष 2018 में 50 हजार से अधिक इजरायली नागरिकों ने भारत का भ्रमण किया जबकि इसी वर्ष 70 हजार से अधिक भारतीयों ने इजरायल की यात्रा की। जनता से जनता के संपर्क के रूप में दोनों देशों के मध्य सांस्कृतिक संपर्कों में भी तेज़ी आई है। इस संबंध को मज़बूती देने के लिए मार्च, 2018 में नई दिल्ली और तेल अवीव के मध्य सीधे हवाई उड़ान की शुरुआत की गई है। वर्तमान में यह व्यवस्था की गई है कि हफ्ते में ऐसी 5 उड़ानें हों। इसके साथ ही इजरायली कैरियर इलअल मुंबई और तेल अवीव के मध्य सीधी हवाई उड़ानों को संचालित करता है। भारत और इजरायल शैक्षणिक संबंधों को मज़बूती देने के लिए भारत से संबंधित कई कोर्सों का अध्ययन तेल अवीव विश्व विद्यालय, हेब्रू विश्वविद्यालय और हैफा विश्वविद्यालय में कराया जाता है। कई निजी और सरकारी भारतीय विश्वविद्यालयों ने इजरायली संस्थाओं के साथ शैक्षणिक समझौते किए हैं। उल्लेखनीय है कि मई, 2013 में भारत और इज़रायल ने विश्वविद्यालय अनुदान आयोग और इजरायल साइंस फाउंडेशन ने नोडल एजेंसी के रूप में एक संयुक्त एकेडमिक रिसर्च के लिए एक फंडिंग प्रोग्राम की शुरुआत की। दोनों देशों के मध्य डॉक्टोरल और पोस्ट डॉक्टोरल स्तर पर विद्यार्थी अध्ययनरत हैं। छात्रवृत्ति योजना के ज़रिये भी दोनों देशों के शैक्षणिक संबंधों में मज़बूती आई है। भारत प्रत्येक वर्ष इजरायली युवाओं को आईसीसीआर छात्रवृत्तियाँ प्रदान करता है।

इजरायल में भारतीय डायस्पोरा

इजरायल में भारतीय मूल के लगभग 85,000 यहूदी रहते हैं जिसमें इन यहूदियों के अभिभावकों में से कम से कम एक भारतीय हैं और इन सबके पास इजरायली पासपोर्ट है। 1950 और 1960 के दशक में भारत के नागरिकों का इजरायल में जाना शुरू हुआ। इसमें महाराष्ट्र से जाने वाले लोग जो इजरायल में बस गए उन्हें बेनी इजरायलीज कहा जाता है जबकि केरल से कम संख्या में जाने वाले लोगों को कोचीनी यहूदी कहा जाता है, वहीं दूसरी तरफ़ कोलकाता से जाने वाले लोग

इजरायल में बसे, उन्हें बगदादी यहूदी कहा जाता है। हाल के वर्षों में भारत के उत्तर पूर्वी राज्यों से भारतीय यहूदी जिन्होंने इजरायल में प्रव्रजन किया है उन्हें बेनी मेंनाशी कहते हैं।

एलीयाहू बेजलेल, जो कि कोचीन के चिन्नामंगलम क्षेत्र से संबंधित हैं वह इजरायल में प्रसिद्ध कृषि वैज्ञानिक बने और वर्ष 2005 में भारतीय प्रवासी सम्मान प्राप्त करने वाले भारतीय मूल के पहले इजरायली बने। वहीं शेख अंसारी, जोकि जेरूसलम में भारतीय हॉस्पाइस का प्रबंधन करते हैं उन्हें 2011 में प्रवासी भारतीय सम्मान से सम्मानित किया गया।

वर्ष 2017 में डॉक्टर लेल बेस्ट को इसी सम्मान से चिकित्सकीय सेवाओं के लिए सम्मानित किया गया। वर्ष 2013 में तेल अवीव में स्थित भारतीय दूतावास ने इजरायल में भारतीय यहूदियों का पहला नेशनल कन्वेंशन रमला में आयोजित कराया जिससे इंडियन डायस्पोरा अपने को देश से अधिक जुड़ा हुए महसूस करे। 2014 में इसका आयोजन येरूशलम, 2015 में रामला, 2016 में किर्यत गट और 2017 में अशकेलान में किया गया। 'भारत को जानो' कार्यक्रम ने भी भारतीय मूल के यहूदियों को भारत से अधिक जुड़ाव महसूस कराने की दिशा में महत्त्वपूर्ण काम किया है। इजरायल में लगभग 14,000 भारतीय नागरिक निवास करते हैं जिसमें से अधिकतर इजरायल के वरिष्ठ नागरिकों के देख भाल, हीरे के व्यापार, आईटी पेशा और छात्र के रूप में अपनी सेवाएँ दे रहे हैं और प्राप्त भी कर रहे हैं।

जुलाई 2017 में भारतीय प्रधानमंत्री ने इजरायल में तेल अवीव एग्जीबिशन ग्राउंड में इजरायल में काम करने वाले लगभग 8,000 भारतीय मूल के नागरिकों और भारतीय नागरिकों को संबोधित किया। भारतीय डायस्पोरा को आर्थिक विकास का मज़बूत संवाहक बनाने की दृष्टि से यह भारत की एक मज़बूत रणनीति के रूप में देखा गया।

भारत इजरायल आर्थिक संबंध

वर्ष 1992 में जहाँ एक तरफ़ भारत और इजरायल के मध्य द्विपक्षीय व्यापार 200 मिलियन डॉलर था जिसमें अधिकांश हिस्सा हीरों के व्यापार का था। वहीं 2018-2019 में दोनों देशों के बीच द्विपक्षीय व्यापार 5.65 बिलियन डॉलर हो गया था। इस द्विपक्षीय व्यापार में प्रतिरक्षा व्यापार शामिल नहीं है। यदि व्यापारिक संतुलन की बात करें तो व्यापार संतुलन 1.8 बिलियन डॉलर के साथ भारत के पक्ष में है। भारत और इजरायल के मध्य द्विपक्षीय व्यापार में लगभग 50 प्रतिशत का योगदान हीरे के व्यापार का है। एशिया में इजरायल भारत का तीसरा सबसे बड़ा व्यापारिक साझेदार है, जबकि वैश्विक स्तर पर इजरायल भारत का सातवाँ सबसे बड़ा व्यापारिक साझेदार है, हाल के वर्षों में दोनों देशों के द्विपक्षीय व्यापार में कई क्षेत्रों

में विविधता आई है और फार्मास्युटिकल, कृषि, सूचना प्रौद्योगिकी उत्पाद, दूरसंचार और होमलैंड सुरक्षा के क्षेत्र में द्विपक्षीय आर्थिक संबंध मज़बूत हुए हैं। भारत की तरफ़ से इजरायल में किए जाने वाले निर्यात में मुख्य रूप से शामिल हैं : बहुमूल्य पत्थर और धातु, रासायनिक उत्पाद, टेक्सटाइल आदि, जबकि भारत इजरायल से जिन प्रमुख वस्तुओं का आयात करता है उसमें शामिल हैं बेशकीमती पत्थर और धातुएँ, रासायनिक और खनिज उत्पाद, बेस मेटल्स और मशीनरी तथा परिवहन उपकरण, पोटाश आदि। हाल के समय में इजरायल ने भारत, चीन और जापान के साथ आर्थिक संबंधों को मज़बूत करने का सामरिक निर्णय लिया है। इसी क्रम में भारतीय सॉफ्टवेयर कंपनियाँ खासकर टाटा कंसलटेंसी सर्विसेज, इंफोसिस, टेक महिंद्रा और विप्रो ने इजरायल के बाजारों में अपनी मज़बूत उपस्थिति दर्ज की है। जुलाई 2017 में भारतीय प्रधानमंत्री द्वारा इजरायल की यात्रा के दौरान नवनिर्मित इंडिया इजरायल मुख्य कार्यकारी अधिकारी फोरम की पहली बैठक का आयोजन किया गया, जबकि इसकी दूसरी बैठक का आयोजन वर्ष 2018 में इजरायल के प्रधानमंत्री नेतन्याहू के भारत भ्रमण के दौरान किया गया।

यदि निवेश की बात करें तो अप्रैल 2000 से जून 2017 के मध्य भारत का इजरायल में कुल निवेश 122.4 मिलियन डॉलर था। इसकी पुष्टि डिपार्टमेंट ऑफ इंडस्ट्रियल पॉलिसी एंड प्रमोशन ने की है। भारतीय कंपनियों ने इजरायल में विलय और अधिग्रहण के ज़रिये अपनी उपस्थिति को मज़बूत करने के लिए वहाँ पर अपनी ब्रांच ऑफिसों को खोला है। टाटा कंसलटेंसी सर्विसेज ने वर्ष 2005 में इजरायल में कार्य करना शुरू किया जबकि स्टेट बैंक ऑफ इंडिया ने 2007 में तेल अवीव में अपनी शाखा खोली। इंफोसिस, टेक महिंद्रा और विप्रो इंफ्रास्ट्रक्चर इंजीनियरिंग कुछ अन्य ऐसी भारतीय कंपनियाँ हैं जिन्होंने वर्ष 2015-16 में इजरायल में कुछ महत्त्वपूर्ण अधिग्रहण और निवेश को बढ़ावा दिया है।

इजरायल की तरफ़ से भारत में कृषि के क्षेत्र में उच्च प्रौद्योगिकी के संबंध में लगभग 300 निवेश किए गए हैं। यह निवेश विनिर्माण संयंत्र, अनुसंधान और विकास केंद्रों और आनुषंगिक शाखाओं के क्षेत्र में किए गए हैं। भारत सरकार ने इजरायल के साथ मिलकर कृषि के क्षेत्र में सहयोग के लिए कार्य योजना को समय-समय पर निर्मित किया है। वर्ष 2006 में ऐसे ही एक सहयोग समझौते पर हस्ताक्षर किया गया था। दोनों देशों के मध्य ऐसे कुल 29 सेंटर ऑफ एक्सीलेंस 2020 तक कार्यशील करने की योजना है जो भारत के 12 राज्यों बिहार, गुजरात, हरियाणा, कर्नाटक, महाराष्ट्र, पंजाब, राजस्थान, तमिलनाडु, उत्तर प्रदेश, मिजोरम, आंध्र प्रदेश और पश्चिम बंगाल में कृषि के क्षेत्र में सहयोग और सेवाओं को दे सकें। भारत बागवानी के और कृषि के क्षेत्र में और कैनोपी मैनेजमेंट के क्षेत्र में नर्सरी मैनेजमेंट, सूक्ष्म सिंचाई, फसल उपरांत प्रबंधन के क्षेत्र में इजरायल की तकनीकों

और उसकी विशेषज्ञता का लगातार लाभ उठा रहा है। हरियाणा और महाराष्ट्र को विशेषकर इन सुविधाओं का लाभ मिला है। इजरायल की ड्रिप इरिगेशन टेक्नोलॉजी और उससे संबंधित उत्पादों ने भारत में कृषि क्षेत्र में महत्त्वपूर्ण योगदान किया है। कुछ महत्त्वपूर्ण इजरायली कंपनियाँ और उससे संबंधित विशेषज्ञ भारत में डेयरी फार्मिंग के क्षेत्र में सुधार और उसके प्रबंधन के लिए अपनी विशेषज्ञ सेवाएँ दे रहे हैं ताकि उच्च स्तर पर दुग्ध उत्पादन को भी बढ़ावा दिया जा सके।

भारत और इजरायल प्रतिरक्षा संबंध

प्रतिरक्षा और सुरक्षा के संबंध में भारत और इजरायल के मध्य संबंधों में लगातार मज़बूती आई है। भारत अपनी आंतरिक सुरक्षा और अपनी अंतर्राष्ट्रीय सीमाओं की सुरक्षा की दृष्टि से प्रतिरक्षा उपकरणों की आवश्यकता महसूस करता रहा है। इसीलिए वह इजरायल से प्रतिरक्षा प्रौद्योगिकियों का आयात करता है। दोनों देशों के मध्य सशस्त्र बलों के मध्य नियमित सूचना विनियम संपन्न किया जाता है। भारत के चीफ ऑफ एयर स्टाफ, एयर चीफ मार्शल बीएस धनोआ ने 2018 में इजरायल की यात्रा की थी और वहाँ बहुपक्षीय सम्मेलन में भाग लिया था। नेवल स्टाफ एडमिरल सुनील लांबा ने जून 2017 में इजरायल की यात्रा की थी। समय-समय पर प्रतिरक्षा सचिव स्तर के अधिकारी भी डिफेंस से संबंधित ज्वाइंट वर्किंग ग्रुप की मीटिंग में भाग लेने के लिए इजरायल और वहाँ के अधिकारी नई दिल्ली आते रहते हैं। भारतीय जहाज इजरायल में सद्भावकारी यात्राएँ करते रहते हैं।

भारत और इजरायल के मध्य प्रतिवर्ष लगभग 1 बिलियन डॉलर का प्रतिरक्षा व्यापार होता है। भारत महत्त्वपूर्ण रक्षा उपकरणों, हथियारों का आयात इजरायल से करता रहा है। भारत के लिए दक्षिण एशिया में आतंकवाद से निपटने, हिन्द महासागर की सुरक्षा, पाकिस्तान और चीन से सामरिक दृष्टि से निपटने में इजरायल भारत के लिए उपयोगी है। इजरायल ने भारत को फाल्कन अवाक्स रडार, बराक मिसाइल, ग्रीन पाइन रडार, स्पाइस बॉम्ब प्रदान किए हैं। वर्ष 2019 में भारत ने इजरायल से 300 मिलियन डॉलर मूल्य वाले 100 स्पाइस बॉम्ब खरीदने का समझौता किया है। भारत ने पाकिस्तानी आतंकवादियों के खिलाफ किए गए बालाकोट स्ट्राइक में स्पाइस बॉम्ब का ही उपयोग किया था। इसके अलावा इजरायल भारत को मानव रहित विमान हेरान और हारूप दे चुका है। 2017 में इजरायल में हुए पहले संयुक्त सैन्याभ्यास ब्लू फ्लैग-17 में भारतीय वायु सेना के गरुण कमांडोज ने भाग लिया था।

भारत और इजरायल के प्रतिरक्षा संबंधों को मज़बूती दोनों के मध्य हुए होमलैंड सिक्योरिटी एग्रीमेंट से भी मिली है। उल्लेखनीय है कि इस समझौते के तहत सीमा पार आतंकवाद से निपटने, आंतरिक सुरक्षा को सुनिश्चित करने, अपराध नियंत्रण

और निरोध तथा पुलिस आधुनिकीकरण के विषयों पर बल दिया जाता है। भारत द्वारा पाकिस्तानी आतंकियों के खिलाफ किए गए सर्जिकल स्ट्राइक में स्पाइस बॉम्ब का इस्तेमाल किया जाना होमलैंड सिक्योरिटी के लिए दोनों की वचनबद्धता को दर्शाता है।

भारत चीन द्विपक्षीय संबंध

भारत और चीन के संबंध 1990 में शीत युद्ध के अंत के पहले मित्रतापूर्ण नहीं रहे लेकिन शीत युद्ध के अंत के बाद वैश्वीकरण, उदारीकरण, निजीकरण ने जिस वैश्विक अर्थव्यवस्था को जन्म दिया, उसमें भारत चीन के संबंध स्वाभाविक रूप में आर्थिक स्तर पर मज़बूत हुए। भारत और चीन के राजनीतिक और कूटनीतिक संबंधों की नींव 1950 के दशक में रखी गई। 1अप्रैल, 1950 को भारत पहला गैर समाजवादी गुट का देश बना जिसने पीपुल्स रिपब्लिक ऑफ चाइना के साथ कूटनीतिक संबंध बनाए। भारतीय प्रधानमंत्री ने 1954 में चीन की यात्रा की और वर्ष 1954 में ही दोनों देशों के मध्य पंचशील समझौता संपन्न हुआ। इसने शुरू में भारत और चीन के मध्य पारस्परिक सहयोग और सद्भाव को बढ़ावा देने की रुपरेखा तैयार की। इसके तहत एक दूसरे की प्रादेशिक अखंडता और संप्रभुता के सम्मान, एक दूसरे पर आक्रमेण न करने, एक दूसरे के आंतरिक मामलों में हस्तक्षेप न करने, पारस्परिक लाभ और शांतिपूर्ण सह अस्तित्व में विश्वास करने पर बल दिया गया। भारत ने शीत युद्ध काल के दौरान पूँजीवादी अमेरिकी खेमें की परवाह न करते हुए 1949 की नई चीनी साम्यवादी सरकार के राजनीतिक संप्रभुता को मान्यता दी थी। जिसके परिणास्वरूप चीन ने 'हिंदी चीनी भाई भाई' जैसे नारे को मूर्तमान बनाने के लिए अपनी प्रतिबद्धता प्रदर्शित की। लेकिन कालांतर में चीन तिब्बत सीमा विवाद ने गंभीर राजनीतिक विवाद का स्वरूप धारण किया जिसका असर भारत चीन संबंधों पर भी पड़ा। जिस तिब्बत को चीन अपना अभिन्न अंग मान रहा था और उस पर समग्र प्रभुत्व स्थापित करने का कोई भी अवसर नहीं गँवा रहा था, उस तिब्बत के धर्म गुरु दलाई लामा और उनके एक लाख से अधिक बौद्ध मतावलंबियों के चीनी सेना के हाथों उत्पीड़न और दमन को देखकर भारत सरकार ने उन्हें राजनीतिक शरण देने का निर्णय किया।

तिब्बत की धार्मिक स्वतंत्रता, स्वायत्तता, मौलिक अधिकार के प्रति भारत अपनी विदेश नीति के सिद्धांतों के तहत संवेदनशील रहा। किसी भी देश के जायज आत्म निर्धारण के अधिकार का भारत समर्थक रहा है। तिब्बती धर्म गुरु दलाई लामा को शरण देने से असंतुष्ट चीन ने कुछ अन्य सीमा विवादों को आधार बनाकर भारत के खिलाफ युद्ध छेड़ दिया। 1962 के भारत चीन युद्ध ने दोनों देशों के संबंधों

को तनावपूर्ण बना दिया। इसके चलते अगले तीन दशक तक दोनों देशों के संबंध सामान्य नहीं हो पाए। 1970 के दशक में चीन ने पाकिस्तान के साथ भारत को असहज करने की कोशिश की। इस समय चीन पाकिस्तान और अमरीका समीकरण भारत के हितों के प्रतिकूल था। वर्ष 1971 में सोवियत संघ ने भारत के मित्र के रूप में संयुक्त राष्ट्र सुरक्षा परिषद में एकपक्षीय युद्ध विराम और भारत पाकिस्तान को अपनी-अपनी सेनाओं को सीमा से अंदर अपनी तरफ़ वापस बुलाने के चीनी प्रस्ताव पर निषेधाधिकार (विटो पॉवर) लगा दिया। इस प्रस्ताव में चीन द्वारा भारत को आक्रांता देश के रूप में उसकी भर्त्सना करने का भी प्रस्ताव किया गया था। बाद में चीनी प्रतिनिधिमंडल ने अपने प्रस्ताव को वापस भी ले लिया था। वहीं दूसरी तरफ़ सोवियत संघ ने पूर्वी पाकिस्तान की समस्या के राजनीतिक समाधान के लिए भी सुरक्षा परिषद में एक प्रस्ताव किया जिसमें यह कहा गया था कि पाकिस्तान अपनी सेना के द्वारा पूर्वी पाकिस्तान में किए जा रहे हर एक हिंसा की गतिविधि को रोकने का उपाय करे। यह प्रस्ताव पारित नहीं हो सका था। चीन ने इसके विपक्ष में मतदान किया था, इससे चीन का पाकिस्तान की तरफ़ रुझान भी स्पष्ट होने लगा। सोवियत संघ ने भारत पाकिस्तान युद्ध, 1971 में एकपक्षीय युद्ध विराम का न तो प्रस्ताव किया और न ही समर्थन क्योंकि भारत इस युद्ध में सामरिक बढ़त की स्थिति में था।

भारत द्वारा 1974 में नाभिकीय परीक्षण के बाद भारत पाकिस्तान और चीन के मध्य नाभिकीय सहयोग के मुद्दे पर सहमति बननी शुरू हो गई। इसी समय जुल्फिकार अली भुट्टो ने टिप्पणी की थी कि यदि भारत नाभिकीय विस्फोट कर न्यूक्लियर बॉम्ब बनाता है तो पाकिस्तान भले ही घास और तिनका खाना पड़े अथवा भूखे रहना पड़े फिर भी अपना खुद का नाभिकीय हथियार बनाकर रहेगा, इसी क्रम में चीन के साथ पाकिस्तान का नाभिकीय सहयोग 1976 में शुरू हुआ। चीन और पाकिस्तान के मध्य औपचारिक स्तर पर नाभिकीय सहयोग समझौता 1986 में किया गया। इस प्रकार भारत और चीन के संबंध नाजुक बने रहे। 1976 में भारत और चीन ने अपने राजदूत स्तरीय संबंधों को पुनः स्थापित किया जो 1962 के भारत चीन युद्ध के बाद से टूट गया था। फ़रवरी, 1979 में भारतीय विदेश मंत्री अटल बिहारी बाजपेई की चीन यात्रा के दौरान उच्च राजनीतिक स्तरीय संपर्कों को फिर से बहाल करने की कोशिश की गई। इसके उपरांत चीन के विदेश मंत्री ने भी 1981 में भारत की यात्रा की और द्विपक्षीय संबंधों में लंबे समय से चल रहे तनावों को कम करने की कोशिश की गई।

वर्ष 1988 में भारतीय प्रधानमंत्री राजीव गांधी ने चीन की ऐतिहासिक यात्रा की जिससे संबंधों में सुधार की उम्मीद जगी। इस यात्रा के दौरान द्विपक्षीय संबंधों में सुधार हेतु वार्ता हुई। इसके उपरांत वर्ष 1993 में प्रधानमंत्री नरसिम्हा राव के समय

दोनों देशों के द्विपक्षीय संबंधों को नई दिशा देने के लिए वास्तविक नियंत्रण रेखा पर शांति और सौहार्द्र समझौता संपन्न किया गया। वर्ष 1988 में भारतीय प्रधानमंत्री की चीन यात्रा के दौरान दोनों देशों में यह सहमति बनी कि दोनों देश सभी क्षेत्रों में सहयोग के लिए एक संयुक्त कार्य समूह का गठन करेंगे। यह भी तय किया गया कि यह कार्य समूह दोनों देशों के मध्य सीमा विवाद के उचित, निष्पक्ष और पारस्परिक स्वीकार्य समाधान के लिए प्रयास करेगा। दोनों देशों ने 1988 में ही एक संयुक्त आर्थिक समूह के गठन की भी बात की। इसके उपरांत चीन के प्रधानमंत्री ली पेंग ने भारत की वर्ष 1991 में यात्रा की। वर्ष 1992 में दोनों देशों के संबंधों को मज़बूती देने के उद्देश्य से भारत की तरफ़ से पहली राष्ट्रध्यक्ष स्तरीय यात्रा की गई। भारत के राष्ट्रपति आर. वेंकटरमण ने चीन की पहली आधिकारिक यात्रा की। इसके बाद चीन की तरफ़ से भी ऐसी ही शुरुआत की गई और चीन की भी पहली राष्ट्रध्यक्ष स्तरीय यात्रा भारत की हुई। चीन के राष्ट्रपति जियांग जेमिन ने वर्ष 1996 में भारत की यात्रा की। इस यात्रा के दौरान दोनों देशों में चार समझौतों पर हस्ताक्षर किया गया। इसमें से एक प्रमुख भारत चीन के मध्य वास्तविक नियंत्रण रेखा के संबंध में सैन्य क्षेत्र में विश्वास निर्माण उपाय को लेकर था। दोनों देशों की सेनाओं के मध्य सहयोग और विश्वास को बढ़ावा देने की बात की गई।

वर्ष 1997 में रूस, भारत और चीन का एक क्षेत्रीय संगठन बनाया गया जिसे चर्चित रूप में रिक के नाम से जानते हैं। मई, 1998 में भारत द्वारा पोखरण में अपने दूसरे परमाणु परीक्षण के बाद भारत और चीन के संबंधों को झटका लगा। एक तरफ़ जहाँ अमरीका जैसे देशों ने भारत पर प्रतिबंध आरोपित कर दिए, वहीं चीन को भी भारत की एशिया में क्षेत्रीय वर्चस्व की मंशा दिखाई देने लगी। जून, 1999 में भारतीय विदेश मंत्री जसवंत सिंह ने चीन की यात्रा की और दोनों देशों ने एक दूसरे को आश्वासन दिया कि वे एक दूसरे के लिए खतरा नहीं हैं। मई-जून, 2000 में भारतीय राष्ट्रपति के.आर.नारायणन ने चीन की यात्रा कर उच्च स्तरीय विनिमय को पुन: बहाल किया।

जून, 2003 में भारतीय प्रधानमंत्री अटल बिहारी वाजपेई ने चीन की ऐतिहासिक यात्रा की। इस यात्रा के दौरान दोनों देशों के संबंधों और व्यापक सहयोग के लिए सिद्धांतों पर एक महत्त्वपूर्ण उद्घोषणा जारी किया गया। भारतीय विदेश मंत्रालय के अनुसार, द्विपक्षीय संबंधों के विकास के लिए हस्ताक्षरित यह अब तक का सबसे व्यापक दस्तावेज था। दोनों देशों ने एक बॉर्डर ट्रेड प्रोटोकॉल को सम्पन्न किया और यह प्रोटोकॉल भारतीय राज्य सिक्किम और तिब्बत स्वायत्त क्षेत्र के मध्य सीमा पार करने से संबंधित था। दोनों देशों के प्रधानमंत्रियों ने सभी स्तरों पर बेहतर संबंधों, सीमा विवाद समाधान के लिए विशेष प्रतिनिधियों की नियुक्ति की। उल्लेखनीय है कि भारत ने पंचशील समझौते के तहत तिब्बत को चीन का अंग

माना था और 1988 में राजीव गांधी की चीन यात्रा के दौरान भी भारत ने इस बात की पुनः पुष्टि की। वहीं वर्ष 2003 में प्रधानमंत्री अटल बिहारी बाजपेई ने तिब्बत स्वायत्त क्षेत्र को चीन का प्रादेशिक भाग होने की घोषणा की। इससे चीन को तिब्बत और उससे संबंधित भू राजनीति का अवसर मिल गया और चीन ने अब अरुणाचल प्रदेश को दक्षिणी तिब्बत का भाग होने का दावा शुरू कर दिया। उल्लेखनीय है कि अरुणाचल प्रदेश का तवांग क्षेत्र, जो छठवें दलाई लामा का जन्म स्थान था, 1914 में मैकमोहन समझौते के आने तक तिब्बत का ही भाग था, इसी आधार पर चीन ने अरुणाचल के तवांग पर अपना दावा किया।

वर्ष 2005 में दोनों देशों के मध्य शांति और समृद्धि के लिए सामरिक और सहयोगात्मक साझेदारी के लिए एक संयुक्त पत्र जारी किया गया। इसके पूर्व भारत का प्रमुख महाशक्तियों के साथ सामरिक साझेदारी समझौता हो चुका था। इसलिए चीन की भी धारणा में थोड़ा बदलाव आया। इस साझेदारी को बढ़ावा देने के लिए दोनों देशों के मध्य 2006 में 10 चरण वाली रणनीति बनाई गई। वर्ष 2008 में भारतीय प्रधानमंत्री मनमोहन सिंह की चीन यात्रा के दौरान 21वीं शताब्दी में भारत और चीन के साझे विजन पर एक संयुक्त दस्तावेज जारी किया गया। वर्ष 2010 में दोनों देशों के कूटनीतिक संबंधों के 60 वर्ष पूरे होने के उपलक्ष्य में भव्य कार्यक्रम का आयोजन किया गया। वर्ष 2010 में ही दोनों देशों ने वर्ष 2015 तक 100 बिलियन डॉलर के द्विपक्षीय व्यापार का लक्ष्य निर्धारित किया। दोनों देशों के मध्य सामरिक आर्थिक संवाद और एक सीईओ फोरम की भी शुरुआत वर्ष 2011 में की गई। 2011 को भारत चीन विनिमय वर्ष घोषित किया गया। जून, 2011 में भारत की विदेश नीति में पैरा डिप्लोमेसी के तहत बिहार, मध्य प्रदेश और गुजरात के मुख्यमंत्रियों ने चीन की यात्रा की।

भारत चीन द्विपक्षीय व्यापार संबंध

भारत और चीन ने 1962 के युद्ध के बाद आधिकारिक स्तर पर अपने आर्थिक संबंधों को वर्ष 1978 में पुनः जीवित किया। 1984 में दोनों देशों ने सर्वाधिक इष्ट राष्ट्र समझौते पर हस्ताक्षर किया जो व्यापार और प्रशुल्क पर सामान्य समझौते (गैट्स) के तहत मुक्त व्यापार और व्यापार में गैर भेदभाव को बढ़ावा देने के लिए किया गया था। 1994 में दोनों देशों के मध्य दोहरे करारोपण से परिहार समझौता संपन्न किया गया था। उल्लेखनीय है कि भारत और चीन ने वर्ष 2018 में दोहरे कराधान से बचने और आयकरों के संदर्भ में वित्तीय अनियमितता की रोकथाम के लिए दोहरी करवंचना समझौते (डीटीएए) में संशोधन के लिए एक सहमति पत्र पर हस्ताक्षर किये हैं। अन्य बदलावों के अलावा, इस सहमति पत्र में नवीनतम

अंतर्राष्ट्रीय मानदंडों में सूचना के आदान-प्रदान के लिए मौजूदा प्रावधानों को अद्यतन किया गया है। इसके अलावा, इस सहमति पत्र में बेस इरोजन एंड प्रोफिट सिफ्टिंग (बीईपीएस) प्रोजेक्ट की कार्यशील रिपोर्ट के तहत, संधि से संबंधित न्यूनतम मानदंडों को लागू करने के लिए आवश्यक बदलावों को शामिल किया गया है, जिसमें भारत ने समान रूप से भागीदारी की थी। इस संधि में दोनों पक्षों की सहमति के आधार पर बीईपीएस एक्शन रिपोर्ट के अनुसार कई बदलाव किये गए हैं।

वर्ष 2000 में दोनों देशों के मध्य वस्तु और सेवाओं में द्विपक्षीय व्यापार महज 2.92 बिलियन डॉलर था, वो 2010 में बढ़कर 61.7 बिलियन डॉलर हो गया और इसके साथ ही चीन वस्तुओं के व्यापार के मामले में भारत का सबसे बड़ा व्यापारिक साझेदार बन गया था। इससे पूर्व 2008 में 51.8 बिलियन डॉलर के व्यापार के साथ चीन अमरीका को प्रतिस्थापित करते हुए वस्तुओं के व्यापार में भारत का सबसे बड़ा व्यापारिक साझेदार बन गया था। 2008 में आई वैश्विक आर्थिक महामंदी ने दोनों देशों के द्विपक्षीय व्यापार पर नकारात्मक प्रभाव डाला और 2009 तक दोनों के द्विपक्षीय व्यापार में लगभग 17 प्रतिशत की गिरावट आई और यह 43.27 बिलियन डॉलर हो गया। वर्ष 2018 में भारत और चीन के मध्य द्विपक्षीय व्यापार ऐतिहासिक रूप से बढ़कर 95.54 बिलियन डॉलर हो गया, जबकि 2009 में दोनों देशों ने यह तय किया था कि 2015 तक 100 बिलियन डॉलर का आँकड़ा पार करेंगे। भारत और चीन के मध्य व्यापार के संबंध में सबसे बड़ी समस्या व्यापार घाटे की है। इस द्विपक्षीय व्यापार में भारत व्यापार घाटे का सामना कर रहा है, जिसका आशय है कि भुगतान संतुलन चीन के पक्ष में है। 2018 में यह घाटा 57.86 बिलियन डॉलर था जबकि 2019 में यह 56.77 बिलियन डॉलर था। इससे पूर्व 2017 में भी व्यापार असंतुलन 51.72 बिलियन डॉलर था। इसका आशय है कि भारत में चीनी वस्तुओं का आयात ज्यादा किया गया है और चीन के बाजारों में भारत का निर्यात कम रहा है। वर्ष 2019 में चीन ने भारत को 74.72 बिलियन डॉलर मूल्य का निर्यात किया जबकि आयात मात्र 17.5 बिलियन डॉलर का किया। इससे स्पष्ट है कि भारत और चीन के आर्थिक संबंधों में व्यापारिक घाटा एक चुनौती के रूप में लगातार मौजूद है। चीन ने हाल ही में कहा है कि वह भारत के उच्च गुणवत्ता वाले उत्पादों का चीनी बाजारों में स्वागत करता है। चीन ने यह भी कहा है कि भारत चीन अनौपचारिक समिट, 2019 जो चेन्नई में हुआ था, उसने आर्थिक संबंधों को नई दिशा देने में महत्त्वपूर्ण भूमिका निभाई है। इसी क्रम में हाल ही में जनरल एडमिनिस्ट्रेशन ऑफ कस्टम्स ऑफ़ चीन के प्रतिनिधि ने कहा है कि आर्थिक संबंधों को मज़बूती और सहयोग को बढ़ावा देने से संतुलित व्यापारिक विकास होगा। व्यापारिक घाटा अथवा व्यापार असंतुलन भारत और चीन के आर्थिक संबंधों की सबसे बड़ी चुनौती बनी हुई है। भारत का दुनिया में किसी

भी देश के साथ इतना बड़ा व्यापार घाटा नहीं है जितना चीन के साथ है। घाटे का आकार जितनी बड़ी चुनौती है, उससे बड़ी चुनौती इस घाटे का वर्ष दर वर्ष बढ़ना है। इसलिए दोनों देशों ने व्यापार निवेश और सेवाओं के मुद्दे पर व्यापक सुधार करने पर सहमति बनाई है।

भारत और चीन के आर्थिक संबंधों को देखा जाए तो पता चलता है कि भारत चीन से जिन वस्तुओं का आयात करता है उनमें शामिल है, विद्युत संयंत्र और उससे संबंधित उपकरण, साउंड रिकॉर्डर और रीप्रोड्यूसर्स और टेलीविजन, मशीनरी और मैकेनिकल उपकरण, न्यूक्लियर रिएक्टर्स, बॉयलर, ऑर्गेनिक केमिकल्स, प्लास्टिक और संबंधित वस्तुएँ, जहाज, नाव और अन्य तैरती हुई संरचनाएँ, लोहा और इस्पात, उर्वरक, ऑप्टिकल्स, फोटोग्राफिक और सिनेमैटोग्राफिक वस्तुएँ जबकि भारत द्वारा चीन को निर्यात की जाने वाली प्रमुख वस्तुओं में देखें तो उसमें शामिल है कपास, अयस्क, धातविक चट्टानों के अवशेष, राख, ऑर्गेनिक केमिकल, खनिज ईंधन, खनिज तेल, लवण, सल्फर तथा अर्थ और स्टोन, प्लास्टरिंग मेटीरियल्स, लाइम और सीमेंट न्यूक्लियर रिएक्टर्स, ब्वॉयलर्स एनिमल और वेजिटेबल फैट्स तथा प्लास्टिक आदि।

चीन के साथ भारत के व्यापार घाटे का एक प्रमुख कारण यह है कि चीन के बाज़ार में भारत के कई कृषि उत्पादों, पशुओं का आहार, तेल बीज, दूध और दुग्ध उत्पादों, फार्मास्यूटिकल्स उत्पादों की चीन के बाजारों तक पहुँच नहीं है। हाल के समय में भारतीय चावल, रेपसीड मील, फिशमील, फिश ऑयल और तंबाकू के चीन को निर्यात करने के उद्देश्य से प्रोटोकॉल पर हस्ताक्षर भी किए गए हैं। मार्च, 2018 में आर्थिक संबंधों पर भारत चीन संयुक्त समूह के 11वें सत्र की बैठक में भारत के व्यापारिक घाटे को कम करने के उपायों पर चर्चा की गई। जिन वस्तुओं पर चीन ने भारी प्रशुल्क लगा रखा है और जिनके चलते भारत को व्यापार घाटे का लंबे समय से सामना करना पड़ रहा है उसमें शामिल हैं : तम्बाकू (लगभग 30 प्रतिशत), शुगर और शुगर उत्पाद (25.17 प्रतिशत), मोटे अनाज (लगभग 22 प्रतिशत), उर्वरक (14.4 प्रतिशत)।

भारत ने चीन से अपने व्यापार घाटे के बारे में बात भी की है और चीन को स्पष्ट किया है कि भारत कुछ वस्तुओं के लिए चीन के बाज़ार में और ज़्यादा पहुँच हासिल करना चाहता है। चूँकि भारत में बड़े पैमाने पर दवाइयाँ बनती हैं और इस क्षेत्र में भारत का विश्व में एक प्रतिष्ठित स्थान है। यदि चीन भारत को अनुमति दे तो भारत चीन को दवाइयाँ बेच सकता है, आईटी सेवाएँ दे सकता है, इंजीनियरिंग की सेवाएँ दे सकता है। इसके अलावा चावल, चीनी, कई तरह के फल और सब्ज़ियाँ, मांस उत्पाद, सूती धागा और कपड़ा भी बेच सकता है। चीन करीब 450 अरब डॉलर का इलेक्ट्रिकल मशीनरी, 97 अरब डॉलर का मेडिकल

उपकरण और 125 अरब डॉलर का लौह अयस्क आयात करता है। भारत को इनके उत्पादन और निर्यात पर जोर देना होगा। भारत को विनिर्माण पर और जोर देना होगा। भारत के पास कुशल पेशेवरों की फौज है। आर्थिक और वित्तीय क्षेत्र में भी भारत की संस्थाएँ शानदार हैं। इन सभी को चीन से जोड़ना होगा। चीन से मुकाबला हेतु भारत को कम लागत पर गुणवत्तापूर्ण उत्पादन करनेवाले देश के रूप में पहचान बनानी होगी। भारत को अगर 2024 तक पाँच ट्रिलियन इकोनॉमी वाला देश बनना है, तो भारतीय निर्यात दर को 20 प्रतिशत के दर पर ले जाना होगा, जो वर्तमान में ऋणात्मक है।

भारत-चीन दूसरा अनौपचारिक शिखर सम्मेलन, 2019

भारत के प्रधानमंत्री और चीन के राष्ट्रपति ने 11-12 अक्टूबर, 2019 को भारत के चेन्नई में अपने दूसरे अनौपचारिक शिखर सम्मेलन का आयोजन किया। दोनों देशों ने वैश्विक एवं क्षेत्रीय महत्त्व के सामरिक, दीर्घकालिक एवं महत्त्वपूर्ण मुद्दों पर विचारों का आदान-प्रदान किया। भारत और चीन ने अप्रैल 2018 में चीन के वुहान में आयोजित पहले अनौपचारिक शिखर सम्मेलन के दौरान हुई सहमति को दोहराया कि मौजूदा अंतर्राष्ट्रीय परिदृश्य में भारत और चीन स्थिरता के कारक हैं और दोनों पक्ष अपने मतभेदों का विवेकपूर्ण प्रबंधन करेंगे और किसी भी मुद्दे पर मतभेद को विवाद नहीं बनने देंगे। दोनों देशों ने कानून आधारित एवं समावेशी अंतर्राष्ट्रीय व्यवस्था को संरक्षित करने, कानून आधारित बहुपक्षीय व्यापार व्यवस्था का समर्थन करने पर जोर दिया। दोनों देशों के प्रधानमंत्रियों ने जलवायु परिवर्तन और सतत विकास लक्ष्य सहित वैश्विक विकासात्मक चुनौतियों से निपटने के लिए अपने-अपने देशों में किए जा रहे महत्त्वपूर्ण प्रयासों को भी रेखांकित किया। भारत और चीन ने चिंता जताई है कि आतंकवाद एक आम खतरा बना हुआ है। दो बड़े और विविधतापूर्ण देशों के तौर पर उन्होंने माना कि अंतर्राष्ट्रीय समुदाय ढाँचे को बिना कोई भेदभाव किए दुनिया भर में आतंकवादी समूहों के प्रशिक्षण, वित्त पोषण और समर्थन के खिलाफ ढाँचे को मज़बूत करने के लिए संयुक्त प्रयासों को जारी रखना आवश्यक है। दोनों देशों ने पिछले दो सहस्त्राब्दियों के दौरान भारत और चीन के बीच महत्त्वपूर्ण समुद्री संपर्क सहित पुराने वाणिज्यिक लिंकेज और लोगों से लोगों के बीच संपर्क के मुद्दे पर भी अपने विचारों का आदान-प्रदान किया। इस संबंध में दोनों नेताओं ने तमिलनाडु और फुजियान प्रांत के बीच सिस्टर-स्टेट संबंध स्थापित करने पर सहमति जताई। भारत और चीन ने अजंता और दुनहुआंग के अनुभव के आधार पर महाबलीपुरम और फुजियान प्रांत के बीच संबंधों का अध्ययन करने के लिए एक अकादमी स्थापित करने की संभावनाएँ तलाशने की बात की। सदियों पुराने भारत-चीन व्यापक संपर्कों

के मद्देनजर भारत और चीन के बीच समुद्री लिंक पर अनुसंधान करने पर भी चर्चा की गई है। दोनों राष्ट्रों के नेताओं ने 2020 को भारत-चीन सांस्कृतिक एवं लोगों से लोगों के बीच आदान-प्रदान वर्ष के रूप में नामित करने का निर्णय लिया है। वे इस बात पर भी सहमत हुए कि 2020 में भारत-चीन संबंधों की स्थापना की 70वीं वर्षगाँठ को राजनीतिक दलों, सांस्कृतिक एवं युवा संगठनों और सेनाओं के बीच सभी स्तरों पर विनिमय को बेहतर करने के लिए पूरी तरह से उपयोग किया जाएगा। राजनयिक संबंधों की 70वीं वर्षगाँठ को मनाने के लिए दोनों देश सहित 70 गतिविधियों का आयोजन करेंगे जिसमें जहाज यात्रा पर एक सम्मेलन भी होगा जो दोनों सभ्यताओं के बीच ऐतिहासिक संबंधों पर केन्द्रित होगा।

आर्थिक सहयोग को बेहतर बनाने और विकास के लिए करीबी साझेदारी को बेहतर करने के लिए अपने प्रयासों के मद्देनजर दोनों नेताओं ने व्यापार एवं वाणिज्यिक संबंधों को बेहतर करने के उद्देश्य से एक उच्च-स्तरीय आर्थिक एवं व्यापार संवाद तंत्र स्थापित करने का निर्णय लिया है। साथ ही वे दोनों देशों के बीच व्यापार को बेहतर तरीके से संतुलित करने पर भी सहमत हुए। उन्होंने विनिर्माण भागीदारी के विकास के माध्यम से पहचान किए गए क्षेत्रों में आपसी निवेश को प्रोत्साहित करने के लिए अपनी सहमति दी और अपने अधिकारियों को उच्च-स्तरीय आर्थिक एवं व्यापार वार्ता की पहली बैठक में इस मुद्दे शामिल करने का निर्देश दिया। भारतीय प्रधानमंत्री और चीन के राष्ट्रपति ने एक सकारात्मक नजरिये से इस अनौपचारिक शिखर सम्मेलन की सराहना की। उन्होंने कहा कि 'वुहान स्प्रिट' और 'चेन्नई कनेक्ट' के साथ ही नेताओं के स्तर पर आपसी समझ को बेहतर करने के लिए इससे एक महत्त्वपूर्ण अवसर मिला है।

छठी भारत-चीन रणनीतिक आर्थिक वार्ता, 2019

भारत-चीन रणनीतिक आर्थिक वार्ता (एसईडी) का गठन दिसंबर, 2010 में चीनी प्रधानमंत्री की भारत यात्रा के दौरान किया गया था। द्विपक्षीय सहयोग के प्रभावी व्यवस्था के रूप में एसईडी योगदान दे रहा है। एसईडी वार्ता के तहत दोनों पक्ष सर्वोत्तम अभ्यासों तथा क्षेत्र विशेष पर आधारित चुनौतियों और अवसरों पर विचार-विमर्श करते हैं। 5वीं एसईडी का आयोजन 14 अप्रैल, 2018 को बीजिंग में हुआ था। भारतीय प्रतिनिधिमंडल का नेतृत्व नीति आयोग के वाइस चेयरमैन डॉ. राजीव कुमार ने किया था। इस वार्ता के दौरान संयुक्त कार्य समूहों की प्रगति तथा परस्पर सहयोग के संभावित क्षेत्रों पर विचार-विमर्श किया गया था।

छठी भारत-चीन रणनीतिक आर्थिक वार्ता (एसईडी) 7-9 सितंबर, 2019 तक नई दिल्ली में आयोजित की गई। इस वार्ता के अंतर्गत ढाँचागत संरचना, ऊर्जा, उच्च

प्रौद्योगिकी, संसाधन संरक्षण, औषधि तथा नीति समन्वय पर संयुक्त कार्यकारी समूहों (जेडब्ल्यूजी) की गोलमेज बैठकें आयोजित की गईं। भारतीय पक्ष का नेतृत्व नीति आयोग के चेयरमैन तथा चीनी पक्ष का नेतृत्व एनडीआरसी के चैयरमेंन ने किया। दोनों पक्षों के नीति-निर्माता तथा उद्योग एवं शिक्षा जगत के प्रतिनिधियों ने इस वार्ता में भाग लिया। उल्लेखनीय है कि भारतीय पक्ष की तरफ़ से नीति आयोग और चीनी पक्ष की ओर से नेशनल डेवलपमेंट एंड रिफोर्म्स कमीशन (एनडीआरसी) एसईडी व्यवस्था का नेतृत्व करते हैं। इसके तहत प्रति वर्ष एक वार्षिक वार्ता का आयोजन क्रमश: दोनों देश की राजधानियों में किया जाता है।

भारत और चीन के मध्य विवाद के बिंदु

भारत और चीन के संबंध कई कारणों से लंबे समय से तनावपूर्ण रहे हैं। यद्यपि इसमें सुधार की कोशिश की गई है, लेकिन विवादों का उभरना समय-समय पर जारी रहा है। दोनों देशों के मध्य विवाद के मुख्य बिंदु निम्नलिखित हैं :

—भारत और चीन के मध्य सीमा विवाद लंबे समय से विद्यमान रहा है। भारत और चीन के मध्य अरुणाचल प्रदेश के ब्रम्हपुत्र और तवांग क्षेत्र को लेकर विवाद रहा है। चीन अरुणाचल प्रदेश के 90,000 वर्ग किलोमीटर क्षेत्र पर अपना दावा कर रहा है। उसने ब्रह्मपुत्र के जल पर अपना दावा इस आधार पर थोपा है कि यह नदी चीन के अभिन्न भाग तिब्बत से निकलती है। इसी आधार पर चीन ने ब्रम्हपुत्र पर बाढ़ निर्माण के लिए भी अपनी सक्रियता दिखाई है। कैलाश मानसरोवर क्षेत्र, सिक्किम के क्षेत्र, लेह लद्दाख क्षेत्र, उत्तराखंड के पिथौरागढ़ के क्षेत्रों में चीन ने अवैध अतिक्रमण के कार्य किए हैं और अपने दावे भी पेश किए हैं। सियाचिन ग्लेशियर के निकट अक्साई चिन क्षेत्र पर भी चीन का पाकिस्तान के सहयोग से कब्जा है।

—भारत और चीन के मध्य तिब्बत के धर्म गुरु दलाई लामा को भारत द्वारा दिए गए शरण के चलते भी तनावपूर्ण संबंध देखने को मिले हैं। 14 जुलाई, 2019 को चीन द्वारा स्पष्ट रूप से कहा गया है कि अगले दलाई लामा हमारे देश से चुने जाएँगे, भारत को इस मामले में हस्तक्षेप नहीं करना चाहिए। भारत द्वारा इस मुद्दे पर किसी भी तरह का हस्तक्षेप दोनों देशों के संबंधों को प्रभावित करेगा। चीन ने खुले तौर पर कहा है कि तिब्बती धर्मगुरू दलाई लामा का उत्तराधिकारी चीन से ही चुना जाएगा। चीन का कहना है कि दलाई लामा के उत्तराधिकारी का चयन 200 साल पुरानी प्रक्रिया है और इस प्रक्रिया को चीनी सरकार द्वारा स्वीकृति दी जानी चाहिए। दलाई लामा के पुनर्जन्म की प्रक्रिया के लिए चीन में ऐतिहासिक संस्थान हैं। चीन का मत है कि दलाई लामा का अवतार लेना एक ऐतिहासिक, धार्मिक और राजनीतिक मुद्दा है। दलाई लामा के पुनर्जन्म का निर्णय किसी की निजी इच्छाओं

या अन्य देशों में रह रहे कुछ लोगों के समूहों द्वारा नहीं लिया जाना चाहिए। वर्तमान दलाई लामा को चीन के द्वारा मान्यता दी गई थी और उनके उत्तराधिकारी को चीन के अंदर से ही खोजा जाना चाहिए।

हाल के समय में चीन भारत को चेतावनी देता रहा है कि दलाई लामा को अरुणाचल प्रदेश के तवांग क्षेत्र में जाने की अनुमति न दे, वरना इसका दोनों देशों के संबंधों पर नकारात्मक असर पड़ेगा, और ऐसी चेतावनी कई बार दी गई है। भारत ने इसे अरुणाचल प्रदेश के संदर्भ में अपनी प्रादेशिक अखंडता और संप्रभुता में हस्तक्षेप माना है और दलाई लामा को कहीं भी आवाजाही की खुली आजादी देने की बात कही। 6 जुलाई, 2019 को तिब्बती धर्म गुरु दलाई लामा यानि ग्यालवा तेनजीन ग्यात्सो ने तवांग के उगएनलिंग गोंपा में अपना 84वाँ जन्मदिन मनाया, यही स्थान छठवें दलाई लामा का जन्म स्थान भी है। 14वें दलाई लामा का जन्म 6 जुलाई 1935 को उत्तरपूर्वी तिब्बत में हुआ था। इन्हें करुणामय बोधिसत्व, अवलोकितेश्वर अथवा चेनरेजिग का स्वरूप माना जाता है। वहीं दूसरी तरफ़ लद्दाख में दलाई लामा के जन्म दिवस कार्यक्रमों में तिब्बती झंडा लहराए जाने के दौरान 6 जुलाई को कुछ चीनी सैनिक वास्तविक नियंत्रण रेखा (एलएसी) पार कर भारतीय क्षेत्र में घुस आए। सुरक्षा अधिकारियों द्वारा स्पष्ट किया गया कि डेमचोक सेक्टर में कोयुल गाँव में एसयूवी से कुछ चीनी सैनिक घुसे और तिब्बती झंडा लहराने पर विरोध जाहिर किया। चीनी सैनिक करीब 1.5 किमी तक भारत के भूक्षेत्र के भीतर आ गए थे। चीन खुलेआम अरुणाचल प्रदेश को तिब्बत का एक हिस्सा और इसका सांस्कृतिक विस्तार होने का दावा करता रहा है। यह अरुणाचल प्रदेश के हिस्सों को कब्जे में करने की चीन की चाल है। दलाई लामा के जन्मदिन पर जहाँ लद्दाख में चीन की तरफ़ से बैनर दिखाए गए, वहीं नेपाल में भी दलाई लामा का जन्मदिन सेलिब्रेट करने की इजाजत नहीं मिली। चूँकि अरुणाचल प्रदेश के तवांग जिले में 17वीं सदी में छठवें दलाई लामा का जन्म हुआ था इसी आधार पर चीन अरुणाचल प्रदेश पर अपना दावा करता है और इसे दक्षिणी तिब्बत कहता है जबकि इसी तर्क के सहारे चीन मंगोलिया के भूभागों पर भी दावा कर सकता है कि उसके चौथे दलाई लामा वर्ष 1589 में वहाँ पैदा हुए थे। वास्तव में तिब्बत और मंगोलिया के बीच परम्परागत तौर पर धार्मिक संबंध, अरुणाचल और तिब्बत के संबंधों से अधिक प्रगाढ़ रहे हैं।

30 मार्च, 1959 को दलाई लामा अपने डेढ़ लाख अनुयायियों के साथ भारत पहुँचे और भारत ने उन्हें राजनीतिक शरण दिया और उनकी निर्वासित सरकार को मान्यता दी। पंडित नेहरू ने दलाई लामा को सुरक्षा का पूर्ण आश्वासन दिया और उसके बाद हिमाचल प्रदेश के धर्मशाला में दलाई लामा ने अपना मुख्य केंद्र बनाया। दलाई लामा ने मानवता के हित में काम किए और 1989 में उन्हें शांति के लिए नोबेल पुरस्कार से सम्मानित किया गया। उन्होंने तिब्बत की आजादी के लिए

अहिंसक लड़ाई चीन के खिलाफ जारी रखी। जबकि चीन तिब्बत पर पूर्ण नियंत्रण चाहता है। गौरतलब है कि भारत और चीन तभी पड़ोसी बने जब चीन ने तिब्बत पर अधिग्रहण किया। आज तिब्बत चीन और भारत दोनों के लिए सामरिक महत्त्व का हो गया है। तिब्बत से ब्रह्मपुत्र नदी का उद्‌गम है, चीन इसके जल पर अपने अधिकार का दावा करता है।

चीन और पाकिस्तान की साझेदारी और इसका भारत पर पड़ने वाला प्रभाव भी भारत के लिए चुनौती का विषय रहा है। पाकिस्तान और चीन में सामरिक और कूटनीतिक संबंध हैं। पाकिस्तान चीन के मोतियों की लड़ी की नीति, वन बेल्ट वन रोड पहल, समुद्री रेशम मार्ग का हिस्सा है। दोनों के मध्य नाभिकीय सहयोग जारी हैं। पाकिस्तान में चीन ने 6 नाभिकीय रिएक्टर लगाने की बात की है। चीन पाकिस्तान के कराची और चस्मा न्यूक्लियर कॉम्प्लेक्स में नाभिकीय संयंत्र लगाने में सहयोग कर चुका है।

चीन ने संयुक्त राष्ट्र और फाइनेंशियल एक्शन टास्क फोर्स में पाकिस्तान को आतंक के वित्त पोषण के मुद्दे पर बचाने की कोशिश की है। चीन ने अफ़ग़ानिस्तान सहित दक्षिण एशियाई देशों को अपने प्रभाव क्षेत्र में लेने की लगातार कोशिश की है।

अध्याय 7

क्षेत्रीय संगठन : संरचना, प्रकार्य और अधिदेश

दक्षिण एशियाई क्षेत्रीय सहयोग संगठन (सार्क) : संरचना, प्रकार्य और अधिदेश

सार्क का गठन दक्षिण एशिया में क्षेत्रीय सहयोग, क्षेत्रीय एकीकरण, क्षेत्रीय स्थिरता, शांति समृद्धि और आर्थिक प्रगति के लिए किया गया था। दक्षिण एशिया में क्षेत्रीय सहयोग इसलिए जरूरी था क्योंकि यह क्षेत्र विवादों और संघर्षों से घिरा रहा है। भारत और पाकिस्तान के मध्य तीन युद्ध और उनकी सीमा विवाद ने दक्षिण एशिया की शांति और स्थिरता को लंबे समय से प्रभावित किया। इसके अलावा भारत चीन युद्ध ने भी इस क्षेत्र में सुरक्षा परिदृश्य पर प्रभाव डाला था। चीन, पाकिस्तान, अमरीका के गठजोड़ ने 1970 के दशक में दक्षिण एशिया के सुरक्षा परिदृश्य को प्रभावित किया था। इसके साथ ही श्रीलंका में लंबे समय तक सिंहलियों और तमिलों के मध्य चले गृह युद्ध, नेपाल में मधेशियों की समस्या, समग्र रूप में दक्षिण एशिया में नृजातीय संघर्ष, विभिन्न राष्ट्रों के मध्य जल विवाद, शरणार्थी समस्या, सीमा पार आतंकवाद, सीमा विवाद और हिन्द महासागर के सैन्यीकरण आदि अनेक ऐसी चुनौतियाँ रही हैं जिससे दक्षिण एशिया में क्षेत्रीय स्थिरता की आवश्यकता महसूस हुई।

दक्षिण एशिया में क्षेत्रीय एकीकरण की धारणा पहली बार बांग्लादेश के तत्कालीन प्रधानमंत्री जिया उर रहमान द्वारा प्रस्तुत की गई जो बिग ब्रदर सिंड्रोम (दक्षिण एशियाई देशों द्वारा भारत को उसके आकार और प्रास्थिति के आधार पर अविश्वास की नजर से देखने की धारणा) की धारणा के आधार पर भारत को प्रतिसन्तुलित करने के लिए दक्षिण एशिया के अन्य देशों को भारत के विरोध में एक मंच पर लाना चाहते थे। इसके बावजूद भारत ने पड़ोसी देशों के साथ संवाद स्थापित करने के रचनात्मक मंच के रूप में क्षेत्रीय संगठन के तौर पर दक्षेस की धारणा को स्वीकार किया। इस प्रकार 8 दिसम्बर 1985 को दक्षेस को मूर्त रूप

दिया गया। इसके पूर्व 1981 में दक्षिण एशिया के 7 देशों के विदेश सचिव क्षेत्रीय सहयोग की संभावनाओं को तलाशने के लिए कोलंबो में मिले थे और उनके द्वारा दि कमेटी ऑफ होल बनाकर क्षेत्रीय सहयोग पर परिचर्चा की गई।

8 दिसंबर, 1985 को सार्क का चार्टर अंगीकृत किया गया जिसमें सार्क के उद्देश्यों का उल्लेख किया गया है। सार्क के प्रमुख उद्देश्यों में शामिल हैं—

—दक्षिण एशिया के लोगों का कल्याण सुनिश्चित करना।

—दक्षिण एशिया के नागरिकों के जीवन स्तर में सुधार लाने का प्रयास करना।

—दक्षिण एशिया में आर्थिक विकास, सांस्कृतिक प्रगति और सामाजिक प्रगति को बढ़ावा देना।

—क्षेत्रीय और अंतर्राष्ट्रीय संगठनों के साथ सहयोग को बढ़ावा देना।

—दक्षिण एशियाई देशों के मध्य सामूहिक आत्मनिर्भरता को बढ़ावा देना।

सार्क की संरचना

वर्ष 1987 में सार्क के सचिवालय का गठन काठमांडू में किया गया। इसमें 8 सदस्य देश शामिल हैं : भारत, पाकिस्तान, नेपाल, बांग्लादेश, श्रीलंका, भूटान, मालदीव और अफ़ग़ानिस्तान। उल्लेखनीय है कि वर्ष 2007 में सार्क के नई दिल्ली समिट में अफ़ग़ानिस्तान को सार्क का सदस्य बनाने का निर्णय लिया गया।

सार्क के 9 पर्यवेक्षक सदस्य भी हैं जिन्हें दक्षिण एशिया में शांति और स्थिरता के लिए महत्त्वपूर्ण माना जाता है। इसमें शामिल हैं : अमरीका, चीन, जापान, ईरान, दक्षिण कोरिया, ऑस्ट्रेलिया, म्यांमार, मॉरीशस और यूरोपीय संघ। इन पर्यवेक्षक सदस्यों को सार्क समिट के उद्घाटन और समापन सत्रों में सहभाग करने के लिए आमंत्रित किया जाता है। पर्यवेक्षक सदस्यों को समिट में महत्त्वपूर्ण मामलों पर निर्णय के लिए किए जाने वाले मतदान का अधिकार नहीं होता। अब तक सार्क के 18 समिट्स का आयोजन किया जा चुका है। 18 वें समिट का आयोजन वर्ष 2014 में नेपाल की राजधानी काठमांडू में किया गया था और 19वें सार्क समिट का आयोजन इस्लामाबाद में किया जाना था, लेकिन वर्ष 2016 में जम्मू कश्मीर के उरी में भारतीय सेना के कैंप पर पाकिस्तानी आतंकवादियों द्वारा हमले के बाद भारत ने इस्लामाबाद समिट का बहिष्कार करने का निर्णय लिया था। भारत के अलावा बांग्लादेश, भूटान, अफ़ग़ानिस्तान, श्रीलंका और मालदीव ने भी 19 वें सार्क समिट का बहिष्कार करने का निर्णय लिया था जिसके चलते अब तक सार्क समिट का आयोजन नहीं किया जा सका है। भारत ने आतंकवाद पर शून्य सहिष्णुता नीति अपनाते हुए स्पष्ट किया कि आतंक और शांति वार्ता एक साथ नहीं चल सकते और कश्मीर घाटी में रक्त और जल एक साथ नहीं बहेगा। इस आधार पर

भारत ने सीमा पार आतंकवाद के प्रश्न को सिंधु जल समझौते की समीक्षा से जोड़ दिया।

सार्क की कार्य पद्धति

सार्क संयुक्त राष्ट्र संघ और गुट निरपेक्ष आंदोलन के चार्टर में पूर्ण विश्वास रखता है। सार्क समिट में महत्त्वपूर्ण निर्णय सर्वसम्मति से लिए जाते हैं। सार्क चार्टर का अनुच्छेद 10 कहता है कि द्विपक्षीय विवादास्पद मामलों को सार्क के बैनर तले नहीं उठाया जाएगा जिससे क्षेत्रीय सहयोग हेतु वार्ताओं पर नकारात्मक प्रभाव न उत्पन्न हो सके। सार्क समिट का विनियमन करने के लिए इसका शीर्षस्थ अधिकारी महासचिव होता है जिसे 3 वर्षों के लिए चुना जाता है। इसके अलावा सार्क कैबिनेट सचिवों की बैठक के ज़रिये भी क्षेत्रीय सहयोग को बढ़ावा देने का प्रयास किया

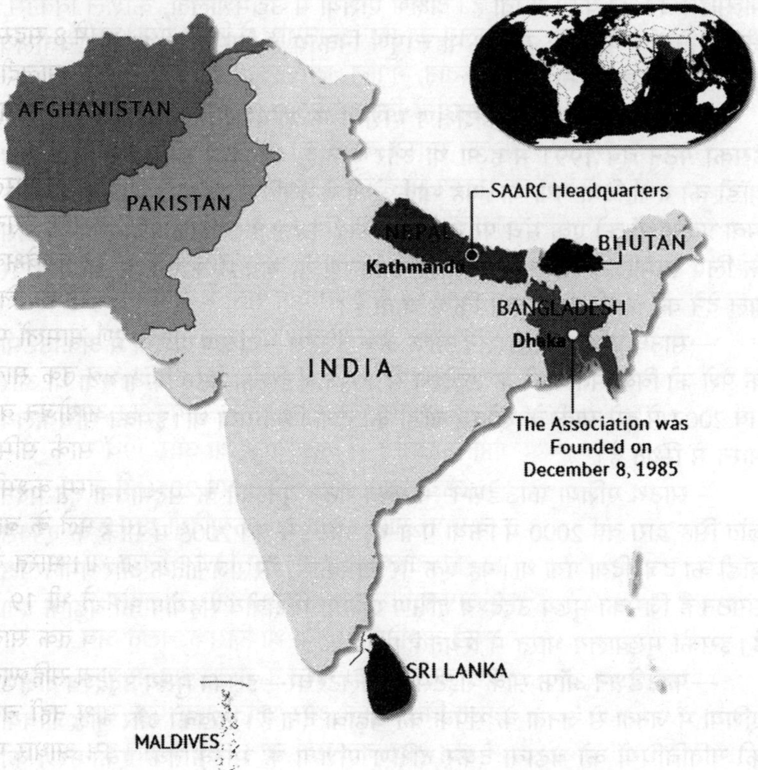

जाता है। उल्लेखनीय है कि सार्क कैबिनेट सचिवों की बैठक का विचार भारत ने वर्ष 2008 में दिया था। इसका मुख्य उद्देश्य सार्क में आवश्यक प्रशासनिक सुधारों, प्रक्रियाओं का सरलीकरण और विकासात्मक परियोजनाओं और कार्यक्रमों के क्रियान्वयन पर चर्चा करना था। नवंबर, 2009 में नई दिल्ली में इसकी बैठक हुई थी और 2016 में नेपाल के काठमांडू में इसकी बैठक का आयोजन किया गया था। यह फोरम दक्षिण एशिया में ग्रामीण विकास, क्षमता निर्माण, बेहतर गवर्नेंस मॉडल पर भी चर्चा करता है।

वर्तमान में सार्क के 6 शीर्षस्थ निकाय हैं और अट्ठारह मान्यता प्राप्त निकाय हैं इसमें से प्रमुख हैं :

—सार्क चेंबर ऑफ कॉमर्स एंड इंडस्ट्री—इसे दिसंबर 1992 में सार्क के शीर्षस्थ निकाय का दर्जा दिया गया था। यह सार्क के 8 सदस्य देशों के नेशनल चैंबर ऑफ कॉमर्स एंड इंडस्ट्री को एक मंच पर लाने का कार्य करता है। यह सार्क देशों में व्यापार, सेवाओं, उद्योग, लघु और मध्यम उपक्रमों, कृषि और व्यवसाय को प्रोत्साहन देने का कार्य करता है। दक्षिण एशिया में उद्यमशीलता, कौशल विकास, क्षमता निर्माण के दृष्टि से यह महत्त्वपूर्ण निकाय है जिसका स्थायी सचिवालय इस्लामाबाद, पाकिस्तान में है।

—सार्क लॉ—सार्क लॉ दक्षिण एशिया के शीर्षस्थ निकायों में से एक है। इसका गठन वर्ष 1991 में हुआ था और जुलाई, 1994 में इसे सार्क के एपेक्स बॉडी का दर्जा दिया गया था। यह सार्क देशों के विधिक समुदायों, पेशेवर विधिक सेवा प्रदाताओं को एक मंच पर लाने का कार्य करता है। दक्षिण एशिया में विकास के लिए सामाजिक परिवर्तन लाने के उपकरण के रूप में कानून की भूमिका पर बल देने का कार्य इसके द्वारा किया जाता है।

—साउथ एशियन फेडरेशन ऑफ अकाउंटेंट्स—दक्षिण एशिया में अकाउंटेंसी के पेशे को विकसित करने के उद्देश्य से 1984 में इसका गठन किया गया था और वर्ष 2002 में इसे सार्क के एपेक्स बॉडी का दर्जा दिया गया था। इसका सचिवालय भारत में स्थित है।

—साउथ एशिया फाउंडेशन—इसका गठन यूनेस्को के सद्भावना दूत मदन जीत सिंह द्वारा वर्ष 2000 में किया गया था और इसे वर्ष 2006 में सार्क के एपेक्स बॉडी का दर्जा दिया गया था। यह एक गैर लाभकारी, गैर राजनीतिक और धर्मनिरपेक्ष संगठन है जिसका मुख्य उद्देश्य दक्षिण एशिया में क्षेत्रीय सहयोग को बढ़ावा देना है। इसका मुख्यालय भारत में स्थित है।

—फाउंडेशन ऑफ सार्क राइटर्स एंड लिटरेचर—इसका मुख्य उद्देश्य दक्षिण एशिया में जनता से जनता के संपर्क को बढ़ावा देना है। लेखकों और बुद्धिजीवियों की गतिविधियों को बढ़ावा देकर दक्षिण एशिया के सांस्कृतिक एकीकरण को

मज़बूती देने के उद्देश्य से यह संगठन कार्य करता है। वर्ष 2007 में इसे सार्क के एपेक्स बॉडी का दर्जा दिया गया था और इसका मुख्यालय नई दिल्ली में स्थित है।

—साउथ एशिया इनिशियेटिव टू एंड वॉयलेंस अगेंस्ट चिल्ड्रेन—इसका गठन 2011 में किया गया और वर्ष 2011 में ही इसे सार्क के शीर्षस्थ निकाय का दर्जा दिया गया। बच्चों के साथ की जाने वाली हिंसा के उन्मूलन के लिए यह संगठन कार्य करता है। इसका स्थायी मुख्यालय काठमांडू में है।

इसके अतिरिक्त सार्क द्वारा मान्यता प्राप्त कुछ अन्य संगठन भी दक्षिण एशिया के समावेशी विकास के लिए अपना योगदान देते हैं। इनमें प्रमुख रूप में शामिल हैं—

—एसोसिएशन ऑफ मैनेजमेंट एंड डेवलपमेंट इंस्टीट्यूशंस इन साउथ एशिया
—साउथ एशियन एसोसिएशन फॉर रीजनल कोऑपरेशन ऑफ आर्किटेक्ट्स
—फेडरेशन ऑफ स्टेट इंस्योरेंस ऑर्गनाइजेशंस ऑफ सार्क कंट्रीज
—सार्क डिप्लोमा इंजीनियर्स फोरम
—रेडियोलॉजिकल सोसायटी ऑफ सार्क कंट्रीज
—सार्क टीचर्स फेडरेशन
—सार्क सर्जिकल केयर सोसायटी
—साउथ एशिया फ्री मीडिया एसोसिएशन।

इन सभी संगठनों को इसलिए बनाया गया ताकि सार्क चार्टर में अपनाए गए उद्देश्यों को प्रभावी तरीके से प्राप्त किया जा सके। इसी के लिए सार्क के तत्वावधान में कुछ सार्क क्षेत्रीय केंद्रों का भी गठन किया गया जो निम्नलिखित हैं—

—सार्क कृषि केंद्र—ढाका बांग्लादेश
—सार्क मौसम विज्ञान अनुसंधान केन्द्र—ढाका
—सार्क ट्यूबक्यूलोसिस एंड एच आई वी—एड्स सेंटर—काठमांडू
—सार्क डॉक्यूमेंटेशन सेंटर—नई दिल्ली
—सार्क ह्यूमन रिसोर्सेज डेवलपमेंट सेंटर—इस्लामाबाद
—सार्क कोस्टल जोन मैनेजमेंट सेंटर—मालदीव
—सार्क इंफॉर्मेशन सेंटर—काठमांडू
—सार्क एनर्जी सेंटर—पाकिस्तान
—सार्क आपदा प्रबंधन केंद्र—नई दिल्ली
—सार्क वानिकी केंद्र—भूटान
—सार्क सांस्कृतिक केंद्र—श्रीलंका
—सार्क डेवलपमेंट फंड—थिंपू, भूटान

दक्षिण एशिया में आर्थिक एकीकरण के लिए प्रयास

दक्षिण एशिया मुक्त व्यापार क्षेत्र (साफ्टा)

दक्षिण एशिया मुक्त व्यापार क्षेत्र (साफ्टा) के फ्रेम वर्क समझौते पर 2004 में इस्लामाबाद में तीसरे सम्मेलन के दौरान हस्ताक्षर किए गए थे और सभी अन्य मामलों के सफलतापूर्वक समाधान के पश्चात् साफ्टा 1 जनवरी, 2006 से कार्यशील हो गया है और इसे चरणबद्ध व्यापार उदारीकरण कार्यक्रम के माध्यम से प्रचालन में लाना है जिसमें प्रत्येक सदस्य देश द्वारा संवेदनशील अथवा नकारात्मक सूची में रखी गई टैरिफ लाइनों को छोड़कर सभी टैरिफ लाइनें शामिल हैं। नवम्बर, 2005 में ढाका में 13वें सार्क सम्मेलन में सार्क देशों के नेताओं ने आर्थिक और वाणिज्यिक सहयोग बढ़ाने के लिए अपनी प्रतिबद्धता की पुन: पुष्टि की थी। सार्क सदस्य देशों ने नियत तारीख पर साफ्टा समझौते को लागू करने के महत्त्व पर बल दिया था और कहा था कि साफ्टा की शुरुआत दक्षिणी एशियाई आर्थिक यूनियन के लिए एक महत्त्वपूर्ण मील का पत्थर होगी। उन्होंने यह भी निर्देश दिया कि समझौता वार्ता और इस करार को प्रचलन में लाने के लिए साफ्टा से संबंधित बकाया मामले समय से पूर कर लिए जाएँ। वर्ष 2006 में पाकिस्तान सरकार द्वारा इस विषय में जारी की गई अधिसूचना को भारत ने गंभीरता से लिया क्योंकि भारत दक्षिण एशिया के आर्थिक एकीकरण के मार्ग में कोई बाधा नहीं चाहता था। पाकिस्तान की अधिसूचना, जो सार्क सदस्य देशों के लिए साफ्टा के तहत टैरिफ रियायतों के बारे में थी उसमें कहा गया था कि पाकिस्तान की 'वाणिज्य मंत्रालय द्वारा अधिसूचित आयात नीति आदेश के तहत' सहमत साफ्टा टैरिफ रियायतों के अंतर्गत पाकिस्तान में माल का आयात किया जा सकता है। यह अंतिम अर्हता 21 जुलाई, 2005 के आयात नीति आदेश के संदर्भ में है जो भारत के लिए साफ्टा टैरिफ रियायतों को विद्यमान द्विपक्षीय सकारात्मक सूची से संबंधित वस्तुओं तक ही सीमित करती है।

भारत ने पाकिस्तान की अधिसूचना के ज़रिये की गई कार्रवाई को साफ्टा की मूल भावना के प्रतिकूल माना। भारत ने वर्ष 2006 में कहा था कि साफ्टा, सहमत संवेदनशील सूची के आधार पर कार्य करता है। यदि इसके सदस्य देश अपनी प्रतिबद्धताओं का सही मायने में पालन नहीं करते तो साफ्टा का कोई मतलब नहीं है। भागीदार सदस्य देशों और साफ्टा की विश्वसनीयता पर गंभीर प्रश्नचिह्न लग जाएगा, यदि ऐसी अतिरिक्त शर्तें लगाने का प्रयास किया जाता है जिन पर साफ्टा पर विचार किए जाते समय न तो सहमति हुई थी और न ही विचार विमर्श किया गया था। साफ्टा पर ऐसी शर्त लगाने का प्रयास समझौते का अनादर है। यह 13वें सार्क सम्मेलन में नेताओं की प्रतिबद्धता के भी प्रतिकूल होगा। भारत लंबे समय से कहता रहा है कि

यदि दक्षिण एशिया को क्षेत्रीय सहयोग और वैश्वीकरण, जैसा कि दुनिया में हो रहा है, की विशाल प्रक्रिया का एक सक्रिय घटक बनना है तो इसे सबसे पहले सार्क सदस्य देशों में आर्थिक एकता लानी होगी अन्यथा सार्क, अन्य क्षेत्रीय संगठनों से बहुत पीछे रह जाएगा। भारत अपनी वचनबद्धताओं का पालन करने के लिए पूर्णत: प्रतिबद्ध है तथा अंतर-क्षेत्रीय तथा आर्थिक और तकनीकी सहयोग की अन्य विधियों को बढ़ावा देने के लिए अपनी वृहद जिम्मेदारी निभाने के लिए तैयार है।

साफ्टा, सार्क संगठन के तहत क्षेत्रीय आर्थिक सहयोग के महत्त्वपूर्ण क्षेत्र को नया आयाम प्रदान कर रहा है। एक जनवरी, 2006 से साफ्टा लागू हो गया है और सन् 2016 तक इसे पूरी तरह प्रचालन में लाना है। यदि सही भावना से साफ्टा को लागू किया जाए और इस समझौते के उल्लंघन के प्रयास न किए जाएँ तो सार्क में क्षेत्रीय आर्थिक सहयोग को भी काफी बढ़ावा मिलेगा। साफ्टा के पूर्ण कार्यान्वयन से सार्क को सीमा शुल्क संघ (कस्टम यूनियन) और अंतत: एक दक्षिण एशिया आर्थिक संघ के रूप में विकसित करने के उद्देश्य से सेवाओं और निवेश जैसे आर्थिक एकीकरण के अन्य क्षेत्रों में आगे ले जाने में मदद मिलेगी। 13वें सार्क शिखर सम्मेलन में निम्नलिखित तीन महत्त्वपूर्ण व्यापार सहायता समझौतों पर हस्ताक्षर किए गए :

—सीमा शुल्क मामलों में पारस्परिक प्रशासनिक सहायता संबंधी समझौता।

—सार्क मध्यस्थ परिषद की स्थापना संबंधी समझौता।

—दोहरे कराधान से बचाव और कर मामलों में पारस्परिक प्रशासनिक सहायता संबंधी सीमित समझौता।

इसके बाद सार्क सदस्य देशों ने

(i) निवेश संवर्द्धन और संरक्षण,

(ii) सार्क मध्यस्थ और सार्क समाधान नियमावली संबंधी समझौतों पर भी विचार-विमर्श किया।

दक्षिण एशियाई मुक्त व्यापार समझौता (साफ्टा) के प्रावधान

सार्क सदस्य राष्ट्रों के मध्य पारस्परिक व्यापार और आर्थिक सहयोग को मज़बूती देने के लिए दक्षिण एशियाई मुक्त व्यापार समझौते पर 7 देशों द्वारा हस्ताक्षर किया गया था। इसका मुख्य उद्देश्य व्यापारिक अवरोधों को समाप्त कर दक्षिण एशिया में वस्तुओं और सेवाओं के मुक्त व्यापार को बढ़ावा देना था। साफ्टा के अनुच्छेद 3 में इसके उद्देश्यों का उल्लेख किया गया है। वस्तुओं के सीमापारीय आवाजाही को संभव बनाने के लिए व्यापार में आने वाली बाधाओं को दूर करने का लक्ष्य इसमें रखा गया है। मुक्त व्यापार क्षेत्र में निष्पक्ष प्रतिस्पर्धा के लिए आवश्यक दशाओं

को बढ़ावा देने का लक्ष्य भी रखा गया है। अनुच्छेद 4 में उन तरीकों के बारे में बताया गया है जिनके ज़रिये इस समझौते को लागू किया जाएगा। इन उपकरणों में शामिल हैं—

—व्यापार उदारीकरण कार्यक्रम

—रूल्स ऑफ ओरिजिन

—संस्थागत व्यवस्थाएँ अथवा प्रावधान।

—परामर्श और विवाद निस्तारण प्रक्रिया।

—सुरक्षोपाय उपाय (सेफगार्ड मेजर)

अनुच्छेद 6 में प्रशुल्क अवरोध (टैरिफ बैरियर), गैर प्रशुल्क अवरोध (नॉन टैरिफ बैरियर), पैरा अवरोध (पैरा बैरियर) के उन्मूलन और प्रत्यक्ष व्यापार उपायों की बात की गई है। प्रशुल्क अवरोध में आयात, निर्यात शुल्क, सीमा उत्पाद शुल्क का उन्मूलन शामिल है, जबकि गैर प्रशुल्क अवरोध में पर्यावरण, बाल श्रम, धार्मिक और बौद्धिक संपदा असुरक्षा के नाम पर लाए गए अवरोधों का उन्मूलन शामिल है। पैरा अवरोध में विदेशी व्यापार लेन-देन में टैरिफ से भिन्न बॉर्डर चार्ज और फीस शामिल हैं जिनके उन्मूलन की बात की गई है।

साफ्टा का अनुच्छेद 7 विशेष महत्त्व का है जिसमें व्यापार उदारीकरण कार्यक्रम के तहत दक्षिण एशिया के सभी सातों देशों को टैरिफ में कटौती करने की रूपरेखा प्रस्तुत की गई है। जब तक इन देशों के द्विपक्षीय व्यापार में टैरिफ बाधाओं को दूर नहीं किया जाता तब तक व्यापार उदारीकरण का प्रयास सफल नहीं हो सकता। इस समझौते के तहत दक्षिण एशिया के देशों को अतिअल्प विकसित देश और गैर अतिअल्प विकसित देशों में वर्गीकृत किया गया है। गैर अतिअल्प विकसित देशों को इस समझौते के लागू होने की तिथि से 2 वर्ष के भीतर अपने वर्तमान के प्रशुल्क दरों से 20 प्रतिशत की कटौती करने का प्रावधान किया गया है। वहीं अतिअल्प विकसित देशों को इस समझौते के लागू होने की तिथि से 2 वर्ष के भीतर अपने वर्तमान के प्रशुल्क दरों से 30 प्रतिशत की कटौती करने का प्रावधान किया गया है। कालांतर में टैरिफ में कटौती करने की रूपरेखा तय करते हुए प्रावधान किया गया है कि समझौते के लागू होने की तिथि से तीसरे वर्ष से अगले 5 वर्षों में गैर अतिअल्प विकसित देशों को अपने तत्कालीन टैरिफ दरों में 20 प्रतिशत अथवा उससे कम से 0-5 प्रतिशत की कटौती करनी होगी। इस संबंध में श्रीलंका को 6 वर्ष में ऐसा करने की रियायत दी गई है। वहीं दूसरी तरफ़ अतिअल्प विकसित देशों के लिए टैरिफ में कटौती करने की रूपरेखा तय करते हुए प्रावधान किया गया है कि साफ्टा समझौते के लागू होने की तिथि से तीसरे वर्ष से अगले 8 वर्षों में अतिअल्प विकसित देशों को अपने तत्कालीन टैरिफ दरों में 30 प्रतिशत अथवा उससे कम से 0-5 प्रतिशत की कटौती करनी होगी।

दक्षेस की उपलब्धियाँ

अपने गठन के बाद से तमाम अवरोधों के बावजूद दक्षेस ने दक्षिण एशिया में क्षेत्रीय एकीकरण को गति प्रदान की। इसने दक्षिण एशियाई देशों को एक साझा मंच उपलब्ध देकर परस्पर संवाद की संस्कृति का विकास किया। इसके प्रयासों और पहलों के कारण न केवल शासकीय स्तर पर संबंध बेहतर हुए, बल्कि दक्षिण एशियाई समाज के मध्य भी नजदीकी बढ़ी। वर्ष 2015 से सार्क सांस्कृतिक राजधानी घोषित करने की परंपरा की शुरुआत हुई जिससे दक्षिण एशिया में सांस्कृतिक संपर्कों को बढ़ावा देते हुए सांस्कृतिक एकीकरण के लक्ष्य को प्राप्त किया जा सके। सार्क के चार्टर में क्षेत्र की सांस्कृतिक प्रगति को एक लक्ष्य के रूप में निर्धारित किया गया है। अफ़ग़ानिस्तान के बामियान को पहली सार्क सांस्कृतिक राजधानी 2015-16 के लिए, बांग्लादेश के महसानगढ़ को 2016-17 के लिए, भूटान की राजधानी थिंपू को 2018-19 के लिए और भारत को 2019-20 के लिए सार्क की सांस्कृतिक राजधानी घोषित किया गया है।

दक्षेस ने लोकतांत्रिक चार्टर के माध्यम से इस क्षेत्र में लोकतांत्रिक मूल्यों को भी बढ़ावा देने का प्रयास किया। वहीं दक्षेस के मंच पर आर्थिक एकीकरण को गति देने के भी प्रभावी प्रयास हुए हैं। इस संदर्भ में श्रीलंका के प्रस्ताव पर 1993 में दक्षिण एशिया वरीयता व्यापार समझौता सम्पन्न हुआ जो कालांतर में अस्तित्व में नहीं रहा। इसके बाद 2006 में दक्षिण एशियाई मुक्त व्यापार समझौता के माध्यम से व्यापार संबंधों को गति दी गई।

दक्षेस की सर्वाधिक महत्त्वपूर्ण भूमिका सामाजिक क्षेत्र में देखी गई। दक्षेस ने सामाजिक चार्टर के माध्यम से गरीबी उन्मूलन, मानव विकास, खाद्य सुरक्षा, जनसंख्या नियंत्रण जैसे क्षेत्र में परस्पर सहयोग को बढ़ावा दिया। इसके लिए अनेक संस्थाओं का भी गठन किया गया। जैसे—

दक्षिण एशियाई गरीबी उन्मूलन केंद्र।

दक्षेस विश्वविद्यालय।

दक्षेस खाद्य और बीज बैंक।

मानव संसाधन विकास केंद्र(इस्लामाबाद)।

दक्षेस विकास कोष।

वही आतंकवाद, तस्करी और प्राकृतिक आपदा जैसी चुनौतियों के समाधान के लिए भी संयुक्त प्रयास किये गए। इस संबंध में कोलम्बो स्थित आतंकवाद और तस्करी अपराध मॉनिटरिंग डेस्क और नई दिल्ली स्थित आपदा प्रबंधन केंद्र की महत्त्वपूर्ण भूमिका है।

दक्षेस के 18वीं बैठक में सदस्य देशों के मध्य ऊर्जा ग्रिड की स्थापना हेतु भी सहमति बनी।

सार्क और आतंकवाद के खिलाफ कार्यवाही

दक्षिण एशिया में पाकिस्तान वैश्विक आतंकवाद का अधिकेंद्र रहा है। पाकिस्तान और अफ़ग़ानिस्तान सीमा के मध्य स्थित आतंकी केंद्रों ने वैश्विक शांति और सुरक्षा के साथ ही दक्षिण एशिया की क्षेत्रीय स्थिरता को बुरी तरह प्रभावित किया।

आतंकवाद के दमन संबंधी सार्क क्षेत्रीय कन्वेंशन पर 1987 में हस्ताक्षर किए गए थे। इस कन्वेंशन के प्रावधानों को लागू करने के लिए सदस्य देशों को राष्ट्रीय कानून तैयार करना होता है। भारत ने 1991 में इस कन्वेंशन का अनुसमर्थन किया था और 1993 में अपेक्षित नियम तैयार कर लिए थे। कन्वेंशन को अद्यतन बनाने के लिए 1987 सार्क कन्वेंशन के एक अतिरिक्त दस्तावेज के तौर पर 12वें सम्मेलन के दौरान एक प्रोटोकॉल पर हस्ताक्षर किए गए थे। सभी सार्क देशों ने अतिरिक्त प्रोटोकॉल का अनुसमर्थन कर दिया है और 12 जनवरी, 2006 से यह लागू हो गया है। उल्लेखनीय है कि संयुक्त राष्ट्र की अनेक एजेंसियों, यूरोपीय आयोग, विश्व बैंक और एशियाई विकास बैंक सहित 18 अंतर्राष्ट्रीय और क्षेत्रीय संगठनों के साथ सार्क के सहयोग समझौते और जापान, कनाडा एवं जर्मनी के साथ सहयोग समझौते पहले से ही हैं। सार्क के साथ सहयोगी समझौतों में अन्य देशों और क्षेत्रीय संगठनों की रुचि बढ़ती रही है।

दक्षेस की असफलता

दक्षेस के मंच पर अनेक महत्त्वपूर्ण समझौते सम्पन्न हुए, पर उनका क्रियान्वयन प्रभावी रूप में नहीं हो पाया। सदस्यों के मध्य आंतरिक मतभेद इतने प्रभावी बने रहे कि संभावनाशील क्षेत्र होने के बावजूद दक्षिण एशिया में क्षेत्रीय सहयोग नगण्य रहा। यहाँ तक कि दक्षेस की निरन्तर बैठकें भी आयोजित नहीं हो पाईं, परिणामस्वरूप नियमित वार्ता का अभाव रहा, क्योंकि पारस्परिक द्विपक्षीय विवादों के कारण इसकी बैठकों का स्थगन होता रहा। दूसरी ओर विवाद निस्तारण मंच के रूप में दक्षेस की भूमिका को कभी बढ़ावा नहीं दिया गया। अतः दक्षेस के मंच पर आम सहमति के अभाव के कारण अनेक प्रस्ताव लागू नहीं हो पाए। जैसे—भारत द्वारा प्रस्तुत सड़क सम्पर्क, रेल सम्पर्क और दक्षेस उपग्रह का प्रस्ताव पाकिस्तान के विरोध के कारण मूर्त रूप नहीं ले पाया।

वहीं वित्तीय और मानवीय शक्ति के कारण दक्षेस द्वारा संचालित अनेक परियोजनाएँ प्रभावी रूप में लागू नहीं हो पाईं। क्षेत्रीय सम्पर्क पहल प्रभावी न होने के कारण व्यापारिक और सामाजिक सम्पर्क भी महत्त्वपूर्ण रूप में आगे नहीं बढ़ पाए। अतः सार्क देशों के मध्य वस्तुओं में आंतरिक व्यापार 5% से भी कम रहा।

पारस्परिक अविश्वास के कारण साफ्टा का भी सफल क्रियान्वयन नहीं हो पाया। कई दक्षिण एशियाई देशों ने साफ्टा के बजाय चीन के साथ मुक्त व्यापार समझौते करने को प्राथमिकता दी है। पाकिस्तान और मालदीव ने चीन के साथ मुक्त व्यापार समझौता कर रखा है। श्रीलंका ने भी चीन के साथ ऐसे समझौते के लिए विचार किया है।

वस्तुतः यूरोपीय संघ,नाफ्टा और आसियान जैसे संगठनों की तुलना में दक्षेस के मंच पर कभी भी दक्षिण एशियाई सामूहिक पहचान की धारणा विकसित नहीं हो पाई। आर्थिक और राजनीतिक एकीकरण भी मतभेदों के चलते नहीं हो पाया। अतः स्पष्ट है कि आर्थिक और सामरिक संगठन के रूप में दक्षेस सफल नहीं रहा, लेकिन सामाजिक सांस्कृतिक एकीकरण को इसने अवश्य गति दी। दक्षेस के प्रयासों के बावजूद भले ही सरकारों के मध्य अविश्वास विद्यमान रहा हो, लेकिन दक्षिण एशियाई समाज में लोगों के मध्य संवाद और सम्पर्क स्थापित करने में इसकी महत्त्वपूर्ण भूमिका रही।

आसियान : संरचना, प्रकार्य और अधिदेश

दक्षिण पूर्वी एशियाई राष्ट्र संघ अथवा आसियान की स्थापना आसियान के संस्थापक सदस्य देशों जैसे इंडोनेशिया, मलेशिया, फिलीपींस, सिंगापुर और थाईलैंड द्वारा आसियान घोषणा अथवा बैंकॉक घोषणा भी कहते हैं, पर हस्ताक्षर किए जाने के साथ 8 अगस्त 1967 को थाईलैंड के बैंकॉक में की गई थी। इसके बाद आसियान के सदस्यता को विस्तार दिया गया और 1994 में ब्रूनेई दारुस्सलाम, 1995 में वियतनाम, 1997 में लाओस और म्यांमार, 1999 में कंबोडिया को इसका सदस्य बनाया गया जिसके फलस्वरूप इसकी कुल सदस्य संख्या 10 हो गई।

आसियान के लक्ष्य अथवा उद्देश्य

दक्षिण पूर्वी एशिया के क्षेत्रीय एकीकरण के लिए क्षेत्रीय सहयोग को बढ़ावा देने के उद्देश्य से आसियान का गठन किया गया था। इसके प्रमुख उद्देश्य निम्नलिखित हैं—

पहला, क्षेत्र में आर्थिक समृद्धि सामाजिक प्रगति और सांस्कृतिक विकास को गति देना ताकि दक्षिण पूर्वी एशियाई देशों की एक समृद्ध और शांतिपूर्ण समुदाय की नींव रखी जा सके।

दूसरा, संयुक्त राष्ट्र संघ के चार्टर के सिद्धांतों में विश्वास रखना तथा न्याय और विधि के शासन के प्रति आस्था रखते हुए क्षेत्रीय शांति और स्थिरता को बढ़ावा देना।

तीसरा, आर्थिक सामाजिक, सांस्कृतिक, तकनीकी, वैज्ञानिक और प्रशासनिक

क्षेत्रों में साझा हितों के मुद्दों पर पारस्परिक सहायता और सक्रिय गठजोड़ को बढ़ावा देना तथा

चौथा, शैक्षणिक, पेशेवर, तकनीकी व प्रशासनिक क्षेत्रों में अनुसंधान व प्रशिक्षण सुविधाओं के ज़रिये एक-दूसरे को सहायता प्रदान करना।

पाँचवाँ, सदस्य राष्ट्रों के कृषि और उद्योगों के बेहतर उपयोग के लिए प्रभावी तरीके से गठजोड़ को सुनिश्चित करना व्यापार को विस्तार देना।

छठा, अंतर्राष्ट्रीय वस्तु व्यापार की समस्याओं का अध्ययन और परिवहन और संचार सुविधाओं में सुधार तथा लोगों के जीवन स्तर में सुधार।

इसके साथ ही आसियान के मुख्य उद्देश्यों में दक्षिण पूर्वी एशियाई अध्ययन को बढ़ावा देना और अंतर्राष्ट्रीय और क्षेत्रीय संगठनों के साथ लाभकारी सहयोग भी स्थापित करना है।

आसियान के मौलिक सिद्धांत

वर्ष 1976 में ट्रीटी ऑफ एमिटी एंड कोऑपरेशन इन साउथईस्ट एशिया में आसियान के सिद्धांतों को अंगीकृत किया गया था। इसके प्रमुख सिद्धांत निम्नवत हैं—

पहला, सभी राष्ट्रों की स्वतंत्रता, संप्रभुता, समानता प्रादेशिक अखंडता और

राष्ट्रीय अस्मिता के प्रति पारस्परिक सम्मान।

दूसरा, प्रत्येक राष्ट्र का बाह्य हस्तक्षेप, अधीनता और बाध्यता से मुक्त राष्ट्रीय अस्तित्व का अधिकार।

तीसरा, एक दूसरे के आंतरिक मामलों में हस्तक्षेप न करना।

चौथा, विवादों और मतभेदों को शांतिपूर्ण तरीके से समाधान करना।

पाँचवाँ, बल के प्रयोग अथवा उसके खतरे का त्याग करना और

छठवाँ, आपस में प्रभावी सहयोग सुनिश्चित करना।

आसियान की संरचना और उसके निकाय

आसियान समिट जो कि आसियान का सर्वोच्च नीति निर्माण निकाय है उसमें आसियान के सभी सदस्य राष्ट्रों के राष्ट्राध्यक्ष शामिल होते हैं और यह नीतिगत दिशानिर्देश का काम करती है। साथ ही यह आसियान कोऑर्डिनेटिंग काउंसिल, आसियान कम्युनिटी काउंसिल, आसियान सेक्टरल मिनिस्टीरियल बॉडीज द्वारा संदर्भित मामलों पर निर्णय लेने का भी काम करता है। आसियान समिट के द्वारा ही आसियान के महासचिव की नियुक्ति होती है और आसियान समिट को वर्ष में दो बार आयोजित किया जाता है। इसके अतिरिक्त आसियान कोऑर्डिनेटिंग काउंसिल आसियान समिट के बैठकों की व्यवस्था करता है और आसियान के समझौतों और निर्णय के क्रियान्वयन में समन्वयक की भूमिका निभाता है। इसके साथ ही वह नीतिगत संबद्धता के लिए आसियान कम्युनिटी काउंसिल से भी संबद्ध रहता है। यह आसियान के महासचिव के रिपोर्ट पर भी विचार करने का काम करता है।

आसियान की शक्तियाँ और इसकी क्षमता

एकल रूप से अपने सदस्यों की तुलना में आसियान एशिया-प्रशांत व्यापार, राजनीतिक और सुरक्षा मुद्दों को अधिक प्रभावित करता है। यह दुनिया की तीसरी सबसे बड़ी जनसंख्या को समाहित करता है जिनमें आधी से अधिक जनसंख्या तीस वर्ष की आयु से कम है। इस दृष्टिकोण से यह जनांकिकी लाभांश अथवा कार्यशील जनसंख्या, मानव पूँजी अथवा संसाधन का प्रमुख क्षेत्र है। आर्थिक महत्त्व की दृष्टि से देखें तो यह विश्व का तीसरा सबसे बड़ा बाज़ार है। इसे यूरोपीय संघ और उत्तरी अमरीका से भी बड़ा बाज़ार समझा जाता है। यह एशिया की तीसरी और विश्व की छठीं सबसे बड़ी अर्थव्यवस्था रहा है। इसके वैश्विक आर्थिक महत्त्व का आकलन इस बात से किया जा सकता है कि विश्व के छः बड़े देशों के साथ इसका मुक्त

व्यापार समझौता (एफटीए) है जिसमें शामिल हैं : चीन, जापान, दक्षिण कोरिया, भारत, ऑस्ट्रेलिया और न्यूजीलैंड के साथ समझौता। इसके साथ ही यह वैश्विक स्तर पर चौथा सबसे लोकप्रिय निवेश गंतव्य रहा है। आसियान की वैश्विक निर्यात में भी हिस्सेदारी बढ़ गई है जो वर्ष 1967 के 2 प्रतिशत की तुलना में वर्ष 2016 तक 7 प्रतिशत हो गई है। यह आसियान की आर्थिक संभावनाओं के लिए व्यापार के बढ़ते महत्त्व को दर्शाता है।

आसियान के नेतृत्व वाले मंच

आसियान क्षेत्रीय मंच (एआरएफ)

आसियान क्षेत्रीय मंच को वर्ष 1993 में शुरू किया गया। 27 सदस्यीय बहुपक्षीय समूह के रूप में यह क्षेत्रीय विश्वास निर्माण और निवारक कूटनीति (प्रिवेंटिव डिप्लोमेसी) में योगदान करने के लिए राजनीतिक और सुरक्षा मुद्दों पर सहयोग हेतु विकसित किया गया था। आसियान के सिंगापुर मंत्रिस्तरीय सम्मेलन में आसियान क्षेत्रीय मंच की स्थापना करने पर सहमति बनी थी। आसियान क्षेत्रीय मंच की पहली बैठक 25 जुलाई, 1994 को बैंकॉक में आयोजित की गई थी। आसियान क्षेत्रीय मंच के उद्देश्यों को आसियान क्षेत्रीय मंच की पहली बैठक के अध्यक्ष के वक्तव्य में 1994 में रेखांकित किया गया था। आसियान मंत्री स्तरीय बैठक 1994 में कहा गया था कि आसियान क्षेत्रीय मंच दक्षिण पूर्वी एशियाई क्षेत्र में राजनैतिक एवं सुरक्षा सहयोग पर मुक्त संवाद को बढ़ावा देने के लिए एक प्रभावी परामर्शी एशिया-प्रशांत मंच बन सकता है। इसमें एशिया-प्रशांत में संबंधों को और बेहतर बनाने के लिए विजन दिया गया।

आसियान प्लस थ्री

आसियान के इस निकाय को वर्ष 1997 में शुरू किया गया था। यह एक प्रभावी परामर्श समूह के रूप में आसियान के दस सदस्यों और उनके अतिरिक्त चीन, जापान और दक्षिण कोरिया को एक साथ लाता है। इन देशों के मध्य आसियान प्लस थ्री सहयोग की शुरुआत के बाद 1999 में मनीला में आयोजित तीसरे आसियान प्लस थ्री समिट में पूर्वी एशियाई देशों के मध्य सहयोग के लिए एक संयुक्त वक्तव्य जारी करते हुए आसियान प्लस थ्री को संस्थागत रूप प्रदान किया गया। इसमें पूर्वी एशिया के देशों के बीच ऊर्जा, परिवहन, सूचना और संचार प्रौद्योगिकी के क्षेत्र में सहयोग करने पर बल दिया गया। उल्लेखनीय है कि दक्षिण चीन सागर और

पूर्वी चीन सागर क्षेत्र में दक्षिण पूर्वी एशियाई देशों, पूर्वी एशियाई देशों, चीन और जापान के हित संलग्न हैं।

पूर्वी एशिया शिखर सम्मेलन (ईएएस)

आसियान के प्रमुख निकाय के रूप में यह पहली बार वर्ष 2005 में आयोजित हुआ था। इस शिखर सम्मेलन का उद्देश्य दक्षिण पूर्वी एशियाई क्षेत्र और वृहद अर्थों में एशिया-प्रशांत क्षेत्र सुरक्षा और समृद्धि को बढ़ावा देना है। आमतौर पर आसियान, ऑस्ट्रेलिया, चीन, भारत, जापान, न्यूजीलैंड, रूस, दक्षिण कोरिया और संयुक्त राज्य अमरीका के राष्ट्राध्यक्ष इसमें भाग लेते हैं। आसियान एजेंडा सेंटर के रूप में यह एक केंद्रीय भूमिका निभाता है।

आसियान सिंगल एविएशन मार्केट और ओपन स्काईज नीतियों ने इसकी परिवहन और कनेक्टिविटी क्षमता को बढ़ाया है। साझा चुनौतियों से निपटने के लिए आसियान ने ज़रूरी मानदंडों का निर्माण करके और तटस्थ वातावरण को बढ़ावा देकर क्षेत्रीय स्थिरता में योगदान दिया है।

आसियान समुदाय (आसियान कम्युनिटी)

आसियान की 30 वीं वर्षगाँठ पर आसियान के नेताओं द्वारा आसियान विजन ट्वेंटी-ट्वेंटी अंगीकृत किया गया था और इसमें आसियान के साझे मूल्यों और विजन को प्रदर्शित किया गया था। इसमें आसियान देशों में शांति, स्थिरता, समृद्धि और गतिशील विकास के लिए एक सामूहिक साझेदारी के भाव को विकसित करने पर बल दिया गया था। वर्ष 2003 में आसियान के नौवें समिट में आसियान नेताओं ने आसियान समुदाय गठित करने की बात की थी। इसके उपरांत 12 वें आसियान समिट में जनवरी, 2007 में आसियान नेताओं ने अपनी पूर्ण प्रतिबद्धता व्यक्त करते हुए कहा कि वर्ष 2015 तक आसियान समुदाय की स्थापना के कार्य को तेज़ी दी जाएगी और इसके लिए सेबू उद्घोषणा पर हस्ताक्षर किया गया था और 2015 तक आसियान समुदाय की स्थापना को गति देने की बात की गई। आसियान समुदाय तीन महत्त्वपूर्ण स्तंभों पर टिका हुआ है। पहला, आसियान राजनीतिक सुरक्षा समुदाय दूसरा, आसियान आर्थिक समुदाय और तीसरा, आसियान सामाजिक सांस्कृतिक समुदाय।

इसके सभी स्तंभों का अपना स्वयं का ब्लूप्रिंट है और आसियान के संदर्भ में इनीशिएटिव फॉर आसियान इंटीग्रेशन स्ट्रैटेजिक फ्रेमवर्क की बात भी की जा चुकी है और आसियान कम्युनिटी 2009 से 2015 के लिए रोडमैप पर भी बात की गई

थी। आसियान कम्युनिटी को वर्ष 2015 में लॉन्च किया गया था। यह समुदाय आसियान के संस्थापकों द्वारा आसियान के लिए निर्धारित किए गए लक्ष्यों की प्राप्ति के लिए प्रयास करेगा।

ब्रिक्स संगठन : संरचना और प्रकार्य

ब्रिक्स देश उभरती हुई बाज़ार अर्थव्यवस्थाओं के नाम से जाने जाते हैं। ब्रिक्स शब्द के गठनकर्ता जिम ओ नील हैं जो कि गोल्डमैन सैश नामक अंतर्राष्ट्रीय कंसल्टेंसी फर्म के मुख्य अर्थशास्त्री थे। इन्होंने वर्ष 2001 में ब्रिक शब्द को गढ़ते हुए कहा था कि ब्राजील, रूस, भारत और चीन ऐसी उभरती हुई बाज़ार अर्थव्यवस्थाएँ हैं जो अपनी जीडीपी विकास दर, प्रतिव्यक्ति आय, जनसंख्या आधार, विनिर्माण और सेवा क्षेत्र आदि के बल पर 2050 तक विकसित देशों की अर्थव्यवस्थाओं को पीछे छोड़ देंगे। 2050 आने में अभी काफी समय शेष है, लेकिन नील का विचार 15 साल में ही पूरा होता दिख गया है। आज चीन एशिया की सबसे बड़ी और विश्व में अमरीका के बाद दूसरी सबसे बड़ी अर्थव्यवस्था है। साथ ही दुनिया के सबसे बड़े निर्यातक देशों में शामिल है। रूस आज दुनिया की 12 वीं सबसे बड़ी अर्थव्यवस्था है। रूस की नॉमिनल जीडीपी 1.52 ट्रिलियन डॉलर है। जबकि भारत की जीडीपी वर्ल्ड बैंक के नवीनतम आँकड़ों के हिसाब से 2.58 ट्रिलियन डॉलर है। वहीं ब्राजील विश्व की 8 वीं सबसे बड़ी अर्थव्यवस्था है जिसका सकल घरेलू उत्पाद 2.05 ट्रिलियन डॉलर है। 1.53 ट्रिलियन डॉलर जीडीपी के साथ दक्षिण अफ्रीका भी विश्व की 11 वीं सबसे बड़ी अर्थव्यवस्था है। इन आँकड़ों से यह पता चलता है कि इन उभरती हुई बाज़ार अर्थव्यवस्थाओं में कई बातें एक समान हैं और इन्हें विकसित देशों विशेषकर अमरीका जैसे देशों के आर्थिक संरक्षणवादी नीतियों से बचने के लिए एकजुट रहने की जरूरत है। इसलिए ब्रिक्स के तीन देश शंघाई सहयोग संगठन के भी सदस्य हैं, इब्सा और बेसिक संगठन के भी सदस्य हैं।

ब्रिक्स की महत्ता इस बात से पता चलती है कि दुनिया की 42 प्रतिशत आबादी ब्रिक्स देशों में निवास करती है। वैश्विक जीडीपी में इसका शेयर 18 प्रतिशत से अधिक है, और नीति आयोग की हालिया रिपोर्ट कहती है कि अगले एक दशक में ब्रिक्स देशों का ग्लोबल जीडीपी में हिस्सा 26 प्रतिशत होगा। वैश्विक व्यापार में इसकी 17 प्रतिशत हिस्सेदारी है। ब्रिक्स देशों का संयुक्त सकल घरेलू उत्पाद 16 ट्रिलियन डॉलर से अधिक का है। ब्रिक्स का एक बड़ा महत्त्व उसके न्यू डेवलपमेंट बैंक और उसके द्वारा वित्त पोषित परियोजनाओं से पता चलता है। 100 बिलियन डॉलर वाले इस बैंक से ब्रिक्स देशों में अवसंरचनात्मक परियोजनाओं और नवीकरणीय

ऊर्जा के विकास के लिए वित्तीय सहायता दी जाती है। इस बैंक ने इंटरनेशनल सोलर अलायंस से भी समझौता किया है। ब्रिक्स के ही बैनर तले 100 बिलियन डॉलर वाले कंटिंजेन्ट रिजर्व अरेंजमेंट के ज़रिये ब्रिक्स देशों में किसी भी भुगतान संतुलन संकट, तरलता संकट यानि मुद्रास्फीति और अवस्फीति जैसी समस्याओं से निपटने के लिए वित्तीय मदद देने का इंतजाम किया गया है। इसके अलावा ब्रिक्स अपने मीडिया समिट, ट्रेड फेयर, अंडर 17 फुटबाल टूर्नामेंट जैसी पहलों के ज़रिये जनता के मध्य संपर्क भी बिठाने का काम कर रहा है। कला, संस्कृति, पर्यटन, परिवहन जैसे क्षेत्रों में ब्रिक्स के प्रतिनिधि सक्रिय हैं।

भारत के लिए ब्रिक्स का महत्त्व

रूस और चीन की अमरीका से किसी न किसी रूप में दुश्मनी जगजाहिर रही है। यूक्रेन के क्रीमिया पर रूसी कब्जे के बाद रूस अमरीका तनातनी के बीच रूस ने जी 8 की सदस्यता छोड़ दी थी, उसके बाद से दोनों में सामान्य संबंध नहीं रहे। वर्ष 2015 के पहले इन दोनों देशों की विश्व राजनीति में आक्रामक सक्रियता के चलते तीसरे विश्व युद्ध होने तक कि आशंका लोग प्रकट करने लगे। दोनों देशों ने नाभिकीय अस्त्र-शस्त्रों को ख़त्म करने संबंधी 1987 की आईएनएफ ट्रीटी को ही 2019 में ख़त्म कर दिया। अमरीका ने हाल के समय में अपने काउंटरिंग

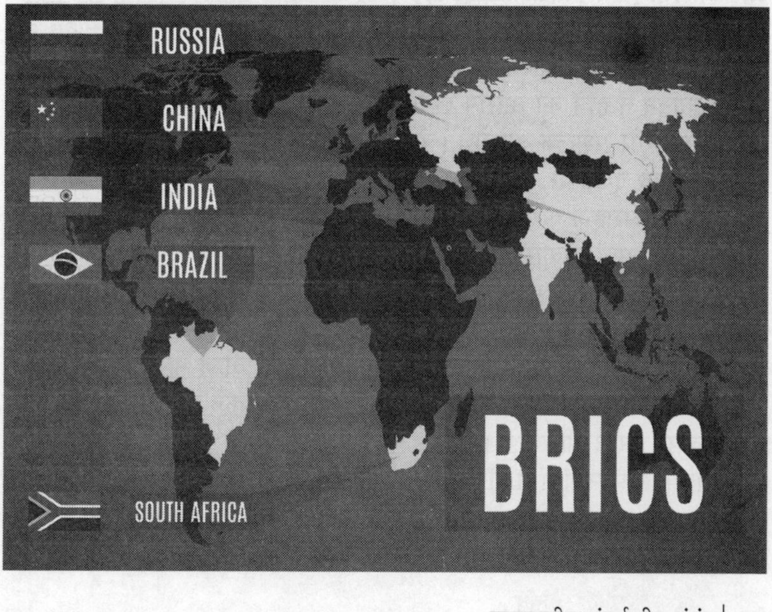

अमरीकाज एडवरसरीज थ्रू सैंक्शन एक्ट का हवाला देते हुए भारत को चेतावनी दिया कि चूँकि रूस अमरीका का शत्रु है इसलिए अगर भारत ने उससे एसयू 400 मिसाइल डिफेंस सिस्टम खरीदा तो उसे अमरीका के प्रतिबंधों का सामना करना पड़ेगा। 2014 के बाद से ठंडे पड़े रूस-भारत संबंधों की पुनर्बहाली को रोकने की कोशिश इस रूप में अमरीका ने की। अमरीका ने यह भी प्रस्ताव किया कि रूस से न लेकर डिफेंस मिसाइल भारत अमरीका से ले ले। उल्लेखनीय है कि 2 अगस्त, 2017 को अमेरिकन राष्ट्रपति ने उक्त कानून पारित कर ईरान, रूस और उत्तर कोरिया पर नए प्रतिबंध आरोपित कर दिए थे। भारत और रूस ने अमरीका की मंशा को पहचाना है, और चीन को भी इस बात का अहसास हुआ है कि अमरीका इन तीनों के आर्थिक और अन्य हितों के मार्ग में रोड़ा बनता जा रहा है। जब अमरीका ने भारत को ईरान से कच्चा तेल न खरीदने की धमकी दी तो ब्रिक्स के तीन देशों भारत, चीन, रूस ने घोषणा की कि वे विकासशील देशों की अगुवाई में एक नया मल्टीलैट्रल ट्रेड रेजिम विकसित करेंगे और ऐसी प्रतिबद्धता तीनों ने शंघाई सहयोग संगठन के फोरम से भी जाहिर की।

अमरीका, भारत, चीन और रूस जैसे देशों पर बौद्धिक संपदा अधिकारों के उल्लंघन का आरोप लगाने की फिराक में रहता है। हर साल वह अंतर्राष्ट्रीय बौद्धिक संपदा अधिकार सूचकांक जारी कर इन देशों पर पेटेंट, ट्रेड सीक्रेट, इंडस्ट्रियल डिजाइन के पुख्ता इंतजाम न करने का आरोप लगाता है और इन्हें और अन्य प्रमुख विकासशील अर्थव्यवस्थाओं को प्रायोरिटी वॉच लिस्ट में डाल देता है। अमरीका अपने स्पेशल 301 रिपोर्ट के ज़रिये भी भारत, चीन सहित कई विकासशील अर्थव्यवस्थाओं पर बौद्धिक संपदा अधिकार संरक्षण के मज़बूत नियम कायदे कानून न होने का आरोप लगाता रहता है। अर्थव्यवस्था की भाषा में कहें तो अमरीका गैर प्रशुल्क अवरोधे (बौद्धिक संपदा अधिकार, पर्यावरण नियमों के अभाव, मानव दुर्व्यापार, बाल श्रम, मानवाधिकार उल्लंघन का आरोप) के ज़रिये इन देशों को असहज कर अपने संरक्षणवादी एजेंडे को चलाता रहता है, इसलिए दो वर्ष पहले आठ विकासशील देशों ने मिलकर अमरीका के स्पेशल 301 रिपोर्ट को अपनी आर्थिक संप्रभुता पर हमला करने की अमेरिकी चाल करार दिया था। इस प्रकार ब्रिक्स के बैनर तले ये देश विकसित देशों से अपनी सौदेबाजी की क्षमता बढ़ा पाने में सफल भी रहे हैं। भारत को ही ले लीजिए, आज भारत सक्रिय रूप में अपने हितों की रक्षा के लिए किसी देश को जवाब दे सकने की स्थिति में है, और कई अवसरों पर दे भी रहा है।

ब्रिक्स के सदस्यों में से ही ब्राजील, दक्षिण अफ्रीका, भारत और चीन ने मिलकर बेसिक नामक संगठन को मूर्त रूप प्रदान किया और जलवायु परिवर्तन और ग्लोबल वार्मिंग जैसी चुनौतियों से मिलजुल कर निपटने की दिशा में काम कर रहे हैं। वैश्विक

पर्यावरण की सुरक्षा में आज भारत और चीन की सबसे अहम भूमिका है। ब्रिक्स आज संयुक्त राष्ट्र संघ और उसके सुरक्षा परिषद के साथ ही विश्व व्यापार संगठन में भी जरूरी सुधार के लिए एक प्रेशर ग्रुप के रूप में अपनी जिम्मेदारी निभा सकता है, ने निभाए ये अलग बात है। चीन के गुडविल से संयुक्त राष्ट्र में जैश ए मोहम्मद और मसूद अजहर को आतंकी संगठन और आतंकी घोषित किया जा सकता है, साथ ही भारत की नाभिकीय आपूर्तिकर्ता समूह में सदस्यता का भी समर्थन किया जा सकता है, क्यों नहीं कर रहा इसका कारण विश्व समुदाय से छुपा नहीं है। कभी-कभी शंघाई सहयोग संगठन, ब्रिक्स, बेसिक जैसे संगठनों पर प्रश्नचिह्न खड़ा किया जाता है कि आखिर इनकी जरूरत क्या है, जब ये अति महत्त्वपूर्ण मुद्दों पर कोई क्षेत्रीय और वैश्विक सहयोग प्रभावी तरीके से करा पाने में कामयाब नहीं दिख रहे हैं, या नहीं दिख रहा है। आर्थिक स्तर पर द्विपक्षीय व्यापार संबंध तो कमोबेश इन देशों में ठीक दिखाई देंगे लेकिन आतंकवाद, नाभिकीय कार्यक्रम, अफ़ग़ानिस्तान तालिबान, संयुक्त राष्ट्र सुधार, हिन्द महासागर और प्रशांत महासागर के बढ़ते सैन्यीकरण के मसले पर कोई ठोस सहमति और सहयोग नहीं दिखाई देता।

चीन इंडो पैसिफिक क्षेत्र में अपना अलग ही मंसूबा चला रहा है, रूस, अमरीका और यूक्रेन के मसले में ही उलझा दिखता है, इधर पाकिस्तान ने भारत को हर स्तर पर परेशान करने की कसम खा रखी है, तो कैसे ब्रिक्स एक प्रभावी परिणाम दे पाएगा। इन सब प्रश्नों को ब्रिक्स के देशों और खासकर भारत सरकार को सोचना होगा क्योंकि अंतर्राष्ट्रीय राजनीति और व्यवस्था और राष्ट्रीय हित को सुरक्षित करने के लिए बैठकें, उद्घोषणाएँ और कोष निर्माण ही काफी नहीं है। ऐसा होता तो दुनिया आज स्वर्ग बन गई होती जी 20, एपेक, आसियान, यूरोपियन यूनियन और शंघाई सहयोग संगठन के समिटों और उनके उद्घोषणाओं से। वैश्विक व्यवस्था और भारत के राष्ट्रीय हितों के पक्ष में ब्रिक्स को अभी बहुत कुछ डेलीवर करना बाकी है।

11वाँ ब्रिक्स समिट, 2019

14 नवंबर, 2019 को 11 वें ब्रिक्स समिट के औपचारिक समापन के साथ ब्रासिलिया उद्घोषणा के ज़रिये ब्रिक्स देशों के प्रमुखों के द्वारा 20 पन्ने का संयुक्त वक्तव्य जारी किया गया। इन पन्नों में ब्रिक्स के सदस्य देशों में आपसी अंतर्संपर्क और ब्रिक्स का विश्व व्यवस्था के साथ हो रहे संपर्कों की रूपरेखा और उपलब्धियों का उल्लेख है। इस समिट में ब्रिक्स देशों ने इनोवेशन ब्रिक्स नेटवर्क (आइब्रिक्स) ब्रिक्स एसआईटी (साइंस, टेक्नोलॉजी और इनोवेशन) की नई रूपरेखा को अंगीकृत करने, ब्रिक्स ऊर्जा सहयोग प्लेटफॉर्म को मूर्तमान बनाने, ब्रिक्स वूमेन बिजनेस

एलायंस के गठन को कार्यरूप देने, ब्रिक्स व्यापार और निवेश अभिकरणों के बीच ज्ञापन समझौते पर हस्ताक्षर को संभव करने पर संतुष्टि व्यक्त की गई। इस समिट में वैश्विक बहुपक्षीय प्रणाली में सुधार कर उसे मज़बूती देने, विश्व व्यापार संगठन और संयुक्त राष्ट्र में सुधार पर कार्यवाही करने, सतत विकास लक्ष्यों को प्राप्त करने के लिए एजेंडा 2030 के प्रभावी क्रियान्वयन, यूएनएफसीसीसी के बैनर तले पेरिस समझौते पर काम करते हुए जलवायु परिवर्तन से निपटने पर बल दिया गया है।

ब्रसीलिया उद्घोषणा, 2019 के मुख्य बिंदु

14 नवंबर को ब्रिक्स देशों के राष्ट्रीय नेताओं ने ब्रिक्स समिट के समापन के बाद जिस संयुक्त वक्तव्य को जारी किया उसमें अंतर्राष्ट्रीय सुरक्षा, क्षेत्रीय राजनीति और विवादों के समाधान, पर्यावरण संरक्षण, वैश्विक अर्थव्यवस्था की चुनौतियों के समाधान, सतत विकास, अंतर्राष्ट्रीय संगठनों की संरचना और कार्यप्रणाली में सुधार आदि विषयों से जुड़े पहलुओं पर ब्रिक्स देशों की मंशा और सहयोग के प्रस्तावों को शामिल किया गया है।

अंतर्राष्ट्रीय सुरक्षा की बात करें तो इस समिट में जैविक और जहरीले हथियारों के उत्पादन और भंडारण पर रोक से जुड़े अभिसमय को प्रभावी तरीके से लागू कर इससे जुड़े एक नए प्रोटोकॉल को अपनाने की बात की गई है, जिसका उद्देश्य इस विषय पर एक प्रभावी सत्यापन तंत्र विकसित करना है। इसमें रासायनिक हथियारों से जुड़े संगठनों और अभिसमय की माँग के अनुरूप कार्य करने पर बल दिया गया है। बाह्य अंतरिक्ष में शस्त्रों की होड़ को रोकने के लिए ब्रिक्स देशों ने अपनी प्रतिबद्धता व्यक्त की। इस समिट में जैविक और रासायनिक आतंकवाद से निपटने और संयुक्त राष्ट्र सुरक्षा परिषद के प्रस्ताव संख्या 2462 को अंगीकृत करने पर संतुष्टि जाहिर की गई। ब्लैक मनी, मनी लॉन्ड्रिंग, आतंक के वित्त पोषण को रोकने के लिए ब्रिक्स देशों ने फाइनेंशियल एक्शन टास्क फोर्स के साथ कदम से कदम मिलाकर चलने की बात की है। ब्रिक्स बैठक में व्यापारिक तनावों और युद्धों से परे एक मुक्त, निष्पक्ष, नियम आधारित और न्यायपूर्ण अंतर्राष्ट्रीय व्यापारिक प्रणाली के विकास के लिए कार्य करने पर बल दिया गया है। जी 20 के साथ वैश्विक आर्थिक सहयोग को मज़बूती देने की बात ब्रिक्स नेताओं ने की। ब्रिक्स नेताओं ने आईएमएफ में सुधार की अपेक्षा करते हुए एक मज़बूत कोटा आधारित प्रणाली के पक्ष में काम करने की माँग की। आईएमएफ के 15 वें जनरल रिव्यू ऑफ कोटा के प्रति ब्रिक्स देशों ने अपनी गंभीर असंतुष्टि व्यक्त करते हुए कहा कि आईएमएफ कोष के कोटा साइज को बढ़ाने में असफल रहा। ब्रिक्स देशों ने यह भी असंतोष

जाहिर किया कि उभरती हुई बाज़ार अर्थव्यवस्थाओं के पक्ष में कोटा शेयर बढ़ाने में आईएमएफ असफल रहा है।

बैठक में सीरिया समस्या के सैन्य समाधान के बजाय शांतिपूर्ण समाधान और इस मामले पर संयुक्त राष्ट्र प्रस्ताव संख्या 2254 के अनुरूप काम करने पर जोर दिया गया। ब्रिक्स देशों ने 22 अक्टूबर को रूस और टर्की के बीच उत्तर पूर्वी सीरिया में बढ़े तनावों को कम करने के लिए किए गए ज्ञापन समझौते का स्वागत किया है। वहीं यमन में चल रही हिंसा के समाधान के लिए स्टॉकहोम प्रॉसेस, मानवतावादी हस्तक्षेप और संयुक्त राष्ट्र के प्रयासों की सराहना की। मैड्रिड प्रिंसिपल, अरब पीस इनिशिएटिव और संयुक्त राष्ट्र प्रस्तावों के आधार पर मध्य पूर्व में इजरायल फिलिस्तीन समस्या के समाधान और उत्तरी अफ्रीका को भी उपद्रवमुक्त बनाने का आवाहन किया गया। अफ़ग़ानिस्तान में अफ़ग़ान नेतृत्व और अफ़ग़ान स्वामित्व वाली शांति प्रक्रिया को बढ़ावा देने की बात ब्रिक्स नेताओं ने की। खाड़ी क्षेत्र की स्थिरता, कोरियाई प्रायद्वीप में शांतिपूर्ण और राजनीतिक समाधान की राह खोजने, सूडान में शांति बहाली के लिए खारतूम में अगस्त, 2019 में किए गए राजनीतिक समझौते और संवैधानिक उद्घोषणा पर ब्रिक्स नेताओं ने खुशी जाहिर की। लीबिया में भी समस्याओं के राजनीतिक समाधान और अफ्रीकी संघ की प्रभावी भूमिका को बैठक में रेखांकित किया गया।

भारत और 11 वीं ब्रिक्स बैठक

भारतीय प्रधानमंत्री ने 11वें ब्रिक्स समिट में कुछ महत्त्वपूर्ण उद्घोषणाएँ की। स्वस्थ जीवनशैली के लिए नवोन्मेषी समाधानों पर भारत ब्रिक्स डिजिटल हैल्थ समिट का आयोजन करेगा। इसे भारतीय प्रधानमंत्री द्वारा शुरू किए गए फिट इंडिया मूवमेंट को ध्यान में रखते हुए किया जाएगा। इस समिट का लक्ष्य डिजिटल प्रौद्योगिकी को हेल्थकेयर इंफॉर्मेटिक्स और डायग्नोस्टिक्स से जोड़ना है। इसके साथ ही भारतीय प्रधानमंत्री ने परंपरागत औषधियों पर पहले से ही हो रखे ब्रिक्स ज्ञापन समझौते को गति देते हुए एक इस विषय पर एक कार्यशाला आयोजित करने की मंशा की घोषणा की। इस विषय पर ब्रिक्स के बैनर तले नेतृत्वकर्ता की भूमिका 2016 में भारत ने गोवा में निभाई थी। भारत ने 11वें ब्रिक्स समिट में सतत जल प्रबंधन के मुद्दे को उठाते हुए ब्रिक्स के जल मंत्रियों की पहली बैठक के भारत में आयोजन का प्रस्ताव किया। इस समिट में सॉफ्ट पॉवर को बढ़ावा देने की मंशा से भारतीय प्रधानमंत्री ने कहा कि चूँकि हम फिल्म प्रोडक्शन और टेक्नोलॉजी में वैश्विक नेतृत्वकर्ता हैं, इसलिए भारत मार्च, 2020 में मुंबई में फिक्की—फ्रेम्स के साथ मिलकर ब्रिक्स फिल्म टेक्नोलॉजी सिम्पोजियम का आयोजन करेगा। भारतीय

प्रधानमंत्री ने समिट में स्पष्ट किया कि ब्रिक्स के लिए आतंकवाद से निपटने का मुद्दा बहुत अहम है और हाल ही में ब्राजील के द्वारा आतंकवाद निरोधक रणनीतियों पर पहले ब्रिक्स सेमिनार का आयोजन किया है जो प्रशंसनीय है। ब्रिक्स आतंकवाद पर 5 उप कार्य समूहों का गठन कर चुका है। इसके साथ ही इस समिट में यह घोषणा भी की गई कि भारत डिजिटल फ़ॉरेंसिक्स पर ब्रिक्स कार्यशाला का आयोजन करेगा। भारत द्वारा ब्रिक्स यूथ समिट के आयोजन की घोषणा करते हुए कहा गया है कि यह समिट स्टार्ट अप्स, हैकेथान और खेलों पर विशेष ध्यान देगा। इस समिट में भारतीय प्रधानमंत्री ने सभी ब्रिक्स देशों के छात्रों के लिए ब्रिक्स इंटर्नशिप और फेलोशिप कार्यक्रम को शुरू करने की मंशा की घोषणा की।

बिम्सटेक— (बहुक्षेत्रीय तकनीकी और आर्थिक सहयोग के लिए बंगाल की खाड़ी पहल) : संरचना, प्रकार्य और अधिदेश

बंगाल की खाड़ी क्षेत्र में क्षेत्रीय एकीकरण के लिए, क्षेत्रीय सहयोग को बढ़ावा देने के लिए दक्षिण एशिया और दक्षिण पूर्वी एशियाई देशों की सदस्यता के साथ एक महत्त्वपूर्ण क्षेत्रीय संगठन के रूप में बिम्सटेक का गठन किया गया था। एक

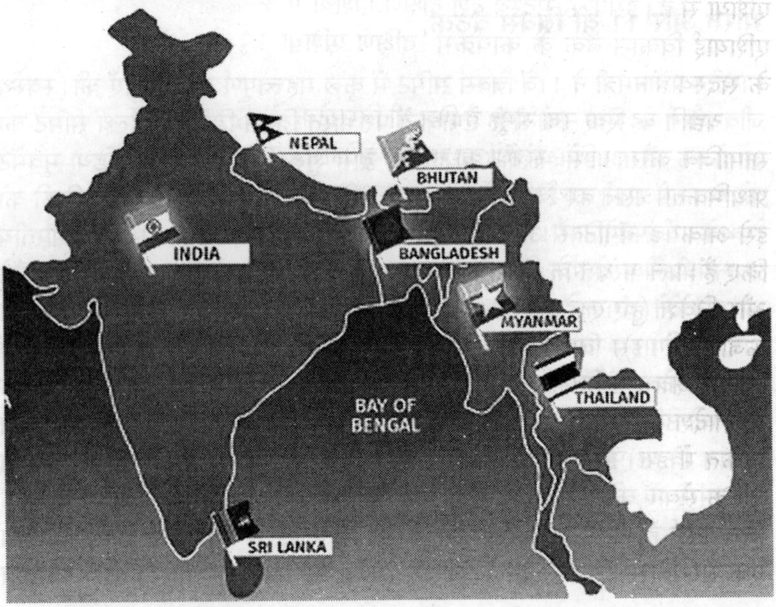

उपक्षेत्रीय आर्थिक सहयोग समूह बिम्सटेक (बंगलादेश, भारत, म्यांमार, श्रीलंका और थाइलैंड तकनीकी और आर्थिक सहयोग) का गठन जून, 1997 में बैंकाक में किया गया था। कुछ ही माह उपरांत दिसंबर, 1997 में म्यांमार भी इस समूह से जुड़ गया। फरवरी, 2004 में भूटान और नेपाल भी इस समूह में शामिल हो गए। अब इसके सदस्य देशों में बंगलादेश, भूटान, भारत, म्यांमार, नेपाल, श्रीलंका और थाइलैंड शामिल हैं और इसे बिम्सटेक के नाम से जाना जाने लगा। 31 जुलाई, 2004 को बैंकाक में आयोजित बिम्सटेक के प्रथम सम्मेलन में बिम्सटेक का नाम बिम्सटेक रखने का निर्णय लिया गया जो 'बहुक्षेत्रीय तकनीकी और आर्थिक सहयोग के लिए बंगाल की खाड़ी पहल' का संक्षिप्त नाम है। सदस्य देशों को बिम्सटेक की अध्यक्षता वर्णक्रम (अल्फाबेटिकल) रूप में मिलती है और इस समय नेपाल इसका अध्यक्ष है।

बिम्सटेक देशों में विश्व की 22 प्रतिशत जनसंख्या निवास करती है। 1.5 बिलियन लोग बंगाल की खाड़ी की महत्ता को दर्शाते हैं। वैश्विक सकल घरेलू उत्पाद में बिम्सटेक देशों की हिस्सेदारी 3.7 प्रतिशत और वैश्विक व्यापार में 3.7 प्रतिशत है। बिम्सटेक देशों का संयुक्त सकल घरेलू उत्पाद 3.5 ट्रिलियन डॉलर है। बिम्सटेक अर्थव्यवस्थाओं ने आर्थिक मंदी के दौर में भी औसतन 6.5 प्रतिशत आर्थिक संवृद्धि दर से विकास किया है। इस संगठन का महत्त्व इस बात से पता चलता है कि इसके 7 सदस्य देशों में से 5 दक्षिण एशिया से और 2 दक्षिण पूर्व एशिया से हैं। इसके 6 सदस्य देश दक्षिण एशिया में क्षेत्रीय एकीकरण बढ़ाने वाले एशियाई विकास बैंक के कार्यक्रम 'दक्षिण एशिया उपक्षेत्रीय आर्थिक सहयोग' के सदस्य हैं।

यद्यपि यह एक नया समूह है फिर भी बिम्सटेक के देशों में घनिष्ठ, सांस्कृतिक, सामाजिक और आर्थिक संबंधों का मज़बूत इतिहास रहा है। इस समूह की तात्कालिक प्राथमिकता अपने कार्यकलापों को एकीकृत करना तथा आर्थिक सहयोग के लिए इसे आकर्षक बनाना है। बिम्सटेक ने क्षेत्रीय सहयोग के 6 मुख्य क्षेत्र अभिनिर्धारित किए हैं। प्रत्येक क्षेत्र के लिए एक 'मार्गदर्शक देश' निर्दिष्ट किया गया है : व्यापार और निवेश (बंगलादेश); प्रौद्योगिकी (श्रीलंका); परिवहन और संचार (भारत); ऊर्जा (म्यांमार); पर्यटन (भारत) और मात्स्यिकी (थाइलैंड)। बिम्सटेक देश मुक्त व्यापार क्षेत्र स्थापित करने पर भी सहमत हुए हैं। एक समझौते की रूपरेखा पर बंगलादेश को छोड़कर सभी सदस्य देशों द्वारा 8 फरवरी, 2004 को थाईलैंड के फुकेत में इस पर हस्ताक्षर किए गए थे। इसमें केवल माल का व्यापार ही नहीं बल्कि सेवाएँ, निवेश और संबंधित आर्थिक सहयोग (सीमा शुल्क, मानक, व्यापार वित्तपोषण, ई-कामर्स और व्यवसाय वीजा) भी शामिल हैं। बांग्लादेश ने बाद में एक संस्थापक देश के रूप में 25 जून, 2004 को इस पर हस्ताक्षर किए थे। यद्यपि

माल व्यापार, उद्भव नियम (रूल्स ऑफ ओरिजिन) और विवाद समाधान प्रक्रिया पर वार्ता भी शुरू हुई थी। इसके अलावा व्यापार, सेवा और निवेश पर वार्ता 2005 के अंत में शुरू करने का निर्णय किया गया था। बिम्सटेक मुक्त व्यापार क्षेत्र से संबंधित समझौते की रूपरेखा की मुख्य विशेषताएँ इस प्रकार हैं :

—समझौते की रूपरेखा में माल व्यापार, सेवा व्यापार, निवेश और आर्थिक सहयोग शामिल है।

—उत्पाद, नकारात्मक सूची में शामिल उत्पाद को छोड़कर, पर फास्ट ट्रैक अथवा सामान्य ट्रैक आधार पर सीमा शुल्क से छूट दी जा सकेगी अथवा सीमा शुल्क समाप्त किया जा सकेगा।

—सीमा शुल्क में छूट/समाप्ति तथा उद्भव नियमों के संबंध में वार्ता करने की निर्धारित समय सीमा दिसंबर, 2005 है।

बिम्सटेक में विभिन्न क्षेत्रों में वर्ष 2005 में क्षेत्रीय सहयोग शुरू किया गया था। इनके मध्य परिवहन और संचार के क्षेत्र में एक सामान्य समझौता है कि सदस्य देश और अधिक विमान परिवहन उदारीकरण, समुद्र में छोटी दूरी के लिए नौवहन, भारत, म्यांमार और थाइलैंड के बीच त्रिपक्षीय राजमार्ग संपर्क तथा बिम्सटेक के अन्य देशों के साथ संपर्क सहित बंगलादेश, म्यांमार और थाइलैंड के बीच त्रिपक्षीय राजमार्ग संपर्क होना चाहिए। इस संदर्भ में दावी दीप समुद्री पत्तन तथा थाइलैंड में पोर्ट से कंचनबुरी तक सड़क संपर्क का साध्यता अध्ययन करने के भारत के प्रस्ताव का स्वागत किया जा चुका है। इसके अतिरिक्त, मानव संसाधन विकास, हाइड्रोकार्बन और हाइड्रोपावर की संभावना का विकास, बिम्सटेक में प्राकृतिक गैस पाइप लाइन, बंगाल की खाड़ी में मात्स्यिकी संसाधनों का प्रबंधन और दीर्घकालीन उपयोग, व्यवसाय यात्रा और जनता से जनता के संपर्क को आसान बनाने पर भी विशेष ध्यान दिया गया है।

बिम्सटेक ने मानव संसाधन विकास, मानव पूँजी, कुशल श्रम और नवाचार को बढ़ावा देने की दिशा में भी महत्त्वपूर्ण कार्य किए हैं। 2004 में बैंकाक में आयोजित मंत्रिस्तरीय बैठक के दौरान मानव संसाधन विकास के क्षेत्र में 150 प्रशिक्षण छात्रवृत्तियों के भारत के प्रस्ताव तथा ऐसी 100 छात्रवृत्तियों के थाइलैंड के प्रस्ताव का स्वागत किया गया था। बिम्सटेक प्राकृतिक आपदा प्रबंधन,आपदा तैयारी के क्षेत्र की दिशा में भी महत्त्वपूर्ण भूमिका निभाने की इच्छा रखता है। मार्च, 2003 में भारत में उष्णकटिबंधीय मानसून और चक्रवात संबंधी एक कार्यशाला का आयोजन किया गया था। भारत ने म्यांमार में एसएमई के लिए उपयुक्त डेमंस्ट्रेशन बायोमास गैसीफायर परियोजना भी स्थापित की थी और बिम्सटेक ऊर्जा सूचना केंद्र की स्थापना में भी म्यांमार को सहायता दी थी। पर्यटन के क्षेत्र में सदस्य देश 2004 और 2005 को 'बिम्सटेक भ्रमण वर्ष' के रूप में मना चुके हैं। सदस्य देश,

संबंधित एजेंसियों के बीच सूचना का आदान-प्रदान करके आतंकवाद का मुकाबला करने में सहयोग करने पर सहमत हुए हैं।

अब तक बिम्सटेक की 6 मंत्रिस्तरीय बैठकें हुई हैं : बैंकाक (दिसंबर, 1997); ढाका (दिसंबर, 1998); नई दिल्ली (जुलाई, 2000); यंगोन (दिसंबर, 2001); कोलंबो (दिसंबर, 2002) जिसमें बिम्सटेक की सम्मेलन स्तरीय बैठकों की सिफारिश की गई थी और फुकेत (फरवरी, 2004)। तत्कालीन विदेश मंत्री ने फुकेत में छठी मंत्रिस्तरीय बैठक के लिए भारतीय प्रतिनिधिमंडल का नेतृत्व किया था जिसमें अन्य बातों के साथ-साथ बैंकाक में बिम्सटेक के लिए तकनीकी सहायता सुविधा स्थापित करने पर सहमति हुई थी, जो दो वर्ष के लिए बिम्सटेक के लघु सचिवालय के रूप में कार्य कर सके और उसके पश्चात् एक स्थायी सचिवालय स्थापित करने के मामले में पुन: गौर किया जाएगा। बिम्सटेक मुक्त व्यापार क्षेत्र की दिशा में प्रगति, व्यापार और आर्थिक मामलों में सहयोग पर निगरानी के लिए व्यापार मंत्रियों के स्तर पर बिम्सटेक की वार्षिक बैठक भी होती है। व्यापार मंत्रियों की पाँच बैठकें हो चुकी हैं और पिछली बैठक 7 फरवरी, 2004 को फुकेत में हुई थी।

बिम्सटेक के पर्याप्त आर्थिक लाभकारी समूह बनने की संभावनाएँ हैं विशेषत: यदि बिम्सटेक मुक्त व्यापार क्षेत्र एक वास्तविकता बन जाए। यह उत्साहजनक है कि बिम्सटेक आर्थिक और व्यापार मंच की प्रक्रिया के माध्यम से बिम्सटेक में निजी क्षेत्र की भागीदारी बढ़ रही है क्योंकि इसके बगैर बिम्सटेक आगे नहीं बढ़ सकता। क्षेत्र के आर्थिक विकास में इसका महत्त्वपूर्ण योगदान, सदस्य देशों में परिवहन संपर्क और भौतिक रूप से इन देशों के जुड़ने पर निर्भर करेगा।

प्रथम बिम्सटेक सम्मेलन

प्रथम बिम्सटेक सम्मेलन जिसका आयोजन थाइलैंड द्वारा 30 जुलाई, 2004 को अध्यक्ष की हैसियत से बैंकाक में किया गया था, बिम्सटेक के उप क्षेत्रीय समूह को नई दिशा देने वाली घटना थी। इस सम्मेलन में श्रीलंका के राष्ट्रपति तथा बंगलादेश, भूटान, भारत, म्यांमार, नेपाल और थाइलैंड के प्रधानमंत्रियों ने भाग लिया था। इस सम्मेलन से पहले 30 जुलाई को सदस्य देशों के वरिष्ठ अधिकारियों तथा विदेश मंत्रियों की बैठक हुई थी। इन दो बैठकों में प्रथम बिम्सटेक सम्मेलन की तैयारी की गई थी।

इस सम्मेलन के निर्णय पर, बिम्सटेक (बंगलादेश, भारत, म्यांमार, श्रीलंका और थाइलैंड तकनीकी और आर्थिक सहयोग) का नाम बदलकर बिम्सटेक (बहुक्षेत्रीय तकनीकी और आर्थिक सहयोग के लिए बंगाल की खाड़ी पहल) रखा गया। इस

सम्मेलन की घोषणा में व्यापार और निवेश, परिवहन और संचार, पर्यटन, ऊर्जा, मानव संसाधन विकास, कृषि, मात्स्यिकी, विज्ञान और प्रौद्योगिकी तथा जनता से जनता के संपर्क पर विशेष बल दिया गया। जन स्वास्थ्य, शिक्षा, ग्रामीण समुदाय विकास, लघु और मध्यम उद्यम, मौसम और जलवायु अनुसंधान तथा प्राकृतिक आपदा प्रशमन और प्रबंधन जैसे क्षेत्रों में भी सहयोग बढ़ाने पर सहमति हुई। परिवहन और संचार, जल विद्युत और हाइड्रो कार्बन परियोजनाओं के विकास तथा बिम्सटेक के सदस्य देशों को विद्युत और प्राकृतिक गैस ग्रिड से जोड़े जाने को भी महत्त्व दिया गया। संयुक्त रूप से बिम्सटेक पर्यटन पैकेज तैयार करने, बिम्सटेक यात्रा कार्ड/वीजा लागू करने, अंतर्राष्ट्रीय आतंकवाद और अंतर्राष्ट्रीय अपराध का मुकाबला करने के लिए सदस्य देशों के प्रयासों में समन्वय, संसद सदस्यों, पत्रकारों, छात्रों और संकाय सदस्यों, खिलाड़ियों आदि के एक दूसरे देश में जाने को प्रोत्साहन देने पर भी सम्मेलन में सहमति हुई।

सम्मेलन में भारत के निम्नलिखित ठोस प्रस्ताव स्वीकार किए गए थे :

भारत द्वारा सन् 2005 में पर्यटन मंत्रियों तथा यात्रा एवं पर्यटन उद्योग के प्रतिनिधियों की एक गोलमेज और कार्यशाला आयोजित करने, ऊर्जा सहयोग के संबंध में मंत्रियों की बैठक की मेजबानी करने का निर्णय किया गया था।

भारत ने कृषि, पर्यावरण और आपदा प्रबंधन के लिए दूरसंवेदी आँकड़े सदस्य देशों को उपलब्ध कराने का प्रस्ताव किया। इसमें कहा गया था कि भारत, नई दिल्ली में बिम्सटेक मौसम और जलवायु केंद्र की स्थापना करेगा।

भारत ने 150 अतिरिक्त आईटीईसी छात्रवृत्तियों और परंपरागत भारतीय चिकित्सा प्रणाली के अध्ययन के लिए 30 छात्रवृत्तियों का प्रस्ताव किया था। इसके अतिरिक्त, सदस्य देशों के अनुरोध पर भारत ने सन् 2006 में अगले सम्मेलन की मेजबानी पर भी अपनी सहमति दी।

चौथे बिम्सटेक शिखर सम्मेलन के लिए 30-31 अगस्त 2018 को काठमांडू में बैठक की गई थी। इसमें सतत विकास की 2030 की कार्यसूची के साथ 2030 तक बंगाल की खाड़ी क्षेत्र में गरीबी उन्मूलन पर बल दिया गया। इस क्षेत्र में राजमार्गों, रेल, जलमार्गों, समुद्री मार्गों, वायुमार्गों के विकास, विस्तार और आधुनिकीकरण के माध्यम से निर्बाध बहु-मॉडल परिवहन संपर्क और सहज, समन्वित एवं सरलीकृत पारगमन सुविधाएँ स्थापित करने के अपने संकल्प को बिम्सटेक देशों ने दोहराया और संबंधित अधिकारियों को सदस्य देशों की विशेष परिस्थितियों और जरूरतों को ध्यान में रखते हुए बिम्सटेक तटीय नौवहन समझौते और बिम्सटेक मोटर वाहन समझौते को शीघ्र संपन्न करने के लिए अपने प्रयासों को तेज़ करने का निर्देश दिया। इस बैठक में इस क्षेत्र के लोगों को अधिक पहुँच, अधिक किफायती और उच्च गति इंटरनेट और मोबाइल संचार

प्रदान करने के उद्‌देश्य से सूचना प्रौद्योगिकी और संचार संबंधी मामलों से निपटने के लिए एक कार्यकारी समूह स्थापित करने का निर्णय लिया गया है। बिम्सटेक मुक्त व्यापार क्षेत्र (फ्री ट्रेड एरिया) वार्ता को शीघ्र संपन्न करने की अपनी वचनबद्धता को देशों ने नवीनीकृत किया है और बिम्सटेक व्यापार और आर्थिक मंत्रिस्तरीय बैठक (टीईएमएम) और व्यापार सहायक वार्ता समिति (टीएनसी) समेत, इसके सहायक निकायों को निर्देशित किया है कि जितनी जल्दी हो सके बिम्सटेक एफटीए से संबंधित सभी समझौतों को अंतिम रूप देने का कार्य करें।

इंडियन ओसियन रिम एसोसिएशन : संरचना, प्रकार्य और अधिदेश

इंडियन ओसियन रिम एसोसिएशन हिन्द महासागर की सुरक्षा, स्थिरता, समृद्धि को बढ़ावा देने के लिए गठित एक महत्त्वपूर्ण क्षेत्रीय संगठन है। हिन्द महासागर के तटीय क्षेत्रों में स्थित देशों के मध्य क्षेत्रीय सहयोग को सुनिश्चित करने के लिए इसका गठन किया गया था। हिन्द महासागर क्षेत्र में एक संगठन के ज़रिये क्षेत्रीय सहयोग को बढ़ावा देने का विचार सबसे पहले 1995 में नेल्सन मंडेला ने नई दिल्ली भ्रमण के दौरान दिया था। मंडेला ने अपनी यात्रा के दौरान कहा था कि इतिहास और भूगोल के सुस्थापित तथ्यों की प्राकृतिक माँग में विस्तार कर सामाजिक आर्थिक सहयोग के लिए एक इंडियन ओसियन रिम की संकल्पना को शामिल किया जाना चाहिए। 6-7 मार्च, 1997 के दौरान मॉरीशस में पहले मंत्रिस्तरीय बैठक में इंडियन ओसियन रिम एसोसिएशन को औपचारिक रूप से गठित किया गया। इसी बैठक के दौरान ही 7 मार्च को आईओआरए के चार्टर को भी अंगीकृत किया गया। इसका सचिवालय मॉरीशस में स्थित है जिसका अध्यक्ष एक महासचिव होता है। इसमें चार अन्य निदेशक भी होते हैं जो महासचिव को उसके दायित्व निर्वहन में सहायता प्रदान करते हैं।

यह एक अंतरसरकारी संगठन है जिसमें कुल 22 पूर्ण सदस्य देश हैं। मालदीव को नवंबर, 2018 में इसका 22वाँ सदस्य देश बनाया गया है। इंडियन ओसियन रिम एसोसिएशन के पूर्ण सदस्यों में शामिल हैं—भारत, बांग्लादेश, श्रीलंका, मालदीव ऑस्ट्रेलिया, इंडोनेशिया, थाईलैंड, सिंगापुर, मलेशिया, कोमोरोस, मेडागास्कर, मॉरीशस, सेशेल्स, मोजांबिक, केन्या, दक्षिण अफ्रीका, तंजानिया, सोमालिया, ईरान, ओमान, संयुक्त अरब अमीरात और यमन।

इंडियन ओसियन रिम एसोसिएशन में कुल 9 संवाद साझेदार (डायलॉग पार्टनर) शामिल हैं। ये देश हैं—चीन, अमरीका, जापान, फ्रांस, यूनाइटेड किंगडम, मिस्र, टर्की, जर्मनी और दक्षिण कोरिया। नवंबर, 2018 में टर्की और दक्षिण कोरिया

को इसका नया संवाद साझेदार बनाया गया है। इसका एकमात्र पर्यवेक्षक इंडियन ओसियन रिसर्च ग्रुप है। इंडियन ओसियन रिम एसोसिएशन वर्ष 2015 में संयुक्त राष्ट्र महासभा और अफ्रीकी संघ का पर्यवेक्षक सदस्य बना था।

इंडियन ओसियन रिम एसोसिएशन के दो विशिष्ट अभिकरण हैं—पहला, तेहरान, ईरान स्थित रीजनल सेंटर फॉर साइंस एंड टेक्नोलॉजी ट्रांसफर और दूसरा, मस्कट, ओमान स्थित फिशेरीज सपोर्ट यूनिट।

इंडियन ओशन रिम एसोसिएशन की संरचना

काउंसिल ऑफ फॉरेन मिनिस्टर्स आईओआरए का सबसे शीर्षस्थ निकाय है जो प्रत्येक वर्ष में एक बार बैठक का आयोजन करती है। वर्ष 2017 से 2019 के लिए साउथ अफ्रीका इसका अध्यक्ष है और उसके बाद संयुक्त अरब अमीरात को इसकी अध्यक्षता दी जाएगी। इसके साथ ही एक कमेटी ऑफ सीनियर ऑफिशल्स भी आईओआरए के तहत अपनी भूमिका का निर्वहन करता है, जो कि प्रत्येक वर्ष दो बार बैठक आयोजित करके आईओआरए के एजेंडे की दिशा में हुई प्रगति पर चर्चा करता है और आईओआरए से संबंधित वर्किंग ग्रुप्स और उनके द्वारा दिए गए सिफारिशों पर विचार करता है। इसके साथ ही शिक्षाविदों के द्वारा भी जो नीतियाँ और परियोजनाएँ हिन्द महासागर क्षेत्र के लोगों के जीवन में सुधार के लिए सुझाव के रूप में आती हैं उन पर भी यह कमेटी ऑफ सीनियर ऑफिशल्स विचार करती है।

कमेटी ऑफ सीनियर ऑफिशल्स की बैठक के बाद काउंसिल ऑफ फॉरेन मिनिस्टर्स की बैठक का आयोजन किया जाता है। इंडियन ओसियन रिम एसोसिएशन के तत्वावधान में कुछ अन्य महत्त्वपूर्ण समूह, संगठन कार्य करते हैं जो आईओआरए के उद्देश्यों की प्राप्ति में अपनी भूमिका अदा करते हैं। इन समूहों, अभिकरणों को काउंसिल ऑफ सीनियर ऑफिशल्स के द्वारा की गई सिफारिशों और शर्तों के आधार पर विनियमित किया जाता है लेकिन कार्य के शर्तों को मंजूरी काउंसिल ऑफ फॉरेन मिनिस्टर्स द्वारा दी जाती है।

इंडियन ओसियन रिम एसोसिएशन के प्रमुख अभिकरण निम्नवत हैं—

—इंडियन ओसियन रिम एकेडमिक ग्रुप।

—इंडियन ओसियन रिम बिजनेस फोरम।

—वर्किंग ग्रुप ऑन ट्रेड एंड इन्वेस्टमेंट।

—वर्किंग ग्रुप ऑन वूमेंस इकनॉमिक एंपावरमेंट।

—वर्किंग ग्रुप ऑन मैरीटाइम सेफ्टी एंड सिक्योरिटी।

—वर्किंग ग्रुप ऑन ब्लू इकॉनमी।

—कोर ग्रुप ऑन टूरिज्म।

—दि इंडियन ओसियन डायलॉग।

इंडियन ओसियन रिम एसोसिएशन के मुख्य उद्देश्य—

इसके मुख्य उद्देश्य निम्नलिखित हैं—

—हिन्द महासागर क्षेत्र में समुद्री सुरक्षा को बढ़ावा देना।

—क्षेत्र में व्यापार और निवेश सहयोग का संवर्धन।

—सतत और जिम्मेदार मत्स्य प्रबंधन और विकास को बढ़ावा देना।

—शैक्षणिक और विज्ञान प्रौद्योगिकी सहयोग को बढ़ावा देना।

—पर्यटन और सांस्कृतिक विनिमय में गति लाना।

—क्षेत्र में नीली अर्थव्यवस्था (ब्लू इकॉनमी) को विकसित करना और उसका दोहन।

—लैंगिक समानता को बढ़ावा देना और महिलाओं और किशोरियों का आर्थिक सशक्तिकरण।

—इंडियन ओसियन रिम एसोसिएशन के सचिवालय को मज़बूती देना और इसके साझेदारों से मज़बूत संबंधों को बढ़ावा देना।

इंडियन ओसियन रिम एसोसिएशन से संबंधित कुछ अन्य महत्त्वपूर्ण तथ्य—

—दिसंबर, 2015 में यह संयुक्त राष्ट्र संघ का पर्यवेक्षक सदस्य, नवंबर, 2015 में अफ्रीकी संघ का पर्यवेक्षक सदस्य और वर्ष 2014 में इसे अंकटाड के पर्यवेक्षक सदस्य के रूप में मंजूरी मिली।

—2019 से 2021 के लिए इसकी अध्यक्षता संयुक्त अरब अमीरात को और 2021 से 2023 के लिए बांग्लादेश को सौंपी गई है।

—इंडियन ओसियन रिम एसोसिएशन का बजट सदस्य राष्ट्रों के द्वारा किए गए वित्तीय योगदान से निर्मित होता है।

—2001 में ओमान के मस्कट में इंडियन ओसियन रिम एसोसिएशन की परियोजनाओं को सही तरीके से चलाने के लिए एक स्पेशल फंड बनाने की बात की गई थी। वर्ष 2004 में कोलंबो बैठक में इस विशेष कोष को गठित किया गया।

—इंडियन ओसियन रिम एसोसिएशन सस्टेनेबल डेवलपमेंट प्रोग्राम की शुरुआत 2014 में की गई थी जिससे कम मज़बूत और पिछड़े सदस्य देशों में क्षमता निर्माण को बढ़ावा दिया जा सके। रोजगार सृजन और निर्धनता उन्मूलन पर यह विशेष जोर देता है।

—2016 में सोमालिया यमन डेवलपमेंट प्रोग्राम की शुरुआत भी इस एसोसिएशन द्वारा की गई थी।

इस्लामिक सहयोग संगठन : संरचना, प्रकार्य और अधिदेश

इस्लामिक सहयोग संगठन संयुक्त राष्ट्र संघ के बाद दूसरा सबसे बड़ा अंतरसरकारी संगठन है जिसमें 57 इस्लामिक सदस्य देश हैं जो विश्व के चार महाद्वीपों से हैं। यह संगठन मुस्लिम विश्व की सामूहिक आवाज है। यह विश्व के विभिन्न लोगों में अंतर्राष्ट्रीय शांति और सौहार्द्र को बढ़ावा देते हुए मुस्लिमों के हितों को सुरक्षित करने का लक्ष्य रखता है। इस संगठन के गठन का निर्णय 25 सितंबर, 1969 को मोरक्को के रबात समिट में लिया गया था जब जेरूसलम में अल अक्सा मस्जिद में आपराधिक आगजनी की घटना हुई। इसे मुस्लिम हितों के विरुद्ध देखा गया। 1970 में जेद्दा में विदेश मंत्रियों के इस्लामिक कॉन्फ्रेंस की पहली बैठक आयोजित की गई थी जिसमें यह निर्णय लिया गया कि इस संगठन का एक स्थायी सचिवालय जेद्दा में गठित किया जाए जिसकी अध्यक्षता एक महासचिव के द्वारा की जाती है।

पहला इस्लामिक सहयोग संगठन चार्टर 1972 में अंगीकृत किया गया था जिसमें इस संगठन के उद्देश्यों और सिद्धांतों के बारे में बताया गया है। वर्तमान इस्लामिक सहयोग संगठन चार्टर मार्च, 2008 में सेनेगल की राजधानी डकार में ओआईसी के 11वें समिट में अंगीकृत किया गया था। इसमें 21वीं शताब्दी में मुस्लिम विश्व के हितों के संरक्षण और उससे संबंधित आवश्यकताओं को ध्यान में रखकर कार्य किए जाने पर बल दिया गया है। यह संगठन विश्व भर के 1.5 बिलियन मुस्लिमों का प्रतिनिधित्व करता है और इसका संयुक्त राष्ट्र संघ और अन्य अंतरसरकारी संगठनों के साथ परामर्शकारी और सहयोगकारी संबंध हैं। सदस्य राष्ट्रों के मध्य विभिन्न प्रकार के संघर्षों और विवादों के समाधान के लिए भी यह संगठन कार्य करता है और इस्लाम और मुस्लिमों के वास्तविक मूल्यों के संरक्षण और उसको बढ़ावा देने के लिए प्रयास करता है। इस्लामिक सहयोग संगठन ने मुस्लिम विश्व के हितों के संरक्षण के लिए एक 10 वर्षीय कार्ययोजना भी अंगीकृत की है और यह 2016 से 2025 के लिए है। हाल के समय में इस्लामिक सहयोग संगठन ने एक नए कार्यक्रम को अंगीकृत किया है जिसका नाम ओआईसी—2025 है। इसमें मुस्लिम विश्व और मुस्लिम नागरिकों के हितों के संरक्षण के लिए 18 प्राथमिकता वाले क्षेत्रों और 107 लक्ष्यों पर ध्यान केंद्रित किया गया है। इस्लामिक सहयोग संगठन के प्राथमिकता वाले क्षेत्रों में शामिल हैं—शांति और सुरक्षा, फिलिस्तीन और अल कुद्स, निर्धनता उन्मूलन, आतंकवाद निरोध, निवेश और वित्त, खाद्य सुरक्षा, विज्ञान और प्रौद्योगिकी, जलवायु परिवर्तन और धारणीयता, उदारता और संस्कृति और अंतर धार्मिक सद्भाव, अंतर विश्वासों को बढ़ावा देना, महिलाओं का सशक्तिकरण, संयुक्त इस्लामिक मानवतावादी

कार्यों को अपनाना, मानवाधिकारों का संरक्षण और सुशासन आदि हैं। इस्लामिक सहयोग संगठन के प्रमुख निकायों में शामिल हैं—इस्लामिक समिट, विदेश मंत्रियों का परिषद्, आम सचिवालय, इस्लामिक विकास बैंक, इस्लामिक शैक्षणिक, वैज्ञानिक और सांस्कृतिक संगठन।

इस्लामिक सहयोग संगठन का भारत के लिए सामान्य महत्त्व

इस्लामी सहयोग संगठन के सदस्यों में से एक चौथाई से अधिक सदस्य संयुक्त राष्ट्र में हैं, और मानवता के लगभग एक चौथाई हैं। यह एक ऐसा संगठन है, जिसकी हमारी दुनिया को आकार देने में महत्त्वपूर्ण भूमिका है।

यह संगठन राष्ट्रों को न सिर्फ एक समान विश्वास की नींव पर लाता है, बल्कि उनके लोगों के लिए बेहतर भविष्य की साझा इच्छा से भी ऐसा करता है।

(i) दक्षिण पूर्व एशिया से लैटिन अमरीका के तटों तक;

(ii) मध्य एशिया के मैदान से लेकर अफ्रीकी महाद्वीप के विशाल विस्तार तक;

(iii) दक्षिण एशिया से पश्चिम एशिया और उत्तरी अफ्रीका के विशाल खंड तक, राष्ट्रों का प्रतिनिधित्व यहाँ किया गया है, जो भाषा और साहित्य, रीति-रिवाजों और संस्कृति, इतिहास और विरासत की शानदार विविधता को भी दर्शाता है। भारतीय विदेश मंत्री द्वारा 2019 के इस्लामिक सहयोग संगठन की बैठक में यह विचार प्रस्तुत किया गया था।

ओआईसी के सदस्य देश ब्रुनेई, इंडोनेशिया और मलेशिया भारत की एक्ट ईस्ट पॉलिसी के महत्त्वपूर्ण स्तंभ हैं, और इंडो पैसिफिक क्षेत्र में भारत के व्यापक जुड़ाव हैं। वहीं दूसरी तरफ़ अफ़ग़ानिस्तान, बांग्लादेश और मालदीव के साथ भारत के संबंध दक्षिण एशिया में शांति, सुरक्षा और स्थिरता के लिए अत्यंत आवश्यक हैं। पश्चिम एशिया में, फिलिस्तीनी लोगों की आकांक्षाओं के साथ भारत की एकजुटता अटूट रही है। अरब विश्व के देशों में भारत के लिए विश्वास निर्माण भारत की एक बड़ी जरूरत रही है। वहीं इस्लामिक सहयोग संगठन का सदस्य ईरान भारत के ऊर्जा सुरक्षा के हितों के लिए अत्यंत आवश्यक है।

ओआईसी सदस्य देशों ट्यूनीशिया, मोरक्को और अल्जीरिया जैसे देशों के साथ भारत एक अधिक समावेशी दुनिया के लिए अपनी आकांक्षा साझा करने की दिशा में कार्य करता है। अफ्रीका से प्राकृतिक तेल की प्राप्ति के लिए इन देशों का विशेष महत्त्व है। टर्की के साथ भी भारत ने अपने संबंधों को मज़बूती देने का प्रयास किया है। सर्वाधिक महत्त्वपूर्ण रूप में इस्लामिक सहयोग संगठन के खाड़ी सदस्य देशों से भारत का विशेष संबंध है। खाड़ी सहयोग परिषद भारत का सबसे

बड़ा क्षेत्रीय व्यापारिक साझेदार है जिसके साथ भारत के 100 बिलियन डॉलर से अधिक के द्विपक्षीय व्यापार हैं और भारत को पूरी दुनिया के भारतीय डायास्पोरा से मिलने वाले रेमिटेंस में आधे से अधिक हिस्सा खाड़ी देशों का है।

1 मार्च, 2019 को संयुक्त अरब अमीरात अबू धाबी में आयोजित ओआईसी समिट में उद्घाटन सत्र में भारतीय विदेश मंत्री को पहली बार भाग लेने के लिए आमंत्रित किया गया। किसी भारतीय विदेश मंत्री को पहली बार इस संगठन ने गेस्ट ऑफ ऑनर के रूप में उपस्थित होने के लिए आमंत्रित किया था। उल्लेखनीय है कि भारत को पहली बार इस संगठन की बैठक में भाग लेने के लिए वर्ष 1969 में आमंत्रित किया गया था, लेकिन पाकिस्तान की आपत्ति और भारत विरोधी कूटनीति के चलते भारत इसमें भाग नहीं ले पाया। खाड़ी देश कतर पहला देश था जिसने वर्ष 2002 में ओआईसी के विदेश मंत्रियों की बैठक में यह प्रस्ताव किया था कि भारत को इस्लामिक सहयोग संगठन के पर्यवेक्षक सदस्य का दर्जा दिया जाए। कतर का कहना था कि भारत में बड़ी मुस्लिम जनसंख्या निवास करती है अतः वैश्विक स्तर पर मुस्लिम हितों के प्रतिनिधित्व में भारत को भी बड़ी भूमिका मिलनी चाहिए लेकिन पाकिस्तान ने कतर के इस प्रस्ताव को पारित नहीं होने दिया।

वर्ष 2018 में बांग्लादेश ने भी प्रस्ताव किया कि इस्लामिक सहयोग संगठन के चार्टर में संशोधन कर गैर मुस्लिम देशों जैसे भारत को पर्यवेक्षक सदस्य का दर्जा दिया जाए।

अरब लीग : संरचना और प्रकार्य

अरब लीग की स्थापना 22 मार्च, 1945 को इस्लामिक देशों के क्षेत्रीय संगठन के रूप में की गई थी। इसके 21 सदस्य देशों में प्रमुख हैं : मिस्र, इराक, जॉर्डन, लेबनान, सऊदी अरब, सीरिया, यमन, सूडान, मोरक्को, जिबूती, सोमालिया, ओमान, बहरीन, कतर आदि। फिलिस्तीन लिबरेशन ऑर्गनाइजेशन भी इसका सदस्य है। इसके चार पर्यवेक्षक सदस्य सदस्य हैं : भारत, ब्राज़ील, वेनेजुएला और इरीट्रिया। अरब लीग का मुख्यालय काहिरा मिस्र में है। अक्टूबर 2002 में इराक—अमरीका संघर्ष तथा अरब इजरायल विवाद में अरब लीग द्वारा कोई कार्यवाही न करने तथा उसकी असक्रियता को देखते हुए लीबिया ने इस संगठन से सदस्यता त्याग दी थी। वर्तमान में इसमें 21 सदस्य देश शामिल हैं। इसका मुख्य उद्देश्य सदस्य देशों के बीच सामाजिक, आर्थिक और सांस्कृतिक मामलों में सहयोग स्थापित करना और इन देशों की स्वतंत्रता और संप्रभुता की रक्षा के लिए उनकी राजनीतिक गतिविधियों को प्रोत्साहित करना है। यह संगठन क्षेत्रीय और अंतर्राष्ट्रीय स्तर पर इन सदस्य राष्ट्रों के सर्वोच्च हितों की पूर्ति के लिए साझा योजनाओं को लागू करता है। इसी के

तहत इस क्षेत्र के लिए 13 अगस्त, 1964 को अरब साझा बाज़ार (कॉमन मार्केट) की स्थापना की गई थी। क्षेत्रीय साझा हितों के लिए 1950 में संगठन के अंतर्गत संयुक्त सुरक्षा और आर्थिक सहयोग संधि पर भी हस्ताक्षर हुए थे। अरब लीग को संयुक्त राष्ट्र संघ में पर्यवेक्षक का दर्जा मिला हुआ है।

24 जनवरी 2016 को अरब भारत सहयोग फोरम की पहली मंत्री स्तरीय बैठक का आयोजन मनामा में किया गया। बहरीन की राजधानी मनामा में इस फोरम की बैठक के समापन पर मनामा उद्घोषणा जारी किया गया। इस बैठक में अरब देशों के विदेश मंत्रियों सहित भारत के विदेश मंत्री ने भी भाग लिया था। इसमें भारत और अरब देशों के ऐतिहासिक, सांस्कृतिक और सभ्यता के स्तर पर मज़बूत संबंधों को रेखांकित किया गया। इस बैठक में दोनों पक्षों ने फिलिस्तीन मुद्दे, अरब क्षेत्र और दक्षिण एशिया में घटित हो रहे घटनाक्रमों, आतंकवाद निरोध, सुरक्षा परिषद में सुधार और नाभिकीय नि:शस्त्रीकरण की दिशा में सहयोग करने की बात हुई थी। अरब इजरायल संघर्ष के व्यापक और स्थायी समाधान के लिए संयुक्त राष्ट्र सुरक्षा परिषद के 1973 के प्रस्ताव संख्या 338 और 1976 के प्रस्ताव संख्या 242, 1991 के मैड्रिड शांति सम्मेलन और बेरूत में 2002 में अपनाए गए अरब शांति पहल के आदर्शों के अनुरूप कार्य करने पर बल दिया गया है। दो राज्य सिद्धांत के तहत एक स्वतंत्र और संप्रभु फिलिस्तीन राज्य, जिसकी राजधानी पूर्वी जेरूसलम हो, पर आस्था व्यक्त किया गया। इजरायल से आवाहन करते हुए इस बैठक में कहा गया था कि वह 1967 में पूर्वी जेरूसलम में अधिकृत किए गए फिलिस्तीनी अरब भू क्षेत्र पर आधिपत्य खत्म करे और उन सभी निर्मित अधिवासों को भी हटा ले।

एशिया-प्रशांत आर्थिक सहयोग संगठन
संरचना, प्रकार्य और अधिदेश

एशिया-प्रशांत आर्थिक सहयोग एक प्रमुख क्षेत्रीय संगठन है जिसे संक्षिप्त रूप में एपेक के नाम से जाना जाता है। इसे एशिया-प्रशांत क्षेत्र में आर्थिक विकास, क्षेत्रीय एकीकरण, मुक्त व्यापार को बढ़ावा देने के लिए गठित किया गया था। इसका गठन वर्ष 1989 में किया गया था और इसका मुख्यालय सिंगापुर में स्थित है। इसमें 21 सदस्य देश हैं। एपेक के महत्त्व की बात करें तो वैश्विक जनसंख्या का 38% एपेक सदस्य देशों में रहता है, जबकि वैश्विक सकल घरेलू उत्पाद में एपेक देशों की हिस्सेदारी 60% है, जिसमें से अमरीका की 24%, चीन की 15% और जापान की 6% है, वहीं वैश्विक व्यापार में एपेक देशों की हिस्सेदारी 47% है जिसमें अमरीका का 11%, चीन का 10% और जापान का 4% हिस्सेदारी है।

एपेक देशों की संयुक्त जीडीपी 48 ट्रिलियन डॉलर है। यह एक ऐसा क्षेत्रीय संगठन है जिसमें एशिया-प्रशांत क्षेत्र, दक्षिण पूर्वी एशिया, दक्षिण अमरीका, उत्तर अमरीका और अन्य क्षेत्र के देश सदस्य के रूप में शामिल हैं। इसके प्रमुख सदस्य देशों में अमरीका, रूस, चीन, जापान, ऑस्ट्रेलिया, न्यूजीलैंड, कनाडा, मैक्सिको, मलेशिया, सिंगापुर, थाईलैंड और चिली हैं। एशिया-प्रशांत क्षेत्र में स्थिरता, आर्थिक एकीकरण को बढ़ावा देना, सतत विकास के लिए कार्य करना और समुद्री विवादों के समाधान के लिए एक महत्त्वपूर्ण क्षेत्रीय संगठन साबित हो सकता है।

अब तक एपेक के 26 समिट आयोजित किए जा चुके हैं। 26वाँ समिट पापुआ न्यू गिनी में वर्ष 2018 में आयोजित किया गया था जिसमें अमरीका और चीन के मध्य व्यापारिक युद्ध का मुद्दा छाया रहा। इस समिट के दौरान अमरीका ने नाफ्टा जैसे मुक्त व्यापार समझौते को खतम करने की घोषणा की। अमरीका ने समिट में स्पष्ट रूप में कहा कि वन बेल्ट वन रोड पहल दुनिया के लिए खतरा है। अत: देश इससे जुड़ने से बचें। अमरीका ने इस समिट के दौरान स्वतंत्र और मुक्त एशिया-प्रशांत क्षेत्र के लिए सागरीय नौगमन की स्वतंत्रता की वकालत की। अमरीका, ऑस्ट्रेलिया और पापुआ न्यू गिनी ने मिलकर प्रशांत महासागर में पापुआ न्यू गिनी के मानुस द्वीप में लोमब्रम नौसैनिक अड्डे को विकसित करने का निर्णय किया है। इस निर्णय का चीन पर स्वाभाविक रूप में प्रभाव पड़ेगा क्योंकि चीन भी पापुआ न्यू गिनी के साथ मिलकर यहीं पर अड्डा बनाना चाहता था।

नवंबर 2019 में चिली की राजधानी सैंटियागो में एपेक का 27वाँ समिट आयोजित किया जाना था लेकिन चिली के राष्ट्रपति द्वारा सार्वजनिक यातायात पर बढ़ाए गए शुल्क के चलते देश भर में हुए भीषण विरोध प्रदर्शनों को देखते हुए एपेक समिट के आयोजन को स्थगित करने के लिए बाध्य होना पड़ा।

भारत और एपेक

वर्ष 2007-2008 से भारत की एपेक में सदस्यता के मुद्दे पर चर्चा होनी शुरू हो गई थी। इसके पूर्व वर्ष 2000 में भारतीय विदेश मंत्री की वियतनाम यात्रा के दौरान वियतनाम ने भारत को स्पष्ट रूप से एपेक का सदस्य बनाए जाने का समर्थन किया। 2001 में भारतीय प्रधानमंत्री की भी वियतनाम यात्रा के दौरान भारत की एपेक में सदस्यता के महत्त्व को वियतनाम द्वारा रेखांकित किया गया। एशिया सोसाइटी पॉलिसी इंस्टिट्यूट के भूतपूर्व अध्यक्ष और ऑस्ट्रेलिया के पूर्व प्रधानमंत्री केविन रड की अध्यक्षता में एक टास्क फोर्स का गठन किया गया था। इसकी ओर से केविन रड और भारत के पूर्व विदेश सचिव श्याम सरन ने स्पष्ट किया था कि भारत के सामने यह चुनौती है कि एपेक के किसी सदस्य देश की

तरफ़ से भारत की सदस्यता की दावेदारी का विरोध नहीं किया जाए। भारत को यह सुनिश्चित करना होगा कि अमरीका भारत को सदस्यता के मामले पर अपना समर्थन घोषित करे। उल्लेखनीय है कि भारत की एपेक में सदस्यता का समर्थन अब अमरीका, जापान, ऑस्ट्रेलिया, दक्षिण पूर्वी एशियाई देश, पापुआ न्यू गिनी जैसे देश करते हैं।

एपेक में भारत की सदस्यता और विभिन्न राष्ट्रों द्वारा इसके समर्थन की वस्तुस्थिति को स्पष्ट करते हुए भारत के विदेश राज्य मंत्री ने 02 फरवरी, 2015 को भारत की संसद को अवगत कराया था कि रूस, भारत तथा चीन (रिक फोरम) के विदेश मंत्रियों द्वारा जारी किए गए संयुक्त प्रेस विज्ञप्ति में, रूस और चीन ने वैश्विक आर्थिक वृद्धि में भारत की महत्त्वपूर्ण भूमिका की सराहना की है और 'एपेक' के खुलेपन का समर्थन करते हुए 'एपेक' में भारत की भागीदारी का स्वागत किया। रिक की संयुक्त प्रेस विज्ञप्ति में एशिया-प्रशांत में मुक्त व्यापार क्षेत्र की प्रक्रिया शुरू करने में रूस तथा चीन सहित 'एपेक' सदस्यों द्वारा किए गए प्रयासों को भी महत्त्व दिया गया है। भारत त्रिपक्षीय आर आई सी तंत्र को क्षेत्रीय तथा अंतर्राष्ट्रीय मुद्दों सहित, यूरेशिया क्षेत्र में विकास पर रूस तथा चीन के साथ समन्वय और परामर्श का एक उपयोगी तंत्र मानता है।

एशिया-प्रशांत क्षेत्र में नौगमन की स्वतंत्रता, समुद्री व्यापारिक मार्गों की स्वतंत्रता, दक्षिण चीन सागर जैसे विवाद के मुद्दे पर संयुक्त राष्ट्र और अन्य अभिकरणों के मैंडेट के अनुपालन को मज़बूती देने की दृष्टि से एपेक में भारत की सदस्यता जरूरी है।

जी-20 : संरचना, प्रकार्य और अधिदेश

जी-20 विश्व के 20 सर्वाधिक औद्योगिकृत देशों का संगठन है जिसका गठन वर्ष 1999 में जी 7 सदस्य देशों ने किया था। इसे विकासशील देशों की उभरती हुई बाज़ार अर्थव्यवस्थाओं और विकसित देशों के मध्य आर्थिक संवाद के एक फोरम के रूप में गठित किया गया था। यह एक अनौपचारिक व्यापारिक समूह है जिसका न तो स्थायी मुख्यालय है, न ही सचिवालय और न ही स्थायी स्टाफ। 1997 में आए एशियाई वित्तीय संकट से व्यापार, वाणिज्य, निवेश बुरी तरह से प्रभावित हुआ था जिसका प्रभाव विकसित देशों के व्यापार पर भी पड़ा। दक्षिण पूर्वी एशियाई देश जिन्हें टाइगर इकोनॉमी कहा जाता था, वो भी एशियाई वित्तीय संकट से प्रभावित हुईं। वैश्विक अर्थव्यवस्था में मंदी, क्षेत्रीय व्यापार में असंतुलन और अन्य आर्थिक चुनौतियों से निपटने के लिए विकसित देशों ने इस फोरम को एक महत्त्वपूर्ण संगठन के रूप में विकसित किया है।

जी-20 वैश्विक अर्थव्यवस्था के समक्ष उपस्थित चुनौतियों जैसे आर्थिक मंदी, वैश्विक निर्धनता और बेरोज़गारी, मुद्रास्फीति, खाद्य असुरक्षा, काला धन, मनी लॉन्ड्रिंग, आर्थिक अपराध आदि से निपटने के लिए रणनीतियाँ बनाता है। ब्लैक मनी और मनी लॉन्ड्रिंग से निपटने के लिए जी-20 बेस एरोजन एंड प्रॉफिट शिफ्टिंग प्रोजेक्ट पर ध्यान केंद्रित करता है। इसने अंतर्राष्ट्रीय कर प्रशासन हेतु अपेक्षित सुधारों के लिए राष्ट्रों से समय-समय पर अपील की है। वैश्विक स्तर पर कंपनियों द्वारा कर की चोरी को रोकने और गंभीर आर्थिक अपराधों को रोकने के लिए भी जी-20 ने एजेंडा निर्धारित किया है। इसके साथ ही जी-20 संयुक्त राष्ट्र सुधार, विश्व व्यापार संगठन में सुधार, ब्लू इकोनॉमी के विकास की बात भी करता है।

वैश्विक सकल घरेलू उत्पाद में जी-20 देशों की हिस्सेदारी 85 प्रतिशत है, जबकि वैश्विक व्यापार में इसकी हिस्सेदारी 75 प्रतिशत है। विश्व की दो तिहाई जनसंख्या जी-20 सदस्य देशों में निवास करती है। जी-20 समिट में यूरोपीय यूनियन एक स्थायी सदस्य है। इसकी बैठक में आईएमएफ, वर्ल्ड बैंक और ईयू के प्रतिनिधि भाग लेते हैं।

वैश्विक वित्तीय चुनौतियाँ, मुद्रास्फीति, पेट्रोलियम तेल की कीमतों का बढ़ना, रुपए अथवा डॉलर का अवमूल्यन, वेनेज़ुएला में आर्थिक संकट, वेनेज़ुएला से 4 मिलियन शरणार्थियों का विस्थापित होना, रोहिंग्या शरणार्थी संकट, कई राष्ट्रों का भुगतान संतुलन संकट को झेलना, वैश्विक बेरोजगारी और निर्धनता, खाद्यान्न असुरक्षा, कुपोषण, मानव और वन्य जीवों की तस्करी, ग्लोबल वार्मिंग, ये सब स्थितियाँ वैश्विक अर्थव्यवस्था को बुरी तरह से प्रभावित कर रही हैं। ऐसे में दुनिया के 20 शीर्षस्थ औद्योगिकरण वाले राष्ट्रों पर यह जिम्मेदारी बढ़ जाती है कि वो वैश्विक वित्तीय स्थिरता को सुनिश्चित करें।

जून, 2019 में जापान के ओसाका में जी 20 समिट का आयोजन किया गया जिसमें महत्त्वपूर्ण निर्णय लिए गए। इस समिट से जिन विषयों पर विश्व समुदाय को कुछ सकारात्मक परिणाम निकलने की आशा थी उसमें शामिल थे, यूएस-चीन आर्थिक युद्ध, जलवायु परिवर्तन, ग्लोबल वार्मिंग और पेरिस समझौता, आतंक के वित्त पोषण को बंद करने के लिए फाइनेंशियल एक्शन टास्क फोर्स की भूमिका, अंतर्राष्ट्रीय कर प्रशासन के लिए बेस इरोजन एंड प्रॉफिट शिफ्टिंग प्रोजेक्ट, चीन की बढ़ती अवसंरचनात्मक कूटनीति आदि। ओसाका उद्घोषणा में कई बिंदुओं पर विकसित और विकासशील देश नरमी और समझौतावादी रुख अपनाते नजर आए। अमरीका को इस बात का अहसास हो गया कि चीन से आर्थिक युद्ध को जारी रखना उसके हितों के प्रतिकूल है और विकासशील देशों का भी अमरीका के खिलाफ नकारात्मक दृष्टिकोण पनपेगा, इसीलिए अमरीका ने चीन पर कोई नया आयात प्रशुल्क न लगाने और व्यापार वार्ता शुरू करने का निर्णय लिया है।

उल्लेखनीय है कि शंघाई सहयोग संगठन के बिसकेक बैठक में चीन, भारत और रूस ने एक नए बहुपक्षीय व्यापारिक ढाँचे की शुरुआत के संकेत दिए थे, जिसको लेकर अमरीका सशंकित था, इसके साथ ही अमरीका का आज शेष विश्व के साथ व्यापार असंतुलन 891 बिलियन डॉलर पहुँच गया है, ऐसे में चीन, यूरोपीयन यूनियन के देश और कनाडा, मेक्सिको के साथ ट्रेड वार जारी रखना अमरीका के हितों के प्रतिकूल है। इस बात को समझ कर यूएस ने व्यापार युद्ध समाधान की संभावनाओं पर विचार करना शुरू किया है। वहीं दूसरी तरफ़ चीन ने पहली बार हरित अवसंरचना, हरित निवेश, हरित प्रौद्योगिकी और हरित वित्तीयन, ग्रीन इकोनॉमी के विकास के उद्देश्यों के साथ एक ग्रीन सिल्क रूट विकसित करने की बात की है, और एक समान सोच वाले राष्ट्रों से इससे जुड़ने का प्रस्ताव किया है। पर्यावरणीय मामलों में चीन जैसे असंवेदनशील राष्ट्र ने इस समिट में कहा कि हम सब राष्ट्रों को मिलकर पेरिस समझौते को जमीनी हकीकत प्रदान करना होगा और इस वक्तव्य के साथ चीन ने एक तरफ़ अपने पर्यावरणीय दायित्वों का साक्ष्य दिया और दूसरी तरफ़ यूएस पर नैतिक दबाव डालने का अवसर भी साधा। अमरीका अपने को पेरिस समझौते से अलग कर चुका है। इसके अलावा इस समिट के दौरान बहुपक्षीयतावाद को मज़बूती देते हुए दक्षिण अमेरिकी राष्ट्रों के संगठन मर्कोसुर का यूरोपीयन यूनियन के साथ मुक्त व्यापार समझौता संपन्न हुआ है जो पिछले दो दशक से लंबित पड़ा हुआ था। मर्कोसुर का सबसे बड़ा व्यापारिक साझेदार यूरोपीयन यूनियन ही है।

इस समिट में पर्यावरण के मुद्दे को लेकर गंभीर विमर्श हुआ। फ्रांस ने पहले से ही स्पष्ट कर दिया था कि यदि पेरिस समझौते का यथोचित जिक्र समिट के अंतिम वक्तव्य में नहीं किया गया तो फ्रांस जी-20 स्टेटमेंट पर हस्ताक्षर नहीं करेगा। धारणीय सामग्री प्रबंधन के लिए थ्री आर यानी रिड्यूस, रीयूज और रीसाइकिल की बात की गई है। सदस्य राष्ट्रों ने 2030 तक एसडीजी लक्ष्यों को पूरा करने की भी

G20 COUNTRIES

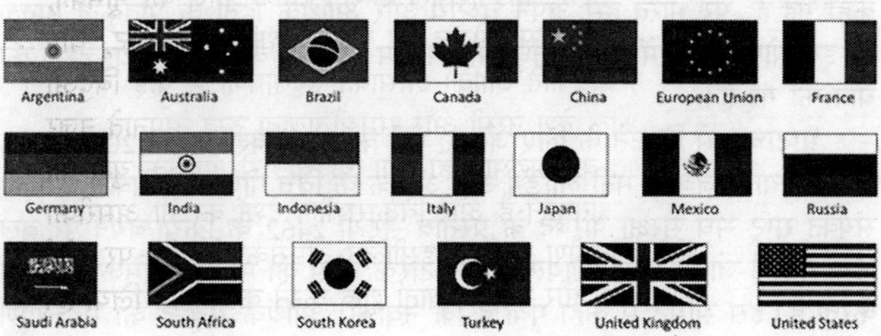

बात की है। जी-20 रिसोर्स इफिशियंसी डायलॉग का रोडमैप जापान की अध्यक्षता में बनाने की बात हुई है। ओसाका ब्लू ओसियन विजन के ज़रिये 2050 तक प्लास्टिक अपशिष्ट को शून्य करने का लक्ष्य तय किया गया है। आईयूयू फ़िशिंग यानी इलिगल, अनरिपोर्टेड और अनरेगुलेटेड मत्स्यन को महासागर की धारणीयता के लिए खतरा बताते हुए उससे निपटने की बात की गई है।

जी-20 के ओसाका समिट का महत्त्व इस बात से पता चलता है कि इसके सदस्य देशों ने आज पारंपरिक आर्थिक चुनौतियों से इतर उन कारकों की पहचान की है जो वैश्विक अर्थव्यवस्था और उसकी धारणीयता को नकारात्मक तरीके से प्रभावित कर रही हैं। जी-20 ने इस बार वैश्विक अर्थव्यवस्था की स्थिरता के मुद्दे को डिजिटल लेन-देन के मार्ग में अवरोध यानी डिजिटल इकोनॉमी के विकास, साइबर असुरक्षा, बौद्धिक संपदा अधिकार संरक्षण उपायों, सतत विकास लक्ष्यों, वैश्विक कर अपवंचन, अवैध, रिपोर्ट रहित और नियमन रहित मत्स्यन, सागरीय अर्थव्यवस्था के विकास, कृत्रिम बुद्धिमत्ता पर ठोस कायदे कानून के होने, चौथी और पाँचवीं औद्योगिक क्रांति और इंटरनेट ऑफ थिंग्स जैसी तकनीकों से जोड़ कर देखा है। इसका सीधा-सा मतलब है कि अब केवल वैश्विक बेरोजगारी, निर्धनता और मुद्रास्फीति जैसी स्थिति ही ग्लोबल इकोनॉमी को प्रभावित नहीं कर रही है। अब अर्थव्यवस्था का संबंध पूँजी, श्रम, वस्तु, सेवा की आपूर्ति से ही नहीं है, गैर आर्थिक प्रश्न अब ज्यादा महत्त्वपूर्ण हो गए हैं।

ओसाका समिट में विदेशी कम्पनियों के आँकड़ों का स्थानीय स्तर पर संचयन और भंडारण का प्रश्न एक गंभीर मुद्दे के रूप में छाया रहा। भारत डिजिटल अर्थव्यवस्था के ओसाका घोषणापत्र में शामिल नहीं हुआ क्योंकि भारत ने विदेशी कंपनियों के डाटा को केवल भारत में ही स्टोर करने का नियम बना रखा है जबकि ओसाका का डिजिटल इकोनॉमी से संबंधित वक्तव्य कहता है कि राष्ट्रों को स्वतंत्र, निष्पक्ष, भेदभावरहित, पारदर्शी, अनुमान योग्य और स्थिर व्यापार और निवेश के लिए बाज़ार को खुला रखना चाहिए। इसलिए इसमें आँकड़ों, सूचनाओं, विचारों और ज्ञान के सीमापारीय प्रवाह को सुनिश्चित करने की बात राष्ट्रों से कही गई है, पर भारत इसे अपने राष्ट्रीय और आर्थिक हितों के प्रतिकूल मानता है। इस घोषणा पत्र में सूक्ष्म, लघु और मध्यम उपक्रमों के भी डिजिटाइजेशन की बात की गई है।

भ्रष्टाचार से निपटने के लिए जी-20 एंटी करप्शन एक्शन प्लान 2019-2021 बनाया गया है जबकि मनी लांड्रिंग और आतंक के वित्त पोषण को रोकने के लिए संयुक्त राष्ट्र संघ सुरक्षा परिषद के प्रस्ताव संख्या 2462 के क्रियान्वयन पर बल दिया गया है जो कि फाइनेंशियल एक्शन टास्क फोर्स की मज़बूत भूमिका की बात करता है। इस समिट में कहा गया है कि नवाचार आर्थिक संवृद्धि का महत्त्वपूर्ण

चालक तत्व है जो एसडीजी और समावेशी विकास को नई दिशा प्रदान कर सकता है। ओसाका समिट में डिजिटाइजेशन और उभरती हुई तकनीकों के ज़रिये समावेशी, सतत, सुरक्षित, विश्वसनीय और नवाचारी समाज बनाने का आवाहन किया गया है। जापान ने एक मानव केन्द्रित फ्यूचर सोसायटी की अवधारणा इसी रूप में दी है जिसे सोसायटी 5.0 नाम दिया गया है। जापान ने राष्ट्रों से अपेक्षा की है कि समाज और अर्थव्यवस्था के रूपांतरण के लिए डिजिटाइजेशन को बढ़ावा दिया जाए। वहीं दूसरी तरफ़ भारतीय प्रधानमंत्री ने समिट में आपदा मुक्त भविष्य बनाने पर ज़ोर दिया और साथ ही जी-20 देशों को इंटरनेशनल कोलिशन ऑन डिजास्टर रेसिलिएंट इंफ्रास्ट्रक्चर से जुड़ने का निमंत्रण दिया। इस कोलिशन का प्रस्तावक भी भारत ही है।

कैरिबियाई समुदाय और साझा बाज़ार (कैरिकॉम) संरचना, प्रकार्य और अधिदेश

कैरिबियाई और लैटिन अमेरिकी क्षेत्र में विकास और इस क्षेत्र का क्षेत्रीय एकीकरण वैश्विक अर्थव्यवस्था के विकास के लिए हाल के समय में जरूरी समझा जाने लगा है। इस क्षेत्र में 60 प्रतिशत से अधिक आबादी 30 वर्ष से कम आयु की है। इस दृष्टि से यह क्षेत्र मानव संसाधन अथवा मानव पूँजी का एक विशिष्ट क्षेत्र है। इसी परिप्रेक्ष्य में क्षेत्रीय एकीकरण और उसके लिए क्षेत्रीय सहयोग को बढ़ावा देने के उद्देश्य से कैरिबियाई समुदाय और साझा बाज़ार (कैरिकॉम) की स्थापना 1973 में की गई थी जो 15 वर्षों के प्रयास का परिणाम थी। वर्ष 1958 में ब्रिटिश वेस्टइंडीज संघ की स्थापना के साथ कैरिबियाई क्षेत्र के एकीकरण की प्रक्रिया शुरू हुई थी। यद्यपि, यह संघ 1962 में समाप्त हो गया था किंतु इसकी समाप्ति को कई कारणों से वर्तमान कैरिबियाई समुदाय की वास्तविक शुरुआत माना गया। कैरिबियाई समुदाय और साझा बाज़ार (कैरिकॉम) की स्थापना, चागुआरमस संधि से हुई जो 1 अगस्त, 1973 को प्रभावी हुई थी।

कैरिबियाई समुदाय और साझा बाज़ार (कैरिकॉम) की संरचना

इस क्षेत्रीय संगठन में 20 विकासशील कैरिबियाई देश सदस्य हैं जिनका उद्देश्य राजनीतिक और आर्थिक समुदाय की स्थापना था। इसके प्रमुख सदस्यों में शामिल हैं—एंटिगुआ और बारबुडा, बहमास (बहमास, समुदाय का सदस्य है किंतु साझा बाज़ार का नहीं), बारबाडोस, बेलीज, डोमीनिका, ग्रेनाडा, गुयाना, हैती, जमैका, मोंटसेरट, सेंट किट्स और नेवीस, सेंट लुसिया, सेंट विन्सेंट और ग्रेनेडिन्स, सूरीनाम

तथा त्रिनिदाद और टुबैगो। इस संगठन के सहयोगी सदस्यों में शामिल हैं—

एंगुइला, बरमुडा, ब्रिटिश वर्जिन आइलैंड, केमन आइलैंड तथा टर्क्स और कैकोस आइलैंड। कैरिकॉम का मुख्यालय गुयाना की राजधानी जार्जटाउन में स्थित है।

कैरिबियाई समुदाय और साझा बाज़ार (कैरिकॉम) के प्रधान अंग

शासनाध्यक्ष सम्मेलन (सम्मेलन) : यह सम्मेलन, समुदाय का एक सर्वोच्च अंग है। इसमें सभी सदस्य राष्ट्रों के राष्ट्राध्यक्ष/शासनाध्यक्ष शामिल होते हैं। मोंटसेरट के मामले में, मुख्यमंत्री प्रतिनिधित्व करता है। सम्मेलन का प्राथमिक दायित्व नीति निर्धारित करना और नीति निर्देश देना है। समुदाय की ओर से संधि करने तथा अंतर्राष्ट्रीय संगठनों और राष्ट्रों के साथ संबंध कायम करने के लिए यह अंतिम सत्ता है।

सम्मेलन ब्यूरो : परिषद, इसका दूसरा सबसे बड़ा अंग है। इसमें समुदाय मामलों के प्रभारी मंत्री और सदस्य देशों द्वारा स्व विवेक से नामित अन्य मंत्री शामिल होते हैं। यह आर्थिक एकीकरण, कार्यात्मक सहयोग तथा विदेशी संबंधों के क्षेत्र में समुदाय नीति योजना तैयार करने और समन्वय स्थापित करने के लिए उत्तरदायी होती है।

समुदाय के अन्य अंग : निम्नलिखित चार मंत्रिपरिषदें समुदाय के प्रधान अंगों को अपने कार्यकलापों के निष्पादन में सहायता देती हैं :

(क) व्यापार और आर्थिक विकास परिषद। यह कैरिकॉम एकल बाज़ार और अर्थव्यवस्था के संचालन पर भी नजर रखती है।

(ख) विदेश और समुदाय संबंध परिषद।

(ग) मानव और सामाजिक विकास परिषद।

(घ) वित्त और योजना परिषद।

कैरिकॉम एकल बाज़ार और अर्थव्यवस्था

इस समुदाय के शासनाध्यक्षों ने वर्ष 2001 में कैरिकॉम एकल बाज़ार और अर्थव्यवस्था और कैरिबियाई समुदाय का गठन करते हुए, संशोधित चागुआरमस संधि पर हस्ताक्षर किए थे और इस प्रकार कैरिकॉम के साझा बाज़ार के स्वरूप परिवर्तन का मार्ग प्रशस्त हुआ था। कैरिकाम एकल बाज़ार और अर्थव्यवस्था एक ऐसा तंत्र है जो कैरिकॉम के भीतर श्रम, पूँजी, माल और सेवाओं की निर्बाध आवाजाही की अनुमति देता है। यह समुदाय इसे लघु अर्थव्यवस्थाओं के सामने आ रही चुनौतियों का मुकाबला करने के लिए अपनी नीति का केंद्रबिंदु मानते हैं क्योकि वे तेज़ी से हो रहे भूमंडलीकरण में अपना स्थान तलाश रहे हैं। कैरिकॉम

एकल बाज़ार अर्थव्यवस्था का कार्यान्वयन पहले ही चरणों में शुरू हो गया है जिसमें अन्य बातों के साथ-साथ कैरिकॉम देशों में सीमा शुल्क में कमी, लोगों और कुशल श्रमिकों की निर्बाध आवाजाही शामिल हैं। कैरिकॉम नेताओं ने कैरिकॉम एकल बाज़ार और अर्थव्यवस्था की स्थापना की अंतिम समय सीमा 2005 नियत की थी।

कैरिबियाई न्यायालय (सी सी जे)

इंग्लैंड की प्रिवी कौंसिल अधिकांश कैरिकॉम देशों के लिए अपीलीय न्यायालय रही है। इसके स्थान पर क्षेत्रीय न्यायालय स्थापित करने के लिए तीव्र आंदोलन चलाया गया है जिसके पास मूल और अपीलीय दोनों अधिकार क्षेत्र हैं। यह न्यायालय त्रिनिदाद और टुबैगो में है। वर्ष 2004 के पूर्वार्ध में कैरिबियाई न्यायालय का उद्घाटन किया गया और इसे पोर्ट ऑफ स्पेन में गठित किया गया। प्रिवी कौंसिल से अलग हटने और अपने उच्चतम न्यायालय स्थापित करने के साथ ही इस क्षेत्र ने पूरी तरह और सच्चे अर्थों में उपनिवेशवाद से मुक्ति पा ली है। कैरिबियाई न्यायालय (सी सी जे), कैरिकॉम एकल बाज़ार एवं अर्थव्यवस्था (सी एस एम ई) के उचित ढंग से कार्य करने तथा विवादों के निपटारे के लिए भी अनिवार्य है। यह सदस्य राष्ट्रों के मध्य विवादों का निपटारा करता है और यह सिविल और आपराधिक मामलों में इस क्षेत्र का सर्वोच्च अपीलीय न्यायालय है।

कैरिकॉम की भूमिका

सितंबर, 2003 में कानकुन में विश्व व्यापार संगठन की वार्ता टूट जाने के बाद यह क्षेत्र, छोटे देशों के मुद्दों पर और अधिक ध्यान दिए जाने के लिए निरंतर बहुमत जुटाता रहा है। इन देशों की चिंता के कई मुद्दे अर्थात् सहस्राब्दि विकास उद्देश्यों को पूरा करने सहित विकास संबंधी मामले, मूल उद्देश्य से भटक गए थे।

कैरिकॉम निरंतर आतंकवाद की निंदा करता रहा है और इससे लड़ने के लिए प्रतिबद्ध है। सदस्य देशों ने यह प्रमाणित कर दिया है कि वे अंतर्राष्ट्रीय तथा क्षेत्रीय एवं राष्ट्रीय, दोनों स्तरों पर आतंकरोधी उपाय करके, आतंकवाद को रोकने को उच्च प्राथमिकता देते हैं। इस क्षेत्र में शिक्षा, एक उच्च प्राथमिकता रही है। इस क्षेत्र में 'प्रतिभा पलायन' होता है, अनेक कुशल व्यक्तियों का पलायन हुआ है। इससे विकास, विशेषकर स्वास्थ्य और शिक्षा पर गंभीर प्रभाव पड़ा है, क्योंकि चिकित्सा व्यवसायिकों और अध्यापकों का विकसित देशों की ओर निरंतर भारी संख्या में पलायन हो रहा है तथा हाल के कुछ वर्षों में कुछ विकासशील देशों की ओर भी पलायन हो रहा है।

कैरिकॉम ने सन् 2002 में एक संशोधित विदेश नीति योजना अनुमोदित की है जो संशोधित चागुआरमस संधि के प्रावधानों के अनुसार, सदस्य देशों की विदेश और आर्थिक नीतियों में समन्वय को और आगे बढ़ाने का प्रयास करती है।

समान विचारधारा वाले देशों और ऐसे देशों जिनके साथ इस क्षेत्र के सुदृढ़ ऐतिहासिक और सांस्कृतिक संपर्क हैं, के साथ संबंधों को मज़बूत करना इस समुदाय की प्राथमिकता है।

पारंपरिक सहयोगियों अर्थात् कनाडा, इंग्लैंड और अमरीका के साथ ही साथ यूरोपीय संघ, जापान, दक्षिण अफ्रीकी विकास आयोग, स्पेन और कई अन्य देशों के साथ कैरिकॉम के द्विपक्षीय संबंध हैं। वेनेजुएला और कोलंबिया के साथ आंशिक व्यापार समझौतों पर हस्ताक्षर किए गए हैं तथा डोमीकन गणराज्य के साथ मुक्त व्यापार समझौता है।

इस समुदाय की संयुक्त राष्ट्र संघ और इसकी विशेषज्ञ एजेंसियों के साथ सूचना के आदान-प्रदान, एक दूसरे की बैठकों में भाग लेने, संयुक्त राष्ट्र संघ के प्रमुख सम्मेलनों में भागीदारी करने के लिए सहयोग की एक सुस्थापित प्रणाली है।

बहुपक्षीयता, कैरिकॉम के लिए विशेष रूप से महत्त्वपूर्ण है क्योंकि यह इस क्षेत्र को वैश्विक प्रक्रियाओं में भाग लेने का अवसर प्रदान करती है जो अक्सर विशाल और अधिक विकसित राष्ट्रों का पक्ष लेती है।

भारत-कैरिकॉम संबंध

कैरिकॉम शासनाध्यक्षों की मोंटेगो बे, जमैका में 02-05 जुलाई, 2003 तक हुई 24वीं बैठक के दौरान, कैरिकॉम नेताओं ने भारत और कई कैरिकॉम देशों के बीच साझा संस्कृति को ध्यान में रखते हुए, इस क्षेत्र और भारत के बीच संबंधों को मज़बूत बनाने के महत्त्व को पहचाना। उन्होंने, भारत सरकार द्वारा समुदाय परिषद के तत्कालीन अध्यक्ष को कैरिकॉम और भारत के बीच रिश्तों को प्रगाढ़ बनाने और घनिष्ठ व्यापारिक और आर्थिक संबंध विकसित करने के अवसरों की खोज के लिए भारत यात्रा के निमंत्रण का स्वागत किया।

कैरिकॉम प्रतिनिधिमंडल ने 24 से 30 नवंबर, 2003 तक भारत का दौरा किया। इसमें कैरिकॉम समुदाय मंत्रिपरिषद के तत्कालीन अध्यक्ष जमैका के माननीय विदेश मंत्री के डी नाइट और कैरिकॉम के महासचिव डा. एडविन कैरिंगटन शामिल थे। अपने प्रवास के दौरान उन्होंने विदेश मंत्री से भेंट की और राष्ट्रीय ग्रामीण विकास संस्थान, हैदराबाद का दौरा किया। इसी यात्रा के दौरान 25 नवंबर, 2003 को भारत-कैरिकॉम स्थायी संयुक्त आयोग स्थापित करने के समझौते पर भी हस्ताक्षर किए गए। इस संयुक्त आयोग का उद्देश्य राजनैतिक, आर्थिक, पर्यावरण, स्वास्थ्य,

वैज्ञानिक और तकनीकी क्षेत्रों में भारत और कैरिकॉम के बीच आपसी संबंध विकसित करना है। भारत और कैरिकॉम के बीच संपन्न विशिष्ट सहयोग समझौतों पर अनुवर्ती कार्रवाई करने की जिम्मेदारी इस संयुक्त आयोग की है। गुयाना में भारत के उच्चायुक्त को कैरिकॉम सचिवालय, जॉर्जटाउन का कार्य भी सौंपा गया है।

वर्ष 2014 के बाद से इन देशों के साथ मज़बूत संबंध बनाने पर भारत सरकार ने जोर दिया है। सितंबर, 2019 में संयुक्त राष्ट्र महासभा की बैठक के दौरान ही पृथक रूप में भारत और कैरिकॉम ग्रुप के 14 देशों के मध्य बैठक आयोजित की गई। भारत ने इस बैठक के दौरान कैरिकॉम देशों में समुदाय विकास परियोजनाओं के लिए 14 मिलियन डॉलर का अनुदान देने की घोषणा की। इसके अलावा सौर और अन्य नवीनीकृत ऊर्जा तथा जलवायु आधारित परियोजनाओं के लिए 150 मिलियन डॉलर के लाइन ऑफ क्रेडिट देने के साथ ही हरिकेन डोरियन से हुई क्षति से इस क्षेत्र को 1 मिलियन डॉलर की तत्काल सहायता राशि भी देने की घोषणा की।

पेट्रोलियम निर्यातक देशों का संगठन (ओपेक) संरचना, प्रकार्य और अधिदेश

पेट्रोलियम निर्यातक देशों का संगठन (ओपेक) वैश्विक अर्थव्यवस्था में संतुलन बनाए रखने की दृष्टि से एक अति महत्त्वपूर्ण संगठन है। यह एक स्थायी और अंतरसरकारी संगठन है जिसे 1960 में बगदाद कॉन्फ्रेंस में ईरान, ईराक, सऊदी अरब, कुवैत और वेनेजुएला द्वारा गठित किया गया था। यह पाँच संस्थापक सदस्य थे और कालांतर में कतर 1961 में, इंडोनेशिया 1962 में, लीबिया 1962 में, संयुक्त अरब अमीरात 1967 में, अल्जीरिया 1969 में, नाइजीरिया 1971 में, इक्वाडोर 1973 में, गैबन 1975 में, अंगोला 2007 में, इक्वेटोरियल गिनी 2017 में और कांगो 2018 में इसके सदस्य बने। इसका मुख्यालय ऑस्ट्रिया की राजधानी वियना में है। उल्लेखनीय है कि कतर ने जनवरी 2019 में इसकी सदस्यता त्याग दी थी और इंडोनेशिया ने भी नवंबर 2016 में इसकी सदस्यता छोड़ने का निर्णय किया था। कई अन्य राष्ट्र समय-समय पर ओपेक से बाहर निकलते रहे हैं और फिर से उससे जुड़ते रहे हैं।

ओपेक का उद्देश्य

पेट्रोलियम तेल अथवा प्राकृतिक तेल अंतर्राष्ट्रीय परिवहन तंत्र का ऑक्सीजन है। इस ऑक्सीजन की आपूर्ति करने वाला ओपेक भू-आर्थिक और भू-सामरिक महत्त्व

वाला संगठन है। यह दुनिया का लगभग 44 प्रतिशत तेल उत्पादन करने वाला संगठन है और पेट्रोलियम तेल की आपूर्ति करने वाला विश्व का सबसे बड़ा संगठन है। ओपेक सदस्य सामूहिक स्तर पर वैश्विक कच्चे तेल यानी अशोधित तेल के 44 प्रतिशत की आपूर्ति को सुनिश्चित करते हैं और विश्व के लगभग 82 प्रतिशत कच्चे तेल के भंडार पर ओपेक का स्वामित्व है।

इसके निम्नलिखित उद्देश्य हैं :

—सदस्य देशों के मध्य पेट्रोलियम की नीतियों में समन्वय और एकरूपता लाना।

—पेट्रोलियम उत्पादकों के लिए पेट्रोल की उचित और स्थिर कीमतों को सुनिश्चित करना।

—उपभोक्ता देशों के लिए पेट्रोलियम की प्रभावी और उचित कीमत वाली और नियमित आपूर्ति सुनिश्चित करना।

—पेट्रोलियम के उत्पादन की मात्रा का निर्धारण करना।

—पेट्रोलियम उद्योग में निवेश करने वाले लोगों के उचित लाभ का समर्थन करना।

—ओपेक सदस्य बाज़ार की निगरानी करते हुए सामूहिक स्तर पर निर्णय करते हैं कि तेल उत्पादन में कमी किया जाए अथवा बढ़ाया जाए जिससे स्थिर मूल्य और आपूर्ति सुनिश्चित हो सके।

1 जनवरी, 2020 को पेट्रोलियम उत्पादक निर्यातक देशों के संगठन—ओपेक और रूस सहित सहयोगी देशों (ओपेक प्लस) ने तेल उत्पादन में प्रतिदिन पाँच लाख बैरल कटौती करने का फैसला किया है। तेल के प्रचुर भंडार और धीमी वैश्विक आर्थिक वृद्धि के कारण मूल्यों पर दबाव कम करने के लिए वियना में उत्पादन घटाने की सहमति दी गई। ओपेक मुख्यालय में एकत्र पेट्रोलियम मंत्रियों ने सामूहिक स्तर पर यह निर्णय लिया। इससे तेल उत्पादन अक्तूबर 2018 के स्तर से 17 लाख बैरल नीचे आ जाएगा।

ओपेक संगठन ने जनवरी 2020 में कहा कि इसके अलावा कई अन्य देश, मुख्य रूप से सऊदी अरब अतिरिक्त कटौती जारी रखेंगे। इससे तेल उत्पादन में प्रतिदिन 21 लाख बैरल तक की कुल कटौती होगी।

इस घोषणा के बाद से अमरीकी और यूरोपीय बाज़ारों में कच्चे तेल की कीमतों में लगभग दो प्रतिशत का उछाल आया है।

ओपेक की प्रासंगिकता पर प्रश्नचिह्न

ओपेक का वैश्विक ऊर्जा बाज़ार पर प्रभाव और प्रभुत्व 1970 के दशक की तुलना

में घटा है। इसकी वजह यह है कि अब वाहनों के लिए सिर्फ पेट्रोलियम ही एकमात्र ईंधन का साधन नहीं रह गया है। इसके अलावा कच्चे तेल की कीमत का 100 डॉलर प्रति बैरल तक पहुँच जाने से यह अमेरिकी शेल तेल और गैस उत्पादन के लिए वरदान साबित हुआ है। ऐसा आकलन है कि अमरीका तेल उत्पादन के मामले में जल्द ही सऊदी अरब और रूस, दोनों को पीछे छोड़ देगा। ऐसा पहली बार हुआ है कि कोई खाड़ी देश ओपेक की सदस्यता छोड़ रहा है, और इसे ओपेक में टूट के तौर पर देखा जा रहा है।

वैसे तो ओपेक का प्रमुख लक्ष्य सदस्य देशों के हितों का संरक्षण एवं तेल निर्यात पर लाभ बढ़ाना है। लेकिन आलोचकों का कहना है कि ओपेक पश्चिमी देशों के साथ अपने रिश्ते निर्धारित करने में तेल को हथियार के रूप में इस्तेमाल करता है। उदाहरण के तौर पर, वर्ष 1973 में इजरायल का सीरिया एवं मिस्त्र के साथ योम किप्पूर युद्ध होने के बाद ओपेक ने उन पश्चिमी देशों को तेल बेचने से इनकार कर दिया जिन्होंने युद्ध में इजरायल का समर्थन किया था। ओपेक के उस कदम से तेल संकट पैदा हो गया था और तेल की कीमतें चौगुनी हो गई थीं।

यही वजह है कि अमरीका ने पश्चिम एशियाई राजनीति में हस्तक्षेप बढ़ा दिया और सऊदी अरब के साथ संबंध मज़बूत किए।

कतर का ओपेक से निकलने का निर्णय भी ओपेक की प्रासंगिकता के मूल्यांकन का विमर्श शुरू करता है। कतर ओपेक देशों के कुल तेल उत्पादन में मात्र 2 प्रतिशत का योगदान करता है। इसलिए ओपेक के नीतिगत निर्णयों में इसके विचारों को बहुत महत्त्व या प्राथमिकता नहीं मिलती है। इसके अलावा कतर पर सऊदी अरब के साथ बिगड़े रिश्ते का प्रभाव भी पड़ रहा था। सऊदी अरब ने कतर पर खाड़ी देशों में आतंकी गतिविधियों को बढ़ावा देने का आरोप लगाया और यह भी कहा कि ईरान के वित्तीय और अन्य समर्थन तथा मुस्लिम ब्रदरहुड जैसे आतंकी संगठनों के साथ गठजोड़ कर कतर खाड़ी क्षेत्र की शांति सुरक्षा और स्थिरता के साथ खिलवाड़ कर रहा है। सऊदी अरब ने कतर से अपेक्षा की कि वह ईरान और टर्की के साथ अपने संबंध समाप्त करे और अपने यहाँ अल जजीरा चैनल पर पाबंदी लगाए। कतर ने इसे अपनी संप्रभुता पर हमला माना। वर्ष 2017 में इन्हीं आरोप-प्रत्यारोप के बीच सऊदी अरब ने संयुक्त अरब अमीरात और बहरीन के साथ मिलकर कतर के साथ अपने कूटनीतिक संबंध तोड़ लिए। सऊदी अरब नहीं चाहता कि कोई भी खाड़ी देश अथवा ओपेक देश शिया बहुल ईरान के प्रभाव क्षेत्र में जाए। इसीलिए जब कभी भी सऊदी अरब को ईरान की खाड़ी देशों में सक्रियता का पता चलता है तो वह संबंधित खाड़ी देश पर दबाव बनाने की कोशिश करता है।

यहाँ यह उल्लेखनीय है कि कतर ओपेक देशों के कुल तेल उत्पादन में केवल 2 प्रतिशत का योगदान करता है, ऐसे में क़तर के ओपेक से अलग होने से अंतर्राष्ट्रीय तेल बाज़ार पर कुछ खास प्रभाव नहीं पड़ने वाला है। लेकिन, पिछले कई दशकों में, क़तर ओपेक के भीतर आंतरिक प्रतिद्वंद्वियों के आपसी मामलों में और रूस जैसे उत्पादकों के साथ उत्पादन-कटौती संबंधी सौदों में मध्यस्थ की भूमिका निभाता रहा है। इन मामलों में, ओपेक के भीतर क़तर की कमी ज़रूर महसूस की जा सकती है। कतर अपने कुल प्राकृतिक गैस (एलएनजी) के निर्यात का लगभग 80 प्रतिशत हिस्सा एशिया महाद्वीप के देशों को निर्यात करता है। भारत के लिए कतर एलएनजी आयात का सबसे बड़ा स्त्रोत है। कतर अपने कुल प्राकृतिक गैस उत्पादन का लगभग 15 प्रतिशत हिस्सा भारत को निर्यात करता है। भारत की लगभग 65 प्रतिशत प्राकृतिक गैस अथवा एलएनजी जरूरतें कतर से ही पूरी होती हैं।

इसका आशय है कि यदि ओपेक और कतर के बीच में कोई विवाद की स्थिति हुई और एशिया (अथवा भारत को भी) को दोनों में से किसी एक को चुनना पड़ा तो इससे ऊर्जा चुनौतियाँ उत्पन्न हो सकती हैं। हालाँकि उस दशा में प्रभाव कैसा होगा, यह काफी हद तक कतर और एशियाई देशों के दृष्टिकोण पर निर्भर करेगा।

दूसरी तरफ़, कतर प्राकृतिक गैस का सबसे बड़ा निर्यातक है जिससे उसकी तेल पर निर्भरता नहीं के बराबर है। कतर का कहना है कि वह अपनी संभावनाएँ तेल की बजाय गैस उत्पादन में देख रहा है और उसी पर ध्यान देना चाहता है, इसलिए उसने ओपेक की सदस्यता छोड़ने का निर्णय लिया है। क़तर गैस उत्पादन की क्षमता को 77 मिलियन टन प्रतिवर्ष से बढ़ाकर 110 मिलियन टन करना चाहता है।

भारत और ओपेक

ओपेक के साथ द्विपक्षीय सहयोग को मज़बूती देने के लिए तथा पारस्परिक हितों के मुद्दों पर विचार विमर्श के लिए पेट्रोलियम और प्राकृतिक गैस मंत्री और ओपेक के महासचिव के स्तर पर इंडिया ओपेक संस्थागत संवाद तंत्र जून 2015 में गठित किया गया था। इसकी तीसरी बैठक अक्टूबर, 2018 में नई दिल्ली में आयोजित हुई थी जिसमें भारत ने अंतर्राष्ट्रीय कच्चे तेल की उच्च कीमतों के संदर्भ में अपनी चिंता व्यक्त करते हुए ओपेक से निवेदन किया था कि वह एक उत्तरदायी कीमत प्रणाली का विकास करें और एशियन प्रीमियम का उन्मूलन करे। भारत ने यह भी कहा था कि पेट्रोलियम तेल के उत्पादक और उपभोक्ता राष्ट्रों दोनों को ही सामूहिक लाभ के लिए मिलजुल कर कार्य करना चाहिए। भारत ने इसके लिए सऊदी अरब से द्विपक्षीय स्तर पर वार्ता भी की थी। ब्यूनस आयर्स में 2018 में आयोजित जी-20 समिट के दौरान भी भारत ने सऊदी अरब से द्विपक्षीय स्तर पर कच्चे तेल की उच्च

कीमतों और एशियन प्रीमियम पर चर्चा की थी और सऊदी अरब ने भारत को आश्वासन दिया था कि वह भारत के साथ मिलकर भारत की इन चिंताओं को दूर करने का प्रयास करेगा। ओपेक के महासचिव ने भी भारत को यह आश्वासन दिया था। उल्लेखनीय है कि मध्य पूर्व के देश भारत, चीन, जापान, और बाकी एशियाई देशों को दुनिया के दूसरे देशों की तुलना में अधिक कीमतों पर तेल बेचते हैं जिसे एशियन प्रीमियम के नाम से जाना जाता है। तेल बेचने वाले देशों कहना है कि एशियाई देशों के साथ उनके काफी घनिष्ठ संबंध हैं और इस वजह से इन्हें बाकी देशों (अमरीका और अन्य देशों) की तुलना में भाड़ा कम देना पड़ता है। ऐसे में इन्होंने भारत, जापान, चीन और दक्षिण कोरिया जैसे देशों को होने वाली सप्लाई पर एशियन प्रीमियम चार्ज करना शुरू किया। भारत और चीन इसे हटाने की माँग कर रहे हैं। यह समस्या इसलिए गंभीर रही है क्योंकि एक तरफ़ तो अशोधित अथवा कच्चे तेल की आपूर्ति करने वाले देशों की ओर से आपूर्ति में कमी की वजह से कीमतें बढ़ी हुई हैं, वहीं एशियाई देशों पर इसकी दोहरी मार पड़ रही है क्योंकि ओपेक देश उन्हें तीन से चार डॉलर प्रति बैरल महँगी कीमतों पर कच्चे तेल की आपूर्ति करते हैं। कच्चे तेल की बढ़ती कीमतों और ओपेक देशों की मनमानी से निपटने को लेकर एक बड़ी पहल करते हुए भारत ने चीन के साथ 'ऑयल बायर्स क्लब' बनाने की संभावनाओं पर चर्चा की है ताकि तेल निर्यातक देशों के साथ क्रूड ऑयल की कीमतों को लेकर मोलभाव किया जा सके।

फोरम फॉर इंडिया पैसिफिक आइलैंड्स कोऑपरेशन (फिपिक) संरचना, प्रकार्य और अधिदेश

भारत क्षेत्रीय संगठनों के ज़रिये क्षेत्रीय स्थिरता, क्षेत्रीय एकीकरण और सामूहिक क्षेत्रीय विकास का लक्ष्य रखता है परन्तु कुछ क्षेत्रीय संगठनों से गठजोड़ कर भारत कुछ विशिष्ट लक्ष्यों की प्राप्ति करना चाहता है। फोरम फॉर इंडिया पैसिफिक आइलैंड्स कोऑपरेशन (फिपिक) इसी प्रकार का संगठन है जिसका गठन विशेष उद्देश्यों की प्राप्ति के लिए किया गया है। प्रशांत महासागर क्षेत्र में सागरीय अथवा नौ गमन की स्वतंत्रता या दूसरे शब्दों में कहें तो समुद्री व्यापारिक मार्गों की स्वतंत्रता, समुद्री डकैती से सुरक्षा, ग्लोबल वार्मिंग और जलवायु परिवर्तन से द्वीपों के अस्तित्व पर बढ़ता खतरा, मत्स्य और अन्य खनिज संसाधनों की होड़, प्लास्टिक प्रदूषण, तेल रिसाव से समुद्री जैवविविधता का क्षरण, प्रवाल भित्ति से बने द्वीपों पर बढ़ रहे खतरों से निपटने के दृष्टिकोण से फिपिक की महत्त्वपूर्ण भूमिका है। इसका गठन भारत के नेतृत्व में प्रशांत महासागर के द्वीपीय देशों के साथ संबंधों को मज़बूती देने के लिए नवंबर, 2014 में किया गया था।

इसमें भारत सहित 14 सदस्य देश हैं जिसमें भारत को छोड़कर सभी प्रशांत महासागर के द्वीपीय देश हैं। इसके सदस्यों में शामिल हैं—फिजी, कुक आइलैंड्स, किरिबाती, मार्शल द्वीप, माइक्रोनेशिया, नौरू, निऊ, पलाऊ, पापुआ न्यू गिनी, समोआ, सोलोमन द्वीप, टोंगा, तुवालू और वानुअतु। इसका पहला समिट नवंबर, 2014 में फिजी के सुआ में, दूसरा अगस्त, 2015 में भारत के जयपुर में आयोजित किया गया था।

इस संगठन के देश यद्यपि सापेक्षिक रूप से छोटे भू क्षेत्र वाले देश हैं लेकिन इनका अनन्य आर्थिक क्षेत्र विस्तृत है और इसके चलते भारत इनके साथ मिलकर महासागरीय अर्थव्यवस्था अथवा ब्लू इकोनामी के विकास के लिए कार्य कर सकता है। भारत की प्रशांत क्षेत्र में संलग्नता को बढ़ावा देने के लिए इसे भारतीय प्रधानमंत्री की महासागरीय कूटनीति के रूप में भी देखा गया है। 2014-15 में प्रशांत द्वीपीय देशों और भारत के मध्य वार्षिक स्तर पर कुल व्यापार 300 मिलियन डॉलर का था जिसमें से भारत का इन देशों में निर्यात 200 मिलियन डॉलर और आयात 100 मिलियन डॉलर का था। वर्ष 2014 में जब इस संगठन को लांच किया गया तो भारत ने इन देशों को कई परियोजनाओं में मदद के लिए प्रस्ताव किया। इसमें सबसे प्रमुख प्रस्ताव था कि जलवायु परिवर्तन के अनुकूलन के लिए और स्वच्छ ऊर्जा को बढ़ावा देने के लिए एक मिलियन डॉलर की राशि वाले विशेष कोष का गठन किया जाए और भारत में इन देशों के लिए एक व्यापार कार्यालय खोला जाए। प्रशांत महासागर के द्वीपीय देशों के लिए डिजिटल कनेक्टिविटी को बढ़ावा देने के लिए पैन पैसेफिक आईलैंड्स ई—नेटवर्क की शुरुआत की जाए और 14 प्रशांत द्वीपीय देशों को वीजा ऑन अराइवल की सुविधा दी जाए। इन देशों और भारत के मध्य अंतरिक्ष प्रौद्योगिकी को लेकर सहयोग सुनिश्चित किया जाए और पेसिफिक आइलैंड के देशों के राजनयिकों को भारत द्वारा प्रशिक्षण दिया जाए। भारत में 14 प्रशांत द्वीपीय देशों में सामुदायिक परियोजनाओं को चलाने के लिए अपने अनुदान की सहायता राशि को इस संगठन के प्रत्येक देश के लिए वार्षिक स्तर पर 1.25 लाख से बढ़ाकर 2 लाख डॉलर कर दिया था।

शासनाध्यक्षों के स्तर पर दूसरे समिट में फीपिक सदस्य देशों ने संयुक्त राष्ट्र सुधार और सुरक्षा परिषद में भारत की स्थायी सदस्यता की उम्मीदवारी का मज़बूत समर्थन किया। भारतीय प्रधानमंत्री ने सदस्य देशों को प्राकृतिक आपदाओं से बचाव के लिए हर संभव सहायता और तकनीकी मदद देने की घोषणा समिट के दौरान की। भारतीय प्रधानमंत्री ने इस समिट में फिजी में एक मेडिकल सेंटर गठित करने के लिए फिजी द्वारा माँगे गए सहयोग का मुद्दा उठाया। भारत ने फिजी में इस सेंटर को स्थापित करने में सहयोग के साथ वहाँ एक फार्मास्युटिकल प्लांट गठित करने और फिजी के पर्यटन क्षेत्र में निवेश करने की इच्छा इस समिट के दौरान

प्रकट की। फिजी और भारत ने इसके अलावा प्रतिरक्षा और सुरक्षा से जुड़े मामलों में सहयोग बढ़ाने पर बल दिया।

भारत ने समिट में पापुआ न्यू गिनी में अवसंरचात्मक क्षेत्र को विकसित करने, सड़कों, राजमार्गों, एयरपोर्ट्स बनाने में सहयोग की बात की। पापुआ न्यू गिनी ने एक्जिम बैंक ऑफ इंडिया से 100 मिलियन डॉलर के ऋण की अपेक्षा इस समिट के दौरान की। वहीं वानुअतु ने चक्रवात पाम से जूझने के क्रम में भारत द्वारा दिए गए 2.5 लाख डॉलर की नकद सहायता के लिए धन्यवाद दिया था। वहीं नौरू ने बढ़ते हुए समुद्री जल स्तर से निपटने के लिए समुद्री दीवार के निर्माण में दी गई भारतीय सहायता की प्रशंसा की। भारत ने नौरू को आपदा प्रबंधन में क्षमता निर्माण में सहयोग देने की बात की थी।

मई, 2017 में इंडिया पैसिफिक आइलैंड्स सस्टेनेबल डेवलपमेंट कॉन्फ्रेंस का आयोजन भारत के विदेश मंत्रालय द्वारा फिजी में किया गया। इस अधिवेशन में भारत ने फिजी में यूएनएफसीसीसी के कोप 23 आयोजन हेतु फिजी के ट्रस्ट फंड में 1 मिलियन डॉलर देने की घोषणा की थी। इस अधिवेशन में ब्लू इकोनॉमी, जलवायु परिवर्तन से निपटने हेतु अनुकूलन—कटौती उपायों, आपदा तैयारी, स्वास्थ्य, अंतर्राष्ट्रीय सौर गठबंधन और जलवायु परिवर्तन से संबंधित राष्ट्रीय स्तर पर निर्धारित योगदानों (आईएनडीसी) पर भारत और फिपिक देशों के मध्य वार्ता हुई।

इंडिया पैसिफिक आइलैंड्स लीडर्स मीटिंग, 2019

संयुक्त राष्ट्र महासभा के 74वें सत्र के आयोजन के दौरान 24 सितंबर, 2019 को इंडिया पैसिफिक आइलैंड्स लीडर्स मीटिंग का आयोजन न्यूयार्क में किया गया। भारत के प्रशांत द्वीपीय देशों के साथ संबंधों में एक्ट ईस्ट पॉलिसी के बाद मज़बूती आई है। भारत ने पैसिफिक द्वीपों में अपने विकासात्मक एजेंडे को मज़बूती दी है। इस बैठक में फीपिक देशों ने सतत विकास लक्ष्यों की प्राप्ति, नवीकरणीय ऊर्जा के सहयोग को बढ़ावा देने, हाल ही में गठित ग्लोबल कोलिशन ऑन डिजास्टर रिजिलिएंट इंफ्रास्ट्रक्चर में शामिल होने और क्षमता निर्माण हेतु सहयोग करने पर चर्चा की। इसके अलावा यह भी महत्त्वपूर्ण बात है कि इस संगठन के कई देशों ने इंटरनेशनल सोलर अलायंस की सदस्यता ले रखी है। आपदा प्रबंधन, ग्लोबल वार्मिंग और जलवायु परिवर्तन से निपटने के लिए भारत और इन देशों में आपसी सहयोग अत्यंत जरूरी है। इस बैठक में भारतीय प्रधानमंत्री ने प्रशांत द्वीपीय देशों में हाई इंपैक्ट डेवलपमेंट परियोजनाओं के क्रियान्वयन हेतु प्रत्येक प्रशांत द्वीपीय देश को एक मिलियन डॉलर के अनुदान जो कि कुल मिलाकर 12 मिलियन डॉलर का अनुदान है, देने की घोषणा की है। इसके अलावा इस क्षेत्र में प्रत्येक देश

की आवश्यकता के अनुसार सौर और नवीकरणीय ऊर्जा और जलवायु आधारित परियोजनाओं को चलाने के लिए 150 मिलियन डॉलर का लाइन ऑफ क्रेडिट देने की घोषणा भी भारत द्वारा की गई। स्वास्थ्य क्षेत्र में भारतीय प्रधानमंत्री ने यहाँ इंडिया फॉर ह्यूमैनिटी प्रोग्राम के तहत पैसिफिक क्षेत्रीय हब में जयपुर फुट आर्टिफिशियल लिंब फिटमेंट कैंप को आयोजित करने का प्रस्ताव किया। प्रशांत द्वीपीय देशों और भारत के मध्य जनता से जनता का संपर्क बढ़ाने के लिए भारतीय प्रधानमंत्री द्वारा इस बैठक में डिस्टिंग्विश्ड विजिटर्स प्रोग्राम की घोषणा की गई जिसके तहत इन देशों के ख्यातिलब्ध व्यक्ति भारत की यात्रा कर सकेंगे। भारत ने यह भी स्पष्ट किया है कि वह प्रशांत द्वीपीय देशों से संसदीय प्रतिनिधिमंडल के भारत भ्रमण का स्वागत करेगा। उल्लेखनीय है कि वर्ष 2020 में पापुआ न्यू गिनी की राजधानी पोर्ट मोरेस्बी में तीसरा फीपिक समिट आयोजित किया जाएगा। भारत ने इस समिट को अभी से सफल बनाने का आवाहन इन देशों से किया है।

बेसिक संगठन : संरचना और प्रकार्य

बेसिक समूह का गठन 28 नवंबर, 2009 को चार देशों ब्राज़ील, दक्षिण अफ्रीका, भारत और चीन के द्वारा एक समझौते पर हस्ताक्षर करते हुए की गई थी। जलवायु परिवर्तन और ग्लोबल वार्मिंग से निपटने के लिए इस संगठन के सदस्य देशों के पर्यावरण मंत्रियों के नेतृत्व में वार्ताओं को संपन्न किया जाता है। ये चारों देश ग्रीन हाउस गैस उत्सर्जन में कमी के लिए आपसी सहमति बनाके पर्यावरणीय लक्ष्यों की प्राप्ति हेतु प्रयास करते हैं। इन देशों में विश्व की लगभग 40 प्रतिशत आबादी निवास करती है और ये विश्व के एक तिहाई भौगोलिक क्षेत्र को कवर करते हैं। चीन के बीजिंग में बेसिक संगठन के देशों का 29वाँ मंत्रीस्तरीय सम्मेलन 25 से 26 अक्टूबर, 2019 को आयोजित किया गया जिसमें ब्राजील, दक्षिण अफ्रीका, भारत और चीन के पर्यावरण मंत्रियों ने भाग लिया। बेसिक सदस्य देशों ने बैठक में जलवायु मित्र जीवन शैली को अपनाने, सतत जीवनशैली और उपभोग प्रतिमानों को दुरुस्त करने पर बल दिया है। इस बैठक में मुक्त वैश्विक व्यापार को प्रभावित करने वाले एकपक्षवाद और संरक्षणवादी नीतियों से परहेज़ करने, खाद्यान्न असुरक्षा, निर्धनता और असमान विकास की चुनौती से निपटने पर बल दिया गया। बैठक में बेसिक देशों द्वारा ग्लोबल वार्मिंग से निपटने की दिशा में किए गए कार्य को भी रेखांकित किया गया है। चीन, जो दुनिया का सबसे बड़ा ग्रीनहाउस गैस उत्सर्जक देश रहा है, के बारे में स्पष्ट किया गया कि 2018 में चीन ने वर्ष 2005 के स्तर से जीडीपी की प्रति इकाई के संदर्भ में कार्बन डाइऑक्साइड के उत्सर्जन में 45.8 प्रतिशत की कटौती की है और उसने अपनी प्राथमिक ऊर्जा उपभोग में गैर जीवाश्म ईंधनों के

हिस्से में 14.3 प्रतिशत तक की वृद्धि की है। वहीं बेसिक संगठन के दूसरे प्रमुख देश साउथ अफ्रीका ने हाल में अपने देश में कार्बन टैक्स को क्रियान्वित किया है और व्यापक स्तर पर नवीकरणीय ऊर्जा कार्यक्रम चलाया है। भारत ने भी 2005 के स्तर से अपनी जीडीपी की उत्सर्जन सघनता में 21 प्रतिशत की कटौती 2014 में ही करते हुए वर्ष 2020 से पहले के अपने इस पर्यावरणीय लक्ष्य को प्राप्त कर लिया है। वहीं वर्ष 2015 में ब्राज़ील ने 58 प्रतिशत की उत्सर्जन कटौती को अंजाम दिया है। विकासशील देशों द्वारा जलवायु परिवर्तन से निपटने में किए जा रहे ऐसे प्रयास सराहनीय है, पर अभी भी बहुत कुछ किया जाना बाकी है।

14-16 अगस्त, 2019 को ब्राजील के साओ पालो में जलवायु परिवर्तन पर बेसिक संगठन (ब्राजील, दक्षिण अफ्रीका, भारत और चीन) का 28 वा मंत्रीस्तरीय सम्मेलन आयोजित किया गया। विकसित और विकासशील देशों के बीच पर्यावरणीय मुद्दों को लेकर कई मतभेदों को देखते हुए इस बैठक को महत्त्वपूर्ण माना गया है। संयुक्त राष्ट्र जलवायु परिवर्तन अभिसमय का कोप—25 जो कि 2-13 दिसंबर, 2019 को चिली में आयोजित किया जाएगा, उसको बेहतर तरीके से आयोजित करने और उसके प्रबंध के लिए चर्चा साओ पालो में हुई। इस बैठक में भारत का प्रतिनिधित्व पर्यात्ररण, वन और जलवायु परिवर्तन मंत्री प्रकाश जावड़ेकर ने किया। इस बैठक में बेसिक देशों ने स्पष्ट किया कि ब्राजील, दक्षिण अफ्रीका, भारत और चीन का भौगोलिक क्षेत्र वैश्विक भूक्षेत्र का एक तिहाई है और इन देशों की संयुक्त जनसंख्या विश्व की कुल जनसंख्या का 40 प्रतिशत है। इस दृष्टि से जलवायु परिवर्तन और ग्लोबल वार्मिंग से निपटने में इनकी अहम भूमिका है।

इस बैठक के अंत में एक संयुक्त वक्तव्य बेसिक देशों ने जारी किया जिसमें जलवायु परिवर्तन से निपटने की दिशा में प्रभावी तरीके से काम करने की बात की गई। इसमें कुछ और बातों का उल्लेख किया गया। इस बैठक में अब तक यूएनएफसीसीसी के सफल क्रियान्वयन पर बेसिक देशों ने संतुष्टि व्यक्त की। इसके अलावा क्योटो प्रोटोकॉल और पेरिस समझौते के क्रियान्वयन की दिशा में हुई प्रगति पर भी संतोष व्यक्त किया गया। बैठक में समान किन्तु विभेदित उत्तरदायित्व और संबंधित क्षमता (सीबीडीआर—आरसी) सिद्धांत का अनुसरण करते हुए विकसित और विकासशील देशों द्वारा जलवायु परिवर्तन से लड़ने पर बल दिया गया। सीबीडीआर सिद्धांत जलवायु परिवर्तन से निपटने और ग्रीन हाउस गैसों व कार्बन उत्सर्जन में कमी लाने हेतु अंतर्राष्ट्रीय स्तर पर सन् 1997 में 'क्योटो प्रोटोकॉल' के तहत लाया गया। इसमें 'सीबीडीआर-आरसी (समान किन्तु विभेदित उत्तरदायित्व और संबंधित क्षमताएँ)' के द्वारा मुख्यत: विकसित देशों की जवाबदेही ग्रीन हाऊस गैसों व कार्बन उत्सर्जन के लिए निर्धारित की गई। गौरतलब है कि विगत 150 वर्षों में 80 प्रतिशत कार्बन उत्सर्जन के लिए प्रमुख रूप से विकसित देश ही उत्तरदायी

हैं। अतः न्यायसंगत निर्णय करके उन विकसित देशों के कार्बन उत्सर्जन में कटौती और उनके द्वारा विकासशील देशों को तकनीकी व वित्तीय सहायता उपलब्ध कराने की भूमिका निर्धारित हुई थी।

इस बैठक में यूएनएफसीसीसी और उसके निर्णयों, नीतियों के प्रभावी क्रियान्वयन पर जोर देते हुए 2020 के पहले की पर्यावरणीय प्रतिबद्धताओं और देशों ने इस संबंध में जो इंटेंडेड नेशनली डिटरमिंड कंट्रीब्यूशंस निर्धारित कर रखे हैं, उनको लागू करने पर बल दिया गया। इसमें दक्षिण दक्षिण सहयोग पर भी बल दिया गया है। उल्लेखनीय है कि राष्ट्रीय स्तर पर निर्धारित इंच्छित योगदान' (आईएनडीसी) यूएनएफसीसीसी के पक्षकार देशों द्वारा जलवायु परिवर्तन और ग्लोबल वार्मिंग से निपटने हेतु उनकी कार्यवाहियों से संबंधित दस्तावेज है। इस दस्तावेज को राष्ट्र यूएनएफसीसीसी के सचिवालय बान में जमा करते हैं। भारत सहित 189 देश ऐसा कर चुके हैं। स्विट्जरलैंड ऐसा करने वाला पहला देश था। भारत ने आईएनडीसी के तहत तीन लक्ष्य निर्धारित किया है। (क) जलवायु परिवर्तन पर संयुक्त राष्ट्र फ्रेमवर्क कन्वेंशन के लिए अपनी प्रतिबद्धताओं के अनुसार, भारत ने 2005 के स्तर की तुलना में 2030 तक अपनी अर्थव्यवस्था की उत्सर्जन तीव्रता को 33 से 35 प्रतिशत कम करने का वादा किया है। (ख) कार्बन उत्सर्जन कम करने के संदर्भ में ही भारत ने 2030 तक अपनी ऊर्जा उपभोग का 40% नवीकरणीय स्रोतों से प्राप्त करने की प्रतिबद्धता जताई है।

2030 तक 2.5-3 अरब टन कार्बन डाइऑक्साइड के लिए कार्बन सिंक तैयार करना

इस बैठक में जलवायु परिवर्तन से संबंधित पेरिस समझौते पर 185 देशों द्वारा रेटिफिकेशन करने और क्योटो प्रोटोकॉल के दोहा संशोधन पर 130 देशों द्वारा रेटिफिकेशन करने पर संतुष्टि व्यक्त की गई। अल्प कार्बन अर्थव्यवस्था या ग्रीन इकोनॉमी के विकास के लिए आईपीसीसी के वैश्विक तापमान के 1.5 डिग्री सेल्सियस से अधिक न बढ़ने देने संबंधी विशेष रिपोर्ट को गंभीरता से लेने की बात की गई। ग्रीन हाउस गैसों के उत्सर्जन से निपटने के लिए वैश्विक स्तर पर क्योटो प्रोटोकॉल को प्रभावी तरीके से क्रियान्वित करने पर भी बल दिया गया है। क्योटो प्रोटोकॉल को वर्ष 1997 में स्वीकार किया गया था तथा इसकी पहली प्रतिबद्धता अवधि वर्ष 2008 से 2012 तक थी। क्योटो प्रोटोकॉल के तहत छः ग्रीन हाउस गैसों कार्बन डाइऑक्साइड, मीथेन, नाइट्रस ऑक्साइड, हाइड्रोफ्लोरोकारबन, परफ्लोरोकारबन और सल्फर हेक्सा फ्लोराइड के उत्सर्जन में कमी का लक्ष्य तय किया गया है। दूसरी प्रतिबद्धता अवधि को 2012 में अपनाया गया था लेकिन,

केवल 65 देशों में अब तक दूसरी प्रतिबद्धता अवधि (2013-2020) की पुष्टि की है। वर्ष 2012 में दोहा में दूसरी प्रतिबद्धता अवधि के लिए क्योटो प्रोटोकॉल में संशोधन किए गए थे जिन्हें दोहा संशोधन कहा जाता है। इसी वर्ष प्रतिबद्धता अवधि को 2013 से 2020 तक के लिए स्वीकार किया गया। प्रधानमंत्री नरेन्द्र मोदी की अध्यक्षता में केन्द्रीय मंत्रिमंडल ने क्योटो प्रोटोकॉल के हरित गृह प्रभावों के उत्सर्जन की समस्या को लेकर दूसरी प्रतिबद्धता अवधि के पुष्टिकरण को स्वीकृति प्रदान कर दी है। यद्यपि, क्योटो प्रोटोकॉल की दूसरी प्रतिबद्धता अवधि को वर्ष 2012 में ही अपनाया जा चुका था परन्तु अभी तक 65 देशों ने ही दूसरी प्रतिबद्धता अवधि की पुष्टि की है।

विकसित और विकासशील देशों के मध्य जलवायु परिवर्तन से निपटने के लिए जरूरी फंडिंग या वित्तीयन के लिए ग्रीन क्लाइमेंट फंड और ग्लोबल एन्वायरमेंट फेसिलिटी की भूमिका को मज़बूत बनाने की बात बेसिक संगठन देशों द्वारा की गई है। इसके अलावा नागरिक उड्डयन के क्षेत्र में कार्बन उत्सर्जन को कम करने के लिए अंतर्राष्ट्रीय समुद्री संगठन और अंतर्राष्ट्रीय नागरिक उड्डयन संगठन की प्रभावी भूमिका पर बल दिया गया। उल्लेखनीय है कि कुछ वर्ष पूर्व ही अंतर्राष्ट्रीय नागरिक उड्डयन संगठन ने विकासशील देशों पर एक ग्लोबल कार्बन डाइऑक्साइड टैक्स लगाने का प्रस्ताव किया था जिसका भारत चीन सहित विकासशील देशों ने विरोध किया था। गौरतलब है कि हरित जलवायु कोष की स्थापना 2010 में विकसित देशों से धन लेकर विकासशील देशों को मुहैया करवाने के विषय में यूएनएफसीसीसी के द्वारा वित्तीय प्रणाली के तहत जलवायु परविर्तन से संबंधित संकट को कम करने के लिए की गई थी। यूएनएफसीसीसी के कानकुन बैठक में 2010 में हरित जलवायु कोष के गठन का प्रस्ताव किया गया था। यह 2015 में हस्ताक्षरित पेरिस जलवायु समझौते का एक प्रमुख अंग था। हरित जलवायु कोष का मुख्य कार्य विकासशील देशों में जलवायु परिवर्तन से संबंधित परियोजनाओं, कार्यक्रमों, नीतियों एवं अन्य गतिविधियों के लिए कोष की व्यवस्था करना है। इसका लक्ष्य है 2020 तक जलवायु के लिए 100 बिलियन डॉलर की राशि जमा करना। यह कोष ऐसे विकास को बढ़ावा देता है जिसमें उत्सर्जन कम हो और जिसमें जलवायु परिवर्तन को झेलने की क्षमता हो और इसके लिए यह विकासशील देशों को ग्रीन हाउस गैस उत्सर्जन को रोकने अथवा घटाने में सहायता देता है। यह कोष उन विकासशील देशों की आवश्यकताओं का विशेष ध्यान रखता है जहाँ जलवायु परिवर्तन के दुष्प्रभाव होने की सम्भावना कम-अधिक रहती है। इसी प्रकार वैश्विक पर्यावरण सुविधा (जीईएफ) साँझा वैश्विक पर्यावरण लाभों को प्राप्त करने के उपायों के बढ़ते खर्च को पूरा करने के लिए नए और अतिरिक्त अनुदान और रियायती कोष प्रदान करने के उद्‌देश्य से अंतर्राष्ट्रीय सहयोग हेतु

एक तंत्र के रूप में कार्य करता है। इसकी स्थापना अक्टूबर 1991 में विश्व बैंक के साथ एक पायलट कार्यक्रम के रूप में की गई थी ताकि वैश्विक पर्यावरण की सुरक्षा में सहायता मिल सके और पर्यावरणीय स्थिरता विकास को बढ़ावा दिया जा सके। वैश्विक पर्यावरण सुविधा (जीईएफ) की स्थापना 1992 के रियो अर्थ शिखर सम्मेलन की पूर्व संध्या पर पृथ्वी ग्रह की सबसे अधिक पर्यावरणीय समस्याओं से निपटने में मदद के लिए की गई थी। जीईएफ अंतर्राष्ट्रीय संस्थानों, सिविल सोसाइटी संगठनों (सीएसओ) के साथ साझेदारी में 183 देशों को एकजुट करता है, और राष्ट्रीय पर्यावरणीय मुद्दों को संबोधित करते हुए निजी पर्यावरणीय मुद्दों को संबोधित करने के लिए निजी क्षेत्र को राष्ट्रीय टिकाऊ विकास पहल का समर्थन करता है। 1992 से, जीईएफ ने 17 अरब डॉलर से अधिक अनुदान प्रदान किए हैं और 170 देशों में 4000 से अधिक परियोजनाओं के लिए वित्त पोषण में 88 बिलियन डॉलर अतिरिक्त जुटाए हैं। अपने लघु अनुदान कार्यक्रम (एसजीपी) के माध्यम से, जीईएफ ने 450 मिलियन अमरीकी डालर का निवेश किया है और 125 से अधिक देशों में 14,500 से अधिक समुदाय आधारित परियोजनाओं का समर्थन करने वाले सह वित्तपोषण के समान स्तर का लाभ उठाया है। एक स्वतंत्र रूप से परिचालन वित्तीय संगठन, जीईएफ जैव विविधता, जलवायु परिवर्तन, अंतर्राष्ट्रीय जल, भूमि क्षरण, ओजोन परत, लगातार कार्बनिक प्रदूषक (पीओपी), पारा, टिकाऊ वन प्रबंधन, खाद्य सुरक्षा, टिकाऊ शहरों से संबंधित परियोजनाओं के लिए यह अनुदान प्रदान करता है। निम्नलिखित वैश्विक अभिसमयों के लिए जीईएफ वित्तीय तंत्र के रूप में कार्य करता है: जैव विविधता अभिसमय, 1992, यूएनएफसीसीसी, संयुक्त राष्ट्र मरुस्थलीकरण अभिसमय, स्टॉकहोम अभिसमय और मिनिमाटा अभिसमय।

वैश्विक पर्यावरणीय समस्याओं के समाधान में अंतर्राष्ट्रीय समुद्री संगठन की महत्त्वपूर्ण भूमिका को बेसिक देशों द्वारा रेखांकित किया गया है। यह संयुक्त राष्ट्र संघ की एक विशिष्ट एजेन्सी है जो जलयानों के यातायात को नियंत्रित करने के लिए अधिकृत है। इसे 1982 तक अंतर-सरकारी समुद्री सलाहकारी संगठन कहते थे। इसकी स्थापना 1958 में जिनेवा में हुई थी। जो नौवहन के बचाव और सुरक्षा पर नजर रखती है, यह भी देखती है कि जहाजों द्वारा ज्यादा प्रदूषण न किया जाए। भारत और जर्मनी के साथ ऑस्ट्रेलिया, फ्रांस, कनाडा, स्पेन, ब्राजील, स्वीडन, नीदरलैंड और यूएई इसके सदस्य हैं। ऑस्ट्रेलिया और यूएई इस संगठन के नए सदस्य हैं। इससे पहले तक बांग्लादेश और अर्जेंटीना सदस्य हुआ करते थे।

हाल के समय में उड्डयन क्षेत्र में होने वाले उत्सर्जन में कटौती करने के लिए अंतर्राष्ट्रीय नागरिक उड्डयन संगठन की प्रभावी भूमिका को सुनिश्चित करने पर बल दिया गया है। इस संगठन को नागरिक उड्डयन मामलों में अंतर्राष्ट्रीय सहयोग

और एकरूपता सुरक्षित करने के लिए 7 दिसंबर, 1944 को स्थापित किया गया था। अंतर्राष्ट्रीय नागरिक उड्डयन संगठन विश्व मौसम विज्ञान संगठन, अंतर्राष्ट्रीय दूरसंचार संघ, यूनिवर्सल पोस्टल यूनियन, विश्व स्वास्थ्य संगठन और अंतर्राष्ट्रीय समुद्री संगठन सहित अन्य संयुक्त राष्ट्र के सदस्यों के साथ मिलकर काम करता है।

बेसिक देशों की ब्राजील में हुई बैठक में एक महत्त्वपूर्ण बात यह भी कही गई है कि विकसित देश जलवायु परिवर्तन से निपटने में मदद के रूप में अपना ऑफिशियल डेवलपमेंट असिस्टेंस अपने ग्रॉस नेशनल प्रोडक्ट के 0.7 प्रतिशत तक बढ़ाने का प्रयास करें। बैठक में फिलीपींस को ग्रुप 77 का नेतृत्व सौंपने का स्वागत भी किया गया। इसके अलावा 29वाँ बेसिक मंत्रीस्तरीय बैठक चीन में आयोजित कराने का निर्णय लिया गया था।

इब्सा (भारत, ब्राज़ील और दक्षिण अफ्रीका) समूह

जी-8 शिखर बैठक के दौरान 2 जून, 2003 को फ्रांस के एवियन में भारत के प्रधानमंत्री और ब्राजील तथा दक्षिण अफ्रीका के तत्कालीन राष्ट्रपतियों के बीच बैठक में इब्सा (भारत, ब्राज़ील और दक्षिण अफ्रीका) की स्थापना पर विचार-विमर्श किया गया था। जब इन तीनों देशों के विदेश मंत्रियों की 6 जून, 2003 को ब्रासीलिया में बैठक हुई तब इस समूह को औपचारिक रूप दिया गया तथा इसका नाम इब्सा वार्ता मंच रखा गया और ब्रासीलिया घोषणा जारी की गई।

इब्सा एक विशिष्ट मंच है जो तीन अलग-अलग महाद्वीपों के तीन बड़े लोकतंत्रों एवं प्रमुख अर्थव्यवस्थाओं अर्थात भारत, ब्राजील और दक्षिण अफ्रीका को एक मंच पर लाता है, जो समान चुनौतियों का सामना कर रहे हैं। ये तीनों ही देश विकासशील, बहुलवादी, बहुसांस्कृतिक, बहुजातीय, बहुभाषायी एवं बहुधार्मिक राष्ट्र हैं।

इब्सा में सहयोग तीन मोर्चों पर है :

पहला, वैश्विक एवं क्षेत्रीय राजनीतिक मुद्दों पर परामर्श एवं समन्वय के लिए मंच के रूप में, जैसे कि राजनीतिक एवं आर्थिक अभिशासन की वैश्विक संस्थाओं में सुधार, डब्ल्यू टी ओ / दोहा विकास एजेंडा, जलवायु परिवर्तन, आतंकवाद आदि;

दूसरा, तीनों देशों के साझे लाभ के लिए 14 कार्य समूहों तथा 6 जनता से जनता मंचों के माध्यम से ठोस क्षेत्रों / परियोजनाओं पर त्रिपक्षीय सहयोग; और

तीसरा, इब्सा निधि के माध्यम से विकासशील देशों में परियोजनाएँ शुरू करके अन्य विकासशील देशों की सहायता करना।

इब्सा का एक नवाचारी कार्य गरीबी एवं भुखमरी के उन्मूलन के लिए इब्सा सुविधा निधि की स्थापना है जिसके माध्यम से साथी विकासशील देशों में इब्सा निधि से विकास परियोजनाओं को निष्पादित किया जाता है। इब्सा के प्रत्येक सदस्य

देश द्वारा 1 मिलियन अमरीकी डालर की वार्षिक राशि का अंशदान किया जाता है। इब्सा निधि ने 17 सितंबर, 2010 को न्यूयार्क में दक्षिण—दक्षिण सहयोग के लिए एम डी जी पुरस्कार 2010 प्राप्त किया जो विश्व के दूसरे भागों में विकास से जुड़े अनुभवों को साझा करने के लिए नवाचारी दृष्टिकोणों का प्रयोग करने में तीनों देशों के कार्य की स्वीकृति है। इब्सा की परियोजनाओं के अंतर्गत हैती, गुनिया बिसाऊ, केप वर्डे, बुरूंडी, फिलिस्तीन, कंबोडिया, लाओ पी डी आर तथा सियरा लियोन आते हैं। इब्सा निधि के साथ रमल्लाह में एक खेल परिसर का निर्माण पूरा हो गया है तथा 2011 में उसका उद्घाटन किया गया।

अब तक इब्सा की पाँच शिखर बैठकों का आयोजन हो चुका है : इब्सा की पहली शिखर बैठक 13 सितंबर, 2006 को ब्रासीलिया में; दूसरी शिखर बैठक 17 अक्टूबर, 2007 को दक्षिण अफ्रीका में; तीसरी शिखर बैठक 15 अक्टूबर, 2008 को नई दिल्ली में; चौथी शिखर बैठक 15 अप्रैल, 2010 को ब्रासीलिया में; और पाँचवीं शिखर बैठक 18 अक्टूबर, 2011 को प्रिटोरिया में। छठवीं शिखर बैठक जून, 2013 में भारत में हुई। वर्ष 2015 में भारत सरकार ने ब्राज़ील और दक्षिण अफ्रीका के साथ मिलकर निर्धनता और भुखमरी उन्मूलन हेतु इबसा फंड पर एक त्रिपक्षीय समझौते पर हस्ताक्षर किए थे। दक्षिण—दक्षिण सहयोग को बढ़ावा देने के लिए यह एक महत्त्वपूर्ण कदम था। जनवरी, 2015 तक इबसा फंड में 28.2 मिलियन डॉलर का संचयन किया गया था। भारत इस कोष में अब तक 9.1 मिलियन डॉलर का योगदान कर चुका है। 4 जून, 2018 को दक्षिण अफ्रीका के प्रिटोरिया में दक्षिण—दक्षिण सहयोग पर ईब्सा घोषणा पत्र जारी किया गया था जिसमें सतत विकास लक्ष्यों की प्राप्ति, सीबीडीआर सिद्धांत के अनुरूप कार्य करते हुए ग्लोबल वार्मिंग से निपटने की बात की गई। इसमें 2008 के दोहा उद्घोषणा के आदर्शों के अनुरूप विकास को दिशा देने, विकास के लिए वित्तीयन हेतु अदिस आबाबा एजेंडे के क्रियान्वयन पर बल दिया गया है। 3-5 मई, 2019 को ईब्सा की शेरपा बैठक का आयोजन केरल के कोच्चि में किया गया था। इसमें निर्धनता और भुखमरी से निपटने के लिए 20 देशों में फैले ईब्सा फंड को मज़बूती देने की बात की गई है।

आर्थिक सहयोग और विकास संगठन (ओईसीसीडी) संरचना, प्रकार्य और अधिदेश

आर्थिक सहयोग और विकास संगठन की शुरुआत इसके पूर्ववर्ती संगठन यूरोपीय आर्थिक सहयोग संगठन (ओईईसी) के रूप में 1948 में हुई थी। द्वितीय विश्व युद्ध के बाद यूरोप की अर्थव्यवस्थाओं को सही दिशा प्रदान करने के उद्देश्य से

मार्शल प्लान को सही ढंग से लागू करने में अमरीका और कनाडा के सहयोग से इस संगठन को स्थापित किया गया था। 1961 में आर्थिक सहयोग और विकास संगठन ने यूरोपीय आर्थिक सहयोग संगठन (ओईईसी) का स्थान ले लिया और अपने सदस्य राष्ट्रों के मध्य सतत आर्थिक संवृद्धि, रोजगार सृजन, जीवन स्तर में सुधार, वित्तीय स्थिरता को बढ़ावा देते हुए विश्व अर्थव्यवस्था के विकास पर बल देना शुरू किया। इसमें वर्तमान में कुल 36 सदस्य देश हैं जो यूरोप, उत्तरी अमरीका, दक्षिणी अमरीका और एशिया-प्रशांत क्षेत्र से आते हैं। हाल ही में कोलंबिया को इसका 37वाँ सदस्य बनाने का निर्णय किया गया है। वर्ष 2018 में लिथुआनिया इसका सदस्य देश बना था।

2007 में जी 8 समिट के दौरान सरकारों द्वारा यह निर्णय लिया गया था कि उभरती हुई बाज़ार अर्थव्यवस्थाओं जैसे ब्राज़ील, चीन, भारत, मेक्सिको, दक्षिण अफ्रीका के साथ संवाद और अंतर्संपर्क को बढ़ावा दिया जाए। जी 8 ने इस संवाद प्रक्रिया को बढ़ावा देने की जिम्मेदारी ओईसीडी को दिया। इससे स्पष्ट होता है कि विकसित और विकासशील देशों के मध्य आर्थिक संबंधों को बढ़ावा देने में ओईसीडी की भूमिका को मान्यता दी गई थी।

ओईसीडी की सर्वोच्च निर्णय निर्माण इकाई ओईसीडी काउंसिल है। पेरिस स्थित ओईसीडी का सचिवालय सदस्य देशों के निवेदन पर अनुसंधान और विकास कार्य को सम्पन्न करता है। ओईसीडी की लगभग 200 समितियों में सहभाग कर सदस्य राष्ट्र परस्पर विचारों का आदान-प्रदान करते हैं। ये समितियाँ अर्थव्यवस्था, व्यापार, रोजगार, विज्ञान, शिक्षा और वित्तीय बाज़ार से जुड़ी नीतियों की प्रगति की समीक्षा भी करती हैं।

ओईसीडी के सदस्य देशों का वैश्विक सकल घरेलू उत्पाद में हिस्सेदारी 63 प्रतिशत है। विश्व व्यापार में इन सदस्य देशों का योगदान एक तिहाई है। वैश्विक आधिकारिक विकास सहायता में इसके 37 सदस्य देशों का योगदान 95 प्रतिशत है। वैश्विक जनसंख्या का 18 प्रतिशत ओईसीडी सदस्य देशों में निवास करता है और वैश्विक ऊर्जा उपभोग में इन सदस्य देशों का योगदान आधे से भी अधिक है। ओईसीडी अंतर्राष्ट्रीय ऊर्जा अभिकरण और नाभिकीय ऊर्जा अभिकरण जैसे संगठनों के गठजोड़ से मज़बूत ऊर्जा नीतियों के ज़रिये वैश्विक अर्थव्यवस्था को मज़बूती देने का लक्ष्य रखता है। यह संगठन जिन क्षेत्रों पर सर्वाधिक ध्यान केंद्रित करता है उसमें शामिल हैं—आर्थिक समृद्धि, मुक्त बाज़ार, ऊर्जा सुरक्षा, पर्यावरण सुरक्षा, विज्ञान और प्रौद्योगिकी नवाचार।

आर्थिक सहयोग और विकास संगठन के प्रमुख कार्यों में शामिल हैं—

—स्वास्थ्य और सुरक्षा को बढ़ावा देना।

—स्थानीय और क्षेत्रीय विकास को बढ़ावा देना।

—अंतर्राष्ट्रीय कर संरचना और प्रशासन में सुधार।

—ब्लैक मनी और मनी लॉन्ड्रिंग से निपटना।

—भ्रष्टाचार से निपटना।

—राष्ट्रों में आर्थिक सुधारों के लिए दिशा-निर्देश देना।

—वैश्विक शैक्षणिक प्रणाली में सुधार के उपायों पर ध्यान केंद्रित करना।

—वैश्विक अर्थव्यवस्था में सुधार और वैश्विक व्यापार को बढ़ावा देना।

यह राष्ट्रीय सरकारों, नीति निर्माताओं और नागरिकों के साथ मिलकर सामाजिक, आर्थिक, और पर्यावरणीय चुनौतियों के समाधान के लिए प्रयास करता है। यह अंतर्राष्ट्रीय कर अपवंचन (चोरी), भ्रष्टाचार, व्यापारिक अवरोधों से वैश्विक स्तर पर निपटने की रूपरेखा प्रस्तुत करता है।

वर्ष 2019 में आर्थिक सहयोग एवं विकास संगठन (ओईसीडी) ने भारत को सुझाव दिया था कि उसे गुणवत्तापूर्ण रोजगार और आय में वृद्धि हेतु प्रभावी सुधारों की जरूरत है। ओईसीडी ने अपनी रिपोर्ट में कहा है कि 2019-20 में भारत की विकास दर 5.8 फीसदी रहेगी। संगठन ने कहा था कि उच्च स्तर पर वृद्धि को बहाल करना नौकरियों के सृजन के लिए जरूरी है। साथ ही निवेश व निर्यात में तेज़ी लाने के लिए ढाँचागत सुधारों को बढ़ाने की सिफारिश भी इसके द्वारा की गई है। इससे 2020-21 में भारत की विकास दर 6.2 फीसदी और 2021-22 में 6.4 फीसदी पहुँच सकती है।

खाड़ी सहयोग परिषद : संरचना, प्रकार्य और अधिदेश

6 खाड़ी देशों बहरीन, कुवैत, ओमान, कतर, सऊदी अरब और संयुक्त अरब अमीरात ने 25 मई, 1981 को एक समझौता के ज़रिये खाड़ी सहयोग परिषद का गठन किया था। इसका गठन सऊदी अरब के नेतृत्व में रियाध में किया गया था। रियाध में ही खाड़ी सहयोग परिषद् का मुख्यालय भी स्थित है। 6 खाड़ी देशों ने घोषणा की थी कि खाड़ी सहयोग परिषद की स्थापना उनके बीच विशेष संबंधों को ध्यान में रखते हुए और इस्लामी सिद्धांतों, संयुक्त नियति एवं साझे उद्देश्यों पर आधारित अपनी समान राजनीतिक व्यवस्थाओं को ध्यान में रखकर की गई है।

इसके उद्देश्यों की बात करें तो खाड़ी सहयोग परिषद की संकल्पना रक्षा योजना परिषद के साथ-साथ क्षेत्रीय साझा बाज़ार के रूप में की गई थी। इन देशों की भौगोलिक निकटता तथा मुक्त व्यापार और आर्थिक नीतियों को व्यापक रूप से अपनाए जाने से खाड़ी सहयोग परिषद की स्थापना में सहायता मिली।

खाड़ी सहयोग परिषद का उद्देश्य

—सदस्य राष्ट्रों में एकता के लिए समन्वय, एकीकरण और घनिष्ठ संबंध स्थापित करना;

—क्षेत्र के देशों के बीच संबंध, रिश्ते और सहयोग के सभी पहलुओं को मज़बूत बनाना;

—आर्थिक और वित्तीय मामलों; वाणिज्यिक, सीमा शुल्क और परिवहन मामलों;

—शिक्षा और सांस्कृतिक मामलों;

—सामाजिक और स्वास्थ्य मामलों;

—संचार, सूचना, राजनीतिक, विधायी और प्रशासनिक मामलों में समान व्यवस्था और नियम अपनाना;

—उद्योग, खनन, कृषि, जल और पशु संसाधनों से संबंधित विज्ञान और प्रौद्योगिकी में प्रगति को बढ़ावा देना और

—वैज्ञानिक अनुसंधान केंद्र स्थापित करना तथा संयुक्त परियोजनाएँ शुरू करना है।

संगठन ढाँचा

खाड़ी सहयोग परिषद की संरचना में सर्वोच्च परिषद, मंत्रिपरिषद और महासचिवालय शामिल हैं :

सर्वोच्च परिषद (खाड़ी सहयोग संगठन की शीर्ष सत्ता) में 6 सदस्य राष्ट्रों के राष्ट्राध्यक्ष शामिल हैं। सर्वोच्च परिषद की वर्ष में एक बार साधारण बैठक होती है। किन्हीं दो सदस्य राष्ट्रों के अध्यक्षों द्वारा किसी भी समय आपात बैठक बुलाई जा सकती है। सर्वोच्च परिषद की अध्यक्षता बारी-बारी से प्रत्येक सदस्य राष्ट्र को प्राप्त होती है। खाड़ी सहयोग परिषद् में संकल्प बहुमत से पारित किए जाते हैं। सर्वोच्च परिषद, खाड़ी सहयोग परिषद की समग्र नीति के निर्धारण और मंत्रिपरिषद अथवा महासचिवालय द्वारा इसे दी गई सिफारिशों के अनुसमर्थन के लिए जिम्मेदार है।

मंत्रिपरिषद में 6 सदस्य राष्ट्रों के विदेश मंत्री शामिल होते हैं। मंत्रिपरिषद की प्रत्येक 3 माह में एक बार साधारण बैठक होती है। किन्हीं दो सदस्य राष्ट्रों के विदेश मंत्रियों द्वारा किसी भी समय आपात बैठक बुलाई जा सकती है। मंत्रिपरिषद नीतियाँ तैयार करती है तथा आर्थिक, सामाजिक और सांस्कृतिक क्षेत्रों में सदस्य राष्ट्रों में सहयोग और समन्वय विकसित करने के उपायों के बारे में सिफारिश करती है। महासचिवालय, खाड़ी सहयोग परिषद के लिए रिपोर्टें, अध्ययन, लेखे और बजट

तैयार करता है। यह नियम और विनियम तैयार करता है तथा इसे सर्वोच्च और मंत्रिपरिषद द्वारा पारित निर्णयों के कार्यान्वयन में सदस्य राष्ट्रों की सहायता करने की जिम्मेदारी सौंपी गई है।

महासचिव की नियुक्ति मंत्रिपरिषद की सिफारिश पर सर्वोच्च परिषद द्वारा 3 वर्ष (नवीकरणीय) के लिए की जाती है। सचिवालय रियाध शहर में स्थित है। खाड़ी सहयोग परिषद के संविधान में अरब राष्ट्रों की एकता को साकार करने के तरीके तलाशने के महत्त्व का स्पष्ट उल्लेख किया गया है। संविधान, संगठन से अपेक्षा करता है कि संगठन आर्थिक, सामाजिक और सांस्कृतिक मामलों में 'समन्वय, एकीकरण और सहयोग प्राप्त करने के साधन' प्रदान करे।

खाड़ी सहयोग परिषद् के रक्षा/ सुरक्षा कार्य

1983 और 1987 के बीच अनेक बैठकों में खाड़ी देशों ने पारस्परिक रक्षा की योजनाएँ तैयार की हैं और संयुक्त कमान और संयुक्त रक्षा नेटवर्क स्थापित करने के लिए प्रयास शुरू किए हैं। वर्ष 1984 में खाड़ी सहयोग परिषद के रक्षा मंत्री, प्रायद्वीप सुरक्षा बल की दो ब्रिगेड (10,000 व्यक्ति) स्थापित करने पर सहमत हुए थे। यह संयुक्त हस्तक्षेप बल, सऊदी अधिकारी की कमान में हफर अल बातिन में शाह खालिद मिलिट्री सिटी के समीप सऊदी अरब में स्थित है। मुख्यालय स्टाफ के अलावा, इस बल में लगभग 5000 व्यक्तियों की इनफैंट्री ब्रिगेड शामिल है जिसमें 1992 में खाड़ी सहयोग परिषद के सभी देशों के नागरिक शामिल थे। खतरे के समय इस बल का विस्तार किया जा सकता है। अक्तूबर, 1987 में खाड़ी सहयोग परिषद, पारस्परिक रक्षा संधि पर सहमत हुई थी जिसमें किसी एक सदस्य राष्ट्र पर हमले को सभी सदस्य राष्ट्रों पर हमला माना जाएगा। इस रूप में यह परिषद् सामूहिक सुरक्षा के सिद्धांत पर आधारित है।

जीसीसी में व्यापार और वाणिज्य

वर्ष 1994 में पूर्ण सीमा शुल्क एकीकरण की प्रक्रिया शुरू की गई थी। जून, 1998 में जब सभी सदस्य राष्ट्र, विदेशी सीमा शुल्क प्रयोजनों के लिए अधिकांश माल के वर्गीकरण पर सहमत हो गए थे, सीमा शुल्क संघ की संभावना का पता लगाने के लिए एक तकनीकी समिति गठित की गई थी। नवंबर, 1999 में खाड़ी सहयोग परिषद की सर्वोच्च परिषद की 20वीं बैठक में यह सहमति हुई थी कि 2005 तक सीमा शुल्क संघ का लक्ष्य प्राप्त किया जाना चाहिए। दिसंबर, 2000 में 21वीं शिखर बैठक में यह तारीख पीछे खिसकाई गई और एक जनवरी, 2003 को सीमा शुल्क संघ की घोषणा की गई। सीमा शुल्क संघ, प्रवेश पत्तन पर आयातित माल पर एक

समान 5% सीमा शुल्क (खाड़ी सहयोग परिषद में सीमा शुल्क की विद्यमान 4% से 20% की दरों को समरूप बनाकर) निर्धारित करता है। खाड़ी सहयोग परिषद के 6 देशों में (अंतर व्यापार) माल और सेवाओं पर सीमा शुल्क शून्य निर्धारित किया गया है अर्थात् किसी सदस्य राष्ट्र में विनिर्मित माल की नि:शुल्क आवागमन और सीमा शुल्क संघ में समान अधिकार और विशेषाधिकार प्राप्त हैं। सन् 1998 में इस क्षेत्र में बौद्धिक संपदा अधिकारों की सुरक्षा के लिए खाड़ी सहयोग परिषद का पेटेंट कार्यालय स्थापित किया गया।

विदेशी निवेश : विदेशी निवेश को प्रोत्साहन देने के लिए अनेक अवसरों पर 1997 में प्रकाशित विदेशी निवेश दिशानिर्देशों के साथ-साथ अन्य उपाय किए गए हैं। खाड़ी सहयोग परिषद के पूरे कार्यकाल में तेल उत्पादन और मूल्य निर्धारण नीति में समन्वय के प्रयास जारी रहे हैं जिसमें उत्पादन में किसी समस्या की स्थिति में अपना कोटा पूरा करने के लिए प्रत्येक सदस्य राष्ट्र की पर्याप्त आपूर्ति और क्षमता सुनिश्चित करने पर विशेष बल दिया गया है।

खाड़ी सहयोग परिषद में आवागमन सुविधाजनक बनाना : खाड़ी सहयोग परिषद के सदस्य राष्ट्रों के आंतरिक मंत्रियों द्वारा सन् 1997 में एक आसान पासपोर्ट व्यवस्था अनुमोदित की गई थी। 1990 के दशक के मध्य से खाड़ी सहयोग परिषद के सदस्य राष्ट्रों के सूचना मंत्री अपने कार्य में समन्वय के लिए नियमित रूप से मिलते हैं। 1999 में संयुक्त अरब अमीरात में अपनी बैठक में, खाड़ी सहयोग परिषद के सूचना मंत्रियों ने खाड़ी सहयोग परिषद के सदस्य राष्ट्रों में सूचना के बाह्य आदान-प्रदान को मज़बूत बनाने के महत्त्व की पुष्टि की।

खाड़ी सहयोग परिषद का विस्तार

यमन और जॉर्डन दोनों ने खाड़ी सहयोग परिषद में शामिल होने की इच्छा जताई है। इसके बाद इस संगठन की सदस्यता उनको हो जाएगी। उल्लेखनीय है कि खाड़ी सहयोग परिषद का 26वाँ शिखर सम्मेलन 18-19 दिसंबर, 2005 को आबू धाबी में हुआ था। शिखर सम्मेलन की घोषणा में, खाड़ी सहयोग परिषद के आर्थिक एकीकरण, अमरीका को छोड़कर खाड़ी सहयोग परिषद की सामूहिक छत्रछाया में मुक्त व्यापार समझौते पर वार्ता की आवश्यकता, खाड़ी सहयोग परिषद के व्यापक रेल नेटवर्क, आर्थिक संघ, सन् 2010 तक एकल मुद्रा और एकीकृत गल्फ केंद्रीय बैंक की संभावना (सऊदी अरब विरोध करता है) और सन् 2007 तक पूर्ण सीमा शुल्क संघ जैसे आर्थिक सहयोग पर केंद्रित रही। शिखर सम्मेलन में यूरोपीय संघ, चीन और तुर्की के साथ मुक्त व्यापार समझौते पर हुई प्रगति पर संतोष व्यक्त किया गया। इराक में चुनाव और ईरान का परमाणु मसला मुख्य केंद्रबिंदु रहे।

दिसंबर, 2019 में सऊदी अरब के रियाद में खाड़ी सहयोग संगठन की 40वीं बैठक आयोजित की गई थी जिसमें इस संगठन ने 2025 तक एक मौद्रिक एवं वित्तीय ब्लॉक गठित करने पर बल दिया है। 2017 में सऊदी अरब, संयुक्त अरब अमीरात, बहरीन और मिस्र ने कतर के साथ अपने राजनयिक आर्थिक संबंध तोड़ लिए थे। इस बैठक में कतर के साथ संबंधों की पुनर्बहाली और खाड़ी क्षेत्र स्थिरता के संबंध में कोई उदारता नहीं दिखाई गई थी।

मर्कोसुर (दक्षिण अमेरिकी क्षेत्रीय संगठन)

यह दक्षिण अमरीका और साथ ही लैटिन अमरीका के सबसे बड़े ट्रेड ब्लॉक के रूप में जाना जाता है। इसका गठन 1991 में असियान संधि के ज़रिये हुआ था। ब्राजील, अर्जेंटीना, परागुए और उरुग्वे इसके संस्थापक सदस्य थे। 2012 में वेनेजुएला को इसका सदस्य बनाया गया लेकिन उसकी संकीर्ण आर्थिक राजनीतिक नीतियों के चलते 2016 में उसे इस संगठन से निकाल दिया गया। हाल के समय में बोलिविया को मर्कोसुर का नया सदस्य बनाने की योजना थी। इसके एसोसिएट सदस्यों में शामिल हैं—चिली, कोलंबिया, गुयाना, पेरू, सूरीनाम, इक्वाडोर और बोलिविया।

इसका मुख्य उद्‌देश्य वस्तु, सेवा, श्रम और पूँजी का मुक्त प्रवाह सुनिश्चित करना है। दक्षिण अमरीका का आर्थिक एकीकरण, टैरिफ और नॉन टैरिफ अवरोधों को व्यापार में दूर करना इसका मकसद है।

इसके सदस्य देशों की संयुक्त जीडीपी 3.5 ट्रिलियन डॉलर है, और इस क्षेत्र में 295 मिलियन जनसंख्या निवास करती है।

भारत और मर्कोसुर

वर्तमान में भारत और मर्कोसुर के बीच वरीयतामूलक व्यापार समझौते को संपन्न करने पर वार्ता चल रही है। जुलाई, 2019 में भारत के विदेश मंत्री ने भी अपने बयान में स्पष्ट किया है कि इस समझौते को जल्द से जल्द संपन्न कराने का प्रयास किया जाएगा। दोनों पक्षों ने 2020 तक 30 बिलियन डॉलर के द्विपक्षीय व्यापार का लक्ष्य भी निर्धारित कर रखा है। दोनों पक्षों के बीच व्यापार हेतु टैरिफ लाइन में कटौती को लेकर बात हुई है। वर्तमान में यह 450 वस्तुओं तक सीमित है, जिसे 3000 वस्तुओं तक करने पर विचार किया जा रहा है। 2016 में भारत ने मर्कोसुर को 4836 वस्तुओं पर टैरिफ लाइन में कटौती कर अधिक बाज़ार पहुँच की मंशा जाहिर की थी, जबकि मर्कोसुर ने भारत को 3358 वस्तुओं की सूची दी थी। भारत ने 2015-16 में मर्कोसुर के बाज़ार में 3.4 बिलियन डॉलर मूल्य के वस्तुओं का

निर्यात किया था और इसी समयावधि में 6.6 बिलियन डॉलर मूल्य के वस्तुओं का वहाँ से आयात किया था। भारत मर्कोसुर देशों को प्रसंस्कृत खाद्य, इंजीनियरिंग वस्तुओं और फार्मास्युटिकल्स का अधिक निर्यात करना चाहता है। भारत का मर्कोसुर के बाज़ार में ऑर्गेनिक रसायन, प्लास्टिक और रबर को लेकर पहुँच है। भारत मर्कोसुर के बीच व्यापार की यह मात्रा कम है। इसी वर्ष यानि 2015-16 में अमरीका और मर्कोसुर का व्यापार 68.6 बिलियन डॉलर, और यूरोपीय संघ और मर्कोसुर का 115 बिलियन डॉलर का था। यूरोपीय संघ मर्कोसुर का दूसरा सबसे बड़ा व्यापारिक साझेदार भी है। इन आँकड़ों के हिसाब से भारत को दक्षिण अमरीका और लैटिन अमरीका के बाजारों में पहुँच बढ़ाने की रणनीति बनानी होगी।

15 अगस्त, 2019 को दक्षिण अमरीका के सबसे बड़े व्यापारिक, क्षेत्रीय संगठन मर्कोसुर के प्रमुख सदस्य ब्राजील ने इस संगठन को छोड़ने की चेतावनी दी है। ब्राजील का कहना है कि यदि अर्जेंटीना में विपक्षी दल सत्ता में आता है और संकीर्ण आर्थिक नीतियाँ और संरक्षणवादी एजेंडे पर चलता है तो वह मर्कोसुर में नहीं रहेगा।

एक अन्य कारण से भी मर्कोसुर सुर्खियों में रहा। जून, 2019 में ओसाका में हुए जी-20 समिट के दौरान ही यूरोपीय संघ और मर्कोसुर के बीच 20 वर्षों से लंबित पड़े हुए मुक्त व्यापार समझौते को संपन्न करने का निर्णय लिया गया।

अगस्त, 2019 में भी मर्कोसुर अमेज़न के वर्षा वनों में लगी आग के संदर्भ में फ्रांस और आयरलैंड के द्वारा दिए गए बयान से सुर्खियों में रहा। 23 अगस्त को फ्रांस और आयरलैंड ने ब्राजील के मर्कोसुर सदस्यों को चेतावनी दी कि जब तक अमेज़न के जंगलों में लगी आग की प्रभावी तरीके से नियंत्रित नहीं किया जाता तब तक ये दोनों देशों यूरोपीय संघ और मर्कोसुर के मुक्त व्यापार समझौते पर हस्ताक्षर नहीं करेंगे।

न्यू डेवलपमेंट बैंक (पूर्व में ब्रिक्स बैंक)

वर्ष 2012 में नई दिल्ली में ब्रिक्स के चौथे समिट में ब्रिक्स देशों ने विकास परियोजनाएँ और अवसंरचनात्मक विकास के लिए एनडीबी जैसे बैंक के गठन की संभावना पर विचार किया था। इसके लिए ब्रिक्स देशों के वित्त मंत्रियों द्वारा रोडमैप तैयार करने का निर्देश दिया गया और इस हेतु एक ज्वाइंट वर्किंग ग्रुप बनाकर ऐसे बैंक के गठन की व्यवहार्यता पर 2013 के समिट में रिपोर्ट देने को कहा गया। 2013 में डरबन में पाँचवें ब्रिक्स समिट में वित्त मंत्रियों की रिपोर्ट के बाद एनडीबी को बनाने पर विचार शुरू हुआ। इसके बाद ब्राजील के फोर्टालेजा में 2014 में ब्रिक्स के छठे समिट में न्यू डेवलपमेंट बैंक के गठन के लिए सदस्य देशों ने एक एग्रीमेंट पर हस्ताक्षर किया। इस प्रकार फोर्टालेजा उद्घोषणा के साथ औपचारिक, आधिकारिक

स्तर पर इस बैंक के गठन की घोषणा हुई। इस उद्घोषणा में साफ किया गया कि यह वैश्विक स्तर के बहुपक्षीय और क्षेत्रीय वित्तीय संस्थाओं के विकासात्मक कार्यों में सहयोगी और अनुपूरक का काम करेगा, इस प्रकार यह दक्षिण अमेरिकी संगठन यूनासुर की तरह वर्ल्ड बैंक, आईएमएफ जैसी संस्थाओं को प्रतिद्वंद्वी मानने वाला बैंक नहीं है। 7 जुलाई, 2015 को रूस में ब्रिक्स के उफा समिट में न्यू डेवलपमेंट बैंक एक वैधानिक इकाई के रूप में अस्तित्व में आ गया। चीन के साथ हेडक्वार्टर एग्रीमेंट करने के साथ ही 27 फरवरी, 2016 को यह बैंक पूर्ण रूप से कार्यशील हो गया। इसका मुख्यालय शंघाई में है। इसके अध्यक्ष के वी कामथ हैं। इसमें 4 वाइस प्रेसिडेंट और बोर्ड ऑफ डायरेक्टर्स का प्रावधान किया गया है। बैंक की आरंभिक चुकता पूँजी 50 बिलियन डॉलर (एक समान योगदान) तय की गई थी, अब यह 100 बिलियन डॉलर राशि वाला बैंक है जिसमें सभी सदस्य देशों की भागीदारी 20 बिलियन डॉलर (प्रत्येक सदस्य) है। इसके बोर्ड ऑफ डायरेक्टर्स का पहला अध्यक्ष रूस को बनाने का निर्णय हुआ था।

न्यू डेवलपमेंट बैंक की भूमिका

न्यू डेवलपमेंट बैंक एक अंतर्राष्ट्रीय संगठन है जिसका गठन सभी ब्रिक्स देशों ने मिलकर किया है। इसमें ब्राजील, रूस, भारत, चीन और दक्षिण अफ्रीका की हिस्सेदारी है। इस बैंक का आर्टिकल ऑफ एग्रीमेंट कहता है कि संयुक्त राष्ट्र संघ के सभी सदस्य देश एनडीबी के सदस्य बन सकते हैं लेकिन ब्रिक्स देशों का इस बैंक में शेयर मताधिकार के 55 प्रतिशत से कम किसी भी हाल में नहीं होगा। इस बैंक में सभी पाँचों देशों की शेयरधारिता और मताधिकार 20 प्रतिशत है।

1 अप्रैल, 2019 को न्यू डेवलपमेंट बैंक की चौथी वार्षिक बैठक का आयोजन केपटाउन में किया गया था। इस बैठक में कहा गया कि इस बैंक का मुख्य उद्देश्य सतत विकास को और विकास की सतत अवसंरचना को बढ़ावा देना है। इस बैठक में कहा गया कि क्रय शक्ति समता की दृष्टि से वैश्विक सकल घरेलू उत्पाद में ब्रिक्स देशों का शेयर वर्ष 2010 के 30 प्रतिशत से बढ़कर अब 36 प्रतिशत हो गया है। इस बैठक में एनडीवी की उपलब्धियाँ बताते हुए कहा गया कि 2017 के अंत तक 3.4 बिलियन डॉलर के कुल 13 ऋण विविध परियोजनाओं के लिए दिए जा चुके हैं। 2018 में 17 ऋणों को स्वीकृति दी गई है जिसकी राशि 4.6 बिलियन है। इस प्रकार अब एनडीबी के बैनर तले कुल 30 विकास परियोजना संबंधी ऋण (कुल राशि 8 बिलियन डॉलर) को मंजूरी दी गई है।

ब्रिक्स के आधिकारिक दस्तावेज बताते हैं कि ब्रिक्स बैंक (अब एनडीबी) वर्तमान में दिए जाने वाले कुल ऋण का 60 प्रतिशत नवीकरणीय ऊर्जा को बढ़ावा

देने वाली परियोजनाओं के लिए देता है और इसमें परिवहन, स्वच्छ ऊर्जा, जल और स्वच्छता प्रबंधन और शहरी विकास को जोड़ दिया जाए तो यह 80 प्रतिशत से अधिक हो जाता है। इस प्रकार यह बैंक सतत विकास और एजेंडा 2030 के हिसाब से 17 सतत विकास लक्ष्यों की प्राप्ति की दिशा में सक्रिय हो कर काम कर रहा है। 2018 में इस बैंक को एए प्लस इंटरनेशनल रेटिंग फिच और एस एंड पी ग्लोबल से भी मिल चुका है, जिससे अब इसकी पहुँच वैश्विक पूँजी बाज़ार तक अनुकूल शर्तों के साथ हो गई है। सतत विकास के प्रति अपनी प्रतिबद्धता बढ़ाते हुए एनडीबी ने 2019 में अपने द्वारा दिए जाने वाले ऋण की मात्रा दोगुना यानि 16 बिलियन करने की घोषणा भी की है। इस बैंक ने चीनी इंटरबैंक बॉन्ड मार्केट से 3 बिलियन डॉलर मूल्य वाले रेनमिनबी का दूसरा बॉन्ड जारी किया है और दक्षिण अफ्रीका, भारत और रूस में लोकल करेंसी बॉन्ड जारी करने की योजना भी बना रहा है। यह बैंक इक्विटी निवेश भी शुरू करने और प्रोजेक्ट प्रिपरेशन फंड को कार्यशील बनाने की योजना पर काम कर रहा है।

इस बैंक का पहला क्षेत्रीय केंद्र 2017 में जोहांसबर्ग में लॉन्च हुआ जो 2018 में कार्यशील हो गया है। इस बैंक के बोर्ड ऑफ डायरेक्टर्स का पहला चेयरमैन भी ब्राजील को बनाने का निर्णय लिया गया।

वर्ष 2019 के पिछले दो महीनों में यह डॉलर फंडिंग से हटकर लोकल करेंसी लेंडिंग के निर्णय को लेकर चर्चा में है। के वी कामथ ने हाल ही में कहा है कि निकट भविष्य में 50 प्रतिशत परियोजनाएँ स्थानीय मुद्रा में वित्त पोषित की जाएँगी।

जापान क्रेडिट रेटिंग एजेंसी ने 20 अगस्त, 2019 को ब्रिक्स को के AAA के साथ सर्वाधिक रेटिंग दी है। इसके अलावा अगस्त 2019 में ही न्यू डेवलपमेंट बैंक (पूर्व में ब्रिक्स बैंक) ने कहा है कि 10 प्रतिशत जीडीपी ग्रोथ रेट के साथ भारत 5 ट्रिलियन डॉलर अर्थव्यवस्था बन सकता है।

अध्याय 8

प्रमुख अंतर्राष्ट्रीय संगठन संरचना, प्रकार्य और अधिदेश

संयुक्त राष्ट्र संघ : संरचना, प्रकार्य और अधिदेश

विश्व युद्ध के बाद स्थापित लीग ऑफ नेशंस द्वारा युद्ध को रोकने में असफल रहने और वैश्विक शांति और सुरक्षा को सुनिश्चित न कर पाने के चलते संयुक्त राष्ट्र संघ के रूप में वैश्विक शांति और सुरक्षा के लिए वैश्विक संगठन बनाया गया था। अमरीका, ब्रिटेन, सोवियत संघ, चीन और अन्य 26 मित्र राष्ट्रों ने 1 जनवरी, 1942 को धुरी राष्ट्रों से निपटने के लिए एक सम्मेलन किया था। इसी के उपरांत अमेरिकी राष्ट्रपति फ्रैंकलिन डी रूजवेल्ट ने संयुक्त राष्ट्र संघ के रूप में एक वैश्विक संगठन का नामकरण किया था। संयुक्त राष्ट्र संघ की रूपरेखा निर्मित करने के लिए वाशिंगटन में 1944 में सम्मेलन आयोजित किया गया। इसके पूर्व याल्टा सम्मेलन में भी सुरक्षा परिषद की प्रस्तावित कार्यप्रणाली पर चर्चा की गई थी। जून, 1945 में अमरीका के सैनफ्रांसिस्को में संयुक्त राष्ट्र के गठन के प्रश्न पर सम्मेलन आयोजित किया गया था। इसी सम्मेलन में संयुक्त राष्ट्र के अधिकार पत्र (चार्टर) को अंतिम रूप दिया गया था। इस प्रकार 24 अक्टूबर, 1945 को संयुक्त राष्ट्र संघ अस्तित्व में आया। इसका मुख्यालय न्यूयार्क में स्थापित किया गया। इसमें 193 सदस्य देश हैं जो इस सार्वभौमिक संगठन के क्षेत्राधिकार की पुष्टि करते हैं।

संयुक्त राष्ट्र का चार्टर

संयुक्त राष्ट्र चार्टर में इसके उद्देश्यों और सदस्य राष्ट्रों द्वारा वैश्विक शांति और स्थिरता में उनके दायित्वों का वर्णन किया गया। यह चार्टर इसलिए महत्त्वपूर्ण है क्योंकि दुनिया के अधिकांश देश और क्षेत्रीय एवं अंतर्राष्ट्रीय संगठन संयुक्त राष्ट्र चार्टर में आस्था रखते हुए ही अपनी नीतियों को दिशा देते हैं। इस चार्टर में संयुक्त

राष्ट्र के सदस्यों से आगामी पीढ़ियों को युद्ध की विभीषिका से बचाने की अपील की गई है। इसमें छोटे और बड़े देशों और स्त्री पुरुषों के समान अधिकारों पर बल दिया गया है। संयुक्त राष्ट्र चार्टर अंतर्राष्ट्रीय कानून और संधियों के प्रति सभी में न्याय और सम्मान का भाव पैदा करने की अपेक्षा करता है। इसमें राष्ट्रों से हिंसक उद्देश्यों के लिए सशस्त्र सेनाओं के उपयोग न करने की बात की गई है।

संयुक्त राष्ट्र चार्टर में कुल 111 अनुच्छेद हैं जिनमें से कुछ प्रमुख जो निर्धारक सिद्धांत के रूप में कार्य करते हैं, निम्नलिखित हैं :

—अंतर्राष्ट्रीय शांति और सुरक्षा को बनाए रखने के लिए सामूहिक उपाय करना और इस दिशा में उत्पन्न हुए खतरों को नष्ट करना तथा समान अधिकारों और नागरिकों के आत्म निर्धारण के अधिकारों के सम्मान के लिए राष्ट्रों के मध्य

मित्रवत संबंधों का विकास तथा बिना किसी भेदभाव के मौलिक स्वतंत्रता को सुरक्षित करना। (अनुच्छेद 1)

—चार्टर सभी सदस्य राष्ट्रों के समान संप्रभुता और उसके सम्मान पर जोर देता है। सभी सदस्य राष्ट्र अंतर्राष्ट्रीय विवादों का निस्तारण इस प्रकार करेंगे ताकि वैश्विक शांति और सुरक्षा सुनिश्चित हो सके। सभी सदस्य राष्ट्र अपने अंतर्राष्ट्रीय संबंधों में किसी भी देश की प्रादेशिक अखंडता और राजनीतिक स्वतंत्रता के खिलाफ बल या युद्ध का प्रयोग नहीं करेंगे। सभी सदस्य राष्ट्र संयुक्त राष्ट्र को उसके चार्टर के उद्देश्यों को पूरा करने के लिए सहयोग करेंगे और सहायता देंगे। (अनुच्छेद 2)

—संयुक्त राष्ट्र की सदस्यता सभी शांतिप्रिय देशों के लिए खुली रहेगी जो उसके चार्टर के दायित्वों को स्वीकार करते हों। नए सदस्यों का संयुक्त राष्ट्र में प्रवेश सुरक्षा परिषद् की सिफारिश पर संयुक्त राष्ट्र महासभा के निर्णय से किया जाएगा। (अनुच्छेद 4)

—संयुक्त राष्ट्र के किसी ऐसे सदस्य को जिसके खिलाफ सुरक्षा परिषद् ने निवारक अथवा प्रवर्तनकारी कदम उठाया है उसे सुरक्षा परिषद् की सिफारिश पर महासभा द्वारा संयुक्त राष्ट्र सदस्यता के अधिकारों और विशेषाधिकारों के प्रयोग को निलंबित कर सकती है। (अनुच्छेद 5)

—संयुक्त राष्ट्र संघ के सिद्धांतों के लगातार उल्लंघन के आधार पर किसी सदस्य राष्ट्र को सुरक्षा परिषद् की सिफारिश पर महासभा द्वारा निलंबित किया जा सकता है। (अनुच्छेद 6), महासभा, सुरक्षा परिषद्, आर्थिक और सामाजिक परिषद्, ट्रस्टीशिप काउंसिल, अंतर्राष्ट्रीय न्यायालय और संयुक्त राष्ट्र सचिवालय संयुक्त राष्ट्र संघ के प्रधान अंग हैं। (अनुच्छेद 7)।

—अनुच्छेद 34 में यह प्रावधान है कि अंतर्राष्ट्रीय शांति और सुरक्षा को खतरे में डालने वाले विवाद की सुरक्षा परिषद् जाँच पड़ताल कर सकती है, जबकि अनुच्छेद 35 में प्रावधान है कि कोई भी सदस्य राष्ट्र ऐसे किसी विवाद को महासभा और सुरक्षा परिषद् के संज्ञान में ले आ सकता है। यदि विवाद हर तरीके से बना रहता है जिससे अंतर्राष्ट्रीय शांति और सुरक्षा भंग हो तो इसके खिलाफ सुरक्षा परिषद् कोई भी कड़ा कदम उठा सकती है (अनुच्छेद 37), सुरक्षा परिषद् शांति के समक्ष खतरे, शांति भंग करने वाली स्थिति और शांति भंग करने वाले आक्रामक कृत्यों का निर्धारण कर सकती है (अनुच्छेद 39), अंतर्राष्ट्रीय शांति और सुरक्षा भंग करने की स्थिति में सभी विकल्प प्रभावी न रह जाने पर सुरक्षा परिषद् बल के उपयोग या युद्ध की कार्यवाही के ज़रिये शांति स्थापना और पुनर्बहाली के उपाय कर सकती है। (अनुच्छेद 42)

संयुक्त राष्ट्र महासभा

संयुक्त राष्ट्र के चार्टर के अनुच्छेद 7 के अनुसार महासभा संयुक्त राष्ट्र का प्रधान अंग है। इसे विश्व की लघु संसद के नाम से भी जाना जाता है। संयुक्त राष्ट्र के सभी 193 सदस्य इसके सदस्य होते हैं और यह सदस्यों का प्रतिनिधित्व करता है। यह संयुक्त राष्ट्र की प्रमुख नीति निर्धारण इकाई है। महासभा संयुक्त राष्ट्र के चार्टर के तहत कवर किए जाने वाले महत्त्वपूर्ण मुद्दों जैसे विकास, शांति और सुरक्षा, नए सदस्यों के प्रवेश और बजट आदि पर चर्चा करती है। प्रत्येक वर्ष सितंबर माह में संयुक्त राष्ट्र के सभी सदस्य देश इसके मुख्यालय न्यूयॉर्क में आयोजित बैठक में भाग लेते हैं। महासभा शस्त्रों के नियमन निःशस्त्रीकरण अंतर्राष्ट्रीय शांति और सुरक्षा को बनाए रखने के लिए विचार-विमर्श करती है और उस पर अपनी सिफारिशें प्रस्तुत करती है। यह संयुक्त राष्ट्र के बजट पर विचार करती है और उसे मंजूरी देने का भी कार्य करती है। महासभा द्वारा ही अंतर्राष्ट्रीय शांति और सुरक्षा को भंग करने के आरोप में किसी राष्ट्र को सदस्यता से निलंबित भी किया जाता है।

संयुक्त राष्ट्र महासभा सुरक्षा परिषद के अस्थायी सदस्यों का निर्वाचन करती है और इसके साथ ही सुरक्षा परिषद की सिफारिश पर संयुक्त राष्ट्र के अन्य परिषदों और अंगों के सदस्यों को भी निर्वाचित करती है। यह संयुक्त राष्ट्र महासचिव को भी नियुक्त करती है। यह संयुक्त राष्ट्र सुरक्षा परिषद और संयुक्त राष्ट्र के अन्य अंगों से रिपोर्ट प्राप्त करती है और उस पर विचार करती है।

संयुक्त राष्ट्र सुरक्षा परिषद संरचना और कार्य

संयुक्त राष्ट्र संघ के चार्टर के अनुच्छेद 7 में बताया गया है कि सुरक्षा परिषद् संयुक्त राष्ट्र का प्रधान अंग है। इसे वैश्विक शांति और सुरक्षा को बनाए रखने की जिम्मेदारी दी गई है। इसमें कुल 5 स्थायी सदस्य और 10 अस्थायी सदस्य हैं। संयुक्त राज्य अमरीका, रूस, ब्रिटेन, फ्रांस और चीन स्थायी सदस्य हैं। शेष 10 अस्थायी सदस्यों का निर्वाचन महासभा द्वारा अपने दो तिहाई बहुमत से किया जाता है। अस्थायी सदस्यों को दो वर्ष के लिए चुना जाता है।

सुरक्षा परिषद् के प्रत्येक सदस्य का एक मत होता है। सुरक्षा परिषद में मतदान की दृष्टि से देखें तो प्रमुख मामलों में 9 मत का निर्णय के पक्ष में होना आवश्यक होता है और इसके साथ ही पाँचों स्थायी सदस्यों की सहमति भी जरूरी होती है। पाँचों सदस्यों की सहमति को वीटो निषेधाधिकार शक्ति के रूप में जाना जाता है। यदि कोई स्थायी सदस्य किसी निर्णय से सहमत नहीं है तो वह नकारात्मक मतदान

करके अपने वीटो के अधिकार का उपयोग कर सकता है और ऐसे में सुरक्षा परिषद में किया गया कोई प्रस्ताव अवरुद्ध हो जाता है।

संयुक्त राष्ट्र सुरक्षा परिषद के मुख्य कार्य निम्नलिखित हैं :

—संयुक्त राष्ट्र के सिद्धांतों और उद्देश्यों के अनुसार अंतर्राष्ट्रीय शांति और सुरक्षा को बनाए रखना।

—किसी भी ऐसे विवाद जिन से अंतर्राष्ट्रीय शांति और सुरक्षा को खतरा हो, के निपटारे के लिए उपायों को सुझाना और समझौते की शर्तों को निर्धारित करना।

—किसी भी ऐसे विवाद अथवा स्थिति की जाँच करना जिससे अंतर्राष्ट्रीय शांति को खतरा उत्पन्न हो सकता है।

—शस्त्रों के नियमन संबंधी व्यवस्था को स्थापित करने के लिए योजना तैयार करना और आक्रमणकारी देश के विरुद्ध चार्टर के अनुच्छेद 42 के तहत कार्यवाही करना।

—नए सदस्यों को संयुक्त राष्ट्र संघ में प्रवेश की सिफारिश करना और उन शर्तों को निर्धारित करना जिनके आधार पर नए देश अंतर्राष्ट्रीय न्यायालय के सदस्य बन सकते हैं।

—महत्त्वपूर्ण क्षेत्रों में संयुक्त राष्ट्र के न्यासिता अथवा ट्रस्टीशिप संबंधी कार्यों का दायित्व संभालना और शांति के खतरे और आक्रमण की स्थिति का निर्धारण करना और जरूरी कार्यवाही की सिफारिश करना।

—संयुक्त राष्ट्र महासभा को महासचिव की नियुक्ति के लिए सिफारिश करना और उनके साथ मिलकर अंतर्राष्ट्रीय न्यायालय के न्यायाधीशों का चयन करना।

आर्थिक और सामाजिक परिषद्

आर्थिक और सामाजिक परिषद् संयुक्त राष्ट्र संघ के प्रधान अंगों में शामिल है। इस की सदस्य संख्या 54 है और यह एक स्थायी संस्था है लेकिन इसके एक तिहाई सदस्य प्रतिवर्ष पदमुक्त होते हैं। इस प्रकार प्रत्येक सदस्य की अवधि 3 वर्ष होती है परंतु इसमें अवकाश ग्रहण करने वाला सदस्य पुनः निर्वाचित हो सकता है। आर्थिक एवं सामाजिक परिषद के कुल 54 सदस्यों में से एक तिहाई सदस्य प्रतिवर्ष अवकाशमुक्त हो जाते हैं तथा उनके स्थान पर नए सदस्य देशों का चुनाव किया जाता है। आर्थिक और सामाजिक परिषद के मुख्य कार्य अथवा शक्तियाँ निम्नलिखित हैं :

—यह अंतर्राष्ट्रीय आर्थिक, सामाजिक, सांस्कृतिक, शैक्षणिक, स्वास्थ्य और अन्य संबंधित मामलों पर अध्ययन की पहल करने के साथ उन पर रिपोर्ट तैयार करती है और उन पर सिफारिशें देती है।

—आर्थिक और सामाजिक परिषद अंतर्राष्ट्रीय आर्थिक और सामाजिक मामलों के संबंध में केंद्रीय मंच के रूप में काम करता है। यह मानवाधिकारों के सम्मान और मूलभूत स्वतंत्रताओं को प्रोत्साहित करती है और गैर सरकारी संगठनों से अपने कार्य क्षेत्र में आने वाले विषयों के संबंध में विचार-विमर्श करती है।

—यह उन सेवाओं को निष्पादित करती है जिन्हें संयुक्त राष्ट्र महासभा द्वारा संयुक्त राष्ट्र के सदस्य देशों के लिए स्वीकृति मिली हो अथवा इस संबंध में विशेषज्ञ संस्थाओं ने उससे अनुरोध किया हो। यह संयुक्त राष्ट्र से संबद्ध विशेषज्ञ एजेंसियों के आपसी संबंधों को परिभाषित करके उनके बीच सहमति के लिए वार्ता करती है।

संयुक्त राष्ट्र न्यासधारिता परिषद्

न्यासधारिता परिषद् संयुक्त राष्ट्र का प्रधान अंग है और इसका गठन ट्रस्ट भू क्षेत्रों के प्रशासन की निगरानी के लिए किया गया था क्योंकि ऐसे भू क्षेत्र उपनिवेशों से संप्रभु देशों के दायरे में आए थे। 1994 में इस परिषद् ने अपना कार्य बंद कर दिया जब पलाऊ (11 मूल ट्रस्ट भू क्षेत्र में अंतिम) ने स्वतंत्रता प्राप्त कर ली।

भारत और संयुक्त राष्ट्र संघ संबंध

भारत संयुक्त राष्ट्र संघ का संस्थापक सदस्य देश है। भारत ने संयुक्त राष्ट्र संघ चार्टर पर 26 जून, 1945 को हस्ताक्षर किया था। भारत संयुक्त राष्ट्र के उन प्रारंभिक सदस्यों में शामिल था जिन्होंने 01 जनवरी, 1942 को वाशिंगटन में संयुक्त राष्ट्र घोषणा पर हस्ताक्षर किए थे तथा 25 अप्रैल से 26 जून, 1945 तक सैनफ्रांसिस्को में ऐतिहासिक संयुक्त राष्ट्र अंतर्राष्ट्रीय संगठन सम्मेलन में भी भाग लिया था। संयुक्त राष्ट्र के संस्थापक सदस्य के रूप में भारत, संयुक्त राष्ट्र के उद्देश्यों और सिद्धांतों का पुरजोर समर्थन करता है और चार्टर के उद्देश्यों को लागू करने तथा संयुक्त राष्ट्र के विशिष्ट कार्यक्रमों और एजेंसियों के विकास में महत्त्वपूर्ण योगदान देता है। संयुक्त राष्ट्र संघ के चार्टर में आस्था भारत की विदेश नीति का प्रमुख सिद्धांत है।

स्वतंत्र भारत ने संयुक्त राष्ट्र में अपनी सदस्यता को अंतर्राष्ट्रीय शांति और सुरक्षा को बनाए रखने की एक महत्त्वपूर्ण गारंटी के रूप में देखा। भारत, संयुक्त राष्ट्र के उपनिवेशवाद और रंगभेद के विरुद्ध संघर्ष के अशांत दौर में सबसे आगे रहा। भारत औपनिवेशिक देशों को आजादी दिए जाने के संबंध में संयुक्त राष्ट्र की ऐतिहासिक घोषणा 1960 का सह-प्रायोजक था जो उपनिवेशवाद के सभी रूपों

और अभिव्यक्तियों को बिना शर्त समाप्त किए जाने की आवश्यकता की घोषणा करता है। भारत राजनीतिक स्वतंत्रता समिति (24 सदस्यीय समिति) का पहला अध्यक्ष भी निर्वाचित हुआ था जहाँ उपनिवेशवाद की समाप्ति के लिए उसके अनवरत प्रयास महत्त्वपूर्ण थे।

भारत, दक्षिण अफ्रीका में रंगभेद और नस्लीय भेदभाव के सर्वाधिक मुखर आलोचकों में से था। वस्तुत: भारत संयुक्त राष्ट्र (1946 में) में इस मुद्दे को उठाने वाला पहला देश था और रंगभेद के विरुद्ध आम सभा द्वारा स्थापित उप समिति के गठन में इस देश ने अग्रणी भूमिका निभाई थी। जब 1965 में सभी प्रकार के नस्लीय भेदभाव के उन्मूलन से संबंधित कन्वेंशन पारित किया गया था, भारत सबसे पहले हस्ताक्षर करने वालों में शामिल था।

गुट निरपेक्ष आंदोलन और समूह-77 के संस्थापक सदस्य के रूप में संयुक्त राष्ट्र व्यवस्था में भारत की हैसियत, विकासशील देशों के सरोकारों और आकांक्षाओं तथा अधिकाधिक न्यायसंगत अंतर्राष्ट्रीय आर्थिक एवं राजनीतिक व्यवस्था की स्थापना के अग्रणी समर्थक के रूप में मज़बूत हुई।

भारत और संयुक्त राष्ट्र शांति अनुरक्षण अभियान

1950 के दशक में इसकी शुरुआत के समय से लेकर अब तक संयुक्त राष्ट्र के शांति स्थापना से संबंधित 64 अभियानों में से 43 अभियानों में 1,60,000 से अधिक भारतीय सैनिकों ने योगदान किया है। संयुक्त राष्ट्र के नीले झंडे के लिए लड़ते हुए भारतीय सशस्त्र एवं पुलिस बल के 160 से अधिक कार्मिकों ने अपने जीवन की आहुति दी है। भारतीय सशस्त्र बलों की पहली तैनाती 1950 के दशक के पूर्वार्ध में कोरिया युद्ध के दौरान हुई थी। शांति स्थापना संबंधी अन्य अभियानों में निम्नलिखित शामिल हैं, जिनमें भारतीय कार्मिकों ने भाग लिया है—भारत-चीन (वियतनाम, लाओस, कंबोडिया), कांगो, मोजांबिक, सोमालिया, रूवांडा, अंगोला, सियरा लियोन और इथोपिया। इस समय, संयुक्त राष्ट्र के शांति स्थापना संबंधी विद्यमान 14 मिशनों में 7 मिशनों में भारतीय सशस्त्र बल भाग ले रहा है। भारतीय फौजें लेबनान (यू एन आई एफ आई एल), कांगो (एम ओ एन यू सी), सूडान (यू एन एम आई एस एस), गोलन हाइट्स (यू एन डी ओ एफ), आइवरी कोस्ट (एम आई एन यू एस टी ए एच) और लाइबेरिया (यू एन एम आई एल) में हैं। संयुक्त राष्ट्र के किसी भी शांति स्थापना मिशन में केवल महिलाओं की पहली टुकड़ी अर्थात भारत से फार्म्ड पुलिस यूनिट 2007 में लाइबेरिया में संयुक्त राष्ट्र शांति स्थापना मिशन के अंग के रूप में तैनात की गई।

संयुक्त राष्ट्र में भारत

भारत 7 बार संयुक्त राष्ट्र सुरक्षा परिषद का अस्थायी सदस्य रह चुका है—1950-51, 1967-68, 1972-73, 1977-78, 1984-85, 1991-92 और 2011-2012

भारत संयुक्त राष्ट्र के संस्थापक सदस्यों में से एक है। भारत ने 1945 में सैनफ्रांसिस्को सम्मेलन में भाग लिया, इसके शिष्टमंडल का नेतृत्व सर सी पी रामास्वामी मुदलियार ने किया था।

भारत संयुक्त राष्ट्र शांति स्थापना संबंधी अभियानों में योगदान करने वाला सबसे बड़ा देश है। संयुक्त राष्ट्र के शांति स्थापना के लिए चल रहे 14 मिशनों में से 7 मिशनों में भारतीय सशस्त्र बल भाग ले रहा है।

भारत ने उपनिवेशी देशों एवं लोगों को आजादी प्रदान करने पर 1960 की महत्त्वपूर्ण घोषणा को सह प्रायोजित किया था।

इस घोषणा के कार्यान्वयन की देख-रेख करने के लिए गठित विशेष समिति की सी.एस. झा ने अध्यक्षता की।

भारत ने संयुक्त राष्ट्र में पूर्ण परमाणु निरस्त्रीकरण एवं अप्रसार के मुद्दे को आगे बढ़ाया है। यह परमाणु हथियारों से लैस एकमात्र ऐसा देश है जिसने परमाणु हथियारों के पूर्ण उन्मूलन की माँग की है। 1996 में 20 अन्य देशों के साथ भारत ने परमाणु हथियारों के चरणबद्ध उन्मूलन के लिए कार्य योजना प्रस्तुत किया (1996-2020)

भारत ने विकासशील देशों के लिए संयुक्त राष्ट्र के ओडीए अनुमानों का सुनिश्चय करने में महत्त्वपूर्ण भूमिका निभायी।

भारत ने ब्राजील, जापान और जर्मनी के साथ मिलकर 2005 में संयुक्त राष्ट्र सुरक्षा परिषद के सुधारों की माँग करने के लिए जी-4 का गठन किया।

1996 में अंतर्राष्ट्रीय आतंकवाद पर एक प्रारूप व्यापक अभिसमय (सी सी आई टी) प्रस्तुत किया। भारत ने 2005 में संयुक्त राष्ट्र जनसंख्या निधि का गठन किया तथा इसमें योगदान करने वाले प्रमुख देशों में से एक है।

संयुक्त राष्ट्रसंघ की भूमिका और संबंधित विवाद

संयुक्त राष्ट्रसंघ की स्थापना वैश्विक शांति और सुरक्षा तथा मानवता के साझे मूल्यों की रक्षा के लिए हुई थी। द्वितीय विश्वयुद्धोत्तर काल में संयुक्त राष्ट्रसंघ के प्रयासों से न केवल युद्ध की सम्भावनाओं को रोकने का प्रयास हुआ, बल्कि सदस्य देशों के मध्य अनेक क्षेत्रों में रचनात्मक सहयोग को भी गति दी गई। उल्लेखनीय है कि अंतर्राष्ट्रीय राजनीति प्राय: शक्ति राजनीति से संचालित होती रही है, परन्तु

संयुक्त राष्ट्रसंघ ने विश्व में सहयोग व पारस्परिक विश्वास की नई सम्भावनाओं का आधार रखा है। संयुक्त राष्ट्रसंघ की महत्त्वपूर्ण भूमिकाओं को निम्नलिखित रूपों में देखा जा सकता है—

1. संयुक्त राष्ट्रसंघ का गठन तीसरे विश्वयुद्ध की सम्भावनाओं को टालने और शांति स्थापित करने के लिए किया गया था, जहाँ आक्रमणकरी देशों से छोटे और नवस्वतंत्र देशों की सुरक्षा का प्रश्न सर्वाधिक महत्त्वपूर्ण था। इस संदर्भ में संयुक्त राष्ट्रसंघ के चार्टर के चैप्टर सात में सामूहिक सुरक्षा का प्रावधान किया गया। इसके तहत सुरक्षा परिषद को किसी भी आक्रामक और विस्तारवादी देश के विरुद्ध कार्यवाही का अधिकार दिया गया था। साथ ही सुरक्षा परिषद ऐसे गैर जिम्मेदार देशों पर आर्थिक और वित्तीय प्रतिबन्ध भी लगा सकती है। उल्लेखनीय है कि संयुक्त राष्ट्रसंघ द्वारा खाड़ी संकट के दौरान सामूहिक सुरक्षा की इस धारणा का प्रभावी प्रयोग भी किया गया, जब इराक के विरुद्ध कुवैत की सुरक्षा विश्वसमुदाय द्वारा किया गया।

जैसा कि शीतयुद्धोत्तर काल में सुरक्षा का खतरा अब केवल बाहरी देशों से ही नहीं रह गया, बल्कि वर्तमान में सुरक्षा के सामने आंतरिक खतरे बढ़ गए हैं। वस्तुतः वर्तमान विश्व में अनेक देशों में नृजातीय संघर्ष के कारण गृहयुद्ध की स्थिति उत्पन्न हुई है। इस संदर्भ में संयुक्त राष्ट्रसंघ की शान्ति सेनाओं द्वारा विश्व में इन संघर्षों को रोकने में प्रभावी भूमिका निभाई जा रही है। इसी क्रम में 1992 में संयुक्त राष्ट्रसंघ के महासचिव बुतरस घाली द्वारा एजेंडा फ़ॉर पीस की धारणा भी दी गई,जिसके तहत पीसकीपिंग के साथ-साथ संयुक्त राष्ट्रसंघ द्वारा पीसबिल्डिंग को भी बढ़ावा दिया जाने लगा। इसके लिए गृहयुद्ध से प्रभावित देशों में ऐसी सामाजिक आर्थिक संस्थाओं की स्थापना पर बल दिया जाने लगा, जो दीर्घकालिक शांति का परिवेश निर्मित कर सकें। साथ ही विश्व में नाभिकीय हथियारों के प्रयोग की संभावना पर रोक लगाने के लिए संयुक्त राष्ट्रसंघ के मंच से नाभिकीय निःशस्त्रीकरण और अप्रसार के भी महत्त्वपूर्ण प्रयास किये गए।

2. संयुक्त राष्ट्र द्वारा विश्व में सामाजिक आर्थिक समस्याओं के समाधान हेतु भी आर्थिक और सामाजिक परिषद के तत्वावधान में अनेक महत्त्वपूर्ण पहल किये जा रहे हैं। इस संदर्भ में संयुक्त राष्ट्रसंघ के विशेषीकृत एजेंसियों के माध्यम से विश्व के अनेक भागों में सामाजिक आर्थिक कार्यक्रमों और योजनाओं का संचालन किया जा रहा, जिससे विश्व में गरीबी,शोषण, भेदभाव को दूर किया जा सके। इस संदर्भ में खाद्य और कृषि संगठन, यूनिसेफ, विश्व स्वास्थ्य संगठन आदि की भूमिका महत्त्वपूर्ण है। उल्लेखनीय है कि इन्हीं लक्ष्यों को प्राप्त करने के लिए वर्ष 2000 में संयुक्त राष्ट्रसंघ के तत्वावधान में ही सहस्त्राब्दी विकास के लक्ष्य की घोषणा की गई तथा वर्ष 2015 में पुनः सतत विकास लक्ष्य की घोषणा की गई।

3. संयुक्त राष्ट्रसंघ की सर्वाधिक महत्त्वपूर्ण भूमिका मानवाधिकारों का संरक्षण और विश्व में मानवाधिकार के प्रति जागरूकता को बढ़ावा देना भी है। 10 दिसंबर 1948 को संयुक्त राष्ट्रसंघ द्वारा मानवाधिकार का सार्वभौमिक घोषणापत्र जारी किया। साथ ही संयुक्त राष्ट्रसंघ के चैप्टर सात में मानवाधिकारों के संरक्षण के लिए मानवीय हस्तक्षेप की धारणा भी दी गई है। मानवाधिकार के संरक्षण के लिए मानवाधिकार उच्चायोग का भी गठन किया गया,जिसे 2006 में संयुक्त राष्ट्र मानवाधिकार परिषद में परिवर्तित कर दिया गया। वर्तमान विश्व में गृहयुद्ध, प्राकृतिक आपदा आदि कारणों से शरणार्थी संकट में वृद्धि देखी जा रही है,जहाँ संयुक्त राष्ट्रसंघ के शरणार्थी उच्चायोग द्वारा इनके पुनर्वास के संबंध में प्रभावी भूमिका निभाई जा रही है।

4. संयुक्त राष्ट्रसंघ अंतर्राष्ट्रीय कानूनों, संधियों, समझौतों, अभिसमयों के माध्यम से न्यायपूर्ण अंतर्राष्ट्रीय व्यवस्था को निर्मित करने का भी प्रयास करता है। वही अंतर्राष्ट्रीय न्यायालय के माध्यम से पारस्परिक विवादों के शांतिपूर्ण समाधान का प्रयास किया जाता है।

5. संयुक्त राष्ट्रसंघ के मंच पर अनेक वैश्विक मुद्दों पर चर्चा-परिचर्चा होती है और सदस्य देशों के मध्य इन मुद्दों पर आम सहमति निर्मित करने का प्रयास किया जाता है। वैश्विक आतंकवाद, जलवायु परिवर्तन, तस्करी जैसे मुद्दों पर एक सकारात्मक पहल इसी मंच से किये जा रहे हैं।

हालाँकि संयुक्त राष्ट्रसंघ का गठन उच्च आदर्शों के साथ हुआ था, लेकिन इसके मंच पर शक्ति राजनीति के कारण साझे मानवीय आदर्श व्यावहारिक रूप नहीं ले सके। वस्तुतः संयुक्त राष्ट्रसंघ स्वयं लोकतांत्रिक रूप में कार्य नहीं कर पायी,क्योंकि सुरक्षा परिषद में,

6. महाशक्तियों को वीटो शक्ति दे दी गई, जिसका प्रयोग वह अपने राष्ट्रीय हितों के अनुसार करते रहे हैं। इसलिए संयुक्त राष्ट्र के मंच पर वैश्विक हित में निर्णय लेने में बाधा आती रही और सामूहिक सुरक्षा की धारणा भी प्रभावी नहीं हो पाई। वहीं संयुक्त राष्ट्र की महासभा जहाँ विकासशील देश प्रभावी स्थिति में है, उसकी भूमिका को ये महाशक्तियाँ सदैव सीमित करने का प्रयास करते रहे हैं। अतः संयुक्त राष्ट्र संघ जो समान सम्प्रभुता और वैधानिक समानता के सिद्धांत पर गठित किया गया, वह स्वयं वैश्विक शक्ति राजनीति का मंच बना हुआ है। साथ ही यह वर्तमान परिस्थितियों के अनुसार भी प्रासंगिक नहीं है, क्योंकि यह 21वीं सदी के शक्ति सन्तुलन के बजाय 20वीं सदी के शक्ति सन्तुलन को दर्शाता है। क्योंकि भारत, ब्राजील, जापान, जर्मनी जैसे समकालीन महत्त्वपूर्ण शक्तियों को सुरक्षा परिषद में स्थायी सदस्यता प्राप्त नहीं है।

वहीं संयुक्त राष्ट्र संघ वित्तीय रूप में भी अत्यंत कमजोर है और अपनी वित्तीय आवश्यकताओं के लिए अपने सदस्य देशों पर अत्यधिक निर्भरता है, जिसके कारण

इसकी स्वतंत्र निर्णय लेने की क्षमता भी प्रभावित होती है। यही नहीं वर्तमान विश्व में यह राजनीतिक रूप में भी प्रभावी नहीं देखा जा रहा है, क्योंकि वर्तमान समस्याओं का समाधान इसके मंच पर नहीं दिखता। आतंकवाद, जलवायु परिवर्तन, शरणार्थी संकट जैसे मुद्दों पर संयुक्त कार्यवाही का अभाव है। आज विश्व के सामने अनेक नए खतरे उपस्थित हुए हैं, जहाँ संयुक्त राष्ट्र संघ की प्रभावी भूमिका नहीं देखी जा रही। जैसे विश्व में बढ़ता संरक्षणवाद, वैचारिक कट्टरता में वृद्धि, वैश्विक महामारियाँ आदि।

इस प्रकार हाल के वर्षों में संयुक्त राष्ट्रसंघ की प्रासंगिकता और उपयोगिता पर प्रश्न उपस्थित हो रहे हैं और माना जा रहा है कि यह अपने उद्देश्यों को प्राप्त करने में विफल रहा है। हालाँकि ऐसा निष्कर्ष देना उचित नहीं है, क्योंकि संयुक्त राष्ट्रसंघ से विश्व सरकार के रूप में कार्य करने की अपेक्षा नहीं की जा सकती है। वस्तुतः संयुक्त राष्ट्र की सफलता सदस्य देशों के व्यवहार पर निर्भर करती है। इसलिए वर्तमान समय में संयुक्त राष्ट्रसंघ को प्रासंगिक बनाने के लिए सभी सदस्य देशों को गम्भीर प्रयास करने की जरूरत है। इस संदर्भ में जहाँ महासभा की भूमिका को अधिक प्रभावी बनाने की जरूरत है, तो वहीं सुरक्षा परिषद को अधिक लोकतांत्रिक स्वरूप देने की आवश्यकता है। साथ ही संयुक्त राष्ट्रसंघ की वित्तीय निर्भरता भी सदस्य देशों पर कम करने की जरूरत है। इसके लिए संयुक्त राष्ट्र के अतिरिक्त राजस्व सृजित करने के वैकल्पिक स्रोतों पर विचार करने की आवश्यकता है। इसी प्रकार संयुक्त राष्ट्र की विशेषीकृत एजेंसियों में विकासशील देशों की भागीदारी को बढ़ाना होगा और उन्हें संयुक्त राष्ट्र द्वारा संचालित कार्यक्रमों के संचालन की जिम्मेदारी भी देनी चाहिए। इसके साथ ही संयुक्त राष्ट्रसंघ को वर्तमान चुनौतियों के समाधान के लिए भी सक्रिय भूमिका निभानी चाहिए।

सुरक्षा परिषद में सुधार

संयुक्त राष्ट्र सुरक्षा परिषद विश्व में शांति और स्थिरता स्थापित करने वाला महत्त्वपूर्ण अभिकरण है, परन्तु शक्ति राजनीति के प्रभावी होने के कारण प्रायः इस संस्था की भूमिका पर सवाल खड़े होते रहे हैं। अतः निम्नलिखित कारणों से इसमें सुधार की आवश्यकता देखी जा रही है—

1. संयुक्त राष्ट्र की स्थापना के समय उपस्थित शक्ति संरचना में अब बदलाव आ चुका है। वर्तमान में भारत, ब्राजील, जापान, जर्मनी जैसी नई उभरती शक्तियाँ अंतर्राष्ट्रीय व्यवस्था के संचालन में महत्त्वपूर्ण भूमिका निभा रही हैं, लेकिन सुरक्षा परिषद में इनकी भूमिका उपेक्षित है।

2. संयुक्त राष्ट्र की स्थापना के समय इसके 51 सदस्य देश थे,जो वर्तमान में

बढ़कर 193 हो गए हैं। ऐसे में सदस्यों के विस्तार के साथ-साथ सुरक्षा परिषद के स्थायी सदस्यों की संख्या में भी विस्तार आवश्यक है।

3. सुरक्षा परिषद की वर्तमान संरचना भी गैर लोकतांत्रिक है, क्योंकि इसमें अफ्रीका,लैटिन अमरीका जैसे क्षेत्र के देशों का प्रतिनिधित्व नहीं है। दूसरी ओर सुरक्षा परिषद में यूरोप के तीन देश को स्थायी सदस्यता दी गई है, वहीं एशिया महाद्वीप से केवल 1 देश स्थायी सदस्य है जबकि वर्तमान भू सामरिक वास्तविकता एशिया के बढ़ते महत्त्व को दर्शाता है।

4. शीतयुद्धोत्तर विश्व में सुरक्षा के सामने गैर परम्परागत खतरे बढ़ रहे हैं, लेकिन सुरक्षा परिषद की वर्तमान संरचना और कार्यकरण उनके समाधान में प्रभावी योगदान नहीं दे पा रही है। अतः सुरक्षा परिषद को प्रासंगिक बनाये रखने के लिए इसमें सुधार की महत्त्वपूर्ण आवयश्कता है।

5. संयुक्त राष्ट्र सुरक्षा परिषद के मंच पर पारदर्शिता का अभाव भी देखा जाता है। सुरक्षा परिषद में निर्णय गुप्त रूप से वीटो शक्तिसम्पन्न देशों द्वारा लिए जाते है, न कि सर्वसहमति से लिए जाते हैं। साथ ही निर्णय भी भेदभावपरक होते हैं।

इसी पृष्ठभूमि में सुरक्षा परिषद की सदस्यता में विस्तार की माँग की जा रही है। इस संदर्भ में संयुक्त राष्ट्रसंघ के पूर्व महासचिव कोफी अन्नान द्वारा सुरक्षा परिषद की सदस्यता में विस्तार के लिए दो मॉडल प्रस्तुत किये गए—

1. पहले मॉडल में सुरक्षा परिषद की सदस्य संख्या बढ़ाकर 24 करने का प्रस्ताव रखा गया। इसमें 6 नए स्थायी सदस्य बिना वीटो के होंगे, जबकि 3 नए सदस्यों का कार्यकाल 2 वर्ष का होगा।

2. दूसरे मॉडल के तहत 8 नए सदस्य 4 वर्ष के कार्यकाल के लिए होंगे और 1 सदस्य 2 वर्ष के कार्यकाल के लिए होगा।

वहीं एक अन्य मॉडल जी 4 देशों के द्वारा प्रस्तुत किया गया, जिसके तहत सुरक्षा परिषद में 6 नए स्थायी सदस्यों को बिना वीटो के सदस्यता दी जाए। इसमें भारत, ब्राजील, जापान और जर्मनी के साथ 2 अफ्रीकी देशों को सदस्यता देने की माँग की गई।

जी 4 समूह के विरोध में कॉफी क्लब का निर्माण हुआ, जिसमें पाकिस्तान, इटली, मैक्सिको, अर्जेंटीना जैसे देश शामिल थे। इन देशों ने सुरक्षा परिषद में किसी भी नए स्थायी देश को शामिल करने का विरोध किया, बल्कि इन्होंने 10 नए अस्थायी सदस्यों को जोड़ने की माँग की।

इसी क्रम में हाल में संयुक्त राष्ट्र की महासभा में एक संकल्प स्वीकार किया गया है, जिसके तहत सुरक्षा परिषद में सुधार को लेकर संवाद प्रक्रिया शुरू की गई। यह पहल पूर्व के प्रयासों की तुलना में अधिक समावेशी है, क्योंकि इसमें सभी राष्ट्रों के मत को लिया जा रहा है।

संयुक्त राष्ट्र सुरक्षा भारत की स्थायी सदस्यता की माँग

वर्तमान विश्व में एक वैश्विक शक्ति के रूप में जिस प्रकार भारत की पहचान स्थापित हो रही है,वह सुरक्षा परिषद में भारत की स्थायी सदस्यता की माँग को मज़बूती दे रही है। यह भारत के सामरिक आर्थिक हितों की सुरक्षा तथा वैश्विक पहचान व प्रतिष्ठा के लिए महत्त्वपूर्ण है। इस संदर्भ में भारत के स्थायी सदस्यता की माँग के पक्ष में निम्नलिखित तर्क दिए जा रहे हैं—

1. संयुक्त राष्ट्र की स्थापना के समय से ही भारत संयुक्त राष्ट्र के मूल्यों और आदर्शों में न केवल आस्था रखता रहा है,बल्कि उन्हें मूर्त रूप देने का प्रयास भी करता रहा है। भारत संयुक्त राष्ट्र के शांति निर्माण कार्यक्रमों में महत्त्वपूर्ण भूमिका निभाता रहा है। साथ ही संयुक्त राष्ट्र के मंच पर सदैव तीसरी दुनिया के देशों की आवाज उठाता रहा है।

2. वर्तमान वैश्विक राजनीति में हिन्द प्रशांत क्षेत्र नए वैश्विक शक्ति के केंद्र के रूप में देखा जा रहा है,जहाँ भारत की भूमिका सुरक्षा प्रदायक और विकास भागीदार के रूप में केंद्रीय है।

3. भारत विश्व का सबसे बड़ा लोकतांत्रिक एवं सहिष्णुता पर आधारित बहुलतावादी देश है। अतः वर्तमान विश्व में बढ़ते कट्टरतावाद और आतंकवाद के सन्दर्भ में भारत के सहअस्तित्व और बहुलतावादी मूल्यों की प्रासंगिकता महत्त्वपूर्ण हो गई है।

4. भारत आर्थिक, सैन्य और तकनीकी रूप में उभरती शक्ति है, जिसकी सुरक्षा परिषद में स्थायी सदस्यता सुरक्षा परिषद की प्रासंगिकता को स्थापित करेगा।

हालाँकि सुरक्षा परिषद में स्थायी सदस्यता के लिए भारत के सामने निम्नलिखित बाधाएँ उपस्थित हैं—

1. वर्तमान वैश्विक राजनीति में महाशक्तियाँ सुरक्षा परिषद में यथास्थिति बनाये रखना चाहती हैं और वर्तमान शक्ति सन्तुलन में किसी नए देश को शामिल करने का विरोध करती हैं।

2. सुरक्षा परिषद के स्थायी सदस्यता के लिए स्पष्ट नियमों और मानदंडों के अभाव के कारण भी सुधार की प्रक्रिया में निरंतर विलंब हो रहा है।

3. चीन भारत की स्थायी सदस्यता के मार्ग में सबसे बड़ी बाधा है और उसके पास वीटो शक्ति भी है। साथ ही कॉफी क्लब के सदस्य भी स्थायी सदस्यता के विस्तार का विरोध कर रहे हैं।

4. हार्ड पावर के रूप में भारत को मान्यता प्राप्त नहीं है। भारत की यह आलोचना की जाती है कि प्रमुख वैश्विक मुद्दों पर उसकी कोई निर्णायक भूमिका

नहीं है। साथ ही संयुक्त राष्ट्र के मंच पर महाशक्तियों के सामने भारत का वित्तीय और सैन्य योगदान भी कम है।

अंतर्राष्ट्रीय मुद्रा कोष : संरचना, प्रकार्य और अधिदेश

अंतर्राष्ट्रीय मुद्रा कोष एक महत्त्वपूर्ण वैश्विक वित्तीय संगठन है जो अंतर्राष्ट्रीय मौद्रिक स्थिरता के लिए कार्य करता है। वर्ष 1944 में ब्रेटन वुड्स सम्मेलन में हुई चर्चा के पश्चात इसका गठन वर्ष 1945 में किया गया था। 1 मार्च, 1947 से आईएमएफ ने कार्य करना शुरू किया। नवंबर, 1947 में संयुक्त राष्ट्र संघ के साथ पारस्परिक सहयोग हेतु आईएमएफ का समझौता हुआ था। इसका मुख्यालय वॉशिंगटन डीसी में स्थित है। वर्तमान में इसमें कुल 189 सदस्य देश हैं। वर्ष 2016 में नौरू इसका सदस्य बना था। इसे विश्व बैंक की जुड़वा संस्था के नाम से भी जाना जाता है। आईएमएफ का सदस्य बनने पर विश्व बैंक की भी सदस्यता मिल जाती है, जबकि आईएमएफ से हटने पर विश्व बैंक की भी सदस्यता चली जाती है।

अंतर्राष्ट्रीय मुद्रा कोष वैश्विक समष्टि अर्थव्यवस्था के समक्ष उपस्थित चुनौतियों से निपटने का काम करता है। इन चुनौतियों में शामिल हैं : वैश्विक बेरोजगारी, निर्धनता, मुद्रास्फीति, अवस्फीति, मुद्रा के अवमूल्यन के नकारात्मक प्रभाव, मुद्रा की विनिमय दर में असंतुलन, आर्थिक मंदी आदि।

चालू खाता लेन-देन के लिए बहुराष्ट्रीय भुगतान और हस्तांतरण प्रणाली को मज़बूत करना तथा विदेशी मुद्रा प्रतिबंधों को समाप्त करने के प्रयास करना जो विश्व व्यापार के विकास में रुकावट डालते हैं।

अंतर्राष्ट्रीय व्यापार के संतुलित विकास को बढ़ावा देने में मदद करना और उत्पादक क्षमता के विकास में योगदान करना।

अंतर्राष्ट्रीय भुगतान प्रणाली में स्थिरता लाना और मुद्रा संबंधी अंतर्राष्ट्रीय मुद्दों के बारे में परामर्श और सहयोग को बढ़ावा देना।

उच्च रोजगार और सतत आर्थिक विकास को बढ़ावा देने के लिए नीतियों को बढ़ाना।

भुगतान संतुलन संकट के प्रभावों से सदस्य राष्ट्रों को सुरक्षा प्रदान करना और उन्हें वित्तीय मदद देना।

आईएमएफ में कोटा प्रणाली

आईएमएफ की कोटा प्रणाली उसके वित्तीय संसाधनों के प्रबंधन की एक प्रणाली है। इसे आईएमएफ का वित्तीय संसाधन तंत्र कहा जाता है। जब भी एक देश आईएमएफ

से नए सदस्य के रूप में जुड़ता है तो आईएमएफ उसे एक कोटा प्रदान करता है। यह कोटा नए सदस्य देश और पहले से जुड़े सदस्य देशों के संबंध में 3 बातों का निर्धारण करता है :

—सदस्य देश का आईएमएफ में अधिकतम वित्तीय योगदान कितना होगा?

—सदस्य देश का आईएमएफ में मताधिकार का प्रतिशत कितना होगा? इससे पता चलता है कि किसी सदस्य देश का आईएमएफ के बैनर तले लिए जाने वाले महत्त्वपूर्ण निर्णयों में क्या स्थान होगा।

—आईएमएफ तक सदस्य देश की वित्तीय पहुँच कहाँ तक होगी। दूसरे शब्दों में आईएमएफ किसी सदस्य देश को अधिकतम कितना वित्तीय सहयोग देगा।

कोटा को विशेष आहरण अधिकार (स्पेशल ड्राइंग राइट्स) में प्रदर्शित किया जाता है। यानि कोटा प्रणाली एसडीआर करेंसी के ज़रिये संचालित होती है। कोटा को निर्धारित करने वाले मानकों में आईएमएफ में निम्नलिखित बिंदुओं को शामिल किया है :

—जीडीपी का योगदान — 50 प्रतिशत
—अर्थव्यवस्था में खुलापन — 30 प्रतिशत
—आर्थिक परिवर्तनीयता — 15 प्रतिशत
—अंतर्राष्ट्रीय आरक्षित कोष — 5 प्रतिशत

विशेष आहरण अधिकार (एसडीआर)

विशेष आहरण अधिकार एक अंतर्राष्ट्रीय आरक्षित परिसंपत्ति है जिसे आईएमएफ द्वारा 1969 में अपने सदस्य देशों के आधिकारिक मुद्रा भंडारों के अनुपूरक के रूप में निर्मित किया गया था। इसका आशय है कि सदस्य देशों के विदेशी मुद्रा भंडार में अनियमितता अथवा भुगतान संतुलन की स्थिति में एसडीआर के ज़रिये मदद देने के लिए यह व्यवस्था शुरू की गई थी। एसडीआर कोई वास्तविक मुद्रा नहीं है, इसे पेपर गोल्ड या कागजी स्वर्ण के नाम से भी जानते हैं। यह विश्व की 5 सर्वाधिक प्रचलित मुद्राओं (हार्ड करेंसी) के एक बास्केट के रूप में दर्शाई जाती है जिसे एसडीआर बास्केट के नाम से जानते हैं। इन 5 अंतर्राष्ट्रीय मुद्राओं और उनका महत्त्व एसडीआर बास्केट में प्रतिशत के रूप में निम्नलिखित हैं :

—अमेरिकी डॉलर — 41.75 प्रतिशत
—यूरो करेंसी — 30.93 प्रतिशत
—चीनी रेनमिनबी अथवा युआन — 10.92 प्रतिशत
—जापानी येन — 8.33 प्रतिशत
—ब्रिटिश पौंड स्टर्लिंग — 8.09 प्रतिशत

एसडीआर सदस्य देशों के आधिकारिक मुद्रा भंडार अथवा आरक्षित कोष को समर्थन प्रदान करता है।

अभी तक आईएमएफ ने अपने सदस्य देशों को 204.2 बिलियन एसडीआर (291 बिलियन डॉलर) आवंटित किया है जिसमें से 182.6 बिलियन 2009 में वैश्विक आर्थिक संकट से निपटने के लिए आवंटित किया था। एसडीआर का मूल्य एसडीआर के बास्केट में शामिल 5 मुद्राओं पर आधारित है। उल्लेखनीय है कि ब्रेटन वुड्स के फिक्स्ड एक्सचेंज रेट सिस्टम के तहत एसडीआर को आईएमएफ ने निर्मित किया था लेकिन 1973 में ब्रेटन वुड्स प्रणाली के विघटन के बाद प्रमुख मुद्राएँ अस्थिर अथवा चलायमान विनिमय दर प्रणाली की तरफ़ झुक गई। इससे एसडीआर पर एक वैश्विक आरक्षित परिसंपत्ति के रूप में निर्भरता बढ़ गई।

एसडीआर आईएमएफ और कुछ अंतर्राष्ट्रीय संगठनों के खाते की एक इकाई के रूप में कार्य करता है। यह सदस्य राष्ट्रों का आईएमएफ पर कोई दावा नहीं है। बल्कि यह आईएमएफ के सदस्यों के स्वतंत्र रूप से प्रयोग में लाई जा सकने वाली मुद्राओं पर एक संभावित दावे के रूप में हैं। इन मुद्राओं के लिए एसडीआर का विनिमय किया जा सकता है एसडीआर बास्केट की समीक्षा प्रत्येक पाँच वर्ष में होती है या जरूरत पड़ने पर पहले भी होती है ताकि यह सुनिश्चित किया जा सके कि एसडीआर वैश्विक व्यापार और वित्तीय प्रणालियों में मुद्राओं के तुलनात्मक अथवा सापेक्षिक महत्त्व को प्रदर्शित कर सके। 1 अक्टूबर, 2016 को एसडीआर बास्केट में चीन की रेनमिंबी मुद्रा को शामिल किया गया था। सदस्य राष्ट्र एसडीआर को स्वैच्छिक बाज़ार में खरीद-बेच भी सकते हैं। आवश्यकता पड़ने पर आईएमएफ सदस्यों को एसडीआर खरीदने के लिए नामित कर सकती है। एसडीआर बास्केट में किसी मुद्रा को शामिल होने के लिए आईएमएफ निर्यात मानक की बात करता है जिसका अर्थ है कि करेंसी को जारी करने वाला आईएमएफ का सदस्य है और वह विश्व में शीर्ष निर्यातकों में शामिल हो। दूसरा, प्रस्तावित मुद्रा अंतर्राष्ट्रीय लेन-देन में भुगतान के लिए व्यापक स्तर पर प्रयोग में लाई जा रही हो।

बोर्ड ऑफ गवर्नर्स

बोर्ड ऑफ गवर्नर्स आईएमएफ की शीर्षस्थ निर्णय निर्माण इकाई है। इसमें एक गवर्नर और प्रत्येक सदस्य देश के लिए एक वैकल्पिक गवर्नर होता है। गवर्नर को सदस्य देश के द्वारा नियुक्त किया जाता है और आमतौर पर वह उस देश का वित्त मंत्री अथवा केंद्रीय बैंक का प्रमुख होता है। बोर्ड ऑफ गवर्नर्स ने अपने अधिकतम अधिकारों को आईएमएफ के एक्जीक्यूटिव बोर्ड को प्रदान कर दिया है लेकिन सदस्य देश के कोटा में वृद्धि को मंजूरी, एसडीआर आवंटन, नए सदस्यों

का आईएमएफ में प्रवेश, सदस्यों का आईएमएफ से अनिवार्य निकासी आदि मुद्दों पर प्राथमिक अधिकार बोर्ड ऑफ गवर्नर्स का ही है। बोर्ड ऑफ गवर्नर्स ही आईएमएफ के एक्जीक्यूटिव डायरेक्टर्स को निर्वाचित अथवा नियुक्त करता है। आईएमएफ के आर्टिकल्स ऑफ एग्रीमेंट से जुड़े मामलों की व्याख्या के लिए सर्वोच्च प्राधिकारी बोर्ड ऑफ गवर्नर्स ही है। आईएमएफ के बोर्ड ऑफ गवर्नर्स और वर्ल्ड बैंक की बैठक आमतौर पर वर्ष में एक बार होती है। आईएमएफ के वार्षिक बैठकों की अध्यक्षता वर्ल्ड बैंक और आईएमएफ के एक गवर्नर द्वारा की जाती है और प्रत्येक वर्ष यह अध्यक्षता चक्रीय क्रम में सदस्यों को दी जाती है। प्रत्येक दो वर्ष में वार्षिक बैठकों के दौरान वर्ल्ड बैंक और आईएमएफ के गवर्नर्स अपने संबंधित एक्जीक्यूटिव बोर्ड्स के लिए एक्जीक्यूटिव डायरेक्टर्स को निर्वाचित किया जाता है।

आईएमएफ की मंत्रीस्तरीय समितियाँ

आईएमएफ के बोर्ड ऑफ गवर्नर्स को आईएमएफ की दो समितियों द्वारा परामर्श देने का कार्य किया जाता है। ये मंत्रीस्तरीय समितियाँ हैं : अंतर्राष्ट्रीय मौद्रिक और वित्तीय समिति (आईएमएफसी) तथा विकास समिति। आइएमएफसी में आईएमएफ के 189 गवर्नर्स में से 24 सदस्य रखे गए हैं। यह सभी सदस्य देशों का प्रतिनिधित्व करता है। इसकी बैठक प्रत्येक दो वर्ष में एक बार होती है। यह वैश्विक अर्थव्यवस्था को प्रभावित करने वाले मुद्दों पर चर्चा करती है। जबकि डेवलपमेंट कमिटी आईएमएफ और वर्ल्ड बैंक के बोर्ड ऑफ गवर्नर्स को उभरते हुए विकासशील देशों में आर्थिक विकास से जुड़े मामलों पर सलाह देती है। इसमें 24 सदस्य होते हैं जो आमतौर पर वित्त मंत्री अथवा विकास मंत्री होते हैं। यह महत्त्वपूर्ण विकास मुद्दों पर अंतरसरकारी सर्वसम्मति बनाने के फोरम के रूप में कार्य करती है।

आईएमएफ का एक्जीक्यूटिव बोर्ड

आईएमएफ के एक्जीक्यूटिव बोर्ड में 24 सदस्य होते हैं जो आईएमएफ की प्रतिदिन की गतिविधियों, कार्यवाही को संचालित करते हैं और बोर्ड ऑफ गवर्नर्स द्वारा दिए गए शक्ति का प्रयोग करते हैं। 1 नवंबर, 2016 से इन 24 एक्जीक्यूटिव डायरेक्टर्स का निर्वाचन सभी सदस्यों द्वारा मिल कर किए जाने की व्यवस्था की गई है। बोर्ड सुधार संशोधन के ज़रिये ऐसा किया गया है। इससे पहले आईएमएफ के पाँच सबसे बड़े कोटा धारकों में प्रत्येक को एक एक्जीक्यूटिव डायरेक्टर और शेष सदस्य देशों

द्वारा 19 निदेशकों को निर्वाचित करने की व्यवस्था थी।

आईएमएफ अपने तीन वैश्विक फ्लैगशिप रिपोर्ट्र्स के ज़रिये विश्व अर्थव्यवस्था की वस्तु स्थिति पर प्रकाश डालता है। इसमें शामिल हैं :

—ग्लोबल फाइनेंशियल स्टेबिलिटी रिपोर्ट
—वर्ल्ड इकोनॉमिक आउटलुक रिपोर्ट
—फिस्कल मॉनिटर रिपोर्ट

भारत और आईएमएफ

भारत आईएमएफ का संस्थापक सदस्य है। वर्ष 1965 में भारत के भुगतान संतुलन की स्थिति दबाव में थी। वर्ष 1966 के अंत तक भारत विदेशी विनिमय भंडार काफी नीचे आ गया था। इस स्थिति में मार्च, 1966 में अंतर्राष्ट्रीय मुद्रा कोष ने अपने सदस्य राष्ट्र भारत के लिए 200 मिलियन डॉलर का प्रबंध किया था। अंतर्राष्ट्रीय मूल्यों के अनुरूप घरेलू मूल्यों को लाने के लिए रूपये का अवमूल्यन किया गया ताकि निर्यात स्पर्द्धा बढ़ सके। 1979-80 में नाटकीय तरीके से भुगतान संतुलन की स्थिति में परिवर्तन आया। जो मुद्रा स्फीति 1978-79 में तीन प्रतिशत थी वह 1979-80 में 22 प्रतिशत हो गई। आयातित पेट्रोल और उर्वरकों की ऊँची कीमतों के कारण व्यापार की बाहरी शर्तें खराब हो गईं। भारत का व्यापार घाटा बढ़ गया। ऐसे में भारत सरकार ने अप्रत्याशित रूप में घाटे का वित्तपोषण किया। 1981 में लघु अवधि के चक्रीय संतुलन को पूरा करने के लिए भारत ने अंतर्राष्ट्रीय मुद्रा कोष से पूरक वित्तीय सुविधा (सीएफएफ) के अंतर्गत स्वीकृत 500 मिलियन एसडीआर में से 266 मिलियन एसडीआर प्राप्त किया। सरकार ने पेट्रोल तथा पेट्रोलियम उत्पाद, उर्वकर, इस्पात, खाद्य तेल, अलौह धातु के घरेलू उत्पादन में वृद्धि के कारण भुगतान संतुलन की स्थिति बहाल करने की रणनीति अपनाई। सरकार ने स्वेच्छा से यह निर्णय लिया कि वह अंतर्राष्ट्रीय मुद्राकोष की विस्तारित कोष सुविधा के अंतर्गत 1.1 बिलियन एसडीआर का लाभ नहीं उठायेगी। उस समय की ऊँची मुद्रा स्फीति और भुगतान संतुलन की कठिन स्थिति से निपटने में अंतर्राष्ट्रीय मुद्रा कोष के 1966 और 1981 के कार्यक्रमों ने मदद दी। इन कार्यक्रमों से भारतीय अर्थव्यवस्था में सुधार लाने में सफलता मिली। भारत ने 1990 के दशक में ढाँचागत जटिलताओं और अर्थव्यवस्था में संतुलन के साथ प्रवेश करते हुए पाँच प्रतिशत की आर्थिक वृद्धि के बावजूद वृहद आर्थिक असंतुलन की घोषणा कर दी। 1991 में भुगतान संतुलन संकट में अनेक प्रतिकूल घरेलू बाहरी घटनाओं ने योगदान दिया। इस संकट से व्यापक सुधार का कार्यक्रम उभरा। इसे अंतर्राष्ट्रीय मुद्राकोष कार्यक्रम का समर्थन था जिसको कारगर तरीके से लागू किया गया। 27 अगस्त, 1991 को

भारत ने अंतर्राष्ट्रीय मुद्राकोष से 18 महीने के लिए 1656 मिलियन एसडीआर के बराबर राशि की माँग की। समायोजन की इस रणनीति से जुलाई 1991 में स्थिरता के कदम उठाये गए। इन कदमों में विनिमय दर का 18.7 प्रतिशत अवमूल्यन और ब्याज दरों में वृद्धि सहित मौद्रिक नीति को कठोर बनाना शामिल है। 8 अक्टूबर 2016 को भारत के वित्त मंत्री ने फंड बैंक वार्षिक बैठकों के दौरान अंतर्राष्ट्रीय मुद्रा और वित्तीय समिति (आईएमएफसी) को संबोधित किया और 7.2 प्रतिशत जीडीपी वृद्धि, 372 बिलियन डॉलर के विदेशी मुद्रा भंडार, (-) 1.1 प्रतिशत चालू खाता घाटा और 5.05 प्रतिशत मुद्रा स्फीति दर के साथ भारत को विश्व की सबसे तेज़ी से बढ़ने वाली प्रमुख अर्थव्यवस्था बताया।

वर्ष 1993 से भारत ने आईएमएफ से कोई वित्तीय मदद अथवा ऋण नहीं लिया है। 31 मई, 2000 तक भारत ने आईएमएफ से लिए गए सभी ऋणों और उसके ब्याज का भुगतान कर दिया है। अब भारत की आईएमएफ पर कोई देनदारी नहीं है। वर्ष 2010 में आईएमएफ के कोटा की 14वीं आम समीक्षा में भारत के कोटा को 5821.5 मिलियन एसडीआर से बढ़ाकर 13114.4 मिलियन एसडीआर कर दिया गया था। जिससे कोटा अधिकारों में भारत की हिस्सेदारी 2.44 प्रतिशत से बढ़कर 2.75 प्रतिशत हो गई थी। इसके साथ ही भारत 2010 में 8वाँ सबसे बड़ा कोटा धारक देश बन गया था। आईएमएफ के कोटा की 15वीं आम समीक्षा में भी भारत के कोटा अधिकारों में वृद्धि नहीं की गई। भारत का कोटा वर्तमान में 2.76 प्रतिशत है जबकि चीन का 6.41 प्रतिशत और अमरीका का 17.46 प्रतिशत। भारत का मताधिकार वर्तमान में 2.6 प्रतिशत है। यही कारण है कि भारत सहित कई देशों ने विभिन्न अंतर्राष्ट्रीय मंचों पर आईएमएफ के कोटा प्रणाली में तत्काल सुधार की माँग की है।

विश्व व्यापार संगठन : संरचना, प्रकार्य और अधिदेश

वैश्विक व्यापार को उचित, गैर भेदभाव कारी, पारदर्शी और जवाबदेह रूप से विनियमित करने की जरूरत द्वितीय विश्व युद्ध के बाद से ही महसूस होती रही है। विकसित और विकासशील देशों दोनों के ही व्यापारिक लाभों को सुनिश्चित करने के लिए वैश्विक व्यापार को नियमबद्ध तरीके से चलाना जरूरी है। इसी बात को ध्यान में रखकर द्वितीय विश्व युद्ध के बाद 1948 में गैट (व्यापार और प्रशुल्क पर सामान्य समझौता) का गठन किया गया।

गैट के दायरे में वस्तुओं का अंतर्राष्ट्रीय व्यापार शामिल हैं।

काउंसिल फॉर ट्रेड इन गुड्स (गुड्स काउंसिल) गैट समझौते के तहत की जाने वाली कार्यवाहियों के लिए जिम्मेदार है। गुड्स काउंसिल विश्व व्यापार संगठन

के सभी सदस्य देशों के प्रतिनिधियों से मिलकर बना है। गुड्स काउंसिल की 10 समितियाँ हैं जो कृषि, बाज़ार पहुँच, सब्सिडी, एंटी डंपिंग उपाय जैसे मामलों से निपटने का काम देखती हैं। इन सभी समितियों में सभी सदस्य देशों का प्रतिनिधित्व होता है। 1 जनवरी, 1948 को गैट कार्यशील हो गया था। 23 देशों ने इस पर हस्ताक्षर किया था जिसमें भारत भी शामिल था। वैश्विक व्यापार के मार्ग में आने वाली बाधाओं को दूर करने की रूपरेखा इसमें निर्धारित की गई थी। इसके अनुच्छेद 1 में सर्वाधिक इष्ट राष्ट्र सिद्धांत (मोस्ट फेवर्ड नेशंस) को अपनाने की बात की गई है जिससे कोई सदस्य राष्ट्र व्यापार में अपने व्यापारिक साझेदारों के साथ भेदभाव न कर सके। इसके अनुच्छेद 3 में नेशनल ट्रीटमेंट के सिद्धांत पर बल दिया गया है जिससे विदेशी फर्म और निवेश तथा घरेलू फर्म और निवेश में भेदभाव न किया जा सके। अनुच्छेद में पारगमन (ट्रांजिट) की स्वतंत्रता की बात की गई है। अनुच्छेद 6 में एंटी डंपिंग ड्यूटी और काउंटरवैलिंग ड्यूटी का प्रावधान किया गया है। घरेलू बाज़ार को क्षति पहुँचाने वाले कारकों के उन्मूलन की बात भी की गई है। इन सब उपायों के ज़रिये गैट द्वारा वैश्विक व्यापार के मार्ग के अवरोधकों के उन्मूलन का प्रयास किया गया था।

विश्व व्यापार संगठन के गठन के पूर्व वैश्विक व्यापार के नियमन के लिए एक वैश्विक संगठन की स्थापना हेतु 8 दौर की वार्ता हुई थी। 1947 में पहले दौर की वार्ता जेनेवा में हुई जिसमें 23 देशों ने भाग लिया था। इसमें प्रशुल्क बाधा को दूर करने पर चर्चा हुई। 1949 गैट के बैनर तले दूसरे दौर की वार्ता एनेसी, फ्रांस में हुई। तीसरे दौर की वार्ता टॉरक्वे, इंग्लैंड में 1951 में हुई। 1956 में चौथे दौर की वार्ता पुन: जेनेवा में हुई। 1960-61 में पाँचवे दौर की वार्ता (डिल्लन दौर की वार्ता) संपन्न की गई। इन पाँचों दौर की वार्ता में प्रशुल्क बाधाओं को दूर करने पर ही चर्चा सीमित रही। 1964-67 के मध्य केनेडी दौर की वार्ता की गई जिसमें प्रशुल्क बाधाओं के साथ ही एंटी डंपिंग उपायों पर भी वार्ता की गई। इसके उपरांत 1973 से 1979 के मध्य टोक्यो दौर की वार्ता गैट के तहत संपन्न हुई जिसमें प्रशुल्क के साथ ही गैर प्रशुल्क अवरोधों पर चर्चा की गई थी। अंत में 1986 से 1994 तक उरुग्वे दौर की वार्ता संपन्न की गई। इसी वार्ता की समाप्ति के बाद विश्व व्यापार संगठन का गठन हुआ था।

1 जनवरी, 1995 को मारकेश समझौते के ज़रिये विश्व व्यापार संगठन को गठित किया गया था। इस समझौते में विश्व व्यापार संगठन के उद्देश्य के बारे में बताते हुए कहा गया है कि इसका उद्देश्य जीवन स्तर को उठाना, पूर्ण रोज़गार सुनिश्चित करना और वास्तविक आय तथा प्रभावी माँग की बड़ी और अनवरत बढ़ती मात्रा, और वस्तुओं तथा सेवाओं में उत्पादन व व्यापार को बढ़ाना है। इस समझौते में यह अपेक्षा भी की गई है कि विकासशील देश और उनमें भी अति अल्प विकसित

देश अपने आर्थिक विकास की आनुपातिक आवश्यकताओं के साथ अंतर्राष्ट्रीय व्यापार में एक हिस्सा सुरक्षित करें, इसे सुनिश्चित करने का प्रयास किया जाए।

इसका मुख्यालय जिनेवा, स्विट्जरलैंड में स्थित है। इसमें 164 सदस्य देश हैं। अफ़ग़ानिस्तान और लाइबेरिया इसके नवीनतम सदस्य देश थे। उल्लेखनीय है कि विश्व व्यापार संगठन 98 प्रतिशत विश्व व्यापार को विनियमित करता है।

विश्व व्यापार संगठन की संरचना

मंत्रीस्तरीय सम्मेलन विश्व व्यापार संगठन की सर्वोच्च निर्णय निर्माण इकाई है। इसके अन्तर्गत जनरल काउंसिल कार्य करती है। जनरल काउंसिल दो रूपों में बैठक करती है :

—विवाद निस्तारण निकाय के रूप में।
—व्यापार नीति समीक्षा निकाय के रूप में।

अपीलीय निकाय के रूप में विवाद निस्तारण पैनल कार्य करता है। विश्व व्यापार संगठन के उद्देश्यों की प्राप्ति में सहायक निम्नलिखित निकाय भी सक्रिय स्तर पर कार्य करते हैं :

—व्यापार और पर्यावरण पर समिति
—व्यापार और विकास पर समिति
—अति अल्प विकसित देशों पर समिति
—क्षेत्रीय व्यापार समझौतों पर समिति
—भुगतान संतुलन निर्बंधन समिति

इसके अलावा काउंसिल फॉर ट्रेड इन गुड्स, ट्रिप्स काउंसिल, काउंसिल फॉर ट्रेड इन सर्विसेज,आदि कार्य करते हैं।

प्रत्येक दो वर्ष में एक बार इसकी बैठकें होती हैं। इसमें विश्व व्यापार संगठन के सभी सदस्य देशों के प्रतिनिधि शामिल होते हैं। इस संगठन के दिन-प्रतिदिन की कार्यवाही और गतिविधि को जनरल काउंसिल द्वारा अन्य निकायों के सहयोग से प्रबंधित किया जाता है। जनरल काउंसिल अपनी रिपोर्ट मंत्रीस्तरीय सम्मेलन को देता है। इसके अलावा विश्व व्यापार संगठन के तहत गुड्स काउंसिल, ट्रिप्स काउंसिल, सर्विस काउंसिल कार्य करते हैं जो जनरल काउंसिल को अपनी रिपोर्ट देते हैं।

विश्व व्यापार संगठन के मंत्रीस्तरीय सम्मेलन

विश्व व्यापार संगठन का पहला मंत्रीस्तरीय सम्मेलन वर्ष 1996 में सिंगापुर में आयोजित किया गया था जिसमें चर्चा के लिए अपनाए गए मुद्दों को सिंगापुर

मुद्दे के नाम से जाना जाता है। 120 सदस्य देशों ने इसमें भाग लिया था। इसमें चार प्रमुख मुद्दों पर चर्चा करते हुए 3 विषयों पर नए कार्य समूहों का गठन किया गया था। सिंगापुर मुद्दे में निम्नलिखित चार विषय शामिल थे—व्यापार और निवेश, प्रतिस्पर्धा नीति, सरकारी अधिप्राप्ति (प्रोक्योरमेंट) में पारदर्शिता और व्यापार सुगमता (ट्रेड फैसिलिटेशन)। इन चारों मुद्दों को 2001 में दोहा विकास एजेंडा में अपनाया गया था।

मई, 1998 में स्विट्जरलैंड के जेनेवा में विश्व व्यापार संगठन का दूसरा मंत्री स्तरीय सम्मेलन आयोजित किया गया था। इसमें बहुपक्षीय नियम आधारित व्यापार प्रणाली के विकास पर बल दिया गया था। इसमें सूचना प्रौद्योगिकी समझौते के क्रियान्वयन, बुनियादी दूरसंचार और वित्तीय सेवाओं पर चर्चा की गई थी। वस्तुओं और सेवाओं के व्यापार में उदारीकरण की बात इस सम्मेलन में की गई। अति अल्प विकसित देशों के हाशिए पर जाने की स्थिति पर चिंता व्यक्त करते हुए इस सम्मेलन में उनके मुद्दों को उठाने और उन पर विदेशी ऋण की समस्या पर भी चर्चा की गई थी।

नवंबर—दिसंबर, 1999 में अमरीका के सिएटेल में तीसरा मंत्रीस्तरीय सम्मेलन आयोजित किया गया था।

वर्ष 2001 में कतर की राजधानी दोहा में विश्व व्यापार संगठन का चौथा मंत्रीस्तरीय सम्मेलन आयोजित किया गया था। इसमें दोहा दौर की वार्ता की शुरुआत करते हुए दोहा विकास एजेंडा को अंगीकृत किया गया। इसमें व्यापार नीतियों के उदारीकरण और आवश्यक सुधारों पर बल दिया गया। इसमें मराकेश समझौते के उद्देश्यों में आस्था व्यक्त करते हुए उसकी प्राप्ति के प्रयासों को गति देने की बात की गई है। इसमें सैनिटरी और फाइटो सैनिटरी उपायों, खाद्य सुरक्षा के मुद्दों पर चर्चा की गई थी।

2003 में मेक्सिको के कानकुन में विश्व व्यापार संगठन के पाँचवें मंत्रीस्तरीय सम्मेलन का आयोजन किया गया था। इस सम्मेलन में दोहा दौर की वार्ता में हुई प्रगति पर चर्चा की गई। इसमें दोहा के उद्घोषणा और निर्णय को क्रियान्वित करने पर बल दिया गया था।

2005 में हांगकांग में विश्व व्यापार संगठन का छठवाँ मंत्री स्तरीय सम्मेलन आयोजित किया गया था। इसमें दोहा विकास एजेंडा को प्रभावी तरीके से लागू करने की बात की गई थी।

2009 में जेनेवा में, 2011 में जेनेवा में, 2013 में इंडोनेशिया के बाली में, 2015 में नैरोबी, केन्या में, 2017 में अर्जेंटीना के ब्यूनस आयर्स में विश्व व्यापार संगठन के मंत्री स्तरीय सम्मेलन का आयोजन किया गया। वर्ष 2020 में कजाखस्तान की राजधानी नूर सुल्तान में आयोजित किए जाने का निर्णय लिया गया है।

विश्व व्यापार संगठन के मुक्त व्यापार सिद्धांत

सर्वाधिक इष्ट राष्ट्र (मोस्ट फेवर्ड नेशन) का सिद्धांत

विश्व व्यापार में गैर विभेदकारी आचरणों को बढ़ावा देने के लिए विश्व व्यापार संगठन ने मुक्त व्यापार के चार प्रमुख सिद्धांतों के अनुपालन की अपेक्षा सदस्य राष्ट्रों से की है। सर्वाधिक इष्ट राष्ट्र अथवा मोस्ट फेवर्ड नेशन की अवधारणा पहला प्रमुख सिद्धांत है। डब्ल्यूटीओ द्वारा यह प्रावधान किया गया है कि यदि कोई डब्ल्यूटीओ का सदस्य देश अपने किसी व्यापारिक साझेदार को वरीयता देने के लिए मोस्ट फेवर्ड नेशन का दर्जा देता है तो उसे अपने अन्य सभी व्यापारिक साझेदारों को भी यह दर्जा प्रदान करना पड़ेगा। ऐसा इसलिए किया गया है जिससे एक राष्ट्र के द्वारा व्यापार में विभेदकारी व्यवहार को रोका जा सके। मोस्ट फेवर्ड नेशन के दर्जे की प्रक्रिया को निम्नलिखित उदाहरण से समझा जा सकता है। उदाहरण के लिए यदि पाकिस्तान ने चीन को मोस्ट फेवर्ड नेशन का दर्जा दिया है तो डब्ल्यूटीओ का सदस्य होने के नाते उसके सिद्धांतों के अनुरूप पाकिस्तान को यही दर्जा अपने दूसरे व्यापारिक साझेदार भारत और अन्य देशों को भी देना आवश्यक है। यदि पाकिस्तान ऐसा नहीं करता है तो यह चीन के साथ व्यापारिक संबंध में वरीयता देने की बात है। इसलिए डब्ल्यूटीओ ने प्रावधान किया है कि यदि एक राष्ट्र किसी दूसरे राष्ट्र को मोस्ट फेवर्ड नेशन का दर्जा देता है तो उसे यही दर्जा अपने अन्य व्यापारिक साझेदारों को देना आवश्यक है। इसका यह आशय नहीं है कि एक देश किसी दूसरे देश के साथ वरीयतामूलक व्यापार नहीं कर सकता या किसी देश को अपनी पसंद के आधार पर व्यापारिक रियायतें या सुविधाएँ नहीं दे सकता। डब्ल्यूटीओ ने मोस्ट फेवर्ड नेशन सिद्धांत के अपवाद में मुक्त व्यापार समझौते और वरीयतामूलक व्यापार समझौते का उल्लेख किया है। इसका आशय है कि यदि किसी देश को किसी अन्य देश के साथ वरीयतामूलक या प्राथमिकता के आधार पर महत्त्व देते हुए व्यापार करना है तो वह दूसरे देश के साथ मुक्त व्यापार समझौता कर या किसी बहुपक्षीय मुक्त व्यापार समझौते का भाग बनकर ऐसा कर सकता है। उदाहरण के लिए चीन और पाकिस्तान के मध्य मुक्त व्यापार समझौता हो चुका है और चीन में पाकिस्तान और पाकिस्तान में चीन की वस्तुएँ बिना किसी अवरोध के पहुँच सकती हैं और इस आधार पर पाकिस्तान ने चीन को अन्य व्यापारिक साझेदारों की तुलना में वरीयता भी प्रदान कर दी है। इसी प्रकार चीन और मालदीव के मध्य मुक्त व्यापार समझौता संपन्न किया जा चुका है। इस आधार पर यह नहीं कहा जा सकता कि भारत ने अपने अन्य व्यापारिक साझेदारों की तुलना में मालदीव को अधिक महत्त्व प्रदान किया

है। भारत और श्रीलंका के मध्य भी मुक्त व्यापार समझौता किया जा चुका है। वस्तुतः मुक्त व्यापार समझौते की अवधारणा डब्ल्यूटीओ के मुक्त वैश्विक व्यापार के लक्ष्य को बढ़ावा देने का एक अन्य उपकरण भी है, जबकि मोस्ट फेवर्ड नेशन का सिद्धांत भेदभाव मुक्त व्यापार को सुनिश्चित करने का उपकरण है। डब्ल्यूटीओ के समझौतों के तहत आमतौर पर सदस्य देश अपने व्यापारिक साझेदारों के मध्य व्यापार में भेदभाव नहीं कर सकते हैं। यदि एक देश किसी दूसरे देश को निम्न सीमा शुल्क की सुविधा देता है तो उसे अन्य देशों को भी ऐसी ही सुविधा देने की अपेक्षा डब्ल्यूटीओ द्वारा की गई है। गैट (जनरल एग्रीमेंट ऑन टैरिफ एंड ट्रेड) के अनुच्छेद 1 में, गैट्स (जनरल एग्रीमेंट ऑन ट्रेड इन सर्विसेज) के अनुच्छेद 2 और बौद्धिक संपदा अधिकारों के व्यापार आधारित आयामों पर समझौते (ट्रिप्स समझौते) के अनुच्छेद 4 में मोस्ट फेवर्ड नेशन के महत्त्व का उल्लेख करते हुए उसके अनुपालन पर बल दिया गया है। एमएफएन सिद्धांत का एक अपवाद यह भी है कि कोई देश विकासशील देश को अपने बाजारों में विशेष पहुँच प्रदान करने का प्रावधान कर सकता है। जीएसपी स्कीम के तहत 13 विकसित देशों ने विकासशील देशों को अपने बाज़ार में शुल्क मुक्त पहुँच देने का जो प्रावधान किया है, वह एमएफएन सिद्धांत का उल्लंघन नहीं है। यदि किसी देश के द्वारा अनुचित तरीके से किसी दूसरे देश के साथ व्यापार किया जाता है तो दूसरा देश ऐसे उत्पादों के लिए व्यापार बाधाएँ बढ़ा सकता है। डब्ल्यूटीओ कहता है कि सेवा क्षेत्र में सदस्य देश अपने व्यापार में नियंत्रित दशाओं में विभेद कर सकते हैं।

नेशनल ट्रीटमेंट का सिद्धांत

इस सिद्धांत के तहत डब्ल्यूटीओ कहता है कि आयातित और स्थानीय स्तर पर उत्पादित वस्तुओं के साथ एक समान व्यवहार किया जाए। विदेशी वस्तुओं के किसी देश की सीमा में प्रवेश करते ही नेशनल ट्रीटमेंट के सिद्धांत के अनुपालन की बात विश्व व्यापार संगठन करता है। इस सिद्धान्त के तहत विदेशी सेवाओं और घरेलू सेवाओं, विदेशी ट्रेडमार्क और घरेलू ट्रेडमार्क, विदेशी और घरेलू कॉपीराइट और पेटेंट में भेदभाव न करने की बात की गई है। इसी प्रकार विदेशी फर्म और घरेलू फर्म और विदेशी और घरेलू निवेश के साथ एक समान व्यवहार करने का प्रावधान नेशनल ट्रीटमेंट सिद्धांत के तहत रखा गया है। गैट के अनुच्छेद 3, गैट्स के अनुच्छेद 17 और ट्रिप्स के अनुच्छेद 3 में नेशनल ट्रीटमेंट के सिद्धांत के अनुपालन पर जोर दिया गया है। विश्व व्यापार संगठन के अनुसार यह सिद्धांत तभी लागू होता है जब कोई वस्तु, बौद्धिक संपदा आदि किसी दूसरे देश के बाज़ार में प्रवेश

करती है। इसलिए आयात पर सीमा शुल्क (कस्टम ड्यूटी) लगाना नेशनल ट्रीटमेंट के सिद्धांत का उल्लंघन नहीं है। तब भी जब स्थानीय रूप से उत्पादित वस्तु पर आयातित वस्तु के बराबर शुल्क नहीं लगाया जाता, इसे नेशनल ट्रीटमेंट सिद्धांत का उल्लंघन नहीं माना जाता।

रूल्स ऑफ ओरिजिन सिद्धांत

विश्व व्यापार संगठन ने मुक्त व्यापार और उचित एवं गैर भेदभावकारी व्यापार को सुनिश्चित करने के लिए रूल्स ऑफ ओरिजिन सिद्धांत पर भी बल दिया है। रूल्स ऑफ ओरिजिन व्यापार में प्रयुक्त किसी वस्तु के राष्ट्रीय स्रोत को निर्धारित करने वाला मानक है। इस सिद्धांत का महत्त्व इस बात से स्पष्ट होता है कि कई अवसरों पर शुल्क अथवा प्रतिबंध लगाने के लिए आयात के स्रोत का पता होना जरूरी होता है। रूल्स ऑफ ओरिजिन का इस्तेमाल वाणिज्यिक नीतियों जैसे एंटी डंपिंग ड्यूटीज और सुरक्षोपाय उपायों को क्रियान्वित करने के लिए किया जाता है। इसका इस्तेमाल इस बात के निर्धारण के लिए भी किया जाता है कि किसी आयातित उत्पाद को मोस्ट फेवर्ड नेशन अथवा वरीयतामूलक ट्रीटमेंट मिलेगा अथवा नहीं। रूल्स ऑफ ओरिजिन सिद्धांत का उपयोग व्यापारिक आँकड़ों के उद्‌देश्य के लिए भी किया जाता है। लेबलिंग के आवेदन और चिन्हीकरण की आवश्यकता के लिए भी इस सिद्धांत की जरूरत समझ में आती है। रूल्स ऑफ ओरिजिन का इस्तेमाल गवर्नमेंट प्रोक्योरमेंट के लिए भी किया जा सकता है। उल्लेखनीय है कि गैट में रूल्स ऑफ ओरिजिन का प्रावधान नहीं किया गया है।

स्पेशल सेफगार्ड मैकेनिज्म

विश्व व्यापार संगठन के तहत मुक्त और भेदभाव रहित व्यापार के लिए विशेष सुरक्षोपाय तंत्र का भी प्रावधान किया गया है। इसमें व्यवस्था की गई है कि यदि किसी विकासशील देश में आयात में अचानक वृद्धि हो जाए या मूल्यों में गिरावट होने और उससे घरेलू उत्पादकों के हित प्रभावित होने लगें तो आयात करने वाला विकासशील देश आयात शुल्क में अस्थायी तौर पर वृद्धि कर सकता है, जिससे घरेलू उत्पादकों के हितों का संरक्षण किया जा सके। इसे मुक्त व्यापार के सिद्धांत का उल्लंघन नहीं माना जाता है। यह विश्व व्यापार संगठन के तहत एक प्रकार से संरक्षणवादी उपकरण है। यह विशेषकर कृषि आयातों पर लागू होता है।

वर्ल्ड बैंक : संरचना, प्रकार्य और अधिदेश

वर्ष 1944 में संयुक्त राष्ट्र मौद्रिक और वित्तीय सम्मेलन (ब्रेटन वुड्स कॉन्फ्रेंस) के बाद वर्ल्ड बैंक के गठन का निर्णय लिया गया। इसका शुरुआती उद्देश्य द्वितीय विश्व युद्ध से क्षतिग्रस्त यूरोपीय अर्थव्यवस्थाओं का पुनर्निर्माण करना था। इसका गठन वर्ष 1945 में किया गया। वर्ल्ड बैंक और आईएमएफ को जुड़वा संस्थाएँ कहा जाता है। वर्ल्ड बैंक का मुख्यालय वाशिंगटन डीसी में स्थित है। वर्ल्ड बैंक मुख्यत: 5 संगठनों का समूह है।

आईबीआरडी : अंतर्राष्ट्रीय पुनर्निर्माण और विकास बैंक वर्ल्ड बैंक का केन्द्रीय अंग है। इसका गठन 1944 में हुआ था। भारत इसका संस्थापक सदस्य देश है। इसमें 189 सदस्य देश हैं और इसका मुख्यालय वॉशिंगटन डीसी में स्थित है। इसका मुख्य कार्य मध्यम और निम्न आय वाले देशों को ऋण, अनुदान और विकास सहायता प्रदान करना है।

अंतर्राष्ट्रीय विकास संघ

अंतर्राष्ट्रीय विकास संघ (आईडीए) का गठन 1960 में हुआ था। इसमें 173 सदस्य देश हैं। इसका मुख्यालय भी वॉशिंगटन डीसी में स्थित है। इसे विश्व बैंक ऋण देने वाली उदार खिड़की (सॉफ्ट लोन विंडो) कहा जाता है। यह विकासशील देशों, विश्व के निर्धनतम देशों और अल्पविकसित देशों को ब्याजमुक्त ऋण, अनुदान और विकास सहायता प्रदान करता है। इन देशों को यह दीर्घकालिक ऋण देता है। इसके द्वारा 30 से 38 वर्षों तक का ऋण 5 साल के अतिरिक्त ग्रेस पीरियड के साथ विकासशील देशों को दिया जाता है। यह ऋणग्रस्तता के जाल में फँसे देशों को वित्तीय सहायता के रूप में भी ऋण देता है जिससे विकासशील देश ऋण जाल से निकल सकें। इसके लिए यह एचआईपीसी पहल (हेविली इनडेबटेड पुअर कंट्रीज इनीशिएटिव) और एमडीआरआई पहल (बहुपक्षीय ऋण राहत पहल) के ज़रिये कार्य करता है।

अंतर्राष्ट्रीय वित्त निगम

इसका गठन 1956 में किया गया था। इसका मुख्यालय वॉशिंगटन डीसी में स्थित है। इसमें 184 सदस्य देश हैं। इसका मुख्य कार्य विकासशील देशों में वित्तीय संसाधनों को गतिशील बनाने, निवेश और घरेलू समृद्धि को गति देने में निजी क्षेत्र उपक्रमों की भागीदारी को सुनिश्चित करना है। इन मुद्दों पर यह विकासशील देशों को सलाहकारी सेवाएँ भी प्रदान करता है।

बहुपक्षीय निवेश गारंटी एजेंसी

इसका गठन वर्ष 1988 में किया गया है। इसमें 181 सदस्य देश शामिल हैं। इसका मुख्यालय वॉशिंगटन डीसी में स्थित है। भारत इसका संस्थापक सदस्य है। इस संगठन से जुड़ने वाला अंतिम देश भूटान था। यह विकासशील देशों में प्रत्यक्ष विदेशी निवेश को बढ़ावा देने में महत्त्वपूर्ण भूमिका निभाता है। विकासशील देशों में निवेश करने वाले निवेशकों को पॉलिटिकल रिस्क इंस्योरेंस (राजनीतिक जोखिम बीमा कवर) कवर भी प्रदान करता है जिसका आशय है कि किसी देश में राजनीतिक अस्थिरता अथवा गृह युद्ध जैसी स्थिति में निवेशकों के हित को संरक्षित करने का प्रयास मीगा द्वारा किया जाता है।

अंतर्राष्ट्रीय निवेश विवाद निस्तारण केंद्र

इसका गठन वर्ष 1966 में किया गया था। इसका मुख्यालय भी वॉशिंगटन डीसी में स्थित है। इसमें 153 सदस्य देश हैं। यह निवेश विवादों से जुड़े मुद्दों से निपटने के लिए बनाया गया। यह विश्व बैंक का एकमात्र निकाय है जिससे जुड़े अभिसमय का अनुसमर्थन भारत ने नहीं किया है। भारत इस संगठन का सदस्य भी नहीं है। यह मध्यस्थता के ज़रिये अंतर्राष्ट्रीय निवेश विवादों के समाधान का प्रयास करता है। यह राष्ट्रीय सरकारों और विदेशी निजी निवेशकों के मध्य निवेश संबंधी विवादों के समाधान हेतु सक्रिय भूमिका निभाता है। यह विदेशी निवेश पर अंतर्राष्ट्रीय कानूनों के बारे में जागरूकता के प्रसार का कार्य भी करता है।

प्रत्येक अंतर्राष्ट्रीय निवेश विवाद के मामले पर एक स्वतंत्र कंसिलिएशन कमीशन अथवा मध्यस्थता न्यायाधिकरण द्वारा विचार किया जाता है। यह निकाय विवाद में संलग्न पक्षकारों के विधिक तर्कों को सुनता है। अब तक 600 से अधिक ऐसे मामलों पर इसके द्वारा विचार किया गया है।

कुल मिलाकर विश्व बैंक वैश्विक स्तर पर सतत विकास, आर्थिक विकास को सुनिश्चित करने पर बल देता है। यह विकासशील देशों में अवसंरचनात्मक, सामाजिक सुरक्षा और नवीकरणीय ऊर्जा परियोजनाओं को वित्त पोषित करता है। वैश्विक निर्धनता और बेरोज़गारी के उन्मूलन के लिए विश्व बैंक कई योजनाओं और कार्यक्रमों को वित्त पोषित करता है। हाल के वर्षों में विश्व बैंक ने ग्लोबल वार्मिंग और जलवायु परिवर्तन से निपटने पर अधिक ध्यान केंद्रित करते हुए हरित अर्थव्यवस्था अथवा अल्प कार्बन अर्थव्यवस्था के विकास हेतु सक्रियता के साथ कार्य कर रहा है। यह मानव विकास, मानव संसाधन के विकास के लिए शिक्षा, स्वास्थ्य, पोषकीय आहार के साथ खाद्य सुरक्षा, पेयजल

आपूर्ति और स्वच्छता तथा शहरी विकास के लिए परियोजनाओं को वित्त पोषित करता है।

अंतर्राष्ट्रीय आपराधिक न्यायालय : संरचना, प्रकार्य और अधिदेश

अंतर्राष्ट्रीय आपराधिक न्यायालय एक स्वतंत्र वैश्विक न्यायिक संगठन है जो जातीय संहार (जेनोसाइड), मानवता के विरुद्ध अपराध और युद्ध अपराधों के अभियुक्तों के ऊपर मुकदमा चलाने का अधिकार रखती है। यह तीन विषय इसके क्षेत्राधिकार में शामिल हैं। 17 जुलाई 1998 को संयुक्त राष्ट्र के कूटनीतिक सम्मेलन में इसके गठन से संबंधित प्रस्ताव को अंगीकृत किया गया था। 1 जुलाई 2002 को यह अस्तित्व में आया। यह नीदरलैंड के हेग में स्थित है और इसका प्रशासन रोम विधिसंहिता (रोम स्टेच्यूट) के तहत किया जाता है। इस न्यायालय का गठन इसी विधिसंहिता के द्वारा किया गया था। यद्यपि यह संयुक्त राष्ट्र संघ के तत्वावधान में वार्ता की गई संधि का परिणाम है लेकिन यह संयुक्त राष्ट्र के क्षेत्राधिकार से पृथक एक स्वतंत्र न्यायिक निकाय के रूप में काम करता है। संयुक्त राष्ट्र संघ के अंतर्गत अंतर्राष्ट्रीय आपराधिक कानूनों के प्रश्न पर लंबे समय से विचार चला आ रहा है। इसी क्रम में अंतर्राष्ट्रीय अपराध न्यायालय के गठन से संबंधित भी एक सम्मेलन संयुक्त राष्ट्र संघ के तत्वावधान में किया गया था। रोम विधिसंहिता का अनुच्छेद 2 इस न्यायालय के संयुक्त राष्ट्र संघ से संबंधों का वर्णन करता है। यहाँ यह उल्लेखनीय है कि अंतर्राष्ट्रीय अपराध न्यायालय अपनी रिपोर्ट वार्षिक स्तर पर संयुक्त राष्ट्र महासभा को देता है। संयुक्त राष्ट्र महासभा ने प्रस्ताव संख्या 58/318 के ज़रिये संयुक्त राष्ट्र और अंतर्राष्ट्रीय अपराध न्यायालय के संबंधों की रूपरेखा देता है। संयुक्त राष्ट्र सुरक्षा परिषद भी रोम विधिसंहिता के अनुच्छेद 13 (ख) और संयुक्त राष्ट्र के चार्टर के चैप्टर 7 के तहत अंतर्राष्ट्रीय अपराध न्यायालय के अभियोजक (प्रॉसिक्यूटर) को कुछ निश्चित स्थितियों को कार्यवाही के लिए संदर्भित कर सकता है।

यह व्यक्तियों के द्वारा किए जाने वाले अति खतरनाक अपराधों जो अंतर्राष्ट्रीय समुदाय के लिए चिंता का विषय होते हैं, के खिलाफ कार्यवाही करने का लक्ष्य रखता है। यह राष्ट्रीय न्यायालयों के क्षेत्राधिकार को प्रतिस्थापित नहीं करता बल्कि उनके लिए सहपूरक का कार्य करता है। इसका अर्थ यह है कि इसके निर्णय वैधानिक रूप में बाध्यकारी नहीं होते हैं। आईसीसी के अभियोजक का कार्यालय आईसीसी का एक स्वतंत्र निकाय है। अभियोजक अभियोगियों का प्रारंभिक परीक्षण और जाँच करता है और यह एकमात्र प्राधिकारी है जो न्यायालय के समक्ष मामले ले आ सकता है। आईसीसी के न्यायाधीश न्यायिक कार्यवाहियों को उचित, निष्पक्ष और गैर भेदभाव कारी तरीके से संपन्न करते हैं। इसमें अभियुक्तों को न्यायालय में अपना पक्ष रखने

का अवसर दिया जाता है। न्यायालय में भुक्तभोगी की भी आवाज सुनी जाती है। उल्लेखनीय है कि रोम विधि संहिता गंभीर अपराधों के भुक्तभोगियों को न्यायालय की कार्यवाही में भाग लेने का अप्रत्याशित अधिकार देता है। आईसीसी मानवता के खिलाफ किए गए अपराधों और उनके दोषियों को दंडमुक्ति (इंप्युनिटी) के खिलाफ लगातार सक्रिय रहता है ताकि दोषियों को अनिवार्य रूप से दंड दिया जा सके।

वर्ष 2019 में मलेशिया और फिलीपींस के आईसीसी और रोम स्टेच्यूट से बाहर निकलने के बाद इसकी सदस्य संख्या 122 हो गई है। उल्लेखनीय है कि मलेशिया ने 2019 में ही रोम स्टेच्यूट पर हस्ताक्षर किया था, लेकिन अनुसमर्थन नहीं किया था। इसके उपरांत मलेशिया के प्रधानमंत्री महाथिर मोहम्मद ने इससे बाहर निकलने का निर्णय किया। फिलीपींस, जो वर्ष 2011 में आईसीसी का भाग बना था, उसने 2019 में इसकी सदस्यता त्याग दिया था। आईसीसी वर्ष 2016 से ही पहचान के संकट से गुजर रहा है। वर्ष 2016 में अफ्रीकी देश बुरुंडी विश्व का पहला देश था जिसने आधिकारिक तौर पर आईसीसी की सदस्यता त्याग दी थी। विभिन्न देशों द्वारा आईसीसी की सदस्यता को त्यागने की शुरुआत तब हुई जब आईसीसी ने दक्षिण अफ्रीका को सूडान के राष्ट्रपति पर अभियोग चलाने के लिए सहयोग करने को कहा था। सूडान के राष्ट्रपति पर मानवता के खिलाफ गंभीर अपराधों को संपन्न करने का आरोप है, और सूडान के राष्ट्रपति ने बचने के लिए दक्षिण अफ्रीका में शरण ली थी। चूँकि दक्षिण अफ्रीका रोम विधि संहिता का भाग है, इसलिए आईसीसी ने उसे सहयोग करने के लिए कहा था। लेकिन दक्षिण अफ्रीका ने अपने राजनीतिक राजनयिक संबंधों का हवाला देकर ऐसा करने से मना कर दिया था और उसी समय आईसीसी की सदस्यता छोड़ने की भी धमकी दे दी थी। अमरीका और रूस जैसे देशों ने भी आईसीसी से निकलने की बात की है।

इंटरनेशनल कोर्ट ऑफ जस्टिस (अंतर्राष्ट्रीय न्यायालय) संरचना, प्रकार्य और अधिदेश

इंटरनेशनल कोर्ट ऑफ जस्टिस अथवा अंतर्राष्ट्रीय न्यायालय संयुक्त राष्ट्र संघ का प्रमुख न्यायिक संगठन है जिसका गठन वर्ष 1945 में संयुक्त राष्ट्र संघ के चार्टर के द्वारा किया गया था और इसने अप्रैल, 1946 से कार्य करना शुरू कर दिया था। यह नीदरलैंड के हेग में पीस पैलेस में स्थित है। यह संयुक्त राष्ट्र संघ के उन छह प्रमुख निकायों में से एकमात्र ऐसा है जिसका मुख्यालय न्यूयॉर्क में स्थित नहीं है। यह परमानेंट कोर्ट ऑफ इंटरनेशनल जस्टिस का उत्तराधिकारी संगठन है। यह वार्षिक स्तर पर अपनी रिपोर्ट संयुक्त राष्ट्र महासभा को देता है। इसमें कुल 15 न्यायाधीश होते हैं जो 9 वर्ष के कार्यकाल के लिए निर्वाचित किए जाते हैं। इनका निर्वाचन

संयुक्त राष्ट्र महासभा और संयुक्त राष्ट्र सुरक्षा परिषद द्वारा किया जाता है। आईसीजे चाहे तो एक देश से दो न्यायाधीशों को न्यायालय में नहीं रख सकता। न्यायालय में न्यायाधीश के रूप में निर्वाचित होने के लिए एक उम्मीदवार को महासभा और सुरक्षा परिषद में मतों का पूर्ण बहुमत चाहिए। न्यायाधीश पुन: निर्वाचन के पात्र हैं। यदि किसी न्यायाधीश की मृत्यु हो जाती है, अथवा वह अपने कार्यकाल के दौरान त्यागपत्र देता है, तो एक विशेष निर्वाचन के द्वारा रिक्त पद को भरा जाता है।

इंटरनेशनल कोर्ट ऑफ जस्टिस का क्षेत्राधिकार और कार्यवाही

इस न्यायालय द्वारा राष्ट्रों के द्वारा पेश किए गए विधिक विवादों का निस्तारण अंतर्राष्ट्रीय कानूनों के अनुपालन में किया जाता है। इसके अलावा प्रमुख अधिकृत संयुक्त राष्ट्र संगठनों और संयुक्त राष्ट्र के विशेषीकृत संगठनों के द्वारा संदर्भित विधिक प्रश्नों पर आईसीजे परामर्शकारी मत देता है। जब संबंधित राष्ट्र स्वैच्छिक सहभागिता के ज़रिये विवाद के निपटारे के इच्छुक हो, तभी न्यायालय मामले को निर्धारित करता है। यदि एक राज्य न्यायालय की कार्यवाही में भाग लेने की सहमति देता है, तो फिर उसके लिए न्यायालय के निर्णय का अनुपालन बाध्यकारी होगा। ऐसे प्रावधान का उल्लेख आईसीजे ने स्पष्ट रूप में किया है।

अंतर्राष्ट्रीय न्यायालय दो तरह के मामलों की सुनवाई करता है। वैधानिक प्रकृति के विवादास्पद मामले जिनमें दो राष्ट्र उलझे हुए हैं उनके निस्तारण के साथ यह अपनी सलाहकारी कार्यवाही को जारी रखकर अपनी भूमिका निभाता है। केवल संयुक्त राष्ट्र संघ के सदस्य देश या अन्य ऐसे देश जो इस न्यायालय के स्टैच्यूट के पक्षकार बन चुके हैं अथवा जिन राष्ट्रों ने कुछ निश्चित दशाओं में इस न्यायालय के क्षेत्राधिकार को स्वीकार किया है, केवल वही देश विवादास्पद मामलों में आईसीजे में पक्षकार हो सकते हैं।

भारतीय नौसेना के पूर्व अधिकारी कुलभूषण जाधव को पाकिस्तान में एक सैन्य अदालत ने भारतीय ख़ुफ़िया एजेंसी के लिए जासूसी और आतंकवाद का दोषी पाते हुए मृत्यु दंड की सज़ा सुनाई थी। इसके उपरांत वियना कन्वेंशन, 1963 के अनुच्छेद 36 के तहत कुलभूषण जाधव को कॉन्स्युलर एक्सेस भी नहीं दिया गया।

भारत ने इंटरनेशनल कोर्ट ऑफ़ जस्टिस में यह तर्क दिया है कि कुलभूषण जाधव को 'कॉन्स्युलर एक्सेस' यानी भारतीय दूतावास के अधिकारियों से बात करने का हक़ न देकर पाकिस्तान ने विएना संधि का उल्लंघन किया है। जबकि पाकिस्तान का मत है कि जासूसी के मामले में दोषी को 'कॉन्स्युलर एक्सेस' नहीं दिया जा सकता। भारत ने इंटरनेशनल कोर्ट ऑफ जस्टिस में अपील किया कि

कुलभूषण जाधव के मृत्य दंड की सज़ा रद्द की जाए और उन्हें तुरंत रिहा किया जाए। भारत का कहना है कि जाधव की सुनवाई में तय प्रक्रिया के न्यूनतम मानकों का भी पालन पाकिस्तान द्वारा नहीं किया गया है। 30 मार्च, 2016 को भारतीय विदेश मंत्रालय ने स्पष्ट रूप से पाकिस्तान के खिलाफ टिप्पणी करते हुए कहा था कि कुलभूषण जाधव को पाकिस्तान द्वारा प्रताड़ित किया जा रहा है। 26 अप्रैल, 2017 को पाकिस्तान ने कुलभूषण जाधव को कॉन्स्युलर एक्सेस देने के भारत के निवेदन को 16वीं बार अस्वीकार कर दिया। अप्रैल, 2017 में ही पाकिस्तानी सेना के जनसंपर्क विभाग ने एक प्रेस रिलीज़ जारी कर यह सूचना दी थी कि कुलभूषण जाधव को पाकिस्तान के एक सैन्य अदालत ने मौत की सज़ा सुनाई है। पाकिस्तान का यह भी कहना था कि उसने संयुक्त राष्ट्र महासचिव एंटोनियो गुटेरेश को इस्लामाबाद में भारत के दख़ल और देश को अस्थिर करने की कोशिशों के संबंध में एक डोज़ियर सौंपा है। 8 मई, 2017 को भारत ने संयुक्त राष्ट्र में जाधव मामले पर पाकिस्तान के खिलाफ एक याचिका दायर किया। 9 मई, 2017 को इंटरनेशनल कोर्ट ऑफ़ जस्टिस (आईसीजे) ने भारत के पक्ष को समझते हुए कुलभूषण जाधव की मौत की सज़ा पर आईसीजे सुनवाई पूरी होने तक रोक लगाने का निर्णय किया। इसके उपरांत पाकिस्तान के विदेश मंत्रालय ने 400 पन्नों का जवाब आईसीजे को सौंपा था, वहीं दूसरी तरफ़ 17 अप्रैल 2018 को भारत ने दूसरे दौर का जवाब आईसीजे को सौंपा था। 19 फरवरी, 2019 को भारत ने आईसीजे से कुलभूषण जाधव को पाकिस्तानी सैन्य अदालत द्वारा सुनाई गई मौत की सजा को निरस्त करने और उनकी तत्काल रिहाई का आदेश देने की अपील की थी।

अंतर्राष्ट्रीय अदालत ने 17 जुलाई, 2019 को पाकिस्तान को कुलभूषण जाधव को दोषी ठहराने और सजा की प्रभावी समीक्षा और पुनर्विचार करने और राजनयिक पहुँच प्रदान करने का आदेश दिया था। पाकिस्तान ने पहले 2 अगस्त, 2019 को कॉन्सुलर एक्सेस देने की बात कही, लेकिन ऐसा नहीं किया। इसके बाद पाकिस्तान ने 2 सितंबर, 2019 को ऐसा करने की बात की और 2016 के बाद पहली बार कॉन्सुलर एक्सेस प्रदान किया। पाकिस्तान द्वारा राजनयिक पहुँच दिये जाने के बाद भारतीय उच्चायोग के उप राजदूत ने जाधव से मुलाकात की थी। पाकिस्तान ने यह भी स्पष्ट किया कि वह दूसरा कॉन्सुलर एक्सेस नहीं देगा। इस प्रकार स्पष्ट है कि भारत विरोधी मानसिकता में पाकिस्तान ने अंतर्राष्ट्रीय नियमों कानूनों की अवहेलना की है।

अंतर्राष्ट्रीय श्रम संगठन : संरचना, प्रकार्य और अधिदेश

वैश्वीकरण, उदारीकरण और निजीकरण की शक्तियों के वैश्विक अर्थव्यवस्था में

सक्रिय होने के बाद से वैश्विक स्तर पर श्रम की गतिशीलता बढ़ी है। एक देश से दूसरे देश में श्रमिकों की मुक्त आवाजाही सुनिश्चित हुई है। इसके साथ ही श्रम बाज़ार को सही दिशा देने और उसे विनियमित करने के लिए अंतर्राष्ट्रीय श्रम संगठन की भूमिका महत्त्वपूर्ण हो जाती है। मूलतः अंतर्राष्ट्रीय श्रम संगठन का गठन वर्ष 1919 में वर्साय की संधि के तहत हुआ था। संयुक्त राष्ट्र संघ ने इसे वर्ष 1946 में अपना प्रथम विशेषीकृत अभिकरण बनाया और इसे वैश्विक श्रम मानकों के लिए अधिकृत किया। इसमें 187 सदस्य देश हैं। इसका मुख्यालय स्विट्जरलैंड के जेनेवा में स्थित है। यह एकमात्र त्रिपक्षीय संयुक्त राष्ट्र अभिकरण है जो वर्ष 1919 से राष्ट्रीय सरकारों, नियोक्ताओं और कामगारों को एक सूत्र में बाँध कर वैश्विक श्रम मानकों को दशा और दिशा देने का काम कर रहा है। अपनी महत्त्वपूर्ण भूमिकाओं के चलते वर्ष 1969 में इसे नोबेल शांति पुरस्कार से सम्मानित किया गया था। यह निम्नलिखित भूमिकाएँ निभाता है :

—वैश्विक श्रम मानकों का निर्धारण जैसे मजदूरी की दर, सही समय पर मजदूरी का मिलना, कार्य करने की निश्चित, निर्धारित अवधि, कार्य करने की न्यूनतम आयु सीमा, बाल श्रम का विनियमन आदि।

—श्रम बाज़ार और नियमों को मानवोचित रूप प्रदान करना जैसे, श्रमिकों के लिए काम की उचित दशाएँ और शर्तें, श्रमिकों और कमर्चारियों को मुआवजा, सामाजिक बीमा,वेतन सहित अवकाश, औद्योगिक सुरक्षा आदि।

—सभी महिलाओं और पुरुषों के लिए गरिमामय श्रम को बढ़ावा देने के लिए नीतियों और कार्यक्रमों को निर्मित करना।

—वैश्विक स्तर पर रोजगार के उचित अवसर उपलब्ध कराने की दिशा में कार्य करना।

—वर्ष 1992 में इसके द्वारा बाल श्रम उन्मूलन हेतु अंतर्राष्ट्रीय कार्यक्रम आरंभ किया गया था। भारत इस कार्यक्रम में शामिल होने वाला पहला देश था।

अंतर्राष्ट्रीय श्रम संगठन के तीन प्रमुख अंग हैं : श्रम सम्मेलन, प्रबंध शाखा और श्रम कार्यालय। इस संगठन का सर्वाधिक प्रमुख अंग अंतर्राष्ट्रीय श्रम सम्मेलन है जिसकी प्रतिवर्ष बैठक होती है और इसमें श्रम मानक निर्धारित किए जाते हैं। अंतर्राष्ट्रीय श्रम संगठन अपनी महत्त्वपूर्ण वैश्विक रिपोर्ट्स के ज़रिये श्रम बाज़ार प्रबंधन और श्रम साक्षरता को बढ़ावा देता है। इसमें शामिल हैं :

—ग्लोबल वेज रिपोर्ट

—दि वर्ल्ड एम्प्लॉयमेंट एंड सोशल आउटलुक रिपोर्ट।

—वर्ल्ड सोशल प्रोटेक्शन रिपोर्ट

भारत ने पूरी शताब्दी के दौरान आईएलओ के 189 समझौतों में से 47 समझौतों का अनुमोदन किया है। हाल के समय में आठ प्रमुख समझौतों में से 6 समझौतों

का अनुमोदन किया गया है। इसी तरह बाल श्रम से संबंधित दो समझौतों (सी-138 और सी-182) का अनुमोदन भारत सरकार द्वारा किया गया है।

विदेशों में भारतीय पेशेवरों, कौशल कर्मियों आदि के हितों की रक्षा करने के लिए 19 देशों के साथ द्विपक्षीय सामाजिक सुरक्षा समझौता (एसएसए) किया गया है, ईपीएफओ इसकी नोडल कार्यान्वयन एजेंसी है। जिनेवा में जून, 2011 में हुए अंतर्राष्ट्रीय श्रम संगठन के सम्मेलन में घरेलू कर्मचारी समझौता (सी-189) और घरेलू कर्मचारी संस्तुति (आर-201) को स्वीकार किया गया। भारत अंतर्राष्ट्रीय श्रम संगठन के संस्थापक सदस्यों में से एक है।

भारत अंतर्राष्ट्रीय श्रम संगठन (आईएलओ) के सहयोग से सतत विकास लक्ष्य—8.7 और भारत से बाल श्रम उन्मूलन के लिए रणनीतियों पर प्रभावी चर्चा में लगा रहा है।

अंतर्राष्ट्रीय परमाणु ऊर्जा अभिकरण : संरचना, प्रकार्य और अधिदेश

नाभिकीय ऊर्जा के शांतिपूर्ण प्रयोग को वैश्विक स्तर पर सुनिश्चित किया जाना वैश्विक शांति और सुरक्षा के लिए बड़ी आवश्यकता है। वर्ष 1945 से 1956 के मध्य नाभिकीय परीक्षण और नाभिकीय शस्त्रों की होड़ से इस बात की आवश्यकता महसूस की गई कि नाभिकीय ऊर्जा के प्रयोग को विनियमित करने के लिए एक वैश्विक निकाय का गठन होना चाहिए। 8 दिसंबर, 1953 को अमेरिकी राष्ट्रपति आइजनहावर ने संयुक्त राष्ट्र महासभा में एटम्स फॉर पीस नाम से एक महत्त्वपूर्ण भाषण दिया था। इसमें नाभिकीय प्रौद्योगिकी के नकारात्मक प्रभावों से निपटने की बात की गई थी। आईएईए की संविधि (स्टेच्यूट) को अक्टूबर, 1956 में 81 देशों द्वारा सर्वसम्मति से मंजूरी दी गई थी। इसका मुख्यालय ऑस्ट्रिया के वियना में स्थित है। इसके दो क्षेत्रीय कार्यालय टोरंटो (कनाडा) और टोक्यो (जापान) में स्थित हैं।

इस संगठन को एटम्स फॉर पीस संगठन और ग्लोबल न्यूक्लीयर वॉचडॉग (वैश्विक नाभिकीय सुरक्षा प्रहरी) के नाम से भी जाना जाता है। 29 जुलाई, 1957 को आधिकारिक तौर पर अंतर्राष्ट्रीय परमाणु ऊर्जा अभिकरण का गठन किया गया था। संयुक्त राष्ट्र संघ के मुख्यालय न्यूयॉर्क में आयोजित एक अंतर्राष्ट्रीय सम्मेलन में इसकी संविधि अथवा स्टैच्यूट को अंगीकृत किया गया था। यह संयुक्त राष्ट्र संघ का एक विशेष अभिकरण है और यह एक स्वायत्त वैश्विक संस्था के रूप में विश्व में परमाणु ऊर्जा का शांतिपूर्ण उपयोग सुनिश्चित करने की दिशा में कार्य करता है। यह परमाणु ऊर्जा के सैन्य उपयोग को रोकने के लिए भी दिशा निर्देश देता है।

अंतर्राष्ट्रीय परमाणु ऊर्जा अभिकरण के प्रमुख कार्य निम्नलिखित हैं—

—सार्वभौमिक स्तर पर शांति, स्वास्थ्य और समृद्धि को गतिशील बनाने के

लिए परमाणु ऊर्जा के उपयोग को सुनिश्चित करना।

—परमाणु ऊर्जा के सैन्य उपयोगों को नियंत्रित करने की दिशा में सक्रिय रूप से कार्य करना।

—नाभिकीय प्रौद्योगिकी के सुरक्षित उपयोग को सुनिश्चित करने की दिशा में कार्य करना।

—यह परमाणु अप्रसार संधि, 1968 के तहत नाभिकीय परीक्षणों पर प्रतिबंध और नाभिकीय प्रौद्योगिकी के हस्तांतरण पर रोक से संबंधित प्रावधानों की निगरानी का भी दायित्व निभाता है। एनपीटी के अनुच्छेद 3 के तहत आईएईए को ऐसा दायित्व विकसित देशों द्वारा दिया गया है। 2005 में इसे नाभिकीय ऊर्जा के शांतिपूर्ण प्रयोग और नाभिकीय हथियारों के निर्माण पर रोक लगाने संबंधी प्रयासों के चलते नोबेल शांति पुरस्कार से सम्मानित किया गया था।

अंतर्राष्ट्रीय परमाणु ऊर्जा अभिकरण कृषि, उद्योग और चिकित्सा के क्षेत्र में नाभिकीय ऊर्जा के प्रयोग की संभावनाओं पर अनुसंधान का भी कार्य करता है। यह नाभिकीय ऊर्जा के क्षेत्र में सुरक्षा मानकों का निर्धारण कर इस क्षेत्र के अनुभवों को विकासशील देशों के साथ साझा करने का भी कार्य करता है। यह सदस्य राष्ट्रों को न्यूक्लीयर पॉवर स्टेशन को विकसित और संचालित करने तथा साथ ही रेडियोएक्टिव अपशिष्टों के निस्तारण हेतु सुझाव भी देता है।

अंतर्राष्ट्रीय परमाणु ऊर्जा अभिकरण ने नाभिकीय ऊर्जा के शांतिपूर्ण प्रयोग के लिए आईएईए सेफगार्ड मैकेनिज्म का निर्माण किया है जिसका मुख्य उद्‌देश्य नाभिकीय उपकरण अथवा प्रौद्योगिकी का दुरुपयोग कर नाभिकीय हथियार बनाने और उसके प्रसार की संभावना की पहचान कर उसे रोकना है। इसके तहत विभिन्न राष्ट्रों पर यह वैधानिक दायित्व आरोपित किया जाता है कि वह नाभिकीय सामग्री और उपकरणों का इस्तेमाल केवल शांतिपूर्ण प्रयोग के उद्‌देश्य के लिए करेंगे। सुरक्षोपाय तंत्र आईएईए की ऐसी क्रियाविधि है जिसके तहत आईएईए के पर्यवेक्षक सदस्य देशों के नाभिकीय रिएक्टर और संयंत्रों की निगरानी, जाँच पड़ताल कर यह तय करते हैं कि नाभिकीय प्रौद्योगिकी अथवा ईंधन का इस्तेमाल नाभिकीय हथियार बनाने के लिए किया जा रहा है, अथवा उसका प्रयोग असैन्य मकसद के लिए किया जा रहा है। विश्व भर के कई जिम्मेदार देशों ने आईएईए के सेफगार्ड तंत्र पर हस्ताक्षर कर रखा है जिसमें भारत भी शामिल हैं। लेकिन उत्तर कोरिया और ईरान जैसे देशों ने आईएईए की कार्यवाही में बाधाएँ प्रस्तुत कर रखी हैं। उत्तर कोरिया ने अपने प्योंगयांग स्थित नाभिकीय ऊर्जा संयंत्र की निगरानी आईएईए के पर्यवेक्षकों को नहीं करने दी थी। इसी प्रकार जिन देशों ने एनपीटी पर हस्ताक्षर और उसका अनुसमर्थन नहीं कर रखा है, उनमें से कुछ ने आईएईए के साथ नाभिकीय ऊर्जा के शांतिपूर्ण उपयोग के लक्ष्य की प्राप्ति में अपेक्षित सहयोग नहीं किया है, इसमें इजरायल भी शामिल है।

इंटरनेशनल सीबेड अथॉरिटी : संरचना, प्रकार्य और अधिदेश

इंटरनेशनल सीबेड अथॉरिटी एक अंतर्राष्ट्रीय स्वायत्त समुद्री संगठन है, जिसकी स्थापना संयुक्त राष्ट्र समुद्री विधि अभिसमय (1982) तथा इस अभिसमय के भाग-XI के क्रियान्वयन से संबंधित समझौते (1994) के अधीन की गई। यह प्राधिकरण 16 नवंबर, 1994 को अस्तित्व में आया और जून 1996 से पूर्णरूपेण सक्रिय हो गया। आईएसए का मुख्यालय किंग्स्टन (जमैका) में स्थित है तथा वर्तमान में इसके सदस्यों की संख्या 168 है।

आईएसए के माध्यम से संयुक्त राष्ट्र समुद्री कानून अभिसमय में शामिल राष्ट्र अंतर्राष्ट्रीय समुद्र तल क्षेत्र (जो राष्ट्रीय अधिकार क्षेत्र की सीमाओं से बाहर है) में गतिविधियों को नियंत्रित व संगठित करते हैं, ताकि उस क्षेत्र में खनिज संसाधनों का उचित प्रशासन किया जा सके। अंकलॉस के अंतर्गत प्रायः सभी महासागरीय स्थान एवं उनका उपयोग शामिल है, जैसे-नौचालन एवं अधिउड़ान, संसाधनों का अन्वेषण व दोहन, परिरक्षण एवं प्रदूषण, मत्स्यन एवं जहाजरानी इत्यादि। यह संधि तटीय देशों एवं बसे हुए द्वीप समूहों को 200 मील तक विशिष्ट आर्थिक क्षेत्र या महाद्वीपीय जल सीमा अधिघोषित करने का अधिकार देती है। इसमें 320 अनुच्छेद तथा 9 अनुलग्नक शामिल हैं, जो महासागरों व सामुद्रिक क्षेत्रों के परिभाषन, सामुद्रिक सीमा निर्धारण हेतु नियम निर्माण, विवादों की सुनवाई एवं समाधान तथा राज्यों के उत्तरदायित्वों के सम्बंध में दिशा-निर्देशों की स्थापना करते हैं।

वर्तमान में आईएसए द्वारा बहुधात्विक पिण्डों के अन्वेषण को शासित करने हेतु नियमों एवं विनियमों (खनन संहिता) को अंतिम रूप दिया जा रहा है।

इसके अलावा प्राधिकरण गहरे समुद्र में मौजूद खनिज संसाधनों के अन्वेषण व संदोहन हेतु शोध कार्य संचालित करता है तथा इस दिशा में उपयुक्त तकनीकों के विकास में सहायता देता है।

आईएसए की संगठनात्मक संरचना में सभा, परिषद, वैधानिक एवं तकनीकी आयोग, वित्त आयोग तथा सचिवालय शामिल हैं। सभा (असेम्बली) में सभी सदस्य राष्ट्रों का प्रतिनिधित्व होता है। यह नीतियों का निर्माण, बजट का अनुमोदन तथा परिषद के सदस्यों का चुनाव करती है। परिषद प्राधिकरण का कार्यकारी अंग है, जिसमें 36 सदस्य होते हैं। 21 सदस्यीय वैधानिक एवं तकनीकी आयोग का कार्य समुद्री गतिविधियों एवं उनके पर्यावरणीय प्रभावों तथा सामुद्रिक पर्यावरण की सुरक्षा के बारे में परिषद को अपने सुझाव देना है। 15 सदस्यीय वित्त आयोग सभा बजटीय एवं वित्तीय मुद्दों पर सभा और परिषद को अपनी सिफारिशें पेश करता है। एक महासचिव की अधीनता में सचिवालय द्वारा प्राधिकरण के सभी अंगों को प्रशासनिक सेवाएँ उपलब्ध करायी जाती हैं तथा प्रासंगिक कार्य योजनाओं को लागू किया जाता है।

भारतीय प्रधानमंत्री की अध्यक्षता में केंद्रीय मंत्रिमंडल ने बहुधात्विक पिंड के अन्वेषण के लिए भारत सरकार और अंतर्राष्ट्रीय सीबेड प्राधिकरण(आईएएस) के बीच अनुबंध के विस्तार को वर्ष 2017 में मंजूरी दी थी। यह मंजूरी पाँच वर्षों 2017-22 तक के लिए दी गई है। इससे पहले हुआ अनुबंध 24 मार्च 2017 को समाप्त हो गया था। इस अनुबंध के विस्तार से मध्य हिन्द महासागर बेसिन के आवंटित क्षेत्र में भारत को बहुधात्विक पिंड के अन्वेषण का अधिकार मिल जाएगा। इससे भारत के लिए राष्ट्रीय अधिकार क्षेत्र से परे क्षेत्र में वाणिज्यिक और सामरिक महत्त्व के संसाधनों के लिए नए अवसर के रास्ते खुलेंगे। इसके अलावा, यह हिन्द महासागर में उपस्थिति को बढ़ाने के मामले में भारत को सामरिक महत्त्व प्रदान करेगा, जहाँ अन्य अंतर्राष्ट्रीय देश भी सक्रिय हैं।

उल्लेखनीय है कि बहुधात्विक पिंड(इसे मैंगनीज पिंड के नाम से भी जाना जाता है) आलू के आकार का होता है, जो दुनिया के महासागरों के तल में बहुतायत में पाया जाता है। मैंगनीज के अलावा, निकल, कोबाल्ट और तांबा भी पाया जाता है जिनका आर्थिक एवं सामरिक महत्त्व है। भारत ने बहुधात्विक पिंड के अन्वेषण के लिए अंतर्राष्ट्रीय सीबेड प्राधिकरण(आईएएस) के साथ 15 वर्ष के लिए 25 मार्च 2002 को अनुबंध किया था, जिसे कैबिनेट ने तब मंजूरी दी थी। भारत के पास इस समय पोलीमेंटालिक नोड्यूल के उपयोग के लिए हिन्द महासागर में आधिकारिक रूप में 75,000 वर्ग किलोमीटर क्षेत्र है।

बहुधात्विक पिंड के अन्वेषण के तहत पृथ्वी विज्ञान मंत्रालय सर्वेक्षण और अन्वेषण, पर्यावरणीय प्रभाव मूल्यांकन करता है। मंत्रालय से संबद्ध तकनीकी विभाग (माइनिंग एंड एग्ट्रैक्टिव) विभिन्न संस्थानों राष्ट्रीय समुद्र विज्ञान संस्थान (एनआईओ), राष्ट्रीय धातुकर्म प्रयोगशाला (एनएमएल), खनिज और सामग्री प्रौद्योगिकी संस्थान (आईएमएमटी), राष्ट्रीय अंटार्कटिक एवं समुद्री अनुसंधान केंद्र (एनसीएओआर) एवं राष्ट्रीय समुद्र प्रौद्योगिकी संस्थान (एनआईओटी) आदि के साथ मिलकर बहुधात्विक पिंड के अन्वेषण कार्यक्रम के तहत इस काम को अंजाम देता है। करार के प्रावधानों के अनुसार भारत अनुबंध के सभी दायित्वों को पूरा कर रहा है।

अध्याय 9

विकसित देशों की नीतियों का विकासशील देशों, विशेषकर भारत पर प्रभाव : संबंधित मुद्दे

विकसित देशों की नीतियों का विकासशील देशों, विशेषकर भारत पर प्रभाव

वैश्विक राजनीति और अर्थव्यवस्था के मुद्दों पर विकसित और विकासशील देशों के मध्य कई अवसरों पर सहयोग और समन्वय और कई अवसरों पर मतभेद दिखाई देते हैं। एक समय पर सहयोग और एक समय पर मतभेद या शत्रुता की वजह विकसित देशों द्वारा अपनाए गए दृष्टिकोण या सोच के चलते होता है। सामान्य तौर पर ऐसा देखा गया है कि विकसित देश अपने हितों को वरीयता देने वाली नीति, कार्यक्रम निर्मित करते हैं, या कोई क्षेत्रीय और वैश्विक पहल की शुरुआत करते हैं। विकसित देशों के बारे में आम धारणा यह रही है कि वे अपने राष्ट्रीय हितों की प्राप्ति के नाम पर हर क्षेत्र में संरक्षणवादी नीतियाँ अपनाते हैं, भले ही उससे विश्व अर्थव्यवस्था, आयात, निर्यात, सांस्कृतिक राजनीतिक संपर्कों पर कितना ही नकारात्मक प्रभाव पड़े। ऐसा देखा गया है कि मुक्त और स्वतंत्र वैश्वीकरण का समर्थन करने वाले विकसित देश वैश्विक वित्तीय संस्थाओं के निर्णयों को प्रभावित कर, अपने द्वारा शत्रु समझे जाने वाले देशों पर कूटनीतिक और आर्थिक प्रतिबंध लगा कर, व्यापारिक संघर्ष कर वैश्वीकरण की धाराओं को नकारात्मक रूप से प्रभावित करने में भूमिका निभाते हैं। विकसित देशों के साथ सबसे बड़ी बात ये है कि वे अपने विकसित राष्ट्र की प्रास्थिति को किसी भी रूप में खोना नहीं चाहते। क्षेत्रीय राजनीति में उन्हें अपनी प्रभावी भूमिका और वैश्विक राजनीति में वर्चस्वकारी भूमिका चाहिए। यही कारण है कि विकसित देश इन्हीं क्षेत्रीय, आर्थिक और वैश्विक महत्त्वाकांक्षाओं को ध्यान में रखकर ऐसी नीतियाँ बनाते हैं जो कभी विकासशील देशों का सहयोग लेकर किसी समस्या के समाधान के लिए होती हैं तो कभी विकासशील देशों के हितों के समक्ष चुनौती प्रस्तुत कर उनसे प्रतिस्पर्धा करने के लिए होती हैं। विकसित देशों ने कुछ

प्रमुख क्षेत्रों में नीतियाँ बनाई हैं जिनका भारत और चीन जैसे विकासशील देशों के हितों पर नकारात्मक और कुछ अवसरों पर सकारात्मक प्रभाव भी देखा गया है, ऐसे कुछ प्रमुख क्षेत्र निम्नवत हैं—

बौद्धिक संपदा अधिकार से संबंधित नीतियाँ

विकासशील देशों खासकर उभरती हुई बाज़ार अर्थव्यवस्थाओं में बौद्धिक संपदा अधिकारों जैसे कॉपीराइट, पेटेंट, ट्रेडमार्क, औद्योगिक डिजाइन, भौगोलिक संकेतक, व्यापारिक गोपनीय सूचनाएँ (ट्रेड सेक्रेट्स) आदि को सुरक्षित करने के लिए मज़बूत नियमों, कानूनों या राष्ट्रीय नीतियों का अभाव रहा है। यद्यपि हाल के वर्षों में इन अधिकारों की सुरक्षा का व्यापार और निवेश पर पड़ने वाले सकारात्मक प्रभाव को ध्यान में रख कर विकासशील देशों विशेषकर भारत ने राष्ट्रीय नीति निर्मित किया है लेकिन इसके बावजूद अमरीका जैसे विकसित देशों ने विकासशील देशों में बौद्धिक संपदा अधिकारों के उल्लंघन को आधार बनाते हुए उनके साथ व्यापार में बाधाएँ खड़ी की हैं। ऐसी बाधाओं को गैर प्रशुल्क अवरोध के रूप में जाना जाता है। संयुक्त राज्य अमरीका द्वारा प्रति वर्ष विकासशील देशों में बौद्धिक संपदा अधिकारों के संरक्षण की स्थिति की समीक्षा करने के लिए स्पेशल 301 रिपोर्ट जारी किया जाता है। जो देश बौद्धिक संपदा अधिकार संरक्षण के मामले में संतोषजनक कार्यवाही नहीं करते उन्हें अमरीका इस रिपोर्ट के तहत प्रायोरिटी वॉच लिस्ट में डाल देता है। जिसका मतलब है कि वह देश बौद्धिक संपदा अधिकारों के उल्लंघन का दोषी है और विदेशी कंपनियों के व्यापारिक लाभ ऐसे देशों में सुरक्षित नहीं हैं। विदेशी कंपनियों का ऐसे में निवेश करने का निर्णय भी प्रभावित होता है। कंपनियों को लगता है कि उनके ट्रेड सीक्रेट्स चुराए जा सकते हैं जिससे उन्हें भारी आर्थिक क्षति का सामना करना पड़ सकता है। विदेशी कंपनियों, फर्मों और विभिन्न राष्ट्रों को यह भी लगता है कि चिकित्सा के क्षेत्र में उनके अनुसंधान, खोज, नवाचार जो कि उनकी बौद्धिक संपदा है उसे बेहतर पेटेंट संरक्षण कानूनों के अभाव में क्षति ही पहुँचेगी।

> संयुक्त राज्य अमेरिकी व्यापार प्रतिनिधि कार्यालय द्वारा स्पेशल 301 रिपोर्ट प्रतिवर्ष तैयार की जाती है जो अन्य देशों में बौद्धिक संपदा कानूनों, जैसे कॉपीराइट, पेटेंट और ट्रेडमार्क के कारण संयुक्त राज्य अमरीका की कंपनियों और उत्पादों के लिए व्यापार बाधाओं की पहचान करती है। इस रिपोर्ट के अंतर्गत, अमरीका अपने व्यापारिक भागीदारों का बौद्धिक संपदा की रक्षा और प्रवर्तन संबंधी ट्रैक रिकॉर्ड पर आकलन करता है। वर्ष 2019 में अमरीका ने

अपनी वार्षिक स्पेशल 301 रिपोर्ट जारी की जिसमें अमरीका ने कुल 36 देशों को निगरानी सूची में डाला है। यूनाइटेड स्टेट्स ट्रेड रिप्रेज़ेंटेटिव के अनुसार, भारत को बौद्धिक संपदा अधिकारों के कथित उल्लंघनों के लिए संयुक्त राज्य अमरीका की 'प्रायोरिटी वाच लिस्ट' में बरकरार रखा गया है। इसके साथ ही प्रायोरिटी वाच लिस्ट में भारत के अतिरिक्त चीन, इंडोनेशिया, रूस, सऊदी अरब और वेनेज़ुएला जैसे कुल 11 देशों को रखा गया है। वहीं टर्की और पाकिस्तान जैसे कुल 25 देशों को अमरीका ने 'वाच लिस्ट' में शामिल किया है।

विकसित देशों द्वारा भारत को हमेशा फार्मास्युटिकल्स पेटेंट प्रदान करने और दवाओं को सस्ता रखने के लिए नीतिगत निर्णय लेने के बीच संतुलन बनाए रखने संबंधी प्रयासों के कारण आलोचनात्मक नज़रिये से देखा जाता रहा है। अमरीका ने इस रिपोर्ट में कई अवसरों पर कहा है कि अमेरिकी कारोबारियों को भारत में विभिन्न प्रकार की समस्याओं का सामना करना पड़ता है। यहाँ नवाचार करने वालों के लिए पेटेंट मिलना और उसे कायम रखना चुनौतीपूर्ण कार्य है। अमरीका ने वर्ष 2018 की रिपोर्ट में स्पष्ट किया था कि चीन और भारत वैश्विक स्तर पर वितरित नकली दवाओं के प्रमुख स्रोत हैं। ऐसा आकलन किया गया है कि भारतीय बाज़ार में बेची जाने वाली 20 प्रतिशत दवाएँ नकली हैं, जो मरीजों के स्वास्थ्य के लिए गंभीर खतरा पैदा कर सकती हैं। जालीपन के मुद्दे पर इस रिपोर्ट का कहना है कि वित्त वर्ष 2017 में अमेरिकी सीमा पर जब्त किये गए सभी नकली फार्मास्यूटिकल्स के मूल्य का नब्बे प्रतिशत चार अर्थव्यवस्थाओं (चीन, डोमिनिकन गणराज्य, हॉन्गकॉन्ग और भारत) के माध्यम से भेजा गया था।

वर्ष 2018 की स्पेशल 301 रिपोर्ट में भी भारत को प्राथमिकता निगरानी सूची में अमरीका द्वारा रखा गया था। भारत जैसी उभरती हुई बाज़ार अर्थव्यवस्था के खिलाफ अमरीका की संकीर्ण मानसिकता को स्पष्ट करते हुए अमरीका के इस निर्णय को वैश्विक गैर सरकारी संगठन डॉक्टर विदाउट बॉर्डर्स ने सार्वजनिक स्वास्थ्य विरोधी कदम घोषित किया था। डॉक्टर्स विदाउट बॉर्डर्स ने भारत का समर्थन करते हुए स्पष्ट किया था कि अमरीका ने इस रिपोर्ट के माध्यम से अनुचित तरीके से भारत जैसे देशों को निशाना बनाया है, क्योंकि भारत दवाओं तक हर किसी की पहुँच में सुधार करने हेतु अंतर्राष्ट्रीय व्यापार नियमों के तहत कानूनी उपायों का उपयोग करके वैश्विक स्तर पर कोलंबिया, मलेशिया और अन्य देशों को सस्ती और गुणवत्तायुक्त जेनेरिक दवाओं की आपूर्ति करता है। यह रिपोर्ट अमरीका द्वारा अपनाई जा रही उसी नीति का हिस्सा है जिसके तहत वह अन्य देशों पर दबाव बनाकर अपनी फार्मास्यूटिकल्स कंपनियों को उन देशों में पेटेंट अधिकार दिलाने का प्रयास कर रहा है, ताकि मरीज़ों तक सस्ती दवाएँ आसानी से न पहुँच पाएँ। डॉक्टर विदाउट

बॉर्डर्स का कहना था कि अमरीका को भारत जैसे देशों, जो कि सस्ती दवाओं की आपूर्ति द्वारा अपने नागरिकों की देखभाल करने की कोशिश कर रहे हैं, को दोषी ठहराने के बजाय उनके साथ मिलकर ज़रूरतमंद लोगों तक दवाओं की आपूर्ति बढ़ाने हेतु प्रयास करना चाहिए।

उल्लेखनीय है कि अमरीका व्यापार अधिनियम, 1974 की धारा 182 के तहत विश्व भर में अमरीका के व्यापारिक साझेदारों को बौद्धिक संपदा अधिकारों के संरक्षण के लिए नियम, कानून और नीतियाँ बनाने के लिए दबाव डालने और निर्देशित करने के दृष्टिकोण से उनके बौद्धिक संपदा अधिकार संरक्षण की स्थितियों की वार्षिक समीक्षा करता है। इसके ज़रिये अमरीका बौद्धिक संपदा अधिकारों के प्रभावी और पर्याप्त संरक्षण को सुनिश्चित करने पर तो बल देता ही है लेकिन उसके साथ ही अमरीका के व्यक्तियों अथवा व्यवसायों को विकासशील देशों के बाजारों में निष्पक्ष और समतामूलक बाज़ार पहुँच को सुनिश्चित करने की भी मंशा रखता है। ऐसे अमेरिकी व्यक्ति जो अमरीका के व्यापारिक साझेदारों से व्यापार या निवेश के संबंधों से जुड़े हैं, वहाँ बौद्धिक संपदा अधिकारों के संरक्षण पर अमरीका जोर देता है। ऐसा माना जाता है कि 12 देशों के मुक्त व्यापार समझौते ट्रांस पैसिफिक पार्टनरशिप में भारत की सदस्यता के लिए अमरीका इसलिए तैयार नहीं हो पाया कि भारत में बौद्धिक संपदा अधिकार संरक्षण हेतु कोई प्रभावी कानून नहीं था।

वर्ष 2019 के स्पेशल 301 रिपोर्ट में अमरीका ने कहा है कि फार्मास्यूटिकल और कृषि रासायनिक क्षेत्रों में भारत में अभी भी प्रभावी विनियमन प्रणाली का अभाव है और इन क्षेत्रों में अनुचित वाणिज्यिक प्रयोग के खिलाफ कोई मज़बूत प्रणाली नहीं है। फार्मास्यूटिकल क्षेत्र में अमरीका को इंडियन पेटेंट अधिनियम की धारा 3 डी से विशेष समस्या है। अमरीका का कहना है कि यह उन विषय वस्तुओं को भी जिनका पेटेंट किया जा सकता है, उस पर भी प्रतिबंध आरोपित करती है जिससे नवाचार नकारात्मक रूप से प्रभावित होता है।

विकासशील देशों में धार्मिक स्वतंत्रता की स्थिति पर अमेरिकी रिपोर्ट और प्रभाव

अमरीका जैसा विकसित देश प्रत्येक वर्ष धार्मिक स्वतंत्रता पर अपनी रिपोर्ट जारी करता है और धार्मिक स्वतंत्रता को मानवाधिकारों से जोड़कर विकासशील देशों में धर्मनिरपेक्षता की स्थिति की समीक्षा करता है। अमरीका इस रिपोर्ट के ज़रिये भारत जैसे देशों में अल्पसंख्यकों पर किए जाने वाले अत्याचारों अथवा उन्हें मिलने वाली सुविधाओं की समीक्षा करता है। इस रिपोर्ट में तथ्यात्मक रूप में इस बात का वर्णन किया जाता है कि भारत जैसे देश में हाल के समय में कौन-कौन से सांप्रदायिक

दंगे हुए हैं और इन सांप्रदायिक दंगों में किस समुदाय विशेष को सर्वाधिक क्षति का सामना करना पड़ा है। गुजरात के गोधरा कांड के दौरान भी अमरीका ने भारत में धार्मिक स्वतंत्रता पर प्रश्नचिह्न खड़े किए थे। कश्मीर में भी कई अवसरों पर अल्पसंख्यकों के साथ हुए अत्याचारों का उदाहरण देकर अमरीका ने भारत के ऊपर दबाव बनाने की कोशिश की है। अमेरिकी विदेश विभाग की अंतर्राष्ट्रीय धार्मिक स्वतंत्रता रिपोर्ट, 2018 में कहा गया है कि वर्ष 2018 में हिन्दू कट्टरपंथी समूहों ने अल्पसंख्यकों पर हमले किए हैं। रिपोर्ट में कहा गया था कि भारत में गायों के व्यापार या गोवध की अफवाह पर अल्पसंख्यक समुदाय, खासकर, मुसलमानों के खिलाफ चरमंपथी हिन्दू समूहों ने हिंसा की है। अमरीका के विदेश मंत्री माइक पोम्पिओ ने धार्मिक स्वतंत्रता के अधिकार के पक्ष में अपने वक्तव्यों के ज़रिये भारत पर दबाव बनाने की कोशिश की। मानवाधिकारों के प्रति अमरीका की जागरूकता वांछनीय तो है, लेकिन ऐसी रिपोर्ट से देश में सांप्रदायिक सौहार्द्र को भी क्षति पहुँचने की संभावना बनी रहती है। रिपोर्ट में भारत में भीड़ आधारित हिंसा (मोब लींचिंग), बलात धर्म परिवर्तन, अल्पसंख्यकों से संबंधित अप्रभावी नीतियों पर चर्चा की गई है। ऐसे रिपोर्ट का भारत की अंतर्राष्ट्रीय छवि पर नकारात्मक प्रभाव पड़ता है। पाकिस्तान, मलेशिया, चीन, टर्की और इस्लामिक सहयोग संगठन के 57 मुस्लिम देशों को इससे भारत के ऊपर दबाव डालने का अवसर मिलता है। इस रूप में अमरीका जैसे विकसित देशों की नीतियाँ भारत जैसे धार्मिक रूप से विविधता मूलक समाज को प्रभावित करती हैं।

विकासशील देशों में मानव दुर्व्यापार पर अमेरिकी रिपोर्ट और भारत जैसे देशों पर प्रभाव

अमरीका जैसे विकसित देश गैर प्रशुल्क अवरोध के रूप में भारत जैसे देशों को अपनी विभिन्न रिपोर्टों के माध्यम से दबाव में डालने की कोशिश करते हैं। जून 2019 में अमरीका ने ह्यूमन ट्रैफिकिंग रिपोर्ट में भारत को टियर—2 लिस्ट में शामिल किया है और यह स्पष्ट किया कि भारत ने बलात श्रम अथवा बँधुआ मजदूरी के उन्मूलन के लिए संतोषजनक उपाय नहीं किए हैं और न ही दोषियों को कठोरता से दण्डित किया है। टियर—2 में अमरीका द्वारा उन देशों को सूचीबद्ध किया जाता है जो ट्रैफिकिंग विक्टिम्स प्रोटेक्शन एक्ट, 2000, जो कि अमरीका का एक कानून है, के प्रावधानों के अनुरूप बलात श्रम, बंधुआ मजदूरी और मानव दुर्व्यापार के उन्मूलन के लिए प्रभावी उपाय नहीं करते। अमरीका ने टियर—2 में 90 से अधिक देशों को शामिल कर रखा है। इस रिपोर्ट में अमरीका ने कहा है कि भारत में सेक्स ट्रैफिकिंग एक बड़ी चुनौती के रूप में विद्यमान है जिससे निपटने के लिए उचित

प्रयास किया जाना चाहिए। इस रिपोर्ट में यह भी कहा गया है कि भारत के सभी जिलों में एंटी ह्यूमन ट्रैफिकिंग यूनिट्स का गठन किया जाना चाहिए और दुर्व्यापार को रोकने हेतु आवश्यक वित्त की व्यवस्था तथा प्रशिक्षित स्टाफ होना चाहिए। इसके साथ ही इसमें यह भी कहा गया है कि भारतीय दंड संहिता की धारा 370 में ट्रैफिकिंग की परिभाषा में संशोधन करते हुए इसमें बलात श्रम दुर्व्यापार को शामिल किया जाना चाहिए और यह सुनिश्चित किया जाना चाहिए कि चाइल्ड सेक्स ट्रैफिकिंग एक अपराध के रूप में निर्धारित हो। कुल मिलाकर इन सब रिपोर्ट्स के ज़रिये व्यापारिक गतिविधियों में इच्छित अड़चनें लाने की कोशिश विकसित राष्ट्रों विशेषकर अमरीका द्वारा की गई हैं।

वैश्विक पर्यावरणीय मुद्दों पर विकसित देशों की नीतियों का प्रभाव

विकसित और विकासशील देशों के बीच वैश्विक पर्यावरणीय मुद्दों विशेषकर जैव विविधता, ग्लोबल वार्मिंग, जलवायु परिवर्तन, महासागरों की सुरक्षा, महासागरों में प्लास्टिक अपशिष्ट, वन्यजीवों की हत्याएँ और तस्करी, वनों में लगने वाली आग, मांस उद्योग और ग्लोबल वार्मिंग पर उसके पड़ने वाले प्रभाव, जैव ईंधन को बढ़ावा, अमेजन के वर्षा वनों का सफाया, द्वीपीय देशों के अस्तित्व पर खतरों आदि मुद्दों पर मतभेद और कुछ अवसरों पर सहयोग के बिंदु भी दिखाई देते रहे हैं। विकसित और विकासशील देशों के मध्य ग्लोबल वार्मिंग और जलवायु परिवर्तन के मुद्दों पर संयुक्त राष्ट्र जलवायु परिवर्तन रूपरेखा अभिसमय के तत्वावधान में जिन कॉप बैठकों का आयोजन किया जाता है उसमें कई विवाद के उभरते मुद्दों को देखा गया है। इसमें सर्वाधिक प्रमुख विकसित देशों द्वारा विकासशील देशों, लघु द्वीपीय देशों अथवा निर्धन देशों को जलवायु परिवर्तन से निपटने के लिए हरित प्रौद्योगिकी के हस्तांतरण पर प्रतिबद्धता की कमी के रूप में देखा जाता है। विकसित देश कई अवसरों पर विकासशील देशों को विभिन्न प्रकार की प्रौद्योगिकियों को हस्तांतरित करने के मामले में सहायता करने से बचने का प्रयास करते हुए देखे गए हैं। इसके अलावा विकसित देशों से विकासशील देशों की यह माँग रही है कि ग्रीनहाउस गैस उत्सर्जन से निपटने के लिए उन्हें हरित वित्त अथवा वित्तीय व्यवस्था उपलब्ध कराई जाए। इसके लिए वर्ष 2009 में कानकुन में एक हरित जलवायु कोष के गठन का भी प्रस्ताव किया गया था जिसमें यह तय किया गया था कि विकसित देश एक निश्चित मात्रा में जो अब 100 बिलियन डॉलर है, के ज़रिये एक कोष का निर्माण करेंगे और इससे तृतीय विश्व के देशों को जलवायु परिवर्तन से निपटने के लिए आवश्यक वित्त उपलब्ध कराएँगे। उल्लेखनीय है कि वर्ष 2015 में पेरिस समझौते में भी ग्रीन क्लाइमेट फंड में 100 बिलियन डॉलर जमा करने की बात की

गई थी और विकसित देशों से यह अपेक्षा की गई थी कि वह 2020 के बाद इस हरित कोष से विकासशील देशों को वित्त उपलब्ध कराएँगे। ऐसी किसी प्रतिबद्धता को पूर्ण मन से विकसित देशों ने पूरा नहीं किया है, बल्कि अमरीका हाल के समय में जलवायु परिवर्तन पर सबसे बड़े समझौते पेरिस समझौते से बाहर निकल गया है। इससे विकसित देशों की विकासशील देशों के प्रति मानसिकता का भी पता चलता है। वर्ष 2013 में भी लघु द्वीपीय देश जिनके ऊपर जलवायु परिवर्तन का खतरा सर्वाधिक मंडरा रहा था, उनके मदद के लिए और प्राकृतिक आपदाओं से निपटने के लिए एक इंटरनेशनल लॉस एंड डैमेज मैकेनिज्म निर्मित किया गया था। यह फैसला पोलैंड की राजधानी वारसा में लिया गया था। इसमें भी विकसित देशों द्वारा लघु द्वीपीय देशों की महासागरीय व्यवस्था और जीवनशैली को बचाने के लिए सहयोग करने की अपेक्षा की गई थी, लेकिन इस कोष में भी विकसित देशों ने पर्याप्त रूप से वित्त का प्रवाह नहीं सुनिश्चित किया है।

विकासशील देशों ने विकसित देशों से यूएनएफ ट्रिपल सी के तहत समान किंतु उत्तरदायित्व और संबंधित क्षमताएँ सिद्धांत अथवा दूसरे शब्दों में कॉमन बट डिफरेंटशिएटिड रिस्पांसिबिलिटीज एंड रिस्पेक्टिव कैपेबिलिटीज सिद्धांत के तहत विकसित देशों से माँग की है कि जलवायु परिवर्तन और ग्लोबल वार्मिंग से निपटने में विकसित देशों की भूमिका अधिक है इसलिए इससे निपटने के लिए उन्हें अधिक जिम्मेदारी लेनी चाहिए। औद्योगिक क्रांति, वाणिज्य क्रांति, फैक्ट्रियों का विकास आदि के साथ ही विकसित देशों में जीवाश्म ईंधन को अधिक मात्रा में जलाने का प्रयास किया गया है जिसके चलते ग्लोबल वार्मिंग को बढ़ावा मिला है। विकासशील देशों का मानना है कि विकसित देश ग्रीन हाउस गैस उत्सर्जन अधिक करते हैं इसलिए विकासशील देशों की तुलना में जलवायु परिवर्तन से निपटने में उनका उत्तरदायित्व अधिक होना चाहिए, विकासशील देशों और निर्धन देशों को जिनकी भूमिका कम रही है उन्हें उत्तरदायित्व भी उसी अनुपात में दिया जाना चाहिए। विकासशील देश इस बात पर बल देते हैं कि क्योंकि तृतीय विश्व के देश संसाधन वित्त व्यवस्था प्रौद्योगिकी आदि मामलों में इतने समर्थ नहीं हैं कि स्वयं ग्लोबल वार्मिंग और जलवायु परिवर्तन से निपटने के लिए बड़ी परियोजनाएँ अथवा पहल चला सकें इसलिए उनकी क्षमताओं को देख कर ही उन्हें ग्रीनहाउस गैस उत्सर्जन कम करने के लिए दबाव डाला जाना चाहिए। विकासशील देशों में कई देश उभरती हुई अर्थव्यवस्थाओं के रूप में सक्रिय हैं जहाँ अभी परिवहन क्षेत्र पर ज्यादा बल है, ऐसे में उन पर ग्रीन हाउस गैस उत्सर्जन का दबाव डाल कर उनकी अर्थव्यवस्थाओं पर नकारात्मक प्रभाव नहीं डालना चाहिए।

प्रदूषणकर्ता स्वयं भुगतान करे (पोल्युटर पेज प्रिंसिपल) जो 1992 के पृथ्वी समिट में जारी रियो उद्घोषणा का भाग भी है, की मूल मान्यता है कि प्रदूषण फैलाने

वालों की प्रदूषण से निपटने में सर्वाधिक भूमिका निश्चित की जानी चाहिए। ऐसा नहीं होना चाहिए कि प्रदूषण को बढ़ावा कोई देश, व्यक्ति या फर्म कर रहा हो, और उससे निपटने का भार किसी अन्य कमजोर देश, व्यक्ति या फर्म पर अनावश्यक रूप से डाला जाए। यदि ऐसा होता है तो यह भेदभावकारी और अन्यायपूर्ण होगा। विकसित देशों ने इस सिद्धांत का खुले तौर पर उल्लंघन कर खुद द्वारा अधिक से अधिक प्रदूषण फैलाने (चीन 27 प्रतिशत ग्रीन हाउस गैस उत्सर्जन, अमरीका 21 प्रतिशत और यूरोपीय संघ 10 प्रतिशत) के बावजूद विकासशील देशों पर ग्रीन हाउस गैस के उत्सर्जन से निपटने के लिए अधिक जिम्मेदारी थोपी गई है जो कि सीबीडीआर सिद्धांत के भी खिलाफ है।

प्रदूषणकर्ता स्वयं भुगतान करे सिद्धांत सबसे पहले 1972 में ऑर्गनाइजेशन फॉर इकोनॉमिक कोऑपरेशन एंड डेवलपमेंट (ओईसीडी) ने दिया था। ओईसीडी ने इसे पर्यावरणीय नीतियों के अंतर्राष्ट्रीय आर्थिक आयामों से संबंधित मार्गदर्शक सिद्धांत के रूप में दिया था। कालांतर में रियो उद्घोषणा के 26 सिद्धांतों में से 16वें सिद्धांत के रूप में इस सिद्धांत को वैश्विक पर्यावरणीय मामलों में विकसित और विकासशील देशों के संबंधों को विनियमित करने का प्रस्ताव किया गया था। इसमें कहा गया कि पर्यावरण को प्रदूषित करने वाले व्यक्ति पर ही इसके भुगतान या क्षतिपूर्ति की जिम्मेदारी डाली जानी चाहिए।

निःशस्त्रीकरण के मुद्दों पर विकसित देशों का दृष्टिकोण

विकसित देश परंपरागत रूप से पारंपरिक हथियारों, नाभिकीय हथियारों तथा आधुनिक अति उन्नत हथियारों की प्राप्ति पर बल देते रहे हैं जिससे शस्त्रों की होड़ और नाभिकीय प्रसार को भी बढ़ावा मिलता रहा है। विकसित देशों ने विश्व व्यवस्था में अपने वर्चस्व को बनाए रखने के लिए ऐसे कदम उठाए। शीत युद्ध काल में 1945 में अमरीका ने, 1949 में सोवियत संघ ने, 1952 में ब्रिटेन ने, 1960 में फ्रांस और 1964 में चीन द्वारा नाभिकीय परीक्षण के बाद इन देशों ने अपनी नाभिकीय शक्ति संपन्नता को बनाए रखने का प्रयास किया। विकसित देशों ने 1945 के शीत युद्ध काल के दौर से अब तक अपने नाभिकीय एकाधिकार को बनाए रखने का प्रयास किया है। जब विकसित देशों पर निः शस्त्रीकरण अथवा सार्वभौमिक निः शस्त्रीकरण हेतु दबाव पड़ने लगा तो इन देशों ने आंशिक परमाणु परीक्षण प्रतिबंध संधि 1963, परमाणु अप्रसार संधि 1968 और व्यापक परमाणु परीक्षण प्रतिबंध संधि 1996 जैसे संधियों को संपन्न किया जिसमें कई प्रावधान भेदभावकारी थे और विकासशील देशों के नाभिकीय हितों के अनुरूप नहीं थे। इन संधियों के ज़रिये विकासशील देशों के शांतिपूर्ण नाभिकीय कार्यक्रमों और नाभिकीय शक्ति संपन्नता की इच्छा

को भी विकसित देशों ने बाधित किया। परमाणु अप्रसार संधि एनपीटी गैर परमाणु शक्ति संपन्न राष्ट्रों को नाभिकीय प्रौद्योगिकी न देने, उनके नाभिकीय कार्यक्रमों को अंतर्राष्ट्रीय परमाणु ऊर्जा अभिकरण की निगरानी में रखने और विकासशील देशों द्वारा नाभिकीय परीक्षणों पर अस्थायी प्रतिबंध जैसे प्रावधानों के ज़रिये विकसित देशों ने वैश्विक नाभिकीय समुदाय में अपने वर्चस्व को बनाए रखने का प्रयास किया है। वर्तमान समय में भी निः शस्त्रीकरण के प्रश्न पर विकसित देश संतोषजनक स्तर पर प्रतिबद्ध नजर नहीं आते। अमरीका और रूस द्वारा वर्ष 2019 में नाभिकीय हथियारों में 50 प्रतिशत की कटौती करने का प्रावधान करने वाले आईएनएफ संधि 1987 को ही खत्म कर दिया गया है। प्रतिरक्षा बाज़ार (डिफेंस मार्केट) को विकसित देशों ने अपनी अर्थव्यवस्था के उपकरण के रूप में प्रयुक्त किया है। इसके चलते भी विकसित देश हथियारों की होड़ में कमी लाने के प्रयासों में ईमानदार नहीं रहे हैं।

वर्ष 1974 में भारत जैसे विकासशील देश को अपनी अंतर्राष्ट्रीय सीमाओं की सुरक्षा के लिए एक प्रतिरोधक क्षमता के रूप में पोखरण में नाभिकीय परीक्षण करना पड़ा और भारत ने स्पष्ट किया कि उसका उद्देश्य नाभिकीय ऊर्जा का शांतिपूर्ण प्रयोग करते हुए अपना स्वदेशी नाभिकीय कार्यक्रम चलाना है। भारत ने यह भी स्पष्ट किया कि नाभिकीय हथियार बनाकर वह विश्व शांति और सुरक्षा पर चुनौती उत्पन्न करने की कोई मानसिकता नहीं रखता। भारत इसके ज़रिये नाभिकीय ऊर्जा के उत्पादन पर ही जोर देगा। भारत के इन प्रतिबद्धताओं के बावजूद 1974 में ही उसके द्वारा किए गए नाभिकीय परीक्षण से नाराज़ संयुक्त राज्य अमरीका ने नाभिकीय आपूर्तिकर्ता समूह (एनएसजी) का गठन किया जिसका मुख्य उद्देश्य भारत जैसे विकासशील देशों को नाभिकीय ईंधनों विशेषतया यूरेनियम की आपूर्ति नहीं करना था। वर्ष 1974 से 2005 तक भारत को अमरीका जैसे विकसित देश के इस दृष्टिकोण के चलते अंतर्राष्ट्रीय समुदाय में नाभिकीय अस्पृश्यता जैसी स्थिति झेलनी पड़ी और सोवियत संघ के सहयोग से किसी तरह भारत ने अपने नाभिकीय कार्यक्रम को आगे बढ़ाया। उल्लेखनीय है कि 1970 के दशक में चीन, अमरीका और पाकिस्तान के भू सामरिक और भू राजनीतिक गठजोड़ों ने सामूहिक रूप में भारत के हितों को नकारात्मक रूप में प्रभावित किया। एक तरफ़ जहाँ पाकिस्तान 1954 से ही अमरीका के सैन्य साझेदार के रूप में काम करते हुए अमरीका से सैन्य उपकरणों और हथियारों की प्राप्ति कर रहा था, वहीं 1970 के दशक में भारत विरोध के नाम पर चीन और पाकिस्तान के मध्य नाभिकीय सहयोग की नींव पड़ी। इस स्थिति को देखते हुए भारत द्वारा नाभिकीय परीक्षण के ज़रिये दक्षिण एशिया में अपनी सुरक्षा के प्रति सजग रहने का संदेश भी इन सब देशों को देना था, इसलिए भारत ने नाभिकीय परीक्षण का मार्ग चुना था, परन्तु भारत ने यह नहीं सोचा था विकसित देश उसके साथ इतना बड़ा नाभिकीय असहयोग करेंगे।

इसी क्रम में वर्ष 1987 में जी 7 सदस्य देशों ने विकासशील देशों के प्रक्षेपास्त्र विकास कार्यक्रम (मिसाइल डिफेंस प्रोग्राम) को नकारात्मक रूप से प्रभावित करने के उद्देश्य से मिसाइल टेक्नोलॉजी कंट्रोल रेजिम (एमटीसीआर) का गठन किया जिसका मुख्य उद्देश्य जनसंहारक (जैविक और रासायनिक) हथियारों को ले जाने में सक्षम प्रक्षेपास्त्रों के आयात और निर्यात पर रोक लगाना था। भारत इस समय भी तृतीय विश्व के देशों के मुखिया की भूमिका निभा रहा था और उसे प्रतिसंतुलित करना विकसित देशों ने आवश्यक समझा। 1983 से शुरू हुए भारत के एकीकृत बैलिस्टिक मिसाइल डिफेंस सिस्टम प्रोग्राम को विकसित देशों के ऐसे प्रयासों से कई चुनौतियों का सामना करना पड़ा। विकसित देशों ने अमरीका के नेतृत्व में भारत को क्रायोजेनिक इंजन तकनीक देने से मना कर दिया और भारत का परमाणु ऊर्जा कार्यक्रम इसके चलते बुरी तरह से प्रभावित हुआ। इस चुनौतीपूर्ण घड़ी में भारत को बिना किसी शर्त के सोवियत संघ से मदद मिली। 1980 के दशक में सोवियत संघ ने तमिलनाडु के कुडनकुलम परमाणु संयंत्र और उसके नाभिकीय रिएक्टर के लिए ईंधन की आपूर्ति की और क्रायोजेनिक तकनीक के संबंध में भी भारत की मदद की। अंतर्राष्ट्रीय समुदाय में भारत जैसे विकासशील देशों को विकसित देशों द्वारा निशाना बनाने का एक अन्य उदाहरण एनएसजी में भारत की सदस्यता के प्रयास को अवरुद्ध करने में देखा जा सकता है। अमरीका, ब्रिटेन, ऑस्ट्रेलिया, जर्मनी, इटली समेत कई देशों ने लंबे समय तक भारत को एनएसजी से न जुड़ने देने के लिए प्रयास किए हैं। वर्ष 2015 में जब भारत ने एमटीसीआर का सदस्य बनने के लिए आवेदन किया था तो इसे इटली द्वारा जी 7 के एक सदस्य के रूप में अवरुद्ध कर दिया गया था। इसी प्रकार विकसित देशों ने संगठित स्तर पर भारत को एनएसजी का सदस्य न बनने देने के लिए उसके समक्ष कई शर्तें रखी हैं जिसमें सबसे प्रमुख यह है कि भारत परमाणु अप्रसार संधि (एनपीटी) पर हस्ताक्षर कर उसका अनुसमर्थन करे और अपने नाभिकीय परीक्षणों पर अस्थायी प्रतिबंध लगाए। विकसित देशों की ऐसी नीतियाँ निश्चित रूप से भेदभावकारी हैं। विकसित देश अपने हितों के नाम पर वो सभी कार्यवाही कर रहे हैं जो उन्हें उचित लगता है और भारत जैसे देशों को वहीं कार्यवाहियाँ नहीं करने देना चाहते।

आतंकवाद से निपटने की विकसित देशों की नीति और भारत जैसे देशों पर प्रभाव

वैश्विक आतंकवाद, धार्मिक कट्टरता और उग्रवाद से निपटने के लिए विकसित देशों ने अलग-अलग समय पर अलग-अलग नीतियाँ बनाई हैं। अमरीका जैसे देशों को एक समय में वैश्विक आतंकवाद को बढ़ावा देने वाले तालिबान मुजाहिदीन

को वित्तीय और हथियार समर्थन का दोषी पाया गया है। 1979 में अफ़ग़ानिस्तान में सोवियत संघ को प्रतिसंतुलित करने की इच्छा के साथ ही पशतून समुदाय के सुन्नी वहाबी लड़ाकों को अमरीका ने समर्थन दिया था जो अल कायदा के विकास का कारण बना। 2001 में अमरीका के वर्ल्ड ट्रेड सेंटर पर तालिबानी आतंकी हमले के बाद रातों रात अमरीका की विदेश नीति वैश्विक आतंकवाद उन्मूलन केन्द्रित हो गई। अमरीका के नेतृत्व में नाटो देशों के सैनिकों से बनी अंतर्राष्ट्रीय फौजों की ऑपरेशन एनड्योरिंग फ्रीडम के ज़रिये अफ़ग़ानिस्तान में तैनाती हुई। नाटो ने इसके लिए अपने सामूहिक सुरक्षा प्रावधान (अनुच्छेद 5) के ज़रिये 9/11 की आतंकी घटना का प्रतिकार किया। यह प्रावधान कहता है कि नाटो के किसी एक सदस्य पर किया गया हमला पूरे नाटो पर किया गया हमला माना जाएगा और नाटो उसका जवाब देगा। नाटो की सेनाओं के अलावा अमरीका के नेतृत्व में ग्लोबल काउंटर टेररिज़्म फ़ोरम का गठन किया गया और इस 30 देशों वाले फोरम का सदस्य भारत भी है। इसके अलावा अमरीका ने अपने भूक्षेत्र में आतंकियों को रोकने के उद्देश्य से फॉरन टेररिस्ट ट्रैकिंग टास्क फोर्स का गठन किया था।

अमरीका ने अफ़ग़ानिस्तान में तालिबान से निपटने के लिए भारत के साथ महत्त्वपूर्ण गठजोड़ पर बल दिया है और इसलिए अमरीका ने अपनी नई क्षेत्रीय सुरक्षा नीति में भारत को नाटो का सहयोगी सदस्य बनाने का प्रस्ताव किया। अमरीका और भारत दोनों के अफ़ग़ानिस्तान में सामरिक हित लगे हुए हैं। भारत को नाटो से जोड़ कर ट्रांसनेशनल इस्लामिक टेरर नेटवर्क से निपटने में आसानी होगी। वर्ष 2014 में अमरीका के नेतृत्व में 79 देशों के ग्लोबल कोअलीशन टू डिफीट आइसिस का गठन किया गया था, इस गठजोड़ का नाटो भी सदस्य है। आइसिस ने हाल के समय में अफ़ग़ानिस्तान और अन्य जगहों पर भारतीयों को बंधक बनाया, कश्मीर में नए प्रांत बनाने का दावा भी किया है। इस खतरे से निपटने के लिए नाटो से जुड़ाव कारगर रहेगा। अफ़ग़ानिस्तान में आइसिस खोरासान से और तहरीक ए तालिबान से निपटने के लिए भी यह जरूरी है। अफ़ग़ानिस्तान पाकिस्तान और ईरान की सीमाओं पर होने वाले नशीले पदार्थों की तस्करी, अतिवाद, धार्मिक कट्टरता आदि से निपटना नाटो और भारत दोनों के लिए जरूरी है। भारत को आज गिलगित बाल्टीस्तान, डोकलाम, तवांग, सर क्रीक की सुरक्षा के लिए जो सैन्य सूचना सहयोग चाहिए, उसका मार्ग नाटो से जुड़ाव से खुल जाएगा। 2016 में भारत को मेजर डिफेंस पार्टनर का दर्जा मिलने और उसके पहले और बाद में किए गए चार प्रतिरक्षा समझौते इस बात को सिद्ध करते हैं कि अमरीका ने भारत को नाटो से जोड़ने की बात काफी पहले ही सोच लिया होगा और सही समय का इन्तज़ार किया भारत को नाटो का सहयोगी बनाने के लिए।

विकसित देशों की आर्थिक नीतियाँ और भारत जैसे देशों पर प्रभाव

विकसित देशों ने हाल के समय में अपनी आर्थिक नीतियों को इस रूप में निर्मित किया है जिससे उनके राष्ट्रीय हितों की अधिक से अधिक प्राप्ति संभव हो सके। इसके लिए अमरीका और यूरोपीय देशों ने आर्थिक संरक्षणवादी नीतियों को अपनाया है जिससे कई देशों और आर्थिक गुटों के मध्य व्यापारिक युद्ध जैसी स्थितियाँ देखी गई हैं।

इसी क्रम में भारत और अमरीका के बीच आर्थिक युद्ध जैसी स्थिति तब बनी जब अमरीका ने भारत को जनरलाइज्ड सिस्टम ऑफ प्रेफ्रेंसेज यानी जीएसपी की सूची से बाहर निकालने का निर्णय दिया और भारत को सोचने के लिए 5 जून, 2019 तक का मौका दिया।

जीएसपी अमरीका का व्यापार में कुछ देशों को वरीयता, रियायत देने का एक कार्यक्रम है। इसे अमरीका ने अपने व्यापार अधिनियम, 1974 के ज़रिये बनाया था। इसके तहत अमरीका 129 देशों को अपने बाज़ार में पहुँचने वाले 4800 वस्तुओं पर आयात शुल्क नहीं लगाता। जीएसपी की शुरुआत 1971 में अंकटाड के तत्वावधान में की गई थी। 13 देश जीएसपी के तहत अल्प विकसित और विकासशील देशों को रियायतें देते हैं। इनमें शामिल हैं—अमरीका, ऑस्ट्रेलिया, न्यूजीलैंड, बेलारूस, कनाडा, यूरोपीयन यूनियन, आइसलैंड, जापान, कज़ाकस्तान, नॉर्वे, रूस, स्विट्जरलैंड और टर्की।

अमेरिकी प्रशासन के भारत को जीएसपी सूची से निकालने के निर्णय से अमेरिकी कारोबार को हर साल 300 मिलियन डॉलर टैरिफ का अतिरिक्त भार पड़ेगा। वर्ष 2017 में जीएसपी के तहत भारत ने अमरीका को 5.6 अरब डॉलर से अधिक का कर-मुक्त निर्यात किया था। अभी तक भारत जीएसपी (जनरलाइज्ड सिस्टम ऑफ प्रेफरेंस) के तहत सबसे बड़ा लाभार्थी देश माना जाता था लेकिन ट्रंप के निर्णय से भारत का दर्जा छिन गया है। भारत आमतौर पर अमरीका को 2300 मिलियन डॉलर मूल्य की समुद्री खाद्य वस्तुएँ निर्यात करता है जिसमें सबसे बड़ा मद फ्रोजन झींगों का होता है। वर्तमान में प्रशीतित झींगों पर अमेरिकी बाजारों में कोई प्रशुल्क भारत के ऊपर नहीं लगता और यह जीएसपी में शामिल नहीं है। अकेले वित्त वर्ष 2018 में भारत ने सीफूड से 7.08 बिलियन डॉलर प्राप्त किए थे, भारत के ऐसे बाज़ार पहुँच को अमरीका प्रभावित नहीं कर सकता।

अमेरिकी सरकार ने विकासशील देशों में भेदभाव मुक्त बाज़ार पहुँच को सुनिश्चित करने की अपनी कवायद को जारी रखते हुए भारत पर 10 जून को आरोप लगाया कि वह अमरीका के हार्ले डेविडसन मोटरबाइकों पर भारी ड्यूटी लगाए बैठा है। भारत ने यह शुल्क हाल के समय में 100 प्रतिशत से घटा कर

50 प्रतिशत कर दिया है फिर भी अमरीका को लगता है कि यह बहुत ज्यादा है और भारत जैसे देश उसे मूर्ख बना रहे हैं, ट्रंप ने खुद यह बात कही। इसके अलावा अमरीका भारत के अन्य देशों के साथ प्रतिरक्षा संबंधों में भी दखलंदाजी करने में लगा हुआ है। यदि भारत रूस से एस यू-400 मिसाइल डिफेंस सिस्टम खरीदता है तो उसे पनिशमेंट और सैंक्शंस के लिए तैयार रहना होगा, यह भी कहा कि चाहे तो ऐसा ही वैकल्पिक डिफेंस सिस्टम उससे भारत ले ले।

अमरीका और चीन के मध्य 2018-19 में चले व्यापारिक युद्ध से भी पता चलता है कि विकसित और विकासशील देश एक दूसरे के व्यापारिक हितों के बारे में विचार करने के लिए कहाँ तक तैयार हैं। अमरीका का आरोप था कि चीन भी अमेरिकी वस्तुओं और सेवाओं को समतामूलक बाज़ार पहुँच अपने यहाँ नहीं देता और अमेरिकी बाज़ार चीन के निर्यात से भरा रहता है। अमरीका और चीन के मध्य द्विपक्षीय वस्तु और सेवा व्यापार 2018 में 737.1 बिलियन डॉलर था। अमरीका ने कुल 557.9 बिलियन डॉलर मूल्य के चीनी वस्तु और सेवाओं का आयात किया जबकि चीन के बाज़ार में अमरीका का निर्यात मात्र 179.3 बिलियन डॉलर रहा। यहाँ भी व्यापार संतुलन चीन के पक्ष में है। अमेरिकी राष्ट्रपति को यह बात पसंद नहीं आई और उन्होंने 2018 में 250 बिलियन मूल्य वाले चीनी वस्तुओं पर टैरिफ 10 प्रतिशत से बढ़ा कर 25 प्रतिशत कर दिया। उल्लेखनीय है कि चीन से अमरीका का व्यापार घाटा 420 बिलियन डॉलर का है। इसके पहले अमरीका ने एल्यूमीनियम और स्टील पर टैरिफ रेट बढ़ा दिया था और यूरोपीयन देशों और कनाडा, मेक्सिको से भी अमरीका की व्यापारिक संघर्ष की स्थिति बनी रही। इसी दृष्टिकोण को अमरीका के आर्थिक संरक्षणवादी नीति के नाम से जाना गया।

अध्याय 10

भारतीय डायस्पोरा (प्रवासी भारतीय) और भारत की विदेश नीति

भारतीय डायस्पोरा चीन के बाद विश्व में दूसरा सबसे बड़ा डायस्पोरा समूह है, जिसकी जनसंख्या विश्व भर में लगभग 30 मिलियन की है। हालाँकि भारतीय विदेश नीति में लम्बे समय तक भारतीय डायस्पोरा की भूमिका को अपेक्षित महत्त्व नहीं दिया गया। इसका प्रमुख कारण डायस्पोरा को लेकर विश्वास संकट का होना था, क्योंकि विदेशों में रहने वाले डायस्पोरा की निष्ठा पर प्रश्न उठाये जाते थे। यही नहीं डायस्पोरा भी अपनी भारतीय पहचान से दूरी बनाकर रखते थे। दूसरी ओर डायस्पोरा के सम्बंध में सूचना का भी अभाव था लेकिन जिस प्रकार चीन द्वारा सफलतापूर्वक अपने डायस्पोरा को अपनी विकास प्रक्रिया से जोड़ा गया, उससे इस संबंध में भारतीय विदेश नीति में बदलाव की आवश्यकता महसूस हुई। इसी पृष्ठभूमि में राजीव गांधी सरकार के समय से ही भारतीय डायस्पोरा को जोड़ने की पहल तेज़ कर दी गई।

संयुक्त राष्ट्र जनसंख्या प्रभाग और इंडिया स्पेंड की रिपोर्ट को देखें तो पूरी दुनिया में सबसे बड़ी डायस्पोरा कम्युनिटी भारतीय प्रवासियों की है। इनके अनुसार कामगार भारतीयों की संख्या 16 से 17 मिलियन के मध्य है। वहीं संयुक्त राष्ट्र वर्ल्ड माइग्रेशन रिपोर्ट, 2018 में बताया गया है कि प्रवासी भारतीय कामगारों की संख्या 15.6 मिलियन है। इन प्रवासी भारतीयों के द्वारा वर्ल्ड बैंक की नवीनतम रिपोर्ट के अनुसार 2018 में 80 बिलियन डॉलर का रैमिटेंस यानी वित्त प्रेषण किया गया है। यूएई में अकेले लगभग 3.5 मिलियन भारतीय कार्यरत हैं, वहीं सऊदी अरब में 2.5 मिलियन, ओमान और कुवैत दोनों में 1.2 मिलियन प्रवासी भारतीय कार्यरत हैं। ऐसे में इनको मिलने वाली सुविधाएँ और इनकी सुरक्षा का प्रश्न बहुत महत्त्वपूर्ण हो जाता है। दक्षिण भारतीय राज्यों केरल, तेलंगाना, आंध्र प्रदेश के साथ ही महाराष्ट्र से खाड़ी देशों में सस्ते श्रमिक के रूप में काम करने के लिए जाने वाले भारतीयों को कई समस्याओं का सामना करना पड़ता है। मसलन वीजा,

पासपोर्ट की औपचारिकताएँ, विदेश में इसकी जब्ती, नस्लीय भेदभाव, जासूसी के आरोप, ट्रांसनेशनल इस्लामिक टेरर नेटवर्क में संलग्नता के आरोप, मालिकों द्वारा उचित मजदूरी न देना, आवश्यकता से अधिक काम लेना, स्वदेश वापस जाने में अड़चनें पैदा करना, आइसिस जैसे आतंकी समूहों द्वारा वैचारिक स्तर पर भारतीयों के तुष्टिकरण का प्रयास, सिविल वार अथवा गृह युद्ध, नृजातीय संघर्ष, शरणार्थी संकट की स्थिति में भारतीय कामगारों के समक्ष भी समस्याएँ बढ़ जाती हैं। प्राकृतिक आपदा, मानव दुर्व्यापार जैसी चुनौतियों का भी इन्हें सामना करना होता है। केवल एक अकेले कुलभूषण जाधव का मामला ही प्रवासी भारतीयों के सुरक्षा के गंभीर प्रश्नों को खड़ा करता है।

प्रवासी भारतीय कामगारों को विदेशों में ले जाकर काम करने की परिपाटी ब्रिटेन ने अपने औपनिवेशिक शासन काल के दौरान डाली। भारतीयों को दक्षिण अफ्रीका, श्रीलंका, फ़िजी, मॉरीशस जैसे कई देशों में चाय बागानों में इंडेंचर्ड लेबरर यानी बलात श्रमिक के रूप में अंग्रेज ले गए और भारतीय मजदूरों को रंगभेद, नस्लभेद, और सांस्कृतिक संघर्षों का सामना करना पड़ा। श्रीलंका ने सिंहलीज ओनली बिल 1956 में पास कर तमिलों को उनके अधिकार से वंचित किया, 1972 में भी बने श्रीलंकन संविधान में तमिलों के भाषायी, धार्मिक, सांस्कृतिक अधिकारों की उपेक्षा की गई। इसी प्रकार से फ़िजी में 1987 में तख्ता पलट कर भारतीयों को दोहरे दर्जे की नागरिकता से संतोष करने का प्रयास किया गया। ऐसे कई देशों में कई उदाहरण मिल जाएँगे जहाँ प्रवासी भारतीय कामगारों को नागरिकता, भाषा, संस्कृति, बुनियादी सुविधाओं के नाम पर उपेक्षा का सामना करना पड़ा।

भारत सरकार ने 1990 के पूर्व कुछ अवसरों पर विदेशों में कुछ अभियानों के ज़रिये भारतीयों के हितों की सुरक्षा की कोशिश की। श्रीलंका में भारत सरकार ने ऑपरेशन पवन के माध्यम से शांतिवाहिनी सेना भेज कर तमिलों के हितों की सुरक्षा का प्रयास किया। इसी प्रकार भारत सरकार ने पूर्वी पाकिस्तान यानी बांग्लादेश के नागरिकों से पश्चिम बंगाल के नागरिकों के सांस्कृतिक संबंधों के मद्देनजर ऑपरेशन सर्च लाइट के ज़रिये बांग्लादेश के निर्माण में भूमिका अदा की। मालदीव में ऑपरेशन कैक्टस के ज़रिये भारत सरकार ने वहाँ के लोगों की मदद की। मालदीव में आज भारतीय डायस्पोरा की अच्छी-खासी आबादी निवास करती है। लेकिन यदि इंडियन डायस्पोरा पर भारत की सुस्पष्ट नीति का पहला प्रमाण देखना हो तो वो फ़िजी में भारत सरकार के गंभीर हस्तक्षेप में देखने को मिलेगा। वर्ष 1987 में सितीवेनी राबुका ने फ़िजी में भारतीय बहुमत वाली सरकार का तख्ता पलट कर भारतीयों को दोयम दर्जे की नागरिकता की स्थिति पर ला खड़ा किया। ऐसे में भारतीय प्रधानमंत्री राजीव गांधी ने इस मामले को संयुक्त राष्ट्र संघ में उठाया, फ़िजी पर कठोर आर्थिक और अन्य प्रतिबंध लगाए और

फ़िजी की कॉमनवेल्थ संगठन से निलंबित करवा दिया। भारत की एक सशक्त डायस्पोरा पॉलिसी का यह पहला प्रमाण था।

1990 के दशक में उदारीकरण, निजीकरण और वैश्वीकरण की शुरुआत ने वैश्विक प्रव्रजन को आसान बना दिया। वस्तु, सेवा, पूँजी, श्रम सभी कुछ का मुक्त प्रवाह इस सीमारहित विश्व में होने लगा। मुक्त व्यापार समझौतों और विश्व व्यापार संगठन की उपस्थिति से ग्लोबल माइग्रेशन को एक अलग ही दिशा मिली। ऐसे में पूँजी निर्माण, निवेश, समृद्धि के एक तरफ़ जहाँ नए अवसर सृजित हुए वहीं दूसरी तरफ़ भारतीय श्रमिकों के सामने मुश्किलें भी आनी शुरू हुईं। खाड़ी देशों और अन्य देशों से भारतीय कामगारों के अंग-भंग करने के संदेश मिले, महिलाओं के यौन शोषण की भी सूचनाएँ मिलीं। कुल मिलाकर कहा जा सकता है कि भारतीय श्रमिकों के लिए जहाँ विदेशों में रोजगार के अवसर खुले हैं वहीं उन्हें मुश्किलों का भी सामना करना पड़ा है।

यहाँ पर भारत सरकार द्वारा ऐसे लोगों के हितों की सुरक्षा के लिए किए गए कुछ प्रमुख उपायों को भी जान लेना उचित होगा। प्रवासी कामगारों के हितों की सुरक्षा के लिए भारत सरकार ने 1980 के दशक में ही कतर और जोर्डन के साथ श्रम समझौते पर हस्ताक्षर किया था। 2004 में आप्रवासी भारतीय मामलों के मंत्रालय के गठन के बाद भारत सरकार ने इस क्षेत्र में थोड़ा ध्यान देना शुरू किया। यूएई के साथ 2006 में और कुवैत के साथ 2007 में मेमोरैनडम ऑफ अंडरस्टैंडिंग पर हस्ताक्षर भारत सरकार ने किए। 2007 में कतर के साथ श्रम मानकों पर एक अतिरिक्त प्रोटोकॉल पर भारत ने हस्ताक्षर किए। 2008 में ओमान और 2009 में मलेशिया के साथ श्रम मानकों पर एम ओ यू पर हस्ताक्षर किया गया।

इसके अलावा भारत सरकार ने कई देशों के साथ द्विपक्षीय सामाजिक सुरक्षा सहयोग समझौते पर भी हस्ताक्षर किए हैं, इनमें कुछ प्रमुख देश हैं—ऑस्ट्रेलिया, जापान, फ्रांस, बेल्जियम, डेनमार्क, नॉर्वे, हंगरी, चेक रिपब्लिक, कोरिया आदि। भारत सरकार ने इंडियन कम्युनिटी वेलफेयर फंड का भी गठन कर रखा है जिसका उद्देश्य विदेशों में विपत्ति से घिरे भारतीयों को मदद पहुँचाना है। तीन अगस्त 2018 को ब्रिक्स देशों ने सामाजिक सुरक्षा और श्रमिकों के कल्याण को लेकर एम ओ यू पर हस्ताक्षर किया है। खाड़ी देशों में काम करने वाले भारतीय मजदूरों के साथ एक समस्या यह भी रही है कि अनधिकृत डीलर्स के द्वारा उनका जाली पंजीकरण करा के, कुछ ले देके उनका खाड़ी देशों में जाने का मार्ग प्रशस्त कर दिया जाता है, उसके बाद जाली दस्तावेज के साथ पकड़े जाने पर उनका वर्क परमिट कैंसिल कर दिया जाता है, उनका वेतन भी रोक दिया जाता है, ऐसे में मेजबान देश कानून के हिसाब से काम कर रहा होता है तो भारत के सामने समस्या होती है कि उसे भारतीय श्रमिकों के हित में काम करने के लिए कैसे कहे। भारत सरकार के उत्प्रवास

अधिनियम, 1983 के मुताबिक भारतीय पासपोर्ट धारकों की ईसीआर श्रेणी यानी एमिग्रेशन चेक रिक्वायर्ड श्रेणी का प्रावधान है कि 18 देशों में जाने के लिए प्रवासी भारतीय मामलों के मंत्रालय के प्रोटेक्टर ऑफ एमिग्रेंट्स ऑफिस से उत्प्रवासन मंजूरी लेनी जरूरी है। ऐसे देशों में सभी खाड़ी देश, मलेशिया, लीबिया, जोर्डन, यमन आदि शामिल हैं। उत्प्रवासन मंजूरी मिलने की एक आवश्यक शर्त यह है कि खाड़ी या अन्य देशों में जाने वाला श्रमिक अपने समझौते अथवा रोजगार संविदा का विवरण उपलब्ध कराए जिसमें यह भी स्पष्ट हो कि जिस देश में वह काम करने जा रहा है वहाँ उसे कितना भुगतान किया जाएगा। इस समझौते पर विदेशी नियोक्ता और इच्छुक कामगार के हस्ताक्षर होने चाहिए। और भारत में उत्प्रवासन मंजूरी के लिए इस संविदा या हस्ताक्षर का रिकॉर्ड सक्षम प्राधिकारी के सामने पेश किया जाए, तब जाके अनधिकृत डीलर्स के द्वारा जाली और अवैध पंजीकरण और मंजूरी की समस्या का समाधान हो सकेगा।

संक्षेप में 1990 के बाद डायस्पोरा को भावनात्मक और सांस्कृतिक आधार पर भारत से जोड़ने के लिए निम्नलिखित महत्त्वपूर्ण प्रयास किए गए हैं :

- प्रवासी मामलों के लिए समर्पित मंत्रालय के रूप में प्रवासी मंत्रालय का गठन।
- प्रवासी दिवस के आयोजन के माध्यम से डायस्पोरा के साथ प्रत्यक्ष सम्पर्क को बढ़ावा दिया गया।
- प्रवासी भारतीय संस्थान की स्थापना।
- कुछ चयनित देशों के भारतीय मूल के लोगों को समुद्रपारीय नागरिकता (OIC) प्रदान करना।

हालाँकि इन प्रयासों के बावजूद भारतीय डायस्पोरा की भूमिका सीमित ही रही, जबकि दूसरी ओर वर्तमान वैश्वीकरण के दौर में बढ़ती वैश्विक अंतर्निर्भरता ने डायस्पोरा के महत्त्व को बढ़ा दिया। अतः वर्तमान में डायस्पोरा के सम्बंध में अधिक यथार्थवादी नीति अपनाने की आवश्यकता है।

डायस्पोरा का महत्त्व

आर्थिक दृष्टि से डायस्पोरा वित्तप्रेषण के माध्यम से यह विदेशी मुद्रा का महत्त्वपूर्ण स्रोत है। उल्लेखनीय है कि वर्तमान में सर्वाधिक 80 बिलियन डॉलर का वित्तप्रेषण भारत में ही होता है। साथ ही निवेशक के रूप में डायस्पोरा मेक इन इंडिया जैसी योजनाओं की सफलता को भी सुनिश्चित कर सकता है। यही नहीं भारतीय डायस्पोरा भारत के पर्यटन उद्योग के विस्तार में भी बड़ी भूमिका निभा सकता है। विशेषकर धार्मिक, सांस्कृतिक पर्यटन के क्षेत्र में।

भारतीय डायस्पोरा विश्व के अनेक देशों में राजनीतिक रूप में बेहद प्रभावपूर्ण स्थिति में है, जहाँ इन देशों के नीति निर्धारण में इनकी अहम भूमिका है। अत: अनौपचारिक राजनयिक के रूप में डायस्पोरा इन देशों में भारत के राष्ट्रीय हितों का संरक्षण कर सकता है।

भारतीय डायस्पोरा विश्व में साफ्ट पॉवर के रूप में भारत को स्थापित करने के माध्यम हैं। इनके कारण अन्य देश भारतीय संस्कृति और जीवनशैली के प्रति आकर्षित होते हैं।

भारतीय डायस्पोरा बिजनेसमैन, शिक्षक, डॉक्टर, वैज्ञानिक, योग गुरु आदि विभिन्न भूमिकाओं में भारत की वैश्विक छवि को बेहतर बनाने वाले सामाजिक दूत हैं।

वर्तमान में इन्हें आकर्षित कर ब्रेन गेन के माध्यम से इनके अनुभव को राष्ट्र विकास के लिए लगाया जा सकता है, क्योंकि यह अपने साथ तकनीकी विशेषज्ञता भी लेकर आता है।

भारत की वर्तमान डायस्पोरा नीति

वर्तमान भारतीय विदेश नीति की मुख्य प्राथमिकता के रूप में भारतीय डायस्पोरा के साथ प्रत्यक्ष संबंध स्थापित करने पर बल दिया जा रहा है। अत: डायस्पोरा की सम्भावनाओं के दोहन के लिए दोहरी रणनीति पर कार्य किया जा रहा है। एक तरफ़ डायस्पोरा की विशिष्ट क्षमताओं और क्षेत्रवार सम्भावनाओं के अनुसार रणनीति व कार्ययोजना बनाई जा रही है, जिसके तहत आयु, आय या क्षेत्र से परे सभी डायस्पोरा तक पहुँच बढ़ाने की कोशिश हो रही है। वहीं दूसरी ओर भारत की वैश्विक शक्ति व क्षमता का प्रदर्शन कर डायस्पोरा के आत्मविश्वास में वृद्धि का प्रयास हो रहा है, जिसके तहत भारतीय प्रधानमंत्री, विदेशमंत्री व अन्य राजनयिकों की विदेश यात्रा के दौरान डायस्पोरा को प्रत्यक्ष रूप में सम्बोधित करने वाली बड़ी जनसभाओं का आयोजन किया जा रहा है। जैसे अमरीका के मेडिसन स्क्वॉयर और ह्यूस्टन में, ब्रिटेन के वेम्बले स्टेडियम में और ऑस्ट्रेलिया के सिडनी में प्रधानमंत्री की विशाल जनसभा का आयोजन।

इसके साथ ही सरकार डायस्पोरा को आकर्षित करने के लिए अनेक नीतिगत पहल भी कर रही है, जैसे—

डायस्पोरा के सम्बंध में नीतियों और कार्यक्रमों में बेहतर समन्वय स्थापित करने के लिए प्रवासी मंत्रालय का विदेश मंत्रालय में विलय कर दिया गया है।

सभी भारतीय डायस्पोरा से समान व्यवहार करने पर बल दिया जा रहा है। इसीलिए ओसीआई कार्ड का पीआईओ में विलय कर दिया गया है।

भारतीय डायस्पोरा में भारत के प्रति विश्वास मज़बूत करने के लिए भी प्रयास हो रहे हैं। इस संदर्भ में विश्व के किसी भी देश में यदि भारतीय डायस्पोरा संकटग्रस्त हैं, तो उन्हें सहायता पहुँचाना भारत की मुख्य प्राथमिकता है। यमन में ऑपरेशन राहत और दक्षिणी सूडान में ऑपरेशन संकटमोचन के माध्यम से भारत सरकार द्वारा संचालित राहत बचाव कार्य ने डायस्पोरा में भारत के प्रति विश्वास की भावना को मज़बूत किया है। इसी क्रम में संकटग्रस्त प्रवासियों के लिए मदद एप्लिकेशन भी शुरू किया गया है। साथ ही ओवरसीज भारतीय सुविधा केंद्र भी इस दिशा में महत्त्वपूर्ण कार्य कर रहा है।

भारतीय डायस्पोरा को जोड़ने में राज्यों की भूमिका को भी बढ़ावा दिया जा रहा है। इस सम्बंध में तेलंगाना सरकार द्वारा प्रवासी मंत्रालय का गठन किया गया तो वहीं असम राज्य द्वारा एक्ट ईस्ट विभाग का गठन किया गया है।

प्रवासियों के संबंध में चुनौतियाँ

भारतीय डायस्पोरा विश्व के अलग-अलग क्षेत्रों में बिखरे हुए हैं और उनके हित भी अलग-अलग हैं। अतः इन विभिन्न हितों का समायोजन कर पाना एक बड़ी चुनौती है। साथ ही डायस्पोरा को आकर्षित करने के लिए घरेलू स्तर पर अवसर सृजित करने होंगे, क्योंकि ब्रेन गेन तभी उपलब्धिपूर्ण होगा जब उन्हें भारत में आकर्षक विकल्प दिखेगा। यही नहीं निवेशक के रूप में उन्हें आकर्षित करने के लिए भारत में निवेश परिवेश को भी बेहतर करना होगा।

इसके साथ-साथ विश्व में संकटग्रस्त क्षेत्रों में राहत और बचाव कार्य के लिए स्पष्ट नीति निर्मित करने की भी जरूरत है। भारत के विदेश मामलों के मंत्रालय ने हाल ही में प्रवासी भारतीय मजदूरों से संबंधित कुछ आँकड़े जारी किए हैं। इसमें बताया गया है कि विदेशों, खासकर खाड़ी देशों में काम करने वाले भारतीय मजदूरों, कामगारों की असामयिक मौत की घटनाएँ सामने आ रही हैं। रिपोर्ट में बताया गया है कि खाड़ी देशों में प्रत्येक दो दिन में तीन आंध्र प्रदेश से संबंधित भारतीय मजदूरों की मौत आत्महत्या, बीमारी और सड़क दुर्घटनाओं से हो रही है। यह इस बात को भी दर्शाता है कि किन विपरीत परिस्थितियों में प्रवासी भारतीय श्रमिक विदेशों में काम कर रहे हैं। विदेश मंत्रालय का कहना है कि पिछले तीन वर्षों में आंध्र प्रदेश से खाड़ी देशों में काम करने वाले 1656 श्रमिकों की मौत हो चुकी है। ये श्रमिक मुख्य रूप से कडप्पा, चित्तूर और गोदावरी जिलों से थे जो वहाँ मुख्य रूप से सफाई कर्मचारी और घरेलू नौकर के रूप में अपनी सेवाएँ दे रहे थे। इन श्रमिकों की सर्वाधिक मौतें क्रमशः कुवैत, सऊदी अरब, यूएई, ओमान, कतर और बहरीन में हुई हैं। भारत के विदेश मंत्रालय ने स्पष्ट किया है कि खाड़ी देशों

में काम करने वाले कामगारों को बचाने के लिए लेबर कैंप्स के ज़रिये मिशन के तहत जागरूकता अभियान चलाए जा रहे हैं। यहाँ काम करने वाले भारतीयों को लंबी और अत्यधिक कार्यावधि, स्वास्थ्य सुविधाओं का अभाव, सामाजिक सुरक्षा का अभाव जैसी चुनौतियों का सामना करना पड़ रहा है। भारत सरकार को इन सभी संदर्भों को ध्यान में रखकर विकसित देश में रहने वाले डायस्पोरा के साथ-साथ विकासशील देशों में रहने वाले डायस्पोरा को अपेक्षित महत्त्व देना होगा। अत:एक सम्पदा के रूप में डायस्पोरा के महत्त्व को स्वीकार करना होगा।

अध्याय 11

महत्त्वपूर्ण अंतर्राष्ट्रीय अभिसमय और संधियाँ

संयुक्त राष्ट्र शरणार्थी अभिसमय (विएना कन्वेंशन) 1951 और भारत पर प्रभाव

शरणार्थियों की समस्या वैश्विक स्तर पर एक मानवतावादी संकट के रूप में उपस्थित हुआ है। संयुक्त राष्ट्र हाई कमिश्नर फॉर रिफ्यूजी के तत्वावधान में 1951 में संयुक्त राष्ट्र शरणार्थी अभिसमय अंगीकृत किया गया था। 145 देशों द्वारा इस अभिसमय का अनुसमर्थन किया जा चुका है। यह अभिसमय शरणार्थियों की वैधानिक परिभाषा देता है और विस्थापितों के अधिकारों के बारे में उल्लेख करता है। इसमें शरणार्थियों को संरक्षण देने के लिए सदस्य राष्ट्रों के विधिक दायित्वों का भी उल्लेख किया गया है। इस अभिसमय का मुख्य सिद्धांत 'नॉन रिफाउलमेंट' है जिसका आशय है कि एक शरणार्थी को उस देश में लौटने के लिए बाध्य नहीं किया जाना चाहिए जहाँ उसके जीवन और स्वतंत्रता पर गंभीर खतरा उत्पन्न हो सकता है। अब इसे एक पारंपरिक अंतर्राष्ट्रीय कानून के रूप में देखा जाता है। यूएनएचसीआर 1951 के वियना अभिसमय और इसके 1967 के प्रोटोकॉल के अभिभावक की भूमिका निभाता है। यह अभिसमय विभिन्न राज्यों से यह अपेक्षा करता है कि वो सामूहिक स्तर पर शरणार्थियों के मानव अधिकारों के बारे में संवेदनशील होकर भूमिका निभाएँ।

यूएनएचसीआर के अनुसार एक शरणार्थी वह व्यक्ति है जिसे उत्पीड़न, युद्ध अथवा हिंसा के चलते अपने देश को छोड़ने के लिए बाध्य हो जाना पड़ता है। एक शरणार्थी वह व्यक्ति है जो अपने देश में प्रजाति, धर्म, राष्ट्रीयता, राजनीतिक मत या किसी एक खास सामाजिक समूह की सदस्यता के चलते उसके मन में विभिन्न स्तरों पर उत्पीड़न का भय मज़बूत रूप में विद्यमान होता है। ऐसे लोग विभिन्न कारणों से अपने गृह देश का परित्याग कर उसकी अंतर्राष्ट्रीय सीमा के बाहर जाते हैं और किसी अन्य देश में अस्थायी या स्थायी रूप से रहने का प्रयास करते हैं। युद्ध, नृजातीय या जनजातीय और धार्मिक हिंसा भी शरणार्थियों के संकट

को बढ़ावा देने के लिए एक जिम्मेदार कारक रहा है। यूएनएचसीआर का कहना है कि विश्व के 67 प्रतिशत रिफ्यूजी केवल 5 देशों से आते हैं। इस रूप में देखा जाए तो संयुक्त राष्ट्र संघ यह मानता है कि वैश्विक स्तर पर शरणार्थियों का दो तिहाई पाँच राज्यों सीरिया, अफ़ग़ानिस्तान, दक्षिणी सूडान, म्यांमार और सोमालिया से आता है। यदि इन देशों के आंतरिक नीतियों, इनकी सैन्य संरचना और शासन तंत्र की स्थिति को देखें तो यहाँ लोकतांत्रिक रूप से निर्वाचित सरकारों का अभाव रहा है, अधिनायकवाद और तानाशाही को बढ़ावा मिला है, विचार और अभिव्यक्ति की स्वतंत्रता के ऊपर प्रतिबंध लगाए जाते रहे हैं और यहाँ युद्ध, अपराध और मानवता के विरुद्ध अपराध, जातीय संहार, नृजातीय दमन जैसी घटनाएँ देखने को मिली हैं। इस आधार पर शरणार्थियों की समस्या एक प्रमुख वैश्विक चुनौती बनी हुई है।

हाल के समय में विश्व भर में रोहिंग्या शरणार्थियों की समस्या को एक बड़े मानवीय संकट के रूप में देखा गया है जिसने संयुक्त राष्ट्र संघ और उसके मानवाधिकार अभिकरणों के साथ-साथ म्यांमार, भारत और बांग्लादेश के संबंधों को भी प्रभावित किया है। उल्लेखनीय है कि रोहिंग्या मुख्य रूप से एक मुस्लिम नृजातीय समुदाय है जो अधिकतर पश्चिमी म्यांमार के रखाइन प्रांत में रहते हैं। इस प्रांत की राजधानी सितवे है जहाँ भारत ने विशेष आर्थिक क्षेत्र बना रखा है। ये रोहिंग्या वहाँ पर आमतौर पर बोली जाने वाली बर्मीज भाषा की जगह बंगाली भाषा की एक बोली (डाइलेक्ट) बोलते हैं। यद्यपि ये रोहिंग्या म्यांमार में सदियों से रह रहे हैं लेकिन म्यांमार का मानना है कि ये वो लोग हैं जो म्यांमार में वहाँ के उपनिवेशीय शासन के दौरान प्रवास कर आए थे। इसलिए म्यांमार सरकार ने रोहिंग्या मुसलमान लोगों को अभी तक पूर्ण नागरिकता का दर्जा नहीं दिया है। 1982 का बर्मा नागरिकता कानून कहता है कि एक नृजातीय अल्पसंख्यक समुदाय के रूप में एक रोहिंग्या म्यांमार की नागरिकता पाने योग्य तभी होगा जब महिला या पुरुष रोहिंग्या इस बात का सबूत दे कि उसके पूर्वजों ने म्यांमार में वर्ष 1823 के पहले निवास किया था, अन्यथा उन्हें निवासी विदेशी (रेजिडेंट फॉरेनर) या फिर सहवर्ती नागरिक यानि एसोसिएट सिटीजन माना जाएगा भले ही उनके अभिभावक में से कोई एक म्यांमार के नागरिक हों।

चूँकि रोहिंग्या मुसलमानों को नागरिकता का दर्जा नहीं मिला है इसलिए उन्हें वहाँ बुनियादी सुविधाओं से वंचित रखा गया है। वो म्यांमार की सिविल सेवा के भी अंग नहीं बन सकते, वे भाषायी शोषण के शिकार हैं। एमनेस्टी इंटरनेशनल ने जून, 2019 में अपनी रिपोर्ट में बताया है कि म्यांमार के सैनिकों द्वारा रोहिंग्या महिलाओं का पाशविक बलात्कार किया गया है, वरिष्ठ नागरिकों और बच्चों तक को सैन्य बलों ने नहीं बख्शा है। रखाइन प्रांत में उनके आवाजाही पर भी पाबंदियाँ लगाई गई हैं।

आज रोहिंग्या मुद्दे पर म्यांमार, बांग्लादेश और भारत आमने-सामने क्यों हैं,

इसे जानने के लिए रोहिंग्या अधिवास का एक संक्षिप्त विवरण जरूरी है। आठवीं शताब्दी में रोहिंग्या एक स्वतंत्र साम्राज्य अराकान में रहते थे, जिसे ही आज रखाइन कहा जाता है। नवीं से चौदहवीं शताब्दी के बीच रोहिंग्या समुदाय अरब व्यापारियों के ज़रिये इस्लाम के संपर्क में आया और अराकान और बंगाल के बीच मज़बूत संबंध विकसित हुए। 1784 में बर्मा यानि आधुनिक म्यांमार के राजा ने स्वतंत्र अराकान पर कब्जा कर लिया और हजारों शरणार्थी जिन्हें आज रोहिंग्या कहते हैं बंगाल भाग गए। 1790 में हिरम कॉक्स नामक ब्रिटिश डिप्लोमैट को इन शरणार्थियों के मदद के लिए भेजा जिसने बांग्लादेश में कॉक्स बाज़ार शहर का निर्माण किया। जहाँ आज भी अच्छी-खासी मात्रा में रोहिंग्या मुसलमान शरणार्थी रहते हैं। कालांतर में ब्रिटेन ने बर्मा पर कब्जा कर लिया और उसे म्यांमार के रूप में ब्रिटिश भारत का प्रांत बनाया। बर्मा से श्रमिकों ने ब्रिटिश भारत के कई भागों में अवसंरचना परियोजनाओं में काम करने वाले श्रमिकों के रूप में प्रवास किया, और भारत से भी रोहिंग्या लोग जुड़ गए। 1942 में जापान ने बर्मा पर आक्रमण किया और वहाँ से अंग्रेजों को निकाल दिया। जैसे ही अंग्रेजों ने जवाबी कार्रवाई की, बर्मा के राष्ट्रवादियों ने मुस्लिम समुदायों पर हमला कर दिया, क्योंकि उन्हें लगता था कि रोहिंग्या मुस्लिम को ब्रिटिश औपनिवेशिक शासन से लाभ मिला है। 1945 में ब्रिटेन ने आंग सान के नेतृत्व वाले बर्मा के राष्ट्रवादियों और रोहिंग्या लड़ाकों के साथ मिलकर बर्मा को जापानी प्रभुत्व से मुक्त करा दिया। इसके उपरांत रोहिंग्या लोगों ने ऐसा महसूस किया कि ब्रिटेन ने उन्हें धोखा दिया है क्योंकि ब्रिटेन ने अराकान के स्वायत्तता के वायदे को पूरा नहीं किया। 1948 में बर्मा की नई सरकार और रोहिंग्या लोगों के बीच तनाव बढ़ गया। इसमें से बहुत से रोहिंग्या चाहते थे कि अराकान मुस्लिम बहुमत वाले पाकिस्तान में मिल जाए। बर्मा सरकार ने इस पर रोहिंग्या लोगों को देश निकाला दे दिया और सिविल सैनिक के रूप में नियुक्त रोहिंग्या लोगों को बर्खास्त कर दिया। 1950 के दशक में रोहिंग्या लोगों ने मुजाहिद नाम वाले सशस्त्र समूह के ज़रिये बर्मा सरकार का प्रतिकार करना शुरू किया। 1962 में अंततः जनरल नी विन सत्ता में आए और रोहिंग्या लोगों के खिलाफ कठोर नीति अपनाई गई। म्यांमार में अब मिलिट्री जूंटा का शासन हो गया। 1977 में इस सैन्य सरकार ने रोहिंग्या की जनसंख्या और क्षेत्रों का पता लगाने के लिए ऑपरेशन नगामीन अथवा ड्रैगन किंग शुरू किया। ऐसे में 1977 में दो लाख रोहिंग्या लोगों को बांग्लादेश भागना पड़ा। 1978 में बांग्लादेश और बर्मा के बीच संयुक्त राष्ट्र की मध्यस्थता में रोहिंग्या लोगों के प्रत्यावर्तन को लेकर यानि देश वापसी को लेकर समझौता हुआ और रोहिंग्या बर्मा वापस पहुँचे। फिर उन्हें वहाँ शोषण, दमन, हत्या, बलात्कार का सामना करना पड़ा। अराकान रोहिंग्या साल्वेशन आर्मी के ज़रिये रोहिंग्या म्यांमार सेना के दमन का बदला ले रहे हैं।

1989 में बर्मा के सेना ने बर्मा का नाम बदलकर म्यांमार कर दिया। 1991 में 2.5 लाख रोहिंग्या लोगों को म्यांमार छोड़ कर भागना पड़ा। म्यांमार की सेना ने कहा कि वह रखाईन क्षेत्र में व्यवस्था स्थापित कर रही थी। 1992 से 1997 के बीच लगभग 2.3 लाख रोहिंग्या अराकान यानि रखाईन क्षेत्र में बांग्लादेश के साथ एक और प्रत्यावर्तन समझौते के ज़रिये पहुँचे। यहाँ आने के बाद इनका रखाईन के बौद्धों से संघर्ष शुरू हो गया, चूँकि ये मुसलमान थे और बौद्धों के अधिकारों के सामने मुसीबत के रूप में थे। 2012 में दोनों के बीच खूनी झड़पें हुईं जिसमें 100 लोग मारे गए जिसमें अधिकांश रोहिंग्या मुसलमान थे। 10 हजार लोगों को फिर बांग्लादेश का रुख करना पड़ा। 1.5 लाख को रखाईन के कैंपों में रहने के लिए बाध्य कर दिया गया। 2016 में रोहिंग्या मुस्लिम समूह हाराकाह अल यकीन ने म्यांमार में बॉर्डर गार्ड पोस्ट्स पर हमला कर नौ सैनिकों को मार दिया। जवाब में म्यांमार की सेना ने दमन शुरू किया और फिर 25 हजार से अधिक रोहिंग्या भीषण अत्याचारों का आरोप लगाते हुए बांग्लादेश में जाने को बाध्य हुए।

वर्तमान में बांग्लादेश के कॉक्स बाज़ार में 9 लाख से अधिक रोहिंग्या शरणार्थी रहते हैं। इसमें से 7.5 लाख ऐसे रोहिंग्या हैं जो म्यांमार में 2017 में भीषण हिंसा के बाद से कॉक्स बाज़ार में आए हैं। मई, 2019 में यूनाइटेड नेशंस हाई कमीशन ऑन रिफ्यूजी ने रोहिंग्या शरणार्थियों को आइडेंटिटी कार्ड देने की प्रक्रिया शुरू की और पहली बार 2.5 लाख से अधिक रोहिंग्या लोगों को पहचान पत्र दिए गए हैं। पंजीकरण की यह प्रक्रिया संयुक्त राष्ट्र के नेतृत्व में जून, 2018 से शुरू हुई है ताकि रोहिंग्या शरणार्थियों के अधिकारों की रक्षा हो सके और जब वे निकट भविष्य में म्यांमार स्वैच्छिक स्तर पर जाना चाहें तो कोई उन्हें आतंकी, ड्रग लॉर्ड या किसी अन्य आरोप को लगा कर आने देने के मार्ग में रुकावट न पैदा कर सके। यूएनएचसीआर और बांग्लादेश सरकार के तत्वावधान में बांग्लादेश के कॉक्स बाज़ार में रहने वाले लगभग 60 हजार घरों के 2.7 लाख रोहिंग्या शरणार्थियों का पंजीकरण किया जा चुका है। यूएनएचसीआर के बैनर तले बांग्लादेश में आज प्रतिदिन 6 अलग-अलग स्थानों पर 4000 रोहिंग्या शरणार्थियों का पंजीकरण कर उन्हें पहचान पत्र देने का काम किया जा रहा है। 2019 के अंत तक इस बड़े मकसद को पूरा करने के प्रयास किए जा रहे हैं।

भारत के गृह मंत्रालय के आँकड़ों के अनुसार भारत में लगभग 40 हजार रोहिंग्या शरणार्थी रहते हैं। ये बांग्लादेश से भारत स्थल मार्ग से पहुँचे हैं। भारत सभी रोहिंग्या शरणार्थियों को अवैध प्रवासी मानता है और इन्हें इनके मूल देश वापस भेजने के लिए प्रभावी प्रत्यावर्तन समझौते की तलाश में है। बहुत लोगों को भारत के इस निर्णय पर आश्चर्य हुआ है कि मानवाधिकारों, आत्म निर्धारण अधिकारों की बात करने वाला भारत सभी रोहिंग्या लोगों को जल्द से जल्द देश छोड़ने को

कैसे कह सकता है। भारत को अपने पड़ोसी प्रथम की नीति और गुजराल डॉक्ट्रिन के हिसाब से सभी दक्षिण एशियाई देशों के साथ मज़बूत संबंध बनाए रखने की जरूरत है और आज दक्षिण एशिया में रिफ्यूजी क्राइसिस बढ़ गई है। यदि भारत ने रोहिंग्या का साथ दिया, तो किसी न किसी रूप में उसपर तमिलों, मधेशो, चकमा लोगों को भी सुरक्षा देने का दबाव पड़ेगा। ऐसे में भारत के राष्ट्रीय हित प्रभावित हो जाएँगे। दक्षिण एशिया में भी रिफ्यूजी क्राइसिस से निपटने का कोई क्षेत्रीय विधान नहीं हैं। इन संदर्भों को ध्यान में रखकर भारत ने संयुक्त राष्ट्र रिफ्यूजी कन्वेंशन, 1951 पर हस्ताक्षर नहीं किया है, और न ही संयुक्त राष्ट्र के एंटी टॉर्चर कन्वेंशन, 1987 का ही अनुसमर्थन किया है। भारत अपनी आंतरिक सुरक्षा के प्रति सजग है। उसने असम में भारी तादाद में बांग्लादेश से आए चमका शरणार्थियों और उनसे पैदा होने वाली चुनौतियों को काफी झेला है। रोहिंग्या के संदर्भ में सुरक्षा संबंध का एक अलग ही बड़ा आयाम है। इस संकट में तीन राष्ट्रों के हित प्रभावित हैं और द्विपक्षीय संबंधों में तनाव न उभरने देने के लिए यह जरूरी है कि भारत रोहिंग्या के प्रत्यावर्तन पर ठोस कार्यवाही करे और कराए। मूल देश में वापस लौटने से बेहतर और कुछ नहीं है लेकिन ये जरूर है कि अगर रोहिंग्या के लौटने के बाद वहाँ उनके प्राणों पर संकट आने की संभावना है तो गंभीरता से द्विपक्षीय सहयोग और संयुक्त राष्ट्र के नॉन रिफाउलमेंट सिद्धांत को ध्यान में रखकर काम किया जाना चाहिए। भारत सरकार ने अगले पाँच वर्षों में 25 मिलियन डॉलर के निवेश की प्रतिबद्धता के साथ वर्ष 2019 में म्यांमार में रोहिंग्या लोगों के लिए खुद के पैसे से निर्मित 250 घर भी प्रदान किए हैं। भारत इस समस्या का समाधान मानवतावादी सहायता के तरीकों से करना चाहता है।

भारत और विएना कन्वेंशन

भारत शरणार्थियों के अधिकारों से संबंधित विएना कन्वेंशन, 1951 और उसके प्रोटोकॉल 1967 का सदस्य नहीं है। भारत में कोई राष्ट्रीय शरणार्थी कानून भी नहीं है जिसके तहत शरणार्थियों के विभिन्न मामलों से निपटा जा सके। इसके बावजूद भारत पड़ोसी देशों के लोगों को शरण देता है और इस मामले में यूएनएचसीआर के अधिदेश का सम्मान करता है। भारत ने मुख्य रूप से तिब्बत, म्यांमार, अफ़ग़ानिस्तान और श्रीलंका के तमिल लोगों के लिए समय-समय पर शरण स्थल के रूप में कार्य किया है, लेकिन भारत अपनी आंतरिक और राष्ट्रीय सुरक्षा के प्रति भी इस संदर्भ में सतर्क रहा है।

तिब्बत से भारत में शरणार्थियों के आने की पृष्ठभूमि माओ के तिब्बत के संबंध में अपनाई गई नीतियों में देखा जा सकता है। 1 अक्टूबर, 1949 को चीन

के साम्यवादी नेता माओत्से तुंग ने पीपुल्स रिपब्लिक ऑफ चाइना यानि पीआरसी के गठन की घोषणा की थी और पीआरसी का संस्थापक पिता और अध्यक्ष बना। तिब्बत में प्रचलित बौद्ध धर्म और उसकी धार्मिक स्वतंत्रता धर्म को अफीम कहने वाले मार्क्स के शिष्य माओ को रास नहीं आई, तिब्बत की अपनी स्वायत्तता बनाए रखने की मंशा ने माओ को 1950 में तिब्बत पर आक्रमण करने के लिए प्रेरित किया। चीन ने तिब्बत को अपना अभिन्न अंग माना और उससे 17 सूत्रीय समझौता करते हुए उसे अर्ध स्वायत्तता प्रदान किया। लेकिन तिब्बत अपनी धार्मिक आजादी के लिए कृतसंकल्प था। तिब्बत में चीनी सेना के प्रति विद्रोह का भाव था। चीन ने तिब्बत के सांस्कृतिक अधिकारों के आंदोलनों को सैन्य कार्रवाई के ज़रिये कुचलने की कोई कोर-कसर नहीं छोड़ी। ऐसे में बौद्ध तिब्बतियों और चीनी सैनिकों के बीच झड़पें होने लगीं। अंतत: चीन ने माओ के निर्देश पर 1958 में तिब्बत पर पुन: सैन्य कार्रवाई को अंजाम दिया। ऐसे में 21 वर्षीय डरे सहमे 14वें दलाई लामा को तिब्बत छोड़ने की सलाह उनके शुभचिंतकों द्वारा दी गई। 30 मार्च, 1959 को दलाई लामा अपने डेढ़ लाख अनुयायियों के साथ भारत पहुँचे और भारत ने उन्हें राजनीतिक शरण दिया और उनकी निर्वासित सरकार को मान्यता दी। पंडित नेहरू ने दलाई लामा को सुरक्षा का पूर्ण आश्वासन दिया और उसके बाद हिमाचल प्रदेश के धर्मशाला में दलाई लामा ने अपना मुख्य केंद्र बनाया। दलाई लामा ने मानवता के हित में काम किए और 1989 में उन्हें शांति के लिए नोबेल पुरस्कार से सम्मानित किया गया। उन्होंने तिब्बत की आजादी के लिए अहिंसक लड़ाई चीन के खिलाफ जारी रखी। जबकि चीन तिब्बत पर पूर्ण नियंत्रण चाहता है। गौरतलब है कि भारत और चीन तभी पड़ोसी बने जब चीन ने तिब्बत पर अधिग्रहण किया। आज तिब्बत चीन और भारत दोनों के लिए सामरिक महत्त्व का हो गया है। तिब्बत से ब्रह्मपुत्र नदी का उद्गम है, चीन इसके जल पर अपने अधिकार का दावा करता है। इस प्रकार तिब्बत के बौद्ध भिक्षुओं को शरण देने के मुद्दे ने भारत-चीन संबंधों को नकारात्मक रूप से प्रभावित किया। भारत ने 29 अप्रैल, 1954 को चीन तिब्बत विवाद के समाधान के लिए पंचशील के सिद्धांत का प्रतिपादन किया था। भारत आज भी चीन से ये अपेक्षा करता है कि पंचशील के पाँच बिंदुओं का वह अपने अंतर्राष्ट्रीय आचरण के दौरान पालन करे तो तिब्बत, डोकलाम, तवांग, नाथूला, कैलाश मानसरोवर, लेह लद्दाख के संदर्भ में विवादों का समाधान किया जा सकेगा। वास्तव में पंचशील एक रामबाण अस्त्र है। पंचशील कहता है कि एक दूसरे की प्रादेशिक अखंडता और पारस्परिक संप्रभुता का सम्मान, एक दूसरे पर आक्रमण न करना, एक दूसरे के आंतरिक मामले में हस्तक्षेप न करना, समानता और पारस्परिक लाभ की मानसिकता रखना और शांतिपूर्ण सहअस्तित्व पर बल देना जरूरी है। चीन ने अगर इसका पालन सही मायनों में कर दिया तो डोकलाम,

मोतियों की लड़ी की उसकी नीति, ओबोर, मैरिटाइम सिल्क रूट, तिब्बत पर कब्जे की उसकी मानसिकता पर लगाम लग जायेगा। लेकिन चीन खुले तौर पर पंचशील सिद्धांत की धज्जियाँ उड़ाते नजर आता है। ऐसे में पंचशील की प्रासंगिकता खो नहीं जाती क्योंकि भारत आज भी तिब्बत हो, भूटान हो या नेपाल सभी के मामलों में पंचशील के पाँचों बिंदुओं को अपनाकर अपनी राजनयिक सज्जनता का परिचय देता रहता है। 2003 में वाजपेई सरकार ने तिब्बत को चीन का अंग मान लिया था उसके बाद से लगातार अरुणाचल प्रदेश के हिस्सों पर चीन अपना दावा करने लगा।

चूँकि दक्षिण एशिया के संबंध में भी कोई क्षेत्रीय शरणार्थी रूपरेखा राष्ट्रों ने नहीं निर्मित की हैं।

भारत की भौगोलिक अवस्थिति और उसके पड़ोसी देशों की भी भौगोलिक अवस्थितयों ने भारत के समक्ष आंतरिक सुरक्षा और राष्ट्रीय सुरक्षा से संबंधित चुनौतियों को प्रत्यक्ष या अप्रत्यक्ष रूप में उत्पन्न किया है। भारत की 7 देशों के साथ अंतर्राष्ट्रीय सीमाएँ साझा होती हैं। इसकी सबसे लंबी अंतर्राष्ट्रीय सीमा बांग्लादेश के साथ लगती है जोकि 4096.7 किलोमीटर है। चीन के साथ भारत की 3488 किलोमीटर, पाकिस्तान के साथ 3323 किलोमीटर, नेपाल के साथ 1751 किलोमीटर, म्यांमार के साथ 1643 किलोमीटर, भूटान के साथ 699 किलोमीटर और अफ़ग़ानिस्तान के साथ 106 किलोमीटर लंबी अंतर्राष्ट्रीय सीमा लगती हैं। भारतीय राज्यों विशेषकर उत्तर पूर्वी राज्यों की सीमाएँ इनमें से कुछ देशों से लगती हैं जिससे अवैध प्रवासन की समस्या देखी जाती है। अवैध प्रवासियों और शरणार्थियों की उचित तरीके से पहचान करना आवश्यक है ताकि यह सुनिश्चित किया जा सके की आगंतुक व्यक्ति अथवा समुदाय आतंकवादी, हथियारों का तस्कर, मादक पदार्थों की तस्करी करने वाला या अन्य प्रकार का कोई अपराधी तो नहीं है। शरणार्थियों के भारत में आकर बसने से भारत के विभिन्न राज्यों में संसाधनों पर दबाव पड़ता है, उन्हें बुनियादी सुविधाएँ देनी पड़ती हैं, उनके लिए विधिक सहायता की व्यवस्था भी करनी होती है। स्थानीय समुदाय के साथ उनका सांस्कृतिक या सामाजिक संघर्ष न हो इस बात को भी सुनिश्चित करना होता है। इस प्रकार यह एक चुनौतीपूर्ण कार्य है कि किसी शरणार्थी समुदाय को भारत में इस तरह से शरण दिया जाए कि यह सुरक्षा और विकास आदि आधारों पर भारत के लिए नुकसानदेह साबित न हो सके। इन सबके बावजूद भारत यूएनएचसीआर के नॉन रिफाउलमेंट सिद्धांत का सम्मान करता है।

शरणार्थियों की समस्या वैश्विक स्तर पर एक मानवतावादी संकट के रूप में उपस्थित हुआ है। संयुक्त राष्ट्र हाई कमिश्नर फॉर रिफ्यूजी के तत्वावधान में 1951 में संयुक्त राष्ट्र शरणार्थी अभिसमय अंगीकृत किया गया था। 145 देशों द्वारा इस अभिसमय का अनुसमर्थन किया जा चुका है। यह अभिसमय शरणार्थियों की वैधानिक परिभाषा देता है और विस्थापितों के अधिकारों के बारे में उल्लेख करता है। इसमें शरणार्थियों

को संरक्षण देने के लिए सदस्य राष्ट्रों के विधिक दायित्वों का भी उल्लेख किया गया है। इस अभिसमय का मुख्य सिद्धांत 'नॉन रिफाउलमेंट' है जिसका आशय है कि एक शरणार्थी को उस देश में लौटने के लिए बाध्य नहीं किया जाना चाहिए जहाँ उसके जीवन और स्वतंत्रता पर गंभीर खतरा उत्पन्न हो सकता है। अब इसे एक पारंपरिक अंतर्राष्ट्रीय कानून के रूप में देखा जाता है। यूएनएचसीआर 1951 के वियना अभिसमय और इसके 1967 के प्रोटोकॉल के अभिभावक की भूमिका निभाता है। यह अभिसमय विभिन्न राज्यों से यह अपेक्षा करता है कि वो सामूहिक स्तर पर शरणार्थियों के मानव अधिकारों के बारे में संवेदनशील होकर भूमिका निभाएँ।

यूएनएचसीआर के अनुसार एक शरणार्थी वह व्यक्ति है जिसे उत्पीड़न, युद्ध अथवा हिंसा के चलते अपने देश को छोड़ने के लिए बाध्य हो जाना पड़ता है। एक शरणार्थी वह व्यक्ति है जो अपने देश में प्रजाति, धर्म, राष्ट्रीयता, राजनीतिक मत या किसी एक खास सामाजिक समूह की सदस्यता के चलते उसके मन में विभिन्न स्तरों पर उत्पीड़न का भय मजबूत रूप में विद्यमान होता है। ऐसे लोग विभिन्न कारणों से अपने गृह देश का परित्याग कर उसकी अंतरराष्ट्रीय सीमा के बाहर जाते हैं और किसी अन्य देश में अस्थायी या स्थायी रूप से रहने का प्रयास करते हैं। युद्ध, नृजातीय या जनजातीय और धार्मिक हिंसा भी शरणार्थियों के संकट को बढ़ावा देने के लिए एक जिम्मेदार कारक रहा है। यूएनएचसीआर का कहना है कि विश्व के 67 प्रतिशत रिफ्यूजी केवल 5 देशों से आते हैं। इस रूप में देखा जाए तो संयुक्त राष्ट्र संघ यह मानता है कि वैश्विक स्तर पर शरणार्थियों का दो तिहाई पाँच राज्यों सीरिया, अफगानिस्तान, दक्षिणी सूडान, म्यानमार और सोमालिया से आता है। यदि इन देशों के आंतरिक नीतियों, इनकी सैन्य संरचना और शासन तंत्र की स्थिति को देखें तो यहाँ लोकतांत्रिक रूप से निर्वाचित सरकारों का अभाव रहा है, अधिनायकवाद और तानाशाही को बढ़ावा मिला है, विचार और अभिव्यक्ति की स्वतंत्रता के ऊपर प्रतिबंध लगाए जाते रहे हैं और यहाँ युद्ध, युद्ध अपराध और मानवता के विरुद्ध अपराध जातीय संहार, नृजातीय दमन जैसी घटनाएँ देखने को मिली हैं। इस आधार पर शरणार्थियों की समस्या एक प्रमुख वैश्विक चुनौती बनी हुई है।

हाल के समय में विश्व भर में रोहिंग्या शरणार्थियों की समस्या को एक बड़े मानवीय संकट के रूप में देखा गया है जिसने संयुक्त राष्ट्र संघ और उसके मानवाधिकार अभिकरणों के साथ साथ म्यांमार भारत और बांग्लादेश के संबंधों को भी प्रभावित किया है। उल्लेखनीय है कि रोहिंग्या मुख्य रूप से एक मुस्लिम नृजातीय समुदाय है जो अधिकतर पश्चिमी म्यांमार के रखाइन प्रांत में रहते है। इस प्रांत की राजधानी सितवे है जहाँ भारत ने विशेष आर्थिक क्षेत्र बना रखा है। ये रोहिंग्या वहाँ पर आमतौर पर बोली जाने वाली बर्मीज भाषा की जगह बंगाली भाषा की एक बोली (डाइलेक्ट) बोलते हैं। यद्यपि ये रोहिंग्या म्यांमार में सदियों से रह रहे हैं लेकिन म्यांमार का मानना

है कि ये वो लोग हैं जो म्यांमार में वहाँ के उपनिवेशीय शासन के दौरान प्रवास कर आए थे। इसलिए म्यांमार सरकार ने रोहिंग्या मुसलमान लोगों को अभी तक पूर्ण नागरिकता का दर्जा नहीं दिया है। 1982 का बर्मा नागरिकता कानून कहता है कि एक नृजातीय अल्पसंख्यक समुदाय के रूप में एक रोहिंग्या म्यांमार की नागरिकता पाने योग्य तभी होगा जब महिला या पुरुष रोहिंग्या इस बात का सबूत दे कि उसके पूर्वजों ने म्यांमार में वर्ष 1823 के पहले निवास किया था, अन्यथा उन्हें निवासी विदेशी (रेजिडेंट फॉरेनर) या फिर सहवर्ती नागरिक यानि एसोसिएट सिटीजन माना जाएगा भले ही उनके अभिभावक में से कोई एक म्यांमार के नागरिक हों।

चूँकि रोहिंग्या मुसलमानों को नागरिकता का दर्जा नहीं मिला है इसलिए उन्हें वहाँ बुनियादी सुविधाओं से वंचित रखा गया है। वो म्यांमार की सिविल सेवा के भी अंग नहीं बन सकते, वे भाषायी शोषण के शिकार हैं। एमनेस्टी इंटरनेशनल ने जून, 2019 में अपनी रिपोर्ट में बताया है कि म्यांमार के सैनिकों द्वारा रोहिंग्या महिलाओं का पाशविक बलात्कार किया गया है, वरिष्ठ नागरिकों और बच्चों तक को सैन्य बलों ने नहीं बख्शा है। रखाइन प्रांत में उनके आवाजाही पर भी पाबंदियां लगाई गई हैं।

यातना और अन्य क्रूरता अमानवीय अथवा अपमानजनक व्यवहार या सजा के विरुद्ध संयुक्त राष्ट्र अभिसमय,1984 और भारत पर प्रभाव

10 दिसंबर, 1984 को संयुक्त राष्ट्र महासभा के प्रस्ताव संख्या 39/46 के तहत यातना और अन्य क्रूरता अमानवीय अथवा अपमानजनक व्यवहार या सजा के विरुद्ध संयुक्त राष्ट्र अभिसमय को अंगीकृत किया गया था और इसे हस्ताक्षर और अनुसमर्थन के लिए राष्ट्रों के समक्ष रखा गया। यह अभिसमय 26 जून, 1987 को कार्यशील हुआ और यह यूनाइटेड नेशंस के चार्टर में वर्णित स्वतंत्रता, न्याय और शांति के वैश्विक आदर्शों, लक्ष्यों की प्राप्ति के साथ ही सभी सदस्य देशों के नागरिकों के अपरिहार्य अधिकारों का समर्थन करता है। यह अभिसमय मानव की अंतर्निहित गरिमा के सम्मान पर बल देता है और संयुक्त राष्ट्र संघ के चार्टर के अनुच्छेद 55 के तहत मानवाधिकारों, मौलिक अधिकारों के लिए सार्वभौमिक सम्मान को बढ़ावा देने की वकालत करता है। इस अभिसमय के तहत मानवाधिकारों पर सार्वभौमिक उद्घोषणा, 1948 के अनुच्छेद 5 और सिविल और राजनीतिक अधिकारों पर अंतर्राष्ट्रीय अभिसमय,1966 के अनुच्छेद 7 के प्रावधानों से संगति रखते हुए यह प्रावधान किया गया है कि किसी भी व्यक्ति के साथ यातना, अमानवीय व्यवहार नहीं किया जाएगा और उसे इस रूप में दंडित भी नहीं किया जाएगा। 9 दिसंबर 1975 को संयुक्त राष्ट्र महासभा ने जिस यातना और अन्य क्रूरता, अमानवीय अथवा अपमानजनक व्यवहार या सजा के विरुद्ध संयुक्त राष्ट्र अभिसमय को अंगीकृत

किया था, उसकी उद्घोषणाओं के अनुरूप 1984 के भी संयुक्त राष्ट्र अभिसमय में मानव गरिमा के संरक्षण पर बल दिया गया है।

1984 के अभिसमय में अनुच्छेद 1 के तहत यातना शब्द को परिभाषित करते हुए कहा गया है कि यह ऐसा कृत्य है जो किसी को शारीरिक अथवा मानसिक कष्ट जानबूझकर देने वाला हो। अभिसमय के अनुच्छेद दो में कहा गया है कि प्रत्येक सदस्य राष्ट्र यातना के नियंत्रण के लिए प्रभावी विधायी, प्रशासनिक और न्यायिक उपाय करें और अपने क्षेत्र के अंतर्गत किसी व्यक्ति को यातना क्रूर अथवा अमानवीय आचरण को रोकने का प्रावधान सुनिश्चित करें। अभिसमय यह भी प्रावधान करता है कि चाहे युद्ध की स्थिति हो अथवा युद्ध की संभावना हो, आंतरिक अथवा राजनीतिक अस्थिरता की स्थिति हो, आपातकाल की स्थिति हो, इसके बावजूद भी यातना से बचाव के लिए उपयुक्त उपाय किए जाने चाहिए। अभिसमय का अनुच्छेद 3 और उसके प्रावधान काफी महत्त्वपूर्ण हैं और इसमें कहा गया है कि कोई भी सदस्य राष्ट्र किसी व्यक्ति को अपने यहाँ से किसी दूसरे ऐसे राज्य में वापस भेजने या प्रत्यावर्तन करने अथवा बलपूर्वक भेजने का प्रयास नहीं करेगा जहाँ इस बात की संभावना हो कि उस व्यक्ति के साथ यातना, क्रूर अथवा अमानवीय आचरण किया जाएगा। अनुच्छेद 4 में यह कहा गया है कि प्रत्येक सदस्य राष्ट्र अपने आपराधिक कानूनों में यातना देने वाले सभी कृत्यों को एक अपराध के रूप में सूचीबद्ध करेंगे और उसके लिए प्रावधान सुनिश्चित करेंगे। यदि कोई व्यक्ति किसी दूसरे व्यक्ति के खिलाफ यातना करने का प्रयास करता है तो उसे भी यातना निवारक कानूनों के तहत दंडनीय बनाया जाना आवश्यक है। अंतर्राष्ट्रीय स्तर पर यातना, क्रूर और अमानवीय व्यवहार के खिलाफ शिक्षा और सूचना के प्रसार के लिए सदस्य राष्ट्रों को जिम्मेदारी इस अभिसमय के अनुच्छेद 10 के तहत दी गई है और इसमें इस बात की अपेक्षा की गई है कि विधिप्रवर्तनकारी निकायों और उनके अधिकारियों, सिविल और सैन्य अधिकारियों, चिकित्सकीय कर्मचारियों और अधिकारियों, लोक सेवकों को इन मामलों में प्रशिक्षण देने की आवश्यकता है ताकि हिरासत अथवा निवारक नजरबंदी की स्थिति में किसी व्यक्ति के साथ उसके मानवाधिकारों का उल्लंघन करते हुए यातना और क्रूर अमानवीय आचरण न किया जा सके। अभिसमय के अनुच्छेद 14 में एक महत्त्वपूर्ण प्रावधान करते हुए कहा गया है कि एक प्रत्येक पक्षकार राज्य को अपनी विधिक प्रणाली में इस बात को सुनिश्चित करना चाहिए कि यातना के क्रूर और अमानवीय आचरण के शिकार लोगों की शिकायतों का निवारण हो और उन्हें निष्पक्ष और पर्याप्त क्षतिपूर्ति प्रदान की जाए और यथासंभव पुनर्वास के लिए भी प्रावधान किया जाना चाहिए। यदि किसी भुक्तभोगी की ऐसे कृत्यों से मृत्यु हो जाती है तो उस पर आश्रित लोगों को भी क्षतिपूर्ति दी जानी चाहिए।

इस अभिसमय के 161 राज्य पक्षकार हैं। वहीं भारत ने इसका अनुसमर्थन नहीं

किया है। खास बात यह है कि पाकिस्तान ने इस पर हस्ताक्षर और अनुसमर्थन दोनों कर रखा है। भारत ने 14 अक्टूबर, 1997 में इस अभिसमय पर हस्ताक्षर किया था। लेकिन अंतर्राष्ट्रीय स्तर पर भारत पर कई बार दवाब भी बनाया गया कि वह इस अभिसमय का अनुसमर्थन करे। 2017 में भारत के विधि आयोग ने अपनी 273 वीं रिपोर्ट में इस अभिसमय पर भारत द्वारा अनुसमर्थन की सिफारिश की थी और इस दिशा में संयुक्त राष्ट्र संघ के प्रावधानों के क्रियान्वयन और राष्ट्रीय कानून के लिए भी सिफारिश की थी। भारत सरकार ने 2017 में संयुक्त राष्ट्र संघ के प्रावधानों के अनुपालन के क्रम में यातना निवारण विधेयक तैयार किया था।

बाल अधिकारों पर संयुक्त राष्ट्र अभिसमय, 1989 और भारत के हित

बाल अधिकारिता का संरक्षण मूल अधिकारों, मानवाधिकारों, मानव गरिमा के संरक्षण, मानव पूँजी के निर्माण की दृष्टि से अत्यंत आवश्यक है। इसी भावना को ध्यान में रखकर 20 नवंबर, 1989 को संयुक्त राष्ट्र महासभा के प्रस्ताव संख्या 44/25 के तहत इस अभिसमय को अंगीकृत किया गया और इसे विश्व के राष्ट्रों के समक्ष हस्ताक्षर और अनुसमर्थन के लिए प्रस्तुत किया गया था। इसमें संयुक्त राष्ट्र संघ के चार्टर के अनुरूप विश्व में स्वतंत्रता, न्याय और शांति की नींव रखने के लिए बाल अधिकारिता को सुनिश्चित करने पर बल दिया गया है। इसके अलावा इसमें मानवाधिकारों पर सार्वभौमिक उद्घोषणा, 1948 और मानवाधिकारों पर अंतर्राष्ट्रीय अभिसमयों के तहत सभी लोगों के अधिकारों और स्वतंत्रता जिसमें बच्चों के अधिकार भी शामिल हैं, को सुरक्षित करने की बात की गई है और इस मामले में प्रजाति, रंग, धर्म, भाषा आदि आधारों पर किसी प्रकार का भेदभाव न करने का आवाहन किया गया है।

1924 के बाल अधिकारों पर जिनेवा उद्घोषणा और 20 नवंबर 1959 को बाल अधिकारों पर संयुक्त राष्ट्र महासभा द्वारा अंगीकृत उद्घोषणा में वर्णित बच्चों के अधिकारों को सुरक्षित करने की बात की गई है। इसके अलावा सिविल और राजनीतिक अधिकारों पर अंतर्राष्ट्रीय अभिसमय के अनुच्छेद 23 और 24 के तहत और आर्थिक सामाजिक और सांस्कृतिक अधिकारों पर अंतर्राष्ट्रीय अभिसमय के अनुच्छेद 10 के तहत बच्चों के विशेष अधिकारों और कल्याण के लिए आवश्यक कार्य किए जाने पर बल दिया गया है। यह अभिसमय बीजिंग रूल्स के क्रियान्वयन पर बल देता है जो कि किशोर न्याय के मुद्दों के प्रशासन हेतु संयुक्त राष्ट्र संघ के मानकों से संबंधित है। इसी आधार पर अभिसमय के अनुच्छेद 1 में पक्षकार राष्ट्रों को बाल अधिकारिता की दिशा में कार्य करने के लिए सर्वप्रथम बालक की परिभाषा दी गई है। अनुच्छेद 1 के अनुसार 18 वर्ष से कम आयु के प्रत्येक मनुष्य

को एक बालक के रूप में परिभाषित किया गया है। इस अनुच्छेद के तहत प्रावधान किया गया है कि राज्य पक्षकार बच्चों के और उनके अभिभावकों अथवा वैधानिक अभिभावकों के जाति, भाषा, धर्म, रंग, लिंग और राजनीतिक अथवा किसी अन्य मत, राष्ट्रीय, नृजातीय अथवा सामाजिक उद्‌भव, संपदा विकलांगता या किसी अन्य स्थिति के आधार पर बिना किसी भेदभाव के बाल अधिकार को सुनिश्चित करने का प्रयास करेंगे। इस अभिसमय में कहा गया है कि राज्य पक्षकार बच्चों के खिलाफ होने वाले हर प्रकार के भेदभाव से उन्हें संरक्षित करने के लिए उपाय करेंगे और बाल अधिकारिता का उल्लंघन करने वाले जिम्मेदार लोगों को इसके लिए दंडित भी करेंगे। अनुच्छेद 3 में प्रावधान है कि पब्लिक और प्राइवेट सामाजिक कल्याण संस्थान, कोर्ट ऑफ लॉ, प्रशासनिक अधिकारियों, विधायी निकायों के द्वारा बच्चों के हितों पर प्राथमिक रूप से ध्यान दिया जाएगा। राज्य पक्षकार बच्चों को इस प्रकार से संरक्षण प्रदान करेंगे ताकि उनका कल्याण सुनिश्चित हो सके। अनुच्छेद 4 में यह प्रावधान किया गया है कि राज्य पक्षकार वह सभी उपयुक्त विधायी, प्रशासनिक और अन्य उपाय अपनाएँगे जिससे भविष्य में भी बाल अधिकारों को सुनिश्चित किया जा सके। यह अभिसमय बालकों के अधिकारों और कर्तव्यों के प्रति सम्मान को बढ़ाने की बात करता है। अनुच्छेद 6 में राज्य पक्षकारों को निर्देशित किया गया है कि वे जीवन के अधिकार को प्रत्येक बच्चे के अंतर्निहित अथवा अभिन्न अधिकार के रूप में मान्यता प्रदान करें।

अनुच्छेद 6 में ही यह प्रावधान भी है कि राज्य पक्षकार बच्चों के उत्तरजीविता और उनके विकास के लिए अधिकतम संभव उपाय को सुनिश्चित करेंगे। यहाँ यह जानना महत्त्वपूर्ण है कि विश्व भर में अलग-अलग प्रकार के युद्ध, सिविल युद्ध अथवा गृह युद्ध हो रहे हैं। म्यांमार में रोहिंग्या समस्या, सीरिया में शरणार्थियों की समस्या, ईरान, इराक और अफ़ग़ानिस्तान के आंतरिक उपद्रव, अफ्रीकन देशों में होने वाली नृजातीय समस्याओं में बाल अधिकारों का उल्लंघन होता है और बालकों के अस्तित्व पर खतरा बना रहता है तो बालकों के उत्तरजीविता को सुरक्षित करने और उनके बहुआयामी विकास को भी सुनिश्चित करने के लिए सभी सदस्य राष्ट्रों को उपयुक्त प्रयास करने के लिए निर्देशित किया गया है और उनसे अपेक्षा भी की गई है।

इस अभिसमय के अनुच्छेद 7 में कहा गया है कि किसी भी बच्चे के जन्म लेने के तुरंत बाद उसका नाम और एक राष्ट्रीयता प्राप्त करने का अधिकार होगा। राज्य पक्षकार इन सभी अधिकारों को अपने राष्ट्रीय कानूनों और अन्य अंतर्राष्ट्रीय कानूनों के तहत दिए गए दायित्वों के अंतर्गत सुरक्षित करेंगे। इस अभिसमय का अनुच्छेद 8 कहता है कि राज्य पक्षकार बच्चों के अस्मिता अथवा पहचान के अधिकार के सम्मान के लिए कदम उठाएँगे और उनकी राष्ट्रीयता, नाम और पारिवारिक संबंधों

में किसी प्रकार के अवैधानिक हस्तक्षेप के बिना उसकी पहचान को मान्यता दी जाएगी। जहाँ कहीं भी एक बच्चे को अवैधानिक रूप से उसकी पहचान से वंचित किया गया है, वहाँ राज्य पक्षकार उसके संरक्षण के लिए उपयुक्त कदम उठाएँगे और उसे पुनः पहचान देने के लिए तत्पर होंगे। इस अभिसमय का अनुच्छेद 9 राज्य पक्षकारों को निर्देशित करता है कि एक बालक अपने माता-पिता तथा अभिभावकों से अनुचित तरीके से पृथक नहीं किया जा सकता और इसके लिए विधिक संरक्षण और न्यायिक पुनरावलोकन आदि को सुनिश्चित किया जाएगा। अनुच्छेद 11 में प्रावधान किया गया है कि राज्य पक्षकार किसी बच्चे के किसी दूसरे देश में अवैध हस्तांतरण या वहाँ भेजने और उस बच्चे के पुनर्वापसी से संबंधित मामलों के संबंध में उचित कदम उठाएँगे। राज्य पक्षकार इसके लिए विभिन्न देशों के साथ द्विपक्षीय और बहुपक्षीय समझौतों के ज़रिये बाल अधिकारिता को बढ़ावा देंगे। अनुच्छेद 12 बालकों के मत निर्माण के अधिकार को मान्यता देता है। बच्चे यदि अपने विचारों को अभिव्यक्त कर सकते हैं तो उसमें किसी अन्य प्रकार का हस्तक्षेप नहीं किया जाना चाहिए। अनुच्छेद 13 प्रत्येक बालक को विचार और अभिव्यक्ति की स्वतंत्रता का अधिकार प्रदान करता है। इस अधिकार के तहत बच्चों को किसी सूचना को प्राप्त करने, सूचना को माँगने, अपने विचारों का निर्माण आदि का अधिकार दिया गया है। इन अधिकारों पर कुछ युक्तियुक्त निर्बंधन भी लगाए गए हैं।

अनुच्छेद 14 राज्य पक्षकारों को बच्चों के धार्मिक और अंत:करण से संबंधित अधिकारों को सुरक्षित करने का और उनके प्रति सम्मान को सुनिश्चित करने का निर्देश देता है। अनुच्छेद 15 बच्चों के लिए शांतिपूर्ण सभाओं के अधिकार तथा स्वतंत्रता तथा संघ की स्वतंत्रता का प्रावधान करता है। अनुच्छेद 16 कहता है कि किसी भी बच्चे के निजी जीवन अथवा निजता में अवैधानिक हस्तक्षेप या मनमाने तरीके से हस्तक्षेप नहीं किया जा सकता। उसके पारिवारिक और गृह संबंधी मामलों में भी अनावश्यक हस्तक्षेप नहीं किया जा सकता और इसके प्रति सम्मान बढ़ाने पर बल दिया गया है। यदि बालकों के इस अधिकार के खिलाफ कार्यवाही की जाती है तो बच्चों के पास इस से संरक्षण का अधिकार होगा। अनुच्छेद 17 बाल अधिकारिता के लिए मास मीडिया की भूमिका को बढ़ावा देता है और प्रावधान करता है कि बच्चों को उचित सूचना मिल सके। राष्ट्रीय और अंतर्राष्ट्रीय स्रोतों से विविधतापूर्ण सूचनाएँ बालकों को प्राप्त हो सके ताकि उनका सामाजिक, आध्यात्मिक और नैतिक कल्याण और उनका शारीरिक और मानसिक स्वास्थ्य बेहतर तरीके से सुनिश्चित हो सके। अभिसमय का अनुच्छेद 19 राज्य पक्षकारों को निर्देशित करता है कि बच्चों के प्रति किए जाने वाले सभी प्रकार के शारीरिक और मानसिक हिंसा, क्षति, दुरुपयोग, उनकी उपेक्षा या उपेक्षित व्यवहार, शोषण, यौन शोषण इत्यादि से संरक्षण के लिए उचित विधायी, प्रशासनिक, सामाजिक और शैक्षणिक उपाय किए

जाएँगे। इस अभिसमय का अनुच्छेद 20 यह प्रावधान करता है कि यदि कोई बालक अस्थायी रूप से या स्थायी रूप से अपने पारिवारिक वातावरण से दूर हो गया है या वंचित हो गया है तो उसके सर्वोत्तम हितों की सुरक्षा के लिए उसे ऐसा पर्यावरण राज्य पक्षकार प्रदान करेंगे ताकि उसका विकास बाधित न हो। बच्चों को राष्ट्रीय कानूनों के तहत वैकल्पिक देखभाल उस स्थिति में राज्य पक्षकार प्रदान करेंगे।

अनुच्छेद 22 में प्रावधान किया गया है कि राज्य पक्षकार ऐसे प्रत्येक बालक जो शरणार्थी की प्रास्थिति की तलाश में हैं या जिन्हें एक शरणार्थी के रूप में समझा जा सकता है,उनके अधिकारों को सुरक्षित करने के लिए अंतर्राष्ट्रीय और घरेलू कानूनों के अनुरूप उपयुक्त कदम उठाएँगे। इसमें संयुक्त राष्ट्र संघ के साथ-साथ अंतर सरकारी संगठनों एवं गैर सरकारी संगठनों का भी सहयोग लिया जाएगा। इसके साथ ही शारीरिक और मानसिक रूप से विकलांग बच्चों के अधिकारों को भी सुनिश्चित करने का प्रावधान अनुच्छेद 23 में किया गया है और समाज और समुदाय में बच्चों के सक्रिय सहभागिता को बढ़ावा देने, उन्हें आत्मनिर्भर बनाने और उनकी गरिमा के संरक्षण के लिए उपयुक्त दशाओं के निर्माण पर भी बल दिया गया है। विकलांग बच्चों के लिए विशेष देखभाल को उनेके अधिकार के रूप में मान्यता देने की बात की गई है। इस अभिसमय के अनुच्छेद 24 के तहत बाल मृत्यु दर में कमी करने, बच्चों को आवश्यक चिकित्सकीय सहायता, सभी बच्चों को स्वास्थ्य संबंधी सुविधाएँ और प्राथमिक स्वास्थ्य देखभाल केंद्रों के विकास पर अनुच्छेद 24 के तहत बल दिया गया है। बच्चों में विभिन्न बीमारियों, कुपोषण आदि को दूर करने और उपयुक्त पोषक आहार, स्वच्छ पेयजल प्रदान करने और पर्यावरणीय प्रदूषण के खतरों से उन्हें बचाने पर भी बल दिया गया है। इसमें बच्चों के जन्म पूर्व अथवा प्रसव पूर्व और प्रसव पश्चात स्वास्थ्य देखभाल और माताओं की भी देखभाल के लिए उपयुक्त अधिकारों को सुनिश्चित करने की बात की गई है।

संयुक्त राष्ट्र का बाल अधिकार संरक्षण अभिसमय एक महत्त्वपूर्ण वैश्विक प्रयास है जिसके ज़रिये बाल अधिकारिता संरक्षण को एक वैश्विक आंदोलन बनाने के विचार के साथ महत्त्वपूर्ण प्रावधान किए गए हैं। इस अभिसमय में सदस्य देशों के बच्चों को सभी प्रकार की यातनाओं, आर्थिक शोषण और मादक द्रव्य पदार्थों के अवैध उपयोग से रक्षा करने के लिए प्रभावी कदम उठाने पर बल दिया गया है। सदस्य देशों में होने वाले कई प्रकार के सशस्त्र विद्रोह में बच्चों के अधिकारों के संरक्षण पर विशेष ध्यान केंद्रित करने की बात भी की गई है। मानवतावादी आधार पर शरणार्थी और विकलांग बच्चों के अधिकारों के संरक्षण के लिए इसमें विशेष प्रावधान किए गए हैं। इसी क्रम में 12 जनवरी 2002 को बाल अधिकार संरक्षण को मज़बूती देने के उद्देश्य से सशस्त्र युद्ध में बच्चों की संलग्नता से संबंधित अभिसमय पर वैकल्पिक प्रोटोकॉल कार्यशील हुआ। यह प्रोटोकॉल सदस्य देशों में

होने वाले विद्रोही आंदोलनों में बच्चों को युद्ध में सम्मिलित न करने के लिए आवाहन करता है। बाल सैनिकों की विविध प्रकार की समस्याएँ रही हैं। खासकर अफ्रीकी देशों में सिविल युद्ध और नृजातीय युद्ध में बाल सैनिकों को लगाने के प्रयास किए गए हैं। वर्तमान में विश्व में 18 वर्ष से कम आयु के 3 लाख से भी अधिक ऐसे बच्चे हैं जिन्हें सैनिकों, शिविर श्रमिकों एवं गुलामों तथा तस्करों के रूप में कार्य करना पड़ रहा है। बच्चों का सैनिकों के रूप में उपयोग करना क्रूर और अमानवीय कृत्यों में से एक है और विश्व के कई देशों में इस तरीके की कार्यवाही की जा रही है। इसलिए इस अभिसमय में समय-समय पर जरूरी प्रोटोकॉल के ज़रिये ऐसी समस्याओं के निदान के लिए भी कार्यवाही की गई है। 18 जनवरी 2002 को एक अन्य प्रोटोकॉल कार्यशील हुआ जो बाल वेश्यावृत्ति, अश्लील साहित्य और बाल दासता को प्रतिबंधित करता है। उल्लेखनीय है कि यूनिसेफ के अनुसार विश्व में प्रत्येक वर्ष लगभग 10 लाख बच्चे, जिनमें अधिकांश लड़कियाँ हैं उन्हें बिलियन डॉलर के व्यवसायिक कारोबार में शामिल किया जाता है। इन बच्चों को प्राय: शिक्षा और नौकरी के प्रलोभन दिए जाते हैं और उन्हें यौन व्यापार में लगाया जाता है।

इसीलिए इस अभिसमय में 10 स्वतंत्र सदस्यों वाली एक बाल अधिकार समिति के गठन का भी प्रावधान किया गया है। इस समिति का चुनाव वर्ष 1991 में हुआ था। यह समिति इस अभिसमय में उल्लिखित बाल अधिकारों को प्रभावशाली बनाने की दिशा में उठाए गए कदमों और उन अधिकारों का उपभोग करने की दिशा में हुई प्रगति के संबंध में सदस्य देशों द्वारा जारी की गई रिपोर्टों की समीक्षा करने का कार्य करती है। इस समिति ने सदस्य देशों की रिपोर्टों के संबंध में अनेक दिशानिर्देश बनाए हैं। कुल मिलाकर संयुक्त राष्ट्र संघ के इस महत्त्वपूर्ण अभिसमय में 54 ऐसे अनुच्छेद हैं जो बाल अधिकारिता के संरक्षण के लिए प्रतिबद्ध हैं, जिनमें मुख्य रूप से बालकों के जीवन के अधिकार, राष्ट्रीयता और नाम पाने का अधिकार, अभिव्यक्ति की स्वतंत्रता का अधिकार, विवेक और धर्म का अधिकार, गोपनीयता, परिवार, घर या पत्राचार में गैरकानूनी और निरंकुश हस्तक्षेप से सुरक्षा पाने का अधिकार तथा उच्चतम स्वास्थ्य स्तर का उपभोग करने का अधिकार दिया गया है।

वर्ष 1991 में भारत ने वैश्विक अर्थव्यवस्था में एक एथिकल श्रम बाज़ार के रूप में अपनी पहचान बनाने का निर्णय किया और वर्ष 1992 में भारत ने संयुक्त राष्ट्र बाल अधिकार अभिसमय का अनुसमर्थन किया और इसके प्रावधानों को अपने राष्ट्रीय कानूनों में सम्मिलित करने का निर्णय किया। भारतीय संविधान के अनुच्छेद 23 और 24 में भी विशेषकर बाल अधिकार संरक्षण के प्रावधान किए गए हैं। इसी क्रम में भारत ने यूएन अभिसमय के प्रावधानों के अनुपालन में वर्ष 2000 में किशोर अपराधियों को न्याय देने से संबंधित अधिनियम पारित किया था। यह विवाद का विषय रहा है कि 18 वर्ष से कम आयु के किशोर अपराधियों को

मृत्युदंड दिया जाए अथवा नहीं। 18 वर्ष से कम आयु के बालकों को वयस्क के रूप में न माने जाने की सिफारिश संयुक्त राष्ट्र करता है। भारत ने भी इसी दृष्टिकोण के आधार पर 18 वर्ष से कम आयु के बाल अपराधियों को कठोर दंड के बजाय उनके सुधार पर अधिक बल दिया है लेकिन हाल के समय में बाल अपराधियों द्वारा महिलाओं, किशोरियों के खिलाफ किए जाने वाले जघन्यतम अपराधों और उनकी हिंसक प्रकृति को देखते हुए भारत ने अपने राष्ट्रीय कानून में बदलाव करते हुए कठोर दंड और कुछ विशेष स्थितियों में मृत्यु दंड देने का भी प्रावधान किया है। भारत वैसे तो संयुक्त राष्ट्र के चार्टर और अभिसमय का अनुसरण करता रहा है लेकिन बाल अपराधियों के खिलाफ कठोर कार्रवाई के लिए जनमत के दबाव के चलते उसे अपनी नीति में परिवर्तन भी करना पड़ा है।

भारत में नक्सलियों और माओवादियों तथा उत्तर पूर्वी भारतीय राज्यों में सक्रिय विप्लवकारी समूहों के द्वारा बाल सैनिकों की भर्ती और उन्हें हिंसक गतिविधियों में लगाने की रिपोर्ट कई अवसरों पर मिली है। यह बाल अधिकारों के संरक्षण पर एक चुनौती के रूप में वैश्विक मानवाधिकार संगठनों के द्वारा देखा गया है। एशियन सेंटर फॉर ह्यूमन राइट्स ने वर्ष 2013 की रिपोर्ट में स्पष्ट किया था कि भारत में जम्मू कश्मीर और उत्तर पूर्वी भारतीय राज्यों में कम से कम 3000 बाल सैनिकों को हिंसक गतिविधियों को संपन्न करने के उद्देश्य से भर्ती किया जा चुका है। भारत ने इस आरोप को अस्वीकार करते हुए कहा था कि भारत में ऐसा कोई निश्चित आतंकी या विप्लवकारी समूह नहीं है जो बालकों को सैन्य अभियान के लिए भर्ती करता हो। बाल अधिकारों पर संयुक्त राष्ट्र की समिति के समक्ष अपनी रिपोर्ट प्रस्तुत कर भारत ने यह मत दिया था। 5 नवंबर 2004 को भारत ने सशस्त्र संघर्षों में बालकों की संलग्नता पर वैकल्पिक प्रोटोकॉल पर हस्ताक्षर किया था और 30 नवंबर 2005 को इसका अनुसमर्थन भी कर दिया था। इसके बावजूद 2005 के बाद से छत्तीसगढ़ जैसे नक्सल प्रभावित क्षेत्रों में बाल सैनिकों की भर्ती के आरोप मानवाधिकार संगठनों ने भारत पर लगाए हैं। इसी दृष्टिकोण के साथ भारत पर संयुक्त राष्ट्र अभिसमय के उल्लंघन का भी आरोप लगाया गया।

वाणिज्य दूतावास (कॉन्स्युलर) संबंधों पर विएना अभिसमय, 1963 और भारत की संबद्धता

4 मार्च से 22 अप्रैल 1963 के दौरान ऑस्ट्रिया के राजधानी वियना में वाणिज्य दूतावास के संबंधों पर संयुक्त राष्ट्र सम्मेलन का आयोजन किया गया था और इस सम्मेलन के समापन पर 22 अप्रैल 1963 को कॉन्स्युलर रिलेशंस पर वियना अभिसमय को अंगीकृत किया गया था। इस कॉन्फ्रेंस में राष्ट्रीयता के अधिग्रहण से

संबंधित अतिरिक्त प्रोटोकॉल भी अंगीकृत किया गया था तथा विवादों के अनिवार्य समाधान के लिए भी वैकल्पिक प्रोटोकॉल को अंगीकृत किया गया। इस अभिसमय ने 19 मार्च, 1967 से कार्य करना शुरू कर दिया। इसमें 180 राज्य पक्षकार हैं जिन्होंने इस पर हस्ताक्षर कर रखे हैं। भारत 28 नवंबर, 1977 को इस अभिसमय में शामिल हुआ और पक्षकार बना, जबकि पाकिस्तान 1969 से ही इसका पक्षकार है लेकिन भारत ने न ही इस पर हस्ताक्षर किया है और न ही इसका अनुसमर्थन। केवल भारत का एक्सेशन इसमें 1977 में हुआ था।

इस अभिसमय में माना गया है कि लोगों के मध्य कॉन्स्युलर संबंध प्राचीन काल से ही विद्यमान रहे हैं और आधुनिक समय में विभिन्न राष्ट्रों के मध्य मित्रता पूर्ण संबंधों को बढ़ावा देने, राष्ट्रों की समान संप्रभुता और अंतर्राष्ट्रीय शांति और सुरक्षा को बढ़ावा देने के यूनाइटेड नेशंस के चार्टर के उद्देश्यों के अनुरूप कॉन्स्युलर संबंधों पर अभिसमय आवश्यक है। यह अभिसमय राष्ट्रों के मध्य कूटनीतिक संबंधों में पारदर्शिता रखने का उपकरण है। कॉन्स्युलर संबंधों, उन्मुक्तियों और विशेष अधिकारों पर अभिसमय होने के चलते राष्ट्रों के मध्य सहयोग को भी बढ़ावा मिलता है। राष्ट्रों के काउंसिल पदों पर आसीन व्यक्तियों जैसे कॉन्स्युलेट जनरल, कॉन्स्युलेट, वाइस कॉन्स्युलेट अथवा कन्स्युलेट एजेंसियों को अपनी भूमिका को सुचारू रूप से निभाने के लिए यह अभिसमय अपनाया जाना आवश्यक था। इस अभिसमय के अनुच्छेद 1 में कॉन्स्युलर रिलेशंस को स्थापित करने के बारे में प्रावधान किया गया है। यह अनुच्छेद कहता है कि राष्ट्रों की आपसी सहमति से ही राष्ट्रों के मध्य कॉन्स्युलेट संबंध स्थापित हो सकेगा। दो राष्ट्रों के मध्य कूटनीतिक संबंधों को बनाने के लिए दी गई सहमति का आशय कॉन्स्युलर संबंध बनाने के लिए भी दी गई सहमति से है। कूटनीतिक संबंधों के विच्छेद से कॉन्स्युलर संबंधों का स्वत: विच्छेद नहीं हो जाएगा। ऐसा अनुच्छेद 2 में बताया गया है। इस विषय में स्पष्ट किया गया है कि किसी देश के कॉन्स्युलर कार्यों को कॉन्स्युलर पदों पर आसीन व्यक्ति ही संपन्न करेंगे लेकिन इसके साथ ही डिप्लोमेटिक मिशन के द्वारा भी इन कार्यों को संपन्न किया जा सकता है या इस तरीके की शक्ति का इस्तेमाल किया जा सकता है। ऐसा प्रावधान अनुच्छेद 3 में किया गया है। अनुच्छेद 4 कॉन्स्युलेट पोस्ट के गठन का प्रावधान करता है।

इस अभिसमय के अनुच्छेद 5 में कॉन्स्युलर कार्यों के बारे में बताया गया है। कॉन्स्युलर पदों पर आसीन व्यक्तियों के कार्यों में प्रमुख रूप से निम्नलिखित कार्य शामिल हैं—

जिस देश में कॉन्स्युलेट ऑफिस का गठन किया गया है, वहाँ ऑफिस गठित करने वाले देश और उनके नागरिकों के हितों की सुरक्षा करना प्रमुख कार्य है। इसमें व्यक्तियों और कॉरपोरेट निकायों के अधिकारों की सुरक्षा भी शामिल है।

किसी दूसरे देश में कॉन्स्युलेट ऑफिस और अधिकारियों के ज़रिये कॉन्स्युलेट भेजने वाले देश और प्राप्तकर्ता देश के वाणिज्यिक, आर्थिक और वैज्ञानिक संबंधों और उनके मध्य मित्रवत संबंधों के विकास को अधिक मज़बूती देना दूसरा प्रमुख कार्य है।

इसके अलावा कॉन्स्युलर मिशन के प्राप्तकर्ता देश में वाणिज्यिक, आर्थिक, सांस्कृतिक और वैज्ञानिक जीवन के विकास और दशाओं को सुनिश्चित करना और कॉन्स्युलर मिशन को भेजने वाले देश को रिपोर्ट देना और जिन व्यक्तियों के इनसे हित जुड़े हों, उन्हें सूचनाएँ प्रदान करना।

इस अभिसमय में कॉन्स्युलर मिशन को भेजने वाले देश के नागरिकों के लिए पासपोर्ट, यात्रा दस्तावेज जारी करना और ऐसे व्यक्ति जो उस देश में जाने की इच्छा करते हों जहाँ से उनके देश में कॉन्स्युलर ऑफिस खोला गया है, ऐसे नागरिकों के लिए वीजा और उपयुक्त दस्तावेज जारी करना। कॉन्स्युलर मिशन को भेजने वाले देश के नागरिकों और कॉरपोरेट निकायों को मदद देना भी कॉन्स्युलर पदों पर आसीन व्यक्तियों की जिम्मेदारी है।

कॉन्स्युलर मिशन भेजने वाले देश के जहाज, एयरक्राफ्ट और उसके यात्रियों की निगरानी और परीक्षण का कार्य भी कॉन्स्युलर कार्य में शामिल है। समुद्री जहाजी यात्राओं के दौरान घटने वाली घटनाओं की जाँच-पड़ताल और विवादों के समाधान का कार्य भी कॉन्स्युलर क्षेत्राधिकार में आता है।

इस अभिसमय के अनुच्छेद 35 में संचार की स्वतंत्रता का प्रावधान किया गया है, इसमें कहा गया है कि जिस देश में कॉन्स्युलर ऑफिस का गठन किया गया हो अथवा जहाँ कोई दूसरा देश काउंसिल मिशन चला रहा हो तो जिस देश में काउंसलर ऑफिस है वह कॉन्स्युलर पोस्ट के संबंध में सभी आधिकारिक उद्देश्यों के लिए संचार की स्वतंत्रता की रक्षा करेगा और उसे अनुमति देगा। कॉन्स्युलर बैगों, कॉन्स्युलर कूरियर और वायरलेस ट्रांसमीटर के ज़रिये कॉन्स्युलर पोस्ट पर आसीन व्यक्तियों द्वारा संचार सुविधा को सुनिश्चित किया जाएगा।

इस अभिसमय के अनुच्छेद 36 में अति महत्त्वपूर्ण प्रावधान किया गया है। वियना संधि के तहत अगर किसी व्यक्ति को गिरफ्तार किया जाता है, तो दोनों देशों में उसे राजनियक नियमों के तहत मदद मिलेगी, इसका उल्लेख अनुच्छेद 36 में किया गया है। दूसरे देश में किसी नागरिक की गिरफ्तारी के बाद उसे अपनी सफाई और कानूनी अधिकार का मौका मिलना चाहिए।

अनुच्छेद 36 के पहले पैराग्राफ में भी इस बात का उल्लेख किया गया है कि इस प्रकार के मामले में इंटरनेशनल कोर्ट में चुनौती दी जा सकती है। जो देश संयुक्त राष्ट्र के सदस्य हैं वे वियना संधि के नियमों का पालन करने के लिए प्रतिबद्ध हैं। किसी देश में किसी दूसरे देश के गिरफ्तार व्यक्ति को कॉन्स्युलर अधिकारियों के

समक्ष कॉन्स्युलर पहुँच देने का प्रावधान इस अभिसमय में किया गया है ताकि वो अपने बचाव के लिए अंतर्राष्ट्रीय नियमों और कानूनों के तहत कॉन्स्युलेट अधिकारी से अपने लिए विधिक विकल्पों के बारे में जान सके।

वियना संधि राजनयिकों को ऐसे अधिकार देता है जिससे कि वह मेजबान देश में बिना किसी भय के अपना काम कर सकें। इसमें देशों के बीच होने वाले विवादों के निपटारे के नियम हैं। इसके तहत युद्ध के समय दूसरे देशों के सैनिकों के साथ बर्बरता नहीं की जा सकती। अभिसमय के मुताबिक राजनयिकों को गिरफ्तार नहीं किया जा सकता और न ही उन्हें किसी तरह की हिरासत में रखा जा सकता है, न तो उन्हें जेल भेजा जा सकता है और न ही उनकी व्यक्तिगत स्वतंत्रता पर कोई रोक लगाई जा सकती है। साथ ही राजनयिक के ऊपर मेज़बान देश में किसी तरह का कस्टम टैक्स भी नहीं लगाया जा सकता है। इस अभिसमय के अनुच्छेद 31 के तहत मेज़बान देश किसी दूतावास में नहीं घुस सकता है तथा उसे दूतावास की सुरक्षा की ज़िम्मेदारी भी उठानी होती है। वहीं अनुच्छेद 36 के तहत अगर किसी विदेशी नागरिक को कोई देश अपनी सीमा के भीतर गिरफ्तार करता है तो संबंधित देश के दूतावास को बिना किसी देरी के तुरंत इसकी सूचना देनी होगी। गिरफ्तार किये गए विदेशी नागरिक के आग्रह पर पुलिस को भी संबंधित दूतावास या राजनयिक को फैक्स करके इसकी सूचना देनी होगी। इस फैक्स में पुलिस को गिरफ्तार व्यक्ति का नाम, गिरफ्तारी की जगह और गिरफ्तारी की वजह भी बतानी होगी। यानी गिरफ्तार विदेशी नागरिक को राजनयिक पहुँच देनी होगी। भारत ने वियना कन्वेंशन के अनुच्छेद 36 के प्रावधानों का हवाला देते हुए जाधव का मामला अंतर्राष्ट्रीय न्यायालय में उठाया था।

17 जुलाई, 2019 को हेग स्थित अंतर्राष्ट्रीय न्यायालय ने कुलभूषण जाधव को पाकिस्तान में मिली मौत की सज़ा पर रोक लगाते हुए पाकिस्तान को एक बार फिर से इस फैसले पर विचार करने को कहा था। मामले की सुनवाई के दौरान न्यायालय ने भी माना कि कुलभूषण जाधव को इतने दिनों तक कानूनी सहायता उपलब्ध नहीं कराना वियना संधि के अनुच्छेद 36 (1B) का उल्लंघन है। अंतर्राष्ट्रीय न्यायालय ने पाकिस्तान को यह आदेश जारी किया है कि वह जाधव को कॉन्स्युलर एक्सेस (भारतीय राजनयिकों से मिलने की इज़ाजत) दे। उल्लेखनीय है कि 2016 में पाकिस्तान ने इस बात का खुलासा किया था कि उसने भारतीय नौसेना के सेवानिवृत्त अधिकारी को जासूसी के मामले में पाकिस्तान के बलूचिस्तान क्षेत्र से गिरफ्तार किया है। इसके पश्चात् भारत ने यह तो स्वीकार किया कि कुलभूषण भारतीय नागरिक हैं लेकिन उनके जासूस होने की बात से इनकार किया था। भारत सरकार ने कुलभूषण को ईरान में कानूनी तरीके से अपना कारोबार चलाने वाला व्यापारी बताया था और उनके अपहरण की आशंका जताई

थी। 25 मार्च, 2016 को पाकिस्तान ने भारतीय प्रशासन को प्रेस रिलीज़ के ज़रिये जाधव की गिरफ़्तारी के बारे में सूचित किया। पाकिस्तान ने एक वीडियो जारी किया जिसमें कुलभूषण को यह कहते हुए दिखाया गया कि वो वर्ष 1991 में भारतीय नौसेना में शामिल हुए थे और वर्ष 2013 से रॉ के लिए काम कर रहे हैं। 30 मार्च, 2016 को भारतीय विदेश मंत्रालय का जवाब आया कि कुलभूषण जाधव को प्रताड़ित किया जा रहा है। 26 अप्रैल 2017 को पाकिस्तान ने जाधव को कॉन्स्युलर एक्सेस का भारत का निवेदन 16वीं बार खारिज कर दिया। 10 अप्रैल, 2017 को पाकिस्तानी सेना के जनसंपर्क विभाग ने एक प्रेस रिलीज़ के ज़रिये सूचित किया कि जाधव को एक सैन्य अदालत ने मौत की सज़ा सुनाई है। कॉन्स्युलर एक्सेस के 16 बार निवेदन ठुकराए जाने के बाद 8 मई, 2017 को भारत ने संयुक्त राष्ट्र में याचिका दाखिल की। भारत ने इसे विएना संधि का उल्लंघन बताया। 9 मई, 2017 को अंतर्राष्ट्रीय न्यायालय ने जाधव की मौत की सज़ा पर सुनवाई पूरी होने तक रोक लगा दी। 17 जुलाई, 2018 को पाकिस्तान के विदेश मंत्रालय ने अपना जवाब अंतर्राष्ट्रीय न्यायालय को सौंपा। 17 अप्रैल, 2018 को ही भारत ने भी दूसरे दौर का जवाब अंतर्राष्ट्रीय न्यायालय को सौंपा।

वियना संधि के अन्तर्गत एक प्रावधान यह भी है कि जासूसी या आतंकवाद आदि जैसे राष्ट्रीय सुरक्षा के मामलों में गिरफ्तार किये गए विदेशी नागरिक को राजनयिक पहुँच नहीं भी दी जा सकती है। विशेष रूप से उस स्थिति में जब दो देशों ने इस मामले पर आपस में कोई समझौता किया हो। भारत और पाकिस्तान ने वर्ष 2008 में इसी तरह का एक समझौता किया था और पाकिस्तान जाधव मामले में बार-बार इसका हवाला दे चुका है। इसी समझौते का हवाला देते हुए पाकिस्तान ने जाधव को राजनयिक पहुँच देने से इनकार किया था। इंटरनेशनल कोर्ट ऑफ जस्टिस का निर्णय पाकिस्तान पर कहाँ तक बाध्यकारी है, इसके बारे में भी जानना यहाँ आवश्यक है। संयुक्त राष्ट्र चार्टर के अनुच्छेद 94 के अनुसार, संयुक्त राष्ट्र के सदस्य देश इंटरनेशनल कोर्ट ऑफ जस्टिस के उस फैसले को स्वीकार करेंगे जिसमें वह स्वयं पक्षकार हैं। ऐसी स्थिति में न्यायालय का फैसला अंतिम होगा और इस पर कोई अपील नहीं की जा सकेगी लेकिन यदि निर्णय की किसी पंक्ति या शब्द के अर्थ को लेकर किसी प्रकार की आशंका हो या उसके एक से अधिक अर्थ संभव हों तो संबंधित पक्ष द्वारा न्यायालय के समक्ष उसकी पुन: व्याख्या की अपील की जा सकती है। मामले से संबंधित देशों/देश अंतर्राष्ट्रीय न्यायालय द्वारा दिये गए फैसले को लागू करने के लिए बाध्य हैं, लेकिन ऐसे भी मामले देखे गए हैं जब देशों ने न्यायालय के फैसले को मानने से इनकार किया है। ऐसी स्थिति में भारत संयुक्त राष्ट्र सुरक्षा परिषद से अपील कर सकता है कि वह पाकिस्तान से इस फैसले को लागू करने को कहे।

वैश्विक नाभिकीय नि:शस्त्रीकरण से संबंधित वैश्विक संधियाँ

वैश्विक स्तर पर नाभिकीय नि:शस्त्रीकरण के लिए प्रयास द्वितीय विश्वयुद्ध के बाद प्रारम्भ हो गया था। जापान पर अमरीका के नाभिकीय हमले ने विश्व को इसकी विभीषिका से परिचित करा दिया था। प्रारम्भ में केवल अमरीका के पास ही नाभिकीय हथियार थे, लेकिन 1949 में सोवियत संघ, 1952 में ब्रिटेन, 1954 में फ्रांस और 1964 में चीन ने भी नाभिकीय हथियार का विकास कर लिया। इसके साथ ही विश्व के अधिकांश देशों ने नाभिकीय हथियारों को प्राप्त करने का प्रयास शुरू कर दिया, क्योंकि इन हथियारों को सुरक्षा गारंटी के रूप में देखा जाने लगा था। शक्ति राजनीति से संचालित विश्व में इन हथियारों के प्रयोग की संभावना भी अधिक थी, अत: इन हथियारों को पारस्परिक सुनिश्चित विनाश के हथियार के रूप में देखा जाने लगा। इसी पृष्ठभूमि में संयुक्त राष्ट्र संघ के मंच पर सम्पूर्ण विश्व में शांति और स्थिरता बनाये रखने के लिए परमाणु नि:शस्त्रीकरण की माँग भी तेज़ होने लगी। ऐसे प्रयासों को गति देते हुए 1957 में अंतर्राष्ट्रीय परमाणु ऊर्जा ऐजेंसी का गठन किया गया। उल्लेखनीय है कि अंतर्राष्ट्रीय परमाणु ऊर्जा एजेंसी परमाणु क्षेत्र में वैज्ञानिक और तकनीकी सहयोग के लिए विश्व का केंद्रीय अंतर सरकारी फोरम है। यह परमाणु विज्ञान और प्रौद्योगिकी के सुरक्षित और शांतिपूर्ण उपयोग के लिए काम करता है, जिसके माध्यम से यह अंतर्राष्ट्रीय शांति और सुरक्षा और संयुक्त राष्ट्र के सतत विकास लक्ष्यों में योगदान देता है। इसी क्रम में परमाणु नि:शस्त्रीकरण की दिशा में निम्नलिखित महत्त्वपूर्ण संधियाँ भी सम्पन्न हुईं—

आंशिक परमाणु निरीक्षण निषेध सन्धि

1962 में क्यूबाई मिसाइल संकट के बाद अमरीका और सोवियत संघ ने अपने नाभिकीय हथियारों में कटौती करने का निर्णय लिया था जिसके बाद 5 अगस्त, 1963 को आंशिक परीक्षण प्रतिबंध संधि (पीटीबीटी) जिसको सीमित परीक्षण प्रतिबंध संधि (एलटीबीटी) के रूप में भी जाना जाता है, पर अमरीका, सोवियत संघ और ब्रिटेन द्वारा हस्ताक्षर किया गया था। यह संधि 10 अक्टूबर, 1963 को कार्यशील हो गई थी। यह एक हथियार नियंत्रण समझौता था, जिसका उद्देश्य परमाणु हथियारों के परीक्षण को प्रतिबंधित करना और परमाणु प्रसार को सीमित करना था। इस संधि के तहत वायुमण्डल, जल के भीतर और बाहरी अंतरिक्ष में परमाणु हथियारों के परीक्षण पर रोक लगायी गई थी। हालाँकि यह सन्धि भूमिगत परमाणु परीक्षण विस्फोटों की अनुमति देता था। इसमें शांतिपूर्ण नाभिकीय विस्फोट पर भी प्रतिबंध लगाया गया था। चीन और फ्रांस ने इस पर हस्ताक्षर नहीं किया था

और चीन ने तो संधि होने के अगले वर्ष ही नाभिकीय परीक्षण कर डाला। इसलिए इसे आंशिक नि:शस्त्रीकरण के प्रयास के रूप में माना गया। फ्रांस 1974 तक और चीन 1980 तक नाभिकीय परीक्षण करते रहे।

परमाणु अप्रसार सन्धि, 1968

1 जुलाई, 1968 को परमाणु अप्रसार संधि सम्पन्न हुई तथा मार्च 1970 में यह संधि कार्यशील हो गई थी। इस संधि की मुख्य विशेषताएँ निम्नलिखित थीं—

इसमें यह माना गया कि जिन देशों ने 1 जनवरी, 1967 के पहले नाभिकीय परीक्षण कर लिया है, केवल वही घोषित तौर पर नाभिकीय शक्ति संपन्न राष्ट्र माने जाएँगे और शेष राष्ट्रों को गैर परमाणु शक्ति संपन्न राष्ट्र माना जाएगा। इस प्रकार इस संधि ने नाभिकीय और गैर नाभिकीय राष्ट्रों को परिभाषित और वर्गीकृत करने का काम किया।

इस सन्धि के विश्व के देशों को परमाणु शक्तिसम्पन्न देशों में अमरीका, सोवियत संघ (वर्तमान में रूस), ब्रिटेन, फ्रांस और चीन को शामिल किया गया।

—संधि के प्रावधानों के तहत परमाणु शक्तिसम्पन्न देश किसी अन्य देश को परमाणु हथियारों, तकनीक का हस्तांतरण नहीं करेंगे और न ही उन्हें परमाणु हथियारों के विकास में कोई सहायता देंगे। जिन राष्ट्रों के पास नाभिकीय हथियार नहीं हैं, वे उसे प्राप्त करने की कोशिश नहीं करेंगे।

—संधि के तहत विकासशील देशों को नाभिकीय ऊर्जा के शांतिपूर्ण प्रयोग की अनुमति दी गई।

—गैर परमाणु शक्तिसम्पन्न देशों को नाभिकीय ऊर्जा के शांतिपूर्ण प्रयोग के लिए अंतर्राष्ट्रीय परमाणु ऊर्जा एजेंसी के दिशानिर्देशों का पालन करना होगा।

—एनपीटी के तहत सदस्य देशों को यह अधिकार होगा कि वे अपने संबंधित क्षेत्र में नाभिकीय हथियारों की समाप्ति के लिए क्षेत्रीय सन्धि कर सकते हैं। अत: यह संधि नाभिकीय मुक्त क्षेत्र की अवधारणा को अनुमति देता है। हालाँकि इस संधि के पूर्व ही टोटलको संधि द्वारा लैटिन अमरीका को नाभिकीय मुक्त क्षेत्र घोषित किया था जो विश्व का पहला नाभिकीय शस्त्र मुक्त क्षेत्र था। इस संधि के बाद 1985 में रोराटोंगा संधि द्वारा दक्षिणी प्रशांत क्षेत्र को,1995 में बैंकाक संधि के तहत दक्षिण पूर्वी एशियाई क्षेत्र, 1996 में पेलिंडाबा की संधि से संपूर्ण अफ्रीकी महाद्वीप को और वर्ष 2006 में सेमिपालतिंस्क संधि के ज़रिये मध्य एशिया को नाभिकीय शस्त्र मुक्त क्षेत्र घोषित किया।

व्यापक परमाणु परीक्षण निषेध सन्धि (सीटीबीटी)

इस सन्धि पर 24 सितम्बर 1996 को हस्ताक्षर किया गया था, लेकिन यह अभी तक प्रभाव में नहीं आ सका है। सीटीबीटी के मुख्य प्रावधान निम्नलिखित हैं—

यह संधि सभी प्रकार के परमाणु परीक्षण विस्फोटों पर प्रतिबंध लगाती है। अत: इसके तहत भूमिगत, जल और आकाश में परमाणु परीक्षण प्रतिबंधित किया गया है।

संधि का उल्लंघन रोकने के लिए एक अंतर्राष्ट्रीय सत्यापन प्रणाली स्थापित की जाएगी। अंतर्राष्ट्रीय सत्यापन प्रणाली या किसी विशेष देश की निगरानी (लेकिन जासूसी नहीं) से प्राप्त सूचना के आधार पर कोई भी देश नाभिकीय परीक्षण अथवा विस्फोट की सत्यता स्थापित करने के लिए निरीक्षण का आग्रह कर सकता है। निरीक्षण के आवेदन के लिए 51 सदस्यीय कार्यकारी परिषद के 30 सदस्यों का समर्थन आवश्यक है। सीटीबीटी के प्रावधानों को लागू करने के लिए 1996 में सीटीबीटीओ का गठन किया गया था। इसका मुख्यालय विएना में स्थित है। इसका मुख्य काम नाभिकीय परीक्षण के संबंध में एक ऐसे प्रभावी सत्यापन तंत्र का विकास करना है ताकि नाभिकीय नि:शस्त्रीकरण के लक्ष्य को वास्तविक रूप में प्राप्त किया जा सके। सत्यापन तंत्र को इस रूप में प्रारूपित करने की बात की गई है जिससे हर एक नाभिकीय विस्फोट की पहचान की जा सके। इस संधि में एक व्यापक सत्यापन प्रणाली की बात की गई है।

अंतर्राष्ट्रीय निगरानी प्रणाली

इसके तहत विश्व भर में नाभिकीय विस्फोटों के लक्षणों की निगरानी के लिए 337 संयंत्र लगाने के प्रावधान का प्रस्ताव किया गया है। इसमें से लगभग 90 प्रतिशत संयंत्र कार्यशील अवस्था में हैं। यह निगरानी प्रणाली 4 स्टेट ऑफ द आर्ट प्रौद्योगिकियों का इस्तेमाल कर नाभिकीय परीक्षण की निगरानी करती है :

—सिस्मिक स्टेशन : 50 प्राथमिक और 120 सहायक सिस्मिक स्टेशन पृथ्वी पर शॉक वेव्स की निगरानी करती हैं। इसमें मानव निर्मित विस्फोट (खनन विस्फोट) और उत्तर कोरिया द्वारा किए गए नाभिकीय परीक्षणों की पहचान की गई है।

—हाइड्रोएकाउस्टिक स्टेशन : इस संधि के तहत महासागरों में ध्वनि तरंगों को सुनने अथवा उनकी पहचान के लिए 11 हाइड्रोएकाउस्टिक स्टेशनों का निर्माण किया गया है। उल्लेखनीय है कि विस्फोटों से आने वाली ध्वनि तरंगें सागर के अंदर के जल से काफी दूर तक संचरण कर सकती हैं।

—इन्फ्रासाउंड स्टेशन : इस संधि के तहत ऐसे 60 स्टेशन सतह पर बनाए गए

हैं जो अति निम्न आवृत्ति ध्वनि तरंगों जो बड़े नाभिकीय विस्फोटों द्वारा उत्सर्जित होती हैं, का पता लगा सकती हैं।

—रेडियोन्यूक्लाइड स्टेशन : सीटीबीटीओ के तहत ऐसे 80 स्टेशनों को लगाया गया है जो वायुमंडल से रेडियोएक्टिव तत्वों का मापन कर सकती हैं। इसके साथ ही 16 रेडियोन्यूक्लाइड प्रयोगशालाओं का भी गठन किया गया है। सीटीबीटीओ के मुख्यालय में स्थित इंटरनेशनल डाटा सेंटर वैश्विक निगरानी स्टेशन से डाटा प्राप्त करता है। इन सत्यापन प्रणालियों का ही प्रभाव है कि जब-जब उत्तर कोरिया ने नाभिकीय परीक्षण किया है तो परीक्षण के दो घंटे के भीतर सदस्यों को इसके बारे में जानकारी मिल गई।

संधि में अंतर्राष्ट्रीय डाटा केंद्र के निर्माण की भी व्यवस्था की गई है। वर्तमान में 183 देशों ने इस संधि पर हस्ताक्षर कर दिए हैं, जिनमें से 164 देशों ने इस संधि का अनुसमर्थन भी कर दिया है। इस संधि में यह भी प्रावधान था कि तत्कालीन वे 44 देश, जिनके पास किसी भी रूप में परमाणु हथियार या परमाणु रिएक्टर अनुसंधान की सुविधा है जब वे इस संधि पर हस्ताक्षर करेंगे, तभी यह संधि लागू होगी। सीटीबीटी पृथ्वी पर सभी प्रकार के नाभिकीय विस्फोटों चाहे वे सैन्य मकसद के लिए हों या शांतिपूर्ण मकसद के लिए प्रतिबंधित करता है। इस संधि का अनुच्छेद 2 वियना में एक व्यापक परमाणु परीक्षण प्रतिबंध संधि संगठन के गठन का प्रावधान करता है। सीटीबीटी नाभिकीय बॉम्ब बनाने की सभी संभावनाओं को रोकने की बात करता है। यह नाभिकीय विस्फोटों से होने वाली रेडियोएक्टिविटी से मानवों, पशुओं और पादपों को होने वाले भारी नुकसान के प्रश्न को संबोधित करता है। सीटीबीटीओ के अनुसार वर्ष 1945 से 1996 के बीच 5 नाभिकीय शक्तियों ने 2000 से अधिक नाभिकीय परीक्षण किए हैं। इसमें अमरीका ने 1000 से अधिक, सोवियत संघ ने 700 से अधिक, फ्रांस ने 200 से अधिक और ब्रिटेन तथा चीन में से प्रत्येक ने 45 नाभिकीय परीक्षण सीटीबीटी को हस्ताक्षर के लिए खोले जाने तक किया। सीटीबीटीओ के अनुसार 1996 से तीन देशों ने परमाणु परीक्षण पर अस्थायी प्रतिबंध के नियम का उल्लंघन किया है। भारत और पाकिस्तान ने 1998 में और उत्तर कोरिया ने 2006, 2009, 2013, 2016 में दो बार और 2017 में नाभिकीय परीक्षण किया है जिसे एनपीटी और सीटीबीटी का उल्लंघन माना गया है। इस संधि में यह प्रावधान है कि जब तक 44 नाभिकीय प्रौद्योगिकी क्षमता धारक देश इस संधि पर हस्ताक्षर और इसका अनुसमर्थन (रेटीफिकेशन) नहीं करते, तब तक सीटीबीटी प्रभावी अथवा कार्यशील नहीं होगा। अब तक 8 देशों ने इस संधि का अनुसमर्थन नहीं किया है। इनमें शामिल हैं : भारत, पाकिस्तान, उत्तर कोरिया, चीन, मिस्र, ईरान, इजरायल और अमरीका। भारत, पाकिस्तान और उत्तर कोरिया ने न ही हस्ताक्षर किया है न ही अनुसमर्थन जबकि अन्य शेष 5 राष्ट्रों ने हस्ताक्षर तो किया है पर अनुसमर्थन नहीं किया है।

भारत और नाभिकीय नि:शस्त्रीकरण

भारतीय विदेश नीति में प्रारम्भ से ही शांतिपूर्ण और सहयोगपूर्ण विश्व की स्थापना पर बल दिया गया। एक जिम्मेदार देश के रूप में भारत कभी भी शक्ति राजनीति से संचालित शस्त्र प्रतिस्पर्धा का भाग बनने का इच्छुक नहीं रहा है। यही कारण है कि 1954 में संयुक्त राष्ट्रसंघ के मंच से भारत ने सम्पूर्ण विश्व से नाभिकीय हथियारों के उन्मूलन की माँग की। लेकिन 1962 में चीन द्वारा भारत पर किये गए आक्रमण और 1964 में चीन द्वारा नाभिकीय हथियारों के अर्जन ने भारत की सुरक्षा चिंताओं को बढ़ा दिया। इसी पृष्ठभूमि में 1968 में सम्पन्न हुए नाभिकीय अप्रसार सन्धि को स्वीकार करने के लिए भारत पर दबाव बढ़ा, लेकिन निम्नलिखित कारणों से भारत ने इस सन्धि को भेदभावकारी मानते हुए इस पर गम्भीर आपत्ति व्यक्त की—

* भारत सदैव नाभिकीय नि:शस्त्रीकरण का समर्थक रहा है,जबकि यह सन्धि केवल नाभिकीय अप्रसार से संबंधित थी।
* यह सन्धि भेदभावकारी रूप में विश्व को दो श्रेणियों परमाणु शक्ति सम्पन्न और गैर परमाणु शक्तिसम्पन्न देशों में वर्गीकृत करता है, जहाँ गैर परमाणु शक्तिसम्पन्न देशों की सुरक्षा के सम्बंध में कोई स्पष्ट प्रावधान नहीं था।
* भारत व्यापक और सार्वभौमिक नाभिकीय नि:शस्त्रीकरण का समर्थक रहा है,जबकि यह सन्धि नाभिकीय मुक्त क्षेत्र के रूप में क्षेत्रीय नि:शस्त्रीकरण का ही प्रावधान करता है।

वहीं 1970 के दशक में दक्षिण एशिया में एक नए शक्ति समीकरण का विकास हुआ, जहाँ अमरीका, पाकिस्तान और चीन के मध्य सामरिक गठजोड़ स्थपित हुआ। यह स्थिति भारत की सामरिक चिंताओं को बढ़ा रहा था, क्योंकि चीन और पाकिस्तान के साथ भारत का युद्ध हो चुका था। इन नए घटनाक्रमों को ध्यान में रखते हुए भारत द्वारा 1974 में शांतिपूर्ण नाभिकीय परीक्षण का निर्णय लिया गया। हालाँकि भारत ने नाभिकीय हथियारों का निर्माण नहीं किया,लेकिन नाभिकीय हथियार के विषय में सभी विकल्प खुला रखने की घोषणा की। भारत के इस कदम की वैश्विक स्तर पर व्यापक आलोचना हुई। यहाँ तक कि भारत पर आर्थिक और तकनीकी प्रतिबन्ध भी लगाए गए और भारत पर एनपीटी पर हस्ताक्षर करने का दबाव भी बनाया गया।लेकिन भारत ने अपनी विदेश नीति में कोई परिवर्तन न करते हुए एनपीटी पर हस्ताक्षर नहीं किया। इसके प्रतिक्रियास्वरूप 1974 में नाभिकीय आपूर्तिसमूह का गठन किया गया और भारत को वैश्विक नाभिकीय व्यवस्था से अलग-थलग कर दिया गया। हालाँकि भारत ने इस वैश्विक दबाव के बावजूद भी कोई नीतिगत परिवर्तन नहीं किया। भारत ने परमाणु नि:शस्त्रीकरण के प्रयासों का समर्थन जारी रखा। 1988 में प्रधान मंत्री राजीव गांधी ने संयुक्त राष्ट्र

महासभा के लिए एक परमाणु-हथियार-मुक्त और अहिंसक विश्व व्यवस्था के लिए कार्य योजना प्रस्तुत की। 1990 के दशक में भारत के सामने पुनः गम्भीर सुरक्षा संकट उतपन्न हो रहा था। अमरीका के नेतृत्व में तत्कालीन एकध्रुवीय विश्व में भारत के महत्त्वपूर्ण सामरिक भगीदार सोवियत संघ का विघटन हो चुका था। वहीं 90 के दशक में पाकिस्तान, उत्तर कोरिया जैसे देशों द्वारा नाभिकीय हथियारों को अनधिकृत रूप में अर्जित करने का प्रयास किया जा रहा था। साथ ही चीन के तनावपूर्ण संबंध भी भारत की सुरक्षा चिंताओं को बढ़ा रहे थे। इसी पृष्ठभूमि में 1996 में व्यापक नाभिकीय परीक्षण सन्धि पर भी हस्ताक्षर करने का दवाब भारत पर बढ़ने लगा। लेकिन निम्नलिखित कारणों से भारत इस सन्धि के प्रावधानों से सहमत नहीं था—

इस सन्धि में पूर्ण नि:शस्त्रीकरण का प्रावधान नहीं था,क्योंकि परमाणु शक्तिसम्पन्न देशों के पास विद्यमान नाभिकीय हथियारों के उन्मूलन पर यह सन्धि मौन थी।

भारत सदैव व्यापक,सार्वभौमिक और निश्चित समय में नाभिकीय नि:शस्त्रीकरण का समर्थक रहा है। लेकिन इस सन्धि में पाँच परमाणु हथियार-सम्पन्न देशों द्वारा सभी परमाणु अस्त्रों को नष्ट करने के संबंध में कोई निश्चित समय सीमा निर्धारित नहीं की गई है, जबकि भारत ने दस वर्षीय समय-सीमा का सुझाव दिया था।

भारत संधि में उल्लिखित 'इन्ट्री इन द फोर्स' (Entry into Force) के प्रावधान को राष्ट्रों की संप्रभुता की संकल्पना के विरुद्ध मानता है, क्योंकि इसके अंतर्गत यह कहा गया कि व्यापक परमाणु परीक्षण संधि तभी लागू होगी, जब वे 44 देश इस पर हस्ताक्षर करेंगे जिनके पास परमाणु अनुसंधान की सुविधा है।

भारत के अनुसार, तकनीकी रूप में यह संधि वर्तमान समय में व्यवहारिक नहीं है, क्योंकि विकसित देशों ने कम्प्यूटर सिमुलेशन तकनीक का विकास कर लिया है, जिससे उन्हें परमाणु परीक्षण की आवश्यकता नहीं होगी। इसलिए यह संधि मूलत: विकासशील देशों को परमाणु तकनीक से वंचित करने का प्रयत्न है।

वहीं परमाणु अप्रसार का दायरा अब अधिक व्यापक हो गया है। इसलिए सीटीवीटी पर हस्ताक्षर करने की स्थिति में एमटीसीआर और एफएमसीटी (Fissile Material cut-off treaty) पर हस्ताक्षर करना होगा,जो भारत के सामरिक हितों के प्रतिकूल होगा।

भारत की न्यूक्लियर डॉक्ट्रिन : आयाम और लक्ष्य

राष्ट्रीय हितों की सुरक्षा भारत की विदेश नीति का प्राथमिक लक्ष्य है। नाभिकीय अस्त्र-शस्त्र से युक्त विश्व में आत्म रक्षा के लिए भारत के पास नाभिकीय क्षमता

का होना आवश्यक है। इसलिए भारत ने दो बार नाभिकीय परीक्षण के ज़रिये अपनी नाभिकीय क्षमता का आकलन भी किया और पाकिस्तान एवं चीन समेत अन्य पड़ोसियों को भी संदेश दिया की शांतिप्रिय देश भारत अपने हितों की रक्षा के लिए हर स्तर पर तैयार है। दक्षिण एशिया में पाकिस्तान और चीन की भारत विरोधी मानसिकता देखते हुए भारत ने अपनी नाभिकीय क्षमता को न्यूनतम प्रतिरोधक क्षमता के रूप में बनाए रखने की रणनीति अपनाई है। वर्ष 1998 में पोखरण में अपने दूसरे नाभिकीय परीक्षण के बाद भारत ने उसी वर्ष अपनी पहली नाभिकीय नीति अपनाई जिसमें नाभिकीय शक्ति के प्रथम प्रयोग न करने की बात की गई है।

भारत की नो फर्स्ट यूज पॉलिसी

भारत की परमाणु नीति का मूल सिद्धांत—नाभिकीय शक्ति का पहले उपयोग नहीं है, जो भारत को विश्व के अन्य देशों से अलग बनाता है। इस नीति के अनुसार भारत किसी भी देश पर परमाणु हमला तब तक नहीं करेगा जब तक कि शत्रु देश भारत के ऊपर हमला नहीं कर देता है। भारत अपनी परमाणु नीति को इतना सशक्त रखेगा कि दुश्मन के मन में भय बना रहे। इसके लिए भारत ने न्यूनतम प्रतिरोधक क्षमता अर्जित करने पर बल दिया था।

भारत के न्यूक्लीयर डॉक्ट्रिन में उल्लेख किया गया है कि—

शत्रु राष्ट्र के विरुद्ध नाभिकीय हमले की कार्यवाही करने का अधिकार सिर्फ जनता द्वारा चुने गए प्रतिनिधियों अर्थात देश के राजनीतिक नेतृत्व को ही होगा जबकि नाभिकीय कमांड प्राधिकरण का सहयोग जरूरी होगा।

भारत की परमाणु नीति, 1998 कहती है कि जिन देशों के पास नाभिकीय हथियार नहीं हैं उन देशों के विरुद्ध भारत अपने परमाणु हथियारों का इस्तेमाल नहीं करेगा।

इस नीति में यह स्पष्ट किया गया है कि यदि भारत के विरुद्ध या भारतीय सुरक्षा बलों के विरुद्ध कोई रासायनिक या जैविक हमला होता है तो भारत इसके जवाब में परमाणु हमले का विकल्प खुला रखेगा।

भारत परमाणु मुक्त विश्व बनाने की वैश्विक पहल का समर्थन करता रहेगा तथा भेदभाव मुक्त परमाणु निःशस्त्रीकरण के विचार को आगे बढ़ाएगा।

भारत एक विश्वसनीय न्यूनतम निवारक क्षमता का विकास करेगा और नाभिकीय हमलों को केवल परमाणु कमान प्राधिकरण के माध्यम से नागरिक राजनीतिक नेतृत्व द्वारा ही अधिकृत किया जाएगा।

नाभिकीय शक्ति के पहले 'प्रयोग न करने की नीति' की ऐतिहासिक पृष्ठभूमि शीतयुद्ध के दिनों में निहित है। उस समय यूरोप के भीतर पारंपरिक सैन्य शक्ति में वारसा संधि को बड़ी बढ़त हासिल थी। उस समय नाटो ने सोवियत संघ के आक्रमण

के दौरान पश्चिमी यूरोप को गंभीर खतरा उत्पन्न होने की स्थिति में परमाणु हथियार के पहले इस्तेमाल के विकल्प को खुला रखा था। परंतु सोवियत संघ की सेना, जिसे पारंपरिक लड़ाई में बढ़त हासिल थी, उसने सन 1983 में 'पहले इस्तेमाल न करने की नीति' अपना ली। सोवियत संघ का विभाजन होने और रूस की पारंपरिक बढ़त समाप्त होने के बाद रूस ने इस नीति को त्याग दिया। गौरतलब है कि भारत को भी पाकिस्तान पर पारंपरिक बढ़त हासिल है। ऐसे में यह नीति समझ में आती है।

भारत ने परमाणु प्रसार के क्रमिक मॉडल को अस्वीकार किया है परंतु भारत का परमाणु सम्पन्न बनने का महत्त्वपूर्ण कारण चीन की बजाय पाकिस्तान था। 1960 के दशक में चीन के परमाणु खतरे तथा 1980 के दशक में पाकिस्तान के परमाणु खतरे के प्रति भारत की प्रतिक्रिया सीधे तौर पर बिल्कुल अलग थी। अक्टूबर, 1964 में चीन द्वारा किए गए परमाणु परीक्षण के कारण भारत को अपना पहला परमाणु संपन्न पड़ोसी देश मिला।

सर्वप्रथम चीन की परमाणु क्षमता को सीधे तौर पर खतरा मानने की जगह, भारत ने चीन की परमाणु हथियार हासिल करने की जद्दोजहद को शीत युद्ध की महान ताकतों की परमाणु प्रतिद्वंद्विता माना। पाकिस्तान के संबंध में खतरे की अवधारणा बिल्कुल अलग, पाकिस्तान के परमाणु अभियान को दक्षिण एशिया में भारत के अस्तित्व के लिए खतरे के तौर पर देखा गया। आज भी, चीन के संबंध में भारत की सैन्य रणनीति मोटे तौर पर परम्परागत ही है। दूसरी ओर पाकिस्तान, क्षेत्रीय यथास्थिति को लगातार चुनौती देता आया है, यहाँ तक कि उस समय भी जबकि पाकिस्तान की सैन्य ताकत भारत की तुलना में कमजोर थी, और अभी भी है। इसलिए भारत के अनुसार, पाकिस्तान के कब्जे में परमाणु हथियारों ने सिर्फ क्षेत्रीय संघर्ष का सैन्य तरीके से समाधान ढूँढ़ने की उसकी इच्छा को ही बल दिया है। चीन और पाकिस्तान से खतरे के बारे में भारत की धारणाओं में यह अंतर भारत-चीन सीमा पर हुए विभिन्न सैन्य संकटों का प्रमाण है। न तो चीन और न ही भारत ने कभी भी अपने किसी भी सैन्य संकट के दौरान एक-दूसरे को अप्रत्यक्ष या प्रत्यक्ष रूप से कभी कोई परमाणु धमकी दी है, वे संकट पूरी तरह परम्परागत रहे हैं।

पाकिस्तान को लेकर भारत के ऐतिहासिक अनुभव ये रहे हैं कि उसने इन दोनों ही धारणाओं पर भारत को धोखा दिया है। पाकिस्तान की परमाणु क्षमता केवल भारत के खिलाफ रही है। इसलिए, पाकिस्तान को रोकने के लिए, भारत की स्वदेशी परमाणु क्षमता होना आवश्यक था।

1974 के "शांतिपूर्ण परमाणु विस्फोट" के बाद, भारत के नीति निर्धारकों ने परमाणु हथियार बनाने की अपनी नई क्षमता का इस्तेमाल हथियार बनाने में करने से

परहेज किया और न ही उन्होंने परमाणु हथियार सम्पन्न देश का दर्जा हासिल करने का प्रयास किया। 1980 के दशक के मध्य तक, भारत ने नाभिकीय हथियारों से परहेज़ की नीति का पालन किया। जब पाकिस्तान के परमाणु कार्यक्रम ने परिपक्व होकर अस्तित्व के लिए खतरे का रूप ले लिया, तो भारत 'उत्प्रेक (कैटलिटिक)' प्रतिक्रिया के लिए तैयार हो गया। 1988 में, भारत ने डिलिवरबल न्यूक्लियर आर्सेनल (प्रदान करने के लिए तैयार परमाणु शस्त्रगार) हासिल करने का फैसला किया। कुछ दशक के भीतर, उसने न केवल लड़ाकू विमानों पर आधारित अपनी न्यूक्लियर डिलिवरी क्षमता के पहले चरण को ऑपरेशनल कर दिया, बल्कि मई 1998 में सिलसिलेवार परमाणु परीक्षण करके खुद को परमाणु हथियार सम्पन्न देश भी घोषित कर दिया।

नाभिकीय कमांड प्राधिकरण

भारत की नाभिकीय कमांड प्राधिकरण भारत के परमाणु हथियारों के कमान, नियंत्रण एवं संचालन से संबंधित निर्णयों के लिए निर्मित प्राधिकरण है। एनसीए के शीर्ष पर राजनीतिक परिषद है, जिसके प्रमुख प्रधानमंत्री होते हैं और उसमें रक्षा, गृह एवं विदेश मंत्री साथ ही सुरक्षा पर बनी मंत्रिमंडलीय समिति के सभी मंत्रीगण सदस्य शामिल होते हैं। राजनीतिक परिषद से नीचे कार्यकारी परिषद होती है, जिसके प्रमुख राष्ट्रीय सुरक्षा सलाहकार होते हैं और जिसमें अन्य लोगों के अतिरिक्त सेना के तीनों अंगों के प्रमुख, भारत के स्ट्रेटेजिक फोर्सेज कमांड के कमांडर-इन चीफ और एक तीन-सितारा अधिकारी शामिल हैं।

नो फर्स्ट यूज पॉलिसी का विश्लेषण

भारत की अमरीका से नजदीकी, रूस के साथ ऐतिहासिक रिश्ते और दक्षिण-पश्चिम एशिया में देशों के साथ सकारात्मक रूप से बदल रहे रिश्तों को देखकर ऐसा लगता है कि शायद ही भारत के द्वारा उसकी परमाणु नीति के बदलाव के बाद ये देश किसी भी तरह का ऐतराज जताएँगे। लेकिन सच कहा जाए तो लम्बी अवधि में भारत को इसका नुकसान भी उठाना पड़ सकता है। भारत परमाणु आपूर्तिकर्ता समूह में प्रवेश पाने के लिए लगातार प्रयास कर रहा है। ऐसे में नीति में अचानक बदलाव तर्कसंगत प्रतीत नहीं होता है। यानी कूटनीतिक दृष्टि से यह सही नहीं माना जा सकता। हाँ, यह सही है कि हर नीति की समय-समय पर समीक्षा होनी चाहिए और अगर जरूरत पड़े तो बदलाव भी होना चाहिए। लेकिन यह बदलाव अंतर्राष्ट्रीय दबाव में न आकर अपनी जरूरतों के हिसाब से तय करना अच्छा होगा।

भारत के पड़ोस में दो ऐसे देश हैं जिनके पास आणविक अस्त्र हैं। चीन पहले ही यह नीति चला रहा है कि वह केवल प्रतिकार में ही आणविक अस्त्रों का प्रयोग करेगा। यह संभावना है कि वह अपनी इस नीति को बदलेगा नहीं। इसलिए यदि भारत अपनी नीति बदल देता है तो संभव है कि चीन इसका लाभ उठाकर पहले आक्रमण करने की नीति अपना ले और इसके लिए भारत पर आरोप मढ़ दे। इसका लाभ उठाकर चीन अमरीका और रूस के प्रति भी अपना सिद्धांत बदल ले। भारत सदा अपने-आप को एक उत्तरदायी परमाणु शक्ति-सम्पन्न देश के रूप में विश्व के समक्ष रखता आया है। अतः यदि वह फर्स्ट यूज की नीति अपनाएगा तो उसकी इस छवि को आघात पहुँचेगा। भारत की वर्तमान नीति के कारण ही पाकिस्तान और भारत अपने-अपने आणविक अस्त्रों को युद्ध स्तर पर सुसज्जित नहीं रखते हैं, अर्थात् ये अस्त्र डिलीवरी प्रणाली से जुड़े हुए नहीं हैं। इस कारण पाकिस्तान में आणविक आतंकवाद की सम्भावना कम रहती है और इस बात का भी खतरा कम होता है कि संयोगवश कोई आणविक हथियार चल नहीं जाए।

'नो फर्स्ट यूज की नीति' संभवतः शांतिकाल का आश्वासन है, जो किसी देश की शांति और स्थायित्व सुनिश्चित करने की जिम्मेदारीपूर्ण प्रकृति को दर्शाती है। हालाँकि युद्धकाल में, अलग-अलग तरह के हालात भारत के वर्तमान परमाणु सिद्धांत के प्रभाव पर सवालिया निशान लगाने के साथ ही बदले की व्यापक कार्रवाई और एनएफयू की अवधारणाओं के लिए चुनौती पेश कर सकते हैं।

'नो फर्स्ट यूज पॉलिसी' के पक्ष में तर्क

वर्तमान में भारत की 'नो फर्स्ट यूज पॉलिसी' के कारण भविष्य में कभी भी कोई देश यह मानकर भारत पर परमाणु हमला कर सकता है कि कहीं भारत उस पर पहले परमाणु बम का प्रयोग न कर दे।

किसी भी देश का सामरिक ढाँचा हमेशा गतिशील और लचीला होना चाहिए। सन् 1999 से लेकर अब तक परिस्थितियाँ काफी बदल गई हैं।

राजनीतिक-सामाजिक बदलाव, तकनीकी और सैन्य सुधार तथा शक्ति समीकरणों में पिछले कुछ दशक में देश के भीतर और बाहर सुरक्षा और सामरिक परिवेश में नए पहलू पैदा कर दिए हैं। पड़ोसी देश में सेना के जेहादीकरण और नॉन स्टेट एक्टर्स की भूमिका में लगातार और बेरोक-टोक वृद्धि ने भारत की सुरक्षा तैयारियों और जवाबी कार्रवाई करने की कार्यप्रणाली को मज़बूत करना बेहद जरूरी बना दिया है।

भारत के इस नीति पर बुनियादी ऐतराज इस बात को लेकर है कि ये परमाणु हथियार लड़ाई के लिए नहीं बल्कि दुश्मन को डराने के लिए हैं। इसी सोच से इन

हथियारों का अपने दुश्मन पर पहले इस्तेमाल नहीं करने की नीति जन्म लेती है, जिससे न केवल स्थिर प्रतिरोध (डेटरेंस) को संस्थागत आधार मिलेगा बल्कि भारत नैतिक रूप से भी उच्च धरातल पर खड़ा रहेगा।

परंतु इस नैतिकता एवं नीति से क्या फायदा जब इसका उपयोग हम तब करें जब हम पहले ही इसका हमला झेल चुके हों।

अपनी अस्तित्वगत दुविधा के कारण पाकिस्तान अपने यहाँ भारत को स्थायी शत्रु की तरह देखने के राष्ट्रीय विचार को बनाए रखना चाहता है।

उपर्युक्त उदाहरणों को देखने से ज्ञात होता है कि भारत को अपनी 'नो फर्स्ट यूज पॉलिसी' में बदलाव करने की जरूरत है।

'नो फर्स्ट यूज पॉलिसी' के विपक्ष में तर्क

परमाणु हथियार को लेकर 'नो फर्स्ट यूज पॉलिसी' भारत के हित में है। 'नो फर्स्ट यूज पॉलिसी' से 'फर्स्ट यूज पॉलिसी' में परिवर्तित होना परमाणु युद्ध लड़ने की दिशा में पहला कदम साबित होगा।

ये हथियार बहुत ही विनाशकारी हैं और इनका उपयोग नहीं किया जाना चाहिए।

परमाणु हथियार का पहली बार उपयोग करने से अंतर्राष्ट्रीय स्तर पर काफी अनादर का सामना करना पड़ेगा और उस देश को आर्थिक रूप से काफी क्षति की स्थिति से भी गुजरना पड़ेगा।

भारत के लिए 'नो फर्स्ट यूज पॉलिसी' नामक सिद्धांत लागू करना काफी सस्ता है, जिसे हासिल करने के लिए कई आर्थिक लक्ष्य हैं।

'नो फर्स्ट यूज पॉलिसी' भारत के लिए अपेक्षानुरूप है क्योंकि यह राष्ट्र के लिए सुरक्षा सुनिश्चित करता है।

साथ ही देश के समस्त नागरिकों के लिए समृद्धि का मार्ग भी सुनिश्चित करता है।

भारत ने परमाणु हथियारों का पहले प्रयोग न करने की नीति अपनाकर दुनिया को यह दिखाया है कि वह आक्रामक देश नहीं है। भारत अगर आक्रामक परमाणु नीति अपनाता है तो उसके काफी नकारात्मक परिणाम होंगे।

भारत की परमाणु हथियारों के पहले प्रयोग न करने की नीति की वजह से ऑस्ट्रेलिया और अन्य देश उसे यूरेनियम की आपूर्ति कर रहे हैं, लेकिन परमाणु नीति में बदलाव का इस पर बहुत असर पड़ेगा। भारत के मत में नि:शस्त्रीकरण की धारणा को केवल परमाणु क्षेत्र तक सीमित न रखते हुए इसे रासायनिक एवं भौतिकी व अन्य परीक्षणों के क्षेत्र तक भी विस्तृत करने की आवश्यकता है।

जैविक हथियार अभिसमय

जैविक हथियार अभिसमय ऐसी पहली बहुपक्षीय निःशस्त्रीकरण संधि है जो जनसंहारक हथियारों की संपूर्ण श्रेणी के विकास, उत्पादन और भंडारण पर रोक लगाती है। इसे 10 अप्रैल, 1972 को राष्ट्रों के समक्ष हस्ताक्षर के लिए रखा गया और यह अभिसमय 26 मार्च, 1975 को कार्यशील हो गया था। भारत ने इस अभिसमय का वर्ष 1974 में अनुसमर्थन किया था। भारत ने इसके सभी चारों समीक्षा सम्मेलनों में भाग लिया है। 1986 में इसके दूसरे समीक्षा सम्मेलन में शांतिपूर्ण जैविक गतिविधियों में अंतर्राष्ट्रीय सहयोग में गति देने और विश्वास निर्माण बहाली पर विशेष बल दिया गया था। इसके तहत पक्षकार राष्ट्र जैविक एजेंटों और टॉक्सिंस को विकसित, उत्पादित और उनका भंडारण नहीं करेंगे। जैविक हथियारों, एजेंटों और विषाक्त तत्वों को हस्तांतरण न करने का प्रावधान किया गया है।

यह एक वैधानिक रूप से बाध्यकारी संधि है जो जैविक शस्त्रों को प्रतिबंधित करती है। इसके लिए सबसे पहले 1969 में संयुक्त राष्ट्र निःशस्त्रीकरण फोरम में वार्ता की गई थी। वर्तमान में इसमें 183 राज्य पक्षकार हैं। 10 देशों ने न ही इस पर हस्ताक्षर किया है और न ही इसका अनुसमर्थन। इन देशों में शामिल हैं : चाड, जिबूती, इज़रायल, इरीट्रिया, दक्षिण सूडान, नामीबिया, किरिबाती, माइक्रोनेशिया, कोमोरोस और तुवालू।

ऐसे हथियार, उपकरण और ऐसे आपूर्ति वाहन जिन्हें सशस्त्र संघर्ष में शत्रुता के उद्देश्य से जैविक एजेंट और टॉक्सिंस के उपयोग के लिए डिज़ाइन किया गया हो, ऐसे सभी चीजों पर प्रतिबंध लगाया गया है। यह अभिसमय राज्य पक्षकारों को जैविक हथियारों के निर्माण में प्रयोग में लाए जाने वाले तत्वों को नष्ट करने की सिफारिश करता है। यह 1925 के जेनेवा प्रोटोकॉल का समर्थन करता है जो जैविक और विषाक्त हथियारों के प्रयोग को प्रतिबंधित करती है। यह राज्य पक्षकारों को संयुक्त राष्ट्र सुरक्षा परिषद में शिकायतें दर्ज करने की भी अनुमति देता है। राज्य पक्षकार अभिसमय के प्रावधानों के उल्लंघन की स्थिति में ऐसा कर सकते हैं।

रासायनिक हथियार अभिसमय

जनसंहारक हथियारों के उत्पादन, विनिर्माण, विकास और भंडारण से वैश्विक शांति और सुरक्षा को बड़ा खतरा विद्यमान रहा है। इसी बात को ध्यान में रखते हुए संयुक्त राष्ट्र ने वर्ष 1997 में रासायनिक हथियार निषेध संगठन बनाया, जो एक स्वतंत्र संस्था है। रासायनिक हथियार के निर्माण को रोकने के लिए ये रासायनिक हथियार अभिसमय के प्रावधानों को क्रियान्वित करती है।

भारत, रासायनिक हथियार निषेध संगठन (ओपीसीडब्ल्यू) के रासायनिक हथियार कन्वेंशन (सीडब्ल्यूसी) का हस्ताक्षरकर्ता राष्ट्र है, जिसका मुख्यालय दी हेग, नीदरलैंड में स्थित है। यह कन्वेंशन एक सार्वभौमिक, गैर-भेदभावपूर्ण, बहुपक्षीय, निःशस्त्रीकरण संधि है, जिसका उद्देश्य रासायनिक हथियारों के विकास, उत्पादन, भंडारण और प्रयोग पर प्रतिबंध लगाना है और रासायनिक हथियार मुक्त विश्व सुनिश्चित करने के उद्देश्य से इसके उन्मूलन पर नजर रखना है। भारत ने 14 जनवरी, 1993 में इस संधि पर हस्ताक्षर किए थे। भारत ने इस कन्वेंशन के प्रावधानों के अनुसरण में रासायनिक हथियार कन्वेंशन अधिनियम, 2000 को अधिनियमित किया। वर्तमान में, 193 राष्ट्र इस कन्वेंशन के पक्षकार हैं। भारत अपने रासायनिक हथियारों के भंडार को नष्ट कर, इस कन्वेंशन के सभी पक्षकार राष्ट्रों के मध्य रासायनिक हथियार मुक्त पक्षकार राष्ट्र का दर्जा हासिल करने वाला पहला पक्षकार राष्ट्र था।

भारत ने वर्ष 2011 और 2013 में रासायनिक हथियार अभिसमय की कार्यकारी परिषद की अध्यक्षता की थी। सीडब्ल्यूसी व्यवस्था में अंतर्राष्ट्रीय समुदाय की निगरानी में सभी रासायनिक हथियारों को नष्ट करने के प्रयास किए जाते हैं। इसकी उद्देशिका में 'व्यापक संहार के सभी प्रकार के हथियारों की समाप्ति' का उद्देश्य शामिल है।

टर्की के राजदूत युजुमकू ने सितम्बर, 2015 में भारत का दौरा किया था और अंतर्राष्ट्रीय शांति और सुरक्षा हेतु व्यापक संहार के हथियारों के खतरे को कम करने में ओपीसीडब्ल्यू और भारत के योगदान पर बात की थी। टर्की ने आईएस और तथाकथित रूप से सीरिया की सेना द्वारा सीरिया में क्लोरीन गैस के प्रयोग के मुद्दे को भी उठाया था। अमरीका के सीआईए प्रमुख जॉन, ब्रेननान ने इस बात की पुष्टि की थी कि आईएस लड़ाकों ने रासायनिक हथियारों का प्रयोग किया है और उनके पास क्लोरीन और मस्टर्ड गैस बनाने की क्षमता है। भारत ने ओपीसीडब्ल्यू की कार्यकारी परिषद की अध्यक्षता के माध्यम से इस मुद्दे पर महत्त्वपूर्ण भूमिका निभाई थी।

बारूदी सुरंग विरोधी अभिसमय अथवा ओटावा कन्वेंशन

18 सितंबर, 1997 को बारूदी सुरंगों पर अंतर्राष्ट्रीय और संपूर्ण प्रतिबंध के लिए ओस्लो में एक डिप्लोमेटिक कॉन्फ्रेंस का आयोजन किया गया था जहाँ बारूदी सुरंग निरोधक अभिसमय को संपन्न किया गया था। इस अभिसमय को 3 से 4 दिसंबर, 1997 को कनाडा के ओटावा में हस्ताक्षर के लिए रखा गया। यह प्राणी नाशक बारूदी सुरंगों के उपयोग, भंडारण, उत्पादन और हस्तांतरण पर प्रतिबंध लगाने

और उनको नष्ट करने का अभिसमय है। यह 1 मार्च, 1999 को कार्यशील हो गया था। इस पर 133 देशों ने हस्ताक्षर कर रखा है, जबकि 164 देश इसके पक्षकार हैं। श्रीलंका पहला दक्षिण एशियाई देश और 164वाँ राष्ट्र है जिसने इस अभिसमय का अनुसमर्थन किया है। इस अभिसमय को ओटावा अभिसमय के नाम से जानते हैं।

इसे एंटी पर्सोनेल माइन बैन ट्रीटी भी कहा जाता है। यह वैधानिक रूप से बाध्यकारी अभिसमय है। इसका लक्ष्य बारूदी सुरंग मुक्त विश्व का निर्माण करना है। भारत के साथ ही पाकिस्तान, अमरीका, चीन, रूस, म्यांमार और दक्षिण कोरिया इस अभिसमय पर हस्ताक्षर करने के अनिच्छुक हैं। उल्लेखनीय है कि वर्ष 1996 में संयुक्त राष्ट्र महासभा ने अपने सदस्य देशों से प्राणी नाशक बारूदी सुरंगों को प्रतिबंधित करने के लिए एक व्यापक अंतर्राष्ट्रीय संधि हेतु प्रस्ताव किया था। भारत ने इस प्रस्ताव के पक्ष में मतदान किया था।

अध्याय 12

भारत और क्षेत्रीय संबंध : अफ्रीका, एशिया और लैटिन अमरीका

भारत और अफ्रीका संबंध

भारत और अफ्रीका के मध्य ऐतिहासिक सांस्कृतिक संबंध रहे हैं। दोनों स्वतंत्रता, समानता और न्याय के मूल्यों से संबद्ध रहे हैं। अफ्रीका महाद्वीप ने साम्राज्यवाद, उपनिवेशवाद, रंगभेद और नस्लभेद की समस्या का सामना लंबे समय तक किया। वहीं भारत ने भी ब्रिटिश साम्राज्यवाद और उपनिवेशवाद का दंश झेला था। अफ्रीका में रंगभेद और नस्लभेद के विरोध में महात्मा गांधी द्वारा पहले सत्याग्रह की शुरुआत की गई थी। कालांतर में भारत और अफ्रीका ने लोकतांत्रिक मूल्यों, विधि के शासन, मानवाधिकारों के संरक्षण के मामले में एक जैसी सोच अपनाई। भारत विश्व का पहला देश था जिसने वर्ष 1946 में रंगभेद का मुद्दा संयुक्त राष्ट्र संघ में उठाया था और संयुक्त राष्ट्र संघ द्वारा रंगभेद पर उप समिति के गठन में नेतृत्वकारी भूमिका निभाई थी। यह अफ्रीकी महाद्वीप के हित और उसके समर्थन में भारत द्वारा उठाया गया बड़ा कदम था। वर्ष 1965 में नस्लीय भेदभाव के सभी रूपों के उन्मूलन से संबंधित संयुक्त राष्ट्र अभिसमय पर भारत शुरुआती हस्ताक्षरकर्ताओं में से एक था। भारत औपनिवेशिक देशों को आजादी दिए जाने के संबंध में संयुक्त राष्ट्र संघ की ऐतिहासिक घोषणा 1960 का सह-प्रायोजक था जो उपनिवेशवाद के सभी रूपों और अभिव्यक्तियों को बिना शर्त समाप्त किए जाने की आवश्यकता की घोषणा करती है। भारत राजनीतिक स्वतंत्रता समिति (24 सदस्यीय समिति) का पहला अध्यक्ष भी निर्वाचित हुआ था जहाँ उपनिवेशवाद की समाप्ति के लिए चर्चा शुरू की गई थी।

वर्तमान भू-अर्थ प्रधान विश्व में अफ्रीका आर्थिक और सामरिक दृष्टि से महत्त्वपूर्ण क्षेत्र के रूप में विश्व का ध्यान आकर्षित कर रहा है। वहीं भारत भी क्षेत्रीय और वैश्विक रूप में नेतृत्वकारी भूमिका निभाने का प्रयास कर रहा है। अत: भारत अफ्रीका के संबंधों में पूरकता और साझेदारी के तत्व अधिक हैं।

भारत अफ्रीका राजनीतिक संबंध

हाल के दशकों में भारत अफ्रीकी देश एक दूसरे के काफी निकट आए हैं। इसका आधार वर्ष 2008 में आयोजित भारत अफ्रीका फोरम बैठक में रखा गया। इस फोरम की 2015 में आयोजित तीसरी बैठक में सभी अफ्रीकी देशों के प्रतिनिधियों ने भाग लिया और इस अवसर पर दिल्ली घोषणापत्र भी जारी किया गया। इसी क्रम में वर्ष 2018 में भारतीय प्रधानमंत्री द्वारा भारत अफ्रीका भागीदारी के 10 मार्गदर्शक सिद्धान्तों की घोषणा की गई।

—अफ्रीका भारत की शीर्ष प्राथमिकताओं में शामिल रहेगा। अफ्रीका के साथ संबंधों को मज़बूती देने के लिए अनवरत प्रयास किया जाएगा।

—अफ्रीका की प्राथमिकताओं के हिसाब से भारत अफ्रीका के साथ अपने विकासात्मक साझेदारी को दिशा देगा। भारत अफ्रीका में स्थानीय क्षमता और स्थानीय अवसरों को मज़बूती देने का प्रयास करेगा।

—भारत अपने बाज़ार अफ्रीकी उत्पादों और निवेशों के लिए बिना किसी बाधा के खुला रखेगा। साथ ही भारत अपने उद्योगों को अफ्रीका में निवेश के लिए प्रोत्साहित करेगा।

—अफ्रीका के विकास और वहाँ लोक सेवाओं अथवा सार्वजनिक सेवाओं की आपूर्ति के लिए भारत अपने डिजिटल क्रांति के अनुभव को अफ्रीकी देशों से साझा करेगा।

—भारत अफ्रीका में कृषि क्षेत्र की मज़बूती विशेषकर कृषि उत्पादकता को बढ़ावा देगा।

—दोनों पक्ष मिलकर जलवायु परिवर्तन की चुनौती से निपटने की दिशा में कार्य करेंगे।

—दोनों देश आतंकवाद, उग्रवाद से निपटने के लिए सहयोग और पारस्परिक क्षमताओं को मज़बूती देने का प्रयास करेंगे। दोनों पक्ष साइबरस्पेस को सुरक्षित करने और संयुक्त राष्ट्र शांति अनुरक्षण में योगदान करेंगे।

—भारत सभी अफ्रीकी देशों के साथ मिलकर महासागरों को सभी राष्ट्रों के हित के लिए मुक्त और स्वतंत्र रखने का प्रयास करेगा। विश्व को अफ्रीका के पूर्वी किनारे और पूर्वी हिन्द महासागर में सहयोग और स्वस्थ प्रतिस्पर्धा की आवश्यकता है।

—जिस प्रकार से अफ्रीका में वैश्विक संलग्नता बढ़ी है, भारत और अफ्रीका यह सुनिश्चित करेंगे कि अफ्रीका शत्रुतापूर्ण महत्त्वाकांक्षाओं का गढ़ न बन जाए।

—भारत और अफ्रीका एक प्रतिनिधिमूलक और लोकतांत्रिक वैश्विक व्यवस्था के लिए मिलकर कार्य करेंगे।

भारत अफ्रीका आर्थिक संबंध

हाल के वर्षों में भारत और अफ्रीका के मध्य आर्थिक संबंधों में तेज़ विकास देखा गया है। वर्तमान में भारत अफ्रीका का चौथा सबसे बड़ा व्यापारिक भागीदार और पाँचवाँ सर्वाधिक बड़ा निवेशक है। 2017-18 में दोनों पक्षों के मध्य 63 बिलियन डॉलर का द्विपक्षीय व्यापार दर्ज किया गया। अब तक भारत द्वारा अफ्रीका में लगभग 54 बिलियन डॉलर का निवेश किया जा चुका है। वहीं 2015 में भारतीय प्रधानमंत्री द्वारा 10 बिलियन डॉलर अतिरिक्त निवेश की घोषणा की गई थी। इसी प्रकार भारत 34 अफ्रीकी अल्पविकसित देशों को भारतीय बाज़ार में शुल्क मुक्त पहुँच देता है। वर्ष 2019 में भारतीय राष्ट्रपति द्वारा बेनिन, गाम्बिया और गिनी की यात्रा की गई थी। भारत बेनिन के साथ आर्थिक भागीदारी मज़बूत करने का इच्छुक है। भारत बेनिन के सबसे बड़े व्यापारिक भागीदार के रूप में उभरा है। दोनों देशों में 800 मिलियन अमेरिकी डॉलर से अधिक का दो-तरफा व्यापार हुआ है। बेनिन में लगभग 100 भारतीय या भारतीय स्वामित्व वाली कंपनियाँ काम कर रही हैं। विशेष रूप से, खनन में कारोबार शुरू करने के लिए अनेक भारतीय कंपनियाँ बेनिन के बाज़ार में प्रवेश की इच्छुक हैं।

'पूर्वी अफ्रीकी समुदाय' और 'पूर्वी एवं दक्षिणी अफ्रीका के लिए साझा बाज़ार' दोनों ही में अपनी सदस्यता की बदौलत केन्या उन निवेशकों के लिए एक आकर्षक आधार है, जो पूर्वी एवं मध्य अफ्रीकी बाजारों में आसान पहुँच को तलाश रहे हैं। भारत से केन्या को निर्यात 25.2 प्रतिशत की चक्रवृद्धि वार्षिक वृद्धि दर के साथ वर्ष 2003 के 213.8 मिलियन अमेरिकी डॉलर से बढ़कर वर्ष 2015 के 3,183.4 मिलियन अमेरिकी डॉलर के स्तर पर पहुँच गया।

भारत और अफ्रीका ऊर्जा संबंध

वर्तमान भारत अफ्रीका संबंधों में सर्वाधिक महत्त्वपूर्ण आयाम ऊर्जा क्षेत्र में सहयोग का है। भारत की ऊर्जा आवश्यकता का लगभग 1/4 हिस्सा अफ्रीका से प्राप्त होता है। अफ्रीकी ऊर्जा बाज़ार से भारत की ऊर्जा कूटनीति अधिक प्रभावित हुई है, क्योंकि इससे भारत की पश्चिम एशिया पर ऊर्जा के लिए अतिनिर्भरता कम हुई है। अफ्रीकी देशों में भारतीय ऊर्जा कंपनियाँ तेल और गैस उत्खनन तथा पेट्रोकेमिकल कॉम्प्लेक्स की स्थापना भी कर रही हैं। वर्तमान में अंतर्राष्ट्रीय सौर गठबंधन के माध्यम से भारत ने अफ्रीकी महाद्वीप में सौर ऊर्जा क्षेत्र के विकास के लिए 1 बिलियन डॉलर की सहायता देने की घोषणा की है। उल्लेखनीय है कि अंतर्राष्ट्रीय सौर गठबंधन के 48 देशों में से 25 अफ्रीकी महाद्वीप से हैं। भारत रिफाइंड पेट्रोलियम का आपूर्तिकर्ता

होने के साथ-साथ सौर ऊर्जा के क्षेत्र में भी नेतृत्वकर्ता की भूमिका निभा रहा है, वहीं दूसरी ओर अफ़्रीकी देश कोयले और तेल के बड़े स्रोत हैं। मोजाम्बिक के साथ भारत का जुड़ाव विशेष रूप से महत्त्वपूर्ण है क्योंकि उसके पास लगभग 100 ट्रिलियन घन फुट का प्रमाणित प्राकृतिक गैस भंडार है। भारत सरकार के स्वामित्व वाली तेल एवं गैस कंपनियाँ ओएनजीसी लिमिटेड और ऑयल इंडिया लिमिटेड पहले ही मोजाम्बिक के रोवुमा गैस क्षेत्र में व्यापक निवेश कर चुकी हैं।

मोजांबिक और तंजानिया जैसे देश अपने दाल भण्डार के चलते भारत की खाद्य सुरक्षा के दृष्टिकोण से महत्त्वपूर्ण माने जाते हैं। भारत अपनी तरफ़ से अफ़्रीका में कृषि के लिए आधुनिक तकनीकों का प्रस्ताव भी कर रहा है। भारत अफ़्रीकी देशों के साथ मिलकर समुद्री विकास के लिए ब्लू इकोनॉमी पर भी जोर दे रहा है।

हाल के वर्षों में समुद्री विकास और 'ब्लू इकोनॉमी' पर विशेष जोर देने का चलन काफी तेज़ी से बढ़ा है। दक्षिण अफ़्रीका इस मामले में भारत के लिए एक अच्छा उदाहरण साबित हो सकता है। दक्षिण अफ़्रीकी सरकार ने वर्ष 2014 में अपनी समुद्री अर्थव्यवस्था के विकास के उद्देश्य से 'ऑपरेशन फाकिसा' नामक परियोजना का शुभारंभ किया था। दक्षिण अफ़्रीकी सरकार के अनुमानों के अनुसार, महासागरों में वर्ष 2033 तक दक्षिण अफ़्रीका के सकल घरेलू उत्पाद (जीडीपी) में 177 अरब रैंड (लगभग 12.8 अरब अमेरिकी डॉलर) का योगदान करने और लगभग 1 मिलियन रोजगारों को सृजित करने की क्षमता है।

क्षमता निर्माण पर जोर

भारत द्वारा अफ़्रीकी देशों में अनेक क्षमता निर्माण कार्यक्रम संचालित किया जा रहा है। भारत द्वारा वर्ष 1964 से चलाए जा रहे इंडियन टेक्निकल एंड इकोनॉमिक कोऑपरेशन प्रोग्राम के तहत भी अफ़्रीकी देशों में क्षमता निर्माण पर जोर दिया जा रहा है। भारत के विदेश मंत्रालय के आँकड़ों के अनुसार इस कार्यक्रम के तहत भारत ने विकासशील देशों के 2 लाख से अधिक सरकारी अधिकारियों, कर्मचारियों को प्रशिक्षण दिया है और उनके क्षमता निर्माण का साधन बना है। इसमें पैन अफ़्रीका ई नेटवर्क प्रोजेक्ट भारत का अफ़्रीका के साथ डिजिटल क्षेत्र में सहयोग का सर्वश्रेष्ठ उदाहरण है, जो कि 2009 में टेली-एजुकेशन व टेली-मेडिसिन हेतु शुरू किया गया। यह भूतपूर्व भारतीय राष्ट्रपति एपीजे अब्दुल कलाम की संकल्पना थी। इस प्रोजेक्ट के तहत भारत ने अफ़्रीका में सेटेलाइट कनेक्टिविटी, दूरस्थ चिकित्सा और दूरस्थ शिक्षा सुविधा उपलब्ध कराने के लिए फाइबर ऑप्टिक नेटवर्क का गठन किया है। भारत इसके तहत अफ़्रीकी देशों को गुणवत्तापूर्ण शिक्षा सुविधा प्रदान कर

वहाँ क्षमता निर्माण की दिशा में काम कर रहा है। इस प्रोजेक्ट में 48 अफ्रीकी देश शामिल हैं। वर्ष 2018 में भारत ने एक और पैन अफ्रीकन ई नेटवर्क प्रोजेक्ट ई विद्या भारती और ई आरोग्य भारती की शुरुआत की है, जिसमें सभी 54 अफ्रीकी देशों को जोड़ने का लक्ष्य है। डिजिटल सेवाओं के ज़रिये इसके तहत गुणवत्तापूर्ण शिक्षा और स्वास्थ्य सेवाओं के लिए टेली एजुकेशन और टेली मेडिसिन की सुविधा उपलब्ध कराने का लक्ष्य तय किया गया है। कुछ चयनित भारतीय विश्वविद्यालय, संस्थान और सुपर स्पेशयलिटी हॉस्पिटल्स को यह जिम्मेदारी दी गई है।

भारत और अफ्रीका सामरिक भागीदारी

गुटनिरपेक्ष आंदोलन के प्रारम्भ से ही अफ्रीका महाद्वीप में भारत की नेतृत्वकारी भूमिका रही है। भारत अंतर्राष्ट्रीय मंचों पर तीसरी दुनिया के इन देशों के हितों को संरक्षित करता रहा है। गृहयुद्ध से प्रभावित अफ्रीकी देशों में शांति बहाल करने में भारतीय शांति सैनिकों की महत्त्वपूर्ण भूमिका रही है। सुरक्षा प्रदायक के रूप में भारतीय नौसेना द्वारा पूर्वी अफ्रीकी तट पर समुद्री डकैतों के विरुद्ध कार्यवाही की जा रही है। साथ ही आतंकवाद के विरुद्ध भी इन देशों के साथ मिलकर प्रयास किये जा रहे हैं। इंडियन ओशन नेवल सिंपोजियम के मंच पर इस क्षेत्र के देशों के साथ नौसैन्य सहयोग बढ़ रहा है। दूसरी ओर विकास भागीदार के रूप में भारत अफ्रीकी देशों में अनेक महत्त्वपूर्ण परियोजनायें संचालित कर रहा है जिनमें प्रमुख है एशिया अफ्रीका ग्रोथ कॉरिडोर।

एशिया अफ्रीका ग्रोथ कॉरिडोर और भारत

एशिया अफ्रीका ग्रोथ कॉरिडोर के माध्यम से भारत अफ्रीकी देशों की आवश्यकता के अनुरूप क्षेत्रीय संपर्क, उद्योगों की स्थापना और क्षमता निर्माण को बढ़ावा दे रहा है। वर्ष 2016 में भारत ने अफ्रीका विकास बैंक के बोर्ड ऑफ गवर्नर्स की बैठक का आयोजन किया था। इसी बैठक में भारत और जापान ने अफ्रीकी महाद्वीप में गुणवत्तापूर्ण अवसंरचना के विकास के लिए एशिया अफ्रीका ग्रोथ कॉरिडोर का विचार दिया था। इसे अफ्रीका में भारत की अवसंरचनात्मक कूटनीति के प्रभावी उपकरण के रूप में देखा गया। जापान ने पहले से ही अफ्रीका के विकास को बढ़ावा देने के लिए 1993 में अफ्रीकी विकास पर टोक्यो अंतर्राष्ट्रीय सम्मेलन के माध्यम से बैठकें की हैं जो पाँच वर्षों के अंतराल पर होती हैं। अक्टूबर, 2018 में भारत और जापान के प्रधानमंत्रियों ने स्पष्ट किया था कि विभिन्न महत्त्वपूर्ण परियोजनाएँ चलाने पर दोनों देशों के विचार एक जैसे हैं, इसलिए दोनों के गठजोड़

तीसरे देश में भी नई विकासात्मक साझेदारियों को बढ़ावा देंगे। एशिया अफ्रीका ग्रोथ कॉरिडोर के चार मुख्य बिंदु हैं :

—विकास और सहयोग परियोजनाओं को बढ़ावा।

—गुणवत्तापूर्ण अवसंरचना और संस्थागत अंतर्संपर्क को बढ़ावा।

—क्षमताओं और कौशल को मज़बूती प्रदान करना।

—जनता से जनता की सहभागिता

अप्रैल, 2015 में जकार्ता में आयोजित हुए एशियाई अफ्रीकी समिट में जापान के प्रधानमंत्री का कहना था कि जहाँ कहीं भी अब संवृद्धि की बात होती है, वहाँ अब एशिया के साथ-साथ अफ्रीका भी है। दोनों के पास गतिशील विकास की उर्वर भूमि है। एशियाई और अफ्रीकी देश जापान के लिए संवृद्धि के साझेदार हैं। इस पहल के तहत भारत और जापान अफ्रीका और एशिया में स्वास्थ्य और फार्मास्यूटिकल्स, कृषि और कृषि प्रसंस्करण, आपदा प्रबंधन और कौशल उन्नयन के क्षेत्र में विकास परियोजनाएँ चला रहे हैं। इसके तहत सतत विकास लक्ष्यों की प्राप्ति पर बल दिया गया है क्योंकि व्यापार, वाणिज्य और निवेश पर ही पूरा ध्यान देने से पर्यावरण की उपेक्षा हो सकती है, इसलिए इस पहल के तहत पर्यावरण संरक्षण पर भी बल दिया गया है। इसके तहत एशिया और अफ्रीका के एकीकरण पर भी बल दिया गया है। वास्तव में 2015 में भारत और जापान की विशिष्ट रणनीतिक साझेदारी और दोनों देशों के विजन 2025 ने इस बात की नींव रख दी कि दोनों देश एक दूसरे के सामरिक, आर्थिक हितों के पूरक के रूप में कार्य करेंगे। एशिया अफ्रीका ग्रोथ कॉरिडोर में भारत और जापान के विजन 2025 के उद्देश्य की स्पष्ट रूप से पुष्टि की गई है। दोनों ही पहलों में कहा गया है कि भारत और जापान फ्री एंड ओपन इंडो पैसिफिक क्षेत्र की सुरक्षा के लिए सामूहिक स्तर पर कार्य करने के लिए प्रतिबद्ध हैं।

भारत सदैव अफ्रीकी देशों के हितों का संरक्षण करता रहा है। जलवायु परिवर्तन, निष्पक्ष अंतर्राष्ट्रीय व्यापार, अंतर्राष्ट्रीय संस्थाओं के लोकतंत्रीकरण जैसे महत्त्वपूर्ण मुद्दों पर भारत और अफ्रीकी देशों के हित साझे हैं, जिसे दक्षिण दक्षिण सहयोग के रूप में देखा जाता है। इन संबंधों को इब्सा के मंच पर अधिक प्रभावी बनाने का प्रयास किया जा रहा है।

अफ्रीका में चीन का बढ़ता प्रभाव और भारत

चीन द्वारा अफ्रीकी महाद्वीप के देशों में भू आर्थिक और भू सामरिक लाभों को प्राप्त करने के लिए अपनी संलग्नता को बढ़ाया गया है। अफ्रीका के हाइड्रोकार्बन और अन्य ऊर्जा संसाधनों की प्राप्ति के लिए चीन ने अफ्रीकी देशों से कई गठजोड़ करने के प्रयास किए हैं। चीन द्वारा प्रथम चीन—अफ्रीकी बैठक का आयोजन वर्ष

2000 में किया गया था,जिसमें सभी अफ्रीकी देशों के प्रतिनिधियों ने भाग लिया था। जबकि भारत ने प्रथम भारत अफ्रीका फोरम की शुरुआत वर्ष 2008 में की थी, जिसमें केवल 14 अफ्रीकी देशों ने भाग लिया था।

चीन लगभग 250 बिलियन डॉलर के द्विपक्षीय व्यापार के साथ अफ्रीका का सबसे बड़ा व्यापारिक भागीदार बन चुका है, जबकि भारत लगभग 63 बिलियन डॉलर के द्विपक्षीय व्यापार के साथ अफ्रीका का चौथा बड़ा व्यापारिक भागीदार है। चीन अफ्रीका में सबसे बड़ा निवेशक है, जहाँ 10,000 से भी अधिक चीन की कंपनियाँ सक्रिय हैं। वस्तुत: अफ्रीका चीन के ग्रेट गेम का अभिन्न हिस्सा है, अत: चीन गो आउट नीति के तहत अपनी कंपनियों को अफ्रीका में निवेश के लिए प्रोत्साहित कर रहा है जबकि भारत अफीका में पाँचवाँ सबसे बड़ा निवेशक है।

चीन अफ्रीका में सामरिक बढ़त की स्थिति में भी है। सेंटर फॉर ग्लोबल डेवलपमेंट रिसर्च के अनुसार अफ्रीका के जिबूती सहित विश्व के 8 देश चीन के ऋण दुष्चक्र से ग्रस्त हैं। इसी प्रकार आईएमएफ की एक रिपोर्ट के अनुसार 15 प्रतिशत अफ्रीका चीन के ऋण जाल से ग्रस्त है। इसका लाभ चीन इस क्षेत्र में अपने वर्चस्व को स्थापित करने के रूप में उठा रहा है। जैसा चीन ने हम्बनटोटा बन्दरगाह के विषय पर किया। वर्तमान में चीन ने जिबूती में नौसैन्य केंद्र स्थापित कर लिया है, तो वहीं हाल ही में जिम्बाब्वे द्वारा चीन की मुद्रा युआन को अपनी मुद्रा के रूप में स्वीकार किया गया। चीन ने कई अफ्रीकी देशों के साथ रेन्मिनबी मुद्रा में व्यापार को बढ़ावा दिया है। साथ ही अधिकांश अफ्रीकी देश चीन के बेल्ट और रोड पहल के भगीदार भी हैं।

भारत की अफ्रीका में बढ़त

—भारत अपने शांति सैनिकों, क्षमता निर्माण कार्यक्रम, गुटनिरपेक्ष आंदोलन आदि के माध्यम से अफ्रीकी महाद्वीप में एक सॉफ्ट पावर के रूप में लोकप्रिय है, जबकि चीन की छवि एक हार्ड पॉवर के रूप में लोकप्रिय है। अत: अफ्रीका में भारत की विश्वसनीयता और स्वीकार्यता चीन से अधिक है।

—चीन के निवेश बड़े उद्योगों और अवसंरचनात्मक परियोजनाओं के क्षेत्र में हैं, जिससे व्यापक स्तर पर पर्यावरण क्षति हो रही है और पर्याप्त रोजगार के अवसर भी सृजित नहीं हो रहे हैं।साथ ही चीन के निवेश गैरपारदर्शी हैं, जिससे अफ्रीकी देश चीन के ऋणजाल से ग्रस्त होते जा रहे हैं।

—चीन की तुलना में अफ्रीका में भारतीय डायस्पोरा अधिक प्रभावी है। इसके अलावा चीन के बेल्ट और रोड पहल के विकल्प में भारत द्वारा एशिया अफ्रीका ग्रोथ कॉरिडोर की धारणा का विकास किया गया है। इसके तहत भारत द्वारा केवल

क्षेत्रीय संपर्क ही नहीं, बल्कि लघु और मध्यम उद्योगों के विकास और क्षमता निर्माण पर भी बल दिया जाएगा। साथ ही यह पर्यावरण के अधिक अनुकूल होगा।

भारत मध्य एशिया संबंध

भारत और मध्य एशिया के संबंधों की ऐतिहासिक पृष्ठभूमि को प्राचीन रेशम मार्ग के ज़रिये होने वाले व्यापार में देखा जा सकता है। भारत का कुषाण साम्राज्य भारत और आधुनिक मध्य एशिया के भू-क्षेत्र तक फैला था। आर्थिक रूप से देखें तो प्राचीन मध्य एशियाई शहर फरगना, समरकंद और बुखारा ने भारत को चीन और यूरोप से जोड़ने वाले रेशम व्यापारिक मार्ग में महत्त्वपूर्ण भूमिका निभाई। प्राचीन समय में भारत के व्यापारियों ने मध्य एशिया के स्थानीय बाजारों के अभिन्न भाग के रूप में कार्य किया था। इसके अलावा भारत से बौद्ध धर्म मध्य एशिया और मध्य एशिया से सूफीवाद भारत आया था। सोवियत संघ के विघटन से पूर्व भारत ने एकमात्र मध्य एशियाई देश उज़्बेकिस्तान के ताशकंद में वर्ष 1987 में कॉन्स्युलेट की स्थापना की थी। 1990 के बाद पाँच मध्य एशियाई देश कज़ाखस्तान, किर्गिस्तान, ताज़िकिस्तान, तुर्कमेनिस्तान और उज़्बेकिस्तान स्वतंत्र देश बने। वर्ष 1993 में भारतीय प्रधानमंत्री ने उज़्बेकिस्तान और कज़ाखस्तान की यात्रा की थी और 1995 में तुर्कमेनिस्तान और किर्गिस्तान की यात्रा की और व्यापार, निवेश और विकास सहायता पर समझौते किए गए और धार्मिक कट्टरता, आतंकवाद, नार्को अपराध और हिंसा से सामूहिक स्तर पर निपटने की बात की गई थी। भारत ने ताज़िकिस्तान को दीर्घकालिक सैन्य प्रशिक्षण प्रदान किया। भारत का मध्य एशिया क्षेत्र में पहला सैन्य अड्डा भी यहीं खोला गया था। भारत और ताज़िकिस्तान ने 2002 में एक द्विपक्षीय प्रतिरक्षा समझौते पर हस्ताक्षर किया था जिसके तहत भारत ने एक भूतपूर्व सोवियत एयरबेस अयनी के पुनर्निर्माण में योगदान दिया था। इसी प्रकार ताशकंद भारत के लिए एक शस्त्र आपूर्तिकर्ता देश रहा है। भारत ने मध्य एशिया क्षेत्र में सैन्य शिक्षण और प्रशिक्षण के ज़रिये महत्त्वपूर्ण सेवाएँ दी हैं। भारत ने वर्ष 2011 में किर्गिस्तान के साथ अपना पहला संयुक्त सैन्याभ्यास खंजर संपन्न किया था। भारत ने अपनी ऊर्जा सुरक्षा के लिए मध्य एशिया के साथ अपने को जोड़कर तापी गैस पाइपलाइन की शुरुआत की जिसका विचार पहली बार 1990 के दशक के मध्य में दिया गया था।

मध्य एशिया भू-सामरिक और भू-आर्थिक दृष्टि से भारत के लिए अत्यंत महत्त्वपूर्ण क्षेत्र है। इसके माध्यम से भारत न केवल रूस सहित यूरेशिया क्षेत्र में अपनी प्रभावी उपस्थिति मज़बूत कर सकता है, बल्कि चीन के पड़ोस में स्थित इन देशों के साथ निकटतापूर्ण संबंधों के माध्यम से चीन को भी प्रतिसन्तुलित कर सकता है। इसका आशय है कि जब मध्य एशियाई देश विविध मुद्दों पर भारत से

मज़बूत गठजोड़ बनाने लगेंगे तो चीन का दृष्टिकोण भारत के लिए कुछ नरम अवश्य होगा। मध्य एशिया भू आर्थिक दृष्टि से भारत के लिए महत्त्वपूर्ण है। वस्तुत: यह क्षेत्र प्राकृतिक संसाधनों से संपन्न है। यहाँ कज़ाखस्तान में विश्व का दूसरा बड़ा यूरेनियम भंडार है, तो तुर्कमेनिस्तान में विश्व का चौथा सबसे बड़ा प्राकृतिक गैस का भंडार है। साथ ही भारतीय कम्पनियों के लिए यहाँ एक बड़ा उपभोक्ता बाज़ार भी है। 2008 में कज़ाखस्तान ने भारत के द्वारा नाभिकीय आपूर्तिकर्ता समूह के देशों के साथ असैन्य नाभिकीय सहयोग के प्रयासों का समर्थन किया था। कज़ाखस्तान ने माना कि भारत एनएसजी का सदस्य बने बगैर उसके सदस्य देशों के साथ नाभिकीय व्यापार करने का पात्र है, क्योंकि भारत नाभिकीय ऊर्जा के शांतिपूर्ण उपयोग पर बल देता है। वर्ष 2008 में ही कज़ाखस्तान ने भारत को वर्ष 2014 तक 2100 टन यूरेनियम की आपूर्ति करने के समझौते पर हस्ताक्षर किया था। वर्ष 2010 में दोनों देशों ने असैन्य नाभिकीय सहयोग समझौते पर हस्ताक्षर भी किया था।

जुलाई, 2015 में भारतीय प्रधानमंत्री ने सभी पाँचों मध्य एशियाई देशों की यात्रा की और कनेक्ट सेंट्रल एशिया पॉलिसी को नई ऊर्जा दी और इन देशों के साथ प्रतिरक्षा, ऊर्जा,सैन्य तकनीकी सहयोग और कनेक्टिविटी के क्षेत्रों में सहयोग को बढ़ावा देने के लिए ज्ञापन समझौते पर हस्ताक्षर किया गया। किर्गिस्तान के सशस्त्र बलों के प्रशिक्षण के लिए माउंटेन ट्रेनिंग सेंटर गठित करने पर दोनों देशों में सहमति बनी थी। वर्ष 2016 में भारत ने कज़ाखस्तान के साथ अपना पहला संयुक्त सैन्य अभ्यास प्रबल दोस्त्यक को संपन्न किया था जिसका नाम 2018 में परिवर्तित कर काजिंद कर दिया गया था। इसके तहत दोनों देश संयुक्त रूप में विप्लव और आतंकवाद निरोधक अभियानों पर ध्यान केंद्रित करते हैं। कज़ाख सशस्त्र बलों ने 2018 में भारत में पीसकिपिंग अभियानों के लिए प्रशिक्षण भी लिया है। 2015 में दोनों देशों में एक समझौते पर हस्ताक्षर किया गया जिसके तहत 2019 के अंत तक कज़ाखस्तान द्वारा भारत को 5000 टन यूरेनियम का विक्रय करने पर सहमति बनी। अब दोनों देशों में इससे संबंधित तीसरे समझौते पर चर्चा चल रही है कि भारत 7500 से 10,000 टन यूरेनियम कज़ाखस्तान से प्राप्त करेगा।

भारत ने उज़्बेकिस्तान के साथ भी एक यूरेनियम आपूर्ति समझौते पर हस्ताक्षर कर रखा है। भारत ईरान से होते हुए मध्य एशिया के साथ व्यापार करने के लिए चाबहार बंदरगाह के विकास के साथ वस्तुओं के अंतर्राष्ट्रीय परिवहन पर कस्टम्स कन्वेंशन में वर्ष 2017 में शामिल हुआ और 2018 में मध्य एशिया के साथ संबंधों को एक नई दिशा देने के लिए अशगाबात समझौते में शामिल हुआ जिसमें ईरान, ओमान, तुर्कमेनिस्तान और उज़्बेकिस्तान शामिल हैं। अंतर्राष्ट्रीय परिवहन और पारगमन गलियारे की स्थापना पर 25 अप्रैल, 2011 को ईरान, ओमान, तुर्कमेनिस्तान और उज़्बेकिस्तान के बीच हस्ताक्षरित समझौते (अशगाबात समझौते) में भारत को

वर्ष 2018 में शामिल किया गया। अशगाबात समझौते के प्रमुख सदस्य तुर्कमेनिस्तान ने भारत को सूचित किया था कि सभी चार संस्थापक सदस्यों ने भारत को शामिल करने के लिए सहमति दी है और समझौते में भारत का प्रवेश 3 फरवरी, 2018 से प्रभावी होगा। अशगाबात समझौते में मध्य एशिया और फारस की खाड़ी के बीच माल के परिवहन और परिवहन की सुविधा की परिकल्पना की गई है। समझौते में शामिल होने से मध्य एशिया के साथ भारत के संपर्क के विकल्पों में विविधता आएगी और इस क्षेत्र के साथ भारत के व्यापार और व्यावसायिक संबंधों पर इसका सकारात्मक प्रभाव पड़ेगा। भारत के अशगाबात समझौते में शामिल होने के लिए केंद्रीय मंत्रिमंडल की स्वीकृति प्राप्त होने पर, भारत ने अप्रैल 2016 में तुर्कमेनिस्तान के पास समझौते के दस्तावेज जमा किए थे।

भारत और कज़ाखस्तान संबंध

कज़ाखस्तान भारत का रणनीतिक साझेदार है। 2019 के पहले 11 महीनों में 1.5 बिलियन अमरीकी डालर के द्विपक्षीय व्यापार के साथ यह भारत के प्रमुख व्यापार भागीदार के रूप में उभरा है। इसमें से भारत ने 1 बिलियन अमरीकी डालर से अधिक का कच्चा तेल खरीदा। ओएनजीसी ने सतपायेव तेल ब्लॉक में निवेश किया है। भारत की तेल कंपनियाँ नए उत्पादक ब्लॉकों की तलाश में रुचि रखती हैं। भारत कज़ाखस्तान से प्राकृतिक यूरेनियम भी खरीदता है और इस तरह कज़ाखस्तान भारत की ऊर्जा जरूरतों के लिए एक महत्त्वपूर्ण आपूर्तिकर्ता के रूप में उभरा है। पंजाब नेशनल बैंक की लगभग एक दशक से कज़ाखस्तान में वाणिज्यिक उपस्थिति है, जो इस क्षेत्र के साथ वाणिज्यिक संबंधों को बढ़ाने के लिए भारत की प्रतिबद्धता को दर्शाता है। कज़ाखस्तान में 400 मिलियन अमरीकी डालर से अधिक भारतीय निवेश और भारत में कज़ाखस्तान के 68 मिलियन अमरीकी डालर के निवेश के साथ, फार्मास्युटिकल्स, चाय और कृषि उत्पाद हमारे हित के प्राथमिक क्षेत्र बने हुए हैं। कज़ाखस्तान सरकार का 'डिजिटल कज़ाखस्तान' कार्यक्रम देश की डिजिटल अर्थव्यवस्था के निर्माण की दिशा में एक महत्त्वपूर्ण प्रेरणा है। भारत सरकार के विभिन्न ई-गवर्नेंस कार्यक्रमों का अध्ययन करने के लिए कज़ाखस्तान के आधिकारिक प्रतिनिधिमंडलों ने भारत का दौरा किया है। भारतीय आईटी कंपनियों को कज़ाखस्तान में आईटी और आईटीईएस के मौकों को गंभीरता से देखना चाहिए।

भारत किर्गिस्तान संबंध

किर्गिज़ गणराज्य के साथ भारत ने जून 2018 में बिश्केक में आयोजित शिखर

सम्मेलन के दौरान एक रणनीतिक साझेदारी की स्थापना की। दोनों देश द्विपक्षीय व्यापार की वर्तमान मात्रा को बढ़ाने के लिए एक केंद्रित प्रयास करने के लिए सहमत हुए जो कि लगभग 30 मिलियन अमरीकी डालर है। भारतीय प्रधान मंत्री ने 200 मिलियन अमरीकी डालर की एक लाइन ऑफ क्रेडिट की घोषणा की जो किर्गिज़ गणराज्य में व्यापार विकास में मदद करेगा और भारतीय कंपनियों को आकर्षित करेगा। भारत और किर्गिस्तान ने संयुक्त रूप से एक भारत-किर्गीज़ बिजनेस फोरम का उद्घाटन किया, जिसे भारतीय पक्ष के लिए फिक्की द्वारा समन्वित किया गया था। बाद में अक्टूबर 2019 में, फिक्की ने भारत के वाणिज्य और उद्योग मंत्रालय के साथ मिलकर बिश्केक में एक भारत-किर्गिज़ ट्रेड एक्सपो 'नमस्कार यूरेशिया' का आयोजन किया, जिसमें 50 प्रमुख भारतीय कंपनियों ने भाग लिया। शहद, अखरोट, सब्जियों और डेयरी उत्पादों जैसे किर्गीज़ जैविक उत्पाद पहले से ही भारत को निर्यात किए जा रहे हैं। बड़े भारतीय बाज़ार को किर्गिज़ कंपनियों द्वारा निश्चित रूप से अपने हिस्से का विस्तार करने के लिए लक्षित किया जा सकता है।

भारत ताज़िकिस्तान संबंध

ताज़िकिस्तान, जो भौगोलिक रूप से भारत के सबसे करीब है, भारत का रणनीतिक साझेदार रहा है। हालाँकि, 2017-18 में 75 मिलियन अमरीकी डालर के उच्च स्तर तक पहुँचने के बाद द्विपक्षीय व्यापार वर्तमान में गिरकर 20 मिलियन अमरीकी डालर हो गया है। कुछ भारतीय कंपनियाँ हैं जिन्होंने ताज़िकिस्तान में बुनियादी ढाँचे में निवेश किया है, जिसमें बिजली पारेषण लाइनों का निर्माण और दुशांबे में एक प्रमुख होटल शामिल है। ताज़िकिस्तान में जल विद्युत उत्पादन की अपार संभावनाएँ हैं, जिनमें से केवल 4 प्रतिशत का दोहन किया जा रहा है। ताज़िकिस्तान में बिजली संचरण, परिवहन, कपास और फल प्रसंस्करण, पर्यटन और खनन की पूरी श्रृंखला की भी अच्छी संभावनाएँ हैं। ताज़िकिस्तान 2023 तक उद्योगों की हिस्सेदारी जीडीपी के 22.5 प्रतिशत तक बढ़ाना चाहता है। इसमें भारतीय व्यवसायों के लिए मौके हैं।

भारत तुर्कमेनिस्तान संबंध

तुर्कमेनिस्तान के लिए, पेट्रो-केमिकल्स का निर्यात राष्ट्रीय अर्थव्यवस्था का एक प्रमुख आधार है। खनन, शोधन और उर्वरक, जिनमें से कुछ भारत को भी निर्यात किए जाते हैं, भारतीय निवेशकों के लिए आकर्षक स्थिति बनाते हैं। लगभग 65 मिलियन अमरीकी डालर के द्विपक्षीय व्यापार के साथ, फार्मास्यूटिकल्स,

घरेलू बिजली के यंत्र, जमा हुआ मांस, टायर आदि के भारतीय निर्यात को बढ़ाने की व्यापक गुंजाइश है। इन प्रयासों को जारी रखने के लिए प्रतिबद्धता व्यक्त की गई है, जबकि तापी गैस पाइपलाइन की भू-राजनीतिक जटिलताओं को भी दोनों देशों ने संबोधित किया है।

भारत उज़्बेकिस्तान संबंध

उज़्बेकिस्तान भारत का रणनीतिक साझेदार है। 2018 और 2019 में राष्ट्रपति शवाकत मिर्ज़ियोएव की यात्राओं ने कई क्षेत्रों में भारत उज़्बेकिस्तान साझेदारी के विकास को एक मज़बूत प्रोत्साहन प्रदान किया है। अक्टूबर 2018 में राष्ट्रपति मिर्ज़ियोएव के राज्य के दौरे के दौरान, प्रधान मंत्री ने उज़्बेकिस्तान के लिए 200 मिलियन अमरीकी डालर की लाइंस ऑफ़ क्रेडिट और खरीदारों के क्रेडिट के लिए अतिरिक्त 800 मिलियन अमरीकी डालर उपलब्ध कराने की घोषणा की थी। भारत की क्रेडिट लाइन के तहत राजमार्गों और अन्य जल-संबंधित शहरी बुनियादी ढाँचे के निर्माण सहित परियोजनाओं पर विचार किया जा रहा है। उज़्बेकिस्तान द्वारा भारत को यूरेनियम की आपूर्ति के लिए एक अनुबंध को अंतिम रूप दिया गया है। भारत और उज़्बेकिस्तान ने एक अधिमान्य व्यापार व्यवस्था (पीटीए) के लिए अपनी बातचीत शुरू करने का फैसला किया है। इससे भारत को 1 बिलियन अमरीकी डॉलर के व्यापार के द्विपक्षीय लक्ष्य तक पहुँचने में मदद मिलेगी जो वर्तमान में लगभग 300 मिलियन अमरीकी डालर के स्तर पर है। भारतीय कंपनियों की फार्मास्यूटिकल्स, यांत्रिक उपकरण, ऑटो पार्ट्स, सेवाओं आदि के निर्यात में गहरी रुचि है। उज़्बेक फल और सब्जियाँ, उर्वरक, रस उत्पाद, अर्क और स्नेहक भारत को निर्यात किए जा रहे हैं और निरंतर प्रयासों के माध्यम से अपना हिस्सा बढ़ा सकते हैं। उज़्बेकिस्तान के साथ लगभग 50 बी2बी (बिजनेस टू बिजनेस) ज्ञापन समझौते भी हाल के समय में संपन्न किए गए हैं।

भारत की कनेक्ट सेंट्रल एशिया नीति

मध्य एशियाई देशों के साथ भारत के ऐतिहासिक और सांस्कृतिक संबंध रहे हैं, लेकिन भू-आबद्ध इस क्षेत्र से सम्पर्क की बाधा के कारण प्रभावी संबंध विकसित नहीं हो पाए हैं। इसीलिए 2012 में भारत सरकार द्वारा कनेक्ट सेंट्रल एशिया नीति की घोषणा की गई, जिसके तहत इन देशों के साथ प्रत्यक्ष सम्पर्क और बहुआयामी संबंधों को स्थापित करने के प्रयास किए जा रहे हैं। इस नीति में निम्नलिखित पहलों पर विशेष बल दिया जा रहा है—

—भारत इस नीति के तहत सर्वाधिक जोर क्षेत्रीय सम्पर्क बहाली को दे रहा है। इस संदर्भ में भारत, ईरान और अफ़ग़ानिस्तान के मध्य 2016 में सम्पन्न हुए त्रिपक्षीय समझौते में अब उज़्बेकिस्तान भी शामिल हो गया है। वर्तमान में उज़्बेकिस्तान के साथ इस सम्भावना पर विचार किया जा रहा है कि पश्चिमी अफ़ग़ानिस्तान के हेरात प्रान्त में अवस्थित मित्रता रेलवे सेतु का विस्तार उज़्बेकिस्तान तक किया जाए। इसी प्रकार भारत महत्त्वाकांक्षी अंतर्राष्ट्रीय उत्तर दक्षिण परिवहन गलियारे की परियोजना पर कार्य करना शुरू कर चुका है। इस संबंध में हाल ही में भारत अंतर्राष्ट्रीय कस्टम अभिसमय में शामिल हो गया है। उल्लेखनीय है कि अंतर्राष्ट्रीय उत्तर दक्षिण परिवहन गलियारा 7200 किमी लम्बी एक बहुउद्देश्यीय परिवहन व्यवस्था है, जो हिन्द महासागर, फारस की खाड़ी को ईरान के रास्ते कैस्पियन सागर और फिर रूस तथा उत्तरी यूरोप को जोड़ेगा। इसी क्रम में भारत अब अशगाबाद समझौते में भी शामिल हो गया है,जो ओमान, ईरान, पाकिस्तान, भारत, तुर्कमेनिस्तान, उज़्बेकिस्तान के मध्य क्षेत्रीय सम्पर्क स्थापित करने के लिए आरम्भ किया गया है।

—भारत इस नीति के तहत मध्य एशियाई देशों के साथ द्विपक्षीय और क्षेत्रीय स्तर पर कूटनीतिक संबंधों को मज़बूत करने का प्रयास कर रहा है। इस क्रम में 2015 में भारतीय प्रधानमंत्री की मध्य एशियाई देशों की यात्रा सम्पन्न हुई। इस दौरान कज़ाखस्तान के साथ महत्त्वपूर्ण असैन्य नाभिकीय समझौता भी सम्पन्न हुआ। साथ ही भारत अब शंघाई सहयोग संगठन का पूर्ण सदस्य भी बन गया है।

—भारत मध्य एशियाई देशों के साथ मिलकर सामरिक और सुरक्षा साझेदारी को भी गति दे रहा है। भारत इस क्षेत्र में क्षेत्रीय आतंकवाद विरोधी संरचना (रैट्स) का भी भागीदार है, जहाँ आतंकवाद और तस्करी जैसी सुरक्षा चुनौतियों के क्षेत्र में परस्पर सहयोग किया जा रहा है। साथ ही इन देशों के साथ संयुक्त सैन्याभ्यास भी आयोजित हो रहे हैं।

—भारत इस क्षेत्र में अनेक क्षमता निर्माण कार्यक्रम को भी संचालित कर रहा है, जो इस क्षेत्र में भारत को सॉफ्ट पॉवर के रूप में स्थापित कर रहा है। साथ ही भारत इस क्षेत्र में सांस्कृतिक कूटनीति के माध्यम से अपने प्रभाव का विस्तार कर रहा है।

मध्य एशिया में भारत और चीन

भू-आबद्ध लेकिन प्राकृतिक संसाधनों से सम्पन्न मध्य एशिया में चीन बेल्ट और रोड पहल के माध्यम से न केवल यहाँ खनिज और हाइड्रोकॉर्बन संपदा के अधिकतम दोहन का प्रयास कर रहा है, बल्कि इसे अपने उत्पादों के बाज़ार के रूप में भी देख रहा है। वहीं भारत भी कनेक्ट सेंट्रल एशिया नीति के माध्यम से इस क्षेत्र में प्रत्यक्ष पहुँच न होने की कमी को दूर करना चाहता है। उल्लेखनीय है कि चीन

द्वारा शंघाई सहयोग संगठन के मध्य एशियाई सदस्यों को 10 बिलियन डॉलर की सहायता इसलिए दी गई,जिससे चीन के पश्चिमी क्षेत्र को मध्य एशिया से जोड़ा जा सके। चीन इस क्षेत्र का सबसे बड़ा निवेशकर्ता बन चुका है और किसी अन्य निकटतम बाज़ार के अभाव में मध्य एशियाई देशों की अतिनिर्भरता चीन पर बढ़ती गई है। ऐसे में चीन की आधिपत्यवादी नीतियाँ इन देशों में असुरक्षा का भाव उत्पन्न करती है। यही कारण है कि मध्य एशियाई देश भारत को चीन के विकल्प के रूप में भी देखते हैं।

शंघाई सहयोग संगठन की सदस्यता का भारत के लिए महत्त्व

इसे भारत की कनेक्ट सेंट्रल एशिया नीति की महत्त्वपूर्ण सफलता के रूप में देखा जा सकता है। इससे केंद्रीय एशिया में भारत के प्रभाव एवं उपस्थिति को मज़बूती मिलेगी, साथ ही इन देशों के साथ आर्थिक और सामरिक मुद्दों पर सहयोग बढ़ेगा। शंघाई सहयोग संगठन के मंच पर आतंकवाद और संगठित अपराध के विरोध के लिए गठित क्षेत्रीय आतंकवाद विरोधी संरचना में भारत की भागीदारी बढ़ेगी, जिससे इस क्षेत्र में महत्त्वपूर्ण खुफिया सूचनाओं का आदान-प्रदान हो सकेगा।

दक्षिण एशिया में जिस प्रकार चीन भारत के पड़ोस में उपस्थित होकर भारत की सामरिक घेरेबन्दी कर रहा है, उसी प्रकार शंघाई सहयोग संगठन के मंच पर भारत चीन के पड़ोस में उपस्थित होकर चीन को प्रतिसन्तुलित कर सकेगा। एससीओ के मंच से आतंकवाद के मुद्दे पर पाकिस्तान पर भी दबाव बनाना आसान होगा।

शंघाई सहयोग संगठन के मंच से भारत एक क्षेत्रीय शक्ति के रूप में अपना प्रभाव बढ़ा सकेगा, क्योंकि मध्य एशियाई देश और रूस भारत को चीन के आधिपत्यवाद के विरोध में महत्त्वपूर्ण विकास भागीदार और सुरक्षा प्रदायक के रूप में देखते हैं।

भारत और मध्य एशियाई देशों के सामने साझे सुरक्षा संकट भी विद्यमान हैं, जहाँ परस्पर साझे प्रयास किये जा सकते हैं जैसे—आतंकवाद, तस्करी, प्राकृतिक आपदा आदि क्षेत्र में सहयोग आदि। यही नहीं वैश्विक और क्षेत्रीय मंचों पर भी मध्य एशियाई देश भारत के महत्त्वपूर्ण सामरिक भागीदार बन सकते हैं।

मध्य एशिया का भारत के लिए महत्त्व

भारत और मध्य एशिया के बीच व्यापार और आर्थिक जुड़ाव बढ़ाने की एक बड़ी क्षमता मौजूद है। इस दिशा में एक कार्यशील ओवरलैंड कनेक्टिविटी की कमी की चुनौती है। भारत ने चाबहार मार्ग के माध्यम से इस चुनौती को पार करने का प्रस्ताव रखा था। भारत, ईरान और अफ़ग़ानिस्तान का मानना है कि चाबहार, भारतीय

सामानों का अफ़ग़ानिस्तान और आगे उत्तर से मध्य एशियाई राज्यों तक पहुँचने के लिए और बंदरगाहविहीन मध्य एशिया के लिए इस बंदरगाह के माध्यम से समुद्र तक पहुँच बनाने के लिए संपर्क का आधार बन जाएगा। भारत सरकार ने वित्त वर्ष 2020-21 के लिए चाबहार पोर्ट के लिए 100 करोड़ रुपये का आबंटन किया है। यह चाबहार के विकास के प्रति भारत की प्रतिबद्धता और इसे एक व्यवहार्य कनेक्टिविटी विकल्प के रूप में विकसित करने के भारत के दृढ़-निश्चय को दर्शाता है। अंतर्राष्ट्रीय उत्तर दक्षिण परिवहन गलियारे और अशगाबात समझौते के माध्यम से भारत कनेक्टिविटी पहल भी जारी रहेगी।

भारत सभी मध्य एशियाई राज्यों में विभिन्न क्षेत्रों में विकास परियोजनाएँ चला रहा है, क्षमता निर्माण और असैन्य और रक्षा दोनों क्षेत्रों में हमारे लोकप्रिय भारतीय तकनीकी और आर्थिक सहयोग कार्यक्रम के तहत मध्य एशिया के उम्मीदवारों को प्रशिक्षण के अवसर प्रदान करता रहा है। हाल के वर्षों में, भारत ने किर्गिस्तान में एक टेली-मेडिसिन नेटवर्क बनाया है, कज़ाकिस्तान, किर्गिस्तान, उज़्बेकिस्तान और ताज़िकिस्तान में आईटी केंद्र स्थापित किए हैं, तुर्कमेनिस्तान में एक औद्योगिक प्रशिक्षण केंद्र और अलग-अलग परिमाण की कई अन्य परियोजनाओं की स्थापना की है। भारत इस क्षेत्र में अपनी विकास साझेदारी को बढ़ाने के लिए प्रतिबद्ध है।

भारत और लैटिन अमरीका एवं कैरिबियन संबंध

1960 के दशक से भारत ने लैटिन अमेरिकी देशों के साथ अंतर्संपर्क शुरू किए थे। शीत युद्ध की राजनीति भारत के, विश्व के कई क्षेत्रों से देर से जुड़ने की वजह बनी थी लेकिन भारत 1950 के दशक से ही एक जिम्मेदार राष्ट्र के रूप में एशिया, अफ्रीका और लैटिन अमरीका के देशों के अधिकारों और आत्म निर्धारण के अधिकारों का समर्थन करता आया है। भारतीय प्रधानमंत्री जवाहर लाल नेहरू ने 1961 में मैक्सिको की यात्रा की थी। मैक्सिको पहला लैटिन अमेरिकी देश था जिसने भारत की स्वतंत्रता के बाद उसे मान्यता देते हुए 1950 में ही कूटनीतिक संबंधों की स्थापना की थी। मैक्सिको की गेहूँ की प्रजाति सोनोरा ने भारत की हरित क्रांति में महत्त्वपूर्ण भूमिका निभाई थी। इंदिरा गांधी की 1968 में आठ लेटिन अमेरिकी देशों जिनमें मुख्य रूप में ब्राजील, चिली, उरूग्वे, अर्जेंटीना, कोलंबिया और वेनेजुएला शामिल थे, की लंबी यात्रा उस क्षेत्र के साथ भारतीय राजनय का उत्कृष्ट उच्च बिंदु है। अक्टूबर, 1968 में भारतीय प्रधानमंत्री इंदिरा गांधी ने वेनेजुएला की यात्रा की थी। दोनों देशों ने आपसी संबंधों को मज़बूती प्रदान करने का फैसला किया। इस क्षेत्र में बाद में हुई कुछेक प्रधानमंत्री स्तरीय यात्राएँ प्रमुखतः बहुपक्षीय कार्यक्रमों के लिए हुई हैं।

हाल के दशक में भारतीय राष्ट्रपतियों और उप राष्ट्रपतियों द्वारा लैटिन अमरीका की कुछ यात्राएँ की गई हैं। चिली, वेनेजुएला और क्यूबा के तीन विदेश मंत्रियों, जो 'कम्यूनिटी ऑफ लैटिन अमेरिकन एंड कैरीबियन स्टेट्स (सेलेक)' के प्रतिनिधि हैं की अगस्त 2012 में भारत के विदेश मंत्री से मुलाकात हुई थी। संयुक्त घोषणा से इस पैन-रीजनल संगठन, जो सभी तैंतीस देशों को एक ही छत्र के अंतर्गत लाता है, के साथ भारत के संबंधों की नई शुरुआत हुई। इसी क्रम में भारत को डायनामिक पेसिफिक अलायंस, जिसमें मैक्सिको, कोलंबिया, पेरू और चिली शामिल हैं, के ऑब्जर्वर सदस्य का दर्जा भी प्राप्त हुआ है।

लैटिन अमरीका भारत से आकार में पाँच गुणा बड़ा है, और जहाँ के 600 मिलियन निवासियों की प्रतिव्यक्ति आय 11,000 अमरीकी डॉलर से अधिक है। भारत को इस क्षेत्र में ऊर्जा, खनिज, कृषि योग्य भूमि और जैव-विविधता का भारी संसाधन आधार होने के बारे में जानकारी है। एलएसी क्षेत्र में 43 देश शामिल हैं। इनमें ब्राजील, अर्जेंटीना, पेरु, चिली, कोलम्बिया, इक्वाडोर, ग्वाटेमाला, वेनेज़ुएला, पनामा और क्यूबा भारत के महत्त्वपूर्ण आर्थिक और व्यापारिक साझेदार हैं।

2014-15 के दौरान भारत और एलएसी देशों के बीच कुल 38.48 अरब डॉलर का द्विपक्षीय व्यापार हुआ, जो कि 2015-16 में 25.22 अरब डॉलर और 2016-17 में 24.52 अरब डॉलर रहा और 2017-18 में 29.33 अरब डॉलर हो गया था। कच्चे तेल की कीमतों में बड़े पैमाने पर हुए उतार-चढ़ाव के कारण द्विपक्षीय व्यापार पर असर पड़ा।

लैटिन अमरीका क्षेत्र की सामूहिक अथवा संयुक्त जीडीपी 4.9 ट्रिलियन डॉलर है और विश्व की 600 मिलियन आबादी इस क्षेत्र में रहती है। संयुक्त राष्ट्र के लैटिन अमरीका और कैरेबियाई आर्थिक आयोग की रिपोर्ट के अनुसार वर्ष 2013 में लैटिन अमरीका ने 179 बिलियन डॉलर के प्रत्यक्ष विदेशी निवेश को आकर्षित किया था जो विश्व के किसी भी क्षेत्र में सर्वाधिक था। यह आर्थिक रूप से गतिशील क्षेत्र है, इस क्षेत्र में राजनीतिक स्थिरता, लोकतांत्रिक संरचनाओं के प्रसार, सक्रिय उद्यमी वर्ग और युवाओं की संख्या के चलते यह आर्थिक रूप से एक लाभकारी क्षेत्र है, दक्षिण अमरीका की आधी से अधिक आबादी 30 वर्ष से कम आयु की है जो कार्यशील जनसंख्या की स्थिति को दर्शाता है।

भारत लैटिन अमरीका सहयोग के क्षेत्र

भारत और लैटिन अमरीका के मध्य निम्नलिखित बिंदुओं पर सहयोग सुनिश्चित किया गया है :

सूचना प्रौद्योगिकी के क्षेत्र में भारत की क्षमता और ताकत के कारण भारतीय

आईटी कंपनियाँ लैटिन अमरीका और कैरीबियाई क्षेत्र में भी संयुक्त उपक्रम लगा रही हैं। इन संयुक्त उपक्रमों के ज़रिये उत्तरी अमरीका के उपभोक्ता कम्पनियों को उनके टाईम जोन से 12 घंटे की सेवाएँ दी जा रही हैं और बाकी के 12 घंटे की सेवाएँ भारतीय समय के अनुसार दी जा रही हैं।

फार्मा क्षेत्र में प्रतिस्पर्धा में आगे रहने के कारण भारत से लैटिन अमरीका और कैरीबियाई देशों को होने वाले निर्यात में दवाओं का बड़ा स्थान है। इन देशों के आयात में भारत से निर्यात होने वाली दवाइयों का हिस्सा तीन प्रतिशत से ज्यादा है। भारत की कुछ फार्मा कंपनियों ने लैटिन अमरीका और कैरीबियाई देशों में अपनी उत्पादन इकाइयाँ भी स्थापित कर रखी हैं। स्थानीय क्षेत्रों में दवाओं की आपूर्ति के अलावा यह कंपनियाँ क्षेत्र से बाहर अमरीका और अन्य देशों को भी दवाओं का निर्यात करती हैं। इससे एलएसी देशों में कम लागत वाली स्वास्थ्य सेवाओं को प्रोत्साहन मिल रहा है। इन क्षेत्रों से अन्य देशों को जेनेरिक दवाओं का निर्यात बढ़ रहा है।

एलएसी क्षेत्र के कई देश कृषि उत्पादन का बड़ा केन्द्र हैं और उनके पास निर्यात के लिए अतिरिक्त कृषि उत्पाद उपलब्ध हैं। यही वजह है कि इस क्षेत्र को ग्लोबल ब्रेड बास्केट कहा जाता है। भारतीय कम्पनियाँ एलएसी क्षेत्र के देशों के साथ दाल-दलहन और खाद्यान्नों की खेती के लिए संयुक्त उपक्रम लगा सकती हैं। भारतीय कम्पनियाँ यहाँ कृषि उत्पादों की बर्बादी रोकने के लिए भंडारण क्षेत्र में भी निवेश कर सकती हैं। डेयरी फार्मिंग, बीजों और दलहनों की खेती के क्षेत्र में भी भारतीय कंपनियाँ बेहतर तौर तरीकों को साझा कर सकती हैं और मिलकर अनुसंधान कार्य कर सकती हैं।

ब्राजील (लैटिन अमरीका और कैरिबियन) क्षेत्र में भारत के सबसे महत्त्वपूर्ण व्यापारिक साझेदारों में से एक है, दोनों देशों के बीच 2022 तक द्विपक्षीय व्यापार बढ़कर 15 अरब अमरीकी डालर तक पहुँच जाएगा।

चिली लैटिन अमेरिकी क्षेत्र में भारत का पाँचवाँ सबसे बड़ा व्यापारिक भागीदार है। चिली से आयात में तांबे का 85 प्रतिशत से अधिक योगदान हैं। हमें व्यापार को और मज़बूत बनाने के लिए अपने व्यापार में विविधता लानी चाहिए। द्विपक्षीय संबंधों को और मज़बूत बनाने के लिए चिली ने यह घोषणा की है कि वह वैध अमेरिकी वीजा रखने वाले भारतीय नागरिकों को वीजा मुक्त प्रवेश की अनुमति देगा। 2013 में भारत और इस क्षेत्रों के मध्य द्विपक्षीय आर्थिक व्यापार 42 बिलियन डॉलर पहुँच गया। ऊर्जा, कृषि, खाद्य प्रसंस्करण, टेक्सटाइल, परिवहन और सूचना प्रौद्योगिकी के क्षेत्र में व्यापार को बढ़ावा देकर 100 बिलियन डॉलर तक के क्षेत्रीय व्यापार के लक्ष्य की प्राप्ति की जा सकती है।

मैक्सिको, कोलंबिया और पेरू भारतीय निर्यात के क्रमशः दूसरे, तीसरे और

चौथे सबसे बड़े गंतव्य हैं। इसलिए भारत को इन तीनों देशों के साथ मुक्त व्यापार समझौते संपन्न करने का सुझाव राजनयिकों और आर्थिक विशेषज्ञों द्वारा दिया जा चुका है। भारत का लैटिन अमेरिकी देश चिली के साथ वरीयता मूलक व्यापार समझौता हो चुका है, जिसे मज़बूती देने की जरूरत है।

वर्ष 2018 में भारतीय उपराष्ट्रपति द्वारा ग्वाटेमाला, पनामा और पेरू की यात्रा की गई जिसे लैटिन अमरीका के साथ मज़बूत संबंध बनाने की कड़ी के रूप में देखा गया। भारत सरकार द्वारा इस यात्रा को इस महत्त्वपूर्ण क्षेत्र के साथ 'सम्पर्कों में उच्च स्तर की कमी' को पूरा करने के प्रयास के रूप में वर्णित किया गया था। इन तीन लैटिन अमरीकी देशों ने क्षेत्रीय प्रबंधों और मुक्त व्यापार समझौतों के ज़रिये अमरीका और अन्य उत्तरी और दक्षिण अमरीकी अर्थव्यवस्थाओं के साथ उच्च स्तर के अनुबंधों को देखते हुए भारत को महत्त्वपूर्ण अवसरों का प्रस्ताव भी किया है। ये देश इस क्षेत्र में लॉजिस्टिक और वित्तीय केन्द्र बने हैं। इस यात्रा के दौरान पाँच समझौता ज्ञापनों और समझौतों पर हस्ताक्षर किए गए। ये ग्वाटेमाला में राजनयिकों और अंग्रेजी के अध्यापकों के प्रशिक्षण; भारत और पनामा के कूटनीतिक, आधिकारिक और दूतावास संबंधी पासपोर्ट धारकों के लिए वीज़ा में छूट के अलावा कृषि संबंधी अनुसंधान में सहयोग के लिए कार्य योजना तथा पेरू के साथ नवीन और नवीकरणीय ऊर्जा के क्षेत्र में सहयोग से संबंधित हैं।

पनामा के लिए भारत ने एक जैव विविधता केन्द्र, नशीली दवाओं पर नजर रखने तथा नवोन्मेष प्रौद्योगिकी केन्द्र स्थापित करने के लिए 25 मिलियन अमरीकी डॉलर की ऋण सहायता देने की घोषणा भी की है। भारत लैटिन अमरीका के साथ रिश्तों को सशक्त करने के लिए दृढ़ संकल्पित है और ग्वाटेमाला को मध्य अमरीका में प्रवेशद्वार के लिए सर्वाधिक जनसंख्या और सबसे बड़ी अर्थव्यवस्था के रूप में देखता है। ग्वाटेमाला के उपराष्ट्रपति डॉ. फ्रैंकों ने नवंबर, 2018 में ग्वाटेमाला शहर में आयोजित आइबेरो अमरीका सम्मेलन में प्रतिनिधियों को भेजने के लिए भारत को आमंत्रित किया था। इस सम्मेलन में स्पेन और पुर्तगाल के अलावा सभी लेटिन अमरीकन देशों ने भाग लिया। यहाँ यह महत्त्वपूर्ण तथ्य है कि तीन वर्षों में एक बार होने वाले सम्मेलन में भारत को प्रथम बार आमंत्रण प्राप्त हुआ। भारत ने भी ग्वाटेमाला को अंतर्राष्ट्रीय सौर गठबंधन में जुड़ने के लिए आमंत्रित किया। ग्वाटेमाला वर्ष 2021-22 के लिए संयुक्त राष्ट्र सुरक्षा परिषद की भारत की सदस्यता के लिए और भारत वर्ष 2031-32 के लिए ग्वाटेमाला की सदस्यता के लिए सहयोग करेगा।

अध्याय 13

विश्व व्यवस्था : महत्त्वपूर्ण संदर्भ और आयाम

कोरोना वायरस की महामारी ने वैश्विक समाज, राजनीति, अर्थव्यवस्था, कला और संस्कृति, वैश्विक और क्षेत्रीय व्यवस्थाओं को बुरी तरह से प्रभावित किया है और इसमें कई अप्रत्याशित बदलाव की शुरुआत का कारण भी बना है। इसने क्षेत्रीय और वैश्विक स्तर पर एक गतिशील अर्थतंत्र और वैश्विक राजनीतिक व्यवस्था की संरचनाओं और प्रक्रियाओं को प्रभावित किया है। इसने राष्ट्रों के मध्य द्विपक्षीय संबंधों को कई रूपों में प्रभावित किया है। इसने बहुपक्षीयतावाद और अंतर्राष्ट्रीय संस्थागत मूल्यों, मानकों और प्रतिमानों में अविश्वास रखने वाले राष्ट्रों के चरित्र को भी उजागर किया है। विश्व के कुछ देशों में वैश्विक और क्षेत्रीय प्रभुत्व के लिए महत्त्वाकांक्षाएँ बढ़ गई हैं। छोटे-बड़े सभी राष्ट्रों ने अपने राष्ट्रीय हित, अपनी अर्थव्यवस्था और केवल अपने नागरिकों के हित में संरक्षणवादी नीतियों को अपनाना शुरू कर दिया है। आज वो राष्ट्र भी संरक्षणवादी नीतियों की राह पर तेजी से दौड़ पड़े हैं जो प्री कोविड दौर में संरक्षणवादी नीतियों पर चलना सीख रहे थे। आज राष्ट्र अपने देश की आंतरिक व्यवस्था में अंतर्निहित विरोधाभासों, भ्रष्टाचार और कुशासन और उससे जनित जन असंतोष के प्रति सजग हुए हैं। चीन, हांगकांग, ताईवान, नेपाल, पाकिस्तान, खाड़ी देश इस बात का साक्ष्य हैं।

आज कुछ वैश्विक संगठनों की जिस प्रकार की विवादास्पद भूमिका सामने आई है वैसा पहले नहीं देखी गई। विश्व के कई देशों की विश्व स्वास्थ्य संगठन की भूमिका पर प्रश्नचिह्न खड़े करने के उदाहरण देखे गए हैं। विश्व स्वास्थ्य संगठन और चीन के कोरोना वायरस के मुद्दे पर कथित गठजोड़ और संबंधों ने अमेरिका जैसे देशों को विश्व स्वास्थ्य संगठन की सदस्यता को त्यागने की पृष्ठभूमि बना डाली। वहीं विश्व स्वास्थ्य संगठन ने दुनिया भर के देशों को वैक्सीन नेशनलिज्म के खतरे के प्रति आगाह करते हुए कहा है कि कई राष्ट्र जो आज वैक्सीन निर्माण की दिशा में बिना किसी ठोस प्रभावी परिणाम के आए जिस तरह से अपनी उपलब्धियों का एकतरफा गुणगान कर रहे हैं इससे विश्व समुदाय को

कुछ हासिल नहीं होने वाला। वास्तव में विश्व स्वास्थ्य संगठन इतना अधिक निराशापूर्ण नहीं रहा है जितना आज है और वह लगातार गंभीर से गंभीर प्रभाव पड़ने की भविष्यवाणियाँ किए जा रहा है। दुनिया के कई देशों का मत है कि चीन ने अपने बड़े वैश्विक मकसदों के लिए विश्व स्वास्थ्य संगठन को सुनियोजित तरीके से वैश्विक स्वास्थ्य प्रणाली का गंभीर चित्रण करने का नजरिया दिया है। ऐसा पहली बार है कि जब विश्व स्वास्थ्य संगठन जैसा प्रभावशाली संगठन किसी विकासशील देश के इशारों पर चलने का दोषी पाया गया है। इससे पहले विकसित देशों पर यह आरोप लगते रहे हैं कि वो वैश्विक वित्तीय संस्थानों खासकर विश्व व्यापार संगठन, अंतर्राष्ट्रीय मुद्रा कोष और वर्ल्ड बैंक को अपने हितों के पक्ष में संचालित करते रहे हैं। वास्तव में यदि किसी विकासशील देश के प्रभाव में विश्व स्वास्थ्य संगठन को चलना चाहिए तो वो भारत हो सकता है क्योंकि भारत के पास अन्य देशों की तुलना में एक सीमित संरक्षणवादी नीति के साथ ही मानवतावादी सहायता की भावना कहीं अधिक प्रबल रही है। पोस्ट कोविड विश्व व्यवस्था में विभिन्न वैश्विक और क्षेत्रीय संगठनों की भूमिका विरोधाभासी नज़र आ सकती है। ऐसा इसलिए है कि जो देश अपनी अर्थव्यवस्था को आर्थिक मंदी, बेरोजगारी, निर्धनता से बचा पाएँगे वही इस बात के लिए भी सक्षम रह पाएँगे कि वो प्रमुख वैश्विक संस्थाओं को वित्त पोषित कर पाएँगे। विश्व आर्थिक व्यवस्था में जिस तरह की उथल-पुथल सैन्य और सामरिक कारणों के चलते होती रही है, उससे कई देश अपने को अधिक खर्चे की स्थिति में नहीं पा रहे हैं। देशों की आर्थिक रूप से बदहाल व्यवस्थाएँ आंतरिक व्यवस्थाओं से आती असंतुष्ट आवाजों को जवाब देने के लिए अपने को विवश पाएँगी। इसकी शुरुआत वैसे तो प्री कोविड दौर में ही हो चुकी है। यहाँ हम ब्रिटेन का उदाहरण ले सकते हैं। ब्रिटेन ने यूरोपीय संघ से बाहर निकलने का निर्णय क्यों किया? इसके जवाब को खोजें तो एक बड़ा कारण उसका बढ़ता वित्तीय बोझ रहा है।

चीन की पॉलिटिक्स ऑफ जेनरोसिटी और विश्व व्यवस्था में बदलाव के संकेत

यूरोपीय संघ के विदेश मंत्री जोसेप बोर्रेल के कथन के संदर्भ में चीन की उदारता की नीति की व्याख्या की जा सकती है जिसमें उन्होंने यह कहा कि कोरोना आपदा के इस दौर में चीन उदारता की राजनीति (politics of generosity) कर रहा है। यह बयान तब आया जब चीन की कंपनी हुवेई ने बड़े स्तर पर यूरोप के उन देशों में मास्क सहित अनेक मेडिकल उपकरणों की आपूर्ति की, जहाँ वह 5G कॉन्ट्रैक्ट को पाने की प्रतिस्पर्धा में लगा रहा है। ऐसे में यह प्रश्न बड़ी तेजी से

उभरा है कि आखिर चीन के इरादे क्या हैं और क्या यह विश्व राजनीति में व्यापक बदलाव आने की सुगबुगाहट तो नहीं?

यह चर्चा इसलिए भी जरूरी है क्योंकि आज जहाँ एक तरफ विश्व कोरोना वायरस आपदा के अनसुलझे रहस्यों की गुत्थी सुलझाने में लगा है तो दूसरी ओर वैश्विक शक्तियाँ विश्व व्यवस्था में अपने स्थान, भूमिका, प्रभाव, वर्चस्व को सुरक्षित करने के लिए सतर्क हो गई हैं। असल में कोरोना की महाआपदा ने पारिवारिक, सामाजिक रिश्तों से लेकर इंसान और प्रकृति के बीच रिश्तों को पुनर्परिभाषित करने की बहस को जहाँ तेज़ कर दिया है, वहीं यह प्रश्न भी उठने लगा है कि क्या पोस्ट कोरोना विश्व में यह आपदा अंतर्राष्ट्रीय संबंधों को भी प्रभावित करने वाला है क्योंकि विश्व में जब भी बड़े संकट आये हैं, अंतर्राष्ट्रीय व्यवस्था के नियम और उसके नियामक किरदार बदलते रहे हैं। अंतर्राष्ट्रीय स्तर पर तमाम बुद्धिजीवियों के बीच यह चर्चा तेज हो गई है।

एक दौर था जब ब्रिटेन दुनिया की महाशक्ति होता था, लेकिन प्रथम और द्वितीय विश्वयुद्ध के बाद पैक्स ब्रिटेनिका में बदलाव आया और अंग्रेजों के सूर्यास्त ने दुनिया को दो महाशक्तियों से परिचित कराया और विश्व 1945 के बाद पैक्स अमेरिकना और पैक्स सोवियताना से संचालित होने लगा, फिर 1990 में सोवियत संघ के विघटन ने तो अमेरिका के नेतृत्व में एक नई विश्व व्यवस्था की रचना कर दी, जहाँ अंकल सैम के नेतृत्व में पश्चिमी शक्तियों ने विश्व में राज करना शुरू कर दिया। यह माना जाने लगा कि अब इन पश्चिमी शक्तियों का स्थान कोई नहीं ले सकेगा पर 2008 की मंदी के बाद फिर से विश्व व्यवस्था ने नई करवट लेना शुरू कर दिया था। हालाँकि 2008 की आर्थिक मंदी ने अमेरिका और यूरोपीय शक्तियों को कमजोर तो किया लेकिन उनके वैश्विक वर्चस्व को खत्म नहीं कर पाई और अब जबकि कोरोना से मानवता के वर्तमान जंग को तीसरे विश्वयुद्ध के रूप में देखा जा रहा तो सवाल उठता है कि अब विश्व की राजनीति की दिशा किधर मुड़ने वाली है।

यह सवाल इसलिए जरूरी हो जाता है क्योंकि 2008 के आर्थिक मंदी के बाद से ही चीन ने अपने एशियाई स्वप्न के सहारे विश्व की महाशक्ति बनने की दौड़ में खुद को शामिल कर लिया था। इस दौरान चीन ने काफी हद तक सफलता भी हासिल कर ली, क्योंकि मंदी का शिकार अमेरिका अपनी अंतर्मुखी नीति के जरिये अमेरिका प्रथम की नीतियों को बढ़ावा दे रहा था। इस नीति के तहत उसने वैश्विक स्तर पर अपने बढ़ते आर्थिक और सैन्य बोझ को कम करना शुरू कर दिया। इसी क्रम में वह आर्थिक बोझ से बचने के लिए पेरिस सम्मेलन से बाहर निकला और फिर यूनेस्को, मानवाधिकार परिषद जैसे संगठनों से भी बाहर निकला। अफगानिस्तान, इराक और सीरिया से सेना की वापसी के प्रयास भी तेज

किये। यही नहीं खुद को बचाने की बेताबी इस हद तक थी कि कल तक वो अमेरिका जो धमकियों में बात करता था, वह अफगानिस्तान में तालिबान से और उत्तर कोरिया के क्रूर शासकों से भी बातचीत करने के लिए तैयार हो गया। इन सबसे कहीं न कहीं अमेरिका की प्रतिष्ठा को गहरी चोट तो जरूर लगी पर उसने आवश्यक शक्ति संघर्ष से बचते हुए अपनी सर्वोच्चता का आवरण बनाये रखा। इस दौरान चीन ने अमेरिका की वैश्विक राजनीति में बढ़ती निष्क्रियता का लाभ उठाते हुए विश्व में शक्ति निर्वात को भरने की कोशिशें तेज़ कर दी। इस क्रम में उसने सबसे पहले एशियाई अफ्रीकी देशों को अपनी चेकबुक कूटनीति के जरिये खुद पर निर्भर बनाया फिर शक्ति प्रदर्शन करते हुए दक्षिणी और पूर्वी चीन सागर में पड़ोसी देशों को यह संकेत दे दिया कि अब उनकी सुरक्षा चीन पर ही निर्भर करती है। यहाँ तक कि अंतर्राष्ट्रीय संस्थाओं ने जब उस पर दबाव बनाना शुरू किया तो भी स्पष्ट संकेत दिया कि वह किसी भी अंतर्राष्ट्रीय कानूनों में बँधा नहीं है और न कोई देश या संस्था उस पर दबाव बना सकता, फिर सफलतापूर्वक रूस को अपना सहयोगी बनाया और एक शक्ति समीकरण की रचना में लग गया। पर अभी भी चीन अमेरिका से प्रत्यक्ष संघर्ष की स्थिति में नहीं था, क्योंकि उसकी वैश्विक छवि हार्ड पावर की थी जिससे लोग डरते हैं और मजबूरी में जुड़ते हैं, जबकि उसे जरूरत थी सॉफ्ट पावर के रूप में दुनिया में अपनी सर्वोच्चता को स्थापित करने की। यह वैधता का संकट ही था जो चीन को विश्व की सर्वोच्च शक्ति बनने से रोक रहा था। फिलहाल ऐसा लगता है कि कोरोना ने वह अवसर चीन को दे दिया है, जिसे वह अपने अधूरे सपने को पूरा करने में लगाना चाहता है। आज जब पूरी दुनिया इस त्रासदी से जूझ रही है तो चीन ही वह देश है जो पूरी दुनिया को न केवल मेडिकल उपकरणों की आपूर्ति कर रहा है बल्कि कमजोर देशों को आवश्यक आर्थिक मदद भी कर रहा है। यही नहीं विश्व के साथ कोरोना के जीनोम सीक्वेंसिंग और अन्य महत्त्वपूर्ण सूचनायें भी साझा कर रहा है। ऐसे में अचानक विश्व को यह अहसास हो रहा है कि सहायता और सूचना के लिए चीन पर उनकी निर्भरता किस हद तक बढ़ चुकी है। यही नहीं चीन ने इन्फॉर्मेशन डिप्लोमेसी को भी तेज कर दिया है, जिसके तहत वह विश्व में अपनी ब्रैंडिंग भी कर रहा है। प्रो पब्लिका ने चीनी सरकार से जुड़े 10,000 से अधिक फेक ट्विटर खातों पर नज़र रखने वाली एक रिपोर्ट जारी की जो दुनिया भर में कोरोनो वायरस संबंधी प्रोपेगेंडा में लगे हुए हैं। वही अलायंस फ़ॉर सेक्योरिंग डेमोक्रेसी के शोध से पता चलता है कि चीनी सरकार के प्रचार के प्रयास पहले से कहीं अधिक व्यापक, आश्वस्त और परिष्कृत हैं।

इसे इस रूप में भी समझ सकते हैं कि चीन ने इस परसेप्सन वॉर में अब अंतर्राष्ट्रीय संस्थाओं को भी मेनुपुलेट कर अपने पक्ष में कर लिया है। विशेषकर

चीन ने डब्ल्यूएचओ को मेनुपुलेट करने के लिए अपने डीप पॉकेट का उपयोग किया है। यह आश्चर्य का विषय है कि विश्व स्वास्थ्य संगठन में चीन का वार्षिक वित्त पोषण, जो स्वैच्छिक दान पर निर्भर है, 2014 के बाद से 86 मिलियन डॉलर हो गया है (52% की वृद्धि)। वहीं डब्ल्यूएचओ के महानिदेशक, टेड्रोस अदनोम घेबियस, ने अंतर्राष्ट्रीय समुदाय के साथ "सूचना साझा करने के खुलेपन" के लिए चीन के नेतृत्व की प्रशंसा की है और कहा है कि कोरोनो वायरस के संबंध में चीन ने विश्व को सही समय पर आगाह कर दिया।

यही तो उदारता की राजनीति है, जिसके जरिये चीन दुनिया में अपनी एक मासूम मानवतावादी छवि प्रस्तुत करना चाहता है पर ऐसा नहीं है कि चीन की छद्म सहायता कूटनीति को विश्व नहीं समझ रहा, पर वक्त का रुख अभी फिलहाल चीन की तरफ ही है। अमेरिका के थिंक टैंक चीन के प्रोपेगेंडा वॉर का जवाब भी दे रहे हैं पर आज के भू अर्थ प्रधान विश्व में सूचनात्मक युद्ध के सहारे ऐसे संघर्ष नहीं जीते जा सकते, जब तक कि आपकी अर्थव्यवस्था मजबूत न हो। इसलिए पोस्ट कोरोना विश्व को आर्थिक और सामरिक नजरिये से देखना जरूरी हो गया है।

फिर हमारे भी मन में यह विचार आना ही चाहिए कि क्या अब दुनिया में हम चीन के वर्चस्व में कमी या वृद्धि देखने जा रहे हैं? क्या अमेरिका अपनी सर्वोच्चता को बचा पायेगा? क्या ऐसा भी सम्भव है कि इस शक्ति राजनीति में भारत की भूमिका केंद्रीय होगी, क्योंकि वह भी मेडिकल सहायता दुनिया के बड़े हिस्से को उपलब्ध करा रहा है?

युद्ध नहीं, युद्ध का भय आज आक्रामक राष्ट्रों को ज्यादा लाभ देने वाली चीज बन गया है। चीन ऐसे दौर में युद्ध की नहीं सोच सकता, वह केवल युद्ध का भय दिखा सकता है। इसी प्रकार उत्तर कोरिया अमेरिका, दक्षिण कोरिया सहित दुनिया को नाभिकीय हमले का डर दिखाता रहा, यही काम पाकिस्तान भी करता रहा है। अमेरिका ने कितने दफे ईरान और उत्तर कोरिया को बर्बाद करने की बात की है, यह भी भयादोलन तक ही सीमित रही है। इस भयादोलन से राष्ट्र कुछ बड़े सामरिक आर्थिक लाभ पाने और दूसरे देशों के व्यवहार का नियमन करने में भी सफल हो जाते हैं।

—शक्ति की प्राप्ति, प्राप्त शक्ति को बनाए रखना फिर शक्ति को संवर्धित करते रहना और अंत में शक्ति का प्रदर्शन करते रहना, यही वो प्रवृत्ति है जो चीन जैसे देशों की वैश्विक, क्षेत्रीय राजनीति को प्रभावित कर रही है। ऐसे में भारत को भी इसी रणनीति पर चलना होगा।

—भारत को तिब्बत से लगे भारतीय क्षेत्रों अरुणाचल, सिक्किम और इसके साथ ही लेह लद्दाख और उत्तराखंड से लगी 345 किलोमीटर लंबी सीमा, विशेषकर पिथौरागढ़ और चमोली के डिफेंस मैकेनिज्म को उच्च स्तर पर ले जाना होगा

और भारत प्रोएक्टिव होकर ऐसा कर भी रहा है। कुछ ही दिन पहले पिथौरागढ़ के बूंदीगाड में 100 फीट वाला वैली ब्रिज बनाने, लिपुलेख धारचूला रूट पर सामरिक मार्ग और अन्य अस्थायी कार्य करने, लद्दाख के दौलत बेग ओल्डी एयरफील्ड के पास तक पहुँचने वाला सामरिक मार्ग बनाना, हिम विजय सैन्य अभ्यास और माउंटेन स्ट्राइक कॉर्प्स (17th कॉर्प्स) का गठन जैसे कई कार्य भारतीय राजनय की सक्रियता के सूचक हैं, जिनके प्रभावी परिणाम आने शेष हैं।

भारत को अब कई मुद्दों पर तार्किक आक्रामक रुख अपनाने से नहीं बचना चाहिए। पंचशील और गुटनिरपेक्षता जैसे आदर्शों का पालन अब द्विपक्षीय और बहुपक्षीय दायित्व के रूप में देखना जरूरी हो गया है। ये आदर्श केवल भारत की ही एक पक्षीय जिम्मेदारी नहीं हैं। भारत को सार्थक गठबंधन कूटनीति को जारी रखना होगा, लेकिन साथ ही किसी अलायंस या किसी महाशक्ति पर अपने राष्ट्रीय सुरक्षा और हित के मुद्दों पर आवश्यकता से अधिक निर्भर न होने की सक्षमता भी तलाशनी होगी।

—ट्विटर द्वारा अमूल कंपनी के एक्जिट दि ड्रैगन जैसे स्लोगन पर उसके अकाउंट को ब्लॉक कर देने जैसी घटनाओं पर ऐसे माइक्रो ब्लॉगिंग साइट को कठोर प्रतिक्रिया देने से नहीं हिचकना चाहिए। ट्विटर को इस बात का अहसास भारत को कराना चाहिए कि अमूल ने किसी अति साधारण स्थिति में ड्रैगन का ऐसा विरोध आज नहीं किया है, न ऐसा पहले ही कभी किया। जब तक ऐसे सोशल मीडिया प्लैटफॉर्म्स को भारत विरोधी मानसिकता से कार्य करने का अवसर दिया जाएगा, तब तक भारत की गरिमा, संप्रभुता, सामरिक स्वायत्तता के दावे अधूरे रहेंगे।

—भारत को चीन को इस बात का भी आभास करा देने का ठोस प्रयास करना पड़ेगा कि सामरिक स्थलों के महत्त्व और सुरक्षा की उसकी समझ चीन से किसी मामलों में कम नहीं है। चीन के वन बेल्ट वन रोड पहल के मुकाबले भारत ने अब एक ग्लोबल इलेक्ट्रिसिटी ग्रिड का प्रस्ताव कर राष्ट्रों को उससे जोड़ने की कवायद शुरू कर दी है। चीन की ऊर्जा भूख की दुखती रगों पर फिर भी क्या असर होगा, ये अभी भविष्य के गर्भ में है।

सामरिक रूप में महत्त्वपूर्ण गलवान घाटी में चीन किसी भी तरह भारत की सड़क विकास योजना को रोकना चाहता है, भले ही वह भारत अपनी ही सीमा में क्यों न बनाये। यहां भारतीय सड़क बनने का आशय होगा कि चीन की अब तक भारत पर बढ़त खत्म हो जाएगी। भारत ने जिस तरह से वास्तविक नियंत्रण रेखा के पास इन्फ्रास्ट्रक्चरल एक्टिविज्म हाल के वर्षों में दिखाया है, चीन को इसका बिल्कुल भरोसा नहीं था। एक डरे-सहमे भारत की छवि उसने खुद के लिए खुद के मन में बनाई है। भारत को प्रतिरक्षा के मामले में वोकल लेकिन पेसेंस डिप्लोमेसी को भी बनाए रखना जरूरी है ताकि चीन का मनोबल टूटे न ही भारत का। इसी

क्रम में भारत ने जिस तरीके से दारबुक, श्योक, दौलत बेग ओल्दी, पैगांग लेक एरिया, लिपुलेख में पिछले कुछ महीने में निर्माण कार्य किया है, उससे चीन का रक्तचाप बढ़ चुका है। भारत ने एलएसी के पास 73 सामरिक सड़कों के निर्माण की योजना बनाई है, इसमें 35 का निर्माण कार्य पूरा हो चुका है। 2020 में 11 नए ऐसे सड़कों को बनाने का लक्ष्य है और 2022 तक कुल 73 बनाने का लक्ष्य है। इसके साथ ही भारत अपग्रेड फॉरवर्ड एयरबेसेस और एडवांस्ड लैंडिंग ग्राउंड्स बनाकर वायुमार्ग के जरिए प्रतिरक्षा तंत्र को मजबूती देने का काम कर रहा है। पूर्वी लद्दाख में न्योमा, फुकचे, दौलत बेग ओल्डी में लैंडिंग ग्राउंड्स के साथ ही अरुणाचल प्रदेश के पासीघाट, मेचुका, जीरो वैली तुतिंग, वालोंग और अलोंग में अति उन्नत एयरक्राफ्ट लैंडिंग ग्राउंड्स को बनाने की योजना निर्मित की जा चुकी है। भारत अपने उच्च अक्षांस सामरिक क्षेत्रों में एनोटोव, सी 17 ग्लोबमास्टर और सी 130 सुपर हरक्यूलिस एयरक्राफ्ट उतार कर चीन को असहज कर चुका है। दौलत बेग ओल्डी वाले क्षेत्र में जो सड़क बन रही है, उस पर भी 37 ब्रिज बनाए गए हैं, 8 नए ब्रिजों को हाल में बनाने का प्लान भी बनाया गया है।

चीन के साथ भारत के वर्तमान सीमा विवाद के कई कारण हैं, कुछ तो प्रत्यक्ष रूप से दिखाई दे रहे हैं और कुछ अप्रत्यक्ष रूप से अपना असर छोड़ रहे हैं। सबसे पहले तो भारत ने जिस पहलकारी और साहसिक रणनीति के तहत जम्मू कश्मीर राज्य पुनर्गठन अधिनियम के तहत लद्दाख और जम्मू कश्मीर को केंद्र शासित प्रदेश घोषित किया और घोषित ही नहीं किया बल्कि इससे भी आगे लद्दाख के नए मैप में चीन के नियंत्रण वाले अक्साई चिन को और जम्मू कश्मीर के मैप में मुजफ्फराबाद और मीरपुर को भारतीय भू क्षेत्र के रूप में दर्शाया, उससे चीन और पाकिस्तान को गहरा झटका लगा और लगता भी क्यों नहीं लद्दाख, अक्साई चिन, पैंगोंग झील क्षेत्र, श्योक घाटी, गलवान घाटी, दौलत बेग ओल्डी, देपसांग कॉरिडोर जैसे तमाम सामरिक क्षेत्र चीन और पाकिस्तान की आर्थिक, सामरिक हितों और ऊर्जा सुरक्षा के लिहाज से बहुत महत्त्वपूर्ण हैं। अगर उदाहरण के तौर पर समझना चाहें तो यूँ समझें कि लद्दाख के पूर्वी हिस्से के पास स्थित अक्साई चिन चीन के जिनजियांग प्रांत को पश्चिमी तिब्बत से जोड़ता है और तिब्बत चीन की भू सामरिक रणनीति का महत्त्वपूर्ण पड़ाव है। इसी तिब्बत के पठारी भागों को काटकर नेपाल से चीन तक रेलवे नेटवर्क स्थापित करने की चीन की योजना है। एशिया का वाटर टॉवर कहा जाने वाला तिब्बत चीन की महत्त्वाकांक्षाओं का हॉटस्पॉट है। वहीं लद्दाख की बात करें तो यदि चीनी सेना को श्योक और दौलत बेग ओल्डी के इलाके में सामरिक पहुँच मिलती है तो चीनी सेना नुब्रा घाटी और सियाचिन को भी खतरे में डाल सकती है। भारत और चीन के बीच वास्तविक नियंत्रण रेखा अधिकांशतया भूमि मार्ग से होकर गुजरती है, लेकिन पैंगोंग झील

की खास बात है कि यहाँ से एलएसी जल मार्ग से भी गुजरता है। इसलिए यह झील क्षेत्र चीन के लिए सामरिक महत्त्व का हो जाता है। इस झील के लगभग 45 किलोमीटर पश्चिमी हिस्से पर भारत का नियंत्रण है जबकि शेष हिस्से पर चीन का। यहाँ यह उल्लेखनीय है कि लद्दाख और काराकोरम शृंखला के पूर्व में पूर्वी लद्दाख एलएसी के पश्चिमी सेक्टर को निर्मित करता है। पूर्वी लद्दाख भारत के सबसे ऊँचाई पर स्थित एयरफील्ड दौलत बेग ओल्डी से 18 किलोमीटर उत्तर में काराकोरम दर्रे से गुजरता है और दक्षिण में चुमुर से दौलत बेग ओल्डी तक भारत ने सड़क बना दी है। पैगांग लेक पूर्वी लद्दाख में 826 किलोमीटर लंबे विवादित सीमा के केंद्र के निकट स्थित है, इसलिए इसे चीन की आक्रमकता का बार-बार सामना करना पड़ता है। चुशूल घाटी के चलते भी चीन के लिए पैगांग लेक क्षेत्र का महत्त्व है और इसी कारण से चीन ने इस झील क्षेत्र के अपने हिस्से वाले किनारों पर मोटर गाड़ियाँ ले जाने वाले सड़कों का निर्माण भी कर दिया है।

चीन ने भारत को हाल के वर्षों में सीमा विवाद और कुछ अन्य मुद्दों पर घेरने में सफलता पाई है लेकिन साथ ही यह भी सच है कि भारत ने भी चीन को वैश्विक क्षेत्रीय शक्तियों के साथ मिलकर घेरा है। उदाहरण के तौर पर :

—भारत द्वारा एक्ट ईस्ट फोरम के जरिए जापान को उत्तर पूर्वी भारतीय राज्यों के विकास और सुरक्षा कार्यों में संलग्न कराना।

—भूटान को विशेष अनुदान, सहायता देकर उत्तर पूर्वी भारतीय राज्यों विशेषकर असम, अरुणाचल और सिक्किम की सुरक्षा में लगातार मददगार बने रहने की कोशिश करना, क्योंकि चीन ने भूटान को अपने फेवर में लाने के लिए उसका तुष्टिकरण करने का प्रयास कई अवसरों पर किया है और अभी भी भारत के बजाय चीन केंद्रित भूटान के स्वप्न देखता है।

—जो मालदीव अब्दुल्ला यामीन के समय चीनपरस्त माना जाता था आज वो इब्राहिम सोलेह के नेतृत्व में इंडिया फर्स्ट पॉलिसी पर चलने की प्रतिबद्धता बार-बार प्रदर्शित कर रहा है। हाल में ऑर्गनाइजेशन ऑफ इस्लामिक कॉन्फ्रेंस की बैठक में मालदीव ने भारत का पक्ष लेते हुए पाकिस्तान को खरी-खोटी सुनाते हुए कहा कि भारत पर इस्लामोफोबिया का आरोप लगाना गलत है। दुनिया के सबसे बड़े लोकतंत्र भारत में 20 करोड़ से ज्यादा मुस्लिम रहते हैं। मालदीव ने कहा कि भारत पर इस्लामोफोबिया का गलत आरोप दक्षिण एशिया में धार्मिक सद्भाव को नुकसान पहुँचाएगा।

—भारत ने दक्षिण पूर्वी एशियाई देशों को दक्षिण चीन सागर के मुद्दे पर अपने सहयोगी देश होने का प्रमाण कई अवसरों पर देकर वियतनाम और फिलीपींस जैसे देशों का विश्वास जीता है। साथ ही जापान के साथ मिलकर अफ्रीकी देशों को चीन के प्रभाव क्षेत्र में न जाने देने के लिए एक पुख्ता रणनीति भी तैयार की है।

—कोविड 19 के शुरुआती दौर में भारत ने मेडिकल उपकरणों के निर्यात पर प्रतिबंध की बात कर, चीन से भारत होने वाले प्रत्यक्ष विदेशी निवेश के नियमन की पहल कर, विश्व स्वास्थ्य संगठन में चीन के घेराव में वैश्विक शक्तियों का साथ देकर चीन को अपने डिफेंसिव के बजाय ऑफेंसिव होने का जो संदेश दिया उसे चीन पचा नहीं पाया और इन सबके परिणामस्वरूप उसने सीमा विवादों को हवा दे दी। चीन भारत की अर्थव्यवस्था को मजबूत नहीं होने देना चाहता और भारत से प्राप्त ट्रेड सरप्लस का इस्तेमाल छोटे दक्षिण एशियाई देशों को भारत के विरुद्ध मुखर होने के लिए करता है। इसलिए इस बात की जरूरत है कि चीन के वस्तुओं के बहिष्कार की केवल बात न कहकर चीन के वस्तुओं का भारतीय विकल्प कैसे तैयार हो, इस पर ध्यान केंद्रित करना होगा। भारतीय वस्तुओं, सेवाओं और निर्यात को वैश्विक स्तर पर कैसे प्रतिस्पर्धी बनाया जाय, इस पर गंभीर विचार करना होगा। साम्यवादी अधिनायक वादी चीन के बाजारों का विकल्प लोकतांत्रिक भारतीय बाजार कैसे बन सकते हैं,इस पर ठोस रणनीति बनानी होगी। निवेश को अपनी तरफ आकर्षित करने के लिए संरचनात्मक बदलाव करने होंगे। इस क्रम में भारत की विदेश नीति को वैश्विक महाशक्तियों से किस सीमा तक सहयोग मिल सकता है, इस बात की सटीक पहचान करनी जरूरी है। यानि कोई देश केवल मध्यस्थता कराने की बात करने तक सीमित रहेगा, या वो किसी विषम परिस्थिति में भारत को शर्त रहित मदद देने के लिए भी तैयार है, भारत को इन संदर्भों के साथ वैश्विक क्षेत्रीय मुद्दों पर अपनी आत्मनिर्भर छवि को बनाने का भी प्रयास करना होगा अन्यथा तमाम सामरिक साझेदारियों के बावजूद संकट की घड़ी में खुद ही उबरने का प्रयास करना पड़ेगा।

—भारत को दक्षिण पूर्वी एशियाई देशों खासकर म्यांमार, वियतनाम और मलेशिया को अपने विश्वास में लेने की जरूरत है। म्यांमार का हाल के वर्षों में चीन के साथ मुक्त व्यापार समझौता हो चुका है और भारत भी हाल के वर्षों में म्यांमार को उत्तर पूर्वी राज्यों की सुरक्षा के दृष्टिकोण से अपने से मजबूती से जोड़ने की कोशिश में लगा है। म्यांमार के अरकान आर्मी के विद्रोहियों ने एक तरह जहाँ भारत के ऊर्जा परियोजनाओं जैसे कलादान मल्टीमॉडल प्रोजेक्ट को निशाना बनाया है वहीं कुछ ही किलोमीटर दूर स्थित चीनी विशेष आर्थिक क्षेत्र और चीनी परियोजनाओं को हाथ भी नहीं लगाया है। कोई भी संभावित चीन म्यांमार नेक्सस न विकसित होने देने के लिए भारत को प्रयास करना होगा। इस संदर्भ में भारत को बिम्सटेक केंद्रित एक्सटेंडेड नेबरहुड फर्स्ट पॉलिसी में अधिक ऊर्जा डालनी होगी। भारत की विदेश नीति में यह मजबूत समझ बनाने की जरूरत है कि दक्षिण एशियाई पड़ोसी राष्ट्रों और लुक ईस्ट के साथियों को जब तक उच्च आर्थिक, राजनीतिक, सांस्कृतिक राजनय के आधार पर विश्वास में लेकर एक

राह पर चलने का तरीका नहीं ढूँढ़ा जाएगा तब तक चीन जैसे राष्ट्रों को अपनी महत्त्वाकांक्षाओं को पूरा करने के लिए यूँ ही मोहरे मिलते रहेंगे। राष्ट्रीय सुरक्षा केवल सीमा विवाद, विदेश नीति विमर्श और अंतर्राष्ट्रीय संबंध के उतार-चढ़ाव तक सीमित नहीं है। यह एक प्रकार से राष्ट्रीय जीवन के सभी सन्दर्भ का समावेश कर लेता है जिसमें आर्थिक, सामाजिक, राजनीतिक, सांस्कृतिक, तकनीकी सभी आयाम शामिल हैं। सम्प्रभुता, सम्पन्नता, गरिमा देश के आत्म सम्मान के प्रतिमान हैं। इसलिए भारतीय नागरिकों को जिम्मेदार नागरिक के रूप में सुरक्षा सजगताओं को अनिवार्य स्तर तक ले जाना होगा।

कोविड के दौर में बदलती भारतीय विदेश नीति

भारत द्वारा हाल के समय में आधिकारिक तौर पर 62 देशों को अपना समर्थन देते हुए यूरोपीय यूनियन व ऑस्ट्रेलिया की ओर से कोरोना वायरस फैलाने के जिम्मेदार कारणों की जाँच की माँग वाले दस्तावेज पर हस्ताक्षर किए गए हैं जिससे साफ जाहिर है कि भारत एक पारदर्शी और जवाबदेह विश्व व्यवस्था के निर्माण के लिए प्रतिबद्ध है। यह जाँच चीन और विश्व स्वास्थ्य संगठन की भूमिका को लेकर है। भारत की विदेश नीति की दृष्टि से यह एक सार्थक कदम है। भारत अब वह गुट निरपेक्ष देश नहीं रह गया है जिसकी विश्व महाशक्तियों के समक्ष कई मुद्दों पर मौन रहना एक विवशता थी। विश्व व्यवस्था, क्षेत्रीय संतुलन और दक्षिण पूर्वी एशियाई देशों, एशिया प्रशांत के देशों के सागरीय संप्रभुता से खिलवाड़ करने वाले चीन के व्यवहार को नियंत्रित करने के लिए भारत द्वारा यथार्थवादी दृष्टिकोण अपनाया गया है। कोरोना वायरस की महामारी के बीच पिछले माह ही भारत ने चीन और अन्य पड़ोसी देशों से सीधे प्रत्यक्ष विदेशी निवेश पर पाबंदी लगाई थी। भारत के इस कदम ने चीन को काफी कुपित किया। चीनी दूतावास के प्रवक्ता ने इस संबंध में कहा था कि कुछ खास देशों से प्रत्यक्ष विदेश निवेश के लिए भारत के नए नियम डब्ल्यूटीओ के गैर-भेदभाव वाले सिद्धांत का उल्लंघन करते हैं और मुक्त व्यापार की सामान्य प्रवृत्ति के खिलाफ हैं। यह उस चीन की अपेक्षा है जिसने दुनिया को कोरोना दिया। अमेरिका सहित दुनिया के कई देशों का कहना है कि चीन ने कोरोना वायरस को दुनिया में फैलाया है और डब्ल्यूएचओ ने कोरोना की जानकारी छिपाने में उसका साथ दिया। डब्ल्यूएचओ पर आरोप है कि उसने इस वायरस को लेकर देरी से चेतावनी जारी की थी।

इस तरह कोविड आपदा ने एक ऐसे बदलते विश्व व्यवस्था की दस्तक दे दी है, जहाँ आरोप-प्रत्यारोप के दौर के बीच पॉलिटिक्स ऑफ जेनरोसिटी (उदारता की राजनीति) के जरिये वैश्विक छवि को निर्मित करने के प्रयास हो रहे हैं, तो वहीं

शक्ति राजनीति के जरिये पोस्ट कोरोना विश्व में अपने वैश्विक हैसियत को ऊँचा करने का संघर्ष भी देखा जा रहा है। कोरोना आपदा की राजनीति ने अमेरिका की कमजोरी और चीन के गैरजिम्मेदाराना नजरिए को दुनिया के सामने उजागर कर दिया। इससे भारत जैसे उन देशों की वैश्विक भूमिका बढ़ गयी है, जिनकी सॉफ्ट पॉवर के रूप में छवि भी बेहतर है और हाल के वर्षों में जिन्हें महत्त्वपूर्ण आर्थिक, सैन्य और तकनीकी ताकत के रूप में देखा जाने लगा है। वैश्विक राजनीति के इस बदलते समीकरण को महसूस करते हुए भारत ने भी अपनी विदेश नीति को अधिक मुखरता और सक्रिय रूप देना शुरू कर दिया है। भारत ने पहलकारी रूप में अमेरिका और चीन के इस द्वन्द के बीच अपनी जमीन मजबूत करनी शुरू कर दी है। इसी दिशा में हाल ही में अमरीका के नेतृत्व में भारत सहित दुनिया के सात बड़े देशों की बैठक भी हुई, जिसमें कोविड-19 की उत्पत्ति के प्रति पारदर्शिता लाने की माँग की गई है। हालाँकि इसका मुख्य बल कोविड 19 को लेकर चीन की नकारात्मक भूमिका की आलोचना करना था। मगर भारत बखूबी जानता है कि कोविड के चलते अमेरिका कमजोर हुआ है और कमजोर अमेरिका महत्त्वाकांक्षी चीन के वर्चस्ववादी नीतियों को अधिक बढ़ावा देगा। वहीं पिछले कुछ वर्षों से जिस प्रकार चीन भारत को उसकी सीमाओं और पड़ोस में घेरने की नीति अपनाता रहा है, ऐसे में चीन को मिलने वाला यह बढ़त भारत के सामरिक हितों को गम्भीर नुकसान पहुँचा सकता है। यही कारण है कि भारत का प्रयास इस दौरान खुद को चीन के विकल्प के रूप में स्थापित करने को लेकर रहा है। इस दिशा में वह बन रहे नए सामरिक समीकरणों में अपनी केंद्रीय भूमिका की तलाश में लगा हुआ है।

इसके लिए सॉफ्ट पॉवर के रूप में भारत अपनी छवि को और अधिक मजबूत आधार देने की कोशिश में जुटा है। जहाँ मेडिकल डिप्लोमेसी के जरिये भारत ने सार्क देशों को पुनः एक बार मंच पर लाया वहीं इस मंच पर भी पाकिस्तान के गैर जिम्मेदाराना व्यवहार को निशाना बनाने के जरिये भारत ने दक्षिण एशियाई देशों को यह सन्देश दे दिया कि भारत के लिए उसका पड़ोस प्रथम है, जबकि पाकिस्तान आपदा के समय में भी अवसरवादी राजनीति करने में मशगूल है। पड़ोसी देशों में भारत की बढ़ती स्वीकार्यता का बड़ा उदाहरण नेपाल द्वारा 17 मई को भारत सरकार द्वारा दिये गए स्वास्थ्य सहायता के लिए धन्यवाद प्रेषण के रूप में देखा जा सकता है। यह भारत की परम्परागत बिग ब्रदर की छवि को बदलने का और पड़ोस प्रथम नीति को अधिक प्रभावी बनाने का सर्वोत्तम अवसर है। कोरोना वायरस की महामारी के दौरान भारत की छवि निरन्तर एक सॉफ्ट पावर के रूप में उभर रही है, भारत ने न केवल दक्षिण एशिया, बल्कि अमेरिका, यूरोप, इस्लामिक सहयोग संगठन के देशों, दक्षिण पूर्वी एशियाई देशों और अफ़ग़ानिस्तान को चिकित्सकीय

सहायता उपलब्ध कराई है। यह भारत के प्रोएक्टिव विदेश नीति का ही प्रभाव है कि इस महामारी के समय एक तरफ जहाँ तालिबान ने कुछ ही दिन पहले कहा था कि भारत 40 साल से अफगानिस्तान में नकारात्मक भूमिका निभाता आया है वहीं अफगानिस्तान सरकार ने इसका जवाब हाल ही में दिया है। अफगानिस्तान सरकार ने कहा है कि भारत वो देश है, जिसने हमें सबसे ज्यादा दान दिया है और सबसे ज्यादा मदद की है। दोनों देश एक-दूसरे का सम्मान करते हैं और ये संबंध अंतर्राष्ट्रीय नियमों के हिसाब से हैं। अफगानिस्तान के विदेश मंत्रालय के प्रवक्ता ग्रान हेवड ने एक इंटरव्यू में तालिबान के आरोप खारिज कर दिए। हेवड ने कहा साफ किया है कि " भारत ने हमेशा अफगानिस्तान के विकास में सहयोग किया है। हमें उम्मीद है कि वो शांति प्रक्रिया में भी योगदान देगा। अफगानिस्तान को सबसे ज्यादा दान देने वाले देशों में से भारत एक है। यह विकास और पुनर्निर्माण में भी योगदान दे रहा है। हम आशा करते हैं भारत और अन्य पड़ोसी देश अफगानिस्तान में शांति लाने में महत्त्वपूर्ण भूमिका निभाएँगे।"

भारत ने विश्व समुदाय को चिकित्सकीय सहायता देकर यह सिद्ध करने की कोशिश की है कि वैश्विक स्वास्थ्य को वह वैश्विक मानवाधिकार के रूप में देखता है। भारत द्वारा पड़ोसी देश श्रीलंका को कोरोना वायरस से लड़ने के लिए 10 टन चिकित्सकीय सामग्री पहुँचाई गई है और नेपाल को मदद के तौर पर 23 टन आवश्यक दवाएँ दी गई हैं। इसमें कोरोना के खिलाफ अहम मानी जा रही हाइड्रॉक्सीक्लोरोक्विन के अलावा पैरासिटामॉल व अन्य दवाएँ शामिल हैं। भूटानी प्रधानमंत्री लोटे त्शेरिंग ने भी भारतीय प्रधानमंत्री को चिकित्सा आपूर्ति की खेप भेजने के लिए धन्यवाद दिया है। भूटान का कहना था कि कोरोना वायरस संकट के दौरान उदार सहायता और सामान की निर्बाध आपूर्ति भूटान के प्रति भारत की वास्तविक मित्रता का प्रतिबिंब है। भारत ने इसके साथ ही पड़ोसी देश बांग्लादेश को हाइड्रॉक्सीक्लोरोक्वीन की एक लाख गोलियाँ और 50,000 सर्जिकल दस्ताने प्रदान किए हैं। संयुक्त अरब अमीरात द्वारा भारत को हाइड्रॉक्सीक्लोरोक्विन दवाएँ भेजने के लिए भी आभार प्रकट किया जा चुका है। हाइड्रॉक्सीक्लोरोक्विन की 55 लाख टैबलेट की पहली खेप यूएई को भारत द्वारा पहुँचाई जा चुकी है। फिलहाल भारत कोरोना वायरस से प्रभावित 55 देशों को सहायता और वाणिज्यिक आधार पर हाइड्रॉक्सीक्लोरोक्विन की आपूर्ति करने की प्रक्रिया में है। भारत ने अभी तक अमेरिका, सेशेल्स और मॉरीशस को यह दवा भेजी है। इसके अलावा अफगानिस्तान, भूटान, बांग्लादेश, नेपाल, मालदीव, श्रीलंका और म्यामांर को भी ये दवा भेजी जा चुकी है।

इन बदलते समीकरणों के बीच कोविड 19 का असर भारत की विदेश नीति में कई रूपों में पड़ सकता है। पहला, वंदे भारत जैसे मिशन ने भारत के सबसे

बड़े कूटनीतिक संपदा यानी भारतीय डायस्पोरा में भारत के प्रति निष्ठा का भाव मजबूत किया है। वैश्विक महामारी कोरोना वायरस को रोकने के लिए लगाए गए लॉकडाउन के चलते विश्व भर के विभिन्न देशों में फँसे भारतीयों को भारत वापस लाने के लिए केंद्र सरकार द्वारा वंदे भारत मिशन के तहत अभी तक कुल 31 उड़ानों से 6037 भारतीयों को वापस लाया जा चुका है। नागरिक उड्डयन मंत्रालय ने स्पष्ट किया है कि 7 मई 2020 से शुरू हुए मिशन के पहले चरण के तहत अब तक 31 उड़ानों के जरिए 6037 भारतीय नागरिकों को देश वापस लाया जा चुका है। पहले चरण में कुल 14,800 भारतीयों को वापस लाने की योजना है। वंदे भारत मिशन के तहत एयर इंडिया और उसकी सहायक एयर इंडिया एक्सप्रेस 12 देशों में 64 उड़ानों का परिचालन कर रही है। इनमें 42 उड़ानों का परिचालन एयर इंडिया और 24 उड़ानों का परिचालन एयर इंडिया एक्सप्रेस कर रही है। इन 12 देशों में अमेरिका, लंदन, बांग्लादेश, सिंगापुर, सऊदी अरब, कुवैत, फिलीपींस, यूएई और मलेशिया आदि शामिल हैं। इसी प्रकार ऑपरेशन समुद्र सेतु से 202 भारतीय नौसेना के पोत 'आईएनएस मगर' से मालदीव से स्वदेश वापस लाए गए हैं। 'आईएनएस मगर' को ऑपरेशन समुद्र सेतु के दूसरे चरण में तैनात किया गया है। पहले चरण में आईएनएस जलश्व से 10 मई को 698 भारतीय नागरिकों को मालदीव से लाया गया था। उल्लेखनीय है कि कोरोना वायरस महामारी ने पश्चिम एशिया के देशों में भारतीय प्रवासी मजदूरों को बहुत प्रभावित किया है। परियोजनाओं के रुकने की वजह से अधिकतर मजदूरों का रोजगार छिन गया है। भारतीय विदेश मंत्री द्वारा खाड़ी देशों से संपर्क स्थापित कर कहा गया है कि भारतीय प्रवासियों का मेजबान देशों द्वारा ध्यान रखा जाए। विदेशों में रह रहे 1.26 करोड़ भारतीयों में से 70 फीसदी 6 खाड़ी देशों में ही हैं। संयुक्त अरब अमीरात में लगभग 34 लाख भारतीय रहते हैं वहीं 26 लाख सऊदी अरब में हैं तो कुवैत, ओमान, कतर और बहरीन में 29 लाख भारतीय हैं।

दूसरा,चीन के प्रति विश्व में बढ़ते घृणा का भाव भारत के लिए बड़ा अवसर है कि वह आर्थिक संबंधों में चीन का विकल्प बन सके। ऐसे में जब चीन से अधिकांश विश्व की कंपनियाँ बाहर निकल रही हैं तो भारत उनके लिये बेहतर गन्तव्य स्थल के रूप में खुद को स्थापित करने में लगा है। भारत द्वारा रक्षा कम्पनियों के लिए विदेशी प्रत्यक्ष निवेश की सीमा को बढ़ा दिया गया है तो दूसरी तरफ भारतीय प्रधानमंत्री द्वारा आत्मनिर्भर भारत पर दिया जा रहा फोकस भी इसी उद्देश्य से प्रेरित है।

तीसरा, कोरोना वायरस आपदा के दौरान भारत की विदेश नीति में एक और महत्त्वपूर्ण बात जो देखी गई है वह है नैम प्लेटफॉर्म (गुटनिरपेक्ष देशों के संगठन) का प्रभावी इस्तेमाल भारत की कूटनीतिक पहुँच और मानवतावादी प्रतिक्रिया को

विश्व समुदाय के समक्ष रखने के लिए करना। भारतीय प्रधानमंत्री पर 2016 और 2019 के नैम समिट में भाग न लेने और उसकी उपेक्षा करने के भी आरोप लगाए गए थे, अब भारतीय प्रधानमंत्री द्वारा कोरोना वायरस महामारी से निपटने के लिए नैम के वर्चुअल समिट को यथोचित महत्त्व दिया गया है। भारत ने इस महामारी काल में गुट निरपेक्ष आंदोलन के मंच के 59 सदस्य देशों को चिकित्सकीय सेवाओं की आपूर्ति की है।

चौथा, हालाँकि भारतीय विदेश नीति के लिए वैश्विक शक्ति राजनीति महत्त्वपूर्ण अवसर लेकर आया है पर ऐसा नहीं है कि चुनौतियाँ कम हैं। मोदी सरकार की पिछले कुछ वर्षों में खाड़ी देशों सहित अन्य मुस्लिम देशों के साथ रिश्ते बेहद मजबूत हो रहे थे, लेकिन दिल्ली में जमात प्रकरण और खाड़ी देशों में सोशल मीडिया पर भारतीयों द्वारा मुस्लिम विरोधी बयानों ने इन रिश्तों में खटास जरूर ला दिया है। दूसरी ओर चीन की नीतियाँ अधिक आक्रामक हो रही हैं। भारत की अमेरिका की तरफ दिखने वाला झुकाव भारत और चीन के बीच आमने-सामने के सँघर्ष को बढ़ावा दे सकता है। भारतीय अर्थव्यवस्था में आ रही गिरावट की वजह से दुनिया के अनेक हिस्सों में उत्साहपूर्वक चल रही भारत संचालित विकास परियोजनाओं को यह महामारी प्रभावित कर सकती है। भारत की तृतीय विश्व के देशों में एक लीडर के रूप में हाल के वर्षों में कई विकासात्मक साझेदारी और परियोजनाएँ शामिल थीं। इनमें कई अफ्रीकी देश शामिल हैं। भारत ने जापान के साथ मिलकर एशिया अफ्रीका ग्रोथ कॉरिडोर की भी शुरुआत की थी। इन सब परियोजनाओं पर अब नकारात्मक प्रभाव पड़ सकता है क्योंकि खुद भारत की अर्थव्यवस्था इस महामारी से बुरी तरह से प्रभावित हुई है। कुछ समय पूर्व ही भारत, जापान और श्रीलंका ने श्रीलंका में कंटेनर टर्मिनल के निर्माण पर सहमति बनाई थी लेकिन अब इसके साथ-साथ भारत द्वारा विभिन्न देशों में मानवीय आधार पर आवास निर्माण और अन्य अवसंरचनात्मक विकास के कार्यक्रमों के वित्त पोषण पर प्रभाव पड़ सकता है। इन सब अवरोधों के बावजूद भारत ने अपने मानवतावादी सहायता के दृष्टिकोण का परित्याग नहीं किया है। वहीं दूसरी तरफ इस बात की आंशका से इंकार नहीं किया जा सकता कि कोरोना की मार झेल रही कई अर्थव्यवस्थाओं को चीन अनुदान और ऋृण का प्रस्ताव कर अपना वर्चस्व बढ़ाने का पुन: प्रयास करेगा।

आर्थिक संरक्षणवाद दुनिया में जिस तरह बढ़ रहा है,उस स्थिति में पोस्ट कोरोना विश्व में भारत को अपने घरेलू अर्थव्यवस्था में बड़े संरचनात्मक सुधार करने होंगे। आज के विश्व में सफल घरेलू नीति ही विदेश नीति को अधिक ठोस आधार दे सकती है। भारत सरकार को केवल विश्व की शक्ति राजनीति पर ही नहीं बल्कि घरेलू राजनीति की दिशा को स्वस्थ आधार देना ही होगा। केंद्र

और राज्य सरकार और नागरिकों तथा खास और आम आदमी के बीच एक ऐसे राष्ट्रीय सोच वाले सेतु के निर्माण की जरूरत है, जिससे भारत की विदेश नीति में केवल सरकार ही नहीं बल्कि भारत का हर वर्ग अपने-अपने स्तर पर योगदान दे सके।

संदर्भ ग्रंथ

- चॉयसेज : इनसाइड दि मेंकिंग ऑफ इंडियन फॉरेन पॉलिसी, शिव शंकर मेनन
- चैलेंज एंड स्ट्रेटजी : रिथिंकिंग इंडियाज फॉरेन पॉलिसी, राजीव सीकरी
- इंडियाज ईस्टवर्ड एंगेजमेंट : फ्रॉम एटिक्विटी टू एक्ट ईस्ट पॉलिसी, प्रोफेसर एस. डी. मुनि
- इंडियन फॉरेन पॉलिसी : एन ओवरव्यू, हर्ष. वी. पंत
- इंडियन फॉरेन पॉलिसी, क्रिस ओगडेन
- मोदीज वर्ल्ड : एक्सपैनडिंग इंडियाज स्फीयर ऑफ इन्फ्लुएंस, सी. राजामोहन।
- इंडियाज फॉरेन पॉलिसी : 1947-2003, जे. एन. दीक्षित
- पश्चिम एशिया के साथ भारत के संबंध : नीति, परिप्रेक्ष्य और चुनौतियाँ पर द्वितीय वार्षिक पश्चिम एशिया सम्मेलन में सचिव पूर्व द्वारा टिप्पणियाँ, जनवरी 22, 2016, भारत का विदेश मंत्रालय
- भारत और संयुक्त राष्ट्र, भारत का विदेश मंत्रालय
- 'भारत की विदेश नीति के सुरक्षा आयामों' पर एनडीसी में विदेश सचिव का संबोधन, नवम्बर 23, 2011, भारत का विदेश मंत्रालय।
- भारत-मध्य एशिया व्यापार परिषद, फिक्की के शुभारंभ के अवसर पर विदेश मंत्री का संबोधन (06 फरवरी, 2020)
- फरवरी 06, 2020, भारत का विदेश मंत्रालय।
- एक्ट ईस्ट : भारत की आसियान यात्रा, मनीष चंद, स्रोत : भारत का विदेश मंत्रालय
- एक्ट ईस्ट पॉलिसी, 2015, स्रोत, प्रेस इंफॉर्मेशन ब्यूरो।
- लैटिन अमरीका क्यों महत्त्वपूर्ण है?, स्रोत : भारत का विदेश मंत्रालय।
- प्रोजेक्ट मौसम : भारत की सांस्कृतिक कूटनीति, स्रोत : भारत का संस्कृति मंत्रालय और इंदिरा गांधी नेशनल सेंटर फॉर दि आर्ट्स।
- तीन लातिन अमरीकी देशों की यात्रा 'उच्च स्तर पर सम्पर्कों में कमी' को पूरा करेगी : भारतीय उपराष्ट्रपति, मई, 2018, स्रोत, प्रेस इंफॉर्मेशन ब्यूरो।
- भारत, जापान, एशिया, अफ्रीका ग्रोथ कॉरिडोर, स्रोत, गेटवे हाउस।

- एशिया-अफ्रीका ग्रोथ कॉरिडोर, स्रोत, विकासशील देश के लिए अनुसंधान और सूचना प्रणाली।
- भारत अफ्रीका संलग्नता के 10 मार्गदर्शक सिद्धांत, स्रोत, आब्जर्वर रिसर्च फाउंडेशन।
- अन्य स्रोत : सभी प्रमुख वैश्विक संगठनों की आधिकारिक वेबसाइट